黄天骥文集

Huang Tianji's
Collection of Essays

周易辨原

Written By
Huang Tianji

黄天骥 著

（2版）

南方传媒

广东人民出版社

· 广州 ·

图书在版编目（CIP）数据

周易辨原 / 黄天骥著. —2 版. —广州：广东人民出版社，2022.4
（黄天骥文集）
ISBN 978-7-218-13744-5

Ⅰ. ①周…　Ⅱ. ①黄…　Ⅲ. ①《周易》—研究　Ⅳ. ①B221.5

中国版本图书馆 CIP 数据核字（2019）第 146927 号

ZHOUYI BIANYUAN（2 BAN）

周易辨原（2 版）

黄天骥　著　　　　　　　　　　　版权所有　翻印必究

出　版　人：肖风华

责任编辑：张贤明
装帧设计：张绮华
责任技编：吴彦斌　周星奎

出版发行　广东人民出版社
地　　址：广州市大沙头四马路 10 号（邮政编码：510102）
电　　话：（020）85716809（总编室）
传　　真：（020）85716872
网　　址：http://www.gdpph.com
印　　刷：广州市豪威彩色印务有限公司
开　　本：890mm×1240mm　1/32
印　　张：24.25　字　数：610 千
版　　次：2008 年 12 月第 1 版　2022 年 4 月第 2 版
印　　次：2022 年 4 月第 2 次印刷
定　　价：135.00 元

如发现印装质量问题，影响阅读，请与出版社（020-85716808）联系调换。
售书热线：020-85716826

序

董上德

"我又写完了一卦!"

"今天已经写到第六十三卦了。"

近一两年，我和天骥师在晚饭后散步时，经常听到他讲述当天的写作情况。《周易辨原》一书，就是这样一卦一卦地写出来的。

这本书的写作缘起，可以追溯到 20 世纪的 90 年代。天骥师为博士生开设"古代典籍选读"课程，精读过《老子》《庄子》《论语》，也逐字逐句地释读过《周易》。对于《周易》，天骥师别有会心，每每有一得之见，备课时写在书上，课间讨论，偶有生发，也随手笔录，愈积愈多，稍具规模。有时候，道出一个大胆的想法，发前人所未发，那一种兴奋劲儿难以掩饰；有时候，反复思量，瞻前顾后，未免犹豫再三，战战兢兢。一晃多年过去，热处理之后冷处理，冷处理之后又热处理，天骥师找到了切入口，静下心来，以古稀之年安坐在电脑之前，凝视着屏幕上跳出来的一个个方块字，然后选字、换字，组成句子、构成段落，还要时不时地左查查，右翻翻，找字源，注出处，忙得不亦乐乎。

书是一卦一卦地写出来了，可天骥师并没有像过去的一些学者那样把每一卦的爻辞做分割处理。他注意到每一卦的六首爻辞其实是互有关联的，不可切割的；它们写的是同一件事，

1

环绕着的是同一个题旨。于是，试着理顺卦辞、爻辞的原意，再分析［彖辞］［象辞］的相关阐述。换言之，天骥师有一个核心观念，每一卦都关涉上古社会生活的某一种具体情境，卦辞、爻辞的原初意义都具有"情境性"，它们本来是古代人民生活和社会状态的历史记录。笼括来看，如果说，每一卦所反映的社会情景都只是一些"碎片"的话，那么，做一番"整合"的工夫，可以看到，卦辞、爻辞所涉及的"情境"有：狩猎和畜牧生活、天灾境况、祭祀活动、村落生活细节及上古婚俗、社会管制与战乱事件等。卦辞、爻辞用语简括，可透过简括的用语，回归其"原初"的语境，寻找这些简括用语背后的意象，用联系的观点，用"情境思维"，用考古研究成果，把多种"碎片"黏合起来，却也能发现，《周易》并非如某些人所阐释的那么"玄"：掌握住其"情境性"，说不定会有切实而有趣的解读效果，《周易》简奥的文本与我们的距离也就拉近了。《周易辨原》所要"辨"的"原"，似可作如是观。

其实，对于《周易》，如果我们跳出"义理派"与"象数派"两军对垒的易学史格局，追寻前人值得借鉴的解《易》思路，可以说，"辨原"的路数也是渊源有自，不是横空而出。

我们今天说的"情境"，大略与古人所说的"象"相近，"象"就是具象、物象，是物理性的，而非精神性的。"象"与"义"，究竟孰先孰后？宋叶适认为"六十四卦皆因其象以成理"（《习学记言·周易四》），主"义出于象"之说，刚好与三国时王弼的"象之所生，生于义"（《周易注·乾》）的说法相反。叶适还说："物之所在，道则在焉。"（《习学记言·皇朝文鉴一》）强调抽象的"道"是源于具象的"物"

的。清王夫之说得更为明晓："天下无象外之道"；"《诗》之比兴，《书》之政事，《春秋》之名分，《礼》之仪，《乐》之律，莫非象也。而《易》统会其理"。于是，"天下有象，而圣人有《易》"（《周易外传·系辞下传》）。清章学诚《文史通义·易教上》开篇即道："六经皆史也。古人不著书；古人未尝离事而言理。"先哲已经揭示，抽象的道理、意义，不可能脱离"事"、脱离"象"而产生；这些有头脑的学者在解读《周易》时已经初步有了"联系"的观点。当然，不一定要给他们贴上"唯物"的标签，但他们有"实事求是"的治学精神，却是毋庸置疑的。及至近现代，郭沫若先生著《〈周易〉时代的社会生活》等，那是比较自觉地用"唯物"的观点来看待《周易》的；李镜池先生著《〈周易〉筮辞考》等，也注意到"卦爻辞中的故事"。这些研究，比古代先哲的著述更推进了一步，将"象"的内涵与社会生活史密切联系起来，在"还原"《周易》的社会情境方面为后人开了先路。

天骥师著《周易辨原》，其学术思路可与上述学者"接轨"，而其"情境意识""情境思维"则更为自觉，因而对某些传统的理解更具颠覆性。翻开这一本书，可以看到，一个一个上古时代的生活"碎片"，原来是那么富有生活气息，原来是那么俚俗，原来是那么惊心动魄的。可在这些折射着初民人生悲欢的"碎片"背后，古人也在寻找着生存的智慧以及应对各种各样的人生困境的方法。从具象到抽象，从有"故事"的画面去领悟或腥风血雨，或野外欢愉，或人兽杂处的"画外之音"。了解其"画外之音"，则可以或浅或深地理解《周易》的"义理"。

犹记得不久前的一天，天骥师打来电话，说《周易辨原》的清样已经校改一遍，卷首的"序"还"空"着，有意让我来"填"上去。我向来胆小，却不知为何，竟然胆大，当即受命。古人于"序"，诚惶诚恐，顾炎武在《日知录》里曾经表达过有关思虑。不过，天骥师以平常心读《易》，我又何妨以平常语为《周易辨原》的缘起说几句"略知一二"的话呢？越俎代庖之讥，自不能免；及门学徒信口开河，本是师门之内可以允许的日常"功课"。

不知天骥师以为然否？

2008 年 4 月 18 日于中山大学

目 录 | Contents

1

绪 论

我为什么要研读《周易》

人们说《周易》是一部"天书"。因为，它是古人占筮之书，是用来与上天沟通的书；其次，它文字古奥，艰涩难解。在这个意义上，说它是"天书"，也未尝不可。

不过，世上的事，有时奇妙得很，人们以为它深不可测，其实一捅就破。被视为"天书"的《周易》，也可以作如是观。如果把它破译，我们将可知道它并不神秘，将可看到它是上古人间一幅幅生动的图景，看到它闪耀着东方的智慧之光。

我在中山大学一向以从事中国古代戏曲、诗词的科研教学为主，近来竟鼓捣起《周易》来。有些朋友与我开玩笑说：这不是"破门而出"吗？我知道，这话的潜台词，是说我有点不知深浅的意思。

我动起研读《周易》的念头，是在 20 世纪的 90 年代初。那时，我和几位研究生每周举行一次戏曲问题的研讨会。在共同学习的过程中，我发现同学们对元典比较生疏，于是发狠心，让大家在课时中逐篇细读《论语》《老子》，后来又读《周易》；至于有关古代戏曲学科的专业性问题，则随时与我个别切磋。如此数年，同学们觉得基础加固，眼界开阔，颇有所获。记得黄修己教授让他所指导的攻读中国现代文学博士学位的研究生，也来参加研讨。课堂上互相问难，其乐融融。同学们觉得我对《周易》的理解，可成一说，纷纷鼓励我把意见整理出来。后来诸事繁冗，写了一些，又搁下了。去年，广东人民出版社社长陈海烈先生来舍，我偶然谈起对《周易》的看法，海烈大感兴趣，促我继续命笔。我便余勇可贾，勉力成书。

其实，学习人文科学的学者，门槛不宜过窄。当然，现代的教育，把文、史、哲划分为三个学科，在一级学科中，再分中、外、古、今等二级；二级中又细分为诗、文、曲、论等诸如此类的三级。这样的做法，对强调学科的专业性、系统性，自然也有可取的一面，它对要求不同专业的学者锻炼出不同的思维方式确有一定的成效。但是，文、史、哲本是同源，前人所说的"文"，其实包含了文、史、哲；而且，哲学家注重的逻辑思维和推演能力，和文学家注重的形象思维和表现能力，在人的头脑中，本来就没有明显区分的界线。举例来说，研究历史的学者，除了要严谨地考证典籍以外，难道能离开对历史现象的感悟和描绘吗？而研究文学理论的学者，更需兼具形象思维和逻辑思维的能力，否则，寸步难行，遑论成"家"？！

老一辈的人文学者，多属文、史、哲兼通。以曾在中山大学工作过的师长为例，陈寅恪教授"以诗证史"，他的格律诗写得沉雄隽永；刘节教授治史，却又与学生讲《周易》；金应熙教授既精通中外历史，又能把白居易的诗倒背如流；江静波教授是生物学家，也发表了颇得好评的长篇小说。在与我同辈的学者中，姜伯勤教授是敦煌学专家，又熟谙中外美术；蔡鸿生教授则无论是史学著作，还是短篇杂文，都写得意态飞扬。至于我的老师詹安泰、王季思、董每戡等教授，也都淹通文史，既是理论研究校勘注释的权威，又在戏剧、诗词、散文等创作方面卓有建树。前辈师长在学术上的成就，我自然不能望其项背，但榜样在前，昭示真谛，说明从事人文科学研究的人，应该也有可能把文、史、哲融会贯通，铸于一炉。

其实，我国的学术传统，从来是既注重学有专攻，又注重各个学科之间的沟通的。只是到了20世纪50年代强调"一边倒"，按照苏联教育模式，把人文学科划分得小之又小，岂止把文、史、哲截然分开，连在中文系内部也规定只能搞理论、评论，而不能搞创作，否则便被视为"专业思想不稳固"，要受到严厉的批判。而从事文学史教学的老师，则各搞一段，你研究先秦文学，我研究明清小说，彼此井水不犯河水。这做法，实在是画地为牢，自我作茧。门槛弄得窄而又窄，结果也必然影响学者的视野，制约学科的发展。流毒至今，后患无穷。

我在20世纪50年代初，在"一边倒"的教育思想指导下进入中山大学。先天不足，后天失调，自然成了惯于在狭窄的门缝中讨生活的"患者"。学养的不足，眼界的狭浅，每当和墨搦笔，总是左支右绌。前车可鉴，自当亡羊补牢。因此，我觉得应让后一辈有志于从事人文科学工作的研究生，把学科的门槛开得宽阔一些，于是就有了让戏曲史研究生首先读"经"的做法。

在和同学们一起研读《周易》之际，我重温元典，竟发现了一些过去自己未曾留意的问题。2006年，我和康保成同学一起完成了国家社会科学基金"十五"规划重点项目《中国古代戏曲形态研究》，有空能够腾出手来，于是余勇可贾，写成这本《周易辨原》。

这几年，研究《周易》，俨然成为一种文化现象。书报摊上摆着一本本《周易》与占卜之类的书，或美其名曰"预测未来学"。当人类能够进入宇宙探索奥秘的时代，竟然还有人相信把"乾、坤、震、坎"之类的符号颠来倒去，便能预知休咎，这本身就是一种文化悲剧。其实，把《周易》与谶纬迷信扯在一起的做法，古已有之。如今沉渣泛起，这里且不说它。

不过，即使以严肃的态度研究《周易》，也还存在许多问题。由于《周易》成书年代久远，文字古奥简略，这给读者带来了许多索解的困难。而我国历代注《周易》的学者，或以玄学眼光看《周易》，或只着眼于片言只字的训诂。于是断章取义者有之，望文生义者有之。即或旁征博引，而与《周易》的原意相去甚远。正如王弼所说："一失其原，巧愈弥甚。"① 而注释的繁琐玄虚，又给那些把《周易》神秘化、谶纬化的"学妖"，打开了方便之门。于是，原是古代人民生活、社会记录，并绅绎出具有哲理意义的《周易》，在学术史上遭遇了无妄之灾。

在研读《周易》时，前贤和时贤的许多精义，给了我许多启发。我既吸收了前人和今人的一些成果，但又觉得，学者多把《周易》每卦的爻辞，分割处理，没有注意每卦的爻辞与爻辞之间存在着紧密的联系。

换言之，没有注意每卦的六首爻辞，写的都是同一件事，围绕着的是同一题旨。这一来，实在也无法辨明《周易》的原义。因此，我试着首先理顺卦辞、爻辞的原意，再分析

① （魏）王弼著，楼宇烈校释：《王弼集校释》，中华书局 1980 年版，第 609 页。

［彖辞］［象辞］对它的阐述，希望对《周易》最主要的部分，有一个符合逻辑的新认识。

《周易》确不易读懂，我不知深浅地把自己的想法整理出来，意在引起读者的兴趣。也希望抛砖引玉，在"易学"的研究中聊添一说。

何谓《周易》

《周易》是我们的老祖宗用作占筮之书，那是不用怀疑的。

在上古，生产力低下，人们对许多自然和社会现象无法解释，对自己的命运无法掌握，当他们遇上了难题，便通过巫卜，求教于上苍。那沟通天上和人间思想的工具，就是龟壳、蓍草，以及用符号、文字来解释上苍意志的《易》。古人以为，通过虔诚的祈祷，利用几个符号如此这般地摆弄，就能知过去未来，就能避凶趋吉，说穿了，这不过是人们处于茫然状态中，希望得到心灵的某种抚慰。老祖宗的心理，我们可以理解；但若说通过卜筮就能够解释未知之数，那简直是天方夜谭。

不过，研究作为古代占筮之书的《周易》，在今天，却是必要的。因为，透过它所记录的符号和文字，我们可以看到古代的社会生活和思想状态，追寻我国文化传统的源头。人们把《周易》视为群经之首，这也是有道理的。

这一部占筮之书，为什么被称为《周易》？对此，学者们历来有不同的解释。

先说"周"。认为周指周朝，最有代表性的是孔颖达的意见，他在《周易正义》卷首说："案《世谱》等群书，神农一曰连山氏，亦曰列山氏，黄帝一曰归藏氏，既连山归藏并是代号，则周易称周，取岐阳地名。毛诗云'周原膴膴'是也。又文王作'易'之时，正在羑里，周德未兴，犹是殷世也，故题周则于殷。以此文王所演，故谓之《周易》，其犹《周书》《周礼》题周以别余代。故《易纬》曰：'因代以题周'是也。"按照他的说法，《周易》即是周朝的《易》的专称。此说也多为后世学者所认同。

至于"易"，也大致有两种最具代表性的意见：

（1）认为"易"是占筮之官。因为《礼记·祭义》载："昔者圣人达阴阳天地之情，立以为易，易抱龟南面，天子卷冕北面。"这"易"抱着龟卜，当然是指人。因此，郑玄注云："易，官名。《周礼》曰太卜。"

（2）认为"易"是变易的意思。孔颖达指出："夫'易'者，变化之总名，改换之殊称。"人们为了给这定义找寻根据，或说"易"的原义为蜥蜴，据称蜥蜴能在不同的时间有不同的形状云云。或说"易"字从"日"从"月"，日上月下，日月相接，这意味着时间的变易。或说金文中的"龙"字，形状与"易"字相似，故"易"即龙。而龙，则善于变化，这又和"易"为"变易"之说，拉上了关系。

这些解释，当然都可参考，但若说《周易》意为周朝的《易》，则值得怀疑。

我们知道，《易》的称谓，在周朝之前，早就有了。《周礼·春官》载："太卜掌三易之法，一曰连山，二曰归藏，三曰周易。其经卦皆八，其别皆六十有四。"又《筮人》："掌三易以辨九筮之名。"因此，后来桓谭在《新论·正经》中也说："易，一曰连山，二曰归藏，三曰周易。"可见，连山、归藏、周易，三者都是《易》。如果《周易》的"周"，是周朝的冠名，何以其他两"易"，不以其出现的时代冠名？须知"连山氏"（或烈山氏）只是一个人的姓氏，"归藏"甚至不见得是神农氏的代指。所以，"因代以题"的说法并不确切，《周易》的"周"，也未必指周代。

其实，这三种"易"，作为占筮之书，从它们都有六十四卦的情况看，很有可能它们最初本来是同出一源。据王充说："古者烈山氏之王得河图，夏后因之曰连山；烈山氏之王得河图，殷人因之曰归藏；伏羲氏之王得河图，周人曰周易。其经卦皆六十四。"① 在王充看来，这三者，都出于河图，只是不同时代的人对它有不同称谓。又皇甫谧在《帝王世纪辑存》中也说："庖牺氏作八卦，神农氏重之为六十四卦。黄帝、尧、舜引而申之，分为二易。至夏人因炎帝曰连山，殷人因黄帝曰归藏。文王广六十四卦，著九六之爻，谓之周易。"② 显然，皇甫谧也知道黄帝、尧、舜引而申之者，也都是"易"，它们和《周易》一样，都源于庖牺、神农所编的"卦"。

如今，《连山》看不到了；《归藏》则在史籍中还留下一些痕迹。但它们都曾经在实际生活中流传。马国翰认为："后汉时，《连山》《归藏》犹存。"（《玉函山房辑佚书·归藏序》）在宋代，李过还把《归藏》和《周易》做过比较，指出它们"卦名同者三之二，若屯、蒙、讼、师、比、畜、履，次序大略亦同。则文王重卦，只因商易之旧"（《西溪易说》）。这一切，说明了"易"，乃是这三部同一性质、同一源流、同一功能的典籍的总称。

---

① （汉）王充：《论衡·正说》，中华书局1954年版，第272页。

② 徐宗辑：《帝王世纪辑存》，中华书局1964年版，第8—9页。

关于"易"这一字，从商代到战国，在金文中使用率很高。蒙张振林教授相告，在金文里，"易"的常用义为赏赐。而赏赐，必有赐予方与接受方。因而在语法上，通常是以施予方为主语；若用于接受方，则为受事宾语，其后跟着是所受赐的事物。兹举数例为证：

> 公易旅贝十朋。（旅鼎）
> 王易金百孚，禽用作宝彝。（禽簋）
> 余易女车马戎兵，釐仆三百又五十家。（吊尸镈）
> 乍册麦易金于辟侯。（麦尊）

以上的"易"，即赏赐之义，用于施予方。而在铜器铭文的嘏辞，也常使用"易"，例如：

> 见工敢对扬天子休……用易眉寿永年。（雁侯见工钟）
> 唯曾白文自乍宝簋，用易眉寿黄耇万年。（曾白文簋）
> 用追孝于其父母，用易永寿。（郘遣簋）
> 白内多父乍宝簋，用享于皇且文考，用易眉寿。（内白多父簋）

以上数例的"易"，则是祈求受赐的意思，所谓"用易眉寿"云云，即祈求获得长寿的保佑。①

从"易"具有赐予和接受祈求的含义看，显然，从上古

---

① 参见张振林：《金文易义商兑》，见《古文字研究》第24辑，中华书局2022年版。

到战国，所谓"三易"，乃是三种用作施予和祈求亦即沟通上下的文本，巫者用"易"字来表明上天的指示和下民祈求上天的赐福，这完全符合"易"字的原义。换言之，"易"的初义，包含着交易、交换的意味。而在赐予和受赐的沟通关系中，赐予、施予的一方，包括上天或上级，自然是居于主导地位的主体。所以，𧆞（毛公鼎）、𧆞（盂鼎）、𧆞（克鼎）以及甲骨的𧆞、𧆞、𧆞、𧆞，那与"易"字下方的"勿"相应的符号，无不是从上向下倾斜，以示由上方向下方施予；而下方则承顺上方的恩惠。可见，古文字的"易"，乃是由上而下相互沟通的意思。至于孔颖达释《周易》的"易"为变易，那是用"易"的引申义，反过来解释原义，这自然有不够确切之嫌。

既然《周易》之"周"，并非单指周代，"易"又非指"变易"，那么，它又是什么意思呢？

我认为，被孔颖达否定的郑玄的解释，其实是可取的。他在《周易正义·序》引郑玄释"三易"之说云："《连山》者，象山之出云，连连不绝；《归藏》者，万物莫不归藏于其中；《周易》者，言'易'道周普，无所不备。"在郑玄看来，这三种"易"的得名，并非"因代以题"，而是表明它们编纂的重点。

据知，这三种《易》，其卦名编排的次序是不同的，宋代的朱震说："商人作《归藏》，首坤次乾；夏后氏作《连山》，首艮而乾已。其经卦皆六十有四。"（《汉上易传》卷六）夏人看重的是山，他们把连绵的山势作《易》之名，这是他们的生活状态和心态的投影。而古人又把"艮"视为山的象征，朱震说夏人把"艮"作为首卦，以表明对山野的重视，应该是可信的。

朱震又说：《归藏》以"坤"卦为首，据《礼记·礼运》载："孔子曰：'吾欲观夏道，是故之杞，而不足征也，吾得夏时焉。我欲观殷道，是故之宋，而不足征也，吾得坤乾焉。'"可见，孔子也看到过以"坤"为首卦的《归藏》。郑玄说：《归藏》乃是把万物收藏起来之义。在今天，我们虽然没有看到《归藏·坤》的内容，但《周易·坤》确写到"履霜""括囊"等与秋天收获的情景，以此推测，郑玄的判断应是合理的。由此，也可以说明夏人已完全进入农耕时代。

从《连山》《归藏》得名的情况看，古人取《周易》之名，也应是着眼于表明这书的内容、意义，才合乎逻辑，不可能唯独是它，才"因代"而"取题"。

郑玄说：《周易》的"周"，指的是"易道周普"。而周普，亦即指包括一切，"无所不备"的意思。按金文"周"作，《金文诂林》引张日昇云："口象四周田界，其中阡陌纵横。象田中所植，田言种植之地，则指田周四至。"① 所以，"周"的古义，是指周边包围了所有的事物。上文说过，"易"指自上而下的相互沟通，这一部传说是由周文王演绎的占筮之书，以《周易》命名，意在说明它涵盖了天地之间、天人之际相互统一的普遍真理。从《周易》对卦的编排看，首"乾"而次"坤"。乾象天，坤象地，这样的序列，确也有"乃统天"以及天地衔接的意味。

我认为，郑玄释"周易"为"易道周普"，似更符合《周易》命名的本义。在《周易》编纂者看来，他们所编纂的，

① 蒋人杰编纂，刘锐审订：《说文解字集注》，上海古籍出版社 1996 年版，第 268 页。

乃是一部涵盖天人一切的占筮之书，因而以此意命名。这一来，它比《连山》《归藏》以某些意象命名的做法，显得更大气、更概括，更能从思想观念的角度，考虑自然和社会问题，也更清晰地表明它所具有的祈求上天赐佑的作用。

《周易》的卦和爻

《周易》，包括卦符、卦名、卦辞和爻辞。

何谓"卦"？按《说文》："卦，筮也，从卜，圭声。"

"卦"，从"卜"，固然表明它有卜筮的功能，其实，用"圭"为声，也与占卜有关。因古人立土圭测日影以此占问凶吉。《周礼·地官·大司徒》载："以土圭之法测土深，正日景以求地中。"若日影长一尺五寸，就表明求得了"地中"，那么，"天地之所合也，四时之所友也，风雨之所会也，阴阳之所和也"，它是吉兆的预兆。《易·说卦传》也说："古者圣人之作《易》也……观变于阴阳而立卦。"可见，"圭"与"卜"合而为"卦"，本来就是巫者和上天沟通的工具，后来，这卦字便用作筮卜的符号。

《周易》有六十四卦，就有六十四首卦辞，它是每卦内容的概括，也是巫者对此卦的总裁决。

《周易》每卦，都由三根爻符构成。"爻"字的本义，是烧灸甲骨或算筹交错所显示的纹理，古人观察纹、筹的交错变化，以此判断凶吉。后来把它作为占卜的符号。

《周易》每卦的爻符，后面都附有文字。这些文字，被称为"爻辞"。

翻开《周易》，我们还会碰到两个符号：一为"——"；一为"－－"。"——"被称为阳爻，"－－"被称为阴爻。

多年前，我国考古学家和古文字学家，在铜器铭文和甲骨文中，陆续发现了一批无法辨认的"奇字"。后来，经张政烺先生考证破解，原来这些"奇字"，是上古时代人们用以卜筮的数字卦符。"—"和"－－"，乃是"奇字"的逐渐演化、简化，最后归纳为代表奇、偶的符号。①

我们的祖先，把事物万象归纳为数，又区分为奇数、偶数，这说明人们已具备抽象思维的能力。古人认为，天地万象的本质，归纳为数，便是奇数"—"和偶数"－－"的对立组合。而用于占筮，又把"—"称为"阳爻"，"－－"则称为"阴爻"。这奇偶阴阳的组合体，被称为一卦。他们又认识到，在奇偶阴阳的对立组合中，还存在一种不奇不偶亦阴亦阳的模糊渐变状态。这状态，表现为数，形之于爻，便使一卦中包括了三个爻。古人把这三者的关系，比喻为"天、地、人"。如果把"阳"与"阴"比喻为天和地，那么，"人"是天地缊缊之气所生，居于天地之间而又能沟通天地的第三者。

古人还看到，由两极三爻组成的一卦，代表着某一事物的元素，是某一事物的本质和属性。而对待事物，古人已懂得应该立体地进行观察，于是发现把两极三爻的位置交换排列，便出现八种不同的组合方式，构成了八种不同形状的卦符。这便是所谓"八卦"。

传说"八卦"由庖牺氏发明制定，并给予八个卦名，即：

乾　坤　震　巽　坎　离　艮　兑

---

① 参看张政烺：《试释周初青铜器中的易卦》，见《考古学报》1980 年第 4 期。

后来，人们为了便于记忆，编了首《八卦取象歌》：

乾三连　坤六断　震仰盂　艮覆碗

离中虚　坎中满　兑上缺　巽下断

这八卦，人们把它视为八种事物的象征，或者视为八种属性，八个方向、季节等等。随着时代的发展，人们又认识到，事物的构成是复杂的，不会只有一个元素，于是把两个卦复合为一体，表示事物具有两元性，这就出现了"复卦"或称"重卦"。例如把"乾"卦放在上边，"兑"卦放在下边，便构成另一个新卦《履》；把"乾"卦放在上边，把"坤"卦放在下边，便构成另一个新卦《否》等等。人们把八个基本卦之间的位置相互交换，以"八"开平方，便得出六十四种排列组合，这就有了六十四卦。

传说把八卦演化为六十四卦的做法，在神农时代已经存在。"黄帝、尧舜引而申之，分为《二易》"，这说明不同年代不同部族的人，对这六十四卦有不同的排列次序，分成了两个系统。而我们今天看到的《周易》，则传说是由周文王构筑的新系统。

据司马迁说："西伯……囚羑里，盖益《易》之八卦为六十四卦。"（《史记·周本纪》）又说："文王拘而演《周易》"（《报任少卿书》）。又据《系辞下传》说："《易》之兴也，其当殷之末世、周之盛德耶？当文王与纣之事耶？"究竟周文王是否是《周易》的编纂者，史无佐证。不过，《周易》作为不同于旧"易"编排的新系统，出现在殷末周初这大变动的时代，则是完全可能的。时代的变动，使人们对世界和社会认识有了新的变化，于是产生了与上天沟通方式的新系统。

从"卦"的制作及其演变，我们可以看到老祖宗们特有的思维方式。

关于"卦"的制作，《系辞下传》有过如下的表述：

> 古者庖牺氏之王天下也，仰则观象于天，俯则观法于地，观鸟兽之文，与地之宜，近取诸身，远取诸物，于是始作八卦，以通神明之德，以类万物之情。

传说中的庖牺氏，我们不妨视为远古时代某一部族的代称。《系辞》指出，先民从观察天地风云，飞禽走兽，诸般事物的具体形象入手，通过抽象，成为象征性的符号。这卦象的原始纹理，近的可能是取之于人的自身，远的可能是取之于天下万物。通过祈祷、摆弄，这些符号便有沟通神明的功能；同时，由于卦象是各类事物属的归纳，因此，人们通过对"卦"的认识，又可推知与它相类的事物的性质。

《系辞传下》的这一段话，相当准确地描述出古人制作八卦的过程，具象—抽象—演绎，这就是八卦制作的思维模式。例如"乾"（☰）、"坤"（☷）两爻，据郭沫若先生研究，它和生殖器崇拜有关。人们从男根、女阴的具体形象，抽象为"—"和"－－"两个符号，然后又根据男、女属性的区别，类推到阴、阳，天、地，刚、柔，健、顺等范畴，于是，乾（☰）、坤（☷）这符号，便可以分别演绎出多种含义。

从形入手，却又超越于形：它的超越，不是散发式的，而是在形的基础上，有一定的规范场，有内在联系的轨迹。这一点，正是我们的老祖宗在制作八卦时所展现的思维模式。在后世，我国的诗词创作讲究"意象相生""情景交融""形神兼备"。所谓"意象"，是指从具体的"象"中引发出"意"；

所谓"情景"，是指情生于景，景中有情；所谓"形神"，是指神韵依附于形体，却又高于形体。这样的思路，和远古制作八卦的思维模式非常接近。或者可以说，我国古代文学创作的理念，以及国人的许多思考方式，蕴含着远古祖先制作八卦时的遗传因子。

其次，卦由两极三爻组成。这既体现事物存在鲜明对立的本质，又包含着模糊的可以转化的空间。这表明我们的祖先，认识到事物既是矛盾的，又是统一的，可以沟通的。如果说，一阳一阴的矛盾，是明确的"实"的存在，那么，另一爻，可能是阳，也可能是阴。这不确定的可作为在量变中的模糊性部分，则属于"虚"。三爻的组合，体现了古人认识到事物包含着"虚"与"实"的两个方面，它们同是事物的本质属性，同属客观的存在。当我们了解远古的祖辈对事物认识的包容性，那么，便可以知道后来的道家，为什么对"道"（包括"有无""名实"诸方面）能作出如此精彩的论述。再者，八卦是阴爻加阳爻的三次方，六十四卦是八卦的二次方，从这排列组合的思路可以发现，古人已经觉察到事物之间的关系是错综复杂的，认识到要立体地、多维地观察事物。显然，古人们对"数"的认知，说明了他们已经具备整体性和周延性的思维能力。

在对世界文明的研究中，人们注意到处于不同的文明的族类，有着不同的思维逻辑。八卦的制作，它那从具体到抽象，从对立到统一的思路，正好体现出我国传统的思维模式，具有不同于古希腊形式逻辑，不同于古印度因明逻辑的特点。

博大精深的中华文化，便从这特定的思维模式开始。它一代一代地完善、发展、丰富，构成了独特的中华文明。

《周易》的爻辞

《周易》有复卦六十四卦。每一复卦，上卦三爻，下卦三爻，共六爻。每爻各系一条爻辞，按计算，应是有爻辞三百八十四条。但由于《乾》六爻全属阳，《坤》六爻全属阴，编纂者认为它们必然向对立的一方转化，这量变过程也是一种存在，于是给它们各加一条爻辞说明。这一来，整部《周易》共有爻辞三百八十六条。

传说《周易》的爻，为周文王所制。请看下面的几条材料：

自伏羲作八卦，周文王演三百八十四爻而天下治。（《史记·日者列传》）

伏羲为之六十四变，周室增以六爻。（高诱注，周室谓文王也）（《淮南子·要略》）

文王广六十四卦，著九六之爻，谓之《周易》。（《太平御览》卷六〇九引《帝王世纪》）

近世学者多认为，《周易》爻辞不可能是由周文王姬昌编纂的。且看在《周易》中，有几条与当时史实有关的爻辞：

（1）王用亨于岐山。

——《升》［六四］

（2）帝乙归妹，其君之袂不如其娣之袂良。

——《归妹》［六五］

（3）箕子之明夷。

——《明夷》［六五］

16

关于（1），写的是周代最高统治者到岐山举行祭祀典礼。在周代，文王之父季，祖古公，他自己，以及其子姬发，都有过登岐山祭祀之举，但姬昌不会称其父其祖为"王"，因为他们被尊为王，是在姬昌死后。至于姬昌自己，不可能自称为王，更不能称武王、成王等为王。

关于（2），"帝乙归妹"是商朝的史事。帝乙是商纣王之父，他为了笼络日益兴起的周，把其妹嫁给季，还生下了姬昌。这爻辞所说的"娣"，其实就是周文王的母亲。这件事，对周人来说，是桩了不起的大事，所以在《诗经·大雅·大明》里给予热烈的歌颂，说是"文王初载，天作之合"，"大邦有子，伣天之妹"。但《归妹》说到新郎之"袂"反比不上新娘的好，那显然不是站在周的立场来看问题。再说，这新郎新娘，实即是周文王的父母亲，假如这爻真的是由他编纂，怎么会出现"其君""其娣"的词语？

至于（3），箕子是商朝遗老，商亡后，他出走，回到商部族的发祥地，亦即"明夷"。周武王起兵灭商，杀纣王，箕子逃亡，全都是周文王死后发生的事。

以上几首爻辞所记的史实，或多或少都与周文王有关，但恰好说明它不可能出自周文王之手。由此可以推论，所谓文王编纂爻辞之说，不过是无稽之谈。

至于《周易》的爻辞，是谁写的，更无法稽考。不过，从它成书的情况，或许可以窥见一二。

关于《周易》爻辞写定时间，多数学者认为在殷末周初；有些学者如郭沫若、李镜池则认为成于战国时代。近年，校友周锡𩜁教授认为它是写定于西周后期。他指出，爻辞有不少的句子用韵，"根据其韵文的'成熟度'判断，这应是押韵的艺术形式已在各类文体相当流行，但韵散结合的技巧尚未抵圆熟之境那时期的产物。再联系内容、用词、句法等去研究分析，很明显，《易经》写定年代应当是西周晚期"。他从汉语史的角度，指出《周易》中连词"而"的出现；用"无"（無）不用"亡"；以"亨"代"祭"；以"其"代"厥"以及有大量叠词、叠音词与双声叠韵词等等，这都是在西周中、后期的语言现象。①

我认为，以爻辞的语言现象为内证，来判断它写定的年代，更具科学性和说服力。这一论点的确立，无疑也说明《周易》爻辞的写定，与周文王无关。那么，爻辞到底是谁写的？这是需要我们进一步研究的问题。

卦辞，是巫者根据卦名和爻辞，做出总体凶吉休咎的判断。例如《乾》卦，乾，是卦名，卦名之后，"元、亨、利、贞"，便是卦辞。

关于卦名、卦辞、爻辞是谁写的？它们之间有什么关系？人们一直无法做出结论。高亨先生说："《周易》六十四卦，卦各有名，先有卦名乎，先有爻辞乎，吾不敢确言也。但古人著书，率不名篇，篇名大都为后人所追题，如《书》与《诗》皆是也。《周易》之卦名，犹《书》《诗》之篇名，疑筮辞在先，卦名在后。"② 我同意高亨先生的推测，有了爻辞，后来的人一般是根据爻辞的内容，分组排列，然后给予一个名称，这便是"卦名"。

---

① 周锡輹：《周易的语言形式与著作年代》，见《中国社会科学》2003年第4期。

② 高亨：《周易古经今注（重订本）》，中华书局1984年版，第24页。

和爻辞中对所述事件状态的判断相呼应，联系到卦名的含义，巫者便给每卦做出总体的认识和评判，这就是卦辞。根据常理，我怀疑《周易》文字出现的次序是：先有爻辞的叙事描象部分，次有爻辞的占断部分。再次，被人归纳，给予"卦名"。最后，根据种种情况，对这卦作总的把握和占测，便又添上卦辞。

下面，我们需要着重讨论的是爻辞。

《周易》的每卦的爻辞，每爻有两个方面的内容，一是叙述性的文字，一是判断性的短句。一般的情况是叙述性文字置在前，判断式词语置于后。例如：

《乾》

［初九］潜龙。<u>勿用。</u>

［九二］见龙在田。<u>利见大人。</u>

［九三］君子终日乾乾，夕惕若。<u>厉，无咎。</u>

上文带下画线者，属判断性句子，是巫者根据自己的认知，对所叙述的内容作出肯定或否定的裁决。当然，巫者的肯定或否定，自有其思想逻辑，我们也可以从中看到一定时代的一定阶层，对待事物的认识和态度。

古人把《易》作为占筮之书，他们以爻辞所描述的具体事象，来解释每卦中处于不同卦位的卦符。像《乾》的爻辞"潜龙。勿用"，便是用作解释《乾》卦居于［初九］卦位的那一根卦符（"—"）。

所谓"爻"，是指占筮工具的纹理或算筹的交错。值得注意的是，人们也称"爻"为"繇"。例如《左传》：

《僖公十五年》：遇归妹之睽，其繇曰：士刲羊……

《襄公二十五年》：遇困之大过，且其繇曰：困于石……

《僖公四年》：卜人曰：筮短龟长，不如从长，且其繇曰：专之渝……

按"爻"与"繇"，均为"延朝反"（yáo），同声假借，所以在《左传·闵公二年》"成风闻成季之繇"一句，杜预注云："繇，卦兆之占辞。"孔颖达的《周易正义》也说："易之爻辞，亦名为繇。"

而"繇"，亦通"谣"。据《汉书·李寻传》："揆山川变动，参人民繇俗。"颜师古注云："繇，读与谣同。繇俗者，谓曰童谣及舆人之诵。"又《说文》，"繇"的本字为"䌓"，徐铉注云"今俗从䍃"，其偏旁的"缶"原作"言"。查《金文编》，𤔰（录伯敦）、𤔲（散盘）繇均从"言"。可见，此字本来就和言辞有关。这也说明，所谓"爻辞""繇辞""䌓辞"，实即为谣辞，也就是民谣、民歌一类的东西。这一点，李镜池、高亨等先生早有所论述。人们从现存《周易》的爻辞里，发现其中属于叙述性的句子，许多是前后押韵的，这也表明，许多爻辞，其实是上古时代的歌谣。

弄清楚爻辞的本来面目，那么，它的作者问题，自可迎刃而解。"童谣及舆人之诵"，当然是来自民间。我们知道，《诗经》是上古民歌的结集，其实，《周易》收集了许多有韵的爻辞，也可以说是另一部上古民歌的结集，不过，它不是用于抒情，而是用之于占筮。

关于《周易》爻辞实由民谣编纂而成这一论点，李镜池

先生早在 20 世纪 30 年代，已有详细的论述，并披露于《周易
筮辞考》和《周易筮辞续考》① 两文中，后来也有不少学者像
张政烺先生等又作出补充。拙著对爻辞的解释，正是在前辈学
者的启发下，作继续的探索。

爻辞与爻符的关系

被用于占筮的民谣，和卦符、卦位有联系吗？答案是：又
有，又没有。

说它"有"，是因为《周易》六十四卦的演绎者，把原属
民谣的句子，逐一系于卦符、卦位的后面，用以说明卦符、卦
位的含义。说它"没有"，是因为它们之间本来并不搭界，是
被人以"拉郎配"的做法凑在一起的。

我们知道，在古代，采用六十四个复卦进行占卜的做法，
不只是《周易》一家。《文物》1995 年第一期的《江陵王永
台 15 号秦墓》一文，披露了一些秦简。请看数条：

《坎坎》蠡曰：昔者殷王贞卜其邦，尚母有咎，而殳
占巫咸。咸占之曰不吉，蠡其席，投之亦谷……

《节》曰：昔者武王卜伐殷，老考占曰吉……

《同人》曰：昔考（者）黄帝与炎帝战……

显然，秦简所载的，也是存在于周代的筮辞。从其卦符和
卦名看，大致与《周易》相同，但解释的办法，则各异其趣。

---

① 李镜池：《周易探源》，中华书局 1978 年版。

秦简所载的，是以回忆往事的办法来说明卦符，所以爻辞开头都说"昔者……"这模式，与《周易》所载并不一样。

上述秦简所书，可能是出自《归藏》。因为《太平御览》所辑《归藏》佚文，有些条目，内容与之相类。不过，《太平御览》记录的文字，又与秦简不尽相同。这又表明，可能在殷周时代，就连《归藏》也有不同的传本。

至于在洪颐煊辑本《归藏》中，有些筮辞，又呈现出另一种形态，例如：

（1）《剥》：良人得其玉，君子得其粟。

（2）昔女娲筮，张云幕而枚卜，神明占之曰："吉，昭昭九州，日月代极；干均土地，和合四国。"

（3）昔穆王天子筮于西征，不吉，曰："龙降于天，而道理修远；飞而冲天，苍苍其羽。"①

在洪颐煊所辑的文字中，可以发现，《归藏》的筮辞，也有用韵的歌谣体，这和《周易》许多爻辞很相似，也说明了以歌谣用作解释卦符的做法，并不始于《周易》。看来它是上古比较通行的占筮方式。其次，《剥》卦使用的歌谣，不见于《周易》的《剥》，可见，占筮者虽然占取了同一的卦符，但解释的词语并不相同。像《剥》卦，现存于《周易》中的爻辞，则完全没有"良人得其玉，君子得其粟"这两句。

宋代人李过指出："商《归藏》六十四卦名与周卦名同者三之二，曰《屯》《蒙》《讼》《师》《比》《畜》《履》，次序

---

① 见《经典集林》卷一。

大略亦同……今以《周易》质之《归藏》，不特卦名用商，卦辞亦用商。如《屯》之屯膏，《师》之帅师，《渐》之取女，《归妹》之承筐，《明夷》之垂其翼，皆因商易旧文。"① 据李过所云，则《归藏》与《周易》不相同者尚有三分之一。

而在现存的《左传》中，还记载着当时人们用《周易》进行占筮的情况，也保留了一些《周易》繇辞（爻辞），试举数例：

（1）《左传·闵公二年》"遇《大有》之乾，曰：同复于父，敬如君所"。

（2）《左传·僖公十五年》"其卦遇《蛊》，曰：千乘三去，三去之余，获其雄狐"。

（3）《左传·成公十六年》"其卦遇《复》，曰：南国蹙，射其元，王中厥目"。

以上所引《左传》残存《周易》的筮辞，与现存通行本《周易》中《大有》《蛊》《复》诸卦不同。又《晋书·束皙传》载《汲冢竹书》云："《易繇阴阳卦》二篇，与《周易》略同，其繇辞则异。"可见，就在周代，也还流传着与现存通行本不同的《周易》。

根据《易》存在着卦符卦名相同，而筮辞并不相同的情况，我们可以得出以下的结论。

第一，《周易》的卦符卦名、爻符，与爻辞没有必然的联系，否则，就不会出现在同一卦名中，彼此使用不同爻辞以资解说的现象。你可以这样诠释，我可以那样诠释，正好表明卦符与爻辞之间，不存在紧密的逻辑关系。

---

① （宋）李过：《西溪易说》原序，文渊阁《四库全书》本。

第二，据知，六十四卦，早已存在。而殷周之际，复卦出现，每卦便有六爻，派生出三百八十六条爻辞。爻辞的后出，也说明这是《周易》编纂者，以不同歌谣牵合不同的卦。显然，这歌谣本身，与在神农以来早已存在的六十四卦，其间也没有必然的联系。

弄清楚了爻辞的性质，我们就可以明白，它是来自民间的东西，本来并不神秘，也不可能预示什么凶吉。至于巫者为什么在歌谣的句子后面，加上凶或吉之类的判断，那不过是根据他自身对生活的认识，给予补充的说明。例如歌谣有"潜龙"一句，巫者认为，这龙尚在蛰伏之中，这意象，启示人们，事情还未开始，于是他就加上"勿用"的判词。《周公卜法》卷首云："审看下卦歌颂，次定凶吉。"定凶吉是在审视歌谣之后，这很清楚地点明了巫者编制爻辞的过程。

在《周易》的每一卦中，把哪一组歌谣的哪一句，和哪一个卦位的爻符搭配在一起，这完全是出自编纂者的主观安排。编纂者根据每卦卦位的爻符排列顺序，与歌谣每句以及巫者对它的判断，依次排列在一起，让每句歌谣与相应位置的爻符联系，这就成了"爻辞"。例如《乾》卦卦位顺序为：［初一］［九二］［九三］……编纂者便把歌谣第一句"潜龙"，第二句"见龙在田"，第三句"或跃在渊"……相应系上。于是，它们也都成为《乾》卦的爻辞。由于复卦上下卦加起来有六个爻符，编纂者便把歌谣切分为六句。有时候，碰上特殊的需要，编纂者也会采用特殊的做法。例如《坤》卦，按编纂者的理解，它的六根爻，全属"阴"；"阴"到了极限，便要向"阳"转化，因此，《坤》和全为阳爻的《乾》一样，都比别的卦多了一个卦位。在《坤》，这多出的第七个卦位，称为［用六］。可是，与此卦搭配的歌谣，却无法切分为七段。这就出现了一个有趣的现象：

> ［上六］龙战于野，其血玄黄。
> ［用六］利永贞。

前面说过，《周易》的爻辞是由叙述性的描述和巫者的判词合成的。然而，上引《坤》的两段爻辞，［上六］只有描述句，而［用六］只有巫者的判词。这恰好说明，编纂者在搭配爻辞的时候，发现《坤》应多添一个卦位，而歌谣的句子又只够分配于六爻。于是，只好把原来属于［上六］的一段爻辞，掰为两半，让下半留给［用六］，这就出现了［上六］只有描述句，［用六］只有判断句的特殊现象。而这"断裂"的痕迹，却无意中暴露了编纂者搭配爻辞爻符的手法。

《易传·系辞下》有这样一段话："八卦成列，象在其中矣。因而重之，爻在其中矣。刚柔相推，变在其中矣。系辞焉而命之，动在其中矣。"文中所说《周易》始而成卦，继而有爻，再系之以辞，这辞便是爻辞。辞既然曰"系"，而不曰"撰"，不正表明它是已经存在的么？不正表明《易传》的作者意识到它是现成货么？由此也可以说明，爻辞乃是后来"系"上去的，这搭配，是"后天"的举措。而被搭配的"爻"和"辞"，本来并无内在的联系。

如上所述，《周易》爻辞的制作，乃出于人力，殆非天意！

也正由于编纂者把本来是不相统属、不相搭界的"爻"和"辞"连在一起，这反而给了人们许多想象的空间，它可以任由人们作出各种各样的解释。

本来，抽象的爻符和具体的歌谣搭不上边，只是后人硬是把它们之间的关系，说成是必然的，甚至通过"数理"说明它们之间的合理依存，弄得玄而又玄。为了廓清事实，我们不得不花费许多笔墨。其实，人们只要想一想儿时在菩萨面前拈香问卜的情景，便可以知道把爻符与爻辞搭配在一起，到底是什么一回事！

当人们心有疑难，向神佛稽首，从签筒里摇出了一根写有号码的签（这便等于爻符），然后找到了负责解签的庙祝。庙祝看了签上的号码，对号入座，找到了一张解说辞（这等于爻辞）。又假如解说辞上写着"白日依山尽"（这等于爻辞中描叙性句子）；纸角又写着"下下"（这等于爻辞中的判语）。如果你拈着这签，想占问你的升迁前程，庙祝会告诉你前景不佳。因为太阳下山，天色暗淡，这意味什么，自然不言而喻。但是，你能相信王之涣那具体而形象的诗句，与你所抽中签条上的号码，有什么联系吗？

不过，历代有不少"易学"家，倒是把爻辞的判断信以为真，并且也要让善男信女们信以为真。因此，他们便千方百计地说明爻符和爻辞之间关系的必然性和合理性。当然，无论他们怎样求诸数理，求诸玄妙，都和事实的真实性相距十万八千里。其实，人们对《周易》的认识，和一定的时代的社会、思想状况，有着密切的关系。像朱熹，他对《周易》的解释便不同于汉唐诸家，这反映了在宋代生产力的发展，导致人们认知的变化。在今天，我们对前辈"易学"家的看法，要注意吸取其精华，借鉴其中合理的成分。至于对那些哪怕是"胡说八道"的看法，也应该重视，因为从中可以追寻到一定时代人们的思想逻辑，看到我国哲学思想的发展脉络。

爻辞的内容

在古代，我国有采诗之风，人们把各地民歌民谣汇集起来，用以"观风俗，知厚薄"，这就有了我国的第一部诗歌结集——《诗经》。

上面说过，《周易》的编纂者，也是把许多歌谣采集起来，系在各卦爻符的后面，用于占筮，用它所描述的具体事象，去说明抽象的符号。因此，《周易》的爻辞，实际上也是民歌民谣的结集。只要我们拨开蒙在它身上的神秘薄纱，不难发现，许多爻辞，描述的是古人生产生活的图景。我认为，研究《周易》的意义，很重要的一点，正在于它是古代人民生活和社会状态的历史记录。

《周易》有六十四卦，每卦有一组爻辞。这六十四组爻辞，也可以视为六十四组古代社会生活画面的反映。

《周易》的每一卦，都有一个名字，这叫"卦名"。至于卦名是怎么样得来的？孔颖达在《周易正义》里有过解说："圣人名卦，体例不同，或则以物象而为卦名者，若否、泰、剥、颐、鼎之属是也；或以象之所用而为卦名者，即乾、坤之属是也。如此之类多矣。虽取物象，乃以人事而为卦名者，即家人、归妹、谦、履之属是也。所以如此不同者，但物有万象，人有万事，若执一事，不可包万物之象；若限局一象，不可总万有之事。故名有显隐，辞有舛驳，不可一例求之，不可一类取之。"按照孔颖达的看法，卦的名字，或与卦里爻辞所叙的事情有关，或与爻辞所写的物象有关。这判断是合乎事实的。另外，有些卦名，甚至来自爻辞或卦辞中的某个词。像《中孚》，就因卦辞中写到"中孚，豚鱼吉"。看来描述者意识到这个词有较为重要的作用，便以它作为卦名。这情况，与《诗经》里面有些诗名的来由十分相似。

另外，从孔颖达的论述中，他分明也觉察到，卦名，是在有了卦辞爻辞之后，才加上去的，它是卦辞、爻辞内容的归纳，所以他说《周易》以"事象""物象"而为卦名。弄清楚这一点，也是重要的，因为它牵涉那六十四组爻辞，到底是按事先定好的题目写作，还是本来就是现成的作品，被人加上题目系于卦符之后，用于占筮的问题。如果属前者，人们也许还要考虑卦符与卦名之间，会不会有多少瓜葛？会不会卦符与爻辞存在着某些联系？如果是后者，则只能说明卦符与爻辞本来是毫不搭界，我们也实不必在这些方面花费心思。

至于《周易》的爻辞，它所反映的社会生活，归纳起来，其内容大致有以下几个方面。

第一，有关狩猎和畜牧生活的描写。

在《周易》里，也有一些爻辞涉及农耕的问题，但不多。而反映当时生产方式方面的歌谣，则以描述狩猎和畜牧生活者占大多数。很可能，《周易》里许多爻辞写定的时代，还未进入农耕社会，还处于生产力比较低下的年代。

翻开《周易》的《小过》一卦，透过爻辞，我们便看到了由多人组织起来的狩猎活动的情景。那些飞禽走兽，能躲过男猎手，又碰上女猎手；能避开领队的头头，却碰上了他的手下。猎者有用网去捕兽的，有奋力追杀的，也有跑到洞穴里掏兽窝的。通过鸟兽的逃遁，猎者的忙碌，一个轰轰烈烈的捕猎场面，活灵活现地呈示在人们的眼前。而在《蒙》里，我们又看到一幅猎人抓捕小野猪的情景。那猎者拨开遮蔽着的草丛，发现了猎物，而当拿出了箭准备发射时，才发觉自己没有带上弓。急忙间，便冲上前去，终于击倒了小野猪。

在狩猎活动中，弓箭是主要的工具。《周易》里的《恒》卦，便提醒人们应如何使用弓箭。"恒"，原义为"亘"，弓弦也，引申为弓矢。爻辞告诉人们，捕猎时使用弓箭，目标过远，则不易瞄准；若在天色昏暗的时分瞄准，或者执弓的手发抖，更是发射的大忌。看来，如何用好弓箭，是捕猎的新手必须掌握的技能，所以，人们才会通过歌谣传递必要的知识。

捕猎的生活，是艰辛和紧张的，如果碰上恶劣的天气，猎人的命运更会有许多的未知数。像《小畜》，写的就是在"密云不雨"的鬼天气中出猎的情况。那一对猎人夫妇前往打猎，半路上，山雨欲来，他们一看天色不对，赶紧从原路回家。走着走着，车子出了问题，轮子上的辐条脱落了，夫妻俩便七手八脚，修理车轮，把辐条纳回轮洞里。当然，他们在狼狈中也会有所获，但既要避雨，雨停了，晚上出猎，又可能遇上危险。透过《小畜》的爻辞，我们可以看到古人狩猎生活的艰难，看到他们时忧时喜忐忑不安的心理活动。

《周易》的爻辞，更多写到古人畜牧的情况。在《坤》卦里，爻辞描述了人们在原野上收获的情景。秋天，麦子熟，野花黄，芳草萋萋，平坦的大地色彩斑斓，人们高兴地把采集到的植物装进袋子里。而《坤》的卦辞，有"利牝马之贞"的判语，显然，这是当时人们占测的重点。人们采集植物，却意在马匹，看来，括囊而归，囊中物正好作为马匹的饲料。而人们对牝马的重视，无非是与马匹的繁殖问题有关。很清楚，注重饲养和繁殖，表明当时已进入畜牧的时代。

在畜牧时代，古人们渐渐积累起豢养的经验。例如在《颐》卦，爻辞便写到人们已经掌握了掰开马的腮帮观察马的牙齿的相马术。其中，特别写到马儿被"相"时的各种反应：有摇摆着头不顺从人的观察的；有虎视眈眈地望着人的；有温顺地挨磨着石头搔痒由着人观察的。而人们则可以从马儿的反应中，知道它的脾气。由此可见，爻辞的描述者，对牲畜的习性有了相当的了解，否则，人们也不晓得观看马齿的相马办法。

畜牧，比单靠捕猎为生自然有所进步，但也会有种种难以预料的困难。别以为把牲口圈养起来，便万事大吉了，那些畜牲常常会伺机逃跑。在《遯》卦里，便写到小猪的逃跑，有人赶紧去抓，用"黄牛之革"把它绑起来。当然，有人也会善待小猪，让它长得肥肥的。

小猪好对付，羊的放牧，就不容易了。在《大壮》一卦里，爻辞写有些羊弄伤了趾，便跑回了羊圈；有些公羊竟撞向篱笆，有人便冲上去殴打，有人则用网去套住它；有些羊发出蛮力，把篱笆撞倒，人们也绑不住它，幸好，它乱冲乱撞，撞倒在羊圈外围的车轮下。有些羊，则抓不住了，逃出去了，丢失在荒郊了；有些羊要逃跑，可羊角被卡在篱笆上，动弹不得，而牧羊人也弄得狼狈得很。

第二，有关天灾的描述。

在生产力低下的时代，自然灾害给人们带来了莫大的威胁，自然界的力量，也使人无比恐惧。在《震》卦中，我们看到了上古发生地震时的种种情景。地震开始时，人们还不大觉察，"笑言哑哑"，颇为镇定。不久大地猛烈摇晃，人们害怕了，便拼命跑上山头。跟着，人们看到山崩地裂，泥土塌了一大片。其后余震不断，百姓惊惶失措。在《丰》卦中，爻辞描述的是日食时的情况。那太阳，像被厚厚的帘子遮盖，白天里，天上竟出现了星斗。人们害怕了，不敢在屋子里待着，都跑得精精光光。然后太阳渐渐复圆，天空里也才出现了光彩。

在《涣》卦中，写的则是发大水。涣涣河水，淹上了台阶，淹了一大群人，人们纷纷奔上小丘，有些人大声号叫，一片混乱。幸而大水流进了河沟，后来才慢慢地退走。通过这些爻辞，我们感受到初民在天灾面前的焦虑情绪。

第三，有关各种各样祭祀活动的描述。

作为占筮之书，《周易》的编纂者搜集了许多记录有关祭祀活动的爻辞，甚至可以说，《周易》的每一卦，都和祭祀有直接或间接的关系。

《周易》的《升》卦，写的是周代君主到岐山祭祀先王的过程。周的先祖古公亶父，早期曾在岐山一带活动，后来周族迁徙，离开了岐山，但这里实在是周朝龙兴之地。所以，周王到岐山祭祀，表现得恭恭敬敬，他步步登山，闭目冥思，神情肃穆。《大有》一卦，写的则是庆丰收的祭祀。那时候，载着献祭物品的车子纷至沓来，道路挤塞。在祭坛，参祭的巫师排列两行，舞之踊之，而王公大人则捧着贡品，献给君王，仪典中呈现出一派隆重喜庆的景象。那时候，祭祀的活动真多，像《萃》，记录的是宗庙的祭祀。像《巽》，记录的是出猎前的祭祀。像《益》，记录的是盛大的献俘仪典。至于遇上了灾难，则更要献祭以求上天保佑。像《需》，记录了人们求雨的情况。久旱不雨，天上只飘着胡须状的云，人们就在沙地上、泥地上、小沟旁转圈跳舞，祈求老天爷下雨。

在古代，人们举行祭祀时，或者在节日的活动里，还往往有驱傩的仪典。这驱傩的情景，我们在《离》卦里还可见一斑。那披着黄色熊皮的由人扮的魑魅上场了，他一拐一扭地踏着舞步；人们便敲打着盘盘罐罐大声驱赶。一边赶，一边喊："打死它！烧死它！"场面如火如荼，生动有趣。在《观》卦的爻辞里，我们又看到另一种所谓"灌祭"的场面，那是在夏天举行的祭祀。开始时，孩童们和奴仆们在那里浇浇泼泼。跟着，有人拿着珍贵的盛器，浇灌酒水于地，然后又有人用水呀酒呀泼向牲口，泼向篝火，再就是你泼我，我泼你……真是热闹非凡。

祭祀活动，离不开巫者的参与，《无妄》一卦，便记述了巫者的生活状况。他们和一般人不同，可以"不耕而获，不菑而畬"，即不耕种可以得到收获，不开荒可以得到熟田。当然，他们从事的工作，也非一般人所能胜任。哪里出现了灾祸，哪里有人生病，巫者都要到现场装神弄鬼，消释灾殃。至于举行祭祀，更少不了巫者和上天沟通。

巫者作为天上与人间的桥梁，他们沟通人天的手段，除了占筮之外，就是歌舞。因此，在《履》卦中，《周易》的编纂者特别记述巫者的舞态舞姿。他们起劲地踏着一拐一跛的舞步，摇弄着用作舞蹈道具的虎尾：有些则戴着面具，飞快地旋转。顺带指出，这"履"字，后来引申为"礼"。由此，我们也可以看到巫者的舞蹈所具有的特殊作用。至于唱，在祭祀中也是重要的，在《节》卦中，便写到"唱"的规矩。唱者必须按照一定的节拍，婉转纡徐地吟唱，万不能唱得太快，快则成为"苦节"，很不吉利。

总之，祭祀是要讲究规矩的，对参加祭祀者来说，最紧要的是要有一份虔诚的心。在《临》卦中，便写到参祭者要齐齐与祭；献祭用的是新醅的酒，不能用有泔味的酒。祭祀的时间，应该是"至日"，亦即是冬至或夏至的准确时间。在《损》卦中，则写到祭品的多少，并不重要。重要的是祭祀要及时，要赶快举行。它又指出，祭祀时要遵守一定的法度，什么样身份的人，使用什么样的祭品祭器，那是"弗克违"的。行礼时，也要讲究排列的次序，两人一行，不能乱套。从先民对祭祀规矩的强调中，我们可以看到后世儒家制定"礼乐"的端绪。

第四，有关社会生活和婚姻家庭的描述。

《周易》的爻辞，还写到了当时人们种种的社会生活情况。像《井》卦，便记录了打井的事件。有些地方改造了乡邑，却没有改造水井，这便引起了诸多不便。透过《井》的爻辞，我们可以看到在改井的问题上，出现了守旧和更新两种思想的碰撞。在《睽》卦里，呈现在人们眼前的是一幅奇怪的街景，你会看到：马在逃跑，牛在拉车，猪在打滚；你会看到：有缺了鼻子的秃子，有一拐一颠地走路的跛子；你会看到：有人丢了马，有人拉住牛，有人牵俘虏，有人扮鬼怪，有人娶新娘……这一组组画面，让人们感受到巷陌里人来人往，世态纷繁。

那时候，村落出现了。像《屯》卦，写到人们用磐石把村子围起来，村子里挖有沟洫，流水涟涟。有人便到村里求婚来了，他们骑着马在村外转圈，村里村外，显出了一派祥和景象。

有了村落，就有了屋舍。有些人家，居住的条件还是很不错的。像《家人》卦中写到，那一家，门外有栏栅，门里有火塘，一家大小可以围着火塘嬉戏，还可以接待君主的访问。这样的家，称得上是"贵族之家"。当然，村落的房舍，也会常有野兽来光顾。《噬嗑》一卦，便写到被野兽闯进栏栅，偷吃干肉，害得主人家要加强防备。这情景，也是上古村居的常态。

有些卦文，还写到当时婚姻的情景。在《屯》《睽》《贲》诸卦中，都写到骑马迎亲的习俗，而且也都有"匪寇婚媾"一句。看来，远古时代抢婚的行径，到那时还保留着残

33

存的形式，所以娶亲者必须表明善意，免被误会。至于有关婚礼的描述，在《贲》卦最为详尽。它写新娘细心打扮，连陪嫁的姑娘也沐浴得干干净净，然后从送嫁的车子走下来，徒步到了约定的地点等候。而迎娶的一方，则骑着马儿来到。那马儿装饰着白色的羽毛，人儿则穿上白色的衣裳。双方汇齐了，便一起走向小丘上的园圃。在丘园，男方献上彩帛，婚礼才算完成。

其实，在行聘、纳彩之前，上古的男子女子，就有许多互相接触互相爱慕的机会。在《中孚》里，爻辞写了青年男女在郊野欢聚的情景。黄昏时分，一批男青年带着信物，涉水过来，唱起情歌。他们各自找到了匹配的对象。于是男男女女，尽情地唱歌跳舞，然后送上信物。月亮出来了，马儿走开了，他们好有一番缱绻。等到天亮了，鸟儿飞走了，欢会也就结束了。此外，在《姤》《咸》《剥》等卦文里，也有不少有关性爱的描写，有些还写得十分露骨。这情状，也是上古男女生活的常态。

第五，有关政治生活和战争的描述。

所谓政治生活，指的是在家庭、婚姻之外的人际管治的问题。在社会上产生不同的利益阶层和出现了政权的情况下，如何处理人与人的关系，实际上是属于政治层面的问题。

在《周易》的爻辞里，我们看到，社会上有饥民，有富民。《谦》卦所写的"谦"，其实是一批欠缺食物的饥民。这卦的爻辞，写的就是管治者赈济饥民的情况。在赈饥的过程中，爻辞也写到管治者的做法和考虑，例如，写到对饥民要态度谦和，不能颐指气使；要晓得引导和指挥饥民，让他们为管治者所用。《豫》卦的爻辞，则写对待富民的问题。对他们，爻辞认为态度不能生硬，要注意妥协。这些，都是当时处理人际关系的经验和原则。

在人与人的相处中，不免会有利益冲突，出现了纠纷，《讼》卦的爻辞，写的就是争讼的情况。描述者认为，彼此的纠纷应通过诉讼，由上级解决。认为诉讼者应该服从上级的裁判，如果败诉者逃跑了，管治者要注意处理好他的部属。

管治者掌握政权，少不了要设置牢狱，处置犯人。《坎》卦的爻辞，就写到当时如何把犯人囚禁在地窖里。犯人的饮食，是要让狱卒从地面上用绳子吊下去的。至于《困》卦，写的是给不同的犯人予各种各样的惩罚。有些犯人被绑在树木上，有些被饿饭，有些被囚在"嘉石"上示众；有些被绑在牢房的柱子上，有些则要服劳役。诸如此类，不一而足。在这里，我们也可以看到当时社会管治的严酷。

不过，当时的管治者也逐步掌握了统治的经验，懂得不能光靠刑罚来解决社会的问题，懂得要提倡思想沟通，用说服的办法解决人与人之间的矛盾。在《兑》卦里，爻辞写到了说服者如何和意见不同的人沟通，提出若要说服对方，则要和颜悦色，要真诚，要引导对方让他自己解决问题。同时，管治者也考虑到，政权的政策、措施，也不见得一贯正确。因此，《蛊》卦的爻辞，便提出要纠正父辈政策的积弊。而在纠正的过程中，会碰到阻力，会有人不理解。因此，在纠正过去的失误时，又应采取宽容的态度。应该说，这些想法，表现出当时人们已经具有相当高明的管理水平。

当然，在人际关系到了矛盾不能调和的时候，就会出现动乱和战争。像《随》卦的爻辞，写的是一次俘虏暴动的事件。本来，俘虏们被拘囚在屋子里，谁知他们逃跑了，管理者只好四出围捕。那场面，也真够混乱的，抓了"丈夫"，就丢了"小子"；抓回"小子"，又失了"丈夫"。顾此失彼，狼狈不堪。

平息动乱，还是小事，如果有外部敌人入侵，那就是大事了。在《夬》和《同人》里，爻辞描述了反击敌人的战斗。《夬》卦制作者描述了战斗的全景。一方面，战士和敌人正面对抗；一方面，"君子"在雨雾中急行军，形成了正面牵制来敌，偏师暗度陈仓的态势。结果出奇制胜，打败了来犯之敌。《同人》写的是一场持久战。敌人来犯，防守一方，一直采取以逸待劳的战术。他们伏于丛莽，不动声色；占据山丘，增高城墙；居高临下，等待援兵。援兵一到，便内外夹击。看来，当时的指挥者，对战争的艺术也颇有了解。

以上，我们简略地概述了《周易》爻辞的内容。为了论述方便，我们把它区分为几个方面，实际上，它们往往是相互交叉的，有些爻辞，涉及的也不只是一个方面。

此外，在《周易》里，还有一些有关历史事件的描述，像《明夷》，那是一首和商朝败亡箕子出走有关的歌谣；像《既济》和《未济》，则分别和商代高宗武丁伐鬼方，以及王亥、上甲微父子先后伐鬼方的事件有关。

从这些记述中，我们多少可以看到历史发展的侧面。

怎样看象辞

《周易》的卦、卦名、卦辞、爻辞，被视为"经"。上经含三十卦，下经含三十四卦。而最初的对"经"解说，共有十种，即［彖传］上、下，［象传］上、下，［系辞传］上、下，以及［文言传］［说卦传］［序卦传］和［杂卦传］。这十种著述，又称"十翼"，也就是辅助阐述经文的意思。

［彖传］［象传］是阐述卦辞、爻辞义理的释文（也可简

称为［彖］或［象］），这释文被称为［彖辞］或［象辞］。

在这十种著述中，最早出现的是［彖辞］和［象辞］。为了强调其意义，人们还附会说它们出自孔子的手笔。据知，孔子是读过《周易》的，并且表示对它有很大的兴趣。但若说［彖辞］［象辞］是他所写，则史不足证，人们也实在不知道其作者是谁。不过多数学者，认同它们是出现于西周末到秦代的一段时期。据《左传·鲁昭公二年》载，那一年的春天，韩宣子"观书于大史氏，见《易象》与《鲁春秋》，曰：'周礼尽在鲁矣。'"可见，当时的《易》已经有了［象辞］。至于［系辞传］等篇，则多是出于汉以后的儒生之手。

对《周易》的阐释，最重要的，也莫过于［彖辞］与［象辞］。

"彖"者，断也。［彖辞］是对每卦主旨最早的文字判断。"象"者，意象也。它是对每卦以及每爻的意义的最早解释。人们又称它解释整卦意义的部分为"大象"；称它解释每爻的文字为"小象"。从汉以来，人们往往把［彖辞］和［象辞］系于《周易》每卦每爻之后，以方便读者对"经"的理解。因此，本书也一并对［彖辞］和［象辞］稍作分析。

至于［系辞传］等篇，则是其后人们对《周易》以及对［彖辞］和［象辞］作概论性的阐述，是对"阐释"的阐析。这些，本书暂不论列。

《周易》既作为占筮之书，因此，［彖辞］［象辞］的制作者需要编出一番道理，来解释卦位、卦符、卦象与卦名、卦辞、爻辞的关系。其间，主观随意和牵强附会的地方，自不可免。所谓"通神明之德"，如何"通"法？靠把爻符摆弄来摆弄去便可以"通"？实在是天晓得。不过，［彖辞］［象辞］的制作者，企图通过对卦符爻辞具体形象的进一步推论，"以类万物之情"，这一来，在演绎的过程中，也就展示了他们对世界和事物的认识，展示了他们对自然和社会规律的掌握。

我们先看看［象辞］。

认识到世界存在着对立而又统一的规律，是［象辞］制作者取得的思想成就之一。

上文说过，我们的老祖宗早就认识到事物存在着矛盾对立的本质。太极生两仪，两仪，在卦中表现为"阴爻"与"阳爻"。［象辞］正是在阴阳对立的基础上，推演出天地、刚柔等事物、属性诸关系，认识到它们既是矛盾的，又是统一的；认为事物的产生、发展，都源于这一本质的存在。

在《泰》卦里，［象辞］提出事物生成的原则："天地交而万物通，上下交而其志同。"他承认，天与地，上与下，有本质的区别。而这不同的对立的质又只有在"交"的情况下，亦即在互相碰撞产生冲突的情况下，才会出现"万物通""其志同"的可能性。在《归妹》，［象辞］又指出："天地不交，而万物不兴。"很清楚，制作者承认对立，特别承认对立事物的相互作用，是产生新的事物的前提。

不过，［象辞］所强调的对立面的"交"，又不是对抗性的，所以，制作者说"天地感而万物化生"（见《咸》卦），"天地相遇，品物咸章"（见《姤》卦）。对立的双方，相遇相感，亦即互相融合，互相统一，于是化生出万物。

［象辞］的制作者能够如此清晰地表述客观世界的本质，不能不使人惊叹我国古代思想家的智慧。同时，他们又看到，矛盾对立的双方，有一方处于主要的方面，居于主导的位置。以"乾"与"坤"而言，乾为主，坤为辅，所以说"大哉乾元，万物资始，乃统天"；"至哉坤元，万物资生，乃顺承天"。乾，是天，引申为阳性、男性、君主诸方面；坤，是

38

地，引申为阴性、女性、臣属诸方面。它们处于矛盾对立并相互统一的同一范畴，但主导方，只能是由"乾"所代表的天、阳、男、君的一方，与之对应的诸方，只能处于从属的位置和承顺的状态。

以"乾"为主的事物发生发展规律，［彖辞］称之为"乾道"。制作者说："乾道变化，各正性命，保合大和。"在"乾"居于主导的情况下，他承认各种事物，存在着各自的属性，各有各的"性"和"命"。就是说，他承认差异的存在。而当摆正了"性""命"的态度，摆正了与"乾"的关系，那么，便能够和谐，进入"太和"的最高境界。否则，便会阴阳不调，万物相睽，出现"天地不交而万物不兴"的严重局面。从这里，我们可以看到制作者所强调的，实际上是一元论的世界观。

认识到世界存在着发展变化的规律，是［彖辞］制作者取得的思想成就之二。

［彖辞］认为，宇宙是变动的，在《豫》卦中，制作者指出："天地以顺动，故日月不过，而四时不忒。"正因为天地顺着一定的方向变动，所以日月、四时，才会按一定轨迹运行。又说"天地革而四时成"（见《革》卦），"天地节而四时成"（见《节》卦）。所谓"革"，是指变革；所谓"节"，是指按一定的节奏进行。总之，变化、变动，存在于时间与空间；没有动，没有变，时空也就不复存在。所以，制作者指出："天地之道，恒久而不已也。利有攸往，终则有始也。日月得天而能久照，四时变化而能久成。"（见《恒》卦）"不已"，就是不停地变动，它乃是天地与四时之所以恒久存在的基础。

而在［彖辞］的制作者看来，事物变化发展的轨迹，是循环的，周而复始的。在《蛊》卦中申明："终则有始，天行也。"天行是指"天"的运行规律，亦即天之道。按照一般对事物发展的说法，应是从始到终的，但制作者在这里以及在《恒》卦，强调的是"终则有始"，他一再认为，事物发展到终点，又回归到起点。在《丰》卦中，他还以日月的运行为例："日中则昃，月盈则食；天地盈虚，与时消息。"

中与昃，盈与食，如此循环不已，这就是〔彖辞〕制作者的发展观。

认识到世界事物总是在不断发展变动的，不是静态的和停顿不前的，这无疑是符合客观实际的科学性判断。但是，〔彖辞〕制作者又把发展视为循环，这一来，又不符合自然和社会的客观实际。无疑，时代和历史，限制着先民对世界的认识。他们还不完全懂得事物发展的客观规律，不懂得否定之否定才是事物发展的真理。对此，我们也是不能苛求于古人的。

值得注意的是，〔彖辞〕制作者的发展观，虽然有很大缺憾，但他们提出的循环论，却会引申出另一个哲学范畴，让人们认识到对立面会互相转化，从而认识到"物极必反"的态势。这一点，对提醒人们注意掌握运动的节奏，是有启示的作用的。

强调客观的第一性，认识到主观必须适应客观事物的发展变化，是〔彖辞〕制作者取得的思想成就之三。

〔彖辞〕的制作者，经常提出"时"的概念，在六十四卦中，"时"出现了二十次之多。所谓"时"，就是时间。"大明始终，六位时成"（见《乾》卦）。制作者认为，宇宙生生不已由始至终地运行，这就产生了空间和时间。时间，不可能是静止的，它意味着发展和变化。因此，"天地盈虚，与时消息"（见《丰》卦）；"损益盈虚，与时偕行"（见《损》卦）。

他认为天地日月的盈虚消长，与时间联系在一起。

时间是进行的，变动的，这是客观规律和客观存在。［彖辞］认为，生活在世上的人，必须"观乎天文，以察时变"（见《贲》卦），人的举措，应该适"时"的变化。时间在发展，客观情势也在发展，就出现不同的条件，由此，"凡益之道，与时偕行"（见《益》卦）。意思是说，人的作为，应该根据时间而定，应该和时间一起前进。在《艮》卦中，制作者说得更加清楚："时止则止，时行则行，动静不失其时，其道光明。"易言之，人们如果能够根据客观情况的发展变化，决定自己的行止，时动则动，时静则静，与时俱进，那么，便有辉煌的前景。正因如此，［彖辞］高度评价汤武王推翻夏桀的行动，认为"汤武革命，顺乎天而应乎人，革之时大矣哉"！（见《革》卦）夏朝的统治，已经不适应时代的需要，汤武革夏之命，乃是顺应时势发展的要求，胜利是必然的。汤武革命的成功，正好说明审"时"度势的重大意义。

如上所述，［彖辞］所表达的世界观与认识论，贯串着辩证的思想，它反映了我们的祖先具有高度的智慧。

当然，我们也必须看到，［彖辞］认为在这一切规律的背后，起决定作用的是"天"。事物具有矛盾统一的本质，事物的发展变此，全是由一个不可知的"天"所决定。因此，人们只能"顺天""应天"；也才有必要制作《周易》作为占筮之书，以便在产生疑惑问题的时候，求得"天"在冥冥中指引。于是，这就出现了一个非常有趣的局面，［彖辞］的制作者，在相当程度上认识到自然和社会的普遍规律，取得了了不起的成绩，取得了打开宇宙玄奥之门的钥匙。可是，刚一开启，却又坠入隐蔽在大门后面的更深沓的迷雾里。

怎样看象辞

如果说，《周易》的［象辞］，阐述的多属世界观与认识论方面的问题，其观点与道家相近。那么，《周易》的［象辞］，阐述的则是政治和道德修养的问题，其中包含着儒家观点。后人传说，［象辞］出自孔子之手，这不可能。但是，它里面许多想法，和《论语》如出一辙，这也许就是人们能够以讹传讹的缘故。

所谓［象辞］，就是对卦符与爻辞结合以后产生的具象的阐释。［系辞］指出："象也者，像也。"又说："夫象，圣人有以见天下之迹，而拟诸其形容，象其物宜，是故谓之象。"至于怎样解释这些既抽象又具体的"象"呢？解释以后，又有什么意义呢？人们的立场就各个不同了。也正如［系辞］所说："以言者尚其辞，以动者尚其变，以制器者尚其象，以卜筮者尚其占。"总之，人们可以各取所需。至于［象辞］的制作者，则主要是想引导社会的管治阶层，如何从"象"中吸取政治智慧的问题。这一点，在［大象］的阐析中表述得最为明显。

六十四卦的［大象］，可以区分为两种类型：一类是以前人的管治经验，证实"象"的意义。这类［象辞］，一般使用"先王以……"的句式。一类是通过"象"的内容、形态诸方面，启示管治者应如何提高政治水平。这类［象辞］，在六十四卦中占绝大多数，它们均使用"君子以……"的句式，明确地提出"君子"们需要注意的问题。

就六十四首［大象］所涉及的内容看，也大致可分为两个方面：一是着重于提高管治者个人品德修养的问题；一是着重于提高管治社会能力的问题。当然，两者之间，虽有侧重，却又是互相联系的。这一点，我们在作为纲领性的《乾》和《坤》的［象辞］里，可以看得很清楚。

在《乾》，卦符为全阳爻，代表刚健；"乾"，是阳光高照的象形。爻辞则写到在这样的天气里，龙（实际上是蛇）在活动，从沉潜状态逐渐往上攀升。［象辞］的制作者提出"天行健，君子以自强不息"，便是从太阳冉冉上升以及"龙"的苏醒等具象，抽绎出"自强不息"的状态，从而引导"君子"的要像"龙"那样不断地自我提升品德修养，要坚持不懈地努力。

在《坤》，卦符为全阴爻，代表柔顺；"坤"是土地的象形。爻辞写大地上有霜，有流水，田野彩色缤纷，人们采集果实。［象辞］的制作者提出"地势坤"，便是从大地具有承载山山水水肩负无比重量的能力，以及从它养育、厚待万物的具象，引导"君子"们领悟要有大地般的气度与胸襟，既增厚自己的美德，又给予百姓以宽厚的恩德。

在这里，《乾》和《坤》这两则［象辞］，其间是有其内在的联系的。试想，君子能够提高品德修养，自强不息，不也就能提高管治社会的水平吗？反过来，君子能够做到容载万物，让社会欣欣向荣，也正是提升了自己品德修养的表现。

从有关提高个人品德修养的［象辞］中，我们可以看到制作者强调的几个重点。

（一）节俭的操守。例如：

> 云上于天，需。君子以饮食宴乐。（《需》）
> 天地不交，否。君子以俭德辟难，不可荣以禄。（《否》）

山下有雷，颐。君子以慎言语，节饮食。（《颐》）

山上有雷，小过。君子以行过乎恭，丧过乎哀，用过乎俭。（《小过》）

山下有泽，损。君子以惩忿窒欲。（《损》）

［象辞］制作者认为节俭是美好的品德，认为君子甚至比一般人应更节俭一些；认为若能节俭，则可以避免许多祸患。节俭，自然包括"节饮食"。反过来，奢侈浪费，就会受到惩罚，所以说，在《需》，"云上于天"，老不下雨，酿成旱灾，那正是"君子"们"饮食宴乐"弄成的后果。

（二）自我的反省。例如：

山上有水，蹇。君子以反身修德。（《蹇》）

洊雷，震。君子以恐惧修省。（《震》）

经常反省，检查自己有没有失误，这是儒家认为能够提高品德修养的有效办法，所以说要"吾日三省吾身"。［象辞］制作者告诉"君子"要战战兢兢地经常反思，这与儒家所谓修身的想法一模一样。

（三）交友与学习。例如：

天在山中，大畜。君子以多识前言往行，以畜其德。（《大畜》）

山上有泽，咸。君子以虚受人。（《咸》）

水洊至，习坎。君子以常德行，习教事。（《坎》）

风雷，益。君子以见善则迁，有过则改。（《益》）

丽泽，兑。君子以朋友讲习。（《兑》）

44

　　[象辞] 提出"君子"应该谦虚谨慎，加强学习。并且多交朋友，和朋友切磋学问。这使我们想起了《论语》提到的"学而时习之""多识鱼虫草木鸟兽之名"，"三人行必有我师焉，择其善者而从之，其不善者而改之"等等论点。

　　（四）守礼和正位。例如：

　　　　风行天上，小畜。君子以懿文德。（《小畜》）
　　　　雷在天上，大壮。君子以非礼勿履。（《大壮》）
　　　　木上有火，鼎。君子以正位凝命。（《鼎》）
　　　　兼山，艮。君子以思不出其位。（《艮》）

　　[象辞] 认为，注意修饰自己的形象，是提高素质的一个方面。而注重礼节，对"君子"来说，尤为重要，所谓"非礼勿履"，是说不合于礼的，绝不要去做。这也就是孔子提出"非礼勿视，非礼勿听，非礼勿言，非礼勿动"的意思。而"礼"，是指遵照一定规矩而表现的仪表。一定的规矩，又是按照不同的身份品位制定的，因此，所谓"礼"和"位"是联系在一起的。守礼，其实是安于位；反过来，越礼，其实就是越位。因此，[象辞] 制作者要求君子"正位""不出其位"，也就是要遵守与其本分相适应的礼仪。

　　以上，我们归纳了 [象辞] 有关提高个人品德修养的问题，限于篇幅，只能举其荦荦大者。读者们不难发现，[象辞] 制作者的想法，实际上与儒家提倡的"温、良、恭、俭、让"的主张，别无二致。

　　至于如何管治如何执政的问题，[象辞] 制作者也强调以下几个方面：

　　（一）施行仁政，待民以德。例如：

泽上有地，临。君子以教思无穷，容保民无疆。
（《临》）

泽上于天，夬。君子以施禄及下，居德则忌。
（《夬》）

木上有水，井。君子以劳民劝相。（《井》）

地中有山，谦。君子以裒多益寡，称物平施。
（《谦》）

[象辞]认为，管治者要"保民"，要注意慰劳民众，要把财禄向下施与，让民众生活得好。特别要注意平衡贫富之间的利益，应该损减富者之所得，增益贫者的福利。在《论语》，孔子说过"不患寡而患不均，不患贫而患不安"。儒家一向认为，执政者心中要有民众，对民众要有爱心，那么他所推行的便属仁政。至于损有余而奉不足，则是行仁政者必须谨记的原则。

（二）刑狱设置，宽严有度。例如：

雷电噬嗑，先王以明罚敕法。（《噬嗑》）

火在天上，大有。君子以遏恶扬善，顺天休命。
（《大有》）

雷电皆至，曰丰。君子以折狱致刑。（《丰》）

雷雨作，解。君子以赦过宥罪。（《解》）

泽上有风，中孚。君子以议狱缓死。（《中孚》）

君子行仁政，要"扬善"，但也要"遏恶"，因此也要折狱致刑。[象辞]还提到"君子以果行育德"（见《蒙》卦），即要求行事果断。同时，[象辞]也提出断狱应谨慎，要"明慎用刑"（见《旅》卦），要宽大为怀，赦过宥罪。这些主张，亦即后来儒家的所谓"恕"道。

（三）虚心倾听，求同容异。例如：

> 山上有泽，咸。君子以虚受人。（《咸》）
> 上火下泽，睽。君子以同而异。（《睽》）

［象辞］对"君子"在社会中应居于的统属的地位，这一点是明确的。所谓对"礼"重视，强调"正位"，乃至提出"辩上下，定民志"（《履》）；"以族类辨物"（《同人》）等等，都表明其一再要求稳定既定的社会等级，稳定社会的秩序。难得的是，［象辞］制作者又对管治者提出：要以谦虚的态度接纳、容纳他人；认为应该追求"同"，追求一致，但同中又可有异，亦即容许有不同意趣不同品格的存在。这一点，和孔子主张"君子和而不同"的见解，又是一致的。

（四）统筹全局，居安思危。例如：

> 云雷，屯。君子以经纶。（《屯》）
> 天与水违行，讼。君子以作事谋始。（《讼》）
> 水在火上，既济。君子以思患而豫防之。（《既济》）
> 泽上于地，萃。君子以除戎器，戒不虞。（《萃》）

作为管治社会的"君子"，对全局应有周密的安排和考虑，所以，做事之始，先要有所谋划。许多事情，要预作防范，要有忧患意识。

在上面，我们简略地介绍了［象辞］在提高个人修养和管治政权的主张。当然，六十四卦［象辞］涉及的内容，绝不止这些，我们只就其主要论点以及可资借鉴的部分，提供读者参考。

归结来说，如果我们以继承批判的态度研究《周易》，辨明它的本来面目，那么，这一部"天书"，也并非不可破解。在古人，把它用作"占筮"，用作与"天"沟通的工具，但古人不可能拔着自己的头发离开地球，他们只能依靠人间的话语和人间的生活、行为，去附会"天"的意志，用那些记事的或抒情的古谣谚，作为具体说明"天意"的爻辞。这一来，当我们掀开了爻辞的面纱，摆在我们面前的六十四卦，实际上是六十四组古人生活的历史图景，里面包括了生产劳动、人际关系、生活起居、婚姻性爱乃至战斗纷争的记录。它本来并不神秘，只是包括巫者在内的许多人以神秘视之。在今天，我们倒可以透过古人那揣测的目光，观察到揣测者的思想逻辑。

至于［彖辞］和［象辞］，作为古人最早阐释《周易》意义的论述，则更没有什么神秘可言。［彖辞］的制作者结合卦符和文字，企图认识自然和社会发展的规律，牵涉许多哲理性问题，这无疑费解一些，周折一些，却并不神秘。按其思想体系，与道家的学说十分接近。而［象辞］，它所概括的更是提高修养和管治社会的要点，其思想观点与儒家一模一样，更无神秘可言。

我认为，要彻底让人们了解到《周易》并不神秘，那么，探辨其本原，应是最有效的办法。为此，拙著通过串解串讲，逐一地探索《周易》六十四卦的爻辞、卦辞的原义。同时，还阐释了［彖辞］和［象辞］，即对最早的阐释《周易》的文本，又作了一些阐释。换言之，笔者企图在对"阐释"的阐释中，弄清楚《周易》最初的阐释者的思想面目及其思维逻辑，寻求我国古代思想史较早的文字源头。

至于人们把《周易》弄得很神秘，以及种种引导人们离开原义走入迷途的方法，那也值得研究。因为不同时代不同思想立场的人，用什么样的方法阐解《周易》，正是一定时代社会思潮的反映。研究《周易》神秘化谶纬化的过程，它属于"易学史"的范畴，属于中国思想史研究的重要方面。这一点，则非笔者肤浅学力之所能逮，兹不论。

关于本书引文的页下注问题，为方便读者，引文出处均注明作者、书名、出版单位、出版时间和页码，特此说明。

附录（一）

卦名	乾	坤	震	巽	坎	离	艮	兑
象征	天	地	雷	风	水	火	山	泽
属性	健	顺	动	入	陷	附	止	悦
性别	父	母	长男	长女	中男	中女	少男	少女

附录（二）

1. 爻和位

A. 《周易》的六十四卦，除《乾》《坤》两卦外，每卦各有六爻。

B. 六爻分别由"阳爻"和"阴爻"组成。上三爻，称为上卦，或称外卦；下三爻，称为下卦或内卦。

C. 六根爻，分别由下而上，居于六个位置，称为"六位"。于最下方的位，称为"初"，依次为"二""三""四""五"；于最上方的，称"上"。

D. 在爻位中，阳爻的符号用"九"表示；因为"九"是奇数的最大数，故以它代表"奇"；阴爻的符号用"六"。因为"六"是偶数的中间数，故以它代表"偶"。这一来，卦位就有〔初九〕〔上六〕或〔九二〕〔六三〕诸如此类的称谓。

2. 卦位

A. 在六个爻位中，初、三、五为奇数，属阳位；二、四、六为偶数，属阴位。凡以阳爻居于阳位，阴爻居于阴位，称为"当位"，否则便是"不当位"。

B. 在六个爻位中，第二爻为下卦的中间位置，第五爻为上卦的中间位置。人们称此为"中位"。

3. 象辞，分〔大象〕和〔小象〕

A. 大象，对六个爻符的总体解释。

B. 小象，是对各爻的爻辞分别的解释。

4. 经与传

A. 经，指《周易》的卦文。它分上、下两篇。"上经"三十卦；"下经"三十四卦。

B. 传，共十篇，人称"十翼"，翼是辅助解释的意思。计有〔彖传〕上、下，〔象传〕上、下，〔系辞传〕上、下，此外有〔文言传〕〔说卦传〕〔序卦传〕〔杂卦传〕。

第一 《乾》辨

≡≡ 乾下乾上

乾：元亨，利贞。

[初九] **潜龙。勿用。**

[九二] **见龙在田。利见大人。**

[九三] **君子终日乾乾，夕惕若。厉，无咎。**

[九四] **或跃在渊。无咎。**

[九五] **飞龙在天。利见大人。**

[上九] **亢龙。有悔。**

[用九] **见群龙无首。吉。**

对"乾"的不同理解

乾，是我们看到的《周易》的第一卦，也是人们最为看重的一卦。

据知，《易》有三种，《周礼·大卜》说："掌三易之法，一曰《连山》，二曰《归藏》，三曰《周易》。"①《连山》是夏

---

① （清）阮元校刻：《十三经注疏》，中华书局1980年影印版，第802页。

1

代的《易》，《归藏》是殷商的《易》，现在我们看到的，是周代的《易》。

这三部《易》，卦文排列的次序并不相同，例如《归藏》，便把《乾》卦放在第二位，而把《坤》卦置于第一位。这一点，不少学者认为是母权与父权力量更替的表现。

这一卦，何以名为"乾"？传统的易学家一般认为：乾，指的是天道。他们最有力的证据是被认为是孔子所写的［象辞］中，有"天行健，君子以自强不息"一句。高亨先生在《周易大传今注》中说："乾为天，天道刚健。"① 金景芳先生也说："乾，其实就是健。"② 至于"乾"为什么就是天，天为什么就是健，两位先生没有解释。人们似有所意会，却又无法言传，颇感玄乎其玄。

多年前，闻一多先生对"乾"字有过独特的解说。他认为："乾"与"斡"，实为一字。"乾即斡字，故乾为天。古天文家谓北斗当中土之西北隅，乾即斗，故曰西北之卦。""又乾之籀文作𠦚，从𭈬，疑与晶同。晶古星字。""籀文乾从晶，是乾、斡同字，即北斗七星之旧名，益有据矣。"③ 由此，闻一多先生认为《乾》卦讲的是天象，爻辞中说的龙，是龙星；《乾》是表现龙星在天空中的运行。闻先生的意见，受到学者们的重视，《易》学专家李镜池教授认为"论证精确"。他在《周易通义》一书中对"乾"卦的分析，就完全采用闻先生的主张。

不过，窃以为把"乾"看成为与"斡"同是一个字，也

---

① 高亨：《周易大传今注》，齐鲁书社 1988 年版，第 16 页。
② 金景芳、吕绍纲：《周易全解》，吉林大学出版社 1989 年版，第 1 页。
③ 蔡尚思主编：《十家论易》，岳麓书社 1993 年版，第 560 页。

还有不少疑窦。

"乾",《说文解字》大徐本作乾，释文是"上出也，从乙；乙，物之达也，倝声"。其读音，有渠焉切与古寒切两种。许慎把"乾"字列入乙部，看来他很重视"乙"对乾字的意义。

至于"斡"，则在斗部，篆文作斡，释文是"蠡柄也，从斗、倝声"。蠡柄即瓢斗之柄，拿着斗的柄，可以转动手腕以摄取诸物。这转动之义，后来引申为车子的轮。

"乾"和"斡"，虽然同属"倝"的声部，但字形分明是不一样的，徐铉强调"乾"从乙，注重它有"上出"的涵义；"斡"从斗，段玉裁《说文解字注》引《方言》的说法，指出"引申之，凡执柄枢转运，皆谓之斡"。① 注重它具有转动的涵义。"上出"与"转运"，其间有着明显的差异。

闻一多先生认为"乾"即"斡"，很重要的一点，是认为徐铉对"乾"字的解释有问题。徐铉说："乙，象春草木冤曲而出，阴气尚强，其出乙乙也。"于是闻先生问道："若草木苗生乃地之象，此释坤字则可，今以释乾，不亦舛乎?"确实，徐铉的笺释，画蛇添足，容易引出歧义。但他说"象春草木冤曲而出"，只是说"乙"的形状具有象征意义，重点在于表现向上而出之态，并非用以说草木的苗生。因此，闻先生以徐笺的疏虞，来说明"乾"本义就是"运转"，似仍值得怀疑。

闻先生把"乾"视为"斡"，进一步把《乾》卦中的

---

① 参蒋人杰编纂，刘锐审订：《说文解字集注》，上海古籍出版社 1996 年版，第 2987 页。

“龙”解释为“龙星”，乃是以籀文“𠦝”字为依据。他指出“乾之籀文作，从，疑与晶同，晶古星字”。既然“乾”中有晶（星），这便与龙星、斗柄转枢的内容联系起来了。

不错，乾字偏旁从“𠦝”，但对“𠦝”人们的解释不尽相同。闻先生所持的是一说，而徐铉在释“倝”的偏旁，认为“日始出，高处先得景，故从旦从㫃。㫃，旌旗也”。那么，在他眼中“𠦝”中的日，就是太阳，而不是“星”。

关于“𠦝”，“朝”字也以它为偏旁。商承祚先生在《殷墟文字》中指出：“，此朝暮之朝字，日已出中而月犹在天，是朝也。古金文从乃从之省。”《古籀补》也说：“，日出在草间。”①我认为，这对“𠦝”的解释，比闻先生把𠦝视为，把“”疑为“晶”，再推演而为星，似乎更有说服力。

“乾”字的主要成分是倝。《说文》称：“倝，日始出光倝倝也，从旦，㫃声。”倝，古案切，即今天干（乾）燥的“乾”的发音。徐铉笺云：“日始出，高处先得其景，故从旦从㫃。㫃，旌旗也。”据此，他才会在释“乾”时，指出“乾之本义，谓草木出土乾乾然强健也，故从乙。古义燥与湿对，由湿而燥谓之乾者，古无其字，假乾健为之”。②在这里，徐铉释“乾”，着重是指它所表现的太阳上升的情状。它从乙，是形容太阳上升，有如草木茁壮强劲地冒出地表的样子，而并非说“乾”就是草木出土。不错，徐铉说得有点含糊，便被

① 蒋人杰编纂，刘锐审订：《说文解字集注》，上海古籍出版社1996年版，第1419页。

② 参蒋人杰编纂，刘锐审订：《说文解字集注》，上海古籍出版社1996年版，第3066页。

闻先生抓住了把柄。但若从徐铉对"乾"字解释的总体精神看，他分明着眼于"物之达"，亦即太阳（也包括草木）的"上出"。换句话说，东方红，太阳升，照得一切干爽亮堂，强健茁壮，这就叫做"乾"。

闻先生疑█的◎◎为龙星，而星，只能在夜里出现。夜属阴，这一来，"以此释坤字则可"，而用龙星联系《乾》卦，不是也属"不亦舛乎"了吗！因此，对"乾"的判断，我以为还是从徐铉为宜。

龙，其实是蛇

确定对《乾》卦卦名的解释，这对理解爻辞有重大意义。今天，我们无法知道制定卦名和制定爻辞者是否同一个人，两者是同时出现，还是有先有后？孰先孰后？我们只能肯定的是，卦名与爻辞关系密切。六十四个卦名以及六十四组爻辞，相互生发。

在《乾》卦的爻辞中，出现最多的是"龙"字。

按照闻一多先生的说法，龙，指"东方苍龙之星"，简称为龙星。爻辞所写的龙"在田""在天"，指的是苍龙之星在不同节气中，处于天空不同的位置。闻先生还引《史记·封禅书》提到的《汉旧仪》云："龙星右角为天田。"说明"见龙在田"的田，是指"天田"。黎翔凤先生的《周易新释》，还从龙星九月凌晨见于东方高十度；十月凌晨高三十二度；十一月高四十度；十二月下旬高二十一度；一月中旬降至九度；二月中抵西地平，沉入地下。进一步阐述闻先生的论点。在他看来，龙星每月出现于不同的位置，便是在运行，在"斡"。

我们知道古人观察天象，把天空分为不同的畛域，给予不同的命名，那是天文学已进入颇为发达的时代的事。就以闻先生所引《史记》的说法，它是汉代人所具有的天文水平。然而，在《易》的爻辞制定的时期，先民们已能把天空区分为"天田"之类的畛域了吗？这颇值得怀疑。再者，爻辞有"群龙无首"一句（闻先生释"群"为"卷"）。而所谓苍龙之星，包括角、亢、房、心、尾诸宿，它们连缀起来才似一条龙，故命名为"苍龙"。这一来，"群龙"指的又是什么？难道角、亢、房、心、尾各各为龙？否则何以称"群"？但这显然不是人们对苍龙星的认识。若说群龙即卷龙，指苍龙星（即角、亢、房、心、尾诸宿）卷成一团，这天象有谁见过呢？可见，以龙星释"龙"，虽可备一说，终难免有牵强之嫌。

我认为，《乾》卦中所说的龙，就是古人经常说到的神秘的"动物"。

高亨先生对"龙"有过饶有兴味的解释。他说："古代龙为习见之物，故《周易》取象焉。"[1] 这就怪了，到底谁见过龙了，不知所谓"习见"如何说起！实际上，龙，只是古人想象中的"动物"。

关于龙的形貌，谁也说不清，因为谁也没见过。倒是文献典籍说到蛇与龙之间，存在着某种联系。《韩非子·说难》称："夫龙之虫也，柔可以狎而骑也，然其喉下有逆鳞径尺，若有人婴之者，则必杀人。"[2] 王充在《论衡·龙虚》则说："世俗画龙之象，马首蛇尾。"[3] 这马首蛇尾的怪物，在动物界

---

① 高亨：《周易古经今注（重订本）》，中华书局1984年版，第161页。
② 王焕镳选注：《韩非子·说难》，上海人民出版社1974年版，第223页。
③ （汉）王充：《论衡·龙虚》，上海人民出版社1974年版，第94页。

中是不存在的，于是，后世的画家们便有了充分发挥想象的余地，像北宋初年的董羽，便说龙头似牛，嘴似驴，眼似虾，角似鹿，耳似象，鳞似鱼，须似人，腹似蛇，足似凤。总之，它什么都像，什么都不像。

不过，在龙包罗万象的形象中，大家对它又有一致的认识，即它的躯体本质是虫。《说文》说："龙，鳞虫之长。"现在人们看到古画或古建筑中呈现的龙，它的身体无疑具有爬行动物的特征。

先民们从事畜牧或耕作，在原野上最常遇到也最畏惧的爬虫，就是蛇。

蛇，《说文》指出，"它"即蛇。"它，虫也，从虫而长，像冤曲垂尾状。上古草居患它，故相问，无它乎！"看来，古人草居露宿，必曰"有它"？"无它"？意义等于我们常问对方"吃饭没有"一样。当人们把吃饭视为生活第一要义的时候，"有没有吃饭"就成为表示最关心的问候语。古人互相问候"有它？""无它？"可见，蛇在先民生活中的重要性。当然，碰上了蛇，那是不妙的事，所以在《大过》的爻辞中，就有"有它吝"的提法。

蛇这爬虫、长虫，其实就是龙的原形、雏形。按《殷墟文字》，蛇写为 𠃊𠃊𠃊，龙则写为 ⅀，字形相近，"龙"不过是有花纹的粗大的蛇。所以，古人常以龙蛇混称。《韩非子·难势》引慎子的说法："飞龙乘云，腾蛇游雾。"《尔雅》的《释鱼》则谓："螣，螣蛇。"郭璞注云："龙类也，能兴云雾而游其中。"可见，当古人说到龙的时候，呈现在脑海中的景象，其实就是蛇，民间传说常提到蛇会变为龙，例如说有位姑娘豢养了一条小花蛇，后来蛇长大了，飞升上天。姑娘赶紧抓它，只抓住了蛇尾巴。于是，这蛇便成断了尾巴的龙。姑娘死后成仙，断尾龙每年清明时节，必来扫墓，以示报答养育之恩，这姑娘也被尊为"龙母"。这传说，恰好说明民间对龙蛇关系的看法。

龙并不存在，但《乾》卦偏写龙，还说得活灵活现。而当我们把"龙"还原，那么，《乾》里提到的龙，其实是现实生活中的蛇。

阳光下蛇的各种形态

乾，《说文》说它有两种读法："渠焉切，又古寒切。"若按其本义，它就是干（乾）燥、干（乾）巴巴的干（乾），与湿相对成文。太阳从草丛里升起，升到旌旗顶上，草木也在阳光照射中蜿曲地成长。这阳光充沛的日子，便是乾。

万物生长靠太阳，先民们认为，生命的一切，源于太阳，太阳的光和热，是生命发展成长的动力。这光和热延展为审美感受，便是刚劲与力量，《易》的［象辞］说"天行健"，认为天在刚健地发展，便是看到作为"天"的象征的太阳，不断地发出光热，具有无穷的力量，从而获得"健"的认识。由天之道，引申为人之道，又领悟出"君子以自强不息"的道理。

根据考古学家和民俗学家的研究，中国古代早就形成了崇拜太阳的观念。乌丙安先生在《中国的日神崇拜》一书中介绍，出土的新石器时代彩陶有模拟太阳光纹的彩绘；青铜器时代器具多有日轮纹。百越铜鼓多有以太阳光纹为核心的图案；内蒙古阴山岩画有人们跪拜日环的图像。先民们认为一切神力，来于太阳，太阳代表了天。［象辞］说："大哉乾元，万物资始，乃统天。云行雨施，品物流形。"它对"乾"的赞颂，反映了先民对以太阳为主体的"天"的认识。在周代，当男性取代了女性的主导权，母系社会逐步衰落的时代，象征着太阳和天的"乾"，便被排列在《易》之首，改变了《归藏》以"坤"卦排头的次序。

在阳光普照的日子里，先民看到他们最关心的"龙"出现了。这龙，实为蛇。他们看到的，是蛇的几种形态。

[初九] 潜龙。勿用。

孔颖达《周易正义》云："潜者，隐伏之名。""潜龙"，也就是隐伏着的蛇。

蛇在泥土间、草丛里隐伏着，这是在春阳和煦时常有的现象。对此，巫者便做出判断"勿用"。来知德《周易集注》说："龙未出潜，则未可施用。"施用是施行的意思。巫者认为，蛇没有动静，这意味还未到动的时机。与此相配合，问卦的人，也应"勿用"，等待机会的来临。

[九二] 见龙在田。利见大人。

闻一多先生把龙解"龙星"，便把"田"解为"天田"，解为黑夜天空中某星宿所居的位置，似颇费周折。我以为，这段爻辞并不费解，说白了，就是看见蛇出现在田野上。

蛇现身行动，巫者由此推论：机会来了，若得此爻，则"利见大人"，即可以求见有权有势的"大人"了；或者，见到大人物，则有利可图。

[九三] 君子终日乾乾，夕惕若。厉，无咎。

"君子"，泛指有水平有教养的人。"乾乾"，孔颖达《周易正义》释乾为健，乾乾即健健，"健健自强勉力，不有止息"。"惕若",惕然,警惕的意思。

[九三] 这句爻辞,我想是承 [九二] 而来。当人们看到蛇现于田,并且随时随地会给劳动者造成威胁的时候,那么,"君子"们整天紧张地、自强不息地干活,到晚间,也还不能有所松懈,要提高警惕,提防蛇的侵扰。对此,巫者又下判断了,他们认为蛇虫出洞,对人当然是"厉"的,危险的。但若能"朝乾夕惕",有所作为,有所防范,即使遇到险情,也是"无咎"的,无殃无害的。

马王堆出土的帛书,《乾》卦 [九三] 作"君子终日键键"。按《周礼》有"修键闭,慎管籥"的说法,那么,"终日键键"可理解为整天关起门来,防备不测,这也可备一说。总之, [九三] 的爻辞,无非是叙述人们对待毒蛇出洞的态度。

[九四] 或跃在渊。无咎。

高亨先生说:"此承上文龙言。龙本是水中动物。龙跃于渊,得人所之象,人得其所,可以无咎。"① 这又怪了,且不说谁也没有见过龙,即使有龙,龙跃于渊而得所,岂止是"无咎",它应是大吉大利之象吧!

再者,"龙本是水中动物,跃于渊则无咎",那么"龙在田"。离开了水,不是"有咎"了吗?但 [九二] 却是吉卦!可见,高先生的说法似不可取。

其实,[九四] 不过是说,在白天,人们看到有些蛇跳到水里去了。蛇,爬行于地,攀缠于木,本来不具备跃游于水的

---

① 高亨:《周易古经今注 (重订本)》,中华书局1984年版,第163页。

本领。不过，蛇有多种，有一种无毒蛇，人称为水蛇，它不同于头部呈三角形的毒蛇，它既能在地上蜿蜒，又能在水里游走。先民们看到"或跃在渊"的蛇，便是这类无毒的水蛇，看到了这类不会攻击人的"龙"，巫者占断为"无咎"，也是可以理解的。

［九五］飞龙在天。利见大人。

"飞龙"，就是说龙能飞，本领大得很。它能潜于渊，能现于田，又能飞在天。《说文解字》说："龙，鳞虫之长，能幽能明，能细能巨，能短能长。春分而登天，秋分而潜渊。"正因为龙可以在海陆空三个领域出现，人们觉得几乎是万能的，能变化多端的。孔夫子还把龙的形体变化，提升到德性的层面。据马王堆帛书载，孔子的学生问及为什么《易》中屡次提到龙，孔子曰："龙大矣，龙形迁，宾于帝，见神圣之德也。"① 显然，人们看到龙能潜能爬能飞，具有超乎一般动物的本领，便认为它能变化；能变化，进而觉得它很神秘；由神秘，进而认为它很神圣。易的［象辞］便说它"乃统天"。由此，龙成为天的象征。人们又把它的万能、神圣，与皇帝君临一切联系起来，"龙飞九五"也就成为皇帝登基的吉象。在唐代，诗人沈佺期写了《龙池篇》：

> 龙池跃龙龙已飞，龙德先天天不违。
> 池开天汉分黄道，龙向天门入紫微。

① 邓球柏：《帛书周易校释·二三子》，湖南人民出版社2002年版，第438页。

邸第楼台多气色，君王凫雁有光辉。

为报寰中百川水，来朝此地莫东归。

沈佺期把龙的变化神圣崇高、伟大，写得无以复加，"此因（唐）明皇在藩邸入践帝位而作也"，总之，把"飞龙在天"的含义无限引申，从来是我国传统的做法。

上文说过，谁见过龙了？世上本来没有龙，又谁看见过"龙飞"了？不过，作为人们心目中的龙，其原型——蛇，用"飞"字描写其动态，却是可以理解的。

古人以"飞"形容蛇，应与蛇没有脚却能飞快地爬行有关。《庄子·秋水篇》说："蚿谓蛇曰：'吾以众足行，而不及子之无足，何也？'蛇曰：'夫天机之所动，何可易邪？吾安用足哉！'"蛇之动关系到"天机"，自然让人们联想到飞。

其实，有一类蛇确是会飞的。《尔雅·释鱼》中有云："螣，螣蛇。"郭璞注："龙类也，能兴云雾而游其中。"说它能"兴云雾"，无非是对它跳跃本领的夸大。清代陈鼎的《蛇谱》称，有一种飞蛇，长七八尺不等，头的后面有两翼，栖息于树间，往来悄搏小鸟以为食。这飞蛇，很像是民间称之为"飞龙"的飞蜥，它腹部黄色有星斑，体侧有翼膜，能够在树间飞跃。它生活在云南广西等地。先民说"飞龙在天"，莫非是看到过诸如此类的动物！

还有一种可能，是先民们把闪电视为"飞龙"。闪电有球形电，也有蛇形电。蛇形电在天空中呈"S"形飞闪，伴随着闪光，便有隆隆的雷声。龙、隆同音，人们称闪电为龙（隆），并以蛇形闪电划空而过，看成为飞龙，这也是很容易理解的。

按古人的看法，"仲春之月……是月也，日夜分，雷乃发声，始电，蛰虫咸动，启户始出"（见《礼记·月令》）。① 所谓"天垂象，见吉凶"。当天上现闪电的天象，巫者宣称这是吉兆。由于人们把神圣神秘的"龙"，与皇帝联系起来，龙飞到天上（实即天上有蛇形闪电），就像是皇帝呈现其"龙体圣躬"，让下民能够瞻见。这兆象，不就表明"利见大人"了吗？

［上九］亢龙。有悔。

"亢龙"，高亨先生说，"亢疑为沆"，"沆龙者，谓池泽中之龙也"。② 这一解释，窃以为欠妥。理由很简单，若从此说，则此爻与［九四］"或跃在渊"并无差别，古人没有必要重复叙说。

按《说文解字诂林》，释"亢"为"高昂"，来知德《周易集注》说："亢以户唐切，人颈也；以苦浪切，高也。吴幼清以为人之喉骨刚而居高是也。"③ 其实"疑亢为沆"，不如说亢通伉，"伉"有骄伉、伉厉的意思，《穀梁传》桓公十八年注："夫人骄伉不可及。"又《淮南子·齐俗训》："傲世轻物，不污于俗，士之伉行也。"④ 此说较近情理。

归结起来，亢龙者，应是指高昂着颈项，显得桀骜而刚厉的龙。说穿了，也就是抬头吐吞的蛇。

蛇是匍匐在地的，但当它遇到危险，或碰到猎物，便会把

① （清）阮元校刻：《十三经注疏》，中华书局 1980 年影印版，第 134 页。

② 参高亨：《周易古经今注（重订本）》，中华书局 1984 年版，第 164 页。

③ （明）来知德撰：《周易集注》，上海古籍出版社 1990 年版，第 65 页。

④ 刘文典撰，冯逸、乔华点校：《淮南鸿烈集解》，中华书局 1989 年版，第 369 页。

蛇头抬起，真像是高居临下地、刚硬地昂起了颈。特别是像眼镜蛇之类的毒蛇，常常会摆出这样的蛇阵。我认为，这就是古人所说的"亢龙"。

"有悔"，按《广雅·释诂四》："悔，恨也。"有恨，即碰上了麻烦。"悔"，也通"晦"。碰上晦气，碰上了倒霉的事，都可统称为"有悔"。巫者说，人们看到了昂头发怒的蛇了，于是他下判断：这就倒大霉了。

有人认为，"有悔"不是指碰上了蛇的人，而是指发怒的蛇。传说是孔子所写的［文言］，便说："亢龙有悔，穷之灾也。"又说："亢之为言也，知进而不知退，知存而不知亡，知得而不知丧。"按照这说法，是说蛇昂起脖子，刚僵得过度了，终归要垂下头来。所以［象辞］说："亢龙有悔，盈不可久也。"由此引申，不知进退得失，总是要碰钉子。

以上两种对"有悔"的解释，虽有不同，但对"亢"的解释，则是一致的。所以，我以为不必转弯抹角去理解。

［用九］见群龙无首。吉。

关于"群龙无首"，高亨先生说："群龙在天，首为云蔽，而仅见其身尾足也，此群龙腾升之象。"[1] 由于高先生真相信有龙，而且龙还会升天，他自然依书直解。闻一多先生说："群读作卷，群龙即卷龙。"他还以《诗经·豳风·九罭》"衮衣，卷龙也"[2] 作证。卷龙是团成一团或尾交于首屈身如环的图案，帝王的衣服常会绣着卷龙的花纹。说衮龙即卷龙则可，

---

① 高亨：《周易古经今注（重订本）》，中华书局1984年版，第165页。
② 蔡尚思主编：《十家论易》，岳麓书社1993年版，第561页。

说群龙即卷龙，似证据未足。看来，闻先生因要把龙释为龙星，而碰到"群龙"一词，却难圆其说，因为总不能说天上有一群龙星吧！这一来，闻先生只好从"群"与"卷"的音近而寻求答案。但是，即使设定"群"与"卷"通，又有谁看到了蜷伏着的龙星呢？上文说过，人们把心、房、角、亢等星连成一线，因其轨迹的弯曲，故名之为龙星。这龙星到了七八月，隐没在地平线下，这组星为首的角宿，看不见了。《月令》云：仲秋之月，日在角。角宿的隐没，说龙星无首，也还说得过去。可是，天上的龙星，什么时候有过蜷曲如环的形状？所以，释"群龙"为卷成一团的龙星，实在费解。

依我看，群龙，就是卷成一团的一堆蛇。群蛇交缠在一起，不知道哪一条蛇为首，或者说，"肉儿般团成片"（《牡丹亭》语），不知它们哪里是蛇的头。这一群蛇，厮缠在一起，无非是交配繁殖。于是，巫者便下判断，遇见这群蛇团成一堆的情况，则吉。当然，群蛇交配，又会生出一批小蛇，但春阳催暖，万物化育，这在农业社会，毕竟是好事。

由上所述，《乾》卦从［九二］到［用九］，叙说的无非是当时人们十分关注的蛇，是描述蛇的各种状态，包括误以为蛇飞上了天的蛇形闪电。在太阳高挂的时候，太阳仿佛君临一切，"乃统天"。但又会"云行雨施"，天气变化多端。正因为"乾道变化"，人们关心的是与其生活息息相关的蛇。于是，蛇，成了《周易·乾》卦的主角。

卦辞的含义

《周易》每卦的文字，有卦辞、卦名和爻辞。

在《周易》的卦辞，元、亨、利、贞这四个字，是经常出现的。按照高亨先生的考证："元，大也；亨，即亨祀之亨；利，即利益之利；贞，即贞卜之贞也。"① 这解释至为合理，若用通俗的说法，无非是摆设盛大的祭坛，这有利于占卜的意思。又据《尔雅释诂》，"元，首也"，那么，元也有开始之义。这一来，元亨利贞也可以解释为开始祭祀（或首次祭祀），这利于占卜。

结合"乾"的卦名、爻辞和卦辞来看，我推测，先民们在阳光下看见蛇的各种各样的活动，于是记载下来。有人根据蛇的不同状态的记述，推断它对人的凶吉休咎；又有人强调阳光热力对包括蛇在内的万物生长的重要意义。便把这几段爻辞归拢起来，名之曰《乾》。再有人根据阳光高照万物化生的条件，便判断：在这应该开始举行盛大祭祀的时刻，最利于占卜。人们赶紧请巫者算卦去吧！你有福了！

《乾》卦环绕着龙，使人觉得很神秘，很神圣，但若把龙还原，把各组爻辞还原，显而易见，它原来是先民们日常生活的记录，至于人们把《乾》卦解释得玄之又玄，那是后人或穿凿附会，或痴心妄想，与我们祖先纯朴质实的记录无关。

对世界普遍规律的认识

［彖辞］和［象辞］，是古人对《周易》最早的阐释。

不过，当［彖辞］［象辞］的制作者接触到卦辞、爻辞的时候，他们就把具体的描写、叙述，甚至按照排列的顺序，加以抽象化，从中表达他们对事物的认识以及对世界、社会的态

---

① 高亨：《周易古经今注（重订本）》，中华书局 1984 年版，第 110 页。

度。这里面，融合了古人大量的生活经验、政治认知，也反映出他们的思想方法和认识水平。它给我们提供了不少思想材料，有些方面，还能给人以启发。

我们先看看［彖辞］：

大哉乾元，万物资始，乃统天。云行雨施，品物流形。大明终始，六位时成。时乘六龙以御天。乾道变化，各正性命。保合大和，乃利贞。首出庶物，万国咸宁。

这［彖辞］，简直是一首诗。它写道：伟大呀！伟大的"乾"呀！天下万物，都从它产生，从它开始，它是万物的根源，而又生生不息，因此，"乾"是统御天下笼罩一切的形象。

在前面，我们根据《说文》徐铉的笺注，已经知道"乾"实际上是太阳上升的形象。而从［彖辞］的描写，也可以清楚地看到，制作者在说到"乾"的时候，是把它作为太阳的象征的。"万物资始"，等于说：万物生长靠太阳；"乃统天"，等于说："太阳的光辉照人间"。如此而已。

从"乃统天"，制作者顺势写天，"云行雨施，品物流形"，是说天上的云彩在飘，甘霖在洒，好像有一股元气在运行，在流动。各种品物都在气的运动中成长成形。

进一步，制作者又写天上的太阳。他说"大明终始，六位时成"，认为那大放光明的太阳，终而复始不停地运行，而周天的六个方位，包括前后左右上下，也因之而确定。制作者又说，传说中的太阳神，驾驭着六匹龙在天上巡行，它在周天运动，于是确立了时空。

"乾道变化，各正性命，保合大和"，从太阳运行轨迹的变化，制作者想到"天道"也在变化。天道，包括自然界和社会发展的规律。世界万物，在变化中应各各确定自己的本性和命运，而在总体关系中又保持高度的和谐。制作者认为，这样做，"乃利贞"，有利于自然和社会的正常运转。

最后，制作者又从社会的角度，归纳"乾"的意义："首出庶物，万国咸宁。"他认为象征着太阳、天道，作为万物主宰的"乾"，它超乎万物之上，又超乎万物而生，它是神圣的，不可更变的。如果领会和掌握了这一原则和规律，那么，就天下太平了！

其实，〔彖辞〕的制作者强调太阳的作用以及"乾道变化"的意义，是因为《乾》的卦辞和爻辞，写的就是太阳出来了。春天，太阳升起，万物昭苏，那些被人们看成是"龙"（实际上是蛇）的爬虫，在淑气初回的过程中，也经历蜕变，呈现出不同的状态。〔彖辞〕的制作者，便把爻辞的具体描写，抽象为理念。从太阳，想到它的热力，它的"运行"，便想到"乾道"、规律。从爻辞写到蛇出现的不同情景，有时"在田"，有时潜渊，有时"在天"，便抽象出事物变化、运动的原则。当然，其中可能有牵强的地方，但制作者的思想轨迹，也是清晰可寻的。

这〔彖辞〕，虽只有几十个字，却非常深刻地阐析出我国先哲们的世界观和认识论。在这里，我们不可能一一细述，只能着重指出其中最重要的论点。

首先，〔彖辞〕的制作者认为，天下万物，在冥冥中是由一条规律主宰着的。这规律，就是变化、运动、发展。世界一切都在变，万物在变化中定形，在运动中成长。这一点，是先哲们认识世界的主导思想。

在"乾道变化"的前提下，我们的先哲承认各种事物各有自己的本质属性和各自发展的命运，换言之，承认不同事物有不同的定位。但是，它们在各自的运动和发展中，必须和"乾道"的总体关系、总体变化相融合，从而达到更高水平的和谐。如果说"各正性命"是承认事物的差异、特性，是属于"分"的范畴，那么，"保合大和"是追求统一、共同，是属于"合"的范畴。所谓变化，便是不断地分和合。从差异中达到和谐，便是［象辞］制作者所认知的事物运动的规律，也即所谓"乾道"。

显然，先哲们早就能以辩证的思想观察世界，为中华民族留下了丰富深刻的思想遗产。

触及伦理和政治的层面

《乾》的［象辞］是：

天行健，君子以自强不息。
［初九］潜龙勿用，阳在下也。
［九二］见龙在田，德施普也。
［九三］终日乾乾，反复道也。
［九四］或跃在渊，进无咎也。
［九五］飞龙在天，大人造也。
［上九］亢龙有悔，盈不可久也。
［用九］用九，天德不可为首也。

［象辞］分为两个部分：第一部分解释卦象，人们称之为［大象］。另一部分解释爻辞，人们称之为［小象］。

［大象］说：天体、天道的运行是刚健有力的。这是［象

辞］制作者对卦象的解释。你看，卦象由上三横加下三横重叠组成。"☰"这符号，乃天的象征，两天相叠，不正是天外有天永无休止的意象吗？与之相应，制作者便提醒人们要像天之道、乾之道那样，自强不息，永远前进。这样的信念，充满乐观和向上奋发的精神，很能给人以激励和启发。

对爻辞［小象］的解释是"潜龙勿用"，是因为阳气在下面，还未到可用的时机；"见龙在田"，是说还未升腾的龙，要广施德泽，广泛联系周围的人，以做好准备，等待时机。"终日乾乾"，是指要反复研究，勤勤恳恳，谨慎从事。"或跃在渊"，是说时机到了，可以毫不犹豫地飞跃。"飞龙在天"，是说有才有德的君子，可以前进到最高的境界。"亢龙有悔"，是说飞得过高，则不能持久。至于"用九"，因为阳气要向对立面转化，将成为阴气，将从刚转向柔，那么，就要效仿"群龙无首"，不要出头，这才符合"天德"。

［象辞］把《乾》卦爻辞的序列，看成是一个发展的过程。从对"龙"由潜沉到飞腾的比喻中，它告诉人们，在时机、条件未成熟的时候，应该耐心等待，并且要提高自己的才德修养，团结群众，做好准备。并且要"终日乾乾"，兢兢业业，深思熟虑。时机一到，就应大展宏图，奋力一搏。不过，又必须注意"亢龙有悔"，凡事情发展到极限，便"盈不可久"，不能持久。若走得过了头，就必然走向反面，招致失败。于是，它又提醒人们，遇事要顺其自然，要注意［用九］即转化为"坤"，转化为阴柔的道理。要懂得刚柔结合，要懂得凡事不要强争。老子《道德经》五十七章提到："以其不争，故天下莫能与之争。"［象辞］对［用九］"群龙无首"的理解，与老子是一致的。这就是它所说的"天德"。

如上所述，［象辞］和［象辞］对卦辞、爻辞的阐释，分明有不同的着眼点。在［彖辞］，它从卦辞、爻辞的叙述中，努力把具体的描绘抽象化，并推导出它所认为的普遍真理。于是，［彖辞］涉及的是哲学上的问题，是世界观与认识论的问题。

在［象辞］，它透过卦辞、爻辞，联系现实生活。于是，从它的阐释中，更多涉政治、伦理的层面。

我们说过，《乾》卦写的，其实是在春阳中蛇的活动，巫卜们则据蛇的行为、状态对人们生活的影响判其凶吉。而［彖辞］［象辞］的制作者则结合卦象、卦序，抽象出有关哲理、伦理的问题。在今天，我们则可以从［彖辞］［象辞］思维推演的过程中，发现先哲们对宇宙和生活的认识，看到东方文化的智慧。

第二 《坤》辨

䷁ 坤下坤上

坤：元亨，利牝马之贞。君子有攸往，先迷，后得。主利西南，得朋；东北，丧朋。安。贞吉。

［初六］履霜，坚冰至。

［六二］直、方、大，不习。无不利。

［六三］含章，可贞。或从王事，无成有终。

［六四］括囊，无咎无誉。

［六五］黄裳，元吉。

［上六］龙战于野，其血玄黄。

［用六］利永贞。

土地、流水

《坤》，在《周易》中被视为与《乾》相匹配相对应的一卦。

关于"坤"，学者们多从土地方面去解释。因为《说文》很清楚地指出："坤，地也。"桂馥《说文解字义证》也认为："坤也者，地也，万物皆致养焉。"这些判断，应是准确的。

如果我们进一步研究，坤，何以被视为地？这对《坤》

卦的理解会有所帮助。

按《玉篇》："巛，古坤字。"巛，像水流，其省体是〈。《说文》："〈，水小流也。"坤字与巛、与水，显然是有关系的。

闻一多先生则认为，坤，字音通"凷"（读 kuī），即土块。他指出《归藏》坤作𡖃，碧落碑作𡖃，金文作𠄌，或作𡖃。他认为坤从土从𠄌，实即凷的别构。因此，闻一多先生主张坤即地，即土。①

以上两种解释，重点虽有不同，但都指出了土地上最重要的物质：有水，有泥。而水和泥，正是《坤》所要涉及的土地的内容。

《坤》卦说的是什么？李镜池先生认为："坤卦说地，范围颇广：农业生产，商业经营，生活上居住衣着、民族战争、阶级斗争、对大地的认识等等，都写到了。有代表性地反映了大地上人的各种活动。"② 按照他的说法，《坤》的内容，实在无所不包。

果真是这样吗？为了易于说明问题，我们且把《坤》的卦辞搁在一边，先看看它的爻辞：

秋天的原野

[初六] 履霜，坚冰至。

"履霜"，踩着霜。这是说，入秋了，寒露过后，地有霜

---

① 蔡尚思主编：《十家论易》，岳麓书社 1993 年版，第 553 页。

② 李镜池著，曹础基整理：《周易通义》，中华书局 1981 年版，第 8 页。

了。蔡邕《月令章句》："霜者,阴液也,释为露,凝为霜。"很明显,"履霜"一语,乃是叙述秋天行走在土地上的状态。

我注意的,倒是"履"字的出现。履即鞋子,这里作动词用。《广韵·五旨》指出:"履,《字书》云:草曰扉,麻曰屦,皮曰履,黄帝臣于则所造。"可见,老祖宗们的鞋子有好几种,用皮革制造的,才称为"履"。因此,"履霜"更准确的解法,是穿着皮靴子踩在有霜的地面上。

皮靴子,无疑是以牛皮、羊皮或马皮缝制的。这一来,出现"履霜"的提法,间接说明这句爻辞,应是出现在畜牧时代。因为只有在畜牧业较为发达的阶段,才会出现以皮制履的可能性。由此,我们可以反观《坤》卦卦辞上"利牝马之贞"的提法。牝马即母马,母马生小马。如果母马繁殖率高,意味着畜牧业有所发展。在这里,巫者把占卜马的繁殖问题看得很重,这分明有着时代的因素。由此,我们可以推测,《坤》卦所写的内容,和农业生产有着相当密切的关系。

"坚冰至",按高亨先生的解释:"坚冰,冬日之象也。履霜坚冰至者谓人方履霜,而坚冰时至,喻事之有渐也。"[1] 金景芳、吕绍纲先生就《易象传》有"履霜坚冰,阴始凝也"的说法,认为"坚冰"二字可能是衍文。因为履霜与坚冰不是同时的,说履霜是阴始凝则可,说坚冰是阴始则不可。[2]

不过,闻一多先生引:"熊氏《经说》曰,郑氏《古易》云:《坤》爻辞履霜、直方、含章、括囊、黄裳、玄黄协韵。"[3] 在《周易》中,凡属协韵的地方,属叙述性文字。至

---

[1] 高亨:《周易古经今注(重订本)》,中华书局 1984 年版,第 166 页。
[2] 金景芳、吕绍纲:《周易全解》,吉林大学出版社 1989 年版,第 43 页。
[3] 蔡尚思主编:《十家论易》,岳麓书社 1993 年版,第 564 页。

于"坚冰至"则不韵,是它不属叙述性文字。我认为,它也不是衍文,而是巫者由"履霜"现象,引申出坚冰将至的预言。它告诉那些占卜的善男信女,如果遇到事情露出端倪,那么就要做好应变的准备。

[六二] 直、方、大,不习。无不利。

首先要说明的是,许多学者,把"直方大"作为一句,其间不点断。我则把这三个词分别隔断。至于"大"字,闻一多先生根据"玄黄协韵"的情况,认为它是衍文。不过,后来帛书出土,这[六二]的爻辞,是有"大"字的。看来衍文之说不能成立。

这一爻,首提直。所谓"直",指的是地面的道路又平又直。正如《诗经·小雅·大东》所写:"周道如砥,其直如矢。"次说"方",方指地形,是叙述地面的状况。《大戴礼记·曾子问》:"天道曰圆、地道曰方。"古人有天圆地方之说。所以,"直"与"方",无非是叙述者描写地面的样子:向前看道路,是直的;左右环看,地貌是方的。

"大",则是巫者对地的面积判断,它和"不习"又互相关联。

"不习",习,许多学者都训为熟习。高亨先生说:"习,谓闲习也。"① 闲习即娴习。李镜池先生也从此说。不过,如果联系下文"无不利"来看,高说则颇难理解。试想想,对于不熟悉的地形,或者对不熟悉的事物,怎么反能推断为"无不利"呢(帛书《易之义》引此句作:"不习,吉")?人

---

① 高亨:《周易古经今注(重订本)》,中华书局1984年版,第167页。

们对付不熟悉、不熟习的事或物，应是很为难的吧！即使还能对付过去，巫者也至多只能作"无咎""无咎"之类的推断，怎么反能推导出"无不利""吉"之类肯定的、正面的评价呢？金景芳等先生则认为："谓坤之道因任自然，莫之为而为。"[①] 这似稍稍圆通一些。不过，若按金说，在地面上行走，没有目的，信步而行，走到哪里算哪里，顶多也只能"无咎""无咎"。说这样的走法会"无不利""吉"，也难免让人觉得有牵强之嫌。

其实，"不习"，即"不袭"。孔颖达《周易正义》谓："习，重也"，他解释《坎》卦中"习坎"一词："谓上下俱坎，是重叠有险。"对《坎》卦，高亨先生也据李鼎祚《周易集解》引孔的看法，"习，重也"。认为"习当读作袭，古字通用"[②]。

袭，是重叠的意思。按袭字，金文作䍩（戓鼎），从字形看，它明显是衣服重叠的描绘。所以徐灏《说文解字注笺》称："《一切经音义》引《史记音义》，衣单复具为一袭。《丧大记》曰，袍必有表，不禅，衣必有裳，为之一偶，一偶，犹一袭也。袭之本意为衣一偶。因之加于外者，谓之袭衣，故又为相因，为重叠之义。"[③]

当我们知道"习"通"袭"，袭有重叠之义。那么，一切就迎刃而解了。所谓"不习"，亦即不重叠。这段爻辞，前边叙说地面的平坦，道路的笔直。巫者便判断，它大而不重叠，没

① 金景芳、吕绍纲：《周易全解》，吉林大学出版社 1989 年版，第 45 页。

② 高亨：《周易古经今注（重订本）》，中华书局 1984 年版，第 242 页。

③ 蒋人杰编纂，刘锐审订：《说文解字集注》，上海古籍出版社 1996 年版，第 1754 页。

有出现高高低低、坑坑洼洼的丘丘壑壑，那么，走路的人，当然是无往而不利，或者如帛书所说的"吉"了。显然，这段爻辞，从头到尾都是就地形、地貌而言，实不必转弯抹角去解释。

[六三] 含章，可贞。或从王事，无成有终。

关于"含章"，一般都解"含"为包含，"章"为光明。根据是《尚书·尧典》有"平章百姓"的说法。郑玄注："章，明也。"那么，含章是大地充满了光明的意思。也有学者认为，章有制度、章典的含义。又有学者认为"章"与"璋"通，璋是用于祭礼的玉器。于是"含章"成了对大地祭祀的解释。最有意思是高亨先生的见解，他说："含疑借为戗，含戗皆从今声，古通用。戗，杀也。"至于章，"疑当读为殷商之商"，那么，"含章亦即戗商"，是杀灭商朝的意思。看来，高先生为了要把下文的"或从王事"说通，便不惜作了很费周折的解释。

我认为，高先生的意见，可为一说，但反不如李镜池先生解释得直截而稳妥。李先生说："含章，指大地充满文采，犹言山河秀丽，物产丰富。"在秋天，麦子熟，菜花黄，芳草萋萋，平坦的大地色彩斑斓。在这收获的季节前景当然是乐观的。所以，巫者便称："可贞。"人们可以贞卜了，因为前面一片平坦，一片辉煌。你若想做些什么，当会有所得。

"或从王事，无成有终。"这也是巫者的判断语。

"或从王事"，李镜池先生说："王事即大事，古代国家以战争和祭祀为大事。这里说的大事就是指战争"[1]。高亨先生

---

[1] 李镜池著，曹础基整理：《周易通义》，中华书局1981年版，第7页。

说得更具体，认为这是指武王克商之事，"武王克商，从征者有人未立功亦得赏，是无成而有终"。

"王事"就一定指战争吗？未必。按王弼、韩康伯《周易注》："有事则从，不敢为首，故曰或从王事也。不为事主，顺命而终，故曰无成有终也。"① 又程颢《程氏易传》："或从上之事，不敢当其成功，惟奉事以守其终耳。守职以终其事，臣之道也。"② 他们都把"王事"理解为王者使役之事。这王者之事，包括战争，但未必就指战争。被王者委派出公差，服徭役，包括替上头从事各种劳动，都属"从王事"之列。像在《诗经·小雅·采薇》中提到"王事靡盬，不遑启处"，跟着又说："戎车既驾，四牡业业。岂敢定居，一月三捷。"这里所说的"王事"，当然指的是战争。不过，像《诗经·邶风·北门》一篇，提到"王事適（谪）我，政事一埤益我"，其中所说的"王事"显非指战争，而只是指一般的公事罢了。至于《诗经·唐风·鸨羽》所说"王事靡盬，不能艺稷黍"，诗中通篇没提到战争，它所说的"王事"，也当指徭役而言。

从《坤》卦［六三］这段爻辞，首叙"含章"，写到土地上的植物，跟着巫者便说到"从王事"。我认为，这"王事"应与从事农业劳动的徭役有关。

在周初，农业生产承袭夏商以来的受田制度，有所谓公田、私田的做法，它与"井田制"有关。据说滕文公派毕战询问"行仁政"之道，孟子就告诉他，要恢复"井田制"。

---

① （清）阮元校刻：《十三经注疏》，中华书局 1980 年影印版，第 18 页。
② （宋）程颢、程颐著，王孝鱼点校：《二程集》，中华书局 1981 年版，第 709 页。

28

"方里而井，井九百田，其中为公田，八家皆私事。"① 又如《诗经·小雅·大田》是一首写农事的诗，它写到农夫耕作，写到周王到大田中祭祀祈福，犒劳农夫。诗中有"雨我公田，遂及我私"的说法。可见，公田私田的制度是实行过的。而周王竟也来大田视察，那些在大田中做无偿劳动的农夫，不正是在"从王事"了吗？

接着，巫者又说："无成有终。"意思是为公家服劳役，对劳动者来说，实无所成。那些农作物长得再好，也不是自家所获，这就是"无成"。不过，干了也不算白干，因为毕竟完成了公家、王家的差使，总算尽了本分，有了结果，这就是"有终"。显然，这是巫者站在领主的立场开导农奴们的话。他知道，在收成的季节，人们到大田上劳动，很可能只为"公田"付出汗水，这叫"或从王事"。有人可能心有不甘，巫者便给予安抚，他告诉被劳役者：虽"无成"，但"有终"，大家小安无躁。在这里，我们可以从另一个方面看到，当时的农奴或被驱使的人满腹牢骚，否则，巫者便无需如此这般竭力作出让人们心理平衡的劝导，以利于维持安定的局面。

［六四］括囊，无咎无誉。

"括囊"，这很好解释，无非是说把农产品装进口袋，捆缚起来。对此，巫者又进一步告诉人们："无咎无誉"。既然是"从王事"，也无所谓是得还是失，是有害还是有益。总之，属于义务劳动性质。这番话，应是上承"无成有终"作进一步的发挥。

---

① （清）阮元校刻：《十三经注疏》，中华书局 1980 年影印版，第 2703 页。

［六五］黄裳，元吉。

"黄裳"，学者多解释为黄色的衣服。

在古代，黄色被视为尊贵的颜色。朱骏声《六十四卦经解》指出："黄裳，元端服之裳，自人君至命士，皆服之，下士则杂裳矣。"① 如果按照朱骏声的说法，又承接《坤》［六四］"括囊"这劳动的动作，那么，劳动的时候，还需要衣冠楚楚，穿其"端服"吗？其实，黄色的衣服，在远古时，也可以是劳动者的常服。据《礼记·郊特牲》："野夫黄冠。黄冠，草服也。"② 那黄冠，不过是干草编成的草笠。由此推想，黄裳，也未必是黄色的衣裳，而是用干草编成的下裳。这种装束，我们现在还能在非洲的一些部族中看到。

不过，联系到这爻有巫者"元吉"的判语，我认为"黄"应是指泥土的颜色为宜，古人以土色为黄色。《文言》说：天玄而地黄，就是说天是玄色的，地是黄色的。至于裳，便是裤子。《诗经·魏风·葛屦》"可以缝裳"，郑玄笺云："男子之下服"。③ 这应是最恰当的解释。在"括囊"的时候，男子的裤子成了泥土般的黄色，这不过是说，那些穿杂裳的"下士"们，裤子也弄成黄色了。在这里，"黄"字作动词用，黄裳，实即黄其裳。试想想，当劳动者干活干得累了，歇下来休息，一屁股坐在田垄上或者土包上，裤子不也就沾了泥土，变成黄色了么？

对此，巫者认为，这是大吉之兆。农作物"含章"，劳动

① （清）朱骏声：《六十四卦经解》，中华书局1958年版，第17页。
② （清）阮元校刻：《十三经注疏》，中华书局1980年影印版，第1454页。
③ （清）阮元校刻：《十三经注疏》，中华书局1980年影印版，第357页。

者"括囊",坐下来歇息,忙里偷闲,喘口长气。这形状,不是可以推断为"元吉"、大吉吗?

［上六］龙战于野,其血玄黄。

高亨先生认为:"此两龙相斗,两败俱伤之象。"[①] 他还说,龙是凉血动物,其血不赤。黑龙血黑,黄龙血黄。所以说龙战于野,其血有玄(黑)色、黄色两种云云。这说法,有胡子有眼睛。可是,谁见过龙了?又有谁见过黄龙血黄,黑龙血黑那回事?此说近不经之谈。从两条龙在打架的解释出发,更有人认为龙是神圣之物,龙战是比喻周武王和商纣王对阵。朱骏声说:"纣王长恶不悛,天命殛之。至于武王,遂有坶野之事,是其义也。"[②] 这真是越说越玄了。

我们在《乾》卦中认为,龙,是谁也没有见过的东西,它只是人们想象中的"动物"。说穿了,古人所说的"龙",无非是蛇。所谓"龙战于野",其实是"蛇战于野"。

关于"战",从古以来,许多学者包括程颐、朱熹、金景芳、高亨诸位,都认为"战"就是交战。对此,我颇感疑惑。因为,说人与人打架、打仗,用"战"字来表达,应属合理的。按"战"字从戈,单声。从戈者,是指拿着干戈等兵器。人与人兵刃相见,用"战"形容,自然顺理成章。可是,龙与龙或蛇与蛇打架,用"战"以形容,我总觉不伦。

其实,对此表示怀疑者,也大有人在,尚秉和的《周易尚氏学》以及黄寿祺、张善文的《周易译注》,都认"战"是

---

① 高亨:《周易古经今注(重订本)》,中华书局1984年版,第169页。
② (清)朱骏声:《六十四卦经解》,中华书局1958年版,第18页。

交接、交合的意思。他们的主要根据是许慎《说文解字》壬下云："《易》曰，龙战于野，战者，接也。"所谓接，就是接续、交缠。这情状，分明指蛇在交配。连通上爻的解释，无非是说：劳动者坐在地上，黄色的泥土染黄了裤子。这时候，有好戏看了！田野上，有两条蛇厮缠在一起，它们在交配呢！

蛇不是在打架，而是在做爱。下文"其血玄黄"的血，更不可能是指血液的血。那么，这"血"的含义，又应是什么呢？

古籍中，常有同音假借法。在《周易》，"血"和"恤"字相通。所以，《周易》中《升》《登》等卦，爻辞的"勿恤"，在帛书《周易》里，均写作"勿血"。此无他，因为"恤"，《说文·心部》指出："从心，血声。""恤"既可与"血"通，那么，"洫"，也可与"血"通。按《说文·水部》指出，洫，"从水，血声"。《左传·襄公三十年》，"田有封洫"注，"洫，沟也"。因此，其血玄黄，我认为是"其洫玄黄"的通假。

"洫"，水沟也。《广雅·释水》则认为洫就是水坑。无论是沟还是坑，都是指地之貌，而与动物的血毫无关系。

戳穿了"血"字之谜，下面的难题便迎刃而解。如果说"玄黄"是指颜色，那么，它是形容"洫"的颜色，亦即坑沟的土色，而不是指蛇（龙）的黑血黄血。先民说，蛇在有坑沟的野地里交配，坑沟的泥土黄黄黑黑。至于"其"这一代词，指代的是"野"，而不是"龙"。

有一种说法，认为"玄黄"通"泫潢"，泫潢形容坑穴里的积水。按《说文》："泫，皆流也"，那是水盈盈的样子。潢，"积水也"。若从此说，则与"坤"字有巛的意味，更相吻合。我们知道，上古的人是很看重地与水的关系的，当他们在收成之际举行"腊"祭时，便由巫师念诵咒语："土返其宅，水归其壑，昆虫勿作，草木归其泽。"可见，当人们看到沟坑里流水潺潺，自然心情愉快，其喜洋洋。所以，我觉得此爻采取"其洫泫潢"的解法，似最为合理。

从《坤》卦的［初六］到［上六］，它的意思其实相当的完整。就其总体而言，无非是写秋天的田野。它的爻辞所叙述的事情，也相当连贯。只是有些人想象力过于丰富，结果是越解越玄，反而不得其要领。

［用六］利永贞。

这一爻，有点怪，它没有任何叙述之辞，只是出现了巫者带有总括性的判语。意思是：卜着这卦，永远是有利的。

在《周易》里，除《乾》《坤》两卦外，所有爻辞都只有六个爻，唯独是作为全阳卦的《乾》和全阴卦的《坤》却有七个爻。在先哲们看来，物极必反，全阳是阳之极，全阴是阴之极。六个爻全阳，便会对立面转化，化为阴；同理，六个爻全阴，也会转化为阳。《周易尚氏学》认为："用者，动也，变也。"正因为全阳的《乾》和全阴的《坤》都会因极而变，于是巫者便各给予《乾》《坤》一个过渡性的第七爻。这在《乾》为［用九］，在《坤》为［用六］。

从《坤》在［用六］之前的六句爻辞看，每句都有叙述性语词，即"履霜""直方""含章""括囊""黄裳"，它们的后面也都加上巫者的话语。唯独到［上六］，"龙战于野，其血玄黄"，则只是叙述之词。到了［用六］，又只是巫者的判语。出现这样的情况，只能说明，当巫者在给每首爻辞下判断的时候，发觉《坤》的爻辞，只有六个叙述句式。而《坤》又必须考虑它要变，要加上［用六］。可是，叙述性的材料，早用完了，无话可加。这一来，便硬把［上六］这应该是有叙述、有判语的一爻，拆分为二。于是，［上六］便只有叙述，而［用六］便只有判词了。

从［上六］［用六］出现的漏洞，倒可以让我们明白爻辞成型的过程。它首先是有人把当时的各种生活现象，分成六句一组。跟着巫者便给予每组叙述句，加上判词；并且给予每组句子加上卦题，给予卦名；最后又加上卦辞，为整卦作出总体的概括和推演。

至于这些爻辞，无论是叙述句，还是判断句，它们是由谁作的？是一个人还是若干人作的？那卦题、卦名、卦辞，又是谁作的？哪些属先作，哪些属后作？这一切，我们都没有办法弄清楚。我们只能认定，《坤》卦爻辞出现的矛盾，给我们提供了怀疑的空间。

秋之祭

现在，我们可以研究《坤》的卦辞了。

坤：元亨，利牝马之贞。君子有攸往，先迷，后得。主利西南，得朋；东北，丧朋。安。贞吉。

"元亨"，这和《乾》一样，是说开始祭祀，或者大祭。如果说，《乾》的"元亨"是指春之祭，那么，《坤》的"元亨"便应是秋之祭。

"利牝马之贞"，牝马，即母马。巫者认为，秋之祭，如果是占卜牝马的问题，是有利的。上文说过，卦辞特别强调母马，这当与马匹的繁殖有关。而在秋天，占卜马匹繁殖问题之所以有利，道理也很简单。秋天牧草丰茂，马儿有了足够的食物，秋高马肥，当然有利于繁殖。由此，也可以看出，制定这卦辞的时候，必是注重畜牧业的阶段。联系到爻辞中"履霜"的提法，皮履的出现，表明社会上已经对皮革有所需求。巫者根据社会的需要，迎合人们的愿望作出演述，这是很自然的事。

"君子有攸往，先迷，后得"这一段，当是巫者对在大地上奔忙的人的指引。

关于这段的断句，论者均作"后得主"，把"主"视为主人，也通。不过，我认为"迷"与"得"和"先"与"后"一样，是相互对应的词语。至于"主"，专也，着重也。"主凶""主吉"是巫者的常用术语。"主利西南"，即专指有利于西南方向的意思。君子，指问卜的人，很可能是指那些要去参与"公田"劳动的人。攸，悠也，悠远的意思。巫者认为，问卜者要出远门，开始时会迷失方向，不过最终能找到出路，走得对头。确实，在直、方、大的大地上，天苍苍，野茫茫，人们"先迷"，后来才摸索出该走的路，也是很自然的。

"主利西南，得朋；东北，丧朋"，西南与东北，是两个相反的方向；"得"与"失"，是性质相反的指示。巫者认为，这《坤》卦对问卜者来说，西南方向对他有利，而东北方向则不利。联系前边"有攸往"的说法，巫者是要给迁徙者或奔忙于田野的人指出前进的方向。

在这里，得朋、丧朋是巫者判断利与不利的依据。所谓"朋"，有一种说法，认为是指朋贝，换言之，它是指古代的货币。李鼎祚《周易集解》引崔憬所说"双贝曰朋也"，李镜池先生《周易通义》也说"朋，贝，一半十枚"。于是有人认为这里所说的"得朋""丧朋"，是说到哪里能够赚钱的问题，李镜池先生便说"周人西南多友邦","所以周人到西南各国去能赚钱"。而东北却有强敌鬼方，到敌国去做生意，必然是"丧朋"亏本了。

朋，确有贝壳货币的意思，但它又有特定的涵义，即把贝壳串在一起，一个连一个。后来把人与人的联系，也比喻为朋，如说朋友、朋比、朋党。这《坤》卦卦辞中的"得朋"，说的无非是能找到同类、同伴、朋友。而"丧朋"，则是适得其反。

《坤》的卦辞，把占卜"牝马"放在重要的位置，看来，人们很关心马匹繁殖的问题。

当秋天来到，霜露初降，草长花黄的收获季节，秋郊放马，该往哪一个方向驰骤更为有利一些呢？巫者认为，应往西南，而不应往东北。这道理，其实非常简单。在秋天，从周人聚居的陕西一带看，其西南方面秋天气候相对比较温暖，水草也相对比较丰茂，放牧者必然更多往西南方向走。这样，你若问巫者，他的判断是：往西南，这边较有利。因为，他知道人们多走这方向。你若走这边，人和马都有伴，这就是"得朋"。如若往东北，秋风一起，越往北越冷，人多不走那里，你走向那一条路，必然会寂寞孤单，这便叫"丧朋"。总之，这些话，不过是巫者按照常识给予那些"有攸往"的远游者以一般性的指引。

"安。贞吉"，所谓"安"，即安静，静止。《说文》释："安，静也。从女在山下。"可见，静止不动，便是安。引申其义，即安息、安置。巫者认为，在大地上奔忙或远行的人，如果有停止迁移的想法，祈求上天指引，"贞"。那么，你将得到"吉"的预言。

请注意，这里所说的"安"，恰好与"有攸往"是不同的做法。"有攸往"是动势；"安"却是静态。巫者根据爻辞的总体描述，觉得在秋天的平野上驱驰，虽也有有"利"的一面。但这"利"需有一定的条件，即向西南方向走动。假如往东北方向，那就不利了。至于出现另一种状况：在田野上的人准备停下来，安营扎寨，巫者即给予完全的肯定，判之曰"吉"。当然，上一句也说到"主利西南"，它和这句所说的"安。贞吉"，都属于正面的判断。尽管如此，肯定的程度上却仍有差别。显然，巫者更主张人们安居下来，休养生息。

从卦辞所显示巫者的态度看，可以肯定，他必然是属于已经进入畜牧时代后期的人了。他了解到"君子有攸往"的意义。为了马匹繁殖，逐水草而居，到西南比较温暖的地方，那也是需要的。但是，他也觉得农业生产已进入比较进步的阶段，饲养牲畜，也并不是非"攸往"不可。安歇下来，还会更有利一些。因此，通过"安。贞吉"的断语，我们可以发现，初民"安土重迁"的观念出现了。

承顺天，人际关系的基础

[彖辞] 是怎样理解《坤》卦的呢？

至哉坤元，万物资生，乃顺承天。坤厚载物，德合无疆。含弘光大，品物咸亨。牝马地类，行地无疆。柔顺利贞，君子攸行。先迷失道，后顺得常。西南得朋，乃与类行。东北丧朋，乃终有庆。安贞之吉，应地无疆。

《坤》的 [彖辞]，和《乾》相互对应。制作者首先说，好极了！伟大的"坤"啊！它是地的象征，世界万物在它上面生长，生命由它完成。因为，它承顺着天，按天之道从事。

接着，制作者指出了大地的属性，它宽厚地负载着世界万物，这伟大的品德，一直发展到永远。它包容一切，博大宽广，光明磊落，因此，在大地生长的品物，都能顺利地得到发展。

在《乾》卦，制作者把"乾"比喻为天、为升腾的龙；在《坤》卦，则把"坤"比喻为地，为在地上生息的母马。他指出，母马的特性，和大地相类。它一直在大地上奔跑，它是那么柔顺，那么纯正。制作者便劝告仁人君子，如果要有所作为，就应效法母马的精神和品格。

他又说：人们在前进的道路上，也像母马在直、方、大的原野里奔跑一样，开始时，为首者会暂时迷失方向，但随后，后来者就会走上正确的道路。往西南方向走，会得到志同道合的朋友；往东北，则会寂寞孤单，不过，最终仍是吉祥的。最后，制作者给予总结：人们对安静守正的行为，之所以誉之为吉，是由于这一切，应顺着、包含着大地的品格，并且永远保持着大地的美德。

在［象辞］的制作者看来，《乾》与《坤》，是完全不同的对立的范畴。就卦象而言，《乾》是全阳，《坤》是全阴。就它们各自的属性而言，《乾》是天、是动、是向上的，《坤》是地、是静、是平顺的。但是，二者又不是冲突对抗，而是主从协调的关系。"乃承顺天"这一句，是制作者点睛之笔。

为什么［象辞］会在《坤》的爻辞中抽绎出它"承顺"的概念呢？这无非是制作者看到，爻辞写的全是大地上出现的情景。地的形状是直、方、大的，一望无垠；地上阳光明媚，人影散乱，流水潺潺。制作者把这些美好的形象，概括为静美的意象，再推演出平顺的概念。他又感到，地面上所发生的一切，包括人们的劳动，植物的孳生，动物的繁殖，沟水的奔流，都是在天底下进行的。因此，地的载负万物，是"承顺"了天的意志。

把相互对立的范畴揭示出来，而又强调它们相互协调的主从关系，强调它们的非对抗性，这非常重要。从这哲学的命题出发，先哲们就推演出既承认等级、差别，又主张"和为贵"的政治理念。可以说，如何看待《乾》与《坤》的关系，是我国统治传统的处理人际关系的思想基础。

值得注意的是，[象辞]强调"承顺""柔顺"，也不否认会出现曲折或变化。例如说"先迷失道""东北丧朋"，亦即承认在现实生活中，会出现种种难题。但是，制作者又认为，只要本着承顺的宗旨，最终能克服挫折，后发制人，取得胜利。在他看来，"先迷"还是"后顺"这并不重要，重要的是"乃终有庆"。显然，以柔顺的、低调的姿态对待现实，后来也成为某些处于逆境的人士的政治取向。

厚德载物和修养

我们再来看《坤》的[象辞]：

地势，坤。君子以厚德载物。

[初六] 履霜坚冰，阴始凝也。驯致其道，至坚冰也。

[六二] 六二之动，直以方也。不习无不利，地道光也。

[六三] 含章可贞，以时发也。或从王事，知光大也。

[六四] 括囊无咎，慎不害也。

［六五］黄裳元吉，文在中也。
［上六］龙战于野，其道穷也。
［用六］用六永贞，以大终也。

和《乾》的［象辞］一样，《坤》的［大象］，也首先对卦象作出解释。坤，由两个"－－"的符号组成。"－－"象征地，两"地"重叠，说明地之厚，说明地势的舒展。

从地的属性以及"直、方、大"的地势，［象辞］制作者联想到：仁人君子该是怎样的立身行事。他认为，人们要像大地一样，以宽厚的土层承载生长在它之上的万物。"厚"又可作动词用，"厚德"即"厚其德"，亦即打下深厚的道德、学问、修养的根基。"载物"，引申为包容一切，承担一切的责任。这句话，和《乾》［象辞］中的"君子以自强不息"一样，成了我国文化的传统美德，成了许多人的座右铭。

［小象］对爻辞的解释是：［初六］说到履霜，是秋天阴气开始凝聚明证，顺着时序发展下去，就结冰了。

从秋天的大地说起，［象辞］的制作者便根据大地"直、方、大"的特征，引申为大地具有"直、方、大"的德性。直是正直，方是方正。"不习（袭）无不利"，指的是地面平坦，引申为胸襟的宽大。他认为，这些是大地最光荣最有光彩之处。言外之意是，这也是人们应具有的基本态度。

在解释"含章可贞"时，制作者强调的是，无论是植物还是人，既然已包藏有丰富光彩的内涵，就应把握机会，根据时机、季节而发展。他还说：作为人臣，如果"从王事"，为朝廷效劳，他的智慧必能发扬光大。在这里，［象辞］制作者对爻辞［六三］作了很随意的引申。而对"括囊"一爻，制作者强调的是，做人应该谨慎。因为"括囊"者，收紧袋口也，亦即行为收敛，藏而不露也。谨慎，就不会发生祸害。这是［象辞］制作者提倡的作风。至于"黄裳"，他理解为"文在中也"。人在身体里面穿着美丽的衣裳，好看的花纹被上衣遮盖着，由此，便引申为做人要有谦逊的美德。

对［上六］"龙战于野"的解释是"其道穷也"。按照古人对"地"的理解，地的特性，是柔顺的，而这爻竟写到两龙相斗，与柔顺背道而驰，不正是说明地之道，亦即地气、地运发展到尽头了吗？当然，有些学者认为［象辞］是从象数的角度来解释爻辞的，说［上六］已进入六爻中的最高位，根据物极必反的道理，阴极盛便走向反面，所以说"道穷"。这种看法也可以参考。

最后，是［用六］。［用六］意味着变动，制作者认为《坤》发展到了极限，它就要变，就会从［上六］"道穷"，转向好的方面发展。因此，此爻之所以说"永贞"，说永远利于占卜，是因它已是"大终"，走到了归宿，而所谓"坤"的归宿，是它所特有的柔顺的本质。制作者认为，《坤》卦爻辞的启示，告诉人们应该坚持承顺、柔顺的信念。

当我们把《乾》与《坤》的［象辞］作一比较，可以发现，当它们在阐解处世之道的时候，后者更多是强调个人修养的问题。制作者通过对爻辞的阐释，向处于从属地位的人，宣扬顺从、内敛、内秀、谨慎、谦逊的品格。这就是所谓坤之道。

第三　《屯》辨

☷ 震下坎上

屯：元亨，利贞。勿用有攸往，利建侯。

［初九］磐桓，利居。贞，利建侯。

［六二］屯如邅如，乘马班如。匪寇婚媾。女子贞，不字。十年乃字。

［六三］即鹿无虞，惟入于林中。君子几，不如舍。往，吝。

［六四］乘马班如，求婚媾。往吉，无不利。

［九五］屯其膏。小贞吉，大贞凶。

［上六］乘马班如，泣血涟如。

聚居的地方

这是很有趣味的一卦，我们先看卦名的"屯"。

按照李镜池先生的说法："屯，难也。卦爻辞讲各种难事，有行旅之难，有婚姻之难，有狩猎之难，有妇女生育之难，还有大事之难。"他还认为，这卦"以难义为连贯"①。确

———————

① 李镜池著，曹础基整理：《周易通义》，中华书局 1981 年版，第 8 页。

实，在众多的《易》学研究著作中，学者们都从"难"的角度阐释《屯》卦，只不过李先生的意见，说得最为完整。

认为"屯"即难，其根据是《说文》对"屯"字的解释："屯＊难也。像草木之初生，屯然而难。从屮贯一。一，地也，尾曲。刚柔始生而难生。"王筠的《说文释例》又发展了许慎的解释："凡草木之生，其根必直下；若根先曲，则生意不遂。惟其芽有所碍，始有曲耳。而屯字曲其尾者，字本难意。"①

许慎和王筠的解释，可为一说。但是，草木之尾部弯曲，就一定只有表示难以萌生之意吗？根部的盘曲，是否也可以理解为蓄而未发之意呢？

按《甲骨文编》，屯作 *、*、*。草的根部，有别的东西交错在一起。草木的根，相互盘绕，不也可以理解为聚留、聚集的意思吗？又据于省吾先生在《甲骨文字集释》中指出：东周以前金文，如玄衣黹纯及纯鲁之纯，通作屯。而"纯"，是丝织的意思，因为丝织品，正是把丝线交织在一起。"纯"从"糸"从"屯"，不单是形声，也有会意的味道。总之，若按许慎对"屯"字的解法，只强调"难"，似未必全面。

就从《屯》的卦辞看，它分明是说"元亨，利贞"。既然有"利"，怎能以"难"贯之？它又跟着说："勿用有攸往，利建侯。"这说的是有利有不利，也不能以一个"难"字概括。至于从《屯》的爻辞看，巫者对它的判断，分明既有凶也有吉。而卦名的命名，有笼罩全篇的作用。如果把"屯"

---

① 蒋人杰编纂，刘锐审订：《说文解字集注》，上海古籍出版社 1996 年版，第 84 页。

单单解为"难",显然也涵盖不了。

以我看,《屯》卦的屯,是聚留、聚合的意思。事实上,有不少研究《说文》的人,是承认"屯"初义为"难",其后引申为"聚"的。按《广雅·释诂三》:"屯,聚也。"屯就是屯田、屯兵的屯,加上邑旁,便是邨,亦即村,是从事农业生产的人聚居的地方。

一旦摆脱了许慎的影响,从邨的角度去解释"屯",那么,这卦便不算太难理解了!

我们再看看爻辞:

村里的婚事

[初九] 磐桓,利居。贞,利建侯。

关于[初九]的"磐桓"。李镜池、金景芳等先生从照应"屯"作为"难"的解释,把它解为徘徊、难进的样子,而我则认同高亨先生的说法。高先生根据《文选·海赋》李注所引的《声类》,指出"磐,大石也"。

至于"桓",高先生说:"桓疑借为垣,同声系,古通用。《说文》:'垣,墙也',磐垣,以大石为墙也。"① 此说甚是。因为,下文跟着说"利居"。在巫者看来,用大石块筑起墙垣的地方,当然对居住是有利的。可见,"磐桓"与"利居"两者之间的思想逻辑,是有着联系的。

一般论者,多把[初九]"磐桓"一句,在"利居贞"

① 高亨:《周易古经今注(重订本)》,中华书局1984年版,第169页。

之后点断。我却把"利居"与"贞"分开。因为觉得"利居贞"的说法很别扭。若按照高亨先生的说法,"占问居处谓之居贞",那么,其句式应以"贞利居"为妥。所以,我认为"利居"是巫者承接上面"磐桓"所作的判断句。"贞",则是与下文"利建侯"相连接。

什么叫"利建侯"?历来许多权威的论者,都认为"建侯"是建国封侯的意思。据《礼记·王制》:"王者之制禄爵,公、侯、伯、子、男,凡五等。"① 又,《公羊传·隐公五年》:"天子三公称公,王者之后称公,其余大国称侯,小国称伯、子、男。"② 所谓建立"侯"的爵位,是和建立政权联系着的。"利建侯",就是有利于建立以侯为封号的大国政权。

但是,在《屯》卦里,有扯到政权问题那么严重吗?在卦辞和爻辞中,"利建侯"凡两见。一是与"勿用有攸往"相连,一是与"利居"相连,都是指居住、出行的问题,如果引申到建立政权,我总觉得不太有说服力。

问题在于,怎样理解"建侯"。

建侯,马王堆出土的帛书《易》作"建矦"。矦,《说文》写为矦。释云:"从人;从厂,象张布;矢在其下。"徐铉笺注云:"古者凡射,必先行乡饮酒礼。矦制以布为之,其中设鹄,以革为之,所射之的也,大射则张皮于矦以为之饰。"③ 易言之,"矦"是人们设立的箭垛。在乡礼中,这些"矦",用作人们射箭比赛的靶子。在《金文编》里,矦写为

---

① (清)阮元校刻:《十三经注疏》,中华书局 1980 年影印版,第 1321 页。

② (清)阮元校刻:《十三经注疏》,中华书局 1980 年影印版,第 2207 页。

③ 蒋人杰编纂,刘锐审订:《说文解字集注》,上海古籍出版社 1996 年版,第 1082 页。

𠂤、𠂤、𠂤、𠂤。这字的形象，清楚地说明"矦"的初义。

建矦，也就是建立挡箭处。用今天的话说，是建立防御工事。如果按照徐铉的说法，凡行乡饮酒礼，便设"矦"以为射鹄。引申其义，"建侯"不过等于说设立可作"乡饮"的场所，或者说是设立居民点。这和解为建立诸侯国的政权，其性质应有天壤之别。

联系上文"磐桓"，我认为"建侯"既通"建矦"，实亦通"建堠"。堠，是小土堆，用以挡箭，用以防御。堠有斥堠、烽堠、堠堡的意义。在地面上建立堠堡，这对防守者来说，居高临下，是能够抵挡来犯之敌的。

其实，古籍中说到侯，最早见于《尚书·康王之诰》："乃命建侯树屏，在我后之人。"① 从"建侯树屏"一词看，建、树俱为动词；而屏则为名词，指的是实在之物。按《说文》释，"屏，蔽也"，是供隐藏的地方。《论语》"萧墙之内"一句，郑玄注云："萧墙谓屏也。"可见"屏"就是短墙、小墙。这一来，"侯"的词性必和"屏"相似。解侯为"堠"，它便和"屏"相互匹配。至于"在我后之人"，照闻一多先生解释："在，读为存，存言之为言桙也。《左传·哀八年》：'桙，以柴木壅也。'"② 请看，《尚书》中的"在"（桙），指的也是实实在在的木柴，它也是和侯、屏相应的；反过来，侯，也应是与屏，桙相近的实物。

上面的解释如果合理，那么，《屯》卦［初九］的意思，本来是明畅的。叙述者描叙说：有用大石块垒起的墙。巫者认

---

① （清）阮元校刻：《十三经注疏》，中华书局1980年影印版，第244页。

② 蔡尚思主编：《十家论易》，岳麓书社1993年版，第526页。

为，这利于安居。如果要占卜，巫者就告诉你：若得此爻，则在此有利于建堠。换言之，他劝说人们：赶快建立防御工事，堆土成堠，把这块土地弄成"土围子"吧！让它成为可以安居的村子吧！

[六二] 屯如邅如，乘马班如。匪寇婚媾。女子贞，不字。十年乃字。

这两句并不费解，大家都说"屯如邅如"，是形容停停转转的样子。《广雅·释诂》："邅，转也。""如"，语气词。"乘马"，《周易释文》"四马四乘"，乘马就四匹马，指马的毛色斑斑驳驳，体态美观的样子。也可以理解为"贯如"，指马匹正矫健地奔跳的样子。

承上句爻"磐桓"。这句跟着描述，有人乘着马，在石头堆成的土墙下面转来转去。面对着那"屯如邅如"的状态，巫者发话了："匪寇，婚媾！"他告诉人们，这不是来抢掠的，是求婚的！李镜池先生说："为什么一伙人乘着马在徘徊呢？这不是抢劫，而是为婚姻而来的。"他认为这反映了奴隶制时代抢婚风气的存在。确实，如果没有这种风气，巫者也就不必要提醒人们切勿产生误会了。

巫者在给人们提了个醒以后，又回复他本行的"活计"。他说："女子贞，不字。十年乃字。"

女子，指的是未婚的少女。按孔广居《说文疑疑》："子者，嗣也，像幼子形。"[1]《甲骨文字集释》又指出：𢀛、𢀚，

---

① 蒋人杰编纂，刘锐审订：《说文解字集注》，上海古籍出版社1996年版，第3080页。

像幼儿在襁褓中，两手舞动。女与子两字连在一起，应是特指幼女。《礼仪·士昏礼》："女子许嫁，笄而礼之。"① 《礼记·曲礼》："女子许嫁，笄而字。"② 可见"女子"应为未嫁者特定的称谓，与作为一般的性别泛指不同。此爻云：如果未嫁的女子贞卜，此卦，那么，现在不能成婚，以后再嫁吧！

这里要说明"字"的解法，许多学者根据《广雅·释诂》的说法："字，生也。"生指生育、孕育，因此说"女子贞，不字"，是说妇女不能怀孕的问题。高亨先生认为："此说似是而非。"如果幼女还未出嫁，便贞卜能否怀孕，实在不易说通。而"字"，与"笄"的意义相通。古代男女成年时，以簪绾发，称"及笄"。桂馥《说文解字义证》引《穀梁传·僖九年》："许嫁，笄而字之"，上引《礼仪》《礼记》也都说明"字"与许嫁之义同。至于说"十年乃字"，十年，并非确定的时间，而是一种延长时限的说法。按巫者的看法是：关于婚嫁问题，以后可以成功；现在则不宜操之过急。

看来，巫者的判断，是按此爻"屯如邅如，乘马班如"的状态作出的分析。他首先告诉人们，那批骑着马儿转来转去的家伙，并不是强盗，而是求婚者，从他们转来转去而非勇往直前的样子看，巫者又觉得这伙人还未有足够的求婚条件，便不主张轻易答应。不过，人家到底是来求婚，是出于好意的行动，那也不妨考验考验，"十年乃字"吧！

---

① （清）阮元校刻：《十三经注疏》，中华书局 1980 年影印版，第 970 页。
② （清）阮元校刻：《十三经注疏》，中华书局 1980 年影印版，第 1241 页。

〔六三〕**即鹿无虞，惟入于林中。君子几，不如舍。往，吝。**

"即鹿"，接近鹿的意思。高亨先生说："鹿在山野，猎者往就之，是为即鹿。"①"无虞"，虞是山林的管理者，《周易集解》引虞翻注："虞，谓掌禽兽者。"我想，这里应引申指熟识狩猎能够作为向导的高手。

承上爻，那一伙转来转去的骑士，又去打猎了。这也难怪，他们两手空空，便去求婚，不碰钉子才怪！也许在丧气之余，他们盯中了鹿，便觉得是天赐良机。看来，我们的祖宗很重视鹿这类动物。《诗经》里不是有"野有死麕，白茅包之。有女怀春，吉士诱之"的句子吗？现在，骑士们看见的不是死鹿，而是活鹿。他们当然眼睛发亮，逐步接近……谁知道，他们当中又没有高明的猎手。他们正想捕鹿，但鹿儿乖巧得很，"入于林中"，真令人徒呼荷荷。面对着这一形势，巫者发话了："君子几，不如舍。往，吝。"

关于"几"，有人释为祈求，有人释为机智，有人认为几通饥。我认为，根据《尚书·太甲》"若虞机张"②的说法，机是弩牙。"机"通"几"。那么，"君子几"，是指骑士们扳动弩机，准备放箭。巫者便表态："不如舍（捨）。"放鹿儿一条生路算了，因为它已入于林中，猎手们又不高明，射了也是白射。而且，冒险跑进山林里，谁知会不会碰上毒蛇猛兽。因此，他不主张"往"，认为往则吝。

---

① 高亨：《周易古经今注（重订本）》，中华书局1984年版，第171页。
② （清）阮元校刻：《十三经注疏》，中华书局1980年影印版，第164页。

［六四］乘马班如，求婚媾。往吉，无不利。

此爻与［六二］，有相似的地方，所以不必多作解释。但是，我们应该注意，巫者对它的态度以及所作的预测，却和［六二］大不相同。他认为："往吉，无不利"，明明叫求婚者大胆往前走！

仔细琢磨，原来［六四］所叙述的求婚者，他们的态度，并不同于［六二］所写的那伙。

［六二］所说那伙人，"屯如邅如"，转来转去，徘徊踯躅。请注意，［六四］可没有那显得逡巡不前的四个字。它一开始就明摆着"求婚媾"。据此，巫者便采取鼓励的态度。

至于［六四］所写的那另一批求婚者的做法，也和先前的不同，他们不是急时抱佛脚，为了求婚赶忙跑去猎鹿，而鹿儿也不凑趣，一溜烟跑掉。这回新的一批求婚者，是做了认真的准备的。这一点，再看看下面一爻，便可明白。

［九五］屯其膏。小贞吉，大贞凶。

"膏"，《说文》："肥也。"把肥美的肉囤积起来，不正是作为求婚送礼之用么？有备而来，诚心可嘉，巫者当然认可。不过，他也提醒人们："小贞吉，大贞凶。"

关于"小贞"和"大贞"，有人说小贞指小事，大贞指大事，也有人说小贞指未成年人，大贞指成年人。我认为，小贞，指小范围的贞卜，即祈求老天爷保佑某一特定的具体的事情，例如求婚之类，巫者认为，这样做是"吉"的。但是如果占问大范围的事，那就"凶"了。须知肥肉虽好，毕竟是区区赞礼。如果凭这一丁点东西，便"大贞"、大祭祀，以为可以讨好诸天神佛，那就错了。其结果会适得其反：凶。

[上六] 乘马班如, 泣血涟如。

这爻颇费解。"泣血涟如", 学者们都认为是凄惨悲戚的样子。联系到上文写到古代抢婚的风俗, 李镜池先生更是说"本爻说女子被劫, 她不愿意, 大哭得非常悲惨"[①]。

古代有抢婚之俗, 它是群婚制的遗留。不过《屯》卦所说的"抢婚", 抢, 只是一种求婚的形式。这形式, 无非是上古抢婚陋习的孑遗, 却不是真正的明火执仗地抢劫。所以, 巫者才告诉女方"匪寇婚媾", 才会作出"十年乃字"的承诺。而且, 《屯》卦其他的爻辞, 分明还有"吉""无不利"的判语, 怎么能以悲惨得"泣血涟如"统括一切?

即使这《屯》卦写的是妇女被抢, 很不乐意地被牵出家门, 那么, 说她"泣涕涟涟"可以接受, 说她"泣血涟如"则使人难以接受。毕竟这不是打仗, 更不是死了人, 以"泣血"形容, 总觉过分。由此, 也引起了我的怀疑。

按帛书, "泣血"作"汲血"。一字之差, 含义尽变。

我认为, 帛书所写是更为合情理的。汲, 《说文》: "引水于井也。"《广雅》曰: "汲, 取也。"很清楚, 取水, 这叫做"汲"。"汲"与"泣"音近, 有人误以"汲"为"泣", 便出现了《周易》的写法。

认同帛书的"汲", 那么"汲血"的"血", 如果理解为血液的血, 那就很可怕了。其实, "血"应是"洫"的通假。洫是水沟。正如《坤》的"其血玄黄"实即"其洫泫潢"一样。"汲洫"是说从沟里汲水。"涟如", 风吹水皱, 流水悠悠

---

① 李镜池著, 曹础基整理:《周易通义》, 中华书局 1981 年版, 第 10 页。

的样子，《诗经·魏风·伐檀》"河水清且涟漪"，涟漪也就是涟如。联系上文的"乘马班如"，这爻是说，那一伙骑着高头大马来求婚的人，在有饮水处汲水，一派悠悠自得。

把《屯》卦的六句爻辞联系起来，我们看到了它描写了村落里发生的事件，记录了两支不同的求婚队伍，以及他们不同的遭遇。那匆匆忙忙的求婚者，讨了个没趣；而有备而来的求婚者无往不利。从爻辞的描写中，这村落垒石为墙，蓄水成沟，可以看出，此地百姓，已经过渡到比较安定的农业社会中，而记述者也很欣赏村民的安居乐业。至于巫者，从其卦辞总括"勿用有攸往""利建侯"等断语推想，他们也是乐于改变逐水草而居的生活方式的。

矛盾与安定

《屯》的［彖辞］是：

> **屯，刚柔始交而难生，动乎险中，大亨贞。雷雨之动满盈，天造草昧，宜建侯而不宁。**

关于《屯》卦爻辞的具体内容，［彖辞］的制作者是不管的，他只抽绎出一个"难"字。在他看来，这卦的要害就是"难"。由此，也就影响了历代《易》学研究者对此卦的理解。

制作者认为，困难之所以产生，是"刚柔始交"。我们知道，前面的两卦《乾》和《坤》，一属全阳，一属全阴。阳的性格为刚，阴的性格为柔。《乾》与《坤》，阳与阴，亦即刚与柔，并不交集，从这《屯》卦开始，那"震下坎上"的卦符才出现阳爻和阴爻。这就叫"刚柔始交"。

　　〔象辞〕的制作者如何从象理的角度以圆其说，其实不必深究。值得注意的是，他已认识到事物的刚柔，亦即矛盾和对立，乃是困难产生的根源。"动乎险中"，意思是说困难的发展，就在于矛盾对立的危险之中，换言之，矛盾越激烈，局面越危险，困难也就越严重。正因如此，才需要"大亨贞"，要举行大规模的亨祭和占卜，祈求上天的保佑指点。

　　"雷雨之动满盈"是制作者因"震"和"坎"结合而产生对《屯》卦的理解。"震"的自然象征为雷，"坎"的自然象征为雨；"震"的属性为动，"坎"的属性为陷。雷雨交集，坎坑盈溢，比喻矛盾的激烈导致产生许多困难。因此，制作者认为：在上天对各种事物草创之际，人们就要有所防范，有所安排，这就导出了"宜建侯而不宁"的主张。

　　"宜建侯"，如上所述，我认为即"利建埭"。即使按传统的解释为建立诸侯之国，〔象辞〕的制作者也是认为需要建立一个安定的局面。"不宁"，即丕宁。丕，大也。整句的意思是，宜建立安定的局面，乃可大大地安宁了。这思想，也正是卦辞中"勿用有攸往"的阐释。

　　总之，承认矛盾的存在，认识到矛盾冲突会造成困难，从而希望消除矛盾于萌芽之际，建立安定的局面，乃是〔象辞〕所要表达的理念。

以贵下贱和"得"民

　　〔象辞〕说：

云雷，屯。君子以经纶。
〔初九〕虽磐桓，志行正也。以贵下贱，大得民也。

　　［六二］六二之难，**乘刚也**。十年乃字，反常也。

　　［六三］**即鹿无虞，以从禽也**。君子舍之，往吝，**穷也**。

　　［六四］**求而往，明也**。

　　［九五］**屯其膏，施未光也**。

　　［上六］**泣血涟如，何可长也**。

　　根据《屯》的卦象和爻辞的内容，［大象］提示大人君子们，要未雨绸缪，毋临渴掘井，要做好组织筹划的工作。防患于未然，不要让矛盾激化，这无疑是管治的艺术。

　　在［小象］，制作者对爻辞的理解是：虽然人们要"磐桓"，但其志向、行为都是正确的。所谓"以贵下贱"，是制作者解释卦象、卦位的关系，认为"震"那一根象征阳性、尊贵的卦符，处在［初九］这最低的位置。这些编凑，我们可以不管，但它由此引发出"以贵下贱，大得民也"的想法，倒值得我们注意。显然，制作者认识到，作为有身份的管治者，如果能够眼睛向下，接近身份低贱的群众，这种举措，是大得民心的。

　　接下去，［小象］解释［六二］之爻，认为其卦象的阴爻，跨在阳爻之上，显得冒犯了阳的尊严，这叫"乘刚"；而爻辞所说"十年乃字"，也显得反常。制作者认为这都是不妥的。其实，他评论的虽然是婚媾的问题，但可推演到人际关系的其他方面。否定"乘刚"，是主张从属者应承顺地对待上级；否定"反常"，是主张遵循正常的规范。所以，孔颖达也在《周易正义》注中指出："是知万物皆象于此，非唯男女而已。"在这里，我们还可以看到，［象辞］在上一爻［初九］提到上级应"以贵下贱"，善待下级。而在［六二］中即指出

"乘刚"之非，指出从属者不能凌驾于尊者之上。可见，为了局面的安定，［象辞］注意从矛盾不同的方面，各个加以疏导、约束。

至于"即鹿无虞"，［小象］解释说，这指求婚者跟着、追着猎物，后来"君子舍之"，不得不放弃了它，是因为没有办法，陷于困境。

对于［六四］所写的另一伙求婚者，［小象］肯定他们，认为他们是明智的。他们那"屯其膏"的做法，是在谋取事情成功之前便施行、准备，这一点，正是后来能够有所收获的保证。不过，［小象］也表示有所忧虑：如果"泣血涟如"，不断地从水沟里汲水，而水会有尽时，他们又怎样能长久地汲下去呢？所以说"何可长也"。这形象的比喻，说明即使是取得了稳定的局面，也不能以为可以安享太平，要提防事物的发展有走到尽头的时候。

第四 《蒙》辨

☷ 坎下艮上

蒙：亨。匪我求童蒙，童蒙求我。初筮，告。再三，渎，渎则不告。利贞。

[初六] 发蒙，利用刑人。用说桎梏以往，吝。

[九二] 包蒙，吉。纳妇，吉。子克家。

[六三] 勿用取女，见金夫，不有躬。无攸利。

[六四] 困蒙，吝。

[六五] 童蒙，吉。

[上九] 击蒙，不利为寇，利御寇。

"蒙"是什么

我们先来看看卦辞。

何谓"蒙"？据高亨先生的解释，"蒙疑借为矇，古字通用"。他的根据是，《说文》："矇，童矇也，一曰不明也。"我们知道，古代文字往往可以通假。高先生的说法，不为无见。但若从此说，则"蒙"指的是瞎子。而《蒙》的六爻中，有五爻均写"蒙"，那么，此卦通篇都写成瞎子。这一来，有些问题便颇难理解了。例如爻辞中有云"发蒙"，高先生说，发

56

者，开也。"发矇者，医去其目翳而复明也"，这简直是说当时颇能精于医疗眼科疾病了。就此爻而言，这解法还能说得过去，但另一爻说"包蒙，吉"，若从此解则麻烦大了。高先生疑"包"为"庖"，他说："庖矇谓庖人目病生翳也。蒙下吉字疑涉纳妇吉句而衍。"① 看来，高先生也觉得，若照爻辞"包蒙，吉"，解为厨师瞎了反而大吉大利，实在说不过去，于是推测这"吉"字是抄书时出错了。但家里有个瞎厨子，纳妇便"吉"吗？庖丁瞎眼与娶老婆有什么关系？况且，古代矇瞽者多作乐师。《周礼·春官·叙官》郑注云："凡乐之歌，必使瞽矇为焉。"② 至于矇盲者从事庖厨的工作，则闻所未闻。

较多学者认为，蒙是草。李镜池先生说它"本义是丛生冢上的草木"。③ 据段玉裁《说文解字注》提到："唐蒙，女萝。"唐蒙与童蒙音近，这颇足以证明蒙是女萝之类的攀援植物。朱骏声的《六十四卦经解》说得更具体："萝草加于草木之上曰蒙。"④

把"蒙"说成是植物，这比把它说是瞎子合理一些。但仔细分析，似仍有问题。因为卦辞上有此一句："匪我求童蒙，童蒙求我。"收录诸家周易异文的陆德明，在《经典释文》中注明："一本作来我。"阮元的《周易注疏校勘记》也说："古本蒙下有来字。"

① 高亨：《周易古经今注（重订本）》，中华书局 1984 年版，第 173—174 页。
② （清）阮元校刻：《十三经注疏》，中华书局 1980 年影印版，第 754 页。
③ 李镜池著，曹础基整理：《周易通义》，中华书局 1981 年版，第 11 页。
④ （清）朱骏声：《六十四卦经解》，中华书局 1958 年版，第 24 页。

无论"童蒙求我",还是"童蒙来求我",都说明这童蒙是有感知的东西,所以它才会"求"。至于"来求",更清楚表明它是能走动的东西——那只能是动物。如果它是植物,也能"来求",那么,除非是草怪木妖之类异物。

李镜池先生看上的是"蒙"字上面的"草",我却看上"蒙"字下面的"豕"。按蒙,从艸从冡;冡则从冂,从豕。按《说文》冡作冡,覆也,从冂、豕。段玉裁《说文解字注》云:"凡蒙复、僮蒙之字,今字皆作蒙,依古当作冡。蒙行而冡废矣。"① 段说若准确,那么,《蒙》卦,依古当作《冡》卦。

冡,从冂从豕。冂是覆盖之意。至于豕,朱骏声《说文通训定声》指出:"当从冂豵省声。"这表明豕亦即豵。桂馥《说文解字义证》引《字林》云:"豵,豕生六月也。一曰:一岁曰豵。"② 可见,蒙,从草从冂从豕,初义为草木覆盖着的小猪。此说如能成立,"求""来求"当可理解。你看,太妙了,"匪我求童蒙,童蒙来求我",翻成今天的文字,便是:不是我主动去找那小野猪,是那猪儿自动跑过来,这运气委实不错。所以,《蒙》卦就整体而言,是吉利的。巫者告诉信众:"亨",祭祀吧!而且"利贞",占卜吧!祷告吧!

既然那小猪是自动跑过来的,对送上门的买卖,总是要买账的。对那些诚心来求的问卜者,态度也应如此。因此,巫者给予优容:"初筮,告。"告诉他们,为其指点迷津。不过,

---

① 蒋人杰编纂,刘锐审订:《说文解字集注》,上海古籍出版社1996年版,第1597页。

② 蒋人杰编纂,刘锐审订:《说文解字集注》,上海古籍出版社1996年版,第2008页。

如果问卜占卦者啰里啰唆，问个不休，"再三"纠缠，这就是"渎"。渎，指亵渎神明。《礼记·表记篇》也说孔子在引述这句卦辞时，也指出"欲民之毋相亵也"①。总之，凡事过了头，好事也会变为坏事。这一来，巫者便懒得去管，这叫"渎则不告"。

附带指出，这两句话，实际上也是巫者琢磨出的如何对付那些啰唆的问卜者的经验。

围捕小野猪

弄清楚"蒙"是什么，问题便好办了。

［初六］发蒙，利用刑人。用说桎梏以往，吝。

《释名·释语言》："发，拨也，拨使开也。"《广雅·释诂三》："发，开也。"拨之使开，这是寻找的意思。因此，"发蒙"，实即拨开草木的覆盖去找寻野猪。

找野猪，这当然是危险的工作。看来，奴隶制时代，危险的工作，总是派"刑人"打头阵的。刑人是犯了罪的人，这些人本就该死，所以让他们先上，替主人们抵挡野兽的反扑，这对主人来说，当然是有利的。不过，巫者又警告："用说桎梏以往，吝。""说"通"脱"。"桎梏"，刑具。《说文》云："梏，手械。""桎，足械。"脱桎梏，是解开刑具。"用说桎梏以往"，是指让囚徒解脱刑具去打猎。巫者认为这就属"吝"了，不妥了。试想想，罪犯们松了绑，手足自由，打猎自然是

---

① （清）阮元校刻：《十三经注疏》，中华书局 1980 年影印版，第 1638 页。

灵便了。但是这也给了他们逃跑或者反抗主人的机会。在巫者看来，这样做，很划不来。所以，有必要提醒奴隶主们，切勿因想多打野猪，而对"刑人"掉以轻心。

〔九二〕包蒙，吉。纳妇，吉。子克家。

"包蒙"，我看就是包围了野猪。包字在《说文》指是包裹的意义。引申而言，围在其中，也可称包。把猎物包围起来，看来有可能把它抓住。巫者就说："吉!"而且还进一步推论，如果卜问纳妇有没有希望，那也吉! 当然了，彩礼快到手了，怎么能不吉? 我们的老祖宗，若要求婚，是要给女方献上彩礼的。上古时代，彩礼就是野味。所以《诗经·召南·野有死麕》记："野有死麕，白茅包之。有女怀春，吉士诱之。"现在，猎人们包围了野猪，有可能把它用白茅包裹起来。所以，推算"纳妇，吉"，并不难。纳了妇，"子克家"。子，指女子；克，能也；家，成家也。巫者下保证书了，说那女子娶了过来，准能给你过小日子。很好笑，在巫者看来，如果有野猪作聘礼，则可谓万事大吉。

〔六三〕勿用取女，见金夫，不有躬。无攸利。

这爻颇麻烦，关键在于"见金夫，不有躬"，这六个字很费解。高亨先生的解法是，先把"见金"点断。"金谓匲金也。""夫不有躬，谓女之夫将丧其身也。"又说："娶女则但见匲金，而女之夫将有丧身之祸。"[1] 这很可怕。匲金即奁金，是妇女梳妆用的金铜首饰。是否拿出了"金"，女之夫就会丧

---

① 高亨：《周易古经今注（重订本）》，中华书局 1984 年版，第 175 页。

其身呢？李镜池先生则认为，"金夫"就是武夫。意思是说：抢婚会遇到武力抵抗，丧了性命。[①]

高、李两位的解释，可备一说。不过，我赞同闻一多先生的解法。他说："按'金夫''不有躬'，语皆无义，疑夫当为矢，躬当为弓，并字之误也。金矢即铜矢，谓铜镞之矢。"又说："'不有弓'即有矢无弓，不能射，故无可所利也。"[②] 把闻先生的解释和〔九二〕"包蒙"联系起来，意义相当清楚：那些猎人们把"蒙"包围起来，准备弓箭，射杀野猪。谁知道，现出了铜矢，却没了弓。这一来，那批马大哈的猎手们，只好徒呼荷荷，以"白茅包之"的打算只能落空。所以，巫者在这爻一开始，便劈头劈脑地发话："勿用取（娶）女"，因为取（娶）也是白取（娶），"无攸（所）利。"

〔六四〕困蒙，吝。

"困"通"梱"。《说文》释"梱"："束也。"以绳束之，谓之梱。所以，困蒙是用绳子去绑野猪的意思。"困蒙"，与"包蒙"意近。但包蒙只是把野猪包围起来，而"困蒙"则动手去捆绑了。联系到上爻说猎手"不有躬"的情况。巫者认为，徒手搏野猪则有危险。所以他发出的推断是：吝。不吉的意思。

〔六五〕童蒙，吉。

"童蒙"就是小猪。原来猎手们碰到的，包围着的不过是

---

① 参李镜池著，曹础基整理：《周易通义》，中华书局 1981 年版，第 12 页。

② 蔡尚思主编：《十家论易》，岳麓书社 1993 年版，第 561 页。

小猪。巫者放心了，觉得担心是多余的。于是说吉。

[上九] 击蒙，不利为寇，利御寇。

既然碰到的只是小猪，那就进击可也。这意思，并不难理解。至于为什么巫者又发出"不利为寇，利御寇"，要叮嘱猎人不要采取进攻架势，而应采取防范的姿态呢？我想，这是基于巫者视捕猎是危险的举动有关。他不主张贸然出击，主张步步为营。他不主张冒冒失失地放手让"刑人"狩捕，更提醒人们要有充分的准备，不能缺弓少箭地狩猎。这种种顾虑，便使得巫者不得不要求狩猎者小心谨慎。

现在，我们可以回过头来看《蒙》卦的卦辞了。卦辞中有很特别的一句，"匪我求童蒙，童蒙求我"。"求"，通"逑"。逑是聚合之意。意思是：不是我去找小野猪，是它自己撞了过来。看来，卦辞是综合了爻辞的描写以及判断，再强调狩猎者对一切均应采取被动的姿态。无疑，卦辞的制作者和爻辞的制作者，在对待狩猎的态度上是一致的。

以上的分析如能成立，不难发现：《蒙》，实际上是一曲狩猎之歌。

"时中"的体悟和主观能动性

《蒙》的 [象辞] 是：

蒙，山下有险，险而止，蒙。蒙亨，以亨行时中也。匪我求童蒙，童蒙求我，志应也。初筮告，以刚中也。再三渎，渎则不告，渎蒙也。蒙以养正，圣功也。

［彖辞］是从《蒙》的卦象"坎下艮上"作出解释的。"艮"是山的象征，"坎"是水的象征，而且有下陷的属性，山的下面坎坎坷坷，就有危险。因此，制作者指出，有危险，人们就应停止举措了。至于又说占得《蒙》这一卦，可以举行亨祭，而且可以亨通，那是因为祭亨的行动合乎时机。"时中"，亦即适合时机，这是［彖辞］反复强调的理念。这理念，也就是儒家提倡的"中庸"。《礼记·中庸》说："君子之中庸也，君子而时中。"①

所谓"匪我求童蒙，童蒙求我"，［彖辞］认为这是双方意愿相呼应的意思。用今天的话说，"童蒙"是属客观的因素，"我"属主观的因素。"童蒙求我"，等于说客观条件具备，客观因素向主观因素招手，这意味时机成熟，条件具备，才合乎中庸之道，才属于"时中"。反过来，如果由我求童蒙，由主观方面采取主动，这便属强求，是制作者所不取的。

同样的道理，即使是向天筮告，若是一而再，再而三，也就过了头，这就叫"渎"。渎也不属"时中"，筮多了也是白筮，毫无用处。

总之，制作者认为，从《蒙》卦中，可以悟出"时中"的道理。

如上所述，［彖辞］认为《蒙》的卦象是山下有险，正因为危险因素的存在，所以它强调凡有所举措，必须以客观条件是否成熟为出发点。

而［象辞］，则对《蒙》的卦象有完全不同的理解：

---

① （清）阮元校刻：《十三经注疏》，中华书局 1980 年影印版，第 1625 页。

山下出泉，蒙。君子以果行育德。

〔初六〕利用刑人，以正法也。

〔九二〕子克家，刚柔接也。

〔六三〕勿用取女，行不顺也。

〔六四〕困蒙之吝，独远实也。

〔六五〕童蒙之吉，顺以巽也。

〔上九〕利用御寇，上下顺也。

真有趣，〔彖辞〕说《蒙》的卦象是"山下有险"，〔大象〕则说是山下出泉。由于《坎》也象征水，所以，〔象辞〕所说也有它的道理。从出山泉水飞流直下的态势，制作者认为君子们要像泉水那样，培养自己具有果断、果敢的品德。

在〔小象〕，它对爻辞的解释是：〔初六〕说"利用刑人"，是严肃法纪的做法。

〔九二〕说"子克家"，女子能结婚成家，是作为下卦主体的阳爻，与作为上卦主体亦即〔九五〕的阴爻，相互接应，这就是刚柔相接，

至于〔六三〕的"勿用取女"，是因为行为不顺当。而〔六四〕"困蒙"之所以是"吝"，是因为这做法脱离实际，和客观情况相距甚远。

在〔六五〕，"童蒙"作为上卦主体的阴爻，虽然处于尊位，但与下卦的〔九五〕的阳爻相接，所以显得很谦逊（巽）。而性情的谦逊，是使事物能够顺利发展的保证。

最后的〔上九〕，制作者强调，人们之所以"利用御寇"，是由于上下一心，相互协调。

和〔彖辞〕相比，〔象辞〕显然更多是从主观方面来考虑如何解决主客观存在的问题。所谓要求处事果断，要求严肃法

纪和不脱离实际，乃至谦逊等等，全是主事者在主观上作出努力。可见，［彖辞］和［象辞］的制作，不会是出于一人之手。

不过，如果把［彖辞］［象辞］不同的侧重点结合起来，既要考虑客观条件的可能性，又要注意发挥主观的积极性，这倒是解决问题的最佳选择。

第五 《需》辨

䷄ 乾下坎上

需：有孚，光，亨，贞吉。利涉大川。

［初九］需于郊。利用恒，无咎。

［九二］需于沙。小有言，终吉。

［九三］需于泥。致寇至。

［六四］需于血。出自穴。

［九五］需于酒食。贞吉。

［上六］入于穴，有不速之客三人来。敬之，终吉。

从"需"说到"雩"

《需》是《周易》的第五卦。

关于"需"，胡朴安先生说："需是饮食之卦。需之义有三：以卦材言，云上于天，下而为雨。雨泽下润，饮食以赖，是需要之义。以卦象言，云上于天，将雨未雨，虽能润物，须立以俟，是需待之义。合二义以言，人需要饮食，饮食需要于雨，将雨未雨，不能不需待也。"① 胡先生的解释，实际上是

---

① 蔡尚思主编：《十家论易》，岳麓书社1993年版，第581页。

根据"需"字的今义，进行分析。在今天，需是"需求"的意思，需求的东西，不可能立刻就有，所以又引申为"期待"。这解法有一定道理，但总觉得不是很贴切。因为《说文》说："需，须也，遇雨不进，止须也，从雨而。"许慎认为，需就是须。而须，却没有等待、需求的意思。说须有期待的意义，那不过是桂馥在《说文解字义证》的解释。他说："本书顅，待也。顅通作须。"① 不过，胡朴安先生看到"需"字和雨有关，倒是值得注意的。

按《说文》释须："须，面毛也。"可见，它是胡须的意思。我们再看金文，《周貉簋》的"须"为，很清楚地表明这是面毛。《说文》说"需"等于面毛，等于胡须，看来是很注重"需"字的从雨从而。

《说文》说："而，，颊毛也，象毛之形。"综合许慎对需、须、而的看法，他认为"需"是天上的缕缕云彩，是天上的须（胡须）。但它没有形成雨点，只是有胡子的样子而已。这种状态，就叫做"需"。若按段玉裁的说法，"俗假须为需"（《说文解字注》）。那么，需，反是后出的字。当初的《需》卦，实为《须》卦的通假。

李镜池先生则从另一角度释"需"。他指出："需，濡的本字，从雨从而。'而'当是天的隶变。'天'，金文作，甲骨文作；'而'，石鼓文作，形近易讹。需，天雨，湿也。本卦是行旅专卦之一，濡湿与行旅无关，以多见词标题。"②

---

① 蒋人杰编纂，刘锐审订：《说文解字集注》，上海古籍出版社 1996 年版，第 2447 页。

② 李镜池著，曹础基整理：《周易通义》，中华书局 1981 年版，第 13 页。

《需》卦的"需"，帛书本作"襦"。"襦"即"繻"，"繻"亦通"濡"。而《归藏》此卦作"溽"。我们且先不谈李先生对"需"的理解，但他从音韵学的角度，考察"需""濡"同音，也启发了我们的思考。此外，徐灏的《说文解字笺注》告诉我们："需古音读人朱切，故从而音。濡儒襦等字并从需为声。"可见，需，古音是人朱切，虞韵。

关于需，我们从西周出土的青铜器中，看到了它的出现：

孟曰：朕文考眔毛公、趄中征无需，毛公易朕文考臣，自乓工对扬朕易休，用宦兹彝，作乓子孙其永宝。

傅剑平先生在《周易·需卦探源》一文中引此铭文，又指出："无（巫）操作其术时所戴的礼冠即读作需（xū）。"[1]他根据古代礼冠为"冔"，需、冔同音，故"无需"实即"舞冔"。

傅说不为无见，但"舞冔"一词未见有其他用例，倒是"舞雩"一词，却经常在典籍中出现。

按"雩"，雩从雨。若从字形来说，它与需𩓣接近。至于音，雩，羽俱切虞韵。这与"需"的古音，竟属同一个韵部。那么，同音相通的可能性是存在的。

典籍中常出现的"舞雩"，是求雨祭天的仪式。《周礼·春官·司巫》："若国大旱，则帅巫以舞雩。"[2] 又《论语·先进》："浴乎沂，风乎舞雩，而归。"[3] 回过头来看上引的一段

① 傅剑平：《周易·需卦探源》，《中国文化》第七辑，文化艺术出版社。

② （清）阮元校刻：《十三经注疏》，中华书局1980年影印版，第816页。

③ （清）阮元校刻：《十三经注疏》，中华书局1980年影印版，第2500页。

金文，"毛公、趞中征无需"。这"无需"亦即舞雩是毛公等一班人进行旱祭。从文中有"对扬"（相互举手臂）、"休"（赞美）等字眼，可以推想，它是旱祭舞雩的记录。

"需"与"雩"通假。那么，《需》卦的本义就是旱祭的记录。按《春秋公羊传·桓公五年》："大雩者何，旱祭也。"注："使童男女各八人舞而呼雩，故谓之雩。"① 又《左传·桓公五年》："龙见而雩。"② 董仲舒《春秋繁露·精华》："大旱雩祭而请雨。"③ 桂馥《说文解字义证》则引《淮南子·时则训》注云："雩者，吁嗟其声以求雨之祭。"这一切，表明了雩（亦即需）的性质和举动。

其实，对于"需"，过去一些人从字形中已觉察到旱的问题。[象辞]云"云上于天"，或者说，雨在天（帀）之上，这不是表明雨还没有下来吗？如果从卦象来看，《需》为☴，坎上乾下，坎象水，乾象天，水在天上，也是表示雨水还在九霄。所以，程颐《程氏易传》释："云气升而上升于天，必待阴阳和洽，然后成雨。云上于天，未成雨也，故为须待之义。"④ 未成雨，就是旱，程氏知道，大旱而望云霓，就是"须待"。这分析似切合"需"的原义。

由此看来，李镜池先生以"需"通假为"濡"，说这卦讲的是"湿"，这恰恰是转到事情的背面去了。当"湿"的意义无法贯通爻辞时，李先生就只好说这卦名没有什么意义。

---

① （清）阮元校刻：《十三经注疏》，中华书局 1980 年影印版，第 2216 页。

② （清）阮元校刻：《十三经注疏》，中华书局 1980 年影印版，第 1747 页。

③ 董仲舒：《春秋繁露》，上海古籍出版社 1988 年版，第 22 页。

④ （宋）程颢、程颐著，王孝鱼点校：《二程集》，中华书局 1981 年版，第 724 页。

旱祭的记录

上面指出：需即雩，即旱祭。那么：

［初九］需于郊。利用恒，无咎。

"需于郊"，是说在郊野举行旱祭。古人逢大旱，是要郊祭求雨的。《诗经·大雅·云汉》便写到周宣王在大旱之年，到郊外祈神求雨："旱既太甚，蕴隆虫虫。不殄礼祀，自郊组宫。"①

"利用恒"，对恒的解释，人们多根据《周易正义》"恒，常也"的说法，认为是常常祭祀的意思。我想，恒，有可能指恒舞。按《尚书·伊训》："敢有恒舞于宫，酣歌于室，时谓巫风。"② 又"恒"字是"亘"字孳乳，徐锴认为亘有"回风回转"亦即盘旋的意思，所以，"恒舞"应有长期间地旋转而舞的意味。《拾遗记》九《晋时事》云："结袖绕楹而舞，昼夜相接，谓之恒舞。"③ 看来，巫者认为，在郊野旱祭求雨，利于用恒舞以表示隆重。这样做，则"无咎"，没有什么不妥。

［九二］需于沙。小有言，终吉。

"需于沙"，在沙地上旱祭，跳舞求雨。巫者说，这样做，

---

① （清）阮元校刻：《十三经注疏》，中华书局1980年影印版，第561页。

② （清）阮元校刻：《十三经注疏》，中华书局1980年影印版，第162页。

③ （晋）王嘉撰，（梁）萧绮录：《拾遗记》，中华书局1981年版，第215页。

"小有言"。据闻一多先生认为，"言"读为"愆"。"言、㝵古当同字。《说文》：辛，㝵也，读若愆。"① 因此，小有言即小有愆。有点过失的意思。在沙地上跳舞，沙粒易使舞者感到不便，故曰"小有言"。不过，毕竟属小问题，占得此爻者，"终吉"，终究属吉象。若从求雨的角度看，应是最后会下雨的。

［九三］需于泥。致寇至。

"需于泥"，在泥泞处跳求雨之舞。巫者说，这不妥，"致寇至"，招致强盗来抢劫了。显然，巫者认为旱祭时没有认真选择舞雩的场地，跳舞者一脚泥污，不干净，不利索，显得主祭者意不专，心不诚。这一来，不但求不到雨，反而招致盗贼。这爻，没有凶吉休咎的断语，但"致寇至"的结果，便说明了一切。所以，［象辞］指出："自我致寇，敬慎不败也。"这［象辞］的制作者领略了爻辞的含义，提出只有"敬慎"，才能处于不败。反过来，"需于泥"，则是既不敬又不慎的做法。

［六四］需于血。出自穴。

"血"，当通"洫"。洫是沟洫，小沟。"需于洫"，当是在水沟那边举行旱祭。沟洫必近人居，所以下文是"出自穴"。穴者，窑穴也。《墨子·辞过》："古之民未知为宫室，时就阜陵而居，穴而处。"② 李镜池先生说："穴就是当时的住

---

① 蔡尚思主编：《十家论易》，岳麓书社 1993 年版，第 557 页。
② （清）孙诒让：《墨子间诂》，中华书局 1954 年版，第 17 页。

所。"我同意这一见解。可以设想，在村落旁边的水渠附近舞雩，村民们都从窑洞里跑了出来，或参加跳舞，或一起看热闹，这都是自然的事，爻辞所写的，也就是这一情景。

[九五] 需于酒食。贞吉。

在摆着酒食的地方旱祭。巫者说："贞吉。"你看，人们拿出酒肉款待旱魃，天神们能不动容么！在巫者看来，这是表示求雨者最诚心最隆重的祭祀，也是最有效的旱祭办法。因此他断然告诉善男信女们：问卜吧！占之，则吉！

[上六] 入于穴，有不速之客三人来。敬之，终吉。

"入于穴"，当是指那些从穴里出来参加舞雩的人，祭毕，又回到了自己的窑洞里。巫者说，大伙儿在酒食前专心祭祀，散福后各自归家，人影杂沓，不速之客也就跟随了进来。"三人"，三，泛指众数。在这里，我们看到，当时的旱祭，舞雩者一定人数不少，而参加的人也不只限于一个村庄、一个部族。试想，当烈日煎晒得大地生烟，舞雩者跳得大汗淋漓的时候，不是会找个稍为阴凉的地方歇息吗？这一来，本村的人"入于穴"，外村的"不速之客"，也很不客气地跟了上来，借一枝栖，这不也是很自然的吗？

不过，巫者又提醒人们，如果出现不请自来的客人，那么，"敬之"。"敬"通"儆"，"儆"便是提高警惕。因为，在旱魔肆虐之际，难保没有人趁火打劫。上文不是提到出现过"致寇至"的事情吗？所以，"敬之"是必需的。不过，那些"不速之客"，毕竟不是坏人。"终吉"，最后表明占此爻者，依然是得到吉祥之兆。

若问，为什么"敬"不是指恭敬，而是指警惕？道理也很简单，爻辞使用"不速之客"一语，显非尊敬之词，而"终吉"，也表明有一个从怀疑至释然的过程。因此，解"敬"为"儆"，似更符合巫者在这特定环境中的口吻。

点起火把祭天

现在，我们回过头来看看卦辞：

需：有孚，光，亨，贞吉。利涉大川。

关于"有孚"，有两种解释。按《说文》："孚，卵孚也。从爪从子。"于是，朱骏声的《六十四卦经解》便从孚卵的角度去理解，认为"鸟之孚卵皆如其期而不失，故转训为信"。[①]那么，有孚等于说有诚信。高亨先生则认为孚即俘。《说文》："俘，军所获也。"有孚便是有所获。这两说，似乎都有道理。

其实，孚在《周易》中，是可以有不同的涵义的。有时，"孚"可和"桴"通假，桴是木筏。又何新《大易通解》引郑玄在《郑学丛著·郑雅》的说法，认为"孚"字通"酻"，"酻者，为人物灾害之神也"，则孚指灾象。同时，孚可读为否。有孚即有疾。"孚"又可通"覆"、通"弊"，"败也"（《礼记·王制》郑玄注）。孚又可读复，变也。又可训为福。[②]我认为，何说最有价值。综合《需》的爻辞来看卦辞，再根据"需"（雫）字的本义进行分析，那么，解"有孚"为

---

① （清）朱骏声：《六十四卦经解》，中华书局1958年版，第27页。

② 参何新：《大易通解》，四川人民出版社2000年版，第50页。

"有罦",最为贴切。

巫者说,"有罦",有灾祸之象了。怎么办呢?他认为应该"光,亨"。

"光",一般的解法,是"光"通"广","广亨"即"大亨",即举行盛大的祭祀,也通。也有人认为"光"可能为"元"的讹写,光亨即元贞。

以我看,"光"与"亨"之间,应该点断。光,是光明,辉光的意思。但"光"的本意,是人拿着火。按《说文》:"光,ᆓ明也,从火在人上,光明意也。"《广雅》据此指出:"光,照也,按光从人持火,盖本义谓以火烛物。"若从金文看,"毛公鼎"的光写作ᒥ;虢季子白盘写作ᒥ(见《金文编》)。那么,人以手持火的样子更为明显。

根据"光"的本义,显然《需》的卦辞指的是人拿着火把。古代祭天,往往是要烧火的。据《礼记·祭法》:"燔柴于泰坛,祭天也。"班固《白虎通·封禅》:"燎祭天,扳之义也。"所以,"光,亨",无非是说点起火进行旱祭。

巫者认为,在这样隆重的旱祭中,善男信女们要占卜,结论是:吉。他还认为"利涉大川",意思是,求雨的人如果要离开这个地方,远涉他乡,跨过大河,也是有利的。很清楚,这样的指引,是蛮有道理的。这里大旱,没有雨,没有水;而大河那边,不是可能有水有雨吗?这巫者实在圆滑得很。

如果把《需》的卦辞翻译为白话文,它是说:有灾难了,要拿起火把进行旱祭。这时候占卜,是大吉的。而且,要离开这里,到大河那边,也是有利的。

以上的分析,或可顺理成章。而且,这卦辞的作者,和爻辞相互呼应,是爻辞所说的舞雩的概括。

坚持原则和柔性对付

《需》的［彖辞］是：

> 需，须也，险在前也，刚健而不陷，其义不困穷矣。需，有孚，光亨，贞吉。位乎天位，以正中也。利涉大川，往有功也。

［彖辞］从卦象对卦辞给予解释。按《需》的卦象是"乾下坎上"，乾的属性为刚健，坎的属性为险陷。坎处上方，便说"险在前"；乾在下方挺着，便说"刚健而不陷"。在制作者看来，在前头有着困难和险阻的情况下，人们能刚健地坚持，没有悲观消极，这样，理应不会走进困穷的境地。

［彖辞］制作者强调的另一个观点是，"位乎天位，以中正也"。从卦象、卦位方面解释，他认为象征天的"乾"，其主爻，又刚好处在最高点［九五］的位置上。这表明，它之所以能处于至高无上的位置，不为困难险阻所动摇，是因为居于"中正"，亦即处事不偏不倚，行为端正。

综合上述两点，显然，在困难险阻面前，不屈服、不消极，敢于坚持公正端正，是［彖辞］制作者从卦辞中推导出的处世原则。

［象辞］对《需》的爻辞的阐析，则又另有所侧重：

> 云上于天，需。君子以饮食宴乐。
> ［初九］需于郊，不犯难行也；利用恒，无咎，未失常也。

　　〔九二〕需于沙，衍在中也；虽小有言，以吉终也。

　　〔九三〕需于泥，灾在外也；自我致寇，敬慎不败也。

　　〔六四〕需于血，顺以听也。

　　〔九五〕酒食贞吉，以中正也。

　　〔上六〕不速之客来，敬之，终吉，虽不当位，未大失也。

　　〔大象〕对卦象的解释是：云上于天。按上卦的"坎"，象征云和水；下卦的"乾"，象征天。云气在天之上，意味着雨还没有下来。看来，〔象辞〕的制作者，是意识到这一卦和旱象有着密切的关系的。天不下雨，要举行旱祭，这叫"需"。

　　至于为什么会有旱情？跟着的"君子用饮食宴乐"一句，便给予说明。

　　"用"，因也，因果连词。这句意思是说，上层管治者因饮食宴乐，耽于享乐，导致了亢旱的出现。古人相信天人感应之说，君子不德，天老爷不高兴了，于是云上于天，硬是下不来。正因如此，所以〔小象〕里提出了"敬慎"的问题。

　　〔小象〕对爻辞解释，比较浅近，我们不拟一一说明。

　　值得注意的是，面对包括旱情在内的困难险阻，〔象辞〕制作者除了和〔彖辞〕一样要求"中正""当位"外，还提出了"敬慎"和"顺以听"的观点。所谓敬慎，是要求处事恭敬谨慎，夹着尾巴做人，这和"饮食宴乐"刚好相反。所谓"顺以听"，是要求顺应变化，顺从着矛盾的发展听取客观方面的诉求，而不要轻举妄动，刚愎自用，不要采取"对着干"的态度。就这两点看，〔象辞〕对《需》的阐释，分明和

［彖辞］有不同的侧重点，或者说，它是对［彖辞］的补充。和［彖辞］相比，它更主张以柔性的姿态解决困难和矛盾。

我认为，《需》卦的本义，是叙述旱祭的具体情况。亢旱，需求雩祭，也表明了当时人们遇上了灾难、困难。而［彖辞］［象辞］的制作者，由此引申，推导为人们对待一切困难的态度。尽管它们在词语中没有触及对具体事件的论述，但其思路依然是清晰可寻的。

第六　《讼》辨

☰ 坎下乾上

讼：有孚，窒惕，中吉，终凶。利见大人，不利涉大川。

［初六］**不永所事。小有言，终吉。**

［九二］**不克讼，归而逋。其邑人三百户，无眚。**

［六三］**食旧德，贞，厉，终吉。或从王事，无成。**

［九四］**不克讼，复，即命渝。安，贞吉。**

［九五］**讼，元吉。**

［上九］**或锡之鞶带，终朝三褫之。**

有关诉讼的情况

"讼"，《说文》："讼，争也，从言，公声。"

说"讼"有相争的意思，一般来说，是不错的。郑玄注《周礼·大司徒》也说到"争财曰讼"[①]。不过，说"讼"的偏旁"公"，只作声符，则不妥。因为，这"公"字，本身也有特定的含义。

---

① （清）阮元校刻：《十三经注疏》，中华书局1980年影印版，第708页。

按"公"，篆文作〇，《说文》的解释："从八，从厶，八犹背也，韩非曰，背厶为公。"意思是从"八"这字形看，两笔相背，和厶（私）相反，表示公家、公平、公道、公正的意思。所以王筠的《说文句读》强调："讼言，公言也。"① 陆德明《经典释文》则指出："讼，才用反，争也，言之于公也。"② 最后一句很重要，它指明了"讼"的实质。用今天的话来说：讼，就是告状，让上级评理。也类似说"打官司"。

弄清楚"讼"含义，才能进一步解释爻辞。

［初六］不永所事。小有言，终吉。

"不永所事"者，是说不长久地干一桩事，这事，就是指诉讼的事。换言之，是说不长久地纠缠于诉讼，和对方争得你死我活。对此，主持占卜的巫者便给予肯定的判断"小有言"。"言"，通"愆"，错失的意思（《蒙》卦也有"小有言"的说法，可以参考）。

在巫者看来，和对方争持之际，抽身退步，未免会吃点小亏，犯点过错，但"终吉"，最后还是好事。［象辞］也说："不永所事，讼不可长也。"这理解是对的。显然，［初六］一爻所说的，是对待"讼"的一种态度，是《周易》制作者颇为肯定的态度。

---

① 蒋人杰编纂，刘锐审订：《说文解字集注》，上海古籍出版社 1996 年版，第 512 页。

② （唐）陆德明撰，黄焯断句：《经典释文》，上海古籍出版社 1983 年版，第 20 页。

〔九二〕不克讼，归而逋。其邑人三百户，无眚。

这爻，存在应如何断句的问题。

有些学者认为：在"归"字后断句，即"归，而逋其……"我认为此断不妥。须知"不克讼"者，官司打输也。这败诉者"归"，回到了家里。"逋"，逃跑也。如果说他"归，而逋其邑人三百户"，那就是率众逃亡了。对此，巫者还说"无眚"，意即没有灾难。这不等于鼓励大逃亡、大转移么？从《讼》这卦的总体精神看，似乎它并不主张采用极端的举动。

在我看来，爻辞说那一位"不克讼"者，"归而逋"，一回家便溜。至于在他领地上的其他人，没有跟着逃跑，所以不受牵连，也无大碍。当然，那打输了官司的人，一走了事，这也不好，但毕竟没有"煽动群众"，尚不至于要天诛地灭吧！

关于"其邑人三百户"，《说文》："邑，国也。"朱骏声在《六十四卦经解》卷一中说："小国之下大夫采邑，方一成，其定税三百家，故三百户也。"[1] 那位败诉者能管领三百户，看来是个小邦小国的领主。他去打官司，受理者必然是比他地位高的统治者。结合本卦〔上九〕"或锡之鞶带"那一句看，受理诉讼的人，起码像是个诸侯之类的大人物。巫者认为，冤有头，债有主，"不克讼"者"归而逋"，错在那小邦之君，与其所属的"三百户"无涉。面对这一形势，巫者敢作出"无眚"的判断，可见他对诸侯的依"法"行事，还是颇有信心的。

---

[1] （清）朱骏声：《六十四卦经解》，中华书局 1958 年版，第 32—33 页。

我推测，这卦的爻辞，会是奴隶制时代后期的产物。只有在人身依附关系松弛的时候，邑人才不会跟随领主逃亡，而诸侯才会对邑人不予追究，巫者才会给那些担心受株连的群众打保票。按，此爻的［象辞］有"自下讼上，患至掇也"。所谓患至掇，就是怕受牵连的意思。可见，［象辞］的作者，也认为"无眚"是指那些没有跟着逋逃的邑人。这又可以回过头来说明，此爻的断句，只能是"归而逋"，而不可能是"归，而逋其……"因为如果都逃跑了，便不存在"患至掇"的问题了。

［六三］食旧德，贞，厉，终吉。或从王事，无成。

关于"食旧德"的"食"，高亨先生采用惠栋的说法，"食，读如日月有食之食"。高先生进一步解释："窃谓食借为蚀。""食旧德，谓亏损其故日之德行也。"① 高说固可通，若按此说，则省去的主语是那逃跑的小领主，意指他溜之乎也，旧德有亏。不过，令人难以理解的是，对待这样的行为，巫者怎么还会给予"终吉"的断言呢？这岂非鼓励逋逃？因此，对高先生的解释，我不能不表示怀疑。

以我看，"食"就是吃，"德"也就是"得"。按王弼注《老子》"上德不德"指出"德者，得也"②，可见"德""得"相通。所以这句是说：吃以前吃的东西。换言之，是指过去怎样干，现在也怎样干。其省去的主语，应是承［九二］所说，

---

① 高亨：《周易古经今注（重订本）》，中华书局1984年版，第178—179页。

② （魏）王弼著，楼宇烈校释：《王弼集校释》，中华书局1980年版，第93页。

指那批留着没跑的"其邑人三百户"。爻辞的描述者说：他们继续干，继续依靠过去之所得。这一来，巫者便说：在领主出走的特定情况下，要占卜，得到的预言会是"厉"，凶险得很，但"终吉"，最终还是有好的结果。看来这推断是有道理的，因为这"三百户"，毕竟没有离开他们所附着的土地。

这没有离开的"三百户"，既然"食旧德"，那么，过去怎样干，如今也接着干。下文"或从王事"，或，有时、或者、假若，表示未肯定的词性。"从王事"，指执行诸侯王的旨意行事。整句的意思是，过去，小领主在的时候，大伙儿要"从王事"，跟着小领主去出公差，替诸侯王打仗或到"公田"上劳动之类（前面的《坤》卦，也出现过"或从王事，无成有终"的句子）。现在，小领主打输了官司，一溜烟跑了，大伙如果碰到要"从王事"时，就一如既往地继续干。

在这里，巫者还提醒这些"从王事"的三百户："无成！"

"无成"，即无自成、无所得。干这"公"家活，干了也是白干，但必须乖乖地干，要服从上头的安排，忠于从前的规矩，这是"食旧德"的很重要的方面。又，此爻的［象辞］云："食旧德，从上吉也。"显然，［象辞］的制作者，也认为"食旧德"是对服从者而言。至于那"归而逋"的败诉者，当然不在服从者之列。［象辞］的这句话，也有助于我们理解"食旧德"者，指的是谁。

［九四］不克讼，复，即命渝。安，贞吉。

这是对待诉讼的另一种态度。

"复"，朱骏声《六十四卦经解》云："复犹归也。"① 即

---

① （清）朱骏声：《六十四卦经解》，中华书局 1958 年版，第 33 页。

《周易正义》注"就也"①。"命",指王命。"渝",陆德明
《经典释文》注"变也"②。那么,"复即命渝"的意思是:那
打输了官司的人,返回领地,便依从王命,改变了原来的所作
所为。

"安",指他安安稳稳,服从判决,能以正确的态度对待
败诉。这行为,和那"归而逋"的逃犯刚好形成了鲜明的对
照。看来,巫者对这种注重安定的人颇为满意,告诉他们:去
占卜吧!你将会得到大吉大利的结果。

[九五] 讼,元吉。

这不费解。"元吉"是大吉的意思。巫者认为,若有争
执,矛盾的双方,能对簿公堂,由上级秉公从事,判断是非,
这是值得鼓励的。所以,他给占卜者的预言是:"元吉!"

在这里,我们可以回头看看"讼"字的原义,如果像
《说文》那样仅强调其"争",仅把"公"作为声符,那么,
[九五]之爻,便会给人以鼓励人们争讼的误解。这和《讼》
卦的精神以及《周易》的总体思想不相符合。要知道,巫者
这作为当时意识形态的代言人,并非希望人们去"争",而是
主张有矛盾则依靠上级(公),根据一定的原则和标准和一定
的利益分配,秉"公"解决。巫者认为,只有这样,才是最
公道的,最公平的,因而是大吉的。对此,据说是孔子撰写的
[象辞]便作出呼应:"讼,元吉,以中正也。"认为这是最合
适,最符合中庸之道,是至公至正德的做法。

---

① (清)阮元校刻:《十三经注疏》,中华书局1980年影印版,第25页。

② (唐)陆德明撰,黄焯断句:《经典释文》,上海古籍出版社1983年
版,第20页。

［上九］ 或锡之鞶带，终朝三褫之。

"锡" 通 "赐"。帛书此字亦作 "赐"，自然是指上级给予下级的奖赏。"鞶"，《说文》："鞶，大带也"，"男子带鞶，妇人带丝，从革般声"。可见鞶带亦即大皮革，李镜池先生在《周易通义》中认为 "鞶带是代指官职"，此说甚妥。

"终朝"，意为一个早上。陆德明《经典释文》"旦至食时为终朝"①，可从。"褫"，褫夺、剥夺。"三褫之"，许多学者理解为三次剥夺，亦即多次剥夺，连上文，意思是上头给予奖赏，一个早上又多次收回，旋赐旋夺。这解法，也可通。

不过我觉得黄侃先生释 "三" 为 "亲"，似更可从。黄先生在《说文笺解》中指出："三，读乞，通作钦，亲也。"若从此说，则可理解为：上头给了赏赐，很快便亲手收回去了。

上面两句，表明上头的做法，是自相矛盾的，怎么赐给了 "鞶带"，又拿回去呢？这是什么意思？说实在的，这表明那受理诉讼的上司，他也不是对所有是是非非都拿得准，他也会犹豫，会反悔当初的判决。在这里，我们要注意 "或" 字的使用。或，表示 "可能"。此爻连接上文 ［九五］ 对诉讼的肯定，又进一步提醒人们，不要以为一切由上头判决，就一切都顺利了。因为，上头的看法是有可能发生变化的，那不是 "朝令夕改"，而是 "朝令" 会 "朝改"。

以我看，这爻辞制作者的忧虑，实际上反映了当时的社会现实，即根本不存在真正意义上的 "法"。一切只以上头判决

---

① （唐）陆德明撰，黄焯断句：《经典释文》，上海古籍出版社 1983 年版，第 20 页。

为依归，这明明属于"人治"。因此有可能出现很荒唐的局面。受理诉讼的诸侯王，开始时肯定了一方，"或锡之鞶带"；后来回心一想，或者受到了什么干扰，又觉得不妥，赶紧收回成命，"终朝三（亲）褫之"。正因为无"法"可依，爻辞的作者才会很理性地描述客观的情景，提示人们注意诉讼会出现各种可能的情况。而［象辞］的作者，又进一步发挥："以讼受服，亦不足敬也。"意思说，赢了官司，或者靠打官司捞得利益，也未必是可敬的。因为真理未必在"赢"的一方。

以上的爻辞，说明当时人际关系的几种情况。

首先，它表明人与人之间，利益集团与集团之间，存在纷争。如何对待人际的矛盾，此卦主张对簿公堂，依靠上级判断。在争论过程中，不要纠缠不休，即使吃点小亏，最终还是好的。跟着，爻辞分别指出几种对待"讼"的态度：有好的，也有坏的。巫者总的精神是，要依靠上级，服从上级。当然上级也非万能，但应绝对服从，这才有利于安定。说到底，也有利于小领主们的利益。我想，揭示社会存在的矛盾，提出解决矛盾的方式，这是《讼》卦的要害。

对待争执诉讼的正确态度

再回头看看卦辞。

卦辞首先说"有孚"。按《说文》，"孚"字两种解释，一曰"卵孵也"。从爪从子，子就是卵。徐锴说："鸟之孵卵皆如期，不失信也。"不失信就是"诚信"，所以，有些学者认为"有孚"即有诚信。

《说文》对"孚"的另一解释是：俘获。据林义光《文源》，"古以孚为俘字，即俘之古文，象以爪持子"①。从俘获，有些学者把"有孚"引申为"有所获"。

我认为后者的解释，似更为合理。它告诉善男信女们，占得此卦者，是有所获的。为什么说会有所获？因为它能"窒惕"。

何谓"窒惕"？《周易正义》云："窒，塞也；惕，惧也。"②若按此解，窒惕，即要警惕那用作沟通的衢道受到阻塞。此说似是而非，因为，出现这让人担心的前景，为什么反说是有所收获了？可见，此说本身就不大畅通，不可从。

闻一多先生则认为"窒读为桎"，又说"桎"即"怪"。《广雅·释诂二》"窒惕，惧也"。他又认为："怪惕双声连语，不分二义。"按此说，窒惕亦即害怕的意思。我觉得，闻先生这一解法与《正义》一样，似仍有问题。因为，既然"有孚"，有所俘获，为什么反而惧怕起来了？所以，此说也让人觉得不很稳妥。

不过，我们找来帛书比勘，发现帛书"窒惕"写为"洫宁"。这一来，上述的疑惑就可以解决了。

"有孚，洫宁"，"洫"通"恤"。《尔雅·释诂》："恤，忧也。"恤宁者，忧心得到宁贴的意思。连接上文"有孚"一语，卦辞作者告诉人们，若占得此卦，你有福了，有所获了，因为有上头做主，忐忑不安的心，可以宁宁帖帖了。显然，这是巫者对《讼》卦的总判断。跟着他又进一步说明：

---

① 蒋人杰编纂，刘锐审订：《说文解字集注》，上海古籍出版社1996年版，第582页。

② （清）阮元校刻：《十三经注疏》，中华书局1980年影印版，第24页。

中吉，终凶。

这两句，颇费解。许多学者，都认为"中"和"终"是时间性的问题。像高亨先生说："事之中段是吉，事之末段是凶。"[1] 按这一说法，《讼》卦总体来说，是凶险的卦，但爻辞又分明多次提出"终吉""元吉""贞吉"，这又该如何解释？不可能作为分体的爻辞属吉象，而概述总体的卦辞反属凶象吧？所以，对此我一直表示疑惑。

我认为，这里的"中"和"终"，所指示的是空间的属性，中，是中间、中道，亦即适中、中庸的意思，所谓"中吉"，是说对待诉讼的事，能做到公平，不偏不倚，合乎中道，即吉。至于这里的"终"，也不是指末端。按"终"，极也。《庄子·天道》"于大不终"，成玄英疏云："终，穷也。"[2]《诗经·周颂·噫嘻》"终三十里"，陈奂传疏云："终之为言极也。"[3] 上两例，表明"终"有"穷"和"极"的意味（"穷兵黩武"的穷，便作"极"解）。看来巫者是要告诫人们：对待"讼"，如果走极端，便属"凶"。所谓走极端，是指"归而逋"或"永所言"之类的做法，它为巫者所不取。

卦辞最后两句是："利见大人，不利涉大川。"这倒不费解。《讼》卦既一再要求人们若碰到有什么争议，应在公堂上解决。所以，占得此卦者，便"利见大人"，大人是指受理官司的诸侯王。至于所谓"不利涉大川"，涉大川者，远行也。像那些"不克讼，归而逋"的小领主，便属于跋山涉水的远

---

① 高亨：《周易古经今注（重订本）》，中华书局 1984 年版，第 178 页。

② （清）王先谦：《庄子集解》，中华书局 1987 年版，第 119 页。

③ （清）阮元校刻：《十三经注疏》，中华书局 1980 年影印版，第 592 页。

行者。巫者称，这属于"不利"之举。

从《讼》卦，我们大致可以看到《周易》对待当时的人际关系的态度。

首先，它不回避人与人之间的矛盾，但不主张让矛盾激化，如果双方能做到"不永所言"，那么，即使吃点亏，还是"吉"的。

其次，它主张依靠上级，服从上级的仲裁，甚至不能做出消极反抗的举动。它特别担心出现矛盾以后，不服的一方会搞动乱。所以，它很强调"食旧德"，强调一切按照旧例，一切按照旧定的秩序。

再次，它还告诉矛盾双方，要正确对待上级，因为上级对作出的判决也会犹豫，甚至反复。但无论如何，争讼的双方要服从上头的判决，不能走极端。

如上所述，早在殷周时代，《周易》的作者对如何处理人际关系问题，已经有相当周密的认识。既强调服从，又提倡"中道"，反对极端。这表明，他们已经懂得运用朴素的辩证思想来对待、解决社会的问题了。

争讼有险，相信上司

《讼》的［彖辞］是：

> 讼，上刚下险，险而健，讼。讼，有孚窒惕，中吉，刚来而得中也。终凶，讼不可成也。利见大人，尚中正也。不利涉大川，入于渊也。

《讼》的卦象为"坎下乾上"。"坎"是"陷"，表示有危险；而"乾"则有"健"的属性。所以"上刚下险"。面对危险而又表现出刚强，这就会产生诉讼的事。

卦辞称"有孚窒惕，中吉"（其实是"有孚恤宁，中吉"），说是有所获得并且忧虑得到解除。[大象]认为，这是由于[九二]之爻属阳爻，居于中位，是合适的，属"刚来而得中"，所以是吉兆。卦辞里又"终凶"之说，[大象]说，这表明诉讼是难以成功的。而卦辞又有"利见大人"的说法，那是由于[九五]之阳爻，居于上卦的中位，这表示管治者崇尚中正。至于"不利涉大川"，是[上九]一爻已上升到最高处，再走前一步，便会入于深渊，所以是不利走得太远的。

[彖辞]的阐述，只就卦象、卦位牵合一通，聊备一说。

《讼》的[象辞]是：

天与水违行，讼。君子以作事谋始。

[初六]不永所事，讼不可长也。虽"小有言"，其辩明也。

[九二]不克讼，归逋窜也。自下讼上，患至掇也。

[六三]食旧德，从上吉也。

[九四]复即命渝，安贞不失也。

[九五]讼，元吉，以中正也。

[上九]以讼受服，亦不足敬也。

[大象]说"天与水违行"，是因为"乾"是天的象征，而"坎"也可以象征水。天往上，水往下，就是相悖而行，这意象，意味着意见相左，引起了诉讼。[大象]说：由此，君子就该懂得"作事谋始"，意说凡做事之初，一切应想清楚。因为许多事情，矛盾的产生，总是由事情的开始就露出端

倪。开始时想法不周，意见不同，日积月累，终于会矛盾激化，导致对簿公堂。这经验教训，值得注意。

［小象］对每首爻辞的解释是：

在［初六］，爻辞提出"不永所事"，这说明，诉讼是不要老是纠缠下去的。"虽小有言"，虽然有小的错愆，它是可以解释清楚的。

对［九二］［小象］认为，爻辞的"不克讼，归而逋"，说明那打输了官司的人逃窜了。［小象］还指出，这一爻，以阳刚而处于下卦中位，它与［九五］之爻，亦以阳刚而处于上卦中位，是互相顶撞，不相应的，这就是"以下讼上"。当然，这也可比喻为上级与下级的关系，若是下级去告上级，那就不可取。因此，它提出，"患至掇也"，掇，即辍，停止也。意思是说：出现了这种麻烦，便要赶紧收手。

［六三］之爻说："食旧德。"［小象］解释，跟着上头就对了。从卦象看，这爻属阴爻，向上即和［九四］阳刚之爻相匹配，所以是吉兆。在［九四］，爻辞提到"复即命渝"，［小象］说：安定吧，不会有损失的。至于［九五］说爻由上司来判决是非的做法，是大吉的。［小象］解释：由于此爻以阳爻而居于"乾"的中位，意味着既中且正，因此可以信赖。对［上九］之爻写到受赏赐的情况。［小象］则不以为然，认为因诉讼而受奖是不值得尊敬的。

总的来说，［彖辞］［象解］的想法是：若有争讼，依靠上司公断。当然，官司若能不打，则以不打为佳。

第七　《师》辨

坎下坤上

师：贞，丈人吉，无咎。

［初六］**师出以律，否臧，凶。**

［九二］**在师，中吉，无咎。王三锡命。**

［六三］**师或舆尸，凶。**

［六四］**师左次，无咎。**

［六五］**田有禽，利执言，无咎。长子帅师，弟子舆尸，贞凶。**

［上六］**大君有命，开国承家，小人勿用。**

军旅中要注意的事项

对《师》，研究者一般都认为它讲述军旅之事。金景芳、吕绍纲两位先生指出："师就是众，众就是兵。"又说："师包括两层含义，一是兵员的集中，组成队伍；二是采取军事行动。"① 李镜池先生也认为此卦以军旅为内容。就总体判断而

---

① 金景芳、吕绍纲：《周易全解》，吉林大学出版社1989年版，第89页。

言，此说大致不差。但对卦中每爻的解释，诸家意见便各各不同了。

［初六］师出以律，否臧，凶。

此爻最关键之处，在于"律"字。对"律"，诸家多释为法律、律令、军令。孔颖达早就说："律，法也。"[①] 若按此说，则是说按军令出兵，也通。"否"，不；"臧"，善。否臧，即不好，不妥，不善。若一出兵，军令即出了偏差，那么，占了此爻，巫者当然便下"凶"的判断了。

不过我想，"律"也可释为音律的律。《吕氏春秋·古乐》说："昔黄帝令伶伦作为律。"[②] 律便是指音乐。"师出以律"，是说军队出动时用音乐，要奏乐，用乐的律，去调整士兵步伐的节奏，使它有力和齐一。我觉得，此句说"师出"，而不是"出师"，它强调的是"出"，是行军的状态。行军时要奏起军乐，就像今天军队检阅时要奏"进行曲"一样。

至于"否臧"，我认为应释为：不壮。高亨先生说："古书或以臧为壮。《诗·驷》：思马斯臧，《閟宫》：俾尔寿而臧。二臧字皆当读为壮。臧壮同声系，古得通用也。"[③] 若从此说，则是指行军时，若军乐声不雄壮，巫者便判断：凶。在过去，人们对乐声是颇为重视的。《史记·律书》云："武王伐纣，吹律听声。"[④] 甚至认为可以从乐声中预判军事活动的胜负。

---

① （清）阮元校刻：《十三经注疏》，中华书局1980年影印版，第25页。
② 参《吕氏春秋》卷五，见扫叶山房《百子全书》第五册，浙江人民出版社1984年版。
③ 高亨：《周易古经今注（重订本）》，中华书局1984年版，第180页。
④ （汉）司马迁：《史记》，中华书局1982年版，第1240页。

其实，乐声是否雄壮，和它能否鼓舞士气有关，这本无神秘可言。

这爻的［象辞］是："师出以律，失律，凶也。"请注意，［象辞］制作者所说的失律，应不是指军令、法律之类，不是指违令、违法。否则，他应用"违"字，而不该用"失"字了。"失律"一词，本来是适用于文学或音乐上的概念，例如说吹奏、歌唱时荒腔走板，乱七八糟，节奏舛错，就属于"失律"。［象辞］作者以"失律"表述，看来，他也是从音律的角度来考虑问题的。

［九二］在师，中吉，无咎。王三锡命。

"在师"，是指"大人"。大人在军旅之中，和士兵们在一起。

有些学者，把这句断为"在师中"，我以为不妥，因为"中吉，无咎"与上一卦《讼》的"中吉，终凶"属同一句式，不宜把"中"和"吉"隔断。况且，"在师"一语，已含有领军者身在军队之中的意思，实不必再加上一个"中"字。中吉，也和《讼》里的说法一样，中，是"允执厥中"的"中"，即中道、合适的意思。领军者在军中，指挥得当，则吉。巫者认为，占卜者若得此卦，当然是"无咎"的。而且，还会得到君王再三的赏赐。李鼎祚的《周易集解》引《周礼》："一命受职，再命受服，三命受位。"[1] 在这里，我们可以清楚地看到《周易》的制作者的军事思想，他很强调领军者要亲自领兵，要在军队中和士兵一起生活，认为最高统治

---

[1] （唐）李鼎祚：《周易集解》卷二，中华书局1984年版，第5页。

者对此会给予加倍的奖赏。

[六三] 师或舆尸，凶。

对这爻，我们首先要弄清楚的是"尸"指什么？

研究者素来认为，"尸"就是尸体。高亨先生说："舆尸者，以舆载死人也。战败卒死，载尸而还，是凶也。"① 在他看来，尸是指士兵的尸体。

其实，战败了，抬死尸，谁也知道是"凶"象，何必去问卜？又何劳巫者解卦？另外，黄寿祺、张善文先生则转引梁锡玙在《重定费氏学》中的说法："古者虽败，不忍弃死者，故载尸。"② 若按此说，那么，将军们与战死者不离不弃，这是"仁"者的表现，巫者应给予肯定才对，怎么会判之以"凶"呢？

闻一多先生对"尸"另有一解，他认为："《师》[六三]'师或舆尸'[六五]'弟子舆尸'。按《易》爻辞每用殷或殷末周初故事。《楚辞·天问》'武发杀殷何所悒，载尸集战何所急'。《淮南子·齐俗训》'武王伐纣，载尸而行'。《史记·龟策列传》'文王兴卒聚兵，与纣相攻，文王病死，太子发代将，号为武王，载尸以行，战于牧野'。舆尸犹载尸，疑此用武王事。不则当时有此习俗，《易》所言，即不实指武王，亦可与武王事互相印也。"③ 闻先生旁征博引，很有启发。但若从此说，又不能不启人疑窦。武王抬了文王的尸体，打败

---

① 高亨：《周易古经今注（重订本）》，中华书局 1984 年版，第 181 页。

② 黄寿祺、张善文：《周易译注》，中华书局 1981 年版，第 76 页。

③ 《璞堂杂识》，蔡尚思主编：《十家论易》，岳麓书社 1993 年版，第 560 页。

了纣王，那分明是"吉"事，怎么巫者反说是"凶"了？可见，即使当时有此习俗，在《师》卦中所指的"尸"，未必是如闻先生所说的那回事。

"尸"，果真是指死尸（包括文王的尸首）吗？不然。它和死人有关，但未必就是解作尸首。按《说文》释"尸"："陈也。"陈即陈列之意。段玉裁说："祭祀之尸本象神而陈之，而祭者因主之。"又《礼记·郊特牲》曰："尸，陈也。"注曰："此尸神象，当从主训之。"① 那么"尸"，也就是象征死人的神主牌，或者扮演死者的某种角色。《仪礼》"祝迎尸"，郑玄注云："尸，主也，孝子之祭，不见亲之形象，心无所系，立尸以主意焉。"② 这说法是正确的。《仪礼》的《士虞礼》中出现许多"尸"的字眼，这些尸，还会走动，会揖拜，如果真的是尸首，那岂不真成了僵尸现形记，吓死人了吗？

可见，"尸"，只是木主或者是由活人扮演。《仪礼·特牲馈食礼》有一段"宿尸"的礼节，"主人立于门外"，"主人再拜，尸答拜。宗人摈辞如初。卒曰：'筮子为某尸，占曰吉，敢宿！'祝许诺，致命；尸许诺，主人再拜稽首"。③ 看来，那主人家对"尸"的扮演者说：经过占卜，请你作为某人的"尸"吧！这"尸"同意了。主人便再三答谢。

其实，过去，有些学者也不把《师》卦的"尸"作死尸

---

① （清）阮元校刻：《十三经注疏》，中华书局 1980 年影印版，第 1145 页。

② （清）阮元校刻：《十三经注疏》，中华书局 1980 年影印版，第 1168 页。

③ 参（清）阮元校刻：《十三经注疏》，中华书局 1980 年影印版，第 1179—1180 页。

解。程颢在《程氏易传》中说："舆尸，众主也。"① 他是把"尸"视为"主"的。来知德《周易集注》云："舆者，多也。众人之意谓……尸者，主也，言为将不主，而众人主之也。"② 他们的解释未全妥当，但都意识到那"尸"是一种象征性的东西，它叫"主"。后来"尸位素餐"的成语，即由此而来。

当明白了《师》中所说的尸，应是指神主，事情就好办得多。舆尸，不过是指用车子载着的神主，或是指由众人抬着的神主。这"舆"，由众人拖着或抬着，那是表现出对"尸"的尊重。按《史记·周本纪》载："九年，武王上祭于毕，东观兵，至于盟津，为文王木主，载以车，中军。武王自称太子发，言奉文王以伐，不敢自专。"③ 这用车子载着的"文王木主"，就是"尸"。可见，当时确实有在军队里"舆尸"的做法。

"或"，又应作何解释？按一般的解法，或，有"也许""如果"之类未确定的含义。金景芳、吕绍纲先生在《周易全解》对此的解释是："军中如果发生舆尸的情况。"④

说实在的，这"或"字太常见了，似乎不值得认真注意。不过，人们没有想过，如果把"或"解为"或者""如果"之类不确定之义，那么，［九二］的爻辞则是难以自圆其说的。理由很简单，"师中如果发生舆尸的情况"，巫者下的判

① （宋）程颢、程颐著，王孝鱼点校：《二程集》，中华书局1981年版，第735页。

② （明）来知德：《周易集注》，上海古籍出版社1990年版，第107页。

③ （汉）司马迁：《史记》，中华书局1982年版，第120页。

④ 金景芳、吕绍纲：《周易全解》，吉林大学出版社1989年版，第84页。

断是：凶。"如果"者，假设也，巫者连假设舆尸也不以为然，那么，这句为什么不写作"师舆尸，凶"，而要加上了一个"或"字呢？此其一。再者，如果巫者完全否定"舆尸"的做法，反对军旅中有任何用作保护神的象征物，这也和巫者的身份很不相符吧！因为他自己不就是迷信的象征吗？所以，把"或"字轻轻放过，反而使〔九二〕一爻说不过去。我以为，巫者不可能是个那么彻底的唯物主义者。

因此，这里的"或"，我认为是"惑"的异写。

按《说文》，或与惑同音。又徐灏在《说文解字注笺》中指出："《易·文言》传曰，或之者，疑之也。又因疑从心为惑。《孟子》：'无或乎王之不智也。'或，犹惑也。"可见，师或舆尸，其实是"师惑舆尸"而已。

"师惑舆尸"，用现代的话来说，即军队一味相信"舆尸"，盲目地受制于神主，这就叫"或（惑）"。看来，巫者不反对军旅中有"舆尸"者，也不是教人们不信"舆尸"，但他反对"惑"，反对绝对的盲从。从其"凶"的判断看，这巫者分明是个头脑颇为清醒的神棍。他当然不会反对军队里供奉保护神，否则，他不是要喝西北风了么？但他毕竟知道，兵凶战危，主帅若不根据实际来制定战术，倒惑于舆尸，如果神主怎样说，他便怎样打；或者主帅一点主见也没有，只求神问卜，靠碰运气，是不能打胜仗的。有鉴于此，巫者强调不要"惑"，他不是不要"尸"的保佑，而是告诫主帅们，不能没有主见，尽信"尸"的决定。盲目地迷信，结果便是"凶"。显然，这巫者虽自命为神的代言人，却也是颇为明智的！

〔六四〕师左次，无咎。

关于"师左次"，许多学者根据《周易集解》所引荀爽的说法："次，舍也。"即等于驻扎。至于为什么军队要在左边安营扎寨？孔颖达的《周易正义》说，这是符合兵法的。"行师之法，欲左背高者，此兵法也。故《汉书》韩信云：'兵法欲右背山陵，前左水泽。'"按古人以左为后，以右为前；就礼仪而言，则以左为卑，以右为尊。若按孔颖达的解释，"左背高"即后背高。军队背靠高处驻扎，居高临下，确有利于防守。这种解释，也是有道理的。

不过，我认为不一定要把"次"解释为驻扎。"次"，还有排在第二位的解法。周法高《金文诂林》引杨树达释，"次，疑次当为亚次为义，乃词之所以表副贰者也"①。又，次可通"趑"，趑就是趑趄不前的样子。联系到"左"也有为后、为卑的意味。那么，"左次"就是后退一点、走慢一点，不走在前头的意思。我想，此爻应承〔六三〕而来。上一爻，提到军旅中有"舆尸"这守护神，跟着，爻辞的制作者就说，将士们应比舆尸走得后一点，以表示对神位的尊敬。显然，《师》卦既不主张惑于舆尸，又主张要对它表示尊崇，这是一种颇为理性的态度。

以上的解释，证之于〔象辞〕，似可以更清楚。制作者说："左次，未失常也。"试想，假如"左次"是指驻军于临下之地，那是兵法的常态，何须〔象辞〕制作者饶舌，说明这是不失常的？但如果军队行进，主帅退后，让舆尸先行，倒是不平常的。而〔象辞〕的制作者认为这做法不错，认为它不是颠倒次序，不是失常的有违规矩的行径。

---

① 蒋人杰编纂，刘锐审订：《说文解字集注》，上海古籍出版社 1996 年版，第 1852 页。

［六五］田有禽，利执言，无咎。长子帅师，弟子舆尸，贞凶。

"田"，田猎。古代称打猎、打仗，都称为"田"。"有禽"，即有擒，有所擒获。闻一多先生说："古者田猎军战本为一事，观军战断耳以计功，田猎亦断耳以计功。而未获之前，田物谓之丑，敌众亦谓之丑。既获之后，田物谓之禽，敌众亦谓之禽。"这是很对的。至于"利执言"，闻先生认为：言，即讯，讯问。① 执讯，就是审讯。此爻说，打了胜仗，抓了俘虏，以对他们进行审讯为有利。换句话说，执讯，等于生擒。打仗以生擒俘虏为有利，亦即等于说不要滥杀。在冷兵器时代，战斗双方杀得眼红，像《水浒》中李逵那样抡着板斧"排头儿杀过去"者，所在多有，战国时不是有"坑秦卒"的记载吗？看来，此爻制作者不主张滥杀。他认为抓了俘虏，则"无咎"，是属于平平安安的事。

对于"长子帅师"，指由长子率领军队，这解释，研究者的看法是一致的。而"弟子舆尸"，便费解了。

按高亨先生的说法是："次子丧其军，是用其亲以致败绩也。"② 弟弟要抬死尸，说他"丧其军"，打了败仗，也似通，但是，何以见得这作为主帅的"长子"是"用其亲"呢？打虎不离亲兄弟，怎么任用了弟弟，便让他打了败仗了？李镜池先生说得更有趣，他认为："弟子犹言副官，是管后勤的，负责指挥运送伤亡者。"③ 很明显，这些推测，都是由于对"尸"

---

① 《璞堂杂识》，蔡尚思主编：《十家论易》，岳麓书社1993年版，566页。

② 高亨：《周易古经今注（重订本）》，中华书局1984年版，第181页。

③ 李镜池著，曹础基整理：《周易通义》，中华书局1981年版，第18页。

字有不同的理解所致。

在我看来，"弟子舆尸"是指由诸侯王的子弟，担任扛抬神主牌亦即在军中管理神像的角色。古代重血统，长子是诸侯王的嫡子，由他领军，势所必然；而"舆师"的角色，十分重要，他可以成为祖先的代言人，如果这位置也由嫡亲的子弟担任，显然会削弱主帅的权力和威望。因为，居此位者，既尊贵，又与长子同属嫡亲，这一来，容易在军队中出现两个指挥中心。一旦令出多门，那就麻烦了。假如主帅与那主管精神领导的"舆尸"，出现意见分歧，军队便无所适从了。这种事，后世也真屡见不鲜。中晚唐时期，皇帝喜欢任命亲近他的太监为"监军"。这监军的职能不是与"舆尸"相类吗？那些太监监军误了多少大事，这里也不必细举。直到太平天国时期，九千岁东王杨秀清，实际上是担当"长毛"的"舆尸"。他与天王洪秀全一有分歧，便装神弄鬼，念念有词，说是上帝附体，借以坚持自己的主张。于是，作为上帝"长子"的洪秀全，虽有"帅师"之权，却在杨秀清面前毫无办法。结果，眼见快要取得的胜利，一下子烟消云散。在古代的军旅中，多中心即无中心，无中心则未有不败者，这道理，巫者是懂得的。何况，那时主张血统论，主张绝对服从宗法规定的礼制，所以巫者力主"长子"的绝对权力。假如出现夺嫡的可能性，让"舆尸"这极受尊崇的位置由宗亲子弟担当，贵而又亲，容易出现尾大不掉的杨秀清式的现象。于是，巫者断然预言，这是一个"凶"象！

[上六] 大君有命，开国承家，小人勿用。

"大君"，国君也。在军队出征时，他下达命令：开辟疆土者，后代可世袭！

100

"国"，指疆域，有疆土可以建国；承家，以家属继承的意思。至于"小人勿用"，无非是指军官的用人之道。从这卦重视血统、宗法的情况看，小人，更可能是指庶民、下民，而不是指与"君子"相对的奸佞。

当我们弄清了《师》的爻辞，再回过头来看卦辞，问题便好解决了。

"贞，丈人吉，无咎。""丈人"，手持权杖的人，这就是军中主帅。李鼎祚《周易集解》认为丈人当为大人，也通。总之，巫者认为占了这《师》一卦，主帅是"吉"的，是平安的。

从《师》卦，我们可以看到当时军旅的一些情状，即：行军时会奏起乐曲；在军旅中供奉着祖先神位，用作保护神，还有人专司奉祀神主的职责。另外，在战争中会有滥杀俘虏的情况，会出现军权旁落的问题。所以，巫者才会通过凶吉等预言，来表达自己的态度。从中，我们还多少可以看到在宗法制度下一些人的军事思想。总之，《师》的爻辞，为我们揭开了当时军事生活的一角。

关于指挥和统帅军队

《师》卦的［象辞］是：

> **师，众也。贞，正也。能以众正，可以王矣。刚中而应，行险而顺，以此毒天下而民从之，吉，又何咎矣！**

在观察了爻辞所记述军旅中种种情况以后，［象辞］的制作者提出了一条治军的原则，这就是"正"。正，就是正义，所谓"能以众正",是指主帅是正义的,并能领导众人走上正义的道路,从事正义的事业和战争,那么,"可以王矣",这主帅便可以统治整个天下。

"刚中而应,行险而顺",是制作者联系卦象卦辞,来解释此卦的含义。按:《师》卦由"坎下坤上"组成。[九二]是阳爻,属刚,居于"坎"的中央,这叫"刚中";它和上面[六五]"坤"的阴爻相配呼应,形成了阴阳相应的局面。而"坎"的属性为险,"坤"的属性为顺,上卦下卦二者相配,故谓"行险而顺"。若结合字义解释,意思是说:领军者坚定公正,则遭遇危险也能顺利解决,以此"毒(督、导)天下",而老百姓都会跟着他走。总之,领导者正义坚强,并能率领部属走上正义的道路,便可无往而不胜。而主帅和军队是否是正义的,实际与他们所从事的战争、事业是否正义有关。在这里,[象辞]制作者把正义视为领军的原则,可以从另一个侧面窥见他对战争性质的重视。

《师》卦的[象辞]是:

> 地中有水,师。君子以容民畜众。
>
> [初六]师出以律,失律凶也。
>
> [九二]在师中吉,承天宠也。王三锡命,怀万邦也。
>
> [六三]师或舆尸,大无功也。
>
> [六四]左次无咎,未失常也。
>
> [六五]长子帅师,以中行也。弟子舆尸,使不当也。
>
> [上六]大君有命,以正功也。小人勿用,必乱邦也。

　　[大象] 对卦象的解释是："地中有水。"因为坤是地的象征，坎是水的象征。地在上方，水在下方，故谓地中有水。从这卦象的涵义看，制作者认为管治者应效法大地汇聚百川的精神，对民众要包容，要把群众的力量积聚起来。如果说，[象辞] 提出了要以"正"引导群众，那么，[大象] 则提出要善待和团结群众的问题，所谓"容"与"畜"，当然不仅仅是从思想上引导而已。

　　[小象] 说：军队出征，步伐要一致，要合拍，如果步伐凌乱，失去节奏，则凶。又认为，主帅居于队伍中，属"吉"，这样做，得到天子的宠爱；而他之所以再三给予嘉奖者，是因为天子心怀天下，有统领万方的志向。进一步，制作者指出，军队如果为"舆尸"所惑，一味遵照"神"的指示行事，就大错了；但主帅稍后予"尸"，表示对"尸"的尊重，则是正常的做法。跟着，制作者解释了为什么让长子领军则合适，而由弟子舆尸则不妥。最后指出，天子发布命令，论功封赏，这是为了证实和推崇主帅的功勋。并强调，不能任用小人，因为小人得志，便会让国家大乱。

　　从 [象辞] 看，它对爻辞的阐析，涉及掌握军权、指挥军队以及如何用人、如何对待民众等问题，其内容，远比 [彖辞] 丰富。如果把两者结合起来，多少可以窥见当时统治阶层理军的想法。

第八　《比》辨

☷☵ 坤下坎上

比：吉。原筮，元永贞。无咎。不宁方来后夫，凶。

〔初六〕**有孚，比之，无咎**。有孚盈缶，终来有它，吉。

〔六二〕**比之自内，贞，吉**。

〔六三〕**比之匪人**。

〔六四〕**外比之，贞吉**。

〔九五〕**显比，王用三驱，失前禽**。邑人不诫。吉。

〔上六〕**比之无首，凶**。

"比"是什么意思

"比"，《说文》释："密也。"从字形看，像两人比肩并坐，样子是够亲密的。

但是，段玉裁《说文解字注》称，"比"的本义是亲密，但又有相及、相从的意思，"余义俌也、及也"，"择善而从之也，阿党也，皆其所引伸"。徐灏的《说文解字注笺》则说："《易》传曰，比，辅也，辅者相助之义。"又说："凡物之比则有等差。"① 从卦辞中有"不宁方来后夫"之句，以及爻辞所涉及的内容看，《比》卦所写的，并不是"亲密"那么简单。金景芳、吕绍纲先生认为"《比》卦中讲人际关系"，"侧重讲统治与被统治、上与下、尊与卑的关系"②。此说近之。

巫者认为，占得此卦者，总的来说，是吉的。因为，有人和你建立密切的辅助关系，准确地说，建立从属于你、依附于你的关系，这当然是好事。

卦辞说："原筮"，人们一般解为旧筮。但李镜池先生认为："原筮，并占，即同时再占，《广雅·释言》：原，再也。古时占卜之法，有三人同占的，以多数取决。"③ 再占，也可以理解为再一次占卜。按《蒙》卦有"初筮告，再三渎"的说法，所以筮是可以再占（当然，再三占就不妥了）。为什么此卦占时，要以多数取决，或者要再占一次？此无他，为谨慎从事而已。

看来，此卦写有人来依附、归附，总的来说，无疑是好事，但必须小心对待。

"元永贞"，高亨先生认为元下脱"亨"字，可从。元亨永贞，即说要举行盛大的祭祀，要长期占问休咎。"无咎"，这是《周易》的常用语。指对占卜者来说，没有什么不好。

至于"不宁方来后夫，凶"一句，不宁方，指不安定的那些方面。若以周朝而论，什么鬼方、猃狁等未归化的民族，便属不宁方。若以其他诸侯国而论，那么，凡属势力范围以外

① 蒋人杰编纂，刘锐审订：《说文解字集注》，上海古籍出版社1996年版，第1737页。

② 金景芳、吕绍纲：《周易全解》，吉林大学出版社1989年版，第86页。

③ 李镜池著，曹础基整理：《周易通义》，中华书局1981年版，第18页。

的不安定集团，也在"不宁方"之列。"不宁方来"，是说不安定的势力集团前来归附，那当然是好事。

不过，有些研究者在此断句，让"后夫凶"三字连缀，写成为"不宁方，来后夫"，我认为不妥。所谓"后夫"，是指归附方的姗姗来迟者，若从此说，则是巫者替"后夫"问休咎了，这不太可能。从巫者的立场，他应该是为替接受归附者的一方着想。他只是告诉统治者，若归附者那边，有人迟来后到，那么，说明这些人或是三心二意，或是怀着鬼胎，否则，这些人为什么会姗姗来迟？若出现这种现象，巫者便预言：会是一步险棋，领导人要小心了！

为什么《比》卦一再强调谨慎？无非是"不宁方"虽来归附，但人心毕竟尚未摸清，不能不一卜再卜，小心提防。特别是那些"后夫"，肯定属动摇分子。［象辞］说"其道穷也"，他们多半是在不得已的情况下，才来归附的，说不定什么时候又会反悔、反水。对此，巫者作出"凶"的判断，这种态度，估计是归纳了当时人际、邦际关系的经验教训。

怎样对待归附者

［初六］有孚，比之，无咎。有孚盈缶，终来有它，吉。

"有孚"，即有俘，有所俘获。让他归附，与它亲密相处，这就是"比之"。比，这里作动词用。巫者认为，善待前来归附的人，并无不妥，所以说"无咎"。

后一句"有孚盈缶"的"孚"，我以为应作"卵"解。按孚，《说文》释为"卵，孚也"。段玉裁《说文解字注》：

106

"《通俗文》卵化曰孚。《广雅》：孚，生也。谓子出于卵也。"① 因此，"有孚"也可视为待孵化的鸟蛋。盈缶，即满满一缸子。这一句，是比喻前来依附者之多。它和〔初六〕首句的"有孚"，倒是互相联系的。

对"终来有它"的解法，则是众说纷纭了。李镜池先生说是"纵使有变故"② 的意思。高亨先生认为"有它"即有蛇，意思是即使有蛇来了，也不怕。③ 这些，都可备为一说。

问题在于，我们应如何理解"有孚盈缶"，李先生的意见是，这里的"孚"，仍解作俘虏；盈缶，则是"指装满酒饭给俘虏吃"④。他认为优待俘虏，那么纵使有其他变故，也属"吉"。令人感到费解的是，盈缶，怎么就是"酒饭"盈缶了？再者，吃饱了的俘虏出现变故，反水了，为什么还要下"吉"的判断？至于高先生的解释，也费解，为什么最终来了"蛇"，还说是吉兆？考虑到爻中出现"缶"这一特定器皿，所以我宁愿把后句的"孚"，作鸟卵解。

"终来有它"，很费解，不过，校读帛书，此句作"冬来或池"。这一来，又似非不可解释。

"或"，通"域"，疆域的意思。"池"，通"沱"。"沱"易误为"它"。"沱"，《说文》释作"江别流也"。《尔雅》注云：灉、浒、沱，"皆大水溢出别为小水之名"。后来滂沱一词，便作为水势流溢的形容。

---

① 蒋人杰编纂，刘锐审订：《说文解字集注》，上海古籍出版社 1996 年版，第 581 页。

② 李镜池著，曹础基整理：《周易通义》，中华书局 1981 年版，第 20 页。

③ 参高亨：《周易古经今注（重订本）》，中华书局 1984 年版，第 184 页。

④ 李镜池著，曹础基整理：《周易通义》，中华书局 1981 年版，第 20 页。

"冬来域池"，是冬天时河水充沛，疆域里水势洋溢的意思。在北方，冬季水枯，不利于生产生活，如若河水滔滔，连大水也溢出小水，那不是天大的好事吗？所以巫者判曰"吉"。我认为，这句与"有孚（孵）盈缶"一样，都是用以比喻来了许多归附者。你看，归附者纷来沓至，就像缸子里装满鸟蛋，就像冬天里大水洋溢，当然妙不可言。

[六二]比之自内，贞，吉。

"比之"，"比"，这里作动词用，团结的意思。这爻是说：从内部而言，要搞好团结。把"比"字置于句首，有强调的作用。

[六三]比之匪人。

"匪人"，这里作"非人"解，不必解为败类。帛书本即写为"比之非人"，意思即团结而搞错了对象。团结了那些不值得去团结的人，这不仅白费劲，而且会坏事。此爻缺判语，疑漏写。陆德明《经典释文》说，王肃本作"匪人，凶"。加一凶字，似较合理。

[六四]外比之，贞吉。

对外部的人，也团结他们。"外"，当指外邦、境外的势力。这爻与[六二]，一说内，一说外，各有侧重。对外注意团结的做法，自然是吉利的事。

[九五]显比，王用三驱，失前禽。邑人不诫。吉。

"显"，《尔雅·释诂》"显，明也"，其引申义有表扬、显耀的意思。"显比",就是要让来归附的人得到表现,用今天的话说,是要大力表彰他们。

"三驱",元代吴澄在《易纂言》中认为"驱出禽兽,使趋田也"①。所谓"王用三驱",实即说王侯重视那些归附者们,让他们"为王前驱",跟着去畋猎(也包括打仗),从三方面驱赶猎物,以便猎物朝着前面的方向突围时落入圈套。谁知,这些新归附者也不太争气。"失前禽",白白放过了前面的猎物。误失戎机,真是该当何罪?

不过,爻辞跟着说"邑人不诫"。"邑人",指城邑里的人,亦即君王的部属、嫡系。"不诫",即不戒。《说文》:"戒,警也。"警亦即儆。不戒,亦即不责备、不告诫。这是说,归附者即使犯了很大的过失,王者的嫡系,也会体察上意,不苟责他们,注意团结他们。在巫者看来,占统治地位的一方,上上下下,如果都能善待归附者,这当然值得大力肯定。所以对此爻的判断是"吉"。

[上六] 比之无首,凶。

"无首"一词,有些研究者如李镜池先生释为"丢脑瓜",窃以为不妥。其实,这词在《乾》卦中曾出现过:"见群龙无首。"无首,即没有为首者的意思。这里的解法也与之相近。"比之无首",是说比之而不为之首,意指团结他们却不领导他们,放任自流,那就会出大乱子。所以巫者判曰"凶"。

---

① (元)吴澄:《易纂言 易纂言外翼》,上海古籍出版社 1990 年版,第 22 页。

能攻心则反侧易安

现在，我们来看看《比》的［彖辞］：

> **比，吉也。比，辅也，下顺从也。原筮，元永贞，无咎，以刚中也。不宁方来，上下应也。后夫凶，其道穷也。**

［彖辞］指出：《比》这一卦，是"吉"卦。从"比"的字义看，它是辅助的意思，是居于下层的人顺从上层的人。卦辞说到一再占卜并且举行盛大的祭亨，均属无咎。［彖辞］制作者认为，那是因为［九五］以阳刚之爻而居于中位，这是一切合适的昭示。至于"不宁方来"一句，说那些不安定的方面也来归附，是因为［九五］的阳爻，与其下方的阴爻，可以互相呼应的缘故。最后一句"后夫凶"，［彖辞］说，那些迟来归附者，已经走投无路了。

《比》的［象辞］是：

> **地上有水，比。先王以建万国，亲诸侯。**
> ［初六］《比》之初六，有它吉也。
> ［六二］比之自内，不自失也。
> ［六三］比之匪人，不亦伤乎？
> ［六四］外比于贤，以从上也。
> ［九五］显比之吉，位正中也。舍逆取顺，失前禽也。邑人不诫，上使中也。
> ［上六］比之无首，无所终也。

[大象] 所谓"地上有水",是《比》的卦象是"坤下坎上"。坤象征地,坎象征水。水在地上汇集,比喻人们有向管治者归附的意向。这意象,启示王者应该趁此机会,主动地统领各路诸侯,并且主动地和他们亲近,彼此建立密切的关系。

[小象] 对各爻的解释是:《比》的 [初六],说到"终来有它(冬来域沱)",亦即冬天的地上也有河水流溢的情况。[小象] 制作者认为,这当然是吉兆。在 [六二] 一爻,写到管治阶层内部团结一致。[小象] 认为,这说明他们自身就没有犯什么错误。至于 [六三] 写到团结了那些不值得团结的人,[小象] 也发出了感叹,说:这岂非很可悲吗?对 [六四],[小象] 释曰,此爻指团结外部的贤人,让他们顺从主上的领导和管辖。在 [九五] 一爻,写到表彰那些归附者,[小象] 认为,此以阳爻而居于上卦之中位,所以是正确的。而用三面包围的狩猎办法,放弃了那些不肯买账的家伙,只抓住那些驯服的猎物,这自然是"失前禽"。不过,[小象] 认同这种宽容的态度。至于说"邑人不诫",那是因为上头让邑人们采取中庸之道的缘故。而 [上六] 之爻提到对归附者放任自流,没有给予领导,导致出现了"凶"象。[小象] 便补充说:这是没有好结果的。

如上所述,《比》卦记述的,实际上是管治艺术的问题。

如果说,在上一卦《师》,记录的是有关军事活动的问题,那么,《比》则是记述应该如何对待归附者的经验教训。无疑,记述者是站在统治者的立场上,而作出多方的考虑的。

我们不妨回顾《比》卦爻辞结构,大致上说,[初六] 一爻是总述对团结归附者的看法。以下各爻,则分述几种对待归附者的做法。《周易》的制作者从团结的大前提出发,考虑到处理这一关系的种种问题,他们的意见,即使在今天,也还有一定的参考价值。例如说既要信任、表彰归附者，善待归附者；又不能放弃领导，要紧紧地掌握住统治的主导权。这种想法，实在是十分精辟。也可以说，《周易》的制作者，十分懂得如何处理人际关系，懂得如何做团结对象的思想工作。

所谓归附者，一般来说，本来是双方对立的利益攸关方。如何对待这种关系，无非或是压倒他，打败他；或者是吸引他，融合他，让他为我方所用。兵法云：攻心为上，攻城为下。能够不战而屈人之兵，当然是最上之策。而对方归附以后，还有如何对待他们的问题。《比》卦的一套做法，无疑是相当辩证相当完整的思想结晶，换言之，这也可说是上古社会斗争经验的总结。

据说，毛泽东主席很欣赏一副对联，此联在四川成都武侯祠里，为清末赵藩所撰：

能攻心则反侧易安，从古知兵非好战；
不审势则宽严皆误，后来治蜀要深思。

可能出现的"反侧"者，也包括了归附者。对待他们，便要"攻心"，做好思想工作。要审时度势，有宽有严。赵藩这一套想法，实在高明得很，而我们的老祖宗，早在几千年前，就有所体悟了。

第九 《小畜》辨

≡ 乾下巽上

小畜：亨。密云不雨，自我西郊。

［初九］复自道，何其咎！吉。

［九二］牵复，吉。

［九三］舆说辐，夫妻反目。

［六四］有孚，血去惕出，无咎。

［九五］有孚，挛如，富以其邻。

［上九］既雨既处，尚德载。妇贞，厉。月几望，君子征，凶。

畜牧时碰上坏天气

"畜"，学者们一般都同意郑玄的注："畜，养也。"畜就是畜牧的意思。所谓"小畜"，是《周易》还有与畜牧有关的另一卦《大畜》。一曰大，一曰小，以示有所区别。

畜牧，牲口的繁殖、饲养，与风雨寒暑关系密切。既然畜牧离不开要看老天爷的脸色，要靠天吃饭，所以，巫者便在这与畜牧有关的卦辞中提出：亨，即需要祭祀上天。

"密云不雨，自我西郊"，这说的是当时的天气。朱骏声

《六十四卦经解》云："凡云自东而西则雨，自西而东则不雨。"① 风从西吹过来，还未下雨。但乌云密布，意味着暴风雨快要来临了。

《小畜》卦辞独特之处，是它首先叙述了畜牧生活的背景。下面爻辞所记的各种情况，也多是在"密云不雨"的环境里展开。

[初九] 复自道，何其咎！吉。

"复自道"，复，回复、回还；道，道路。从事畜牧的劳动者，离开家园，上路放牧，可是在半路上，碰到密云不雨的天气。牧人一看势头不对，回头从原路折返，这就叫"复自道"。

"何其咎"，李镜池先生说："何其咎即何咎，无咎。其，语助词。"② 但是，为什么巫者在判了"无咎"之后，又再判"吉"呢？"无咎"和"吉"，尽管程度上有差别，但都属正面的评价。若照李先生的解法，巫者说了"无咎"之后，再又说"吉"，那么，爻辞岂不是颇嫌累赘么？

以我看，"何其咎"，何其，是以感叹的语气，形容"咎"之严重。用今天的话说，即这有多么的不好！确实，本来赶着牲口，到茂林丰草间让牛羊享受美餐，但鉴于天气发生变化，怕有闪失，牧者只好无功而还，一无所得，这不是倒了大霉么！显然，"何其咎"是出自牧夫之口的一声叹息。而且，"何其咎"不等于"何咎"。李先生硬是省去了"其"这个加

---

① （清）朱骏声：《六十四卦经解》，中华书局1958年版，第64页。

② 李镜池著，曹础基整理：《周易通义》，中华书局1981年版，第22页。

强语气的字，颇嫌根据不足。

至于判词的"吉"，则是巫者的看法。在他看来，在密云不雨的情况下，牧者打道回府，虽然放牧不成，却可以躲过一场即将来临的暴风骤雨，躲过可能出现的灾难。所以，从安全出发，"复自道"应该是吉兆。在这里，我们也可以看到畜牧时代人们对天气的依赖程度。

[九二] 牵复，吉。

"牵"，牵着牲口。《说文》云："牵，前引也，从牛，象引牛之縻也。"又桂馥《说文解字义证》："《周礼·牛人》'共其兵车之牛，与其牵傍'。郑注，牵傍，在辕外挽牛也。人御之，居其前曰牵，居其旁曰傍。"从下一爻说到车脱辐的情况看，这里的"牵复"，应是指牵引着牛车回家。因为快下雨了，三十六计，走为上计。巫者也肯定这一做法，判之曰"吉"。

[九三] 舆说辐，夫妻反目。

"舆"是车，"说"即"脱"，"辐"是车轮连接着车轴的直条。车子脱了辐，交通工具出了故障，在大雨即将来到的时候，当然是坏事。所以，许多研究者认为下文的"夫妻反目"，便是以夫妻失和来比喻乖离，比喻轮与轴之间可能出现"散架"的现象。这说法未尝不可。也有些学者认为"夫妻反目"，是叙述车脱辐时，牧者夫妻互相埋怨，互相指责，吵了一架，这即反目之义，也通。

不过，使我感到困惑的是：如果"夫妻反目"是乖离的比喻，或者是直叙夫妻的吵架，这都不是好兆头，为什么巫者不给予"否"或"凶""咎"之类的判语呢？

有趣的是，对这爻，巫者没有表态，只作平铺直叙。这一来，倒使我怀疑此爻的"夫妻反目"一词，其初义，与它后来作为夫妇失和的成语，是否同一个意思？

反目，一般指互不相视，各瞧各的，这当然包含着敌意。但"反"，固可解为相背，也可作"返"解。《说文》："反，复也。从又，厂反形。"徐锴说："厂象物之反复，此指事。"可见它有"回"或"复"的意思。

另外，反，又是"扳"的初字。商承祚《殷墟文字类编》释"反"，增补《金文诂林》的说法："张日昇曰，高鸿缙谓字为扳援之初文，李孝定亦同。其说近是。字以厂从手，象以手扳崖岩之形，乃扳登之本字。"[①] 据此，这爻的"反"，我认为应作"扳"解。

"目"，当然指眼目，但并非只能用于指人的眼。车轮的孔洞，也可以称为"目"。如果从"舆说辐"的文气延展下来，则可理解为：轮上脱了辐条，夫妻便扳着轮子的眼洞，把辐条纳返原位。总之，无论是作"返"或"扳"，都有夫妻俩共同维修车子的意思。此说若能立，那么，巫者确是不必判定［九三］这一爻，到底是凶还是吉的。

不管把"夫妻反目"作为夫妻发生争拗解，还是作为夫妻合作修车解，总之，这一爻，给我们提供了两个值得注意的问题。第一，畜牧时用车，说明劳动地点是在平地或丘陵地带。第二，以家庭为劳动单位，男人和女人都参加放牧，这种情况，应是出现于农耕时代的早期，和后期男耕女织的自然经

---

① 蒋人杰编纂，刘锐审订：《说文解字集注》，上海古籍出版社 1996 年版，第 597 页。

济有所不同。

　　［六四］有孚，血去惕出，无咎。

　　"有孚"，"孚"通"俘"，有俘即有所俘获。李镜池先生把"孚"视为俘虏，还认为这是一批来抢粮食的而经过战斗被俘虏的强盗，不知何据？金景芳先生认为："有孚，中心诚信。血，因战斗流血而受伤害。"① 他们对"孚"的解释虽不一样，但都把这卦与战斗联系起来。大概是因为在爻辞中出现"血"字的缘故。

　　但是，《小畜》一卦，哪里有提到战争？

　　我想，"孚"，是可以理解为俘获的。但俘获，不一定要牵涉战俘的问题。就此卦而言，它以《畜》为题，其各爻所写的，又多与畜牧有关。因此，爻辞中写到有所俘获的东西，当是指禽畜之类的猎物。在密云不雨的时候，牧者赶忙归家，野兽也会狼奔豕突。当它们碰上了牧者的刀口箭尖，便成了被俘获的对象了。

　　"血去"，指的是野兔野猪之类的畜生，血流了出来。"惕出"，指的是埋伏伺机的牧人，警惕地走了出来。这种情况，很好理解，因为野兽虽然受了伤，流了血，谁知它会不会垂死挣扎，或者装死反扑？有经验的牧人，当然要提高警惕，小心地从隐蔽处走出来，以防万一。巫者认为，"复道"者得到意外的俘获，捕获时小心翼翼，便下判曰"无咎"。

　　［九五］有孚，挛如，富以其邻。

　　"有孚"，解同上爻。"挛如"，拘系的意思。《说文》：

---

① 　金景芳、吕绍纲：《周易全解》，吉林大学出版社 1989 年版，第 97 页。

"挛，系也。"《尚氏学》："挛，引也，牵也。"① "如"，语气词。和上爻相联系，叙述者说，牧人有所俘获，便把猎物缚起来，然后回到家里。

"富以其邻"，富，是指宽裕、富裕。那牧人避雨回家，他白跑一趟，焦躁之余，意外地捕捉了猎物。宰杀享用，还有富余，便分赠给邻居。"以"，予也，与也。高亨先生释此句为"盗劫邻之财以富其家也"②，似不得其解。这爻的［象辞］云："不独富也。"也是理解这爻为不独占，即把所得的东西让大家分享的意思。在原始社会，我们的老祖宗习惯于共同劳动，也习惯于分享劳动成果。到现在，非洲的一些部落，也还保存着这样的分配制度。

［上九］既雨既处，尚德载。妇贞，厉。月几望，君子征，凶。

前面的卦辞，说"密云不雨"，这爻说"既雨既处"。"既"，既而；"处"，《说文》释"止也"。有些学者认为整句的意思是：大雨下了，又停了。这也通。

不过，我觉得这"止"，指的是牧人的栖止，也就是回到家里休息的意思。巫者认为，放牧者遇上这样的鬼天气，当然是很无奈的事，但半路上竟意外捕获了野味，这也算没有白跑一趟。"尚德载"者，尚得载也，那曾经出过故障经过修理的车子，还可以载回猎物之谓也。不过，巫者认为，若妇人占得此爻，则属"厉"，即很不好。这也有道理，妇女在体力上、

① 尚秉和：《周易尚氏学》，中华书局1980年版，第69页。
② 高亨：《周易古经今注（重订本）》，中华书局1984年版，第187页。

生理上和男性不同，碰上这恶劣的环境，是会有危险的。

"月几望，君子征。""几"，近也。"望"，月圆也。这句连上文，是说雨停后牧人回到家里，到夜里，天上竟是一轮明月。

这时候，"君子"坐不住了。"征"，他又趁着月色出发了。巫者认为，这是凶象。因为晚上不比白天，特别是经历过从密云不雨到大雨滂沱的阶段，月明之夜，盗贼会伺机活动，禽兽也会纷纷出没。这时候，什么事不会发生？而"君子"竟不顾白天的劳顿，夜行的危险，又离开栖止的家。对此，巫者大不以为然，于是发出了"凶"的预言，以作警告。

适可而止，遇好辄收，这是我们老祖宗的传统思想。在《小畜》一卦，作者展示了他们对生活的认识：遇到不如意的事，别以为就倒霉了，要知道，"山重水复疑无路，柳暗花明又一村"，说不定在走投无路中会碰上意外的喜悦。但是，凡做事，也不能过头，得放手时即放手，既雨既止，就不该不知好歹，不顾一切地盲动冒险。我认为，这一卦，写的是一段畜牧的遇雨的经历，却又包含了认识生活的真谛。

提高本领，等待机会

且看《小畜》的［象辞］：

小畜，柔得位而上下应之，曰小畜。健而巽，刚中而志行，乃亨。密云不雨，尚往也。自我西郊，施未行也。

这卦的卦象是"乾下巽上"。所谓"柔得位"，是指［六四］以阴柔之爻而居于阴位，而其上其下，都是阳爻与之呼应，这就叫《小畜》。又"乾"有刚健的属性，"巽"有逊顺的属性，这两者相结合；而上、下卦的中位，均为刚阳之爻，这叫"刚中"。这都是好的卦象，意味着其意志能够顺利地得到实现，所以卦辞说"亨"。确实，这时应该举行祭祀了。

至于卦辞说"密云不雨"，［彖辞］说，这是云气往上（尚）走的缘故；所谓云从西向东吹走，是云行而未能施雨的缘故。显然，这［彖辞］，只从卦象牵合卦辞，并无深意。

我们再看看［象辞］：

风行天上，小畜。君子以懿文德。

［初九］复自道，其义吉也。

［九二］牵复在中，亦不自失也。

［九三］夫妻反目，不能正室也。

［六四］有孚惕出，上合志也。

［九五］有孚挛如，不独富也。

［上九］既雨既处，德积载也。君子征凶，有所疑也。

由于"乾"为天的象征，"巽"为风的象征。巽卦居上，所以［大象］说"风行天上"。这意象，正与"密云不雨"相应，也说明未降甘霖，还不是给予万民以恩惠的时机。因此，［象辞］提出，"君子"应趁这机会，修饰自己的形象，提高自己的品德，这叫"懿文德"。这样做，是为了等待合适的机会。

［大象］的提示，是有其依据的。因为爻辞所写的，正是畜牧者碰上了"密云不雨"的坏天气而赶紧打道回府的情况。在回家的路上，畜牧者碰上了种种意外，其间有困难，也小有

所获，但整爻透露的精神是：时机不适当，宜静不宜动。正因如此，［象辞］才进一步把具体的情况，抽象为对待事物的普遍经验，发展为提请管治者"懿文德"以俟时机的论点。从这里，我们也可以看到［象辞］制作者是怎样推导问题的思维逻辑。

［小象］对每爻的解释比较清楚，不具论。

我们稍要说明的是：［九二］所云"牵复在中"，［小象］认为，"在中"者，指此爻以阳爻而居于"乾"的中位，所以"不自失"，没有失去其为阳刚的本性，这是判之为"吉"的缘故。

在［九三］，这爻写车子出现故障，夫妻共同修车（或者解为夫妻产生了矛盾）。［小象］便说，那是由于"不能正室"。正，作动词用；室，这里指车轮上安放"辐"的位置。段玉裁的《说文解字注》引《释名》云："室，实也。人、物实满其中也，引伸之，则凡所居皆曰室。"①可见，"室"的原义，乃是指中空置物的部位。这里所说的"室"，应是车轮置"辐"的地方。不能正其"室"，意思是那脱出的辐，不能端正、合适地置于轮上的空隙位置中。这一来，夫妻便只好反（扳）其目了。

---

① 蒋人杰编纂，刘锐审订：《说文解字集注》，上海古籍出版社1996年版，第1523页。

第十　《履》辨

䷉ 兑下乾上

履：履，虎尾，不咥人，亨。

［初九］素履。往，无咎。

［九二］履，道坦坦。幽人贞，吉。

［六三］眇能视，跛能履。履，虎尾，咥人，凶。武人为于大君。

［九四］履，虎尾，愬愬，终吉。

［九五］夬履。贞，厉。

［上九］视履，考祥，其旋。元吉。

履虎尾不咥人

这卦以《履》为名，它每一爻，都涉及履。

"履"，就是鞋子。鞋子与步履有关，步履又与践踏有联系。由于卦辞出现"虎尾"一词，研究者也多把"履"解释为践踏。来知德《周易集注》云："履者，足践也。"① 吴澄在

---

① （明）来知德：《周易集注》，上海古籍出版社 1990 年版，第 116 页。

《易纂言》中也说："履，足践地也。"①

不过，在帛书，履作"礼"。而"履"与"礼"又相通。《尔雅·释言》："履，礼也。"《说文》也有此一说，还加上一句："所以事神致福也。"从履、礼相通，人们在释"履"时，便有许多联想。例如程颢在《程氏易传》中说："上下之分，尊卑之义，理之当也，礼之本也，常履之道也。故为履。"② 这说法很难使人理解，为什么履与礼相通？仅仅是同音吗？为什么履行了"礼"，"履"就等于"礼"？总之，费解得很。

另一些学者则从卦辞的"履虎尾"，去理解此卦的含义。认为这是指踩着了老虎的尾巴。"不咥人"，咥，咬也。"不咥人"即不咬人。这些学者认为，无论如何，踩着老虎尾巴，危险得很，这比喻凡做事处世，都要小心谨慎。黄寿祺、张善文先生说："《履》卦取名于'小心行走'，譬喻处事必须循礼而行的道理。卦辞'履虎尾，不咥人'即形象地揭示出小心行走，虽危无害的寓意。"③ 李镜池先生则认为："这是一个行为修养之卦，制作者主张行为纯洁，胸怀坦荡，又要反复而周详地考虑，反对急躁莽撞。表现出有相当高的思辩能力。"④这些看法，都是从"履虎尾"应小心谨慎而生发出来的。

使人感到困惑的是，假如"履"作踩解，"咥"作咬解，

---

① （元）吴澄：《易纂言 易纂言外翼》，上海古籍出版社 1990 年版，第 24 页。

② （宋）程颢、程颐著，王孝鱼点校：《二程集》，中华书局 1981 年版，第 749 页。

③ 黄寿祺、张善文：《周易译注》，中华书局 1981 年版，第 103 页。

④ 李镜池著，曹础基整理：《周易通义》，中华书局 1981 年版，第 25 页。

那么，《履》的卦辞说：踩了老虎尾巴，它却不咬人。这岂非咄咄怪事？作为百兽之王，又不是在动物园里被驯虎女郎所豢养，你踩着它的"禁区"，它会对你客气么？而［六三］的爻辞中，则又说"履虎尾，咥人"，一会儿说老虎咬人，一会儿说老虎不咬人，这到底是什么一回事？

我认为，要解决这自相矛盾而又似是而非的问题，似乎应该换一个思路。

如果我们不把"履"作为及物动词，把卦辞断为："履，虎尾"，那么，对《履》卦便会有全新的诠释。

不错，履，践踏也，以足顿地，也就是踏。踏，是人们歌舞时足部的动作。《吕氏春秋》说："昔葛天氏之乐，三人操牛尾，投足而歌八阕。"① 投足，便是踏踩，便是"履"。在古代的祭祀中，巫者是要以歌舞作为沟通人天信息的手段。因此，巫者投足顿地的动作，实际上是一种礼仪。上引《说文》释"履"，提到履之"所以事神致福也"，可谓一语中的。在古代，巫者跳舞祭神，其舞姿，很强调足部动作。"舞"字下边的"舛"，是两足反向的形象。在祭礼中，巫者顿足跳舞，这就是"履"。它合乎祭礼的需要，所以"履"又与"礼"相通。

"虎尾"，指的是跳舞者拿着、耍着或装饰的道具。《吕氏春秋》所写的那三个人，操的是牛尾。但别的巫者，操的可以是别种动物的尾巴。按《说文》释"尾"："微也，从到毛在尸后，古人或饰系尾，西南夷皆然。"我们又从"巫"的字形看，中间的"工"，是"人"字的变形，两边的两个小"人"字，表示手上拿着两条尾巴。若拿着的是老虎尾巴，那

---

① 高诱注：《吕氏春秋》，中华书局 1954 年版，第 51 页。

就是《履》卦所说的"虎尾"。

我们知道，先民们往往会崇拜某些物体，包括对虎的崇拜。到现在，彝族还有以虎皮、虎尾为装饰的习俗，它与《说文》所谓"西南夷皆然"完全吻合。又据张福先生指出："彝族有祭虎的习俗。康熙《南安州志》记载了清初双柏县彝族有跳虎舞、祭虎神的仪式。每年初九至十五的几天中，彝族村寨常由七八人披黑毡化装成虎，头戴虎头面具，身披草衣草裙边跳边舞，村民跟随其后。"① 我们知道，现存于少数民族的生活习惯，往往是古代民俗的活化石。按此情况，所谓"履，虎尾"，也有可能是指村民们跟着"老虎"的尾巴之后，边舞边跳。总之，这是一种"礼"，一种仪式，而不可能是踩着真老虎的尾巴。

"不咥人"，咥，学者们一般解为咬、龁。但《说文》对"咥"的初义，解为笑。"咥，大笑也，从口，至声，《诗》曰，咥其笑矣。"又桂馥《说文解字义证》："《诗》曰者，《卫风·氓》文：《传》云，咥咥然笑。"② 所以，不咥人，即不对着人大笑，一脸严肃地跳呀踏呀扬尘舞蹈。

据此，卦辞作者认为：碰到这样的情景，就该祭祀了。

亨祭中的舞蹈

[初九] 素履。往，无咎。

对"素履"，闻一多先生认为"素履即丝履"（《周易义

---

① 张福：《彝族古代文化史》，云南教育出版社 1999 年版，第 240 页。

② 蒋人杰编纂，刘锐审订：《说文解字集注》，上海古籍出版社 1996 年版，第 257 页。

证类纂》）。而李鼎祚《周易集解》则引荀爽之说，认为"素履者，谓布衣之士"。但我觉得，穿着丝鞋或者是布衣之士，踩着了老虎尾巴，都是不可思议的。按帛书，"素"作"错"。这一来，此爻便有完全不同的解释。

错，据段玉裁《说文解字注》云："或借为这，遣字，东西曰这，邪行曰遣也。"① 按这遣即交错。错履，就是踊舞者步履交错。跨步时，向横走一步，向斜走一步。巫者认为，照这样的舞姿，大胆往前走，是"无咎"的，不会出什么问题的。

[九二] 履，道坦坦。幽人贞，吉。

这一爻，研究者多断为"履道坦坦"，但我想，若和此卦的卦辞相应，"履"解为踏呀跳呀的意思，那么，这句的"履"，也大可以和"道"字隔开，作为舞态的强调。

至于"道坦坦"，是说在跳舞时，路上很平坦，没有坑坑洼洼。因此，巫者便认为，"幽人贞，吉"。关于"幽人"，人们多解为幽囚的人，但是，为什么囚徒若占得此爻，会是吉兆呢？这颇为费解。

其实，幽人，也可以理解为视力不济蒙昧不清的人。据《尔雅·释诂》："幽，微也，是也，火微则不明。故《易·困》'人于幽谷'，注：不明之辞也。"正因为道路平平坦坦，这对于眼睛不好看不清楚的人来说，得此爻辞，仍属于"吉"。

---

① 蒋人杰编纂，刘锐审订：《说文解字集注》，上海古籍出版社 1996 年版，第 2941 页。

[六三] **眇能视，跛能履。履，虎尾，咥人，凶。武人为于大君。**

"眇""跛"，就是瞎子和跛子。许多学者根据[象辞]"眇能视，不足以有明也；跛能履，不足以与行也"，用以说明做事不妥当。李镜池先生觉得瞎子能看，跛子能行，是不可能的事，于是索性认为"这是一种思梦，表示希望如此"①云云。

其实，"眇能视"这两句古古怪怪的话，在《周易》的另一卦《归妹》中，也出现过。《归妹》[初九]"归妹以娣，跛能履，征，吉"；[九二]"眇能视，利幽人之贞"。巫者把跛者、眇者和吉、利联系起来，可见不是不妥的事，也不见得是梦境。而《归妹》一卦和婚嫁有关，这眇者、跛者的出现，似是也与仪典有关。

我认为，"眇能视"，眇，来知德《周易集注》称："眇者，偏盲也，一目明一目不明也。"②"眇能视"的人，当是指在祭祀礼仪活动的巫祝。在上古，巫祝多由眇者担任。眇者是视力不好的人，也被称为瞽或矇。《周礼》载，在巫祝、乐官的队伍中，视力不佳的人占很大一部分。"瞽矇，上瞽四十人，中瞽百人，下瞽百有六十人。"（《周礼·春官·叙官》）郑注云："凡乐之歌，必使瞽矇为焉。"③ 又《春官·大祝》："来瞽，令皋（告）舞，相尸礼。"④ 可见，这些"瞽矇"们

---

① 李镜池著，曹础基整理：《周易通义》，中华书局1981年版，第34页。

② （明）来知德：《周易集注》，上海古籍出版社1990年版，第118页。

③ （清）阮元校刻：《十三经注疏》，中华书局1980年影印版，第228页。

④ （清）阮元校刻：《十三经注疏》，中华书局1980年影印版，第811页。

是能歌能舞的。因为，他们虽眇，却不是全瞎，周代也不可能一下子集中二百多名全瞎的巫祝。很可能，能参与歌舞的人，只属视力不济，或者戴着面具遮挡了眼睛，或者在装神弄鬼时，眯着眼睛充瞎子，表示通诚通灵的模样。这就叫"眇能视"，亦即眇而能视的意思。

"跛能履"，是指祭礼时舞蹈的姿态。走动时，脚步一拐一拐的，这叫"跛"。不过，正如"眇能视"不是真瞎或全瞎一样，这里说的"跛"，也未必是真跛，跳舞跨步时一颠一拐的形态，也可称为跛。像上文提到的葛天氏之乐，那"投足"的动作，不也就是"跛"吗？

据知，在古代祭傩驱鬼时，扮演"傩"的巫，是要一蹦一跳地走路的，这风姿，直至宋代驱鬼的仪式还有保留，《东京梦华录》载：演傩者"以粉涂身，金睛白面，如髑髅状……手执软杖，各作魁谐趋跄"①。所谓"趋跄"，是一种跟跟跄跄颇为夸张的特殊步态，宋罗大经《鹤林玉露》说到有人跳舞"涂抹粉墨，跟跄而起，忽跌于地"②，这撞撞跌跌的跛态，可以作为"趋跄"的注解。按"趋跄"一词，其源甚古，《诗经·齐风·猗嗟》云："巧趋枪兮。"郑笺："枪，巧趋貌。"③ 在古籍中，趋跄，也作跟跄、趋枪、趋抢。有时还写为"趋翔""趋详"，写法虽异，其义则一。如《吕氏春秋·尊师》："审辞令，急趋翔"，毕校注："翔与枪同。"④ 又如

---

① （宋）孟元老撰，邓之诚注：《东京梦华录注》，中华书局1982年版，第194页。

② 罗大经：《鹤林玉露》，中华书局乙编卷六。

③ （清）阮元校刻：《十三经注疏》，中华书局1980年影印版，第355页。

④ 高诱注：《吕氏春秋》，中华书局1954年版，第41页。

《史记·孔子世家》："敏登降之礼，趋详之节。"① 颜师古在《汉书·西域传》注："详与翔同。"总之，古籍上出现众多与"趋跄"音近实则同义的词语，正好说明"趋跄"这种趔趔撞撞、颠颠跛跛的步法，乃是人们舞蹈时常用的姿态。

古代的巫者，祭祀时是要"禹步"的，扬雄《法言·重黎》载："昔者姒氏治水土，而巫步多禹。"李执注曰："姒氏禹也，治水土，涉山川，病足，故行跛也……而俗巫多效禹步。"② 后来葛洪还在《抱朴子·仙药》记录了"禹步"姿势："禹步法：前举左，右过左，左就右；次举右，左过右，右就左；次举左，右过左，左就右。如此三步，当满二丈一尺，后有九迹。"③ 这样的一踏一拐一扭，不就像跛腿跳跃吗？这就是所谓"跛能履"。

现在，我们回过头来看〔六三〕的"跛能履"，便可清楚它指的是参加祭祀仪式的人那种跳舞的姿势，指的是他们跨着腿、提着踝、拐着腰，而又踏踩着地。显然，它和"眇能视"，都是描写亨祭时巫师的情状。

至于下句"履，虎尾，咥人，凶"，则和卦辞所写的刚好相反。"咥人"即嗤笑别人，那嬉皮笑脸的样子，和"不咥人"的一脸严肃完全不同。对此，巫者对此爻的判断是"凶"。的确，迎神舞蹈，是沟通天人的事，岂能儿戏！如果参加祭祀的舞者，一味对着人嘻嘻哈哈，那就是心不诚，志不专，那就将得到惩罚。故曰"凶"。

"武人为于大君"，武人，武士、军人；大君，最高统治

① （汉）司马迁：《史记》，中华书局 1982 年版，第 1910 页。

② 汪荣宝撰，陈仲夫点校：《法言义疏》，中华书局 1987 年版，第 317 页。

③ 王明：《抱朴子内篇校释（增订本）》，中华书局 1985 年版，第 209 页。

者。这都不费解。问题是"为于"应作何解释？黄寿祺、张善文先生说：它指的是"勇武的人要效力大人君王"①。若从此说，那么，它应是好事，又怎能和前面所判的"凶"相联系呢？高亨先生则认为："武人无大君之德，而据大君之位，亦将以妄行遭祸，覆国杀身。"②这说法，倒和上述的"凶"字有瓜葛了，但是，请注意，此句作"为于大君"，而不是"为大君"，高先生硬是省去了"于"字，硬说武士篡位，闹起政变，似和爻辞的原义大相径庭。

我们检校帛书，此爻作"武人迵于大君"。这一校，让我们打开了思路。

"迵"，是什么意思？《说文》云："迵，迵迭也，从辵，同声。"桂馥《说文解字义证》："迭当为达。徐锴《韵谱》：迵，过也。《玉篇》：迵，通达也。"王筠的《说文句读》则说："迵迭即是洞达，上文达或作迭，是也。"③总括上述对"迵"的解释，它无非是直接地达到的意思。按上古的规矩，武士直接地前往大君那里，于礼不合，属于行为唐突。而"迵"，即"迵迭"，它与"唐突"为音转。可见，"武人迵于大君"，亦即武人唐突于大君之意。又据此爻［象辞］："武人为于大君，至刚也。"至刚者，过于僵硬也，似乎［象辞］的作者也是从"唐突"方面来理解"武人"的行为的。

连上文，这爻的意思是：亨祭时，舞蹈者一面起劲地跳，一面儿戏地笑，这就是失礼，是凶兆。其祸弊，就如下级失

① 黄寿祺、张善文：《周易译注》，中华书局1981年版，第100页。
② 高亨：《周易古经今注（重订本）》，中华书局1984年版，第189页。
③ 蒋人杰编纂，刘锐审订：《说文解字集注》，上海古籍出版社1996年版，第356页。

礼，唐突上级；或者说，它预兆着将会出现武士不敬大君的行为。那真是惹出大麻烦了！

[九四] 履，虎尾，愬愬，终吉。

"愬愬"，畏惧的意思。这爻写的是另一种舞蹈者的态度，他们带着敬畏的神情举手投足。看来，巫者很嘉许这样的舞风，于是判曰"终吉"。

[九五] 夬履。贞，厉。

"夬"，快的本字，亦可作决失解。"夬履"当指跳踏的动作过快，或指动作有决失，这都不合乎礼仪。巫者认为，占得此爻，则是极凶之兆。

[上九] 视履，考祥，其旋。元吉。

"视履"，指观看亨祭时举行的舞踊。如果说，上面爻辞是对"履"者亦即跳舞者的叙述，那么，这爻则是观者对舞蹈者的评价。

"考祥其旋"，李鼎祚《周易集解》引虞翻所说"考，稽"，意为考察。人们也多从此说，例如金景芳、吕绍纲先生认为："考祥，考察、总结其凶吉。"① 问题是，考祥，说考察其"吉"则可；说考察其"凶吉"则不可。至于高亨先生说"祥疑借为庠，同声系"，"视履考祥者，视焉履焉以登于庠，得预于养老之礼也"。② 这解颇费周折，不易使人信服。

---

① 金景芳、吕绍纲：《周易全解》，吉林大学出版社 1989 年版，第 104 页。

② 参高亨：《周易古经今注（重订本）》，中华书局 1984 年版，第 191 页。

上文说过，古代祭仪，有趋跄的舞步，趋跄又通趋详、趋翔。据《说文》，"考"与"巧"，同为丂声。因此，"考祥"即"巧详"，亦即"巧翔"。上引《诗经》有"巧趋跄兮"一语，那么，此爻的"视履，考祥"，实即说观众看到了很美妙很熟练的趋跄舞步。说它"巧"，便有对舞者评价的成分。

"其旋"，旋，旋转，也是指舞态；其，语助词，是对"旋"的强调。"考祥其旋"，用今天的话说，不过是指舞步巧妙舞态盘旋的意思。又据帛书，《履》[上九]此处作"巧翔其買"。買，即回环之义。我想，对亨祭中舞蹈的评价，应是此爻制作者的原意。

总之，《履》卦所写的，是亨祭中的舞，这舞当然属"礼"的一个部分。后人没有联系上古礼仪的情况，凭空猜想，越想越玄。如果我们恢复其本来面目，那么，它可以帮助我们看到古代生活的一个场景。

由舞蹈引申到政治层面

[彖辞] 说：

履，柔履刚也。说（悦）而应乎乾，是以履虎尾，不咥人，亨。刚中正，履帝位而不疚，光明也。

《履》的卦象是"兑下乾上"，兑，有愉悦的属性。它在[六三]的卦位，是阴爻，属柔；[六三]与[九四]相接，[九四]是"乾"的阳爻，属刚，这叫做"柔履刚"。阴阳相履，柔刚相济，显得很协调，很和谐，说明人们以愉悦的心情进行祭祀，与天（乾）相应。所以，在祭仪中，人们踏着舞步，摇着虎尾，显得庄重而认真。

至于说"刚中正"，是说上卦的"乾"，其中央是阳爻，卦位是［九五］，处于最高点，意味着亨祭者居于最尊贵最神圣的位置。以此态度祭天，当没有灾患，前途一片光明。

［象辞］对爻辞的阐述是：

上天下泽，履。君子以辨上下，定民志。

［初九］素履之往，独行愿也。

［九二］幽人贞吉，中不自乱也。

［六三］眇能视，不足以有明也；跛能履，不足以与行也。咥人之凶，位不当也。武人为于大君，志刚也。

［九四］愬愬终吉，志行也。

［九五］夬履贞厉，位正当也。

［上九］元吉在上，大有庆也。

［彖辞］强调主祭者要"履帝位"，亦即要有意识地居于祭礼的中心位置，显示地位的尊崇；而［大象］则着重解释亨祭的舞蹈，亦即特定的礼仪所蕴涵的政治意义。那就是：辨上下，定民志。

"辨上下，定民志"，若从祭祀的舞蹈而言，指的是行进的序次、方向，但［大象］显然把具体的叙事抽象化，认为按照一定的规矩，才有助于统一民众的思想，有助于遵守尊卑有序亦即巩固既定体制的问题。可见，履行"礼"的意义大矣哉！

至于［小象］，"素履"之爻，阐为"独行愿也"，强调思想的专一；"幽人"之爻，析为"中不自乱"，既可理解为对舞蹈者心态的要求，也可推而演之，作为对人们的政治要求，兹不赘。

第十一 《泰》辨

䷊ 乾下坤上

泰：小往大来，吉。亨。

［初九］拔茅茹，以其汇。征，吉。

［九二］包荒，用冯河，不遐遗。朋亡，得尚于中行。

［九三］无平不陂，无往不复。艰，贞：无咎。勿恤，其孚于食，有福。

［六四］翩翩，不。富以其邻，不戒以孚。

［六五］帝乙归妹，以祉。元吉。

［上六］城复于隍。勿用师。自邑告命，贞，吝。

小往大来的意涵

这一卦，何以取名为"泰"？根据卦辞对它的精神的概括是"小往大来"。来来往往，有来有往，其间有相互贯通的意思。

按《说文》释"泰"："滑也，从廾从水。"段玉裁《说文解字注》云："字从水，水在手中下滑甚利也……滑则宽裕自如。"又，林义光《文源》："泰，脱也。即洮汰之汰本字。

凡洮汰者，以物置水中，因其滑而脱去之。"① 可见，"泰"字的原意有通达、通脱、宽松的意思。卦辞中的"小往大来"，便是对"泰"字以及对《泰》卦总体精神的把握和解释。由此入手，庶几可以理解爻辞说的究竟是什么。

还要注意的是，这卦所说的相互沟通的"往"和"来"，并不是对等的。出的、去的属"小"，入的、来的属"大"。这就是说，彼此之间，往的小，输的小，而来的大，赢的大。可是，没有往，也就没有来，所以，不必在乎"往"，只有吃点小亏，才能占到大便宜！这一点，正是《泰》卦的核心思想。

巫者认为：占得此卦者，大吉大利了，赶快祭祀酬神吧！

下面，我们试分析它的爻辞。

［初九］拔茅茹，以其汇。征，吉。

"拔茅茹，以其汇。""茅茹"是草本植物，其汁红色，像血，可作红色染料。《说文》释"蒐"云："茅蒐茹芦，人血所生，可以染绛。"古人把茅茹拔起来祭神，属一种十分重要的仪式。在神前发誓许愿，要以血为盟，茅茹的液汁像血，在大祭中就用着它。那诸天神圣和发愿者，看到了"血"，便认为见证了血缘，说明血脉相通，互为族类，便表示从此永不相负了。

"以其汇"的"汇"，帛书作"（菁）"，《周易释文》云："傅氏注云，汇，古伟字，美也。古文作（菁）。"《汉书·叙

---

① 蒋人杰编纂，刘锐审订：《说文解字集注》，上海古籍出版社 1996 年版，第 2402 页。

传幽通赋》有句云"形气发于根柢兮，柯叶汇而灵茂"，则亦可作繁茂解。汇，又指茅茹的根，互相绕聚。孔颖达《周易正义》云："汇，类也，以类相从。"① 程颐《程氏易传》云："君子之进，必与其朋类相牵援，如茅之根然，拔其一则牵连而起矣。"② 因此，在祭礼中，"拔茅茹"以为荐，还包含着参与祭祀者表示团结在一起的意思。

由此可见，"拔茅茹，以其汇"两句，应是对不同的势力集团，在举行结盟仪式或分封仪式时的叙述。由于下文又出现"征""中行""师"等和军旅有关的字眼，我认为《泰》卦所说的，更可能和出兵、誓师的仪典有关。

接下去的爻辞是"征"。用今天的话说：出发吧！这大概是"大君"之类发出的指示。对此，巫者也下判断了："吉！"（请注意，《周易》的《否》卦，也有"拔茅茹，以其汇，贞"一句，不过，"贞"与"征"，意思并不一样。）

〔九二〕包荒，用冯河，不遐遗。朋亡，得尚于中行。

闻一多先生认为"包荒"的"包"，实即匏瓜。"荒"即"宎"，大也。包荒也就是大匏瓜。匏瓜是苦的，不能食用。所以《论语·阳货》说："吾岂匏瓜也哉，焉能系而不食。"③ 古人把匏瓜的中间部分挖空，用以渡河，就像把牛皮、羊皮、竹皮之类的东西，绑在一起，造成皮筏竹筏用以渡河一样。

---

① （清）阮元校刻：《十三经注疏》，中华书局1980年影印版，第28页。

② （宋）程颢、程颐著，王孝鱼点校：《二程集》，中华书局1981年版，第754—755页。

③ （清）阮元校刻：《十三经注疏》，中华书局1980年影印版，第2525页。

《国语·鲁语》有"苦匏不才，于人共济而已"① 一句，可以说明匏瓜的作用。

"冯河"，"冯"即"淜"。《说文》："淜，无舟渡河也。"冯河也就是涉水过河。你看，无船可渡，只有利用匏瓜，涉水而过，这不是颇为危险吗？所以，接下去的句子是"不遐遗"，不遐，不远也；遗，弃也。"不遐遗"，就是"不远弃"，这是叫大家不要远离，紧紧跟着的意思。然而，依靠匏瓜涉水，总是要出问题的。"朋亡"，表明同伴的亡失，有人掉队，有人失踪。不过，最终，"得尚于中行"。

"得尚"，得偿也。"中行"，也可解作中途、中道或路途中之类。但是，"中行"又属春秋时代的军制。和上爻〔初九〕的"征"以及"拔茅茹"等隆重仪式相联系，我认为"中行"更宜理解为军中。整句的意思是，队伍中有人失散了，但后来军中又得以补充。这也是卦辞中所谓"小往大来"之义。

〔九三〕无平不陂，无往不复。艰，贞：无咎。勿恤，其孚于食，有福。

"无平不陂，无往不复"，这两句并不费解。"陂"，斜坡。爻辞的制作者认为，没有哪块平地，不出现斜坡；没有只有输出，而没有反纳或回归。看来，这两句是古代的格言，上句是比喻，下句才是它真意的所在。当时，人们就认为，世上没有绝对的一成不变的东西，有平，便有不平；有出，便有

---

① 上海师范大学古籍整理组校点：《国语》，上海古籍出版社1978年版，第190页。

入；有去，便有来。这认识，颇有朴素的辩证意味。上面卦辞中"小往大来"的说法，分明和这爻辞有所联系。所以，巫者也下判断："艰，贞：无咎。"意思是说，如果占得这爻，那么，碰上艰难，也会不过不失。似乎，巫者们希望遇到困境的人，能够具有平静、平衡的心态。

"勿恤，其孚于食，有福"，恤，忧也、爱惜也；孚，俘获也；于，用于；食，即"饲"，饲养，这里作供给、供应解。《诗经·小雅·绵蛮》有"饮之食之，教之诲之"可证。整句承上说到"艰"，意思是要占卜者即使遇上了困难，也切勿吝惜其所得，应把所俘获的东西，用于供养别人或下属，这样做，最终是有福的。

巫者给问卜者作出这样的告诫，是有道理的。如果那占卜者是领军打仗渡河杀敌的将军，为了团结和鼓励士卒，他是应该不吝其所得的，有所获，便给予重赏，那么，他就能让将士用命，最终取得了胜利。这就是"无往不复""小往大来"的道理。

［六四］翩翩，不。富以其邻，不戒以孚。

关于［六四］，历来人们有不同的断句方式。一种是："翩翩，不富以其邻。"另一种是："翩翩，不富，以其邻。"最早阐述此爻的［象辞］，提到"翩翩，不富，皆失实也"，即从此说。但我认为，这两种说法，均不可取。

要知道，"富以其邻"，明明是一句完整的句子，《小畜》就有"有孚挛如，富以其邻"之句。然而，"不富以其邻"，意思刚好与之相反。"不富"就是贫乏、贫缺。那么，为什么作者不说"贫以其邻""乏以其邻"？却使用了不常见的造句方式？这很不可解。至于硬把"富"和"以其邻"分隔开来，也不能使人信服。

我以为，对这爻产生种种的歧义，关键在于对"不"字的理解有所不同。

"翩翩"，《说文》："疾飞也。"俞琰《周易集说》："翩翩，降以相从之貌。"① 联系到此卦往往提及"征、师"等和军旅有关的事，那么，翩翩实指队伍的疾进，军士们紧紧地挤在一起，急走飞奔。

面对着这样的态势，巫者有看法了，他说："不。"

按"不"其实就是"否"。《说文》释："不，飞鸟上翔不下来也。""不"亦通"否"，段玉裁《说文解字注》："不者，事之不然也；否者，说事之不然也。故音义皆同。"可见，[六四]的"翩翩，不"，不过是"翩翩，否"的异文。至于"否"，则是《周易》常用的判别休咎的词语，像说"小人吉，大人否"，"天地不交，否"之类。这里出现"翩翩，否"的句式，应也不难理解。这句用今天的话翻译，便是：队伍紧紧挨在一起，人与人之间没有回旋，是不妥当的。

至于"富以其邻"，富即宽裕。意思是，和相邻的人或队伍、集团，相距要有一定的宽松的空间。显然，它与"翩翩"是完全相反的。制作者认为，不紧挨，有间隔，才易于来往，才有周旋的余地。看来，行军是如此，日常人与人之间的关系，也是如此。在这里，《周易》的制作者展示了他对人际关系具有相当成熟的认识。

"不戒以孚"，不戒，即不骇。据《周礼·大司马》："鼓

---

① （宋）俞琰撰：《周易集说 读易举要》，上海古籍出版社 1990 年版，第 18 页。

皆骇。释文：骇本亦作骇。"① 所以，"不骇"即"不骇"。整句的意思是：让俘虏们不感到惊骇。

如果说，"富以其邻"是对内部的关系而言，那么，"不戒以孚"，则是对待另一种关系的准则。而两者的相同之处，是《周易》的制作者希望处于主导地位的人，要营造宽松的环境。让包括俘虏在内的人，得到宽容的对待，这样做，也必然会影响到主事一方的所得，但也将最终取得更大的收获。很清楚，这处人处事的举措，完全符合"小往大来"的策略。

[六五] 帝乙归妹，以祉。元吉。

"帝乙"，是商纣王的父亲。《竹书纪年》卷六载："帝乙名羡，元牟庚寅，王即位居殷。"②《史记·殷本纪》："帝太丁崩，子帝乙立。帝乙立，殷益衰……帝乙崩，子辛立，是为帝辛，天下谓之纣。"③ "归妹"，即嫁妹。据说帝乙曾把其妹下嫁给姬昌（即后来的周文王），所以《诗经·大雅·大明》有云："文王嘉止，大邦有子，倪天之妹。文定厥祥，亲迎于渭。"对此，顾颉刚先生曾作过考证，兹不赘。

问题是，《周易》的制作者，在《泰》卦中引用这一故事，又有什么用意？

其实，所谓帝乙归妹，嫁的也未必是他的亲妹妹，把同姓女子嫁出去，也属"归妹"。在古代统治者之间，婚姻本来就是一种政治行为，帝乙把"妹子"嫁给姬昌，无非是推行笼

---

① （清）阮元校刻：《十三经注疏》，中华书局 1980 年影印版，第 839 页。

② （宋）沈约注，洪颐煊校：《竹书纪年》，商务印书馆 1937 年版，第 69 页。

③ （汉）司马迁：《史记》，中华书局 1982 年版，第 105 页。

络的政策，用通婚的办法稳住势力日益强大的周，稳定殷朝日益衰败的局面。从《诗经·大雅·大明》所反映的周人兴高采烈的态度看，应该说，尽管后来帝乙之子纣王，最终为周所灭，但是，帝乙的做法在一定阶段中，仍是收到了稳定局势的效果的。

在《周易》的制作者看来，作为"大邦"的殷，让帝乙的"妹子"下嫁，毕竟是降贵纡尊的行为。然而，就策略而言，帝乙的举措是高明的。爻辞又说"以祉"，关于"祉"，李孝定《甲骨文字集释》引屈翼鹏云："当是祭名。"① 可见，帝乙嫁妹时还举行祭祀，用以求福祉。对此，巫者给予大力的肯定，故曰"元吉"，大吉！

不惜嫁妹，这是"小往"；团结属国，便是"大来"。《周易》的制作者引用"帝乙归妹"的故事，无非是进一步说明为政者懂得"小往大来"运用策略的重要性。

［上六］城复于隍。勿用师。自邑告命，贞，吝。

"城复于隍"，复，覆盖也。按《说文》："隍，城堑也。"这句是说，城墙崩坏，覆圮在护城河上。据此，巫者认为"勿用师"，不要用兵，不要出征。很清楚，在自身出现问题，内政未修，地盘尚未巩固的时候，匆忙把兵锋外指，肯定是要失败的。因此，巫者断然提出"勿用师"的劝告。

可是，主政者却不管客观条件，"自邑告命"，那就麻烦了。

---

① 蒋人杰编纂，刘锐审订：《说文解字集注》，上海古籍出版社 1996 年版，第 12 页。

"邑"，城邑。"告"，《说文》释："告，从口，从牛。"
又周法高《金文诂林》提到："告字本义，当为祭告。祭必备
牛羊，又必具册词，《论语》告朔之饩羊可证。告字从牛从
口，会意之旨甚显然矣。"[①] 至于"命"，发布命令。显然，巫
者认为，在准备不足缺乏用兵条件的情况下，主政者却还在城
邑里祭祀上天，发布命令，准备出征，这就是轻举妄动了。其
结果，不问可知！看来，有人还不知道出师有严重后果，还去
求签问卜，于是，巫者便斩钉截铁地说："贞，吝。"

本来有"用师"的打算，后来情况变化，不得不打消了
计划，这当然是一种损失，换言之，这属于"小往"，吃了点
亏。然而，按兵不动，盘马弯弓，一方面不会因后防空虚而导
致失败，一方面作出兴师动众的姿态，还可让对手胆怯求降，
不战而屈人之兵，这属于"大来"。或者，及时发觉自身准备
之不足，不打无准备之仗，也有利于自身的稳定，也属于
"大来"。假如违反这一游戏规则，硬着来干，后果则不堪设
想。总之，这一爻，是巫者出于整个利益集团前途的考虑，为
主政者敲响警钟。

上下沟通和留有余地

《泰》这一卦，说的是什么呢？[象辞]说："天地交而万
物通也，上下交而其志同也。"它很强调沟通的意旨。李镜池
先生则认为："全卦内容散杂，事不一，但以对立转变的概念

---

① 蒋人杰编纂，刘锐审订：《说文解字集注》，上海古籍出版社 1996 年
版，第 238 页。

作为组织联系。"① 至于如何理解其对立转变，可惜语焉不详。

我认为，对《泰》卦的理解，首先在于如何判断首爻[初九]。有人说：《泰》卦写的是采集植物。不错，"拔茅茹"，不正是采集吗？不过采集茅茹，这意味着什么？过去有所谓茅土分封的说法，而且，下文跟着说"以其汇"，强调茅茹根部的缠结所象征的团结意义，那么，采集这种具有特殊意义的植物，显然是用于某种祭祀或举行某种集会的仪式中。联系到下文的"征"，我认为[初九]记述的是出征时誓师的仪典。

不过，主政者又告诉出征的人，行军打仗，是会遇到许多意想不到的情况的。[九二][九三][六四][六五][上六]便分别写到出征者可能面对的各种问题，它包括在出兵路上碰到的难题，如何对待军队内部和俘虏的问题，如何运用策略的问题，以及急刹车撤销出征的问题。

对待这些问题，《周易》的制作者总的原则是：应该懂得来往沟通利弊转化的关系。他告诉人们，处理任何事情，都不能绝对化，都要留有余地。因为有了空间，事情就可以回旋。

因此，《泰》卦写的是对统治者在出征时的种种谆嘱，它叙述的是统治的策略，其中不乏朴素的辩证思想。也可以说，它是上古统治者统治策略的总结。

《泰》的[彖辞]是：

泰，小往大来，吉。亨。则是天地交而万物通也，上下交而其志同也。内阴而外阳，内健而外顺，内君子而外

---

① 李镜池著，曹础基整理：《周易通义》，中华书局 1981 年版，第 25 页。

小人，君子道长，小人道消也。

所谓"小往大来"，有往有来，首先意味着相互沟通。
[彖辞]的制作者认为，人与人之间的沟通，十分重要，因为
它合乎天地相交的"天道"，亦即宇宙的规律；而人与人之
间，也只有相交、沟通，才能"同"，亦即取得一致的认识。

但是，这里所说的沟通，又不是对等的，往者小而大者
来，要求更有利于自己的一方，这是[彖辞]制作者奉行的
原则。至于说"内阳而外阴"，"内健而外顺"，是根据"乾下
坤上"的卦象，对"小往大来"作出说明。"乾"为内卦，属
阳、属刚健；"坤"为外卦，属阴、属柔顺。由此推演，"乾"
比喻为君子，"坤"比喻为小人。当二者沟通，阳气上升，阴
气下降，亦即君子道长，小人道消。总之，若能上下沟通，君
子与百姓沟通，形势将对君子会越来越有利。显然，制作者是
站在管治者的立场，来看待促成对立阶层相互沟通的重要性。

[象辞]则称：

**天地交，泰。后以财成天地之道，辅相天地之宜，以
左右民。**

[初九]拔茅征吉，志在外也。

[九二]包荒，得尚于中行，以光大也。

[九三]无往不复，天地际也。

[六四]翩翩不富，皆失实也。不戒以孚，中心
愿也。

[六五]以祉元吉，中以行愿也。

[上六]城复于隍，其命乱也。

[大象] 也首先解说《泰》的卦象，"乾"象征天，"坤"象征地，乾下坤上，象征着天地相交，这就叫做"泰"。制作者认为，天地相交，对立统一是自然规律，君主据此财（裁）定、制定法则和制度，使之符合自然的规律；反过来，正确的制度、政令也将辅助、促进自然规律的顺利发展，并且以此达到引导和影响民众的目的。

至于 [小象]，制作者在对爻辞的阐述中，强调上下沟通时要注意的几个问题。所谓"志在外也"，是说管治者要有进取、发展的精神。"以光大也"，是说要有光明磊落和广阔包容的胸襟。"中心愿也"是说相互沟通要出于诚恳和自愿。"中以行愿"是说要中庸地不偏不倚地推行愿望。能做到这几点，一切也就顺畅了。

第十二 《否》辨

坤下乾上

否：否之匪人，不利。君子贞，大往小来。
［初六］拔茅茹，以其汇。贞：吉。亨。
［六二］包承。小人吉，大人否。亨。
［六三］包羞。
［九四］有命，无咎。畴离祉。
［九五］休否，大人吉。其亡其亡，系于苞桑。
［上九］倾否。先否后喜。

驱赶晦气的祭祀

《否》这一卦，它和《泰》卦应是有联系的，因为两卦的首爻，都有"拔茅茹，以其汇"的句子；另外，也都提到"包"，《泰》说的是"包荒"，《否》说的是"包承""包羞"。

但是，"泰"和"否"的字义，意思是完全相反的，"泰"是指贯通、通达；"否"是指闭塞、堵截。这一来，两卦既有联系之处，又各各相异，真不易摸清头脑。

"否"，《说文》释：否字即不字，而"不，鸟飞上翔不下来也"，也就是不能通达的意思。由此，"否"又引申为不好的事和物。

为了论述方便，我们先看看爻辞说的是什么？然后再回过头来讨论卦辞。

[初六] **拔茅茹，以其汇。贞：吉。亨。**

这爻首两句，和《泰》的 [初九] 一模一样。

我们在辨析《泰》卦时已经说过，"拔茅茹"是用于祭祀的。《否》卦的首句，用的是《泰》卦同一语句，也一定和祭祀仪典有关。所不同的是，《泰》卦跟着说"征"，《否》卦跟着说"贞"。贞，指一般的占卜，并非占问"出师"的问题。但无论如何，以茅茹为祭，象征团结和沟通，表达团结的初衷，总是好事。所以，巫者判断，凡占得此爻者，是"吉"的。他还告知："亨。"赶紧亨祭吧！

[六二] **包承。小人吉，大人否。亨。**

如同上面的《泰》卦所释"包荒"一样，"包"也就是匏瓜。"承"，高亨先生认为当读为脀。"脀"通"烝"。"烝"，祭祀也。《礼记·祭统》："凡祭有四时，春祭曰礿，夏祭曰禘，秋祭曰尝，冬祭曰烝。"[1] 而匏瓜，显属低贱的东西，是不宜用于祭祀的。因此，当献上茅茹之后，又以匏瓜献祭，这很不妥当。

不过，《周易》的制作者认为，"小人吉"。小人，指一般百姓，与"大人"（有权势的统治者）有所不同。一般平民百姓，拿不出珍贵的东西，献上轻贱的匏瓜以表心意，上天也是认可的。故曰"小人"得此爻，则吉。但是，如果"大人"

---

① （清）阮元校刻：《十三经注疏》，中华书局 1980 年影印版，第 1606 页。

以匏瓜献祭，那就不妥了，起码有对上天轻慢之嫌，天老爷见怪，便麻烦了。所以巫者告曰："否。"就是说：这堵塞了和上天沟通的渠道，要祈求保佑，也难。那怎么办呢？解救的办法，唯有"亨"，赶快安排像模像样的祭祀仪式吧！

［六三］包羞。

"包羞"，即"匏馐"。以匏瓜为奉献给上级的食品，也是很不礼貌的，甚至有羞辱的意味。唐代杜牧的《题乌江亭》有句云"胜败兵家事不期，包羞忍耻是男儿"，其下句，便是化用这爻之意。［象辞］说："位不当也。"也是认为以匏为馐，有失体统。在这里，巫者没有下判断，疑是脱简（估计脱了"凶"或"吝"之类的字眼）。

［九四］有命，无咎。畴离祉。

"有命"，研究者们都解释"命"为天命，认为巫者告诉占卜的人：你合乎天意，为天所命，所以"无咎"。这理解，应是符合《周易》的本意的。

但是，人们似乎没有注意，按照《周易》的通常做法，巫者对问卜者命运的判断，多是放在爻辞的后边的。即是先叙事，然后加以判别休咎，怎么在这爻则劈头就端出判语？因此，疑属错简。我想，此爻应是首先说"畴离祉"，然后才指出"天命，无咎"。似乎这才符合《周易》的惯例。

"畴离祉"，学者多根据来知德《周易集注》的说法："畴者，问类之三阳也。离者丽也。离祉者，附丽其福祉也。"①

---

① （明）来知德：《周易集注》，上海古籍出版社1990年版，第126页。

高亨先生说得更有趣，他认为"畴"即寿，"畴离祉"即"寿附于福，即谓寿随福而至也"①。以上两说，可备参考。

但令人疑惑的是，无论是说"寿而祉"，还是说连带同寿也得福。这两者，岂非应说"元吉"之类表示大吉大利的词语么？为什么巫者却吝啬得很，只给予"无咎"这不咸不淡中不溜秋的评价呢？这不是颇难自圆其说么？

我认为，按《说文》释"畴，耕治之地也"，它指的是田野（也可以按来知德的解释，畴通俦）。至于"离"，通"魑"；"祉"，通"止"。离祉即魑止。所谓魑，是鬼怪，实即祭祀时扮鬼扮怪的"傩"。我们在《履》卦的分析中说过，古人为了消除灾殃，往往要驱傩，即驱赶恶鬼。这些魑魅魍魉，当然是由人来扮演的。至于"止"，至也，有《诗经·鲁颂·泮水》"鲁侯戾止"可证。因此，"畴离祉"一句，用今天的话通俗翻译，那就是：田野上有"鬼"来了！

鬼怪出现，当然可怕。不过，巫者根据其认识，告诉占卜方"有命，无咎"。等于说：上天佑护着你呢，不要紧！所以，把这爻的句子颠倒过来，似乎更顺理成章，也似乎更能说清楚巫者使用"无咎"一词的分寸。

［九五］休否，大人吉。其亡其亡，系于苞桑。

"休"者，抛弃的意思。"休否"是扔掉不好的东西，像把那些不合用于祭祀和宴飨的匏瓜扔掉，把"魑"捎带的东西扔掉等等，都属"休否"。对此，巫者肯定地说："大人吉。"

---

① 　高亨：《周易古经今注（重订本）》，中华书局1984年版，第198页。

至于"其亡其亡，系于苞桑"，这是古人吟诵时习惯的句式，如：

> 翩翩者雏，载飞载下，集于苞栩。
> 翩翩者雏，载飞载下，集于苞杞。
>
> ——《诗经·小雅·四牡》
>
> 肃肃鸨羽，集于苞栩。
> 肃肃鸨翼，集于苞棘。
> 肃肃鸨行，集于苞桑。
>
> ——《诗经·唐风·鸨羽》

"苞桑"，《周易正义》云："苞，本也。"苞桑是桑树的根。"其亡"的"其"，是发语词。"亡"，这里是"走"的意思。我认为，这两句，是巫者驱傩赶"魖"时吟唱的诗句或咒语，他大呼小叫半唱半念地喊着："滚吧！滚吧！把你们这些恶鬼绑在桑根上！"

［上九］倾否。先否后喜。

"倾否"，就是倾覆不好的东西，把坏的倒过来，变换成好的。这样做，巫者当然预言：命运会由坏变好。

否之匪人和大往小来

以上，我们串解了《否》卦爻辞的意思，大体上也可以知道为什么此卦被命名为"否"。

"否"者，否定也，这卦爻辞所叙述的事，除［初六］外，属不尽如人意者居多。所以，《周易》的制作者，便把这组记录，称之为"否"，成了卦名。

现在，我们可以回过头来看看卦辞了。

对这卦的卦辞"否之匪人"云云，朱熹认为"之匪人"三字属衍文，但多数研究者认为它脱了一个"否"字，认为它少写了卦名，因此，卦辞的正确写法，应是"否。否之匪人"。第一个否字，就是卦名。

"匪人"，不是指贼人，而是指"非人"，指任用非人，指所附托者不得其人。正如《诗经·小雅·四月》"先祖匪人，胡宁忍予"，它是说先祖所遇非人，而不是说先祖是个毛贼。在卦辞中，所谓"否之匪人"，是说在与上天沟通的祭祀中，所用非人。你看，祭礼和宴飨，竟端上匏瓜，那些被任命为负责祭仪的人，不是很不称职么？所以，巫者断然指出，占得此卦，总体而言，是"不利"的。

不过，巫者认为，君子占得此卦，还算马马虎虎。就总体而言，"大往小来"，往的多，来的小；或者说，吃亏者居多，得益处不多。巫者的看法是，幸亏占者是君子，所用非人，或者行为不当，也还得到某些谅解，尚有"小来"。否则，便输得一干二净了。

在《否》卦，《周易》的制作者昭示：凡祭祀，态度必须诚恳和认真。如果把"匏瓜"之类的东西端上席面，那就不诚、不妥，那就会得到惩罚。不过，《周易》的制作者又告诉人们：犯了错误，出了闪失，只要坚决改正，敢于"休否""倾否"，也还是可以的，还能得到"先否后喜"的期许的。请注意，他既是坚持原则，又不把问题说死。这实在十分高明。

在《否》卦，我们还看到《周易》的制作者具有辩证思想的一面。以《否》的首爻而论，属吉。但它会转化，变为不利。而在不利中，又非一成不变，不利之中还可以取得某些有利的因素。到《否》的最后一爻"倾否"，制作者告诉人们，如果把"否"颠倒过来，又可以"先否后喜"，最初的失败者可以笑到最后。

在《泰》卦，《周易》的制作者告诉人们：小往大来。吃小亏占大便宜。在《否》卦，《周易》的作者则告诉人们：大往小来。意思是说：吃了大亏，也不是毫无所得。即使摔倒了，还会学乖。因此，吃大亏者实不必要悲观绝望。

看来，这两卦，是当时的统治者，通过描叙祭祀仪式出现的问题，总结处理人际关系的经验和统治的教训。

"否"的严重性及其解决

《否》的［彖辞］是：

否之匪人，不利君子。贞，大往小来，则是天地不交而万物不通也，上下不交而天下无邦也。内阴而外阳，内柔而外刚，内小人而外君子，小人道长，君子道消也。

把《泰》和《否》的［彖辞］联系起来，对比着读，可以更清楚看到制作者的思想认识。他认为隔绝了沟通的渠道，所用非人，则不利于君子，包括不利于统治者的管治。若占卜，则"大往小来"。麻烦得很。

按理，"大往小来"，来者虽小，胜面不大，也不至于满盘皆输。可是，［彖辞］的制作者宁可把问题说得更严重，认为不能沟通则"万物不通""天下无邦"，这简直是要陷于绝境。在这里，制作者的强调，反映了当时的管治者强烈地认识到上下沟通的重要性。

［象辞］的阐述是：

天地不交，否。君子以俭德辟难，不可荣以禄。

［初六］拔茅贞吉，志在君也。

［六二］大人否亨，不乱群也。

［六三］包羞，位不当也。

［九四］有命无咎，志行也。

［九五］大人之吉，位正当也。

［上九］否终则倾，何可长也。

在"否"、不利的形势面前，如何对待现实，是［大象］和［小象］提示的侧重点。

［大象］说："君子以俭德辟难。"辟难即避祸，避祸的办法就是"俭德"，亦即君子应收敛其德性，韬光养晦，而不可荣之以爵禄，用重奖来解决矛盾。

［小象］则结合对爻辞的解释，说明遭遇困难时要注意的几个方面。首先，要"志在君"，一切的考虑包括团结的愿望，要为君主着想。跟着说［六二］一爻，是"不乱群"，即在处于不利境地，也不会拉帮结派。至于能合乎天命，解决了困难，是因为"志行"，坚持实现自己的信念。另外，［小象］两次提出了"位"的问题，这一方面从卦位的角度作出解释；一方面也强调人们的所作所为，要注意符合他的身份、位置，指出"位不当"与"位正当"会导致不同的后果。当然，在以上的提示中，"志在君"是至为关键的一点。

不过，［象辞］认为，不利的局面，发展到极点，最终是会转化的，会颠倒过来的，这就叫"否终则倾"。"否"的局面，是不可能长久的。显然，［象辞］制作者基于他对社会规律的认识，对事物发展的前景抱有信心。"何可长也"的语气，多少表现出克服困境的勇气。

第十三　《同人》辨

☲ 离下乾上

同人：同人于野，亨。利涉大川。利君子贞。

［初九］同人于门，无咎。

［六二］同人于宗，吝。

［九三］伏戎于莽，升其高陵。三岁不兴。

［九四］乘其墉，弗克攻。吉。

［九五］同人先号咷而后笑。大师克相遇。

［上九］同人于郊，无悔。

一次战役的记录

《同人》一卦，比较好懂，研究者多认为它与战斗、战争有关。所谓"同"，聚也。同人也就是聚众的意思。

卦辞说"同人于野"，即聚众于野。爻辞［上九］还有"同人于郊"的说法。

若按今天的理解，"郊"不就是"野"吗？但在古代，二者却有所区别。《尔雅·释地》说："邑外谓之郊，郊外谓之牧，牧外谓之野。"可见，郊和野，层次是不同的，野，离城邑的距离，应是更远一些的。

弄清楚古人对地域位置的称谓，这有助于理解《同人》一卦所要说的内容。至于卦辞中说到"利涉大川"，主张把队伍渡过河，拉出去。这点，下文再作申述。

我们先来看看爻辞。

[初九] 同人于门，无咎。

这里的"门"，指的是城门。按《吕氏春秋·仲夏》"门闾无闭"，注："门，城门。"为什么要聚众于城门？《周礼·大司徒》载："若国有大故，则致万民于王门。"[1] 不过，联系到下文"伏戎于莽"等句子，这里聚众于门，不是议政或宣示什么国家大事，看来，它和打仗有关。

把队伍聚集在城门，亦即聚众于城内与城外之间，进可以攻，退可以守。巫者认为"无咎"，这措施不过不失。

[六二] 同人于宗，吝。

"宗"，《说文》释："尊祖庙也。""同人于宗"，即把队伍部署在宗庙。而宗庙，处于城中核心地区，它是政权的象征。聚众于此，保卫政权，当然是有必要的。但把兵力龟缩于城内的要害，巫者认为不当，因此，他下判断说"吝"。

从领军者有聚众于祖庙的想法或做法，显然，《同人》是从防守方的角度来叙述这场战役的。

[九三] 伏戎于莽，升其高陵。三岁不兴。

"伏戎于莽"，伏，埋伏；戎，指军队；莽，草丛。这是

---

[1] 见《十三经注疏》，浙江古籍出版社 1998 年版，第 708 页。

说把兵马埋伏在丛林里面。"升其高陵",指登上高地,居高临下,占据有利位置。

"三岁不兴",兴,举也;不兴,是说不要有所举动。至于说"三岁",是指长期抗战而已,未必是指具体的年限。总之,作为防守的一方,应伺机而动,不能轻举妄动。这是巫者表示自己的看法。

[九四] 乘其墉,弗克攻,吉。

关于这爻第二句的标点,高亨先生断为"弗克,攻"。认为"攻城者已登其墉,而守者未退,城犹未克,则亟攻之,必拔矣"①。这说法未尝不可,但明显是从进攻的一方立论,似乎于理有碍。

因为,上面几卦,像说"同人于门""同人于宗",乃是描叙防守一方情况的。若爻辞一会儿站在攻方的立场说话,一会儿又站到守方那处,这不是颇令人费解吗?此其一。

其次,既说"乘其墉",登上了守方的城墙,不是"克"了吗?怎么还说"弗克"?既说弗克,后面又说"吉",这何吉之有?

再次,说"守者未退",不知何据?因此,高说未必合理。很可能高先生把"乘其墉"的"其"解为"他的",既说登上他的城墙,那自然是攻方的语言。但是,"其"也可作强调语气用,上爻"升其高陵"即可证。

闻一多先生却认为,"乘其墉",乘是增的意思。他引《淮南子·氾论训》注曰:乘,加也,"谓增高其城墉,使敌

---

① 高亨:《周易古经今注(重订本)》,中华书局 1984 年版,第 201 页。

来不能攻，故为吉占"①。我认为，闻先生的解释完全正确。很明显，防守一方，一直采取以逸待劳的固守战术，伏于丛莽，不动声色；占据山丘，居高临下，这与增高城墙，均属固守的措施。

［九五］同人先号咷而后笑。大师克相遇。

这爻很好理解，守城的一方，长期被围困，提心吊胆，现在救兵到了，有望歼灭敌人了，战士们百感交集。所谓"先号咷而后笑"是说他们又哭又喊，欢呼雀跃。因为守城者十分艰苦，但毕竟熬了过来。长期坚持，解围在望，所以先是号咷，随后大声欢笑。"大师克相遇"，大师，大的队伍，当是指主力部队，或者指前来援救的部队。这大部队直扑过来，能与守城者会师，这就是"克相遇"，也就是同人后笑的原因。

［上九］同人于郊，无悔。

"同人于郊"者，聚众于城墙之外也。看来，守城者把一支队伍派到远郊。时机成熟，守城部队冲出城门，与之配合，巫者认为这内外夹攻转守为攻的做法是妥当的，便下了"无悔"的判词。

守城战术的总结

回过头来，再看卦辞所写，有些疑问便很容易明白。像爻辞说同人于门、于郊，采取种种防守措施，怎么在卦辞里，却

① 蔡尚思主编：《十家论易》，岳麓书社 1993 年版，第 534 页。

首说"同人于野"呢？于野，不就是把队伍拉出去打么？这不是和爻辞所写的互相矛盾么？

不过，我们知道，卦辞的制作，一定后于爻辞。往往是先有了爻辞的具体描述，然后才有卦辞给予归纳、总结，再根据多首爻辞加以总体的判断。当卦辞的制作者看到《同人》的爻辞写到防守一方后来与大队伍会师的情况，他（很可能就是巫者）便认为，在防御敌人来攻的时候，先让一支队伍离开，它远离城池，聚于郊、牧外的"野"，甚至涉过大川，避过来犯之敌，那是明智的。在卦辞制作者看来，后来出现的"大师"，便是先行离城而聚于野的那支队伍。由于采取了里应外合的战术，仗就好打了。

由此可见，《同人》者，不过是老祖宗们的一次战役记录和战术的总结。

也有些研究者认为，《同人》一卦是周朝征"崇"的历史记录。认为爻辞中有"同人于宗"一语，而"宗"为"崇"的假借字。按"崇"为地名，周朝与"崇"有过战斗，据《左传·文公十二年》载："子孔执舒子平，及宗子，遂围巢。"杜预注："宗、巢二国。"并认为，周朝和崇邑有过两次战争，因为《左传·僖公十五年》还有"败于宗丘"一说。因此，论者认为《同人》乃是记载周王朝第二次征"崇"取得胜利的情况。[①] 这意见，可以参考。

但是，在［六二］，全句是"同人于宗，吝"。［九四］又说"登其墉，弗克攻。吉"。这表明，叙述者是站在防守一

---

① 参阅黄凡：《周易——商周之文史事录》，汕头大学出版社 1995 年版，第 195 页。

方的立场来说话的。否则，怎么会认为周兵聚于"崇"是
"咎"呢？怎么会说城墙增高，无法攻克，反是"吉"呢？

其实，春秋无义战。当时城邑之间你争我夺的情况多的
是，这卦确是攻城战斗的实录，但未必一定要作实为征崇
之战。

军队的领导问题

[彖辞] 又是怎样阐述《同人》的呢？

> **同人，柔得位得中而应乎乾，曰同人。同人曰：同人**
> **于野，亨，利涉大川，乾行也。文明以健，中正而应，君**
> **子正也。唯君子为能通天下之志。**

何谓《同人》？[彖辞] 从"离下乾上"的卦象给予解
释。"离"居下，中间卦位 [六二] 为阴爻，属柔；它与居于
上卦中位亦即 [九五] 的阳爻呼应，这很合适，就叫"得中
而应乎乾"。[彖辞] 认为，处于下位者能柔顺地适应象征天
和帝王的"乾"，便能聚集众人。换言之，同人者，乃是聚集
在君王的旗帜下也。

至于为什么这卦主能涉大川，取得顺利的结果呢？[彖
辞] 的答案是"乾行也"，是因为"乾"推行的举措合乎天
道。从卦象看，离卦属火，象征光明、文明；乾卦是天，象征
向上和刚健。作为离和乾中间的主爻，分别位于 [六二] 和
[九五]，分别处于上卦和下卦的中位，而又阴阳呼应，这就
是"中正而应"。

撇开那些玄虚的解释，从语义来看，制作者认为帝王能聚

众号令，是由于他有光明磊落的胸襟和刚健向上的意志，由于有居于合适的地位而又正派的人领导，群众便翕然响应。可见，君子的"正"，乃是一种号召力。制作者还特别指出，唯有是君子，才能统一天下民众的意志。

上述《同人》的爻辞，写的是一次人们聚集起来对付进攻的战役。［象辞］的制作者，却着眼于由谁来率领民众团结队伍的问题，他强调由"乾"即"天"即"君子"挂帅，总之，他把领导权看得高于一切。这样做，似乎是高屋建瓴，不考虑枝节策略的问题，但也说明，在［象辞］制作的年代，领导权出现旁落的可能性，制作者才会把爻辞具体叙述放在一边，而突出地说一番"乾纲独断"。

［象辞］的阐述是：

> 天与火，同人。君子以类族辨物。
> ［初九］出门同人，又谁咎也。
> ［六二］同人于宗，吝道也。
> ［九三］伏戎于莽，敌刚也。三岁不兴，安行也。
> ［九四］乘其墉，义弗克也。其吉，则困而反则也。
> ［九五］同人之先，以中直也。大师相遇，言相克也。
> ［上九］同人于郊，志未得也。

如果说，［象辞］提出了"君子正"作为能够领导、团结民众的原则，那么，［大象］则作进一步的补充。它根据卦象"乾"和"离"作为天与火的象征，要求最高统治者像天那样胸怀宽广，像火那样烛照一切。具体而言，是要"类族辨物"。

所谓"类族"，是指同类而相聚；所谓"辨物"，是指分辨不同的事物。换言之，为君子者，既能团结同类，求其大同；又能区分同类之中的不同，存其小异。能如此，则能广泛地聚集群众，率领群众。显然，[大象] 提出对"君子"的要求，比 [象辞] 更为明确。

有些研究者把《同人》爻辞的"门"和"宗"，解为宗族，因此认为 [象辞] 说的"谁咎""吝道"，都是批评宗派主义小圈子的问题，此说也可参考。但爻辞 [初九] 说"同人于门，无咎"，[小象] 说的"谁咎"，乃是反问句，亦即无咎，它不是对聚众于门的批评。至于"同人于宗"的"宗"，我理解为宗庙，若解为宗族、宗派，固无不可，却与爻辞前后提到的"门""墉""莽"等均指地点不一致。总之，[小象]认为 [六二] 所写的举措是不妥的。

而对 [九五] 说"同人"之所以能笑到最后，"以中直也"，是指整个战术符合正道。最后，[上九]"同人于郊"，说聚众于远郊。[小象] 指出"志未得也"，这是说当初反击的时机尚未成熟，取胜未能实现，只能采取后发制人的措施。

[彖辞] 和 [象辞] 对于军队领导者素质的论述，是比较重要的。特别是 [大象] 提出"类族辨物"的论点，认为统领者要懂得求同存异，才有可能最大限度地团结民众，率领民众，抗击来犯之敌，至于战术、策略的运用，反属次要。确实，只有树立了领导权，上下一心，在统一意志的基础上各用其所长，才谈得上战术的运用。

第十四 《大有》辨

☰ 乾下离上

大有：元亨。

［初九］无交害。匪咎，艰则无咎。

［九二］大车以载。有攸往，无咎。

［九三］公用亨于天子，小人弗克。

［九四］匪其彭，无咎。

［六五］厥孚交如威如，吉。

［上九］自天佑之。吉，无不利。

在庆丰收的大会上

"大有"，大丰收也。据《穀梁传》："五谷皆熟为有年也，五谷大熟为大有年。"[①] 对此，巫者在卦辞上提出"元亨"，搞个盛大的祭祀典礼吧！

［初九］无交害。匪咎，艰则无咎。

这"害"字一出，害得许多人从残害、侵害去联想。高

---

① 见《十三经注疏》，浙江古籍出版社 1998 年版，第 31 页。

亨先生说:"交害犹言相贼也,彼此无相贼害,则相安无事,自不为咎。"① 金景芳先生说:"无交则无害。"② 意思是互相之间,没有来往,没有交情,就没有害处。

若按两位先生所说,这就怪了,为什么在庆丰收的时候,竟要说出这些丧气话?窃以为这些解释,似不可思议。

如果我们照应下一爻〔九二〕,便可发现,它提到"大车以载",提到用车子载东西。那么,我们能否把〔初九〕和〔九二〕联系起来分析呢?

爻辞既说"大车以载",丰收时车来车往,或者一车接着一车,你追我赶。那么,《大有》首爻指出的"无交害"。是否与车子有关呢?

其实"害"通"辖",车的毂轴也。两部车轮轴碰在一起,互相卡着,这就是"交辖"。无交辖,是车轴没有相卡相撞。不至于出现道路挤塞的困境,交通秩序良好。

"匪咎",匪,一般是作"非""否""无"之类否定的解释。所以高、金等先生才会认为"匪咎"和上文的"无交害"相联系。

但这一来,"艰则无咎"的"艰",又作何解?难道"无交害,匪咎",是说没有互相加害,则不是咎;而"艰则无咎"是说困难的时候互相交害,也是无咎吗?这成什么话,又怎能说得过去?

其实,"匪咎","匪"通"非",又通"騑"。按《说文》:"旁马,从马,非声。"王筠《说文例释》:"騑上与骖异

---

① 高亨:《周易古经今注(重订本)》,中华书局1984年版,第203页。
② 金景芳、吕绍纲:《周易全解》,吉林大学出版社1989年版,第126页。

名同实，而其义则谓在旁之马也。"① 可见，是指马的并排。巫者说"咎"，无非是指马儿并排着走，那是不妥的。其断句方式，可为"骈，咎"。

至于怎样才妥？巫者跟着发话"艰则无咎"。这"则"字，是转折词，表明上下句之间的含义，应是既有联系而不相同的。

《说文》：艱，"从堇，艮声"。而帛书，此爻作"根则无咎"。《说文》：根，"从木，艮声"。显然，无论是"艰"或是"根"，都是取其"艮"声。这样，《大有》[初九]的爻辞，很可能原来是"艮则无咎"，而通行本和帛书的记录者，又根据自己的理解，分别写成"艰"或"根"，于是让后人瞎猜。

"艮"，按唐兰先生在《甲骨文集释》的解释："艮为见之变，'见'为前视，'艮'为回顾。"② 巫者提出"艮则无咎"，是说回顾则没有问题。他要人们回头看看，也就是提醒驾马驾车时，"骈咎"，不要并排而走。又，"跟"亦以"艮"为声。《说文》：跟"从足，艮声"。段玉裁《说文解字注》引《释名》"足后曰跟"③。总之，无论是"回顾"还是"足后"，都是前后相随的意思。

马儿车儿，并排而行则"咎"，相随而行则"无咎"。这巫者的发话，等于在祭祀时制定交通规则。这也难怪，在大有之年庆祝丰收的大典上，车如流水马如龙，如果道路条件不

① 蒋人杰编纂，刘锐审订：《说文解字集注》，上海古籍出版社 1996 年版，第 2043 页。
② 蒋人杰编纂，刘锐审订：《说文解字集注》，上海古籍出版社 1996 年版，第 1734 页。
③ 蒋人杰编纂，刘锐审订：《说文解字集注》，上海古籍出版社 1996 年版，第 405 页。

好，不给予适当指挥，也真会惹出许多麻烦。

［九二］大车以载。有攸往，无咎。

这爻很好解释，大车用来载东西，载的自然是丰收之年收获的物品，或者用作祭祀，或者用作进贡。总之，不管作何用途，都是好事。巫者便说"有攸往"，要到什么地方，没问题，都放行，你去就得了！

［九三］公用亨于天子，小人弗克。

这爻和上爻显然有联系。上爻说"有攸往"，语气还未确定。这爻则明示"公用亨于天子"。"公"，当然是指公侯之类的大人物，他以大车载着物品是要孝敬天子的。这些东西，或供天子口腹，或供天子祭祀，都叫"亨"。不过，巫者又郑重指出："小人弗克。""小人"，指一般百姓。"弗克"者，不能也。到底他是说老百姓不予放行，不能跟车前进，还是说老百姓不能参与祭祀？我们不得而知，反正是指老百姓没份儿。在这里，巫者的等级观念非常明确。要注意的是，这爻出现"天子""公"等概念，说明这卦应写于封建制度已经确立的时期。它所反映的状况，不会属于远古时代。

［九四］匪其彭，无咎。

关于"匪其彭"的解释，学者们有不同的说法。程颐在《周易程氏传》中认为"彭"是盛大的形容，"匪其彭"即是说不要过于盛大，"过盛则凶咎之所由生也"[①]。不过，高亨先

---

① （宋）程颢、程颐著，王孝鱼点校：《二程集》，中华书局1981年版，第771页。

生则有详细的说法："此匪可读作非，可读作诽，可读作排，大意相同，以后者为胜。排谓排而除之也。《释文》：'彭，子夏作旁，虞作尫'。《集解》彭作尫。亨按：尫为正字。《说文》：'尢，跛曲胫也'，重文作尫。跛曲胫之人，其足不正，其行亦不正，因而以喻不正之人及不正之事。排除此种人事，自无咎矣。"① 李镜池先生也认为彭为尫的借字，尫为跛足男巫。至于匪，李先生说："借为晞，《广雅·释诂》非、弗通声。晞，曝也。"② 他认为曝晒跛脚的男巫，是为了求雨。

两位先生都认为"彭"即"尫"，而对"匪"则有不同的理解。但无论是"排其尫"还是"晞其尫"，人们不禁要问：为什么在亨宴的盛大典礼上，忽然会提出要排除不正的人和事的问题？另外，全卦也没有求雨驱旱的暗示，为什么忽然要曝晒巫者？这些，总令人觉得牵强。

我也认为，"彭"确应解为"尫"。但"匪"，仍与上爻［初九］一样，解作"騑"。"其尫"，指的是在亨宴上，排列着扭着腿一拐一拐地舞蹈的男巫。巫者便声言，这样做，是没有问题的。

［六五］厥孚交如威如，吉。

"厥孚"，厥，其也；孚，俘获。关于"交如"，如，是语助词；交即连接、连结。"威如"，李镜池先生解为俘虏"被捆得紧紧的，但还是气势汹汹，不肯屈服。吉，表明没有损失"。李先生把"孚"理解为俘虏，也未尝不可。但说俘虏们

---

① 高亨：《周易古经今注（重订本）》，中华书局 1984 年版，第 204 页。
② 李镜池著，曹础基整理：《周易通义》，中华书局 1981 年版，第 32 页。

还在逞威,"气势汹汹",而竟判为"吉",这很难理解。再说,即使俘虏气势汹汹,对胜者没有损失,判语也只能是"无咎"之类,何吉之有!

按帛书《周易》,这爻作"交如,委如",我觉得似更符合《大有》的原意。"委如",即"萎如",蔫然下垂的样子。在丰收的庆典上,人们俘获的东西(也许是动物,也许是植物),被绑得紧紧的,蔫着垂着。受贡者全单照收,不正是"吉"么!

〔上九〕自天佑之。吉,无不利。

"自天佑之",这很好懂。自者,从也。从上天得到佑护之谓也。差不多所有学者,都作此解,也可从。

我总觉得,这样的解法,似乎仍有些别扭。因为,这话属判断性质,如果理解它由巫者所说,说这一切,都由上天保佑,这自然也顺理成章。不过,按照《周易》爻的惯例,爻辞总是先作叙述性描述,然后再由巫者表态。怎么这句,没有叙述,却由巫者用了三句话表态?所以,这似是很容易解通的一爻,我对诸家的意见,一直有所怀疑。

按"自"这个字,固可作"已""从"等解释,但它也与"白"字相通。《说文》云:"白,此亦自字也。省自者,词言之气从鼻出,与口相助也。"可见,"自天佑之",实亦"白天佑之"。

"白天佑之",白,禀告也,自诉也。祭祀者向天禀告表白,求上天保佑他。这是描述祭祀的人在仪式中的祈祷。主祭者如此恳切,巫者便大加肯定,判断凡占得此爻者,是得了"吉"兆。这还不够,又补上十分肯定的一句:"无不利。"

《大有》一卦,记述的是古代庆祝丰收,王公大人们向朝廷进贡，并且举行祭祀仪式的情景。因为是庆典，所以每一爻巫者均作正面的预言，这在《周易》里并不多见。

把握时机和遏恶扬善

《大有》的［彖辞］是：

> **大有，柔得尊位大中，而上下应之，曰大有。其德刚健而文明，应乎天而时行。是以元亨。**

所谓"柔"，指的是处于［六五］这个尊位的阴爻，它的上下都有阳爻与之呼应。此卦有"乾"，属性为刚，又有离，象征火，故曰"刚健而文明"。这一点，和上卦《同人》［彖辞］所说"文明以健"差不多，可见［彖辞］制作者玩来玩去都是那几个招数，我们只需了解他的思想逻辑，实在不必计较它有什么科学性。

值得注意的是，尽管《大有》和《同人》的［彖辞］都提出"刚健""文明"的问题，但《大有》［彖辞］强调的是"应乎天而时行"。这一点，倒是《同人》［彖辞］没有触及的。

《同人》写的是战争的祭祀，《大有》写的是丰收的祭祀。《同人》［彖辞］强调统治者要统一民众的思想，"通天下之志"；《大有》则认为统治者要"应乎天而时行"。显然，这两卦的［彖辞］在阐述上有不同的重点。

"应天"，这当然与"乾"卦象有关，但"天"也指自然规律。应天，也是说要君主顺应于自然规律，不要违反自然的法则。"时行"，是要根据时机、季节、时间制定措施，要随机应变，才能取得完满的结果。很明显，《同人》［彖辞］着眼于领导权的把握，而《大有》［彖辞］则着眼于要求领导者学会因势利导和机变，也可以说，它是《同人》［彖辞］的补充。

《大有》的［象辞］是：

火在天上，大有。君子以遏恶扬善，顺天休命。

［初九］**大有初九，无交害也。**

［九二］**大车以载，积中不败也。**

［九三］**公用亨于天子，小人害也。**

［九四］**匪其彭无咎，明辨晢也。**

［六五］**厥孚交如，信以发志也。威如之吉，易而无备也。**

［上九］**大有上吉，自天佑也。**

［大象］以《大有》的卦象由"离"与"乾"组成，但和［彖辞］不同的是，它更强调"离"的作用。"离"属火，火是光明的，能烛照万物。所以，它除了和［彖辞］一样提到顺应天命以外，特别标出"遏恶扬善"的问题。能区分善恶，分别给予遏制或表扬，这就需要领导者目光如炬了。与此相联系，［小象］也以"明辨晢"来解释［九四］。总之，明，是［彖辞］提出的一个命题。

上面说过，许多研究者把《大有》爻辞中的"交害"说成是交相祸害，由于出现"祸害"，［象辞］便要求君子"遏恶扬善"，这自然比较容易说得通。但是，按照我们对爻辞内容的分析，《大有》写的是丰收时节的祭典，又怎能和"遏恶扬善"沾得上边？这一点，还需要寻绎［象辞］制作者的思想逻辑。

我们知道，《周易》的爻辞、卦辞，与［彖辞］［象辞］的制作者并非同一个人，也非同属一个时代。［彖辞］和［象辞］，不过是对爻辞、卦辞的阐释。在这里，阐释者对爻辞卦辞的原意理解是否准确？有没有歪曲？并非不可以怀疑的。实际的情况是，［彖辞］［象辞］往往是以爻辞卦辞为基础，借题发挥，把前人的生活记录推导到政治乃至哲学层面。不错，［彖辞］［象辞］的演绎有一定的道理，但它们对爻辞、卦辞的理解不一定能够成为研究的依据。

按照我们的分析，《大有》［初九］所写的"无交害"，实即"无交辖"，是说车轴没有碰撞，是在前往祭典时交通情况良好的问题。要做到这一点，驾车者是需要明辨路况的。［九四］"匪其彭"，写祭礼中好些巫尪排列在一起，也是需要主祭者分辨清楚的。正因如此，［象辞］的制作者便从爻辞的具体描写中，归纳出对事物需要"明辨"认识的经验。由生活上需要明辨，制作者又发挥为政治上要明辨；政治上的明辨，自然很大程度上指区分善恶，这就出现了"遏恶扬善"的话语。

我们不知道［象辞］的制作者是否也把"无交害"理解为"无交辖"，不过，他从卦象的"离"，强调火，推导为明，引申为明辨，再推论为"遏恶扬善"，其思辨的轨迹倒也是清楚的，尽管这以卦象为依据的做法颇为牵强。

至于［小象］解释［六五］为"信以发志"，是要求领导者坚定信心，并且能启发民众；"易而无备"，是要求领导者平易近人，不会让人们处处对他有所戒备。这些，都是［象辞］对为政者提出的有益的建议。

第十五 《谦》辨

艮下坤上

谦：亨。君子有终。
[初六] **谦谦，君子用涉大川。吉。**
[六二] **鸣谦。贞，吉。**
[九三] **劳谦，君子有终，吉。**
[六四] **无不利，撝谦。**
[六五] **不富以其邻。利用侵伐，无不利。**
[上六] **鸣谦，利用行师，征邑国。**

谦和嗛、歉

《谦》的卦辞，并不费解。无非是说，占得此卦者，祭祀吧！君子们最终是有好结果的。

问题是，"谦"作何解？

也许有人觉得，这也不需多想，"谦"之义，就是谦虚、谦逊罢了。历代学者，也都是从这一角度去理解《谦》卦。像［彖辞］"人道恶盈而好谦"。程颐的《程氏易传》则据此发挥："人情疾恶于盈满，而好与于谦巽（逊）也。"① 正由于此，孔颖达《周易正义》对卦辞的理解是："谦者，屈躬下物，先人后己，以此待物，则所在皆通，故曰'亨'也。"②

春秋以后，儒学大盛。谦虚、谦逊和那"温良恭俭让"的主张正相吻合。因此，人们都努力把《谦》卦往儒家的道德观念方面靠，爻辞中"谦谦君子"还成了形容和蔼儒雅诚恳谦逊的成语。

但是，《谦》卦真的是说明处世之道，应该谦虚谨慎的吗？

令人怀疑的是：第一，爻辞中有"利用侵伐""利用行师"的句子，分明说到打仗，这和"谦虚"沾得上边吗？第二，爻辞有"鸣谦""㧑谦""劳谦"的提法。鸣、㧑、劳俱为动词，动词之后，一般是名词，这属常识。若"谦"作谦逊解，像李镜池先生在《周易通义》说的"鸣谦，明智的谦让"，"以勤劳刻苦为前提谦让"，"㧑谦，以奋勇直前，不怕牺牲为前提的谦让"颇使人觉得牵强。其实，可能李先生也感到为难，因此不得不曲曲折折地加上各种"前提"。

能不能换一个思路来研究《谦》的涵义呢？

按帛书《周易》，"谦"写作"嗛"。又朱骏声《六十四卦经解》云："谦，一作嗛，《归藏》作兼。"③ 可见，《周易》此卦以"谦"为名，未必因取其谦虚之义，而很可能是"嗛"的误写。

---

① （宋）程颢、程颐著，王孝鱼点校：《二程集》，中华书局1981年版，第774页。

② 见《十三经注疏》，浙江古籍出版社1998年版，第30页。

③ （清）朱骏声：《六十四卦经解》，中华书局1958年版，第67页。

"嗛"，《说文》："口有所衔也，从口，兼声。"所以《史记》有"鸟嗛肉，飞其上"①的说法。嗛又通"歉"。《说文》："歉，食不满。从欠，兼声。"又段玉裁《说文解字注》："《穀梁传·襄公二十四年》曰，'一谷不升谓之歉'，古多假嗛为歉。"②歉，欠也，缺也，粮食失收就叫歉收，它是丰盈的对立面。

其实，"嗛"和"歉"，均从兼，也非只取其声的问题。"兼"字的古义本和疏落、不丰有关。我们还是翻阅《说文》："兼，并也，从又持秝。""又"，手也。秝，"稀疏适也，从二禾"。王筠《说文句读》引《玉篇》："秝，稀疏秝秝。"③手中只拿着两根禾，正形容作物的稀稀落落。显然，无论"嗛"还是"歉"，它们之所以从兼，除了有音的因素外，也和饥饿有所联系。

按朱骏声的说法，《归藏》此卦作《兼》。帛书此卦作《嗛》。兼、嗛、歉，都与食物和稀少有关，与饥饿有关。这一来，我们若把《谦》卦的"谦"，还原为"嗛"，一切难题，似可以迎刃而解。

赈济饥民的背后

现在我们再看爻辞：

①　（汉）司马迁：《史记》，中华书局 1982 年版，第 3168 页。
②　蒋人杰编纂，刘锐审订：《说文解字集注》，上海古籍出版社 1996 年版，第 1849 页。
③　蒋人杰编纂，刘锐审订：《说文解字集注》，上海古籍出版社 1996 年版，第 1491 页。

［初六］谦谦，君子用涉大川。吉。

此爻一般断为："谦谦君子，用涉大川。"

上文说，谦谦，实即嗛嗛。我认为，第一个"嗛"字，是动词，衔食、哺食也。第二个"嗛"字，作名词用。"嗛嗛"，是说哺养那些需要哺食者。换言之，是赈济饥民的意思。对此，巫者的建议是"君子用涉大川"。认为君子有利于远行。当然，大人先生们过河赈灾，是会麻烦了一点，但经过盘算，巫者认为是好事，认为占得此爻者，属"吉"。

［六二］鸣谦。贞，吉。

"鸣谦"实即鸣嗛。鸣，鸣叫也，呼喊也。鸣嗛即呼喊饥民。曹植《名都篇》有句云："鸣俦啸匹旅，列坐竟长筵。"①鸣嗛与鸣俦，句式是一样的，都有呼朋引类的意思，当然，呼唤那些嗷嗷待哺的饥民，和呼唤一般的朋友大不相同。

［九三］劳谦，君子有终，吉。

"劳谦"实即劳嗛。慰劳也，也就是给予饥民物品的意思。这举动，巫者大力给予肯定。"君子有终"，认为君子是最终有好结果的。

［六四］无不利，撝谦。

"撝谦"实即嗛。"撝"，即麾，把饥民置于麾下，亦即指挥饥民的意思。

---

① 曹植：《曹植集校注》，人民文学出版社 1984 年版，第 484 页。

按爻辞一般惯例，"无不利"作为判语，多置于句末，即"撝嗛，无不利"。因此，我怀疑此爻为误植。不过，像〔六四〕现在的顺序，也无不可。即把"无不利"作为叙述"劳嗛"的过程。意说这赈饥的一系列做法，很顺当，没有出现什么"不利"之处。于是，巫者就建议：去指挥那些饥民吧！为什么要去指挥饥民？下回即有分解。

〔六五〕**不富以其邻。利用侵伐，无不利。**

《周易》出现过好几回"富以其邻"的句子，像《小畜》即有"有孚挛如，富以其邻"，我的解释是：有富余、多余的猎获，便送给邻居。此爻刚好相反，它说的是不够东西送给邻居。不富，就是不敷，赈济物品不足也；其邻，当是指邻近的饥民。那怎么办？巫者便出馊主意了，"利用侵伐，无不利"。他是说，既然东西不够，僧多粥少，带领饥民们去"侵伐"，去抢掠吧！这"无不利"。

怪不得上爻出现"撝"嗛的句子了，原来"劳嗛""撝嗛"，最终是"利用侵伐"。当然，君子们"嗛嗛""鸣嗛""劳嗛"，饥民多少得到君子的甜头，这一来，能不聚集于君子的麾下，听从他的指挥吗？

〔上六〕**鸣谦，利用行师，征邑国。**

"鸣谦"实即鸣嗛。这一爻，再次出现〔六二〕的"鸣嗛"一词，但性质有所不同了。如果说，〔六二〕的鸣嗛，是呼唤饥民领取赈济品，那么，〔上六〕的鸣嗛，显然是另有意图。你看，爻辞跟着说："利用行师，征邑国。"意思非常明显。巫者明明提出，让那些"嗛"们去行军，去征伐邑国，去开疆拓土，攻城略地吧！

所谓"图穷匕见",这一首《谦》卦,哪有什么谦逊的地方?

裒多益寡,称物平施

我们先看看［彖辞］又是怎样阐析《谦》卦的?

谦,亨。天道下济而光明,地道卑而上行,天道亏盈而益谦,地道变盈而流谦,鬼神害盈而福谦,人道恶盈而好谦。谦,尊而光,卑而不可逾,君子之终也。

［彖辞］以"艮"为上卦,属阳,象征山,山在高处,便指它是天;坤为下卦,象地。于是［彖辞］由"艮"与"坤"的组合,推论天道与地道。

所谓天之道、地之道,是指宇宙的规律。在［彖辞］的制作者看来,天处于上方,它向下方施济而显得光明;地处于卑下,它所滋养的万物则向上生长。上下交融,汇成一体,才合于正道。因此,就天地而言,总是让丰盈的受到亏损,让欠缺的得到添增;总是改变丰盈的一方,让多余的东西流向欠缺的一方。由这自然之道,推论到鬼神和人间。［彖辞］制作者认为,鬼神有知,总是损害丰余者,造福贫穷者;在人间,人们总是厌恶丰盈浮夸的,喜好有所欠缺而表现为谦逊的。

跟着,制作者又补充,《谦》卦给人们的启示是:处于尊位者,应发扬其光明磊落、恩济下方的精神;而处于卑位者,应有所上进却又安于其位,不可逾越一定的规矩。他认为,这一切,是君子要最终保持的品德。

很清楚,［彖辞］所理解的《谦》卦的内容,是很丰富的，制作者从自然、社会不同方面，谈到"盈"与"谦（歉）"的关系，认为主要是处理好"有余"与"不足"之间的问题。当然，由此也涉及品德，说到谦逊，但它只作为天地之道的一个方面，而不是把品性问题视为主旨。至于如何处理"盈"与"谦"，制作者强调要取得二者的平衡，主张对盈者有所损，对谦者有所益。在这里，已不仅仅是品德方面的范畴了。

我们再看看〔象辞〕：

地中有山，谦。君子以裒多益寡，称物平施。
〔初六〕谦谦君子，卑以自牧也。
〔六二〕鸣谦贞吉，中心得也。
〔九三〕劳谦君子，万民服也。
〔六四〕无不利㧑谦，不违则也。
〔六五〕利用侵伐，征不服也。
〔上六〕鸣谦，志未得也。可用行师，征邑国也。

在〔大象〕提出"裒多益寡"，也就是平衡矛盾，不让对立面走向强烈的分化。所谓"称物平施"，是说对"物"的多与寡、盈与亏要有所衡量，权衡其利弊，研究其得失，然后作出应变之道。其办法，就是"平施"，亦即平均地给予。显然，〔大象〕和〔象辞〕一样，主张以中庸之道对待高下多寡的问题。

〔小象〕对爻辞的理解，当然也接触到心理感受问题，例如"中心得也"，即说"鸣谦"的举动，能使心中有所得，内心感到舒服，但更多是作出功利的判断，像说"万民服也""征不服也"，是说"谦"的做法所能导致的功效。这些，都

不是与管治者的谦逊有太大的关系。实际上，［象辞］对品德
问题略而不谈。看来，［象辞］和［彖辞］的制作者都不是书
呆子，不像后来某些儒者，把"谦逊"的作用拔高，以为道
德可以解决社会上的一切难题。

跳出"谦逊"的光圈

从孔颖达等人开始，人们从"谦"的字义去理解《谦》，
结果，这一卦成了对"温良恭俭让"的诠释，成了一篇主张
君子们厚道待人的教材。

其实，就此卦的［象辞］和［彖辞］看，它们都懂得
《谦》卦是具有施惠下民的意思的，知道它说的关系到统治者
应如何对待被统治阶级的问题。［象辞］说："君子以裒多益
寡，称物平施。"所谓益寡，所谓平施，明明告诉君子，应以
有余而予不足，不要损不足而奉有余。至于［彖辞］说："天
道下济而光明，地道卑而上行。"所谓"下济"，是说居于高
层者要懂得"下济"；而处于卑下者，则应"上行"。换言之，
上层与下层要互相沟通。在这里，已经不是单纯的待人处世的
态度问题了。倒是汉儒以及后来的研究者，忽视了所谓"谦
逊"背后的实质，这一来，"谦谦君子"成了形容优良品质的
词语，由此，人们也都跳不出《谦》是宣扬美德的光圈。

把《谦》的爻辞内容综合起来看，我们发现，如果单看
各爻的叙述性的词语，它只记录了赈饥的过程，即：

［初六］谦谦（嗛嗛）。

［六二］鸣谦（嗛）。

［九三］劳谦（嗛）。

［六四］撝谦（嗛）。

［六五］不富以其邻。

［上六］鸣谦（嗛）。

　　这些，我们不妨说它仅仅描写了君子的赈济饥民的情况。可是，当我们看到跟着叙述词语后面的判语，便感到性质尽变，发现君子们在赈饥的背后，大有文章。说穿了，统治者的"下济"其实是对饥民的安抚和利用。特别是还说让饥民跟着去"侵伐""征邑国"，那么，其赈济的动机真令人毛骨悚然。

　　也有一种可能，最初《周易》爻辞的作者，只是记录赈饥的全过程，倒是巫者或是出于自己所了解的统治谋略，或是总结了统治阶级的经验，给每爻补充了判词。这就使我们现在看到的《谦》卦，变成了让"万民服也"（［象辞］）的驭民之术，变成了仁慈与阴谋互相为用的策略。这样的手法，到底是可怕还是可爱，相信读者自会分析。

第十六 《豫》辨

䷏坤下震上

豫：利建侯，行师。

［初六］鸣豫。凶。

［六二］介于石，不终日。贞，吉。

［六三］盱豫，悔；迟，有悔。

［九四］由豫，大有得，勿疑，朋盍簪。

［六五］贞疾，恒不死。

［上六］冥豫，成。有渝，无咎。

豫，富裕者

此卦名《豫》。何以名"豫"？据孔颖达在《周易正义》说："谓之《豫》者，取逸豫之义。"[1] 程颐在《程氏易传》也跟着说："豫者，安和悦乐之义。"[2]

至于"豫"作为安和悦乐的解释，这也有道理。按《说

---

[1] （清）阮元校刻：《十三经注疏》，中华书局 1980 年影印版，第31页。

[2] （宋）程颢、程颐著，王孝鱼点校：《二程集》，中华书局 1981 年版，第778页。

文》"豫，象之大者"，"从象予声"。象，是庞然大物。段玉裁《说文解字注》说："引伸之，凡大皆称豫。大必宽裕，故先事而备谓之豫（预），宽裕之意也。宽大则乐，故《释诂》曰豫，乐也。"[①] 我认为，段玉裁对"豫"的绎释，是相当明确的。只有理解了"豫"，才可以对《豫》卦有准确的认识。

闻一多先生对"豫"则另有释义。他说"象、豫为一声之转"，"《豫》卦字当读为象，谓象乐也"。他又引《墨子·三辩篇》，说周武王"因先王之乐，又自作乐，命曰象"[②]。确实，周代有象舞，《礼记》有"成童舞象"[③]之说。又《诗经·周颂·维清·序》："维清，奏象舞也。"《疏》云："谓文王时有击刺之法，武王作乐，象而为舞，号其乐曰象舞。"[④]其实，所谓象舞，或称"大豫"之舞，就是有名的歌舞《大武》。《礼记·乐记》曰："夫乐者象成者也。捴干而山立，武王之事也。发扬蹈厉，太公之志也。"[⑤] 可见，它是一种表现声威激扬豪壮的舞蹈。如果按闻先生的说法，《豫》写的与象舞有关。

但是，我们看爻辞所叙，似很难和"大武"沾上边。退一步说，即使《豫》即是"象"，那么，[初六]"鸣豫"判之曰"凶"，又当作何理解？而象舞一定有音乐伴奏，一定是"鸣"的；在庙堂中上象舞，是要显示武王之事，太公之志

---

① 蒋人杰编纂，刘锐审订：《说文解字集注》，上海古籍出版社 1996 年版，第 2028 页。

② 蔡尚思主编：《十家论易》，岳麓书社 1993 年版，第 549 页。

③ （清）阮元校刻：《十三经注疏》，中华书局 1980 年影印版，第 1471 页。

④ （清）阮元校刻：《十三经注疏》，中华书局 1980 年影印版，第 584 页。

⑤ （清）阮元校刻：《十三经注疏》，中华书局 1980 年影印版，第 1542 页。

的，怎么倒是"凶"了！所以，闻先生的意见，可备一说，却不易成立。

以我看，对"豫"的解释，从段玉裁的说法，似是更为合理的，也就是宽裕的意思。在帛书《周易》，此卦爻辞凡于通行本中作"豫"者，一律写为"馀"，如"鸣馀""冥馀"等等。馀者，盈余、宽裕也，这与"豫"同义。因此，"豫"，转为名词用，即指富裕者。李镜池先生认为，《谦》卦与《豫》卦，当是一组。这是对的。

我认为，上一卦《谦》，所叙述的与饥民有关，而《豫》写的，则与富裕的"大款"有关。贫和富，也正是一组。

驾驭管治集团内部的办法

[初六] 鸣豫。凶。

"鸣豫"，是呼喊、叫唤富裕者的意思。

在周初，富裕者当然是有一定身份的人，包括贵族封建主或属自由民阶层之类，概言之，他们属统治阶级。爻辞记录了主政者有过"鸣豫"一回事。巫者认为，这不好，对待这些"君子"们岂能大呼小叫，颐指气使。这样不礼貌的做法，会使"豫"者反感或不愉快，导致不团结。因此，巫者严正预做："凶！"

[六二] 介于石，不终日。贞，吉。

李镜池先生说："介，夹。夹在石缝中出不来，这当然是没有意料到的意外事故，幸而不到一天就有人救了出来，还算吉利。"① 这样的解释，想像之处未免稍多，例如"有人救"云云，爻辞中并无提及，这样的推演，似无足够的根据。

在这句，高亨先生的解释更实在一些。他认为"介"是坚的意思。据朱骏声《说文通训定声》云：介，"假借为甲，《广雅·释器》介，铠也"。《礼·月令》："'其虫介'。'介、甲'双声。"② 甲、铠，可引申为坚固、刚硬。

"介于石"，亦即坚如石，这本不难理解。至于李先生把"介"解为"夹"，可能是受到［象辞］"以中正也"的影响。看来，［象辞］的制作者解"介"为"界"，界于石中，便成为"中正"。但是，介于石，就一定是介在正中间吗？夹在一边大、一边小之间不也是夹吗？那么，"正"之解，从何来？并无根据。可见［象辞］的制作者其实并没有解对。

不过，［六二］指主事者处事的态度行为、意志，坚定如石，刚强如石，这只是一个方面，另一面则是，"不终日"。亦即不是一天到晚都那么强硬。终日强硬，便成死硬。据称是孔子所写的《系辞传》说："是故君子见几而作，不俟终日。"这句话，颇能体察所谓"不终日"的原意。

［六三］盱豫，悔；迟，有悔。

要说明的是，《豫》卦的"豫"，和《谦》卦的"谦"一样，都转作名词用。

至于"盱"，《说文》"张目也"，段玉裁《说文解字注》

---

① 李镜池著，曹础基整理：《周易通义》，中华书局 1981 年版，第 35 页。

② （清）阮元校刻：《十三经注疏》，中华书局 1980 年影印版，第 1380 页。

引张载《魏都赋》注,"盱,举目大视也"①。用今天的话说,盱即瞪大眼睛。"盱豫",就是瞪着有实力的富裕者。巫者认为,这种态度,很没礼貌,不好,瞪人者会悔恨的。"迟",《说文》"徐行也",走得很慢的意思,引申之,则为怠慢。按此爻的语气,迟,与盱是相应的。迟应是"迟豫"之省。"有悔",有,通又,巫者认为,怠慢那些富人、贵族,又会后悔的。

[九四] 由豫,大有得,勿疑,朋盍簪。

"由豫",有些学者解为"犹豫",指犹豫不决。若从此说,那么,怎会得出"大有得"的判语呢?大有得者,大有所得也。做事优柔寡断,犹疑不定,却能大有得,这怎能说得过去?而且,下文又有"勿疑"一语(不少学者在"疑"字后断句),上边肯定"犹疑",下边又叫"勿疑"。这岂不自相矛盾?所以,我不从此说。

我认为,由,用也。《广雅·释诂》引《左传·襄公三十年》"以晋国之多谋,不能由吾子"②。陆德明《经典释文》,亦释"由豫"为用豫。用豫,说白了,就是任用、使用那些有恒产的君子们。有富裕者、有势力者为主事的头头所用,不就"大有得"么!

"勿疑朋盍簪",帛书作"勿疑偁甲谗"。

这句话,很费解。首先是断句问题,断为"勿疑。朋盍簪",我认为这是可从的。以我看,巫者对主事头头任用富裕

---

① 蒋人杰编纂,刘锐审订:《说文解字集注》,上海古籍出版社1996年版,第676页。

② (清)阮元校刻:《十三经注疏》,中华书局1980年影印版,第2012页。

者的做法，是极为肯定的，所以在判为"大有得"之后，再用"勿疑"进一步加强语气。这本来很顺当。问题是，"朋盍簪"应作何解？

按李镜池先生的说法是："把朋贝配制成簪笄。"① 黄寿祺、张善文先生据《周易尚氏学》释为："友朋像头发括束于簪子一样聚合相从。"② 这些解说当然都有各自的依据，但是，我认为高亨先生的解说更为合理。他指出："盍疑借为嗑，《说文》：'嗑，多言也。'""簪疑借为譛，簪譛同声系，古通用。"譛即谮，所以高先生解为："勿疑朋盍簪者，勿疑朋友之多言而谮己也。"③ 在这里，我认为还可注意参考帛书"偭甲谗"的写法。

"偭"，即"佣"。《说文》释"佣"："辅也，从人，朋声，读曰陪位。"段玉裁《说文解字注》引《周礼·士师》注云："朋党相阿使政不平者，故书佣作偭。"④ 至于"甲"，林义光《文源》认为，"甲者，皮开裂也"⑤。树皮裂开，引申是不团结，搞分裂。而"谗"，则为诽谤之意甚明。我们如果按帛书的写法，偭甲谗，意即辅助的人搞山头搞分裂搞诽谤。这样的理解，恰恰和高亨先生的说法一致。

不过，上面所说，仍有问题。若就［九四］而言，这说法似是顺理成章的。但若联系下面一爻，又觉不伦。且看

---

① 李镜池著，曹础基整理：《周易通义》，中华书局 1981 年版，第 35 页。
② 黄寿祺、张善文：《周易译注》，中华书局 1981 年版，第 148 页。
③ 高亨：《周易古经今注（重订本）》，中华书局 1984 年版，第 209 页。
④ （清）阮元校刻：《十三经注疏》，中华书局 1980 年影印版，第 875 页。
⑤ 蒋人杰编纂，刘锐审订：《说文解字集注》，上海古籍出版社 1996 年版，第 3064 页。

下爻：

［六五］贞疾，恒不死。

按惯常的做法，《周易》爻辞一般会把占卜的判断，置于爻之首。因此我怀疑［九四］和［六五］可能是错简。即上爻"朋盍簪"三字，其实应置于［六五］之首。因此，我试重新断此两爻：

［九四］由豫，大有得，勿疑。

［六五］朋盍簪，贞，疾。恒，不死。

若上说可以成立，那么，"朋盍簪"是说统治集团内部出了纠纷攻讦的问题了，巫者认为，若占得此爻，是有病的征兆。

至于"恒不死"，恒，一般都释为"常常"，似也通。但如果和对"朋盍簪"的解释联系起来，那么，我认为应断为"恒，不死"。而"恒"通"亘""桓"。《说文》：亘，"从二、从𠄟古文'回'"。徐铉、徐锴曰："回风回转，所以宣阴阳也。"王筠《说文句读》云："谓有求而亘回也。人求一物而忘县其所在，必上下盘旋而搜索之。字通作桓。"① 换言之，亘是回旋、周旋、斡旋的意思。按我的理解，"亘，不死"者，周旋、斡旋于其间，则可以"不死"，不至于把问题弄僵。

看来，巫者对占得此爻的人，有两层的意思要说。若是占问身体情况的，由于有"朋盍簪"的凶象，则预示身体有疾。

---

① 蒋人杰编纂，刘锐审订：《说文解字集注》，上海古籍出版社 1996 年版，第 2850 页。

但也不怕，因为有宣理阴阳让血脉回旋之道，可以不死。推而广之，若是占问如何处理人际关系的问题，由于集团内出现"朋盍簪"的难题，则预示"疾"，真有麻烦！但掌握主动权的主政者周旋、斡旋于其间，调和鼎鼐，燮理阴阳，那么，事情也不会弄僵。

［上六］冥豫，成。有渝，无咎。

《豫》卦爻辞的"鸣豫""由豫"，鸣、由均是动词。同理，"冥豫"的"冥"也作动词用。沈涛《说文古本考》指出："冥，幽昧也。"① 段玉裁《说文解字注》释："冥，窈，深远也。窈与杳音义同。"又引郑笺《诗经·小雅·斯干》曰："冥，夜也，引申为凡暗昧之称。"② 据此，"冥豫"实即以暗昧、模糊、不明朗的态度对待那些富裕者。巫者认为，这样做，可获成功。至于"渝"，变也。"有渝"意思是说，事情有所变化，但巫者判定，这也"无咎"，没什么问题。

灵活与坚定

现在，我们回过头来看《豫》卦的卦辞。

"利建侯，行师"，"建侯"即"建墠"，建造驻守的土墩的意思（请参阅前面对《屯》卦的分析）。行师，即行军。看来，卦辞的作者认为，占得此卦者，可守可攻，进退自如。

如果把《谦》和《豫》对比来看，那么，前者是写对待

---

① 蒋人杰编纂，刘锐审订：《说文解字集注》，上海古籍出版社 1996 年版，第 1430 页。

② （清）阮元校刻：《十三经注疏》，中华书局 1980 年影印版，第 437 页。

贫民的做法，后者是写对待富民的做法。也可以说，这两卦，分别写的是如何对待被统治者和对待统治集团内部的策略。

从《豫》的记述和巫者的态度看，此卦的制作者实在高明。我们知道，在阶级社会中，主政者任何时候都要面对被统治者和统治集团内部的问题。就《豫》卦而言，作者总结了如何对待和处理富裕者实即统治者内部中的人际关系。

在六首爻辞里，《周易》的制作者首先提出鸣豫、盱豫、迟豫的态度和做法，都是不妥当的。君主对臣工、诸侯，乃至自由民一类有身份的下属，均应善待之。推而广之，上司对下级，不能采取颐指气使、瞪眼睛，或者轻视怠慢的态度。

其次，制作者又提出，主政者对待"豫"们，应是有坚定的原则的，所谓"介于石"，坚如石，正是指要有主见，不屈不挠，稳如磐石。不过，这"介于石"的态度、方针，又不是一成不变不可更移的。所谓"不终日"，是指并非整天都那么僵硬，而是可以有松动，有圆转。总之，既有坚定性，又有灵活性，这是主政者对人对事需要掌握的分寸。

在上述的基础上，《周易》的制作者提出"由豫"，主张任用"豫"们，让有权势的富裕者们发挥其统治管理的作用，并且"勿疑朋盍簪"，不要疑虑统治集团内部出现叽叽喳喳甚至倾轧不和的问题，只要主事者懂得斡旋，则"不死"，换言之，只要掌握协调这一个环节，那就没有什么大不了的事。

最妙的是，《周易》的制作者竟还提出"冥豫"，认为主政者可以对"豫"们，摆出模糊的姿态。也就是说轻易不表态，不干预，装成暗昧不明的样子，放手让臣属们去干！从中考察，暗里驾驭。表面上，主政者无所作为，实际上是"扮猪吃老虎"，无为而无不为。这做法，巫者大力肯定："成！"这真是十分巧妙地处理统治阶级问题的政治技巧！

从《谦》和《豫》看,《周易》这两卦,充满权变智慧,它们的出现,应是早就脱离"茹毛饮血"的时代了。

天地圣人,皆以顺动

《豫》的［彖辞］是:

豫,刚应而志行,顺以动,豫。豫顺以动,故天地如之,而况建侯行师乎?天地以顺动,故日月不过而四时不忒。圣人以顺动,则刑罚清而民服。《豫》之时义大矣哉!

《豫》的卦象是"坤下震上"。坤,有顺的性格;震,有动的性格。从卦位看,［九四］是阳爻,属刚,其他各爻,都是阴爻,与刚相应。制作者认为,一群阴爻与［九四］的阳爻相应,就像有人振臂一呼,群皆响应,于是,领导者的意志,便能推行了。加上"坤""震"结合,亦即"顺""动"结合,应顺着形势变动,这就叫做"豫"。

在［彖辞］制作者看来,《豫》的要害是顺。顺,指的是应顺,即根据一定的次序、形势而有所作为。他认为天和地,都应顺着自然界发展的法则,引申到社会、政治,包括建侯、行师等行为,也都应该顺而动。总之,一切都该是有序地量变。正是基于这一点,所以,天地四时,不会发生错乱;圣明的君主,也能够刑罚清明而百姓悦服。你看,［彖辞］分明把阐述的主旨,落实到统治的问题。

按照［彖辞］的看法,如何对待统治集团内部的富裕阶层?也有一个"顺"或"不顺"的问题。顺,是顺从他们的意见；不顺，是动辄顶牛，出现矛盾。最高领导者对待他们不同的态度，就有不同后果。当［彖辞］审视《豫》的爻辞时，它看到，"鸣豫""盱豫""迟"的后果是凶、悔，因为最高统治者和"豫"们之间的关系不顺。

另一方面，它又看到，"由豫""冥豫"的后果是"大有得"和"成"，因为最高统治者懂得顺着"豫"们，不干预他们，以"冥"亦即模糊不管的管治办法对待他们，这一来，效果便与不懂得因势利导的处理方式大不一样了。当然，爻辞所说的"顺"，也并不等于说最高管治者可以昏庸糊涂，他要"介于石"，应有坚定的主张；而有了问题，他要"亘"，在矛盾的旋涡中斡旋。

由于［彖辞］制作者高屋建瓴地从宇宙、社会管治方面，突出"顺而动"的问题，他认为当人们掌握了这一规律，如何对待富裕者的态度，也就迎刃而解了。

［彖辞］的最后一句说"《豫》之时义大矣哉"，对这卦所提出的问题大力赞美。在这里，制作者又触及"时"的概念。时，是指人们顺从客观形势的变化而变化。［彖辞］所谓"顺而动"的理念，正与"时"如出一辙。在《周易》，经常说到"时"，这一点，读者可以结合我们对各卦的分析一并思考。

《豫》的［象辞］是：

雷出地奋，豫。先王以作乐崇德。殷荐之上帝，以配祖考。

［初六］鸣豫，志穷，凶也。

［六二］不终日，贞吉，以中正也。

［六三］盱豫有悔，位不当也。

［九四］**由豫，大有得，志大行也。**

［六五］**贞疾，乘刚也，恒不死，中未亡也。**

［上六］**冥豫在上，何可长也。**

　　［大象］说"雷出地奋"，是因为"震"象征雷，"坤"象征地。雷在上，地在下，天上打雷，地面便顺着震动，这和［象辞］所说的"顺而动"是一样的意思。既然上天有这样的启示，先王便作乐赞美上帝的伟大功德，后王也应对上帝举行盛大的祭礼，让先王配飨。当然，由于［象辞］和［象辞］都强调"顺而动"，便把"雷出地奋"看成是地顺着雷出的行为，否则，［大象］的制作者又会从别的角度来解释雷与地的关系了。从这些地方，我们可以看到［象辞］阐释的随意性。

　　至于［小象］对各爻的阐释，并不费解，但它对［上六］一爻"冥豫在上"的叙述有所保留，认为这做法不可长久。不过制作者只着眼于"冥豫"两字，其他则没有关应，特别是对"有渝，无咎"有所忽略。这些，是否妥当，读者可以自己判断，不必被古人牵着鼻子走。

第十七 《随》辨

䷐ 震下兑上

随：元亨，利贞。无咎。

[初九] 官有渝，贞吉。出门，交。有功。

[六二] 系小子，失丈夫。

[六三] 系丈夫，失小子。随有求，得。利居贞。

[九四] 随有获，贞凶。有孚，在道以明。何咎！

[九五] 孚于嘉，吉。

[上六] 拘系之，乃从，维之。王用亨于西山。

献俘前的一次小动乱

"随"，随从也。从这卦爻辞中有"随有求""随有获"等句看，"随"是作名词用的，亦即指"随从者"。所以《随》是记述有关随从者的文字。

[初九] 官有渝，贞吉。出门，交。有功。

"官"，许多学者解释为官方、上级之类。高亨先生指出，"官"是古"馆"字。又指出，"渝"，堕败也。"官有渝"即馆舍有圮毁也。① 我认为高说可从。因为下文［上六］有"王用亨于西山"一句，看来当时确实出了一个重大的变故，才有周王亨于西山的重要仪典。所以，用官方、官府之类来解释"官"，似与此卦的整体内容不尽相符。而"渝"，本来就有变故的意思，高先生说是"圮毁"。毁坏也是一种变故。总之，这［初九］的首句，是说馆舍出了问题。至于"馆"是什么样的馆？是宾馆？是牢房？还是一般屋宇？从下面几爻所写的情况看，很可能是指囚禁俘虏的地方。这地方出了崩毁或者其他的变故，例如暴乱之类。管辖者当然很紧张，赶紧求签问卜。巫者便预判"吉"！不要紧。

"出门，交"，许多学者都断作"出门交"。我认为出门和交，是两种举动，应以点断为宜。

"出门"，这"门"指城门；"交"，金景芳、黄寿祺以及李镜池诸位先生均释为交往，似不妥。联系到［六二］［六三］"系小子，失丈夫""系丈夫，失小子"之句，"交"，其实指交手、交锋。《说文》释："交，交胫也。"徐灏《说文解字注笺》："交之本义为交胫，引申之，凡相并相合相错相接皆曰交。"② 因此，［初九］一爻是说：囚俘的馆舍出了变乱，管辖者便冲出城门，大打出手。针对这种情况，巫者便大加肯定，判曰"有功"。

[六二] 系小子，失丈夫。

这爻很好理解：绑住了小个子，走掉了大个子。

① 高亨：《周易古经今注（重订本）》，中华书局 1984 年版，第 211 页。
② 蒋人杰编纂，刘锐审订：《说文解字集注》，上海古籍出版社 1996 年版，第 2171 页。

[六三] 系丈夫，失小子。随有求，得。利居贞。

前两句，无非是指绑住了大个子，又走掉了小个子。联系上文，分明是记述管辖者在抓逃犯时顾此失彼混战一场的情况。

"随有求。""随"是主语，指管辖者的手下将士。"有"，即"又"。"求"，即寻求、搜求、追寻。这句是说：随从们追了又追，搜了又搜，于是，"得"，把逃跑者抓回来了。这时候，巫者发议论了："利居贞。"居是古"踞"字，《说文》："居，蹲也。""贞"，这里是不动的意思，《释名·释言语》："贞，定也，精定不动惑也。"可见，巫者说，抓住逃跑的"小子"最妥当的办法，是让他蹲下来不动。你看，现在人们如果抓住了小偷，处置的办法，不也是如此这般么！（当然，"利居贞"也可以是巫者的判语。他认为抓住了叛逃者以后，便有利于安定下来占卜凶吉了。）

[九四] 随有获，贞凶。有孚，在道以明。何咎！

关于"随有获"，许多学者释为随从们有所收获。但这解法，颇令人困惑。因为既然已有所获，应是大好事，怎么占得"凶"兆呢？唯独高亨先生认为："疑获当读为攫，同声系，古通用。"而"攫"，是捕兽的机关、陷阱。所以高亨先生说："逐而有攫，不徒不能捕物，且将为人所捕。"[1] 我认为高说可从。看来，有些随从的将士对逃脱者穷追不舍，结果中了埋伏，或者跌落陷阱，反被人抓获。出现了这种情况求签问卜，

---

① 高亨：《周易古经今注（重订本）》，中华书局 1984 年版，第 212 页。

巫者自然指这是凶象。

不过，情况又发生戏剧性的变化，"有孚，在道以明"，孚即"俘"，有通"又"，意思是又在道路上抓了俘虏。"以明"，"明"通"盟"，明、盟同声系。盟，妥协也，达成协议也。综观〔九四〕，无非是写管辖者与逃跑者的斗争。在追捕的过程中，有些随员落入对方的机彀，虎落平阳被犬欺；可是，追的一方，又在路上有所俘获，于是，斗争双方互提条件，达成协议（也许是互相交换俘虏之类吧），正因如此，被人抓去的"随"，可以换回来，巫者便有底气了，于是又作出了新的判断"何咎"，意是说："哪有什么问题！"牛气得很！

〔九五〕孚于嘉，吉。

"嘉"，指嘉会、嘉礼。嘉礼是古代五礼之一，《周礼·春官·大宗伯》："以嘉礼亲万民。"① 又《左传·庄公二十三年》注云："嘉礼，善礼也。"② 显然，嘉礼是古代庆功祭祀的仪典。"孚于嘉"，是说把俘虏带到嘉礼上。这里所说的嘉礼，指的应与下一爻所说"王用亨于西山"是一回事。

〔上六〕拘系之，乃从，维之。王用亨于西山。

承上文，"拘系之"，是说把俘虏绑起来。看来俘虏起初不肯走，只好不客气地动手了。"乃从"，俘虏们才跟着到了嘉会上。"维之"，"维"，这里也是捆绑的意思。《仪礼·士相见礼》"维之以索"，郑玄注："维谓系联其足。"③即把手脚也

---

① （清）阮元校刻：《十三经注疏》，中华书局1980年影印版，第760页。

② （清）阮元校刻：《十三经注疏》，中华书局1980年影印版，第1778页。

③ （清）阮元校刻：《十三经注疏》，中华书局1980年影印版，第976页。

捆起来。李鼎祚《周易集解》引虞翻的说法："两系称维。"①
显然"维之"是把俘虏紧紧地缚束以便拉到嘉礼上。古代祭
礼，是要把俘虏的血"衅钟"，把俘虏的人头作祭品的。为了
防止俘虏挣脱逃跑，就必须给他们来个五花大绑。

"王用亨于西山"，王，指周王；西山，应是周邑西边的
山，疑指岐山。至于这爻指的是哪一次嘉礼，我们没有找到
确证。

把《随》卦各爻联系起来，不难发现，它写的实际是在
周邑附近发生的一次平定动乱的情景。之所以说它发生在周邑
附近，是因为首爻提到馆舍。馆舍不可远离周邑，所以才会有
冲出城门或宫门追捕逃人的事。经过一番周折，依靠随从们的
勇敢，在追捕中虽有反复、妥协，但最终取得胜利。

回过头来看《随》的卦辞，我认为写得很有分寸。卦辞
制作者说："元亨，利贞。无咎。"他只呼吁得此卦者，应举
行大祭，这利于贞卜。并认为占得此卦，则没有什么问题。所
谓"无咎"，属不过不失的中性词，它既不是"凶"，也不是
"吉"。如果从《随》卦中的爻辞看，虽说发生了动乱，总体
没有大碍，而且最终还取得了胜。但在平乱的过程中，有得，
也有失，出现"官有渝"的情况，这到底是统治者所不愿看
到的事。所以，巫卜者认为，占得此卦者，只能预示着前景将
是无咎无誉，平平稳稳而已。

识时务者为俊杰

《随》的［象辞］是：

----

① （唐）李鼎祚：《周易集解》卷三，中国书店 1984 年版，第 2 页。

随，刚来而下柔，动而说。随，大亨，贞，无咎，而天下随时。随时之义大矣哉！

按《随》的卦象为"震下兑上"。[彖辞]说"刚来而下柔"，刚，指"震"；柔，指"兑"。震处于兑的下方，它下于柔，象征能谦逊地对待比它柔弱的势力。又，"震"有动的属性，"兑"有悦的属性，二者结合在一起，就是"动而悦"，由于"震"的来临而又在下方动作轻柔，使下方因震动而悦服，这就称之《随》。

[彖辞]的制作者认为，占得此卦者，随从们就要举行盛大的祭祀，如果要占卜，那是没有什么不妥的。他又进一步引申：这样做，便会使"天下随时"。最后他十分感慨地说：这"随时"的意义是多么重大啊！所谓"时"，是指时势、形势。"随时"，是指随着时势的变化，采取相应的态度。

上面说过，《随》的爻辞，记叙的是献俘的祭礼前出现的动乱小插曲。在平息动乱的过程中，随从们起了很重要的作用，因此，对待随从们采用什么样的态度，成为平叛的至关重要的问题。卦名为《随》，也与此有关。

在爻辞里，并没有出现"时"的概念，[彖辞]提出适应时势变化的思想，是制作者根据爻辞所写的客观形势，作出判断。

当时形势如何？首先是"官有渝"，出现变故，随从们平息叛乱，弄得手忙脚乱。俘虏抓了回来，随从们却又陷入困境，还不得不"与之盟"。总之，无论对叛俘，对随从，管治者在这种形势局面中，为了取得最后胜利，也只有放下身架，低姿态地对待随从，乃至策略地对待搞动乱的俘虏。本来，管治者有他的身份，他的尊严。不过，在这样的形势下，就只有

"随时"。识时务者为俊杰，如果不晓得这一点，一味僵化，不懂变通，那么，等待管治者的，只能是失败。

为政者，需要懂得"随时"，懂得权变，这是〔象辞〕制作者从爻辞所写对待随从的态度中，总结出来的管治经验。

〔象辞〕的阐述是：

泽中有雷，随。君子以向晦入宴息。

〔初九〕官有渝，从正吉也。出门交，有功，不失也。

〔六二〕系小子，弗兼与也。

〔六三〕系丈夫，志舍下也。

〔九四〕随有获，其义凶也。有孚在道，明，功也。

〔九五〕孚于嘉，吉，位正中也。

〔上六〕拘系之，上穷也。

〔大象〕也从卦象解释，认为"震"是雷的象征，"兑"是泽的象征。雷动而水也动，就像跟随着一样，所以卦名为《随》。据此，〔大象〕认为大人君子要引导人们在夜色中安静地歇息，引申之，是说要从卦象得到启发，引导那些冥顽者走向平静。显然，这是驾驭权力的最佳办法。

〔小象〕对每爻的解释是：馆舍出现了变故，从正确方向去解决，是属于"吉的"。出门与叛逃者搏斗，有功而没有过失。

对"系小子，失丈夫"一爻，〔小象〕认为凡事不能兼与，鱼与熊掌不能兼得。而对"系丈夫，失小子"，则认为在不能兼得的情况下，便应放弃损失较小的方面，免得顾此失彼。

跟着，制作者说，随从们有所闪失，这意味着"凶"；而有俘虏还在路上逃匿，与之达成了妥协，也属于有功的。

最后的两爻，[小象]则结合卦位来忖度，它说把俘虏们牵到嘉会上，属吉。因为[九五]以阳爻处于"兑"卦的中间，这叫"位正中"，卦位刚好合适。而[上六]是此卦卦位上升到最后的一爻，制作者认为，"拘系之"，这是不得已的最后的办法，是没有办法的办法，所以说是"志穷也"。

总观[象辞]，"向晦入宴息"是至为关键的一句，引导存有不安定因素的部属们走向平静，乃是制作者想要阐述的主旨。

第十八　《蛊》辨

䷑ 巽下艮上

蛊：元亨，利涉大川。先甲三日，后甲三日。

［初六］幹父之蛊，有子考，无咎。厉，终吉。

［九二］幹母之蛊，不可，贞。

［九三］幹父之蛊，小有悔，无大咎。

［六四］裕父之蛊，往见，吝。

［六五］幹父之蛊，用誉。

［上九］不事王侯，高尚其事。

蛊是腹中虫吗?

关于"蛊"，《说文》云："腹中虫也。"《春秋传》曰："皿虫为蛊，晦淫之所生也。"桂馥《说文解字义证》引《周礼》注云："毒蛊，蛊物而病害人者。"又引《左传·昭公元年》："赵孟曰：何谓蛊？对曰：淫溺惑乱之所生也。"[1] 显然，蛊是一种肚子里有虫的疾病。引申之，荒淫、昏乱、疑惑不决

① （清）阮元校刻：《十三经注疏》，中华书局 1980 年影印版，第 2025 页。

的行为、性格，也可称之为"蛊"。

不过，闻一多先生认为：蛊即古，即故，并且说："王引之读蛊为故，引《尚书大传》'乃命五史以书五帝之蛊事'，云蛊事即故事，按王说韪矣。"① 以上几种对"蛊"的不同解法，哪一种更为合适？下面，我将结合对爻辞的分析，表明自己的看法。

《蛊》的卦辞有"元亨，利涉大川"一句，这是《周易》制作者的常用语，无非是叫占得此卦的人，应开始举行祭祀仪式，并认为利于渡江，利于远行。至于"先甲三日，后甲三日"，是指甲日之前三天至甲日之后三天，共七天，都适宜举祭。我认为，确定举祭的时限，正表明巫者对这特定卦象的重视。

"幹"和"裕"的区别

[初六] 幹父之蛊，有子考，无咎。厉，终吉。

按照闻一多先生的说法：幹字即贯字，"幹父之蛊"即"贯父之故"，指贯彻其父一向的做法。闻先生还说："按《论语·学而》篇曰：'父在观其志，父殁观其行，三年无改父之道，可谓孝矣。'即此爻之义。"②

不过，若按此说法，执行父之遗志，是孝道的表现，应是好事，怎么下文却出现"厉"的字眼呢？厉，是病重的意思。

① 蔡尚思主编：《十家论易》，岳麓书社 1993 年版，第 524 页。
② 蔡尚思主编：《十家论易》，岳麓书社 1993 年版，第 525 页。

当然，下文是"终吉"，最后还是"吉"的，但毕竟出现过"厉"！所以，若照闻先生的解法，说遵行父志却会出现"厉"，这似较费解。

我认为，以"蛊"作为一种疾病解，似更稳妥。疾病，可以引申为荒淫、心中有鬼乃至政治上出现毛病等等。"幹"，据《广雅·释诂》："幹，正也。"高亨先生说："此幹谓匡正、纠正也。"① 此说可从。那么，"幹父之蛊"是纠正其父的毛病的意思。因此，巫者认为"有子考，无咎"。考即孝，能匡正父过，此乃孝道，于是判曰"无咎"。至于"厉"，指病得很厉害。但由于有子匡扶，即使这"蛊"（过失）得很严重，最后还是"吉"的。

［九二］幹母之蛊，不可，贞。

为人子者，其母受到蛊惑，便去纠正。巫者认为，这是不妥的。如果出现了这种情况，当儿子的最多能做到求神问卜而已。

这就妙了，为什么巫者认为可以匡正父亲，却不主张"幹母之蛊"呢？我想，这和当时父权制已经确立有关。在父权统治一切的社会中，父亲行为不检或者在政治上犯错，这会直接影响家与国的利益。父错无小事，儿子看到了，就应该出手干预。而母亲，不处于家族或政权的中心，影响就不那么直接了。而且，"母之蛊"，若属于淫奔苟且一类毛病，为人子者，实也不便过问和插手。这种事，还真有过，像卫国的宣姜和宣公的庶长子公子顽私通，卫侯对此无可奈何。卫国人也只

---

① 高亨：《周易古经今注（重订本）》，中华书局1984年版，第215页。

能以民歌嘲讽，说是"墙有茨，不可扫也。中冓之言，不可道也"（见《诗经·墙有茨·序》）。

［九三］幹父之蛊，小有悔，无大咎。

这爻是说，在"幹父之蛊"的过程中，出现了某些困厄，例如父亲不谅解，父辈或元老们有所抵触，因而受到指责甚至惩罚之类，这属于"小有悔"。不过，巫者认为"无大咎"！没有什么大问题，放心给父亲提意见得了！

［六四］裕父之蛊，往见，吝。

李镜池先生对此爻的解释是："想光大父亲的事业，但实行起来遇到困难。"[1] 但高亨先生据《广雅·释诂四》"裕，容也"的解释，认为"裕父之蛊"是包容其父的荒乱行为的意思。我从高说。

不过，"往见"一语，学者多解为当儿子的去见他的父亲，此说也不妥。我认为，"往见"即"往现"，"往"，往事也；"现"，显现也。整首爻辞的意思是：包容其父错误的言行或政策，过去的弊病又显现出来了。因此，巫者判曰"吝！"就是说：若不纠正父辈的过失，不能与时俱进，便要遇到困难和麻烦了。

［六五］幹父之蛊，用誉。

关于"用誉"，许多学者释为"得到美誉"的意思，也可通。不过，按这种解法，则又有令人困惑之处。因为，如果儿

---

[1] 李镜池著，曹础基整理：《周易通义》，中华书局1981年版，第39页。

辈匡正父辈的过错是为了得到美誉，那么，儿辈便有沽名钓誉之嫌。这种功利性的做法，似也不是上古时代推行的思想。

我认为"幹父之蛊，用誉"，用者，以也。是指以称誉的口吻、办法去匡正其父或父辈的失误。申言之，即既要婉转地有分寸地维持父辈的尊严，又能收到改错攘弊的效果。这种做法虽然比较复杂，却符合当时提倡的孝道和以下事上的准则。又，这一爻，应完全属叙述性语言。至于巫者的判词，疑缺"吉"或"无咎"之类的字眼（就像下爻缺"凶"字一样）。

［上九］不事王侯，高尚其事。

这爻颇费解。高亨先生说："此隐居不仕之意。"① 黄寿祺、张善文先生也认为它指不从事王侯的事业，是高洁的志向。②

若按高、黄等先生的解释，问题就来了。因为，前面几爻，分明是说要"幹父之蛊"的，对此，《周易》的制作者也多次给予正面的评价。为什么到了［上九］却又肯定"不事王侯"了呢？

所谓"不事王侯"者，意即管他"蛊"或"不蛊"都与我无关，这才显得高尚、高洁。反过来，干预父辈的"蛊"，不就成了庸俗、低下了么？若把"不事王侯"作为叙述句，"高尚其事"作为巫者赞扬的判词，那么，他和前面的态度，何其矛盾乃尔！而若把［上九］整首爻辞，都作为叙述句，那么，巫者又有什么样的判词呢？

---

① 高亨：《周易古经今注（重订本）》，中华书局 1984 年版，第 215 页。
② 参黄寿祺、张善文：《周易译注》，中华书局 1981 年版，第 164 页。

在通行本的《周易》中，《蛊》卦的［上九］，就是缺了巫者的表态的。但是，马王堆出土的帛书《周易》在此爻之末，赫然有一个"凶"字的存在。

很明显，这"凶"正是巫者对"不事王侯，高尚其事"的表态，他反对那种故作清高的姿态，所以给予否定的判断。这一来，我们看到，巫者对"幹父之蛊"的态度倒是一贯的。《蛊》的前面几爻，是从正面肯定"幹"；最后一爻，则另一面否定"不幹"，如此而已，岂有它哉！只是后来的人把［上九］的"凶"字删去，便使人误以为《周易》的制作者态度前后矛盾，导致莫名其妙。

以我看，删去"凶"字的始作俑者，会是魏晋时代那些《周易》的诠释者，他们往往是隐逸之士，是一伙以不事王侯来标榜高尚的人。当他们看到《周易》对此有"凶"的预警，有否定的意味，便老实不客气地把"凶"字删去。只是马王堆帛书的出土，才使他们露出了马脚。

对待上级的做法

现在，我们可以回过头来看看《蛊》的卦辞的含义。

卦辞说"利涉大川"，其表层的意思是，占得此卦者，利于渡江远行；引申之，是说利于转移。凡是改变过去的所处的环境，或是改变政策、行为，都属转移。这卦辞所说的转移和爻辞中的主张匡正、纠正父辈的荒乱相互之间是呼应的，有联系的。正因如此，我们认为闻一多先生主张把"幹父之蛊"解作"贯彻其父一向做法"，并不可从。很明显，如果爻辞中说的是不变旧德，而卦辞则说"利涉大川"，利于转移，那又岂不自相矛盾了吗？

从《蛊》卦反复强调"幹父之蛊"的情况看，《周易》制作者的态度，是主张对弊端、弊政实行改革的。有意思的是，他知道匡正父辈陋弊的风险会出现悔、咎，但认为最终是对的，应该坚持地改下去。同时，他又提醒注意方式方法，要在肯定过去的基础上，以称誉的办法，让父辈容易接受改变过去的弊陋。应该说，《周易》制作者的主张，实在高明得很。

至于《周易》的制作者看到父权的重要性，承认父权应受到尊重，同时又主张"幹父之蛊"，这又说明，儒家所提倡的伦理观念还未确立，孔子提倡"三年无改父之道"的那套规矩，还未成为被社会公认的准则。由此可以推断，此卦的制作，应是在儒家思想还未占统治地位的西周时代。

我认为，《蛊》与《随》是相互有着联系的两卦。如果说《随》卦写的是如何对付随从，亦即上级如何对待下级的经验，那么，《蛊》卦写的是如何对待父辈，亦即下级如何对付上级的经验。此两者，都是处于统治地位者的经验之谈。可见，如何团结内部，提高管治能力，乃是当时人们经常思考不断总结经验教训的问题。

慎重地改革积弊

《蛊》的［彖辞］说：

蛊，刚上而柔下，巽而止，蛊。蛊，元亨，而天下治也。

利涉大川，往有事也。先甲三日，后甲三日，终则有始，天行也。

《蛊》的卦象为"巽下艮上"，［彖辞］称，这状况属"刚上而柔下"。从卦体看，"艮"是阳卦，属刚；"巽"是阴卦，属柔。如果从卦位看，处于位置最上方的，是阳爻，属刚；而处于位置最下方的，是阴爻，属柔。正如李光地所说：此卦"二体则阳卦居上，阴卦居下；六位则刚爻居上，柔爻居下。六十四卦中，亦唯此卦阴阳刚柔不相交，尊卑上下不相接，则隔绝而百弊生，万事堕矣，亦此卦名《蛊》之第一义也"①。

所谓"巽而止"，是"巽"有卑顺的属性，而"艮"有静止的属性，既卑顺，又停止不动。正如朱熹说："下卑顺而上苟止，故其卦为蛊。"这是《蛊》的第二义。总之，上下不沟通，停滞不前进，便属于病态，便称之为"蛊"。

［彖辞］对《蛊》的卦象的解释自然有很大的随意性，不过，从另一个角度看，却说明［彖辞］的制作者对上下沟通和改变现状的肯定。因此，它跟着提出："元亨。"所谓元亨，可以理解为举行盛大的祭祀，也可以理解为作重大的变通。总之，是要作出重大的行动。这样做，便"天下治"了。同样，所谓"利涉大川"，说有利于奔赴远处，意味着要对现状作出重大的改变。"往有事也"，是说要有所作为，所以要"往"，要有所前进。

关于"先甲三日，后甲三日"，按照程颐在《程氏易传》的说法是："甲，数之首，事之始也。"又说："治蛊之道，当思虑其先后三日，盖推原先后为救弊可久之道。先甲，谓先于此，究其所以然也；后甲，谓后于此，虑其将然也。一日二日

---

① 李光地：《周易折中》，九州出版社 2002 年版，第 119 页。

至于三日，言虑之深，推之远也。"① 他的意思是，治蛊之道，
要从头到尾，有始有终地深思熟虑。对此，［象辞］制作者表
示"天行也"，说这周而复始地反复思虑、研究，是符合天体
运行的原则的。

　　结合爻辞的内容，［象辞］对"父之蛊"，亦即上一辈的
弊政、陋规是主张改变革新的，当然，这革新，要考虑分寸，
要思前想后，甚至要用"誉"的办法，照顾上辈的体面，使
匡正的措施能够顺利推行。为了更顺利地管治，《周易》的制
作者可谓煞费苦心，当然也给后人留下了经验教训。

　　［象辞］的解释是：

　　山下有风，蛊。君子以振民育德。

　　［初六］干父之蛊，意承考也。

　　［九二］干母之蛊，得中道也。

　　［九三］干父之蛊，终无咎也。

　　［六四］裕父之蛊，往未得也。

　　［六五］干父用誉，承以德也。

　　［上九］不事王侯，志可则也。

　　［大象］对卦象的理解，和［象辞］显有不同。"艮"的
自然象征为山，"巽"的自然象征为风，故［大象］说"山下
有风"。风是吹动的，吹动山上的东西，表示什么都会变动。
既然有此征象，管治者就要有所改变，让人民振发，培养良好

---

① （宋）程颢、程颐著，王孝鱼点校：《二程集》，中华书局 1981 年版，
　　第 788—789 页。

的德性。

　　［小象］对每爻的解释是：［初六］"幹父之蛊"这爻，是说明后一辈应承继孝道。［九二］认为不去干预其母过错的做法，是合适的，故曰"得中道"。而对［九三］［六四］［六五］，［小象］也都同意爻辞中巫者的判断，兹不赘。至于［上九］，制作者说"不事王侯"而"志可则"，赞许并且认为应该效法这清高的行为，对乱局表示要置身外。当然，［象辞］的制作者不会是魏晋时人，也许他会看到巫者对此爻有"凶"的判语，但是，当他感到"幹父之蛊"这匡正前弊的举措无法推行的时候，便认为采用不合作的消极态度，"不事王侯"虽属正确，却有凶险。在这里，我们可以看到改革前代弊端之不易。

第十九　《临》辨

☰☰ 兑下坤上

临：元亨，利贞。至于八月。有凶。

［初九］咸临。贞，吉。

［九二］咸临。吉，无不利。

［六三］甘临，无攸利；既，忧之，无咎。

［六四］至临，无咎。

［六五］知临，大君之宜，吉。

［上六］敦临，吉，无咎。

迎神的礼仪

"临"，闻一多先生说"按临读为灆，灆霖古当同字"，这一来，《临》卦讲的是下雨天的问题。闻先生的见解，可备参考。

不过，爻辞中有"甘临无攸利"一句，闻先生释"甘"为"厌"，厌者足也，雨足了不是很好吗？为什么说"无攸利"呢？闻先生又释"知临"为疾雨，"敦临"为暴雨。而爻辞竟给予"吉"的评价。这都令人感到费解。①

---

① 参蔡尚思主编：《十家论易》，岳麓书社 1993 年版，第 519 页。

据《说文》，临，监临也，金文写作 🔥（孟鼎），籀文写作 🔥（毛公鼎），都像人看着山的下面，也就是居高临下，以高视下的意思。又，《诗经·大雅·大明》"上帝临汝"，郑笺："临，视也。"[1] 又《周礼·春官·鬯人》"凡王吊临"，郑玄注："以尊适卑曰临。"[2] 显然，临，是一种低着头眼睛下视的姿态，后世所谓君临、哭临、莅临，临字的用法，也与此有关。

在《周礼·春官》有"以埋沉祭山林川泽"[3] 的说法，古代是有一种把祭品埋在山林或水边的仪式的。而埋沉的动作显与躬身低头表示恭敬相关联。引申之，弯腰躬身迎候尊贵宾客的举止，也可称为临。联系到此卦的卦辞，跟着有"元亨"一语，我认为，《临》卦所说的"临"，是指祭祀时迎神的一种礼仪。

卦辞的制作者说：举行迎神的祭祀，有利于占卜，赶紧叩头吧！这卦的［象辞］也说："泽上有地，临。君子以教思无穷，容保民无疆。"最后的一句，说明儒生们也看到此卦与祭祀的联系。

"至于八月。有凶"，至于，最后达到的意思。看来，《临》所指的祭礼，是有特定的时限的，最后的期限是八月。《礼记·玉藻》云："至于八月，不雨，君不举。"[4] 有可能《临》所指的，也是求雨的祭祀仪式。"有凶"，人们多解作"有凶兆"。我认为，"有凶"即"又凶"。又，相继也。段玉

① （清）阮元校刻：《十三经注疏》，中华书局 1980 年影印版，第 508 页。

② （清）阮元校刻：《十三经注疏》，中华书局 1980 年影印版，第 771 页。

③ （清）阮元校刻：《十三经注疏》，中华书局 1980 年影印版，第 758 页。

④ （清）阮元校刻：《十三经注疏》，中华书局 1980 年影印版，第 1474 页。

裁《说文解字注》："又为更然之词。《穀梁传》曰，又，有继之词也。"① 有继、更然，一直数下去，就叫"又"。八月之又，即超过了八月。巫者宣称，举行这项祭祀，必须在八月底以前，过了期，便得凶兆。关于这上一点，我们在下文还会提及。

迎神祭祀要注意的事项

［初九］咸临。贞，吉。

"咸"，通"感"，情动于中曰感。意指虔诚地迎神。巫者当然大力给予肯定：吉！

［九二］咸临。吉，无不利。

这里的"咸"，则是聚和一起的意思，咸临就是指人们一齐出动，迎候神灵。（否则，就没有理由与［初九］重复。）对此，巫者也说"吉"，然后又再说"无不利"。

这一爻，似乎是画蛇添足，但按其语境，可能当时有人认为迎神时未必需要全体人马出席，于是巫者重申："无不利。"（［象辞］也说："未顺命也"，看来也觉察到了当时有人提出不同的意见。）

［六三］甘临，无攸利；既，忧之，无咎。

"甘临"，高亨先生释"甘"为"钳"，说是"强制之

---

① 蒋人杰编纂，刘锐审订：《说文解字集注》，上海古籍出版社1996年版，第589页。

义"①。而黄寿祺、张善文先生则从王弼《周易注》"佞邪说媚，不正之名"，释"甘"为"甜美巧佞的言辞"②。高、黄等先生的解法截然相反，很是有趣。

我认为，"甘"通"泔"。泔，米汁，也就是酒。桂馥《说文解字义证》引："泔久则酢。"③ 用米水酿的酒，时间长了便不新鲜，会变味。这爻说"甘临"，是指用泔迎神的意思。对此，巫者便淡淡地表态："无攸利"，即说这样的做法，没有得到什么好处。

"既，忧之。"既，已也，等于说结束了。这里是说人们捧出了泔酒迎神之后，又忧心忡忡，怕的是泔酒不够新鲜，若变潲变酸，反惹得神灵不高兴。本来，巫者对以泔迎神不置可否，不过，人们既有所担忧，有所懊悔，巫者也就认为神灵不会介意，于是给信众作出了"无咎"的抚慰。

［六四］至临，无咎。

对"至"，陈鼓应、赵建伟先生的解释是"至为妥善"④。黄寿祺、张善文先生则释为"极也，十分亲近"⑤。两说均可参考。不过，这两种解释，也似难与下文"无咎"挂得上钩。试想，无论是"至为妥善"也好，"十分亲近"也好，都是值

---

① 高亨：《周易古经今注（重订本）》，中华书局 1984 年版，第 218 页。

② 黄寿祺、张善文：《周易译注》，中华书局 1981 年版，第 169 页。

③ 蒋人杰编纂，刘锐审订：《说文解字集注》，上海古籍出版社 1996 年版，第 2396 页。

④ 陈鼓应、赵建伟注译：《周易今注今译》，商务印书馆 2005 年版，第 190 页。

⑤ 黄寿祺、张善文：《周易译注》，中华书局 1981 年版，第 169 页。

得赞扬和称道的，按理，巫者应该给予高度的评价，并且预示以"吉"才合乎逻辑。然而，［六四］的判词，竟是中不溜秋的"无咎"。这一来，倒使人怀疑陈、黄诸位对"至临"解释的正确性。

"至"，我认为应指"至日"。至日即夏至和冬至。"至临"是在至日迎神。考虑到卦辞有"至于八月"，规定迎神期限以八月为底线的说法，那么，［六四］所说的"至"应是夏至。"至临"即在夏至日举行迎神的仪式。按周历，夏至日在八月中，还未超过八月的期限。迎神的时间虽然迟了一些，但还算来得及。所以巫者宣称："无咎"，尚属不过不失。

［六五］知临，大君之宜，吉。

"知临"，是知道、知晓迎神的意义和仪式。"大君"，指最高统治者。巫者认为，了解"临"的全过程，对大君来说，是最合适的。能做到这点，巫者当然十分肯定，给予"吉"的评价。

［上六］敦临，吉，无咎。

"敦"，许多研究者解为敦厚、厚实，也通。闻一多先生释"敦"为"雹"（电），大雨也。所以闻先生释"敦临"为暴雨来临。这样的解释，也似乎隔了一层。

以我看，敦，是器皿。亦作"盩"，用作盛黍。《礼仪·特牲馈食礼》有郑玄注"敦，有虞氏之器也"①，《广雅·释器》："盩，盂也。"侯康《释敦》引《士丧礼》"黍稷用瓦

---

① （清）阮元校刻：《十三经注疏》，中华书局1980年影印版，第1180页。

敦"。又引《内则》注云"敦盛黍稷，必埶（熟）食。敦从（羣）训埶，故盛熟食之器可名敦也"。因此，"敦临"，是捧着盛熟食的瓦器迎神。显然，这是颇为隆重的礼节。对此，巫者判曰"吉"，认为这样做"无咎"，没问题。

从迎神祭祀引申到管治

除了闻一多先生把《临》卦视为与农业有关，是写各种各样的下雨天以外，多数学者，认为它写的是统治者要根据不同的情况，选用不同的管治方法。在他们看来，"临"指的是"君临"，是从统治者的角度总结统治的经验。这样的分析，不无道理，但却无法解释卦辞中"至于八月。有凶"的一句。闻先生的解释，其优点在于考虑到"八月"与天气的联系。其他学者只从政治管理的角度分析爻辞，却忽视了爻辞与卦辞的联系，忽视了"八月"一语的意义，这便难以自圆其说。

把《临》的六首爻辞，视为六种管治下民的做法，其间的界限不易说得清楚。像李镜池先生释〔九二〕"咸临"即"诚临"，要"以温和的政策治民"；〔上六〕"敦临"指"统治者要敦厚诚实，才能得民心"①。试问这二者之间，又有多大的区别？又像高亨先生释〔九二〕"咸临"为"威临"，"以威临民也"；而〔六三〕"甘临"的甘为"严"，亦即"钳"，"多有强制之义"②。那么，此二者也不是相差无几吗？

---

① 李镜池著，曹础基整理：《周易通义》，中华书局1981年版，第40—41页。

② 高亨：《周易古经今注（重订本）》，中华书局1984年版，第217—218页。

我们把《临》卦视为描述迎迓神祇光临的状况和仪式，当然涉及以下事上如何才算合适得体的问题。但这卦的第一层意思，确是写迎候与天气有密切关系的神祇，所以特别提出迎神的祭祀不能迟于八月。至于从迎神的做法、态度，引申到总结下级应该如何对待上级的经验，这也无不可。但不应绕过迎神的具体描写。只有如此，才合乎逻辑。

《临》的［彖辞］是：

临，刚浸而长，说而顺，刚中而应。大亨以正，天之道也。至于八月，有凶，消不久也。

按《临》的卦象为"兑下坤上"。处于下卦属于"兑"的［初九］［九二］两个卦位，俱为阳爻，属刚。"浸"，渐也。所谓"刚浸而长"，是说两个连着的刚爻渐渐成长，意味着愈来愈热（当然，制作者也可能以此比喻为管治者愈来愈成熟）。又"兑"有悦的属性，"坤"有顺的属性，两卦在一起，这就叫"悦而顺"。而［九二］这一刚爻，居于"兑"的中间位置，它和居于"坤"的中间位置的阴爻，阴阳互相呼应，这叫"刚中而应"。制作者认为，时机大好，便该举行盛大的祭祀活动，这才符合上天的规律。如果过了八月，便属"凶"，阳气消失，便不会长久。

此卦的［象辞］是：

泽上有地，临。君子以教思无穷，容保民无疆。
［初九］咸临贞吉，志行正也。
［九二］咸临吉，无不利，未顺命也。
［六三］甘临，位不当也。既忧之，咎不长也。

［六四］至临，无咎，位当也。

［六五］大君之宜，行中之谓也。

［上六］敦临之吉，志在内也。

［大象］说，"兑"为泽的象征，"坤"为地的象征，水泽之上有地，这就叫做"临"。根据这居高临下的意象，君子们就应去效法并且思虑得更深更远。（按："教"通"效"）应容纳、保护更多更多的百姓。很明显，［大象］和［彖辞］不同，它是立足于政治的角度来解释《临》的。

［小象］对［初九］的解释是，虔诚地迎神，说明心地、行为都很端正。而［九二］之所以要强调人们应该一起去祭祀才是"吉"，才会"无不利"，是因为有人有不同的意见，有"未顺命"者。至于［小象］对其他几爻的解释，无非是说其位置合适，或是说大君行为合适，或是说祭祀者内心敦诚，都不难明白。

在这里，［彖辞］和［象辞］提出了两个值得我们注意的问题。

首先是"大亨以正，天之道也"的说法。所谓"天之道"，就是自然的法则、规律。《周易》的制作者认为，进行盛大的祭祀，应该找寻正确的合适的时间，例如说，不要过了八月，才是合乎"天之道"的。这里面，包含着人对自然条件认识的问题，而认为只有选择正确的祭祀时间，才能与上天沟通，也接触到天与人关系的问题。初民觉得，天与人是感应的，祭祀者只有虔诚地齐心地祭祀，不在祭奠时偷工减料，马马虎虎，才会得到自然的荫庇恩宠。当然，其间有迷信的成分，但是，初民注重"天之道"，注重与自然沟通，把自然规律视为"大亨以正"的条件，这又含有积极的成分。

另外，［象辞］说"教思无穷，容保民无疆"，也是颇有意思的见解。

关于"教"，有些学者解为教育、教导。其实，这里的"教"是效法的意思。据饶炯《说文解字部首订》云："教、斅本一字，而分为二义。自施者言之曰教，读古孝切；自效者言之曰斅，读胡觉切，此声因义异者也。其实斅为本字，以子爻声，意取为人所象效。"①

我们之所以要弄清楚"教"字的含义，是因为［象辞］提出"泽上有地"，认为君子要效法土地具有容纳百川的度量，要像土地保持水流那样保护百姓。当然，这想法最终有利于君子，但毕竟多少懂得包容和爱护的道理。

---

① 蒋人杰编纂，刘锐审订：《说文解字集注》，上海古籍出版社 1996 年版，第 654 页。

第二十 《观》辨

☶ 坤下巽上

观：盥而不荐，有孚颙若。

[初六] 童观，小人无咎，君子吝。

[六二] 窥观，利女，贞。

[六三] 观我生，进退。

[六四] 观国之光，利用宾于王。

[九五] 观我生。君子无咎。

[上九] 观其生。君子无咎。

灌盥和献牲

我们先来弄清楚卦辞。

提到"观"，人们第一个反应，很自然是：观察。程颐在《程氏易传》中说："凡观示于物则为观。"不过，朱熹在《周易本义》里就把"观"看得复杂一些，他说："观者，有以中正示人，而为人所仰也。"这等于示范。李镜池先生在这基础上，还指出它是"谈政治上如何观察和观察什么"①。

---

① 李镜池著，曹础基整理：《周易通义》，中华书局 1981 年版，第 41 页。

不过，《说文》对"观"的解释是："观，谛视也。从见，雚声，古玩切。"段玉裁《说文解字注》云："宷谛之视也。《穀梁传》曰：常视曰视，非常曰观。"①

所谓"谛视"，"谛"通"禘"，禘是属于夏天的祭礼，从"示"、从"帝"。

示，意味祭神。帝，甲骨文作畨、畨、畨，象征植物有花蕾、花蒂。在古代，当农作物将要结出果实时，便要举行祭祀仪式，要把液体（或水、或酒、或血）灌注于地，观其渗透的情况，以判断其凶吉，这就叫"观"。观，也和"灌"相通。至于段玉裁说的"宷谛（禘）"，那是在封建主的食邑里举行的灌礼，它不是一般的看视，而是有特殊的内涵。所以，《穀梁传》说"非常曰观"，此之谓也。

《观》的卦辞，第一句是："盥而不荐。""盥"，《说文》解为澡手、洗手，《周易释文》引马融的说法："盥，进爵灌地似降神也。"②"盥"又通"灌"，《礼记·郊特牲》"灌用郁鬯"注云："灌，谓以圭瓒酌鬯，始献神也。"③很明显，盥、灌，实即是以酒（鬯）水注献于地的敬神仪式。

"灌"，又通"祼"。据《说文》："祼，灌祭也。古玩切。"桂馥《说文解字义证》引《诗经·大雅·文王》"厥作祼将"，传云："祼，灌鬯也。"④又引《尚书·洛诰》"王入

---

① 蒋人杰编纂，刘锐审订：《说文解字集注》，上海古籍出版社1996年版，第1826页。

② （唐）陆德明撰，黄焯断句：《经典释文》，上海古籍出版社1983年版，第22页。

③ （清）阮元校刻：《十三经注疏》，中华书局1980年影印版，第1444页。

④ （清）阮元校刻：《十三经注疏》，中华书局1980年影印版，第505页。

大室裸"，疏云："裸者灌也，王以圭瓒酌郁鬯之酒以献尸，尸受祭而灌于地，因奠不饮，谓之裸。"① 可见，上文提到"观""盥""灌"乃至"裸"，音义相近，其实是同一种祭祀仪式的称谓。

至于"荐"，献食也。吴澄《易纂言》云："荐，进也，进祭物以献神也。"② 又《礼记·郊特牲》云："既灌而后迎牲，迎牲而后献荐。"③ 可见先祭奠酒水，再献上物品，是有一套规矩程式的。《观》的卦辞说"盥而不荐"，是只奠酒或泼水于地，并不捧献食品，这里所记的似乎不属于隆重、完整的祭祀仪式。

"有孚颙若"，孚，这里指俘获物，被牵着、缚着的牲口，也属俘获物；颙，温驯地仰望的样子；若，语助词。这句意思是说：这被牵来的家伙，它是很驯服的哟！联系到《礼记·郊特牲》有"迎牲"的说法，我想，这头温驯的家伙会是牛、羊之类的畜生。

以上，从《观》的卦辞看，这卦描写的是某种与祭祀有关的仪式，未必需要扯到政治观察的问题上去了。

古代的泼水节

[初六] 童观，小人无咎，君子吝。

当我们知道"观"即盥、即灌，事情便好办了。它乃是

---

① （清）阮元校刻：《十三经注疏》，中华书局 1980 年影印版，第 217 页。

② （元）吴澄：《易纂言　易纂言外翼》，上海古籍出版社 1990 年版，第 36 页。

③ （清）阮元校刻：《十三经注疏》，中华书局 1980 年影印版，第 1457 页。

一种仪式，和浇泼、洒注、澡涤的举动有关。

"童观"即童盥或童灌。童，孩童，也可以解为僮仆、奴婢之类的底层人物。看来，仪式的举行，有一定次序。开始时，先由小孩们或奴仆们盥灌。这举动，巫者认为"小人无咎"，即说低层人士不妨参与。但有身份的人，便不应在仪式刚开始就马上参加了，所以说"君子吝"。

[六二] **窥观，利女，贞。**

"窥观"一词，惹来的麻烦可大了。

陈鼓应、赵建伟先生说："窥观，是从门缝中观察，喻所观狭隘。"① 高亨先生说："此殆指婚媾之事而言。""余疑周初女子许嫁之前，得一窥观男子，以自决可否。"② 这两种解释，似都不易使人信服。

"窥"，当然有偷看、在缝隙中观看的意思。但是，"窥"，本身就含有窥视的意味。如果像高亨先生的说法，下一"窥"字，或下一"观"字，不就够了吗？何必"窥观"连用以增其累赘呢？

按"窥观"，帛书作"親观"，"親"疑即"圭"。在古代的祭祀中，是要用"鬯圭"奠酒的。《国语·鲁语上》"文仲以鬯圭与玉瓒如齐告籴"，注云："鬯圭，裸鬯之圭，长尺二寸，有瓒，以礼庙。"③ 又《国语·周语》："玉瓒，鬯酒之圭，

---

① 陈鼓应、赵建伟注译：《周易今注今译》，商务印书馆 2005 年版，第 194 页。

② 高亨：《周易古经今注（重订本）》，中华书局 1984 年版，第 220 页。

③ 上海师范大学古籍整理组校点：《国语》，上海古籍出版社 1978 年版，第 158 页。

长尺一寸，有瓒，所以灌地降神之器也。"① 可见，卣圭是盛酒的祭器。圭，形状为上圆下方，用玉石镶嵌，故曰"瓒"。

根据以上的记载，我认为所谓"窥观"，实即圭观，亦即圭灌、圭盥或圭裸。换言之，即以"圭瓒灌郁卣之酒"，意思是以珍贵的盆子、罐子，盛着酒水，灌注于地。看来这是一种颇为隆重的仪式。据巫者的看法，采用这种表示认真、虔诚的祭祀姿态，有利于乡族中女性对婚姻、生育之类的祈求。于是，巫者鼓吹占得此爻者，进一步求天问卜。这就叫"贞"。

有趣的是，好些研究者从"窥观"联想到女子在门缝里偷看，又联想到她们偷看来求婚的男子，从而引申，说此爻乃涉及婚姻问题。由婚姻，又联想到贞节，真是越扯越远。更有甚者，与这爻有关的［象辞］，竟然还说："窥观女贞，亦可丑也"。显然，儒者从礼教的角度来解释此爻，牵扯到"非礼勿视"的问题，这一来，妇女偷窥男性，属于不贞节的行为，当然便被视为属于丑行。在这里，［象辞］制作者胡思乱想，连《周易》以"贞"字通常用以表示占卜的常规，也置诸不顾，而扯到贞节问题上去了。

［六三］观我生，进退。

这一爻，一般研究者都把"生"视为人生之"生"，倒是高亨和李镜池先生解"生"为"姓"，说是"我生即我姓，指亲族"。至于"进退"，指为政措施，认为此爻"意谓要体察亲族的动向，根据他们的意见来决定为政的措施"②。更多的

---

① 上海师范大学古籍整理组校点：《国语》，上海古籍出版社 1978 年版，第 34 页。

② 李镜池著，曹础基整理：《周易通义》，中华书局 1981 年版，第 43 页。

人，释"进退"为当官仕宦的出处进退。总之，人们都把立身处事和这爻联系在一起。

依我看，"生"，通"牲"。《说文》："牲从牛，生声。"何谓"牲"？据《周礼·庖人》注："始养之曰畜，将用之曰牲。是牲者祭祀之牛也，而羊豕亦以类称之。"① 那么，"观我生"，实即"灌我牲"。就是说，以酒或水浇灌、盥洗牲口。《礼记》不是说祭礼中有"迎牲"的仪式么？牵来了牲口，灌浇之，洗涤之，不就是"观我生"的做法么？

至于"进退"，联系上句对"灌我牲"的理解，我认为是指牲口的举止。举行祭祀仪式时，人们把酒水之类浇灌在牲口的头上身上，那牲口自然惶悚不安，躲闪回避，四蹄挪移，这就是巫者所指"进退"的意思。

[六四] 观国之光，利用宾于王。

"国"，指封地、地域。"光"，据《广雅》："光，照也，按光从人持火，盖本义谓以火烛物"。光用作名词，可训为火光、火把、火堆。所谓"观国之光"，就是向在封地里燃烧着的篝火上，浇泼酒邑（这种情状，我们在少数民族跳神、野火之类活动中，还能看到）。

"利用宾于王"，用，作为的意思；宾，据吴澄在《易纂言》所说"诸侯朝贡于王曰宾"②。在巫者看来，若占得此爻，则有利于那些作为周王贵宾的朝贡者。

---

① （清）阮元校刻：《十三经注疏》，中华书局 1980 年影印版，第 661 页。
② （元）吴澄：《易纂言 易纂言外翼》，上海古籍出版社 1990 年版，第 36 页。

〔九五〕观我生。君子无咎。

〔上九〕观其生。君子无咎。

我们把〔九五〕和〔上九〕列在一起，是这两爻的句式完全一样，差别只在"我"和"其"两字。而"观我生"一句，在〔六三〕已出现了一次，〔九五〕和〔上九〕所说的，应该不会与它同一意思。否则，〔六三〕和〔九五〕的叙述便重复了。

我认为，〔九五〕〔上九〕的"观我生""观其生"，生是指有生之体。或可视"生"为"身"。按"生"，所庚切，"身"，失人切，两字同一声纽。因此，这〔九五〕〔上九〕两爻，很可能与"观我身"和"观其身"相通。

此见若不大谬，那么，〔九五〕无非是说：用酒或水灌盥我的身体；〔上九〕则是说：用酒或水灌盥他的身体。这浇泼过来，浇泼过去的做法，没有什么不好，所以，巫者对两爻的判词，都是"君子无咎"。当然，也有可能这两爻的"生"，依然如〔六三〕所指的"牲"，那么，两爻说的是以水浇泼我的牲口，又泼回他的牲口。也通。

从《观》卦的爻辞，我们分明看到一种特定仪式的场面。开始时，有孩童们奴仆们在那里浇浇泼泼。跟着，有人拿着珍贵的盛器浇灌酒水于地，然后又有人用水呀酒呀泼向牲口，泼向篝火，再就是你泼我，我泼你……真是热闹非凡。

从上面所记录的祭祀场面看，它和现在少数民族地区依然流行的"泼水节"民俗活动，不是颇为相似么？由于在《观》的卦辞与爻辞中，没有特别提到与酒有关的文字，此其一。另外，〔初六〕写奴仆们参与"灌盥"的仪式，若说他们也来奠酒，在等级森严的年代，奴仆们不可能有机会上得场面。因此，我宁愿相信，先民们用于"灌鬯"仪式的液体，多半是水。如果用的果真是水，那么，《观》卦无非是记录我们的祖先，在千百年前举行的泼水节活动。

上面说过，观，是禘祭的仪式。而禘祭，是在夏天举行的。段玉裁《说文解字注》云："禘有三，有时禘、有殷禘、有大禘。时禘者，《王制》春曰礿，夏曰禘，秋曰尝，冬曰蒸是也，商周之礼也。"① 在夏天，雨水丰足，人们泼水嬉戏，既是农时的欢乐，又有驱秽辟邪的作用。因此，这很受群众欢迎的"禘"，便作为一种民俗，流传下来了。

"神道设教"与"观民设教"

《观》的［彖辞］说：

大观在上，顺而巽，中正以观天下。观，盥而不荐，有孚颙若，下观而化也。观天之神道，而四时不忒。圣人以神道设教，而天下服矣。

［彖辞］首先解释卦象。《观》的卦象是"坤下巽上"，处于卦位最上方的［上九］［九五］，都属"巽"的阳爻，这象征处于上位的统治者，可以在上方宏观地视察一切，这就是所谓"大观在上"。

"顺而巽"，据云"坤"的属性为顺，而"巽"为风的象

---

① 蒋人杰编纂，刘锐审订：《说文解字集注》，上海古籍出版社 1996 年版，第 20 页。

征，风顺着一定的方向吹拂，也有顺从的意味。看来，［象辞］的制作者认为"坤"和"巽"连续四组阴爻，和上头［九五］［上九］的两组阳爻相呼应，显得很温顺，这有助于上头的统治者作宏观的观察。而"中正以观天下"，"中正"，是指［九五］的阳爻居中而得正，象征统治者能够合适地公正地观察。以上所说，是［象辞］解释卦象的大致思路。

"下观而化也"这一句，是对卦辞的解释。卦辞不是有"盥而不荐，有孚颙若"的说法吗？只浇灌酒水，而不献荐食品，这是不用宰牲的薄祭，所以，那些"孚"便显得从容了。《周易》的制作者认为，管治者如果按照卦辞的做法，以宽松仁厚的态度向下观察，善待下层人士，这就是最完美的教化。

接着，制作者做出总括性的判断，他指出："观"，这种盥灌的祭仪，是和上天沟通的方式，是符合上天最神妙的规律的。正因如此，所以春夏秋冬四时，不会出现差错。进一步，他提出了一个关键性主张："圣人以神道设教而天下服矣。"

何谓"神道设教"？说穿了，是指以玄妙的、神秘的方式、办法，对百姓进行教化。像用盥灌泼水的祭仪，祈求上天的保佑，还可以从酒水流注的形状，观察到上天的态度等等。这些，就是对管治者最好的教育方法。既然致祭者的想法和上天沟通了，既然上天也知道了，那么，一切都在冥冥中安排，即使老百姓的愿望未能达到，也不由得天下不服！

谋求"天下服"，这正是"圣人"们"神道设教"的妙用。到后来，各种各样的宗教，在教化和在让"天下服"方面，收到的功效也真不少。

若就《观》的爻辞来说，除了巫者加上一些判语外，它只是初民在以灌盥为祭仪的实况记录，而［象辞］的制作者却从中生发出一套管治经验，特别是"神道设教"的"设"

字，有深意在焉！值得细细品味。

《观》的［象辞］是：

> **风行地上，观。先王以省方，观民设教。**
> ［初六］**初六童观，小人道也。**
> ［六二］**窥观女贞，亦可丑也。**
> ［六三］**观我生，进退，未失道也。**
> ［六四］**观国之光，尚宾也。**
> ［九五］**观我生，观民也。**
> ［上九］**观其生，志未平也。**

"巽"象征风，"坤"象征地，［大象］说：风运行在地面上，这就称为《观》。值得注意的是，对《观》的作用，［大象］直截了当地说出了它的看法。第一是"省方"。省方者，省视、巡察四方也。［大象］的制作者其实晓得，《观》的爻辞所记录的，是灌盥的祭仪，是一地的风俗。所谓"观风俗，知厚薄"，君子们到一地"省方"，就可以观察民情，采取适当的措施。第二是观察到风俗、民风以后，便"设教"。设教者，设置一定的教化办法也，例如大力推行各种各样的祭呀礼呀等等，都是有效的教育方式。很清楚，［象辞］和［象辞］的制作者一样，都有很敏锐的政治视角。

［小象］说：童观，是一般孩子的见识。当然，这里所说的"小人"，也可引申为庶民百姓。至于对"窥观"一爻的释义，［小象］表现出儒家的思想，我们在前边谈论过了，兹不赘。

［小象］提出，"观我生，观民也"，意思是说，从灌盥祭仪中观察自身得到的感受，也是观察老百姓感受的办法，就是

说，可以推己及人。不管其出发点如何，这思想是值得肯定的。

而"观其生，志未平也"，意思是说，在灌盥的祭仪中，看到酒水浇灌到别人身上，是自己的心志未平衡、未满足的表现。此条爻辞中还有"君子无咎"一句，[小象] 的制作者认为，凡事有不满足感，是"无咎"的。事事满足，反不足取。

仔细研究，[彖辞] 强调"神道设教"，而 [象辞] 则提出"省方"，提出"观民设教"，它们之间的着眼点，有所不同。[彖辞] 从灌盥之祭中看重与神的沟通，希望通过"神"来教化；[象辞] 则从灌盥之祭中看重风俗、民情，希望"观民"以设教。显然，如何看待《观》，不同的思想家有不同的考虑。

第二十一 《噬嗑》辨

䷔ 震下离上

噬嗑：亨，利用狱。

[初九] 屦校灭趾，无咎。

[六二] 噬肤灭鼻，无咎。

[六三] 噬腊肉，遇毒，小吝，无咎。

[九四] 噬干胏，得金矢，利艰贞，吉。

[六五] 噬干肉，得黄金，贞，厉。无咎。

[上九] 何校灭耳，凶。

噬嗑和刑讼有关吗？

这一卦，卦辞出现了"狱"字，人们立即考虑到"牢狱"，而牢狱又与打官司有关，于是又想到诉讼。这一来，闻一多先生认为《噬嗑》是"讼狱之象"[①]。其他学者，说法也大同小异。

"噬"，《说文》："啖也。"即咬、食。嗑，指牙齿上下交

---

① 蔡尚思主编：《十家论易》，岳麓书社 1993 年版，第 529 页。

合。[彖辞]"颐中有物，曰噬嗑"，王弼注云："颐中有物，啮而合之，噬嗑之义也。"显然，噬嗑是咬啮食物，这并不费解。

"狱"，牢狱。《说文》："狱，确也。从㹜，从言。（徐锴本作言声）二犬所以守也"。为什么释狱为"确"？段玉裁《说文解字注》云："确即今之埆字。《丘中有麻》传曰：硗埆谓多石瘠薄。"① 可见，所谓狱，是指有犬监守着的坚固的石头房子。

从这卦以"噬嗑"为名看，它所写的，当是与啮啮食物的形态有关。在卦辞中，巫者说：占得此卦者：亨，应举行祭祀了。并且说，这样做，有利于"用狱"，即对监禁、严管的措施有利。或者说，这有利于以坚固的牢房，实施禁闭人或兽的做法。

能够啮咬食物的，肯定是动物。这动物，到底是人，还是兽呢？

按照汉儒以来和闻一多先生等诸位学者的解释，噬嗑者，指的是人。正因是人，才会和刑讼的问题连在一起。而学者们判断的根据，主要是卦辞中出现了"利用狱"一语。能够有坐牢的资格的，不就是人么？人和牢狱挂上钩，必与打官司有关，所谓"讼狱之象"，便由此推导而出。

但使人疑惑的是，在《噬嗑》的各条爻辞中，有哪一条和讼狱有联系呢？

为了说明这一点，闻一多先生在释［九四］"得金矢"和

① 蒋人杰编纂，刘锐审订：《说文解字集注》，上海古籍出版社 1996 年版，第 1992 页。

［六五］"得黄金"两爻中，找到了论据。他说："孙诒让曰：据《管子》所云，盖未讼之先，则令两人束矢。既断之后，则不直者没其矢以示罚。故《淮南子·氾论训》云：齐桓公令讼而不胜者出一束箭，明胜者不失矢矣。又曰：《大司寇》入钧金，三日乃致于朝，然后听之者，此亦谓狱未断之先，两入钧金。既断之后，则不直者没入金以示罚，直者乃还其金。故《易·噬嗑》为讼狱之象，其［九四］辞云得金矢，又［六五］云得黄金，即谓讼得直而归其钧金束矢也。"闻先生认为：孙诒让以《易》证《礼》，可"移其说转以读《易》"，"故备述之以为治《易》之龟鉴"。①

确实，《周礼·大司寇》载有关于当时诉讼的情况，确有"得矢"和"得钧金"的惯例。问题是，《噬嗑》所写的矢和金，是否与《大司寇》所载者是同一回事？如果是，那就出现了一些难以说明的问题：第一，［九四］的"噬干肺，得金矢"，和［六五］的"噬干肉，得黄金"，性质是一样的，都是吃了干肉，诉讼得直。而这同一内容的描述，为什么出现两次？

第二，尤为奇怪的是，这两爻性质既相同，为什么巫者的判断相差甚远？［九四］判的是"利艰贞，吉"；［六五］判的是"贞，厉。无咎"。

第三，若从［六五］看，既然得了黄金、钧金，获了胜诉，为什么占卜的结果，反是"厉"？当然，巫者最终也判曰"无咎"，但总说不上是吉兆吧！这种种矛盾，表明闻先生从孙诒让那里得到的启发，未必说得通。因为，《噬嗑》所写

---

① 参蔡尚思主编：《十家论易》，岳麓书社1993年版，第529页。

的，和《大司寇》所记的，也未必是一回事。

陈鼓应、赵建伟先生也认为《噬嗑》是"专论狱案刑律之事"，其主要根据是帛书"噬"作"筮"。据《蒙》卦《释文》云："筮，决也。"于是推导出"人有违法犯案者，决之使合于法"的结论。而对此卦爻辞中的"噬"字，陈、赵先生则释为"贪吃"，如"噬肤"，释为"贪吃肥肉"。[①]

但是，要知道，这一卦，在帛书中的各首爻辞里，也都是使用"筮"字的，如"筮肤""筮腊肉""筮干肉"等等。在帛书这些地方的"筮"，不知陈、赵先生作何解释？难道也释之为"决"么？看来，这解释颇可商榷。

能否换一个角度，去思考《噬嗑》所描写的内容呢？下面，我们且对爻辞逐一分析。

会是"狼"来了吗？

[初九] 屦校灭趾，无咎。

"屦"，原义鞋子，作动词用，则是踩踏、贯穿的意思，所以李鼎祚《周易集解》引虞翻注："屦，贯也。"

"校"，《说文》云："木囚也，从木，交声。"这"囚"字一下，似有利于《噬嗑》为讼狱之说。但是，这囚笼，一定用以囚人的吗？沈涛的《说文古本考》引师古注：指出"校，木囚也，亦谓以木相贯遮拦禽兽也"。王筠《说文句读》

---

① 参陈鼓应、赵建伟注译：《周易今注今译》，商务印书馆 2005 年版，第 201 页。

在《汉书赵充国传》"校联不绝"条，引颜师古注云："此校谓以木自相贯穿以为固者"①。可见，校，也有栅栏的意思。《周礼·夏官·校人》："六厩既校，校有左右。"② 这里所说的校，便是马厩的围栏。其实，后来我们常用的学校的"校"，不也具有把学习的地方围起来的意思吗？

关于"灭"，有人认为作伤害解。"灭趾。无咎"，说是"被割掉脚趾却没有大的灾祸"。这怎么可能呢？割掉脚趾怎能算是小事呢？我认为，吴澄在《易纂言》的解释更为合理，他说："灭，没也，犹浸在水中，没而不见也。"③ 朱骏声在《六十四卦经解》中也说："灭，没也，掩藏之意。"④ 因此，"屦校灭趾"，用今天的话说，是踩踏了栅栏，遮没了脚趾。

看来，这爻是写某种有脚趾的物体，正要突入"禁区"，它的脚，已经伸了进来，而地面上的丰草或者栅栏木条，正好掩藏了它的脚趾。遇到这种情况，巫者对占卜者说："无咎"。这判词，是根据"屦校灭趾"的情况，对栅栏的所有者而言，而非对踩栅栏者而言。因为，虽然有物穿窬，尚未见造成很大的损害。所以巫者对善男信女给予适当的安慰，让他们不要过于担忧。

至于"屦校灭趾"者，究竟是什么东西？我们将结合下文分析。

---

① 蒋人杰编纂，刘锐审订：《说文解字集注》，上海古籍出版社 1996 年版，第 1250 页。

② （清）阮元校刻：《十三经注疏》，中华书局 1980 年影印版，第 860 页。

③ （元）吴澄：《易纂言　易纂言外翼》，上海古籍出版社 1990 年版，第 158 页。

④ （清）朱骏声：《六十四卦经解》，中华书局 1958 年版，第 93 页。

[六二] 噬肤灭鼻，无咎。

"肤"指肉。吴澄《易纂言》："肤者，豕腹之下，柔软无骨之肉。"又说："所噬之虏，掩过噬者之鼻也。"[①] 我认为，吴澄对"噬肤灭鼻"的解释十分妥帖。现在要研究的是，这"噬肤"者，包括下面各爻所说的"噬腊肉""噬干胏"等，到底指的是什么东西？是人？还是野兽？

"噬"，大口吞食也，狼吞虎咽也。噬肉的时候，把鼻子压着肉，鼻陷在肉中，连鼻子也遮没了。这形状，与其说是人贪吃的狼狈相，不如说是野兽咬啮的姿态。你到动物园去看一看，便可知道这完全是肉食兽进食的样子。另外，这爻所说的"肤"，应是指生肉，和下面几爻的"腊肉""干肉"有所区别。

这家伙，生肉也吃，腊肉、干肉也吃，以我看，它未必是人类。当然，我们的老祖宗也有过茹毛饮血的经历。但《噬嗑》写到"金矢""黄金"，当时分明已进入文明时代。能使用黄金和以金矢的人，还至于大口吞吃生肉吗？我看不可能。因此，我宁愿相信，《噬嗑》所写的脚趾超过栅栏咬食生肉的家伙，更可能是四条腿的野兽。

[六二] 一爻所叙述的，是出现野兽"噬肤灭鼻"的情景。那么，看到这情景的人，或者是"肤"的所有者，家里的生肉被闯进来的野兽噬吃了。他求神问卜。巫者便给予卜兆："无咎"。看来，这种事，当时是会经常发生的，损失了

---

① （元）吴澄：《易纂言　易纂言外翼》，上海古籍出版社 1990 年版，第 159 页。

一两块生肉，也没有什么了不起。这不是好事，也说不上是坏事，所以是"无咎"。如此而已。

确定噬者是兽，下面的问题就好办了。

［六三］噬腊肉，遇毒。小吝，无咎。

"腊肉"，陆德明《经典释文》引马融的说法，"烯晞于而炀于火曰腊肉。"[①] 也有人释为干的肉块。不管怎样，这是经过处理的肉。

"遇毒"，毒，当然是指有毒的东西，《说文》徐锴注云："害人草，若江东荼、莽、冶葛之属。竹亦有毒，南方有竹，伤人则死。"从这爻的语气看，这毒，是置于腊肉中的。如果那"噬腊肉"是来犯的野兽，那么，"遇毒"者，也正是那闯来噬肉的家伙。在狩猎时代，古人是有用草木的毒汁，涂抹在肉的上面，作为诱饵，用以麻醉或毒杀野兽的做法的，到现在，少数民族或非洲的土著，还往往以此为捕猎的手段。此说如能成立，那么，遇毒，指的是兽类中了人类的圈套，而不是指人吃了腊肉而中毒。

"小吝"，这是巫者对占卜者的启示。意思是说，碰到野兽吃了经过炮制的有麻药的熟肉，是有不妥之处的。道理很简单，熟肉经过处理，被"噬"了，猎兽者虽除了兽患，但总属费时失事；或者，那野兽中了毒，如果捕猎者要宰食它，便要提防了，切勿因吃了"遇毒"的猎物的肉，连自己也遇了毒。不过，这捕猎或防兽的办法，尽管麻烦，也还算不会出大

---

① （唐）陆德明撰，黄焯断句：《经典释文》，上海古籍出版社1983年版，第22—23页。

问题，故曰"小吝"。至于说"无咎"，是巫者认为占得此爻者，虽然遇到了一些麻烦，但最终不会有碍。

顺便指出，有研究者为了说明"噬腊肉"者是人，"遇毒"者也是人，可又要解释何以"遇毒"而只有"小吝"而"无咎"，便猜想中毒的人，中毒不深，"没有伤及内脏"。这说法，似不足为据，因为爻辞中实在没有触及"内脏"问题。

[九四] 噬干胏，得金矢，利艰贞，吉。

"干胏"，《经典释文》引马融注云，"有骨谓之胏"[①]，干胏即是连着骨的干肉。

至于"得金矢"，由于许多研究者把人作为"噬干胏"的主体，因此，也认为是人得到了金矢。例如李镜池先生说："吃干肉而发现了铜箭头。"[②] 高亨先生也认为："盖古人射兽，矢着兽体，镞折而钳于骨肉中，未剔出，故噬胏而得金矢也。"[③] 而据《说文》所说，矢"象镝栝羽之形"。王筠《说文句读》说得更具体："入其镝也，丨其干也，丌其栝及羽也。干为矢之大体，不当遗之。"[④] 可见，如果在肉中发现铜箭头，那应称之为镝或镞，而不能说是矢。若说"矢"，整条箭杆插在肉中，岂有在吃肉时才发现之理？

其实，只要我们确定"噬干胏"者是兽，"得金矢"者，

① （唐）陆德明撰，黄焯断句：《经典释文》，上海古籍出版社 1983 年版，第 23 页。

② 李镜池著，曹础基整理：《周易通义》，中华书局 1981 年版，第 43 页。

③ 高亨：《周易古经今注（重订本）》，中华书局 1984 年版，第 222 页。

④ 蒋人杰编纂，刘锐审订：《说文解字集注》，上海古籍出版社 1996 年版，第 1080 页。

也是兽，那么，这两句实在非常简单，它无非是说，在野兽噬咬干肺的时候，便中箭了。它得到"金矢"了，换句话说，这家伙中箭了，如此而已。

"利艰贞，吉。"关于"艰贞"，比较费解。

"艰"，当然也可以作艰难解，人们碰到艰难，便去占卜，似也顺理成章。不过，我以为问题不是这么简单。

"艱"，《说文》"土艱治也，从堇，艮声。"又说："籀文艱从喜。"按照籀文的写法，艱写为𩇯，左边的"堇"，是黏土，表示人涂着泥土或拿着泥块。右边的"壴"，表示鼓。所谓"艱"，其实是涂上黏土击节敲鼓的举动。至于和"艱"相关的"难，"右边的"隹"，是表示以羽毛作装饰，象征女巫们插着羽毛或拿着羽毛跳舞。看来，古人碰到了艰难的问题，便会求神、酬神，而人、天沟通的手段，就是敲着鼓和插着羽毛跳舞。

人们凡是遇上艰难，即敲鼓跳舞，反过来，击鼓舞蹈这"艰"也"难"也（亦即击鼓跳舞的动作），又成了人们遭遇困厄的借代之词。所以，古人在祭祀时，有所谓跳傩的仪式。而"傩"，从"人"从"难"，表示人们扮神怪跳舞以驱邪。这"傩"字的偏旁从"难"，不只是标音，而且有插着羽毛跳跃的含义。

"艱（𩇯）"，右旁从"喜"，喜是"壴"（鼓）。《说文解字》徐锴注云："壴。树鼓之象，屮其上羽葆也，象形"[1]。可见，"𩇯（艱）"与"难"一样，其实都与礼乐有关。

---

[1] 蒋人杰编纂，刘锐审订：《说文解字集注》，上海古籍出版社1996年版，第993页。

当我们知道"艰贞"与"囍贞"相通，那么，所谓"囍贞"，其实是指一种击敲着鼓乐进行占卜的仪式。"利艰贞"者，亦即有利于采用这特定的仪式之谓也。巫者认为，用此办法，可得"吉"兆。

现在，我们还需要追寻巫者推断的思路：从发生野兽闯入栅栏这一事情看，这当然是大事，是遇上了困厄的事。但碰上了大难题，举行隆重的禬祭以禳之。若贞卜，则得"吉"。因为爻辞已写到那闯入的家伙已中了箭，这正是主人家得到好结果的预兆。

[六五] 噬干肉，得黄金，贞，厉。无咎。

此爻的难点，在于"得黄金"。高亨先生说："噬干肉得黄金者，啮干肉而发现有黄金粒也。黄金粒甚微，其不入腹，幸也。黄金粒入腹则死，其人之不死，亦幸也。此遇险化夷之象。"[1] 但是，在 [九四] 中，说干肉里有金矢，也还可以理解，而这爻说肉里竟藏有黄金，则是不可思议了！这黄金是制干肉时放上的？还是野兽先吞了下去的？再者，[九四] 说发现了金矢，没有误入腹中，故曰贞吉；这爻说发现了黄金，也没有误吞入腹，怎么倒说"贞厉"了？这种种矛盾，实在不易说得清楚。

如果和 [九四] 一样，确定"噬干肉"的是野兽，那么，"得黄金"者，也是野兽无疑。

所谓黄金，实即黄铜或青铜。《周礼·考工记·辀人》：

---

① 高亨：《周易古经今注（重订本）》，中华书局 1984 年版，第 223 页。

"六分其金而锡居一，谓之钟鼎之齐。"① 钟鼎的"金"，明明就是铜。在这里，正在噬干肉的野兽，得了黄铜，无非是指它被铜制的刀刃或锤棍之类击中而已。

仔细琢磨，贪食中的野兽中了箭，和被铜制兵刃击中，此两者，是有所区别的。前者说明猎人在远距离攻击；而后者，猎人则是在近距离和野兽接触。两者比较，以兵刃击兽无疑更具危险性。因此，巫者对卜占得此爻的人指出："厉"！意思即说这属于高风险的举动。不过，最后总算有惊无险，或者化险为夷。毕竟人们有兵器在手嘛！

［上九］何校灭耳，凶。

"何校"即"荷校"，肩部负荷着栅栏。"灭耳"，耳部被掩遮了。这句的意思是，那闯进来的野兽，其颈部已穿越围栏，就像荷着木栅的样子，而其耳朵，也被栅栏遮蔽了。换言之，它的整个头部，已经伸了进来，这意味着它的身躯，很容易蹿入庐舍。出现这种情况，这住户实在是倒了大霉，很危急。所以巫者断言：凶！

总之，爻辞叙述的，不过是野狼、野猪之类闯入农舍围栅掠食的几种状态。

从石屋引申为监狱

当我们对《噬嗑》爻辞的意思有所了解以后，回过头来，看它的卦辞，就会容易明白"利用狱"的所指。

---

① （清）阮元校刻：《十三经注疏》，中华书局 1980 年影印版，第 915 页。

上文说过，狱，无疑是指牢狱。牢狱一定比较坚固，但未必都用以因人！坚固的房舍或畜圈，也可以称为牢、为狱。《说文》指出：狱是垸，是用石头砌筑的房子。《噬嗑》卦辞的制作者，在看到了爻辞说到野兽觊觎庐舍，闯越栅栏，噬咬人们贮存的肉脯，甚至需要人们出手捕杀等种种情况以后，便发出判断："利用狱。"意思是说：用石头制的坚牢的庐舍，则更有利。因为，这比居住在用木条围成栅栏的房子牢靠得多，起码它不会让野兽的头钻进栅栏，出现"何校灭耳"的问题。

如上所述，《噬嗑》所写的，不过是古人穴居野处时的生活，它反映了当时人们生存的一种状态。到现在，如果居住在蛮荒之地，人兽共处，那么《噬嗑》中所展现的景况往往也是会出现的。

对《噬嗑》，［彖辞］又是怎样理解的呢？［彖辞］曰：

颐中有物，曰噬嗑。噬嗑而亨，刚柔分，动而明，雷电合而章，柔得中而上行。虽不当位，利用狱也。

［彖辞］首先解释，口中有东西，叫"噬嗑"。占了《噬嗑》这卦，就该拜祭了。接着，它解释卦象。此卦为"震下离上"，震和离，阴阳各三爻，即刚柔各占整卦的一半，这叫"刚柔分"。而"震"有动的属性，是雷的象征；"离"则象征明亮的火光。这两卦合在一起，就如雷电交加。在威严明亮的雷电面前，世上一切，都能彰明地呈现，显得清清楚楚。

至于说"柔得中而上行"，是指"震""离"的两个阴爻（柔），分别处于卦位的中位，而且，"离"的阴爻，还达到［六五］尊崇的上位，这是不适当的。不过，卦辞中有"利用狱"一句，因此，[彖辞]制作者便说：虽然位置不当，但有利于做巩固和加强防范的工作。

在这里，[彖辞]虽然涉及卦辞提出的"狱"字，但并没有触及刑狱罪罚之类的问题。

而[象辞]，解法便不同了：

> **雷电，噬嗑。先王以明罚敕法。**
> **[初九] 屦校灭趾，不行也。**
> **[六二] 噬肤灭鼻，乘刚也。**
> **[六三] 遇毒，位不当也。**
> **[九四] 利艰贞吉，未光也。**
> **[六五] 贞厉无咎，得当也。**
> **[上九] 何校灭耳，聪不明也。**

[大象]认为，《噬嗑》这卦，是雷电的象征。而雷电，又象征上天的威严和对人间的警示。因此，[大象]说：先王从中得到启发，效上天那样执行刑罚，严肃法令。以我看，[象辞]的制作者一定是看到了卦辞里有"狱"字的出现，便联想到"牢狱"，由此，很自然引申为刑罚等问题。

[小象]根据[大象]的精神发挥，像[初九]的"屦校灭趾"，它便理解为让犯人戴着枷锁，伤及脚趾，而为了说明为什么巫者竟判曰"无咎"，便拐了一个弯，说这是为了让犯法者"不行"，而[六二]则是打断鼻梁的刑罚。这刑罚颇重，它只好解释："乘刚也"，意说这受刑者驾凌在"刚"之上，冒犯了尊者。可是，它却忘了此爻还有"无咎"的判语。到底是谁无咎了，是受刑者无咎？还是被冒犯的尊者无咎？[小象]实在说不清楚。

243

[小象]对[六三][九四][六五]等几爻，都是从卦位的角度，去释爻辞的含义的。例如说[六三]"遇毒，位不当"，是它以阴爻而处于阳位。又如为了说明[九四]为什么既是"吉"，又出现了"艰"字，就说此爻是象征光明的"离"卦之初爻，还未进入光明的核心，所以是"未光"，未光，便艰难了。至于[六五]，由于爻辞中有"无咎"，便以它处于"五"的尊位，却以柔（阴）爻相应。在[小象]看来，处理刑罚问题，以柔和的态度为好，所以说它是"当位"的。不过，这解释，和[象辞]说[六五]"虽不当位"，是矛盾的。在这里，我们可以窥见制作者对爻辞解释的随意性。不错，我们可以寻绎解释者的思维逻辑，但应该注意他的解释，并非一定合理。

对[上九]，[小象]认为爻辞之所以判之为"凶"，是由于它"聪不明"。聪，听也，听不明弄不清，便去处理刑罚问题，自然是凶的。而为什么[小象]会从中推导出"聪不明"的说法呢？此无它，不外是爻辞中有"灭耳"一语。连耳朵都没了，自然就听不清了。

在我看来，《噬嗑》的爻辞，和刑罚拉不上边，连[象辞]也没有提及刑罚的问题，只是由于卦辞中有"利用狱"一语。[象辞]的制作者，把"狱"理解为因禁犯人的牢狱，这一来，[大象]便推演出"明罚敕法"的说法，[小象]则由此进一步阐述，乃至弄得越说越玄。

不过，尽管[象辞]的阐析远离爻辞所叙述的内容，但是，我们却可以从它似是而非的词语中，看到[象辞]制作者对刑罚的主张。

首先，他认为要申明法纪，整顿法令，让大家知道要共同遵守律法。其次，他多次提出"位"的问题。有所谓"当位"；有所谓"不当位"。位者，执法者的位置立场和方式方法也。制作者认为，这些，执法者都需要处理"得当"。在决狱时，［象辞］制作者倾向"柔"，主张"明"。这和主张严刑峻法宁枉毋纵的认识，大不一样。

第二十二　《贲》辨

䷕ 离下艮上

贲：亨，小利有攸往。

［初九］贲其趾，舍车而徒。

［六二］贲其须。

［九三］贲如濡如，永贞，吉。

［六四］贲如皤如，白马翰如，匪寇婚媾。

［六五］贲于丘园，束帛戋戋。吝，终吉。

［上九］白贲，无咎。

一次送嫁迎娶的盛会

“贲”，《说文》：“饰也，从贝，卉声。”桂馥《说文解字义证》指出贲是黄白色的文饰，是“文饰之貌”①。“贲”的本义是贝类的饰物。作动词用，便是装饰打扮的意思。卦辞说，占得此卦者，能有所进展，获得小利。

---

① 蒋人杰编纂，刘锐审订：《说文解字集注》，上海古籍出版社1996年版，第1316页。

［初九］贲其趾，舍车而徒。

"贲其趾"，趾指脚。用贝壳之类的饰物装饰足部，像戴上脚镯，我想应是女性的打扮，这情景，我们目前还能在一些乡村、一些少数民族和非洲一些部落的女性装扮中看到。至于"舍车而徒"，无非是说此人原本是坐着车子前往的，大概走了一段路，便下车了，改为徒步前进。这样做，应是摆出诚心诚意以礼相待的姿态。

这一卦，由于爻辞［六四］中有"匪寇婚媾"一语，清楚地点出了它所叙述的内容。再者，在帛书本，此卦的"贲"字，均作"蘩"，蘩是在水中生长的白蒿，《诗·采蘩》有句云："于以采蘩，于沼于沚。"写的是妇女们采摘水蒿以供祭祀的情景。［初九］若作"蘩其趾"，就更明显地说明这是女性以蒿草装饰足部的举动，因此，我认为这装饰足部并且走下车子的人，应是待嫁的新娘子。

［六二］贲其须。

这一爻，许多研究者认为是指男性，"须"即胡须。这也通。

不过，如果指男性，那么，上爻"贲其趾"而下车徒步者，也该是指迎亲的新郎。但下文，又出现迎亲者骑着马儿快快跑的举止。既说他下车徒步，又说他是"春风得意马蹄疾"，岂非矛盾？因此，我宁愿相信，［六二］和［初九］一样，写的都是女性一方的状态。

以我看，"贲其须"，实即"贲其嬃"。嬃，《说文》云："女字也"，《楚辞》曰："女须之婵媛"，贾侍中说："楚人谓姊为嬃。"此说若成立，那么，所谓"贲其须"，就是把从嫁、送嫁的姑娘们也打扮起来的意思。

［九三］贲如濡如，永贞，吉。

"濡"，周法高《金文诂林》释为"湿也"。又段玉裁《说文解字注》："今字以濡为沾濡，经典皆然。"可见，濡具有以水洗涤和以水沾湿的意思。"如"，语助词。"贲如濡如"，可译为"打扮哟！洗涤哟！"这当然是准备参加隆重庆典的举动。

要注意的是，在前面［初九］和［六二］，连续两爻，只有叙述性句式，而没有凶吉判断的说辞，这在《周易》各卦中是少见的。因此，可能这三句本来连缀在一起，而巫者为了要把这组内容，隔分成六首爻辞，便把"贲其趾，舍车而徒"，"贲其须"和"贲如濡如"，分成三爻。由于这三爻本来是同属一个对象的行为，所以，巫者就只在［九三］的后面，才加入"永贞，吉"的判断。

此说如能成立，又反过来说明"贲如濡如"是属于待嫁新娘的行为。在缺水的地方，在婚嫁时强调洗呀擦呀，这在今天也是一种习俗。

以下叙述的，恐怕是男方求婚纳彩的情景了。

［六四］贲如皤如，白马翰如，匪寇婚媾。

［六四］的句子，与《屯》卦［六二］"迍如邅如，乘马班如，匪寇婚媾"一句相似。所谓皤，《周易正义》云："皤是素白之色。"而"皤如"，高亨先生说："马色白皤然也。"但下文跟着有"白马翰如"之句，既说是白马，何必又以"皤然"形容马色之白。所以我认为，所谓"贲如皤如"者，无非是说：打扮哟！穿起素白的衣裳哟！

至于"白马翰如"，高亨先生认为"以翰为乾，长毛曰乾"，"此云瀚如，则马毛长亡之貌也"。① 按《说文》，"翰，天鸡赤羽也"。又《说文解字义证》云："天鸡赤羽也者，言天鸡之羽曰翰。"闻一多先生《周易义证类纂》云："翰本白色雉之名，故引申之，马之白色者亦可谓之翰。"② 这些说法均可参考，认为这句是指在马儿上装饰着羽毛，似更符合此卦一再说"贲如"的意思。你看，人也打扮，马也打扮，这不是颇像《水浒传》第五回所说的"帽儿光光，今夜做个新郎。衣衫窄窄，今夜做个娇客"的俗谚么！

看来，乘着马儿来的，属于男方来求亲的队伍，所以此爻跟着对这行为有"匪寇婚媾"的解释。关于这一点，我们在《屯》卦中已有所解说，此不赘。

［六五］贲于丘园，束帛戋戋。吝，终吉。

"丘园"，小丘里的园圃，当是男女双方相约聚会的地方。"贲于丘园"，是指把丘园装饰了一番。"束帛戋戋"，束帛是求婚纳彩的礼物。陆德明《经典释文》引《子夏传》："五匹为束。"③ 朱骏声《六十四卦经解》也提到"婚礼纳帛一束"。④《周礼·地官司徒·媒氏》还指出："中春之月，令会男女，于是时也，奔者不禁。"又说，媒氏"司男女之无夫家

---

① 参（清）阮元校刻：《十三经注疏》，中华书局1980年影印版，第38页。
② 蔡尚思主编：《十家论易》，岳麓书社1993年版，第516页。
③ （唐）陆德明撰，黄焯断句：《经典释文》，上海古籍出版社1983年版，第23页。
④ （清）朱骏声：《六十四卦经解》，中华书局1958年版，第100页。

者而会之，凡嫁子娶妻，入币纯帛无过五两"①。

至于"戋戋"，少也，朱熹《周易本义》注云："浅小之意"，表示聘礼的微薄。这是对的。可是，有不少学者却根据马融、虞翻等人释戋戋为"委积貌"，反而说戋戋是"一大堆的样子"，说是"跑到丘园，到了女家，送上一束束的布帛，堆成一大堆"②。

这样的理解似不妥。因为，紧接着下文，巫者的判词曰："吝！"即认为娶亲献帛者的做法不妥。说不妥，自然是指彩礼的微薄，否则，送帛"一大堆"，高兴都来不及，何"吝"之有？不过，看来巫者在认为娶亲者彩礼微薄引发了难题之后，也还觉得，物轻人意重，女方到底不介意，好事最终还会办成的。所以又做出补充："终吉。"

［上九］白贲，无咎。

"白贲"，白色的打扮，这本来很简单。但由于有人把"贲"释为斑杂的颜色，问题便复杂化了。试想，又是白色，又是杂色，这怎么讲得过去？于是，有些学者只好转弯抹角以为之说。例如高亨先生说："白贲者，就素为杂色文采也。"他引《论语·八佾》篇："子夏问曰：'素以为绚兮，何谓也？'子曰：'绘事后素。'皆所谓白贲也。白贲者，由质而文之象。"③ 其实，程颐在《程氏易传》的解释更简捷，他认为："贲饰之极，则失于华伪，惟能质白其贲，则无过失之咎。白，素也。尚质素，则不失其本真。所谓尚素质者，非无饰

---

① （清）阮元校刻：《十三经注疏》，中华书局 1980 年影印版，第 733 页。

② 李镜池著，曹础基整理：《周易通义》，中华书局 1981 年版，第 46 页。

③ 高亨：《周易古经今注（重订本）》，中华书局 1984 年版，第 227 页。

也，不使华没实也。"① 他把"白贲"解为朴实的装饰，是颇有见地的。在近代，尚秉和认为"贲而曰白，其为物也明矣。若训（贲）为饰为文为斑为黄白色，为色不纯，此二字皆不能通。诸儒据绘事后素，曲为之说，无当也。"又说："贲无色，故曰白贲。"② 这说法相当透彻。而我认为，若把"贲"字作动词用，似更能切中要害。

无论是高氏或程氏、尚氏，他们所理解的"贲"，都是指"束帛"的颜色而言的。我赞成程、尚的意见。但我想，这爻所指的白色，既指帛，也包括指迎亲者或送嫁者装扮、装饰使用的颜色，它和"皤如""白马"应有相互呼应的关系。看来，《贲》卦的制作者，颇重视白这一种颜色，因此在最后一爻中，给予突出的说明。

对于嫁娶时以白色为衣物的装饰，还配之以白色的马，一片素白，巫者判曰"无咎"。这又颇有意思了。

在现代，民间喜庆嫁娶，除了有些城市居民受欧美影响，新娘子会披上白色的婚纱外，人们一律崇尚红色。而《贲》卦，在喜庆中用的却是白色。这情况，显然是某一特定时代或部落风尚的反映。

据《礼记·檀弓上》："夏后氏尚黑，大事敛用昏，戎事乘骊，牲用玄。殷人尚白，大事敛用日中，戎事乘翰，牲用白。周人尚赤，大事敛用日出，戎事乘骒，牲用骍。"③ 很清楚，尚白，是殷代商族人的习俗。据说，周灭商，商的后人以

---

① （宋）程颢、程颐著，王孝鱼点校：《二程集》，中华书局 1981 年版，第 812 页。

② 尚秉和：《周易尚氏学》，中华书局 2003 年版，第 118 页。

③ （清）阮元校刻：《十三经注疏》，中华书局 1980 年影印版，第 1276 页。

箕子为首迁徙于朝鲜半岛。到现在，那边还保存着在隆重的日子里以白色表示吉庆的风尚。

我们还要注意的是，当巫者看到婚娶尚白的情况，其反应是"无咎"。无咎者，无所谓之谓也，即认为这尚白的习惯，既非吉，也非凶。这说明，巫者下判断的时候，多半是在周代。他们对殷商的风尚有所理解，不至于把白色视为丧服的颜色。当然，新人们没有采用周代尚红的流行色，巫者也没有理由表示欣赏。这样，他们便采取了比较客观的属于中性的态度。由此，我们又可推导出以下两点：第一，《贲》卦叙述的是殷人的婚姻情景。第二，判断此卦凶吉的巫者，极可能是周代的人，此卦制定的年代，也应是尚能包容殷商习俗的周初。

从婚礼想到教化

《贲》卦的卦辞是："小利有攸往。"巫者告诉人们，若占得此卦也能获得小利，放心有所进取吧！

按说，《贲》所叙述的是婚姻喜事，各爻都写到送嫁迎亲的打扮。面对着这喜气洋洋的情景，巫者该做出大吉大利的预兆才对，但是，在统摄各爻的卦辞里，却仅仅许之以"小利"，这是什么道理呢？

纵观《贲》卦中的六首爻辞，巫者只在［九三］做出"吉"的判断。当然，［六五］也说到"终吉"，毕竟是态度勉强。至于其他四爻，巫者一律没有表态。这种情况，在《周易》的其他各卦中是少见的。若从"利"字在爻辞中出现次数多寡来看，《贲》的卦辞做出"小利"总评，也应属可以理解的。

看来，在巫者的眼中，《贲》所叙述的那段婚事，并非很

值得称颂。他似乎对主事一方，是有所介意的，爻辞中出现
"束帛戋戋"一语，便多少透露其隐情。上文引《周礼·地官
司徒·媒氏》提到，纳彩"无过五两"。《礼记·杂记下》也
说："纳货一束，束五两。"① 一两即一匹。也就是说，按规
矩，娶新娘者，要奉上布帛五匹为彩礼。少于五匹者，便属
"戋戋"了，规格就低了。这桩婚姻，只因女方最终不予计
较，才算成事。

显然，巫者站在女方的立场来看问题，认为没有捞到很多
财礼。由此推演，占得《贲》卦者，若有所进取，得到的也
只能是"小利"。

《贲》卦的〔象辞〕是：

**贲，亨。柔来而文刚，故亨。分，刚上而文柔，故小
利有攸往。刚柔交错，天文也；文明以止，人文也。观乎
天文，以察时变；观乎人文，以化成天下。**

制作者说：占了这《贲》卦，是要祭祀的。从卦象来看，
离下艮上，而"离"在〔六二〕的卦位亦即居中之爻，为阴
爻，属柔性；在它上层的〔九三〕一爻，为阳爻，属刚性。
此卦以柔爻来装饰刚爻，以阴配阳，又注意以阳刚为主，这样
的组合很合适，所以它意味着事事亨通。

"分刚上而文柔"，"分"字疑衍，因为上句"柔来而文
刚"，与"刚上而文柔"，句式相互对应，"分"字纯属多余。

这里的"刚"，指的是"艮"在〔上九〕的卦位亦即居

---

① （清）阮元校刻：《十三经注疏》，中华书局1980年影印版，第1569页。

于最上之爻，此为阳爻，属刚；而居于中位的［六五］一爻，为阴爻，属柔。这样的组合，变成阳刚在上面来配合、文饰、辅佐居于主位的阴柔，这虽然也可以，毕竟在以刚阳为主体的氛围中，稍稍逊色，所以若求发展，只有"小利"。

"刚柔交错"四字，通行本缺，据郭京《周易举正》补。［彖辞］制作者认为：刚柔的交错，亦即阴阳日月星辰的交替，这是上天呈现的多姿多彩，是大自然的规律。天之文，和人间相应，便有"人之文"，这人与天，构成一对"刚柔"组合，它们之间有同，也有不同。"文明而止"，乃是人之文。按"离"，象征火，有明亮的属性；"艮"象征山，山是凝重的，有停止、限制的属性，与这《贲》的卦象相应。"人之文"，则是明丽多姿而又有所节制，有所约束。这约束人间之"文"，表现为一定的典章制度。进一步，制作者指出：观察自然界错杂的色彩，可以知道时序季节气候的变化；观察社会上的风俗习惯和典章制度，可以从中得到启发，以便采取有效的教化人民的措施。最后的一句，是整首［彖辞］论述的要害。

为什么［彖辞］会从《贲》卦所描述的婚俗中，生发出有关教化的论题呢？原因是爻辞写到婚礼的诸多规矩和种种装饰，在制作者看来，这规矩和装扮的后面，是有深意的，它意味着对人的张扬和约束，因此，便从"礼"提升到教化的层面。可见，［彖辞］制作者的眼光是相当敏锐的。

我们再看［象辞］：

山下有火，贲。君子以明庶政，无敢折狱。

［初九］舍车而逃（其他诸本多为徒），义弗乘也。

［六二］贲其须，与上兴也。

［九三］**永贞之吉，终莫之陵也。**

［六四］**六四当位，疑也。匪寇婚媾，终无尤也。**

［六五］**六五之吉，有喜也。**

［上九］**白贲无咎，上得志也。**

［大象］根据《贲》卦"离下艮上"的卦象，所以说"山下有火"，这叫《贲》。"离"象征火，象征着明亮，转义为明察，而爻辞描写的是民间婚俗，由此，［大象］指出，管治者可以从中领悟出要明察各种事务的道理；而"艮"象山，象征停止和不可逾越，这意味着凡事适可而止，管治者不要草率地、轻易地做出判断。

［小象］释［初九］一爻，说弃车徒步前行，是遵守婚俗中"不乘车"的规矩，这样做是合适的。［六二］一爻，是说陪嫁的"婪"梳妆打扮，是为了陪同主家一起上去的。而［九三］之所以说是"永贞之吉"，是由于她们无论怎样梳洗打扮，最后都没有搞得过头。

跟着，"六四当位"，是说这卦位是偶数，而处于这位置的又是阴爻，这就叫"当位"。当位本来没有什么不妥，可是看见穿着素色衣服骑着白马的队伍跑了过来，便不能不起了疑心；后来知道了他们不是来抢掠的，而是来结婚的，那当然最后是"无尤"，没有什么不好的。

［六五］是写丘园男女双方聚会，这当然是喜事，故曰"有喜也"。至于释［上九］为"上得志也"，所谓上者，指的是最上面的阳爻，它代表男方；所谓得志者，是说这聘礼戋戋，穿着如此质朴无华的求亲者，得遂其所愿。

［象辞］对爻辞的解析，没有太多穿凿的地方，它引起我们注意的倒是"无敢折狱"一语。"敢"，果敢也。而"折

狱"一词，并非指法官判狱，而是分剖是非的意思。换言之，[象辞] 提醒人们，观乎人文，亦即察看民风民情以及各地的规章制度，千万不要自以为是轻易地做出判断。它要让人明白，每个地方，都有自己的风尚，像出嫁者"舍车而徒"，是合乎一定地方的规矩的，这就是"义"，义即宜。对此，君子们就要尊重，切莫横加干预。

强调做事情要注意一定限度，要留有余地，这是 [象辞] 给人们的启示。

第二十三 《剥》辨

坤下艮上

剥：不利有攸往。

[初六] 剥床以足。蔑贞，凶。

[六二] 剥床以辨。蔑贞，凶。

[六三] 剥之。无咎。

[六四] 剥床以肤。凶。

[六五] 贯鱼，以宫人宠。无不利。

[上九] 硕果不食。君子得舆，小人剥庐。

性侵犯的记述

这是《周易》中少见的凶卦。而且，一般的卦，在卦辞中多有与"亨"有关的字句，《剥》却没有。看来，此卦与祭祀无关。巫者很可能认为，这里面有不方便在光天化日下向神灵表露的叙述。

何谓"剥"，这不难解，剥即剥离、剥脱、剥落，也可解为敲击。总之，剥作为动词，指谓一种举动、行动，这是没有疑问的。

至于这卦为何以"剥"为名？为什么巫者之为凶象，判曰"不利有攸往",对此,则是言人人殊了。有些人,无法就卦辞和爻辞说得清楚,便从卦象入手。按《剥》的卦象为下坤(☷)上艮(☶),李鼎祚《周易集解》引郑玄注:"阴气侵阳,上至于五,万物零落,故谓之'剥'也。"又引陆绩:"艮为山,坤为地,山附于地,谓高附于卑,贵附于贱,君不能制臣也。"① 程颐《程氏易传》也说:"艮重于坤,山附于地也,山高起于地,而反附于地,圮剥之象也。"② 他们都从卦象感悟到此卦象征地表现上下的颠倒。据此,李镜池先生进一步生发,说:"这是一个政治卦,着重反映了农民受贵族剥削的情况。"③

有这么复杂吗?下面,我们结合对爻辞的理解作一辨析。

[初六] 剥床以足。蔑贞,凶。

关于"床",《说文》释为"安身之坐者"。结合着下面爻辞出现"舆"字,于是李镜池先生释"床"为车厢,并说"剥床",农民为贵族敲敲击击,是造车时的动作。更多的人,依书直解,认为床就是指睡觉的床。高亨先生根据章炳麟《小学答问》:"爿"有像人疾病倚着之形的说法,认为"剥床以足"是病痛之象。④ 到底是足部有病,还是生病时疼痛得以足敲床,高先生没有进一步说明。以上种种说法,均可作参考。

---

① (唐)李鼎祚著,陈德述整理:《周易集解》,巴蜀书社1991年版,第104页。

② (宋)程颢、程颐著,王孝鱼点校:《二程集》,中华书局1981年版,第813页。

③ 李镜池著,曹础基整理:《周易通义》,中华书局1981年版,第48页。

④ 参高亨:《周易古经今注(重订本)》,中华书局1984年版,第224页。

在《剥》卦里的"床"，果真是作为坐或卧的工具吗？我认为，以"剥"表示对"床"的拆除或表示敲击，似乎都有点勉强。

查校帛书，"剥床"却写为"剥臧"，这一来，似可找到问题的答案。

"床"，仕庄切；"臧"，则郎切，古音相通。可见，《周易》的通行本与帛书字的不同，其实只是标音的问题。而"臧""床"，又通"装"。装，则羊切，亦和床、臧相通。朱骏声在《说文通训定声》中，以大量材料指明：臧，可"叚借为装"。例如说"《史记》越人蒙字子臧，凡此皆装字引申之义。又为奘"①。

由此，我们有理由肯定，所谓"剥床以足""剥臧以足"，无非都是"剥装以足"的通假。

当我们知道"剥床"即"剥装"，问题就好办了。"装"，即服装、衣装、装束。段玉裁《说文解字注》："束其外曰装。"而"剥"，《广雅·释诂》卷四指出："剥，脱也。"若从此解，那么，"剥床以足"，就是指脱去了用于足部的装束。从［六三］有"剥之"一句以及整卦的语气看，这很可能是男性施之于女性的举动。对此，巫者不以为然，于是提出："蔑贞，凶。"

"蔑"，通"无"，陆德明《周易释文》引马融："蔑，无也。"② 无贞即毋贞、勿贞。巫者认为若占得此爻，连占卜也

---

①　朱骏声：《说文通训定声·壮部第十八》，中华书局1984年版，第909页。

②　（唐）陆德明撰，黄焯断句：《经典释文》，上海古籍出版社1983年版，第23页。

免了，因为这注定是凶兆。

[六二] 剥床以辨。蔑贞，凶。

"剥床以辨"，亦即"剥装以辨"。"辨"，帛书作"辩"，可见也是通假字。高亨和李镜池先生都认为"辨"亦"蹁"的通假。高亨引王引之在《经义述闻》所说："辨当读为蹁，《释名·释形体》曰：'膝头曰膊。膊，团也，因形团圆而名之也。或曰蹁，蹁，扁也，亦因形而名之也。'蹁盖髌之转声。《说文》'髌，膝耑（端）也'。"① 又李鼎祚《周易集解》引郑玄的说法："足上称辨，谓近膝之下，屈则相近，伸则相远。故谓之辨。"② 总之，辨（蹁），指的是膝盖部位。剥脱其用于膝盖上的装束，等于说去掉人家的下裳。这要干什么？其事可知矣！巫者当然看不下去，所以也作出"蔑贞，凶"的判语。

[六三] 剥之。无咎。

"剥之"，等于说：脱掉它！态度显得很坚决。这以两字组成的一句，并不费解。有趣的是，为什么一直反对男士动手动脚，对剥足、剥蹁的行为表示反感的巫者，而在这爻，竟作出"无咎"预示呢？答案只能是：第一，巫者看到被剥脱下裳的一方，没有反抗，半推半就；或者不能反抗，任人作践。这情态，发展下去，分明很容易得手。从男方的角度看，不就是"无咎"吗？第二，在两性关系比较随便的上古时代，巫

---

① 高亨：《周易古经今注（重订本）》，中华书局 1984 年版，第 228 页。李镜池著，曹础基整理：《周易通义》，中华书局 1981 年版，第 47 页。

② （唐）李鼎祚著，陈德述整理：《周易集解》，巴蜀书社 1991 年版，第 105 页。

者觉得，事情发展到这个地步，从女方的角度看，"剥之"就剥之了，也未必有什么损失，于是觉得也属无咎。无论是哪一种答案，都反映出巫者的态度还是稍为松动的。这一点，和后来《剥》卦［象辞］的制作者有明显的不同。

在《剥》卦，［初六］的［象辞］是："剥床以足，以灭下也。"按《说文》："灭，尽也。"尽，也就是去得精光的意思。［象辞］的制作者，其实是了解个中含义的。［六二］的［象辞］则是："剥床以辨，未有与也。"看来，它的制作者把"辨"理解为分辨。分辨者，即有一方不同意，所以说是"未有与"。到［六三］，［象辞］说："剥之无咎，失上下也。"在这里，其制作者甚至连巫者所说的"无咎"，也采取批判的态度，认为有失分寸了。很清楚，《剥》的［象辞］制作者，对"非礼"的行为，其态度与巫者有着明显区别。而他们态度的差异，反过来说明［象辞］制作者也知道《剥》的"不雅"的内容。

［六四］剥床以肤。凶。

对"肤"，人们有各种解释，有说是床面，亦即荐席，因为它接近人的皮肤；有说是扶，通手。高亨先生说疑借为髆，髆是肩胛骨。说是"击床以肩甲，亦病痛之象"。意思是肩部疼痛，疼得直槌床板。倒是李镜池先生说得直接一些，他说："肤，籀文作胪。俞樾《群经评议》云：腹前为胪。肤，借为胪。"[①] 其实，肤，就是肌肤而已。《说文》"肤，皮也"，亦即肌肤也。"剥床（装）以肤"，不过是指剥脱了肌肤的装束，

---

① 李镜池著，曹础基整理：《周易通义》，中华书局 1981 年版，第 48 页。

这等于说让她全裸。你看，事情发展到此，连巫者也看不下去
了。上一爻，对"剥之"，巫者的态度还只是无可无不可。在
这爻，他就直截了当地下一"凶"字。至于〔象辞〕的制作
者也说："剥床以肤，切近灾也"，觉得这样的胡搞，简直近
于灾难。

〔六五〕贯鱼，以宫人宠。无不利。

帛书，"以"作"食"，"宠"作"笼"。若从帛书，则这
爻的断句，可作："贯鱼食。宫人笼。无不利。"

关于"贯鱼"，闻一多先生《说鱼》一文，有非常精辟的
解释。他指出，在古代，鱼，是与性爱有关的意象。在《高
唐神女传说之分析》一文中，他又引述《诗经》中多首以鱼
比喻性的古代民歌，如：

> 岂其食鱼，必河之鲂。
> 岂其取妻，必齐之姜。
>
> ——《陈风·衡门》

> 鱼网之设，鸿则离之。
> 燕婉之求，得此戚施。
>
> ——《邶风·新台》

闻先生还指出，鱼在发情期，鱼尾巴是红色的，这就是所
谓"鲂鱼赪尾"。鱼儿咬尾追逐，便是"鱼贯"，鱼儿贯行，
其实是求偶之象。闻先生又论证说："《左传·哀公十七年》：
'卫侯卜贞其繇曰：如鱼窥尾，衡流而方羊。'疏引郑玄说曰：
'鱼肥则尾赤，方羊游戏，喻卫侯淫纵。'"闻先生还指出：李

后主的词【木兰花】，有云"春殿嫔娥鱼贯列"。鱼贯，不只是说排着队，而且有"望幸"之意。

"贯鱼"，也就是"鱼贯"。闻先生对它的阐析，已成定论，这里不必细表。至于"食"，闻一多先生也以大量的例证指出，它有性交的意思。例如《诗经·陈风·株林》"乘我乘驹，朝食于株"，闻先生说："这诗的本事是灵公淫于夏姬，古今无异说。我以为'朝食'二字即指通淫。"他还认为食字这种用法到汉朝还流行着，并引《汉书·外戚传》"房与宫对食"，《注》载应劭说曰："宫人自相为夫妇曰对食"，因此，他认为"这是古人称性交为食的铁证"。①

"宫人笼"，通行本《周易》"宫人"前有"以"字，帛书本疑脱。若全句是"贯鱼食。以宫人笼"，则文义很容易贯通。

"笼"，就是罩。《说文》释"罩"云："捕鱼笼也，从网卓声。传文作宠，非也。"又《文选·左思·吴都赋》"罩两鲚"，李善注："罩，篝也，编竹笼鱼者也。"② 可见，鱼罩、鱼笼、鱼篓之类，都是捕鱼的工具。而鱼儿入笼，正是男女引诱对方得手的很形象的比喻。上引《诗经·邶风·新台》，提到"鱼网之设"，正是为了"燕婉之求"。在南戏《幽闺记》，蒋世隆想和王瑞兰成亲，有"慢橹摇船捉醉鱼"③ 的唱词，便

① 参闻一多：《高唐神女研究之分析》，闻一多：《神话研究》，巴蜀书社 2002 年版，第 4 页。

② （南朝梁）萧统编，（唐）李善注：《文选》，中华书局 1977 年版，第 92 页。

③ （元）施惠著，中华书局上海编辑所编辑：《幽闺记》，中华书局 1959 年版，第 55 页。

与"笼"的意思相合。易言之，笼作动词用，也有笼络的意味。

"宫人"，许多学者解为妃妾之属，那么，上面的情景便认为发生在宫廷之内，其实不尽然。按《说文》释："宫，室也。"朱骏声《说文通训定声》云："《尔雅·释宫》，宫谓之室，室谓之宫。释文，古者贵贱同称宫。秦汉以来，唯王者所居称宫焉。"在这里，所谓"宫人"，未必是宫妃之类的角色，也可指是"室人"。室人，无非是"家里人""堂官""妻室"之谓。

所以，若从帛书，"贯鱼食，宫人笼"。意思是说，有男士者，像鱼儿衔尾那样追求异性，想要交欢。还许愿、笼络，说要娶她为妻室。后句的"宫人笼"，不过是"笼之以宫人"的倒装。若按《周易》的通行本，此爻作"贯鱼，以宫人宠"。宠作宠爱解，意思也差不多。至于疑帛书本脱一"以"字，若补足为"贯鱼食，以宫人笼"，意思便更加通俗。《诗经·鄘风·桑中》有句云"期我乎桑中，要我乎上宫"，其意正和此爻相通。

经过一番狎戏，又经过一番甜言蜜语的许诺，在巫者看来，这男士应可得手了，于是发出"无不利"的判断。在这里，我们也多少可以看到了那巫者的灵魂深处。

［上九］硕果不食。君子得舆，小人剥庐。

"硕果"，硕与石通，硕果可以解为石果，即坚实的果子，应是比喻曾与男士相狎的女子。"不食"，这里的"食"和上爻是相关的。看来，那男士颠之倒之，最后要求"食"了。谁知道，到了至关紧要的时刻，那女士不干了，这就是"不食"。

意想不到的情况发生了，怎么办？爻辞的制作者记录了当事人的不同做法。

一种是君子，"君子得舆"。所谓君子，是泛指有身份有教养的男士。"得"，段玉裁《说文解字注》云："行而有所取，是曰得也。""舆"，车子。整句的意思是，碰上了那坚定不从的"果子"，求婚的男子要有所取，便需用车子载她回家。在《贲》卦里，不是有"舍车而徒"之句么？坐车求婚或坐车出嫁，表示婚嫁相敬之以"礼"，这是不能马虎的。所以，君子欲如其所愿，最终要守规矩，"忍耐温存一晌眠"，而不能先奸后娶，或者苟且了事。

另一种情况是："小人剥庐。""小人"，泛指没有身份教养的人。"剥庐"，不少学者解为拆掉房子，像高亨先生说："剥庐者，击其庐舍而毁之也"[1]。黄寿祺、张善文先生则释为"剥落屋宇"[2]。这是他们根据自己对《剥》卦理解的逻辑而得出的判断。

"庐"，当可解为庐舍。《诗经·小雅·信南山》："中田有庐，强场有瓜。"中田即田中，庐就是田野里的房子。剥庐，不也可以理解为"剥于庐"之省么？承上意，那"硕果"不肯顺从，"君子得舆"，而没有身份行为粗野的"小人"，便顾不了许多，把那女士剥之于庐，即在田野里的草舍中把她剥脱得精光。这样的蛮干，要干什么，实可不言而喻。

关于"庐"，亦可通"胪"。俞樾在《群经平议》云："腹前为胪。"若把此句作"小人剥胪"，也不过是说那小子剥

---

① 高亨：《周易古经今注（重订本）》，中华书局1984年版，第229页。

② 黄寿祺、张善文：《周易译注》，中华书局1981年版，第202页。

去了人家腹前的衣装，这举动的不文，和作"剥于庐"大同小异。

对这爻，巫者倒没有加上"凶"或"吉"之类的判语，他只记述了当时出现的情况。不过，从"君子""小人"对举的称谓里，他赞成什么？不赞成什么，人们当是体会得到的。

从登徒子好色得到的启发

说实在的，你说《剥》卦十分难解吗？也不见得。封建时代的学者，把《周易》视为儒家经典，不可能想到它里面写的会是如此出格的勾当。但也不能说他们没有多少觉察。像他们意识到《剥》卦写的是一种乱象，《序卦传》则说："《贲》者饰也，致饰然后亨则尽矣。故受之以剥。"《贲》是讲衣饰的，《剥》也和衣饰有关，所以才有"饰而后尽"的问题。既如此，怎么不会考虑剥去衣饰呢？而且，学者们实际上也看到了《剥》的几爻，写的实在是一个动作过程。〔象辞〕记〔初六〕："剥床以足，以灭下也。"〔六二〕："剥床以辨，未有与也。"〔六四〕："剥床以肤，切近灾也。"从灭下，到未有与，再到近灾，〔象辞〕的制作者分明发现这三爻，有步步进逼的态势。只是这种进逼意味着什么？他们没有可能进一步去想而已。

在近世，闻一多先生发现了"鱼贯"的秘密，这在学术界引起了轰动，实际上，现代治《周易》诸家，在注释《剥》的〔六五〕时，也多引及闻一多的见解。按说，在爻辞中已明明出现了"性"的描写，怎么会忽视其他诸爻与〔六五〕的联系呢？此无他，传统《周易》学的神秘光环，遮住了许多人的眼睛，这一来，本来是显而易见的东西，不仅失之于交臂，而且深文周纳，越说越玄了。

我们且看看［彖辞］是怎样说的：

剥，剥也。柔变刚也。不利有攸往，小人长也。顺而止之，观象也；君子尚消息盈虚，天行也。

［彖辞］说：《剥》卦，写的是剥落的事。从卦象看，此卦为"坤下艮上"。"坤"有三个阴爻，"艮"有两个阴爻，坤艮合在一起，此卦就有五阴，而只有一阳。那么，阴柔成了此卦的主体。所谓"柔变刚"，是说阴柔的成分多了，这会改变了阳刚的质量。同时，在卦象中，"坤"在下，阴爻向上延伸，与"艮"的两个阴爻连成一体，而阴爻，被比喻为小人，所以说是"小人长"。既然是小人当道，自然就不利于有所前进，有所发展了。

［彖辞］制作者又根据"坤"有顺从的属性，"艮"则有停止、限制的属性，提出从观察这个卦象，就该明白"顺而止"的道理。所谓顺而止，是指君子应顺客观形势。既然客观情况是"小人长也"，也只好顺着他；在形势未有改变，时机未到的时候，君子既要顺着时势，又要有所不为，止而不前，静而不动。显然，制作者相当熟悉政治斗争的奥妙，他提倡在条件不利的情况下，应俟以待时，采取圆滑的斗争策略。

有趣的是，［彖辞］的制作者，未必看不出《剥》卦爻辞原本所写的实际内容，但两性之间的纠葛，存在着顺从和收手的问题。由此引申，人际关系包括不同政治势力之间的关系，也存在着如何面对不利形势的问题。于是，制作者便把爻辞所写的男女之间"顺而止"的具体行为抽象化，让"顺而止"作为应付不利形势的斗争策略，这实在十分诡谲！

为什么在不利的形势下，要"顺而止"？因为，［象辞］的制作者相信，"消息盈虚，天行也"。就是说，消亡与生息，充盈与亏空，是会相互转化的，换言之，顺与逆，盛与衰，胜与负，总会向对立面转化，他认为，这是自然的规律，是天道运行的法则。在这里，尽管制作者未有提及对立面的转化需要有一定条件，而且容易陷入循环论的窠臼，但是，这论题分明具有朴素的辩证思想，它对我国后世的哲学家产生深远的影响。

［象辞］的解释是：

山附于地，剥。上以厚下安宅。

［初六］剥床以足，以灭下也。

［六二］剥床以辨，未有与也。

［六三］剥之无咎，失上下也。

［六四］剥床以肤，切近灾也。

［六五］以宫人宠，终无尤也。

［上九］君子得舆，民所载也；小人剥庐，终不可用也。

［大象］也是根据卦象："坤"为地的象征，"艮"为山的象征，"坤下"而"艮上"，故曰"山附于地"。

山附于地，当然加厚了下面的"地"，也使屋宇的根基，得到巩固，这就是所谓"厚下安宅"。而从卦象的形象引申，地、下，可以比喻为下民百姓。显然，［大象］这一说，是从另一角度补充［象辞］的论点。它认为在《剥》卦所揭示的"小人长也"的不安定的局面中，"君子"们应该注意厚待"小人"，安定政局。

我们在上面曾经指出，[象辞] 的制作者，也未必不知道《剥》的爻辞的实际内容，但他不可能和盘托出。因此 [小象] 对各爻的解释，像"以灭下也"，"未有与也"，"失上下也"，"切近灾也"，都是语带双关。一直到 [六五] "贯鱼"之爻，由于"贯鱼"的含义已十分明显，制作者只好直说"以宫人宠，终无尤也"。在他看来，作为"鱼"的女子，被那登徒子许以宫人之宠，这是"厚下"的表现，所以是"无尤"的，没有过错的。

至于 [上九] 所写"硕果不食"的情况，[小象] 赞成君子的做法，说这是下民（其实是那被许作"宫人"的女士）得到依靠；而对于那些"剥庐"的小人，他认为是永远不能使用的。

不管怎样，厚待下民，包括厚待那被剥的女子，让事情得到稳妥的处理，毕竟是好一些吧！

第二十四 《复》辨

☳ 震下坤上

复：亨，出入无疾，朋来无咎。反，复其道，七日来复。利有攸往。

［初九］不远，复。无祗悔。元吉。

［六二］休，复。吉。

［六三］频，复。厉，无咎。

［六四］中行，独。复。

［六五］敦，复。无悔。

［上六］迷，复。凶，有灾眚。用行师，终有大败。以其国君，凶。至于十年不克征。

归去来兮

"复"，《尔雅·释言》："返也。"段玉裁《说文解字注》："往而仍来也。"巫者说：占取了这卦，就该祭祀了。

巫者认为，就总体而言，这是一首平安的卦。"出入无疾"，无疾，没有疾病。"朋来无咎"，朋来，指一群人到来。大伙儿呼朋引类地来到，也没有问题。

"反，复其道"，反，即返。巫者提醒外出的人，回家时，

要从原路走。"七日来复",是给离家的人规定回家的时限:
七天就该回来。

当来回路线、日期都安排妥当了。巫者便教人们放心:
"利有攸往",认为如果有所追求,有所前进,是有所裨益的。

下面的爻辞,写的便是有关各种回返的规定。

[初九] 不远,复。无祗悔。元吉。

"不远,复",是说走不远就回来。"无祗悔",陆德明
《经典释文》:"祗,辞也。"① 它属语气词,没有特别的意思。
所以,无祗悔,即"无悔",没有什么不好,而且还会是大吉
大利。

[六二] 休,复。吉。

"休"的本义是止、息。能够得到休息,当然是美事、乐
事,所以《广雅·释诂》引申为"休,善也","休,喜也"。
概言之,休,指得到了舒服的休息。这爻说,休息过了,便回
返。巫者认为这很好,判之曰:"吉!"

[六三] 频,复。厉,无咎。

"频",有两种解释。一种认为"频"是"颦"的假借,
颦是忧蹙的意思。颦复,是有忧心事,便回返。

一种认为"频"是"濒"的假借。高亨先生引《说文》
云:"水涯,人所宾附,频蹙不前而止。从页,从涉。"② 濒

---

① (唐)陆德明撰,黄焯断句:《经典释文》,上海古籍出版社1983年
版,第23页。

② 高亨:《周易古经今注(重订本)》,中华书局1984年版,第230页。

复，等于说到了水滨，便返回。我认为后说似更合情理。谚云："乘船过海三分险"，上古时代，江河湖泊，被人们视为畏途。正因如此，旅行者到了水滨，便折返了。巫者也认为"厉"。据《广雅·释诂》："厉，危也。"这自然是指行人到了烟波浩渺的险境。如果只是"蹔蹙"，那又何来危险？

不过，行人既然知道"回头是岸"，巫者也当然判曰"无咎"。

〔六四〕**中行，独。复。**

"中行"，即在行道中、中途。"独"，只剩一人。这爻是说，走到半路上，只剩下孤单单的独行者，一看这势头不对，便打道回府了。

〔六五〕**敦，复。无悔。**

"敦"，陆德明《经典释文》："韩诗曰，敦，迫也。"敦，也就是敦促，被催促的意思。外出者被催促，便返回。巫者说："无悔"，不会有什么遗憾。

〔上六〕**迷，复。凶，有灾眚。用行师，终有大败。以其国君，凶。至于十年不克征。**

"迷"，就是迷路。"迷复"，是说迷了路，便返回了。在巫者看来，占得此爻，乃是凶兆，它意味着有灾难了。巫者还特别指出，若占行军打仗，最终会大败的。对其国君而言，是凶兆。若占得此爻，不顾一切地硬干，后果是严重的，乃至于会长达十年不能恢复元气。所谓"不克征"，是不能征战的意思。

平安二字值千金

从《复》卦的爻辞看，可知古人对外出远行抱着十分慎重的态度。一旦离开了家门，便简直是如临深渊，如履薄冰。上引的六爻，除了［初九］［六二］外，写的都是一个道理，若稍遇不妥，便应勒马回缰。即使［初九］［六三］属于吉卦，但教人"不远"则返，休息后则返，也是要求行路者适可而止，浅尝辄止，更不能乐而忘返。

在生活中，完全不离乡别井，实际上是不可能的，所以，卦辞的制作者，也不能不对人们的"走出去"，多少抱着开放的态度。他们认为，经过"亨"，拜了神，旅行者和家里人，应是可以放心的。这就出现了"出入无疾，朋来无咎"的判断。但是，这样的保证，又是有条件的，即外出者要定下路线，要定下期限。这一切，说明卦辞作者与爻辞有关的叙述者，态度虽有细微的差异，但对待外出慎之又慎的想法则是一致的。

安土重迁，是自耕自足的农业社会人们普遍的心态。这卦对"复"的强调，对回家的重视，说明此卦叙述的时候，已经从狩猎、畜牧时代，进入了早期的农业时代。

"平安值千金，回家吧！"就是这一卦的主题。

从归家之路说到天道、政道

在《周易》所有的卦文中，《复》是不算难解的一卦。现在，不妨看看［象辞］是如何阐释的：

复，亨。刚反，动而以顺行。是以出入无疾，朋来无咎，反复其道，七日来复，天行也。利有攸往，刚长也。复，其见天地之心乎！

[彖辞] 说，占了《复》卦，它是亨通的，该祭祀了。从卦象看，《复》由"震下坤上"组成。"震"爻最下方是一个阳爻，其上是两个阴爻；"坤"爻则有三个阴爻。所以《复》的卦象与卦位的关系是，一阳五阴，阳在 [初九]。

《复》的上一卦为《剥》。《剥》卦各爻排列的方式，恰好与《复》相反，它是五个阴爻，一个阳爻，阳爻处于 [上九]，即卦的最上方。按 [彖辞] 制作者的看法，《剥》的阳爻上升到最高处，便要回复到最低处，这一来，阳爻在下，阴爻依次上升，便成为《复》的卦象。而阳爻属刚，刚的回还，便是"刚反（返）"。

而"震"，震动也，它有动的属性；"坤"，则有顺从的属性，"震""坤"相连，意味着起动而且顺利地行进，既如此，便一切妥帖，诸事无碍。

所谓"反复其道，七日来复"，是因为 [彖辞] 的制作者把"七"之数，视为一个周期，例如说"先甲三日，后甲三日"，加起来便是七天。从卦位看，"乾""坤"各有七爻，"坤"从 [初六] 开始，升到最高的 [上六]，然后转化，阳爻从最低的卦位开始出现，就变为 ䷗，亦即变为"震下坤上"的《复》。由《坤》而为《复》，刚好经历了七爻，一爻代表一日，故曰"七日来复"。总之，七天，便是一个循环。[彖辞] 认为："天行也"，说这是自然运行的规律。

至于 [彖辞] 所说的"刚长也"，是指处于 [初六] 卦位，作为全卦唯一的阳爻（刚爻），生长起来。出现了这向上的苗头，这就是卦辞所说"利有攸往"的原因。

最后，［象辞］以感慨的口吻指出：通过对《复》的观察，人们可以看到"天地之心"。

何谓"天地之心"？按［象辞］的看法，是指天地对待万物的本心、态度。而《复》卦的卦象，是有阳爻的回复、复生的意味。所以，朱熹在《周易本义》里说："积阴之下，一阳复生，天地生物之心，几于灭息，而至此乃复可见。"由此，他还推论到人的本心："在人则静极而动，恶极而善，本心几息而复，见之端也。"① 把复生看成是造物主的愿望。这说明，制作者认为万物是生生不息的，当旧事物到了消亡的瞬间，又会萌发新的苗头，转化、出现新的生长机制。这种想法，无疑是积极的，并且具有乐观主义的色彩。

从［象辞］把"复"视为自然的规律，以及视为造物主对事物的厚爱这些方面来看，不难发现，［象辞］认为一切都是在变动中，发展中。只有一切在动，才可能出现"回复"的问题，才会出现阴气渐退，阳气渐生的问题。认识到事物在变动，这接触到世界观的范畴了。也正因为认识到一切都在变动，所以，在《周易》里，人们常常看到制作者对"时"的强调，看到古人懂得处理事情，应随着时间、条件的变化而变化。后来的儒家，也普遍继承了这种观点。

不过，认识到事物在变动，这只是说明［象辞］对世界的观察有正确的一面。我们还应该看到，它所说的"复"，是说事物的发展最终又回到原来的起点。本来，爻辞所叙述的内

---

① （宋）朱熹撰，苏勇校注：《周易本义》，北京大学出版社1992年版，第142页。

容，就是"回家"，而这"家"，正是出门的起点。〔象辞〕的认识，倒和爻辞所写的意象相一致，可是，表达为理论，便把发展视为天道循环回到原点的循环论，那就和客观规律不符了。

〔象辞〕又是怎样解释《复》卦的呢？

雷在地中，复。先王以至日闭关，商旅不行，后不省方。

　〔初九〕不远之复，以修身也。

　〔六二〕休复之吉，以下仁也。

　〔六三〕频复之厉，义无咎也。

　〔六四〕中行独复，以从道也。

　〔六五〕敦复无悔，中以自考也。

　〔上六〕迷复之凶，反君道也。

〔大象〕说："震"象征雷，"坤"象征地，此卦卦象是"震下坤上"，所以，《复》，象征着"雷在地中"。正因为这卦只有唯一的阳爻，而且处于最下方，它意味着雷还未发挥作用和威力。

有鉴于此，〔大象〕认为，前代的君王，在冬至的时候，会掩闭自身玄窍，静心地休养。同样，道路上关闭了关卡，商旅不能四出活动；而君王也不会到处视察。总之，占了这卦，就应作好行动的准备，却不能轻举妄动。只有如此，才能与天之道适应。

〔小象〕对各爻的解释是：〔初九〕说走不远便回归，是为了调节好自身，提高自己的修养。"休复"之爻，说休息好了便回家，这也是一种体恤下人或晚辈的仁爱举动。〔六三〕

说频复而无咎，是说濒临险境，却能回头是岸，所以是"义（宜）无咎"的。［小象］接着解释"中行独复"，是遵从正确道理去做的；受到敦促便赶紧回家，是旅途上的人在内心里也有自己的考虑。

至于［上六］一爻之所以"凶"，制作者认为，这外出者误入迷途，不知归路，是因为他违反了君王的政令，属咎由自取。当然，从卦象看，［上六］一爻，属阴爻，阴爻居于最上方，这违反了阴应从顺于阳的规矩，所以也被说成是"反君道"。

如上所述，《复》的爻辞，所描述的不过是旅人回归的几种具体的情况，而［彖辞］和［象辞］，却给予无限引申，仅仅抓住"复"字有回复的涵义，便大做文章，生发出许多道理。老实说，制作者们也走上了迷途。不过，他们在"中以自考"的过程中，悟出的许多道理，却不无参考的价值。

第二十五 《无妄》辨

☰☰震下乾上

无妄：元亨，利贞。其匪正，有眚，不利有攸往。

［初九］无妄往，吉。

［六二］不耕获，不菑畬，则利有攸往。

［六三］无妄之灾，或系之牛，行人之得，邑人之灾。

［九四］可贞，无咎。

［九五］无妄之疾，勿药有喜。

［上九］无妄行有眚，无攸利。

对无妄不同的解释

关于《无妄》的卦题，历来诸家有不同的解释。孔颖达的《周易正义》、陆德明的《经典释文》、李鼎祚的《周易集解》，都认为"无妄"就是"无虚妄"，由此引申，则为"诚"。他们说《无妄》一卦，是说要有诚心，不要大胆妄为，弄虚做伪，金景芳先生在《周易全解》中，也持此说。

朱熹在《周易正义》中则认为，"无妄"就是"无望"。他还拉出太史公司马迁来作证，说《史记》指"无妄"为

"无所期望而有得焉"。①

朱熹何许人也,这位大儒振臂一呼,翕然从之者自不乏人。明代来知德便加以发挥,说是"凡事尽其在我,而于吉凶祸福皆委之自然,未尝有所期望,所以无妄也"②。

有趣的是,朱、来两位均在玩文字游戏,他们转了一个弯,转换了概念,把"无望"说成为"无所期望"。倒是尚秉和老实一点,他说王充等人均以《无妄》为大旱之卦,于是掐指计算一番乾、坤、艮、巽的排列组合,发现"年收失望,故曰无妄"。③

高亨先生的《周易大传今注》,对《无妄》提出新说。他认为"曲邪谬乱谓之妄",无妄即"无曲邪谬乱之行"。④ 这倒不费解,如果用今天的语言直译,此卦等于叫人"别乱来"。

李镜池先生的《周易通义》则认为,"无妄即非意料所及"。⑤ 说白了,等于"没想到"。李先生把"妄"释之为"想",出于何典,不得而知。

以上诸说,谁是谁非,我不敢妄说。但有一点是清楚的,即人们均在"妄"字上下功夫。按《说文》所录,妄、𡚼,乱也。从女,亡声。这个字,金文已出现过,写作𡚼(见毛公鼎)。妄既训为乱,便和虚妄、胡来、胡思乱想沾上了边,孔颖达一派包括高、李两位的意见,即由此而生。而朱熹,显然

① 参(宋)朱熹撰,苏勇校注:《周易本义》,北京大学出版社 1992 年版,第 36 页。

② (明)来知德:《周易集注》,上海古籍出版社 1990 年版,第 172 页。

③ 参尚秉和:《周易尚氏学》,中华书局 2003 年版,第 127 页。

④ 参高亨:《周易大传今注》,齐鲁书社 1988 年版,第 246 页。

⑤ 参李镜池著,曹础基整理:《周易通义》,中华书局 1981 年版,第 50 页。

不是这种解释，他想到古文字有同音假借的做法，便说"妄"
通"望"，把"无妄之灾"说成是"无望之灾"了。至于
"无"，诸家均从"没有"、"不"一类否定的含义去理解，千
百年来，别无异议。

以上诸说，问题不少。限于篇幅，我们且撇开孔颖达等古
人，只就近世几位名家的说法略作探讨。

李镜池先生在说卦题的《无妄》为"非意料所及"之后，
释"［初九］无妄往"为"行动不乱来"，而"［六三］无妄
之灾"为"妄行的错误和意外的灾难"，这等于把"无妄"两
字，一训"不乱来"，一训"乱来"。同是"无妄"一词，在
一卦中意义完全相反，互相打架，岂不令人茫然。

高亨先生则说，"［初九］无妄往者，无乱往也，当往则
往"；①［六三］和［九五］的"无妄之灾""无妄之疾"，训
为"当得之灾，当得之疾"。他对"无妄"的解释，前后倒是
一致，但当解到"［上九］无妄行有眚"时，便卡住了。看
来，高先生也感到，总不能说"当得之行"反有毛病吧，于
是只好怀疑"此爻无字疑衍"，即把"无妄行"解为"妄
行"。说胡作非为导致偏差，自然也说得过去，但为了说通，
而怀疑爻辞缺漏，似乎根据不足。

至于金景芳先生在《周易全解》中释"无妄"为"没有
虚妄"。"没有虚妄"就是"实"，而在释"无妄之灾"时，
却说是"无故而有灾"。②"无妄"变成"无故"，这不知从何
说起。金先生可能没有注意，他的解释前后出现了矛盾。若把

① 参高亨：《周易古经今注（重订本）》，中华书局1984年版，第231页。
② 参金景芳、吕绍纲：《周易全解》，吉林大学出版社1989年版，第
   200页。

"无虚"解为"实",引申为"有故";尚可理解;而再引申为"无故",则刚好转了一百八十度,实在难以自圆其说。

我把诸位名家的意见提出来商榷,意在说明"无妄"一词解释之难,也说明名家之间,意见本就相左,很有作进一步探讨之必要。

"无"与舞与巫

我认为,从古到今,人们只着眼于对"妄"字的辨正,而把"无"字轻轻放过,问题就恰恰出在这里。

"无",即"無";"无妄",即"無妄"。这是没有疑义的。

记得在 20 世纪 50 年代,著名戏剧史家董每戡教授在中山大学讲授戏曲史时告诉我们,古"無"字,即"舞"字。我们查阅甲骨文,"無"作 、 或 ,像人两手执牛尾或茅草而舞。至于"舞"字,据许慎《说文》:"舞,乐也,用足相背,从 ,無声。"许慎把"無"说成为声符,显不尽然。因为"無"本身就有舞的含义。在上古,据《吕氏春秋·古乐》:"昔葛人氏之乐,三人操牛尾,投足以歌《八阕》"。从"舞"字的结构看,既操牛尾 ,又投足 ,隐括了先民们的舞姿舞态。

在上古,舞蹈是先民生活的一部分。他们在采集、狩猎、战斗的前和后,都要舞蹈。其作用,主要是祈求神的保佑。如果遇上灾难,要祭天、祭神,这更离不开舞蹈了。最初,祈福祭神的舞蹈是大伙儿都参加的,随着生产力的发展,社会分工渐趋精细,跳舞祭祀便由专人执行。这种人,便称"巫"。

"巫",《说文》作 。"祝也,女能事無形,以舞降神者也，像人两袖舞形。"再看看甲骨文中的"森"（無），若把仌拉直，把艹简化，不就正是巫吗？可见，無、舞、巫，其实是一个字，连发音也是一样的。换句话说，无的字形，可示为有无的"無"，可示为舞蹈的"舞"，可示为巫祝的"巫"。

庞朴先生在《稂秀集》中有《说无》一文，对"無"字的演变有精辟的分析。庞先生指出，作为"無"的异体字"无"，出现较后。"无"，"在《说文》被目为奇字，勉强附在亡部之下。从现有的第一手材料看，不仅甲骨文中未见有此字，即秦简中也不曾见过。直到银雀山汉墓竹简中，才开始出现'无'字与'無'、'毋'混用"。

当把"無"字作了一番考察之后，我们可以得出这样的判断：《周易》里的"无妄"，原即"無妄"，也就是"巫妄"。《无妄》一卦，内容均与巫有关。

男巫和女巫

现在，需要进一步研究的是，"妄"字应作何解。

"妄"，金文作炁（见《金文编》），毛公鼎《说文》释："乱也。"不过，"妄"是否只有"乱"的一种解释？而且，"妄"的从亡从女，与"乱"有什么关联？也颇值得思索。

"妄"，上边的"亡"通"無"。庞朴先生认为，"亡"源出于"有"。甲骨文刻"亡"为匕或丩，"有"则为有屮。屮的缺失或未完，造字者用它的右半或左半来表示，于是出来了匕或丩。由于古人祭祀、舞蹈的时候，他们所祭祀的对象即天或神，是看不到的、不可知的、无形的，换句话说，相对于实实在在存在的物体而言，它是缺失的，不存在的。所以，"亡"与"無"，意义相通。又，段玉裁《说文解字注》，则说"亡""無"同一声纽，"亡，亦假为有無之無，双声相借也。"[1] 再看篆书，舞字的写法是舞，从羽，从亡，羽是舞者的头饰，而（亡）ㄓ则代替了像人两手抓牛尾的无（无），这也说明，"亡"与"无"，上古时实为一字。

"妄"上边的"亡"，既通"無"，亦即通"舞"、通"巫"。那么，其下边的"女"，不过是表明舞者、巫者的身份性别。由此，我颇疑"妄"的含义，除"乱"外，还通"嫵"。篆书"嫵"作嫵，《说文》训"媚也"，当可理解为妩媚的舞姿或妍好的女巫。

如果上面的推测不至于大谬，那么，所谓"无妄"，有可能就是"巫嫵"，指男巫和女巫，或指舞态纷纭美妙的巫师们。如此而已。

过去的学者，把"无妄"释为"无虚妄"，视"无"与"妄"，一为否定副词，一为形容词，恐未必。符定一在《联绵字典》说："無妄是双声词，明纽。"这种由两个音节联缀成义的词，往往是"上下同义，不可分割，说者望文生义，往往穿凿而失其本旨。"（王念孙《读书杂志》）近年马王堆帛书《易经》出土，把它与通行本相校，则可发现，此卦帛书不作《无妄》，而作《无孟》。卦中文字，通行本作"无妄之灾""无妄之疾"者，均作"无孟之灾""无孟之疾"。怪不得太史公说他看到的古本作"无望"。而"妄""孟""望"分别见于不同文本，恰好说明这三个字，只具标音性质。对其词义的考察，实不必过于执著。

---

[1] 蒋人杰编纂，刘锐审订：《说文解字集注》，上海古籍出版社 1996 年版，第 2686 页。

到现在，人们使用"无妄之灾"这句成语时，"无妄"一般指意想不到或者莫名其妙的意思，这由许慎"妄"为"乱"之说引申。至于许慎的解释，如果按照我们的做法，把"无妄"的原意，追寻到上古的男巫女巫，那么，释"妄"为"乱"，也非不可理解。试想，众巫舞蹈，舞姿妖媚，人们颠之倒之，或者跳得昏昏然，不就迷留没乱了吗？若"妄"的解释果真由此而来，倒反证实"无妄"出于"巫"或"嫵"。

另外，"无妄"，亦实即"巫尪"。据《左传·鲁僖公二十一年》载："夏，大旱，公欲焚巫尪。"杜预注云："巫尪，女巫也，主祈祷请雨者。"按《说文》："尪，曲胫也，从大，象偏曲之形……乌光切"。而"无妄"之"妄"，《说文》注为"巫放切〔闻诓反〕"。"尪"与"妄"同音，于是古人有把"巫尪"记音"无妄"。

杜预把"尪"的性别，坐实为女巫。不过，《礼记·檀弓》则云："岁旱，穆公召县子而问曰：'天久不雨，吾欲暴（曝）尪而奚若？'曰：'天久不雨，而暴人之疾子，虐，毋乃不可与！''然则吾欲暴巫而奚若？'曰：'天则不雨，而望人之愚妇人，于以求之，无乃已疏乎！'"若按《礼记》所云，"巫"则为女性，而"尪"是患病者。说他患病，看来是因为他走起路来"曲胫"的缘故。但这曲胫而行，其实是舞步，说尪是"疾子"，实在是出于误会。

无论尪的性别如何，总之他等同于"妄"，属于巫的一类。

巫的各种活动

我认为，《无妄》一卦，不过是上古巫师们生活的描述。

下面，先从其爻辞说起。

[**初九**] **无妄往，吉。**

这爻无非是说，巫师们出发了。往，当指从事祭神祈福的一类工作，能使下情上通于天，故曰吉。

[**六二**] **不耕获，不菑畬，则利有攸往。**

这爻记述巫的生活状况。他们不耕而获，不菑而畬，即不耕种可以得到收获，不开荒可以得到熟田。

请注意，巫师们不治生产，却可以得到生活资料。"则利有攸往"，这"则"字很重要，它连结上文，表明先民们的态度。他们认为巫不参加劳动是好事。可见，殷周之际，巫已成专业性人才，社会分工渐趋明显了。

[**六三**] **无妄之灾，或系之牛，行人之得，邑人之灾。**

这爻写的是巫者在灾祸时祭祀的情况。"无妄之灾"一语，现在人们多作"意想不到的灾祸"解，但在卦中，"之"当作动词，亦即上爻的"往"。用今天的话，这句意为巫师前往灾区。有灾祸发生，巫者是要去跳大神的。

"或系之牛"的"或"，我以为不作连词，而是名词，通"域"。《说文》释或：邦也，地也。古籍此字为𢧢，从邑，表明是城邑之意。当灾祸发生，城邑祭天，男巫女巫便派上用场了。城邑的人绑了牛作祭品（帛书"或系之牛"作"或击之牛"），设祭的福品，见者有份，过路人也有所得，居民们则大块割肉。"邑人之灾"的"灾"，是"菑"的通假，切肉大者为菑，音菑。菑则通灾（灾）。《诗经·大雅·生民》"无菑（灾）无害"可证。这几句所写的景象，文献多有描述，像《尸子》云："汤之救旱也，乘素居白马，著布衣，婴白草，以身以牲，祷于桑林之野。"（《艺文类聚》八二，《初学记》九引）

［九四］可贞，无咎。

指巫师们可作占卜，这是他们的工作范围，自然是"无咎"的。

［九五］无妄之疾，勿药有喜。

此爻说巫师们前往治病。可神了，连药也不用，病者便康复了。据《广雅》："医，巫也。"巫兼管医术，所以医字亦从巫，作"毉"。

［上九］无妄行有眚，无攸利。

"眚"，灾也，病祸也。这一爻，很值得注意，意谓巫者的行为、行动，如果有了毛病，其行不正，其心不诚，那就祭祀不灵，"无攸利"了。

巫的职能和作用

上述六条爻辞，其中有记事之辞，有说事之辞，又有占断之辞。把爻辞弄清楚了，回过头来再看《无妄》卦辞，就很易理解了。

《无妄》卦辞说的是什么？高亨先生认为："无妄，卦名也，元，大也。亨即享字，古人举行大享之祭，曾筮遇此卦，故记之曰元亨。利贞，犹利占也。"高先生又指出："其匪正有眚，言其所行不正则有灾眚也。"① 此说很精当。但"其匪正"的"其"，究竟指谁，高先生未有说明。按照上文所析，我认为，"其"指的是巫者。

"其匪正，有眚"，这是很关键的一句。卦辞说，那些从事与人消释灾殃的巫者，是"匪正"而且"有眚"的人。匪正者，其身不正也；有眚者，有着毛病也。这样的人，怎能让他去充当救苦救难的菩萨？所以，卦辞接着指出：不利有攸往。这意思非常明白。

总之，这卦指出巫者能够做什么，不应该做什么。它对巫的价值、作用和要求作了相当明确的概述。

如上所述，《无妄》一卦的内涵相当简洁，先民们对巫的重视，说明巫者的活动是当时社会生活的重要部分。

在生产力低下的情况下，先民们依赖自然，恐惧自然，崇拜自然。他们对社会的变动、斗争，也无法解释，便认为人的命运是由冥冥中的"天"决定的，人的一切活动也是受制于"天"的，这就产生了"天人合一"的观念。近来有人把"天人合一"说成是先民们懂得自然与人的同一性，是重视自然生态的表现云云，这拔高古人的做法，殊不足取。

其实，"天人合一"，是从伦理的层面上说的。古人把天道与人联系起来，是为了证明人伦规范的重要性、权威性、合理性。而巫，则作为沟通天与人的渠道。巫者能把群体的意愿向天祈祷，他代表着人，巫者又能把上天的意志向人传达，他又代表着天。他本身是天与人的合一体，是"天人合一"观念的表征。不过，先民们提出"无妄行有眚"，则不利，这说

———————
① 高亨：《周易古经今注（重订本）》，中华书局1984年版，第232页。

明先民们认识到，巫毕竟是有血有肉的活生生的人，是抽象和具体的两重性的存在。

《无妄》一卦叙说巫的重要作用，强调巫与天的一致，也意识到巫与天可能出现对立。因此，这一卦包藏着辩证的思想内涵。在《周易》中，许多卦辞、爻辞贯串着辩证思想。我们说《周易》是"群经之首"，是中华文化的元典，正是因为它保存着大量的思想材料，可以让后人看到祖先们如何认识世界，如何思考问题，从中追溯东方文化形成发展的过程。

巫有好坏之分

《无妄》的［彖辞］和［象辞］都认识到这卦和"天"有关，认识到要和上天沟通，因此，制作者也有可能认识到"无妄"实即男巫和女巫。我们先看看［彖辞］：

无妄，刚自外来而为主于内，动而健，刚中而应，大亨以正，天之命也。其匪正有眚，不利有攸往。无妄之往，何之矣？天命不佑，行矣哉！

《无妄》的卦象是：震下乾上。"震"居于下为内卦；"乾"居于上为外卦。"震"在［初九］之爻为阳刚，它来自外卦的"乾"（乾爻均为阳刚），而又成为内卦的主爻。阳爻代表天，这卦有四个阳爻，又居于外卦和内卦的主位，可见，天的意志是必须受到重视的。

另外，"震"有动的属性，"乾"有健的属性，它们配在一起，便是"健而动"，这说明经常处于不安定的状态。而作

288

为居于上卦中位的阳刚爻，与居于下卦中位的阴柔爻，相互呼应，搭配得很好，又有相互适应的可能。因此，［彖辞］认为，卦象表明，需要有盛大的合于正道的祭亨，它是上天的意志所规定了的。言外之意，是说在阳刚之气充塞宇内的情况下，男巫女巫应有和上天沟通，起到调协阴阳的作用。

接着，［彖辞］对卦辞所说"其匪正有眚，不利有攸往"一句做出解释，认为作为人天媒介的巫，如果行为不正，毛病很多，是不宜去参加解禳的祭祀的。制作者感慨：这类不中用的男巫女巫的往前走，他们会引领人们走向何方？最后，［彖辞］还发出重话：既然天命不护佑，走开吧！

显而易见，［彖辞］制作者通过阐析卦象卦辞，强调上天有着强烈的意志，要求让守正无眚的人和上天沟通，如此而已。

《无妄》的［象辞］是：

天下雷行，物与无妄。先王以茂对，时育万物。

［初九］无妄之往，得志也。

［六二］不耕获，未富也。

［六三］行人得牛，邑人灾也。

［九四］可贞无咎，固有之也。

［九五］无妄之药，不可试也。

［上九］无妄之行，穷之灾也。

［大象］也首先解释卦象。"乾"为天，"震"为雷，《无妄》的卦象，象征着天的下面打着雷。尚秉和说："焦京、王充皆以无望（妄）为大旱之卦"。他又引应劭的说法："天必

先云而后雷，雷而后雨。今无云而雷。"① 所以是大旱之象。

"物与无妄"，"物与"者，所有事物均参与的意思。李光地引《九家易》云："天下雷行阳气普遍，无物不与，故曰物与也。"② ［大象］的这一句，是说描叙旱象笼罩在一切的卦，就叫作《无妄》。

"先王以茂对，时育万物。""茂对"，尚秉和认为："茂与懋通，勉也。对，答也，言因雷从而勉答天威。傅亮文云：'祗服往命，茂对天休。'潘岳秋兴赋：'览花莳之时育兮'。是'茂对'连文，'时育'连文。"③ 尚说甚确，应从。所谓"先王茂对"，是指上代君主勉力地和上天对答、沟通。所谓"时育万物"，是说顺应时势培育万物。

在［大象］，强调与上天对话，而这沟通天上人间的工作，靠的就是男巫和女巫。

［小象］说，［初九］一爻，记男巫女巫前往而获"吉"，是他们符合上天的意愿。说［六二］记巫者不事耕耘而"利有攸往"，是因为他们未以此作为致富的手段。

在这里，我附带告诉读者，《无妄》的［六二］一爻，在《礼记·坊记》，竟作"不耕获，不菑畬，凶"。显然，对于爻辞记录的男巫女巫"不耕获，不菑畬"的行为，不同立场的人有不同的评价。这一现象，正好说明《周易》的爻辞，由叙述与判断两方面组成，而叙述者与判断者，未必是同一个人。所以，《礼记》所记便与《周易》所记完全相同，却又表

---

① 尚秉和：《周易尚氏学》，中华书局 2003 年版，第 127 页。

② （清）李光地撰，李一忻点校：《周易折中》，九州出版社 2002 年版，第 475 页。

③ 尚秉和：《周易尚氏学》，中华书局 2003 年版，第 128 页。

现出不同的价值观。

[小象] 对 [九五] 和 [上九] 的阐述，是与卦辞有"其匪正有眚"一语有联系的，很可能，当时有些巫者品行不佳，因此，人们对这部分人颇为反感，对他们的所作所为，颇为警惕。试看在 [九五]，爻辞只说"勿药有喜"，而 [小象] 竟提出"无妄之药，不可试也"，这简直把巫者看成是卖假药的游医了！

不过，从《无妄》的爻辞和 [小象] 都提到巫与药的问题，可以看到，无论巫用的是真药还是假药，都表明了男巫女巫除了负责沟通人天之外，还担任医生的职能。所以"医"字，古亦作"毉"，从巫，良有以也。

第二十六 《大畜》辨

☰☶ 乾下艮上

大畜：利贞。不家食，吉。利涉大川。

〔初九〕有厉，利已。

〔九二〕舆说輹。

〔九三〕良马逐，利艰贞，日闲舆卫，利有攸往。

〔六四〕童牛之牿，元吉。

〔六五〕豮豕之牙，吉。

〔上九〕何天之衢，亨。

饲养牲口的问题

《周易》有《小畜》和《大畜》两卦。

何谓"大畜"？程颐在《程氏易传》中指出："畜为畜止，又为畜聚，止则聚矣。"① 他把畜生、畜牧的畜，和储蓄的蓄，视为一体（帛书本此卦作《大蓄》），所以强调为"畜聚"。

---

① （宋）程颢、程颐著，王孝鱼点校：《二程集》，中华书局 1981 年版，第 827 页。

又说:"凡所聚畜皆是专言其大者。"① 朱熹《周易本义》也认为这卦所说的是"畜之大者也"。古代有"六畜"之说,六畜为"马、牛、羊、鸡、犬、豕"。大畜,应是指六畜中形体较大的畜生。

至于《小畜》,孔颖达《周易正义》云:"但小有所畜。"又说:"所畜狭小,故名《小畜》。"总之,无论人们理解"大畜""小畜"为大牲口、小牲口,还是多牲口、少牲口,这两卦以"畜"为卦名,起码说明其描写的也都是与畜牧有关的问题。

不过,这卦的〔象辞〕,却从"畜"字,引申、生发出另外的问题。它说:"《大畜》,君子以多识前言往行以畜其德。"畜,成了蓄聚德行的问题。这概念一旦被〔象辞〕的制作者偷换过来,后世的儒家学者翕然响应。孔颖达说:"君子则此《大畜》。物既大畜,德亦故多记识前代之言,大畜往贤之行,使多闻多见,以畜积己德。"② 这明明是从积"畜"发展为积德,于是,本来是很具体的畜牧问题,被无限伸延,成了继承传统提高认识一类抽象性的问题。有意思的是,现在研究《周易》的许多学者,也沿着这一思维路线阐析《大畜》,也把一个本来是简单的问题,弄得很玄乎,很复杂。

以我看,"不家食",可以理解为不在家里喂食。按《说文·食部》:"飤,粮也。从人、食。"段玉裁《说文解字注》:"以食食人物,其字本作食,俗作飤,或作饲。"③ 可见,"不

---

① (宋)程颢、程颐著,王孝鱼点校:《二程集》,中华书局1981年版,第827页。

② (清)阮元校刻:《十三经注疏》,中华书局1980年影印版,第40页。

③ 蒋人杰编纂,刘锐审订:《说文解字集注》,上海古籍出版社1996年版,第1052页。

家食"亦即"不家饲",不在家里喂养牲口之谓也。换言之,是让牲口到郊野外放养。巫者认为,这做法很好,因而判曰"吉!"

那么,到什么地方去饲养呢?巫者提出:"利涉大川。"认为应该走得远远的,可以跨过大河,寻找水草丰美的地方。

我想,《大畜》的卦辞就这么简单,未必需要深文周纳以圆其说。

把牲口圈起来

[初九] 有厉,利已。

"有厉",一般释为有危险。高亨先生认为:"筮得此爻,将有危险,然亦无害,终利于己。故曰有厉,利己。"① 此说可从。

不过,据帛书,"有厉"作"又砺"。"又"通"有"。砺,则是石头。其实,"厉"字本身,就有石头的含义,《说文》说:"厉,旱石也。"它的本义,是石头。(另外,厉亦可通"砺")从上述卦辞的作者,提出"利涉大川"的主张看,很可能,他们也把"厉"理解为石头。河里有石头,就可以摸着石头过河,不致沉陷,所以巫者判说利于己,不管怎样理解,筮得此爻,毕竟是好的兆头。

[九二] 舆说輹。

记得在《小畜》的 [九三] 中,也有"舆说辐,夫妻反

---

① 高亨:《周易古经今注(重订本)》,中华书局 1984 年版,第 234 页。

目"一句。"舆"即车子，"说"通"脱"，而"輹"也就是"辐"。（陆德明《经典释文》："辐本亦作。"[1]）可见，《小畜》和《大畜》，都有车子的辐条脱落的叙述。问题是，《小畜》的"舆说辐"是被动的，所以才会"夫妻反目"，亦即共同修理车轮的举动（请参阅前面对《小畜》［九三］的解析）。而在《大畜》这一卦所叙的"舆说輹"，却未必是被动的，如果联系下面各爻所写的情况，更可能是放牧者主动的行为，是他们自己脱下了车的辐轴。

我们看到，一些以畜牧为生的部落，当赶着牛羊到了适合驻居的地方，都会把车子卸下来，把车轮子脱了下来，以便更好地安顿。如果放牧者家族群居，车辆较多，他们还会让脱了轮轴的车子围成一圈，自成一体，便于防御驻守。这爻所说的"舆说輹"，我想写的正是古代的放牧者到达驻地时，所采取类似措施的情景。

［九三］良马逐，利艰贞，日闲舆卫，利有攸往。

"良马"，即好马。"逐"，追逐。马儿相逐，狎玩也，这是牲口发情的景象。爻辞的记叙者特地提到马是"良马"，这透露出高兴的情绪。对此，巫者说"利艰贞"。他认为筮得此爻，以打起鼓乐来祭祀占卜，则更为有利。关于对"艰贞"的理解，我们在《噬嗑》一卦中已有论述，这里不再重复。

"日闲舆卫"，"日"，原作"曰"，今据李鼎祚《周易集解》和朱熹《周易本义》改。

---

[1] （唐）陆德明撰，黄焯断句：《经典释文》，上海古籍出版社 1983 年版，第 21 页。

"日"，这里是日日、每日的意思。"闲"，帛《易》作"阑"，《说文》："闲，阑也，从门中有木。"可见，"闲"与"阑"是相通的。阑也就是栏，牛栏、马栏，是圈养牲口的地方。栏作动词用，作围圈起来解。"阑舆"即把车子围圈起来。"卫"，防护也。整句意思是每天把车子围起来，作为厩棚，以资保护。

在这里，我们可以回过头来，看上爻〔九二〕为什么说"舆说輹"了，很明显，脱去车子辐轴的措施，与每日阑舆为卫，有着密切的关系。何况，马儿发情，既会乱跑，又将会繁殖良驹，人们当然要好好地看管牧地了。一说，"闲"，娴习也，意说练习防护的本领，也通。

在把牲口圈养起来，"日闲舆卫"，管治好驻地的基础上，巫者认为人们若想有所发展、前进，是有利的。这叫"利有攸往"。

〔六四〕童牛之牿，元吉。

"童牛"，"童"即"犆"。《尔雅·释畜》："犆牛，郭璞注：'今无角牛'。"未出角的牛，就是小牛。"牿"，《说文》："牛马牢也。"朱骏声《六十四卦经解》也说："牿，牛马之圈也。"[1] 所谓"之"，是"去""往"的意思。这一爻，无非是说：小牛去了围栏了哟！对此，巫者确认为"元吉"，说是大吉大利之象。

〔六五〕豮豕之牙，吉。

"豮豕"，阉了的猪。按《说文》释"豮"为剧豕，《六

---

① （清）朱骏声：《六十四卦经解》，中华书局 1958 年版，第 117 页。

十四卦经解》认为，"豕去势曰剧，剧豕称豮"①。至于"牙"，通"庌"。《周礼·圉师》注："庌，庑也，所以庇马凉也。"② 当然马庑猪舍，都可以概称为"牙"。这一爻，译其意就是：阉猪去了栏圈了哟！

从［六四］和［六五］，可以看到，放牧者有了牛栏猪舍，有了比较安定的驻地，这和［九三］的"日闲舆卫"是有联系的。

［上九］何天之衢，亨。

对这爻，研究者的分歧不多，一般都认为，"何"即"荷"，承荷、蒙受、叨获的意思。"衢"，高亨先生说，衢疑当读为休。休读为煦。瞿、煦、休，声系相通。所以这爻实即"荷天之休"。而"休"即"庥"。庥，荫庇也。③ 此说可从。荷天之庥，是说得到天老爷的福荫。这一句，明显带有感谢的意味。对此，巫者顺势发话了，他号召善男信女们："亨！"祭祀吧！叩谢吧！

牧民们带着喜悦之情，声称获得上天之眷顾，是可以理解的。你看，他们摸着石头过河，来到了新的地方扎寨，行装甫卸，便看到马儿发情，互相追逐，牛儿猪儿，各自进牿。这一切，显示繁殖迅速，人畜兴旺。看来，这生机勃勃的景象，出乎牧民们的意料之外，便禁不住发出赞美上天的感慨！

在我看来，《大畜》乃是一首"牧民之歌"。如果除去各爻之中巫者的判语，可以看到，它完全是一首诗，试译如下：

---

① （清）朱骏声：《六十四卦经解》，中华书局1958年版，第117页。

② （清）阮元校刻：《十三经注疏》，中华书局1980年影印版，第861页。

③ 参高亨：《周易古经今注（重订本）》，中华书局1984年版，第236页。

摸着石头过河哟！

卸下车的轮轴哟！

马儿发情追逐哟！

连着栅栏保护哟！

小牛进了牛棚哟！

小猪进了猪圈哟！

多谢上天保佑哟！

从畜牧引申到养贤

《大畜》的［象辞］是：

> **大畜，刚健笃实，辉光日新，其德刚上而尚贤，能止健，大正也。不家食吉，养贤也。利涉大川，应乎天也。**

《大畜》的卦象是"乾下艮上"，乾为天，有刚健的性格；艮为山，意味笃实。阳光照在山上，光影时刻都在变化，变得越来越好。［象辞］又说，这卦的品德，是［上九］的阳爻居于最上方，这叫"刚上"；它象征着作为"艮"卦最主要位置的［六五］，能够尊重贤人，表明上级能够尊重下级。

从另一方面看，"艮"又有遏止的属性，它在"乾"的上方，能够对具有刚健性格的"乾"有所限止，这意味着下级能很好地劝止和制约上级。［象辞］认为，这样的君臣关系、上下关系，是最正确最良好的，所以给予"大正"的评价。

至于卦辞说"不家食吉"，［象辞］制作者解释为这是招揽贤者的表现；"利涉大川"是顺应上天意志的表现。总之，强调善待贤人以顺天，是［象辞］阐析《大畜》的思想核心。

说实在的，［象辞］的解说是很随意的，例如说［六五］"尚贤"，这就十分穿凿，因为"贤"字实在无法证实，这样的引申过于玄乎，毫无根据。为什么［六五］让刚爻居于上面，就是尚"贤"了，难道不可以尚"尊"或者尚"贵"？历代的学者，似乎只根据［象辞］的说法以析其辞，以圆其说，而不管［象辞］本身的阐述，是否合理，是否错讹。于是往往错上加错，变得玄而又玄，把《周易》弄成为一门无法说明白的学问。

不过，不管《大畜》的［象辞］怎样穿凿，它提出理想的君臣关系，提醒作为上级的管治者要注意"尚贤"，这倒有思想的闪光。在用人唯亲的社会中，要求"尚贤"，以利于强化管治，无疑有可取之处。

《大畜》的［象辞］是：

天在山中，大畜。君子以多识前言往行，以畜其德。

［初九］有厉利已，不犯灾也。

［九二］舆说輹，中无尤也。

［九三］利有攸往，上合志也。

［六四］六四元吉，有喜也。

［六五］六五之吉，有庆也。

［上九］何天之衢，行大道也。

天在山包围之中，这是［大象］所理解的《大畜》的意象。由此，制作者便引申：人也要像山那样，包藏一切。而在所包藏的内容中，"前言往行"亦即前人的经验教训，是至为重要的，作为管治者的"君子"，应多多学习、记取，以培养自己良好的德性。

很清楚，［大象］是把"畜"视为"蓄"。蓄有储藏的涵义，因此，它生发出"天在山中"的意象，然后推演为人的蓄德。但若从卦象看，《大畜》为"乾下艮上"，这分明是天在山下。正因如此，［彖辞］才会有"能止健"的说法。可见，［彖辞］和［象辞］看问题各有不同的角度，也随意地各取所需。

对爻辞，［小象］把［初九］的"有厉"释为有危险，把"利己"释为停止。因此，［小象］说：出现了危险便停止下来，这是为了不冒险。在［九二］，爻辞只说"舆说（脱）"，却没有给予肯定或否定的判断。这就出了难题了，［小象］只好从［九二］作为居中的卦位去作说明。居于中，便不偏不倚，不过不失，这就是"无尤"。为此，程颐又结合爻辞给予解释："舆脱輹而不行者，盖其处于中道，动不失宜，故无过尤也。"这说法可资参考。

在［象辞］的制作者看来，《大畜》是上佳之卦，所以［小象］对爻辞的阐析，也多吉庆之语，兹不赘。

如上所述，［彖辞］对《大畜》的阐述，着重于"尚贤"，亦即重视上下级关系的问题。而［象辞］则着重于吸取前人言行和经验教训，以便提高自身水平的问题。不管他们对爻辞的原义如何扭曲，作何理解，其推导出的管治经验，却有可取的地方。

第二十七　《颐》辨

䷚震下艮上

颐：贞吉。观颐，自求口实。

[初九] 舍尔灵龟，观我朵颐。凶。

[六二] 颠颐，拂经，于丘颐。征，凶。

[六三] 拂颐。贞，凶，十年勿用，无攸利。

[六四] 颠颐，吉。虎视眈眈，其欲逐逐，无咎。

[六五] 拂经，居，贞吉。不可涉大川。

[上九] 由颐，厉，吉。利涉大川。

观察牲口的牙齿

"颐"，在今天来说，指的是面颊部位。这部位的肌肉连结着牙床，人们也早就懂得它与嚼食食物有关。李鼎祚《周易集解》引郑玄注："颐，口车辅之名也。""口车动而上，因辅嚼物以养人，故谓之颐。颐，养也。"① 在这里，郑玄把

---

① （唐）李鼎祚著，陈德述整理：《周易集解》，巴蜀书社 1991 年版，第 118 页。

"颐"这名词，转作咬食的动词用，而吃东西就可养活人，于是，其义又引申为养。

由"颐"这嚼食食物的部位，引申为养，这想法，〔象辞〕的制作者早就有了。由于卦象下为震，上为艮。〔象辞〕便硬说这"震"就是雷，并且提出"山下有雷，颐，君子以慎言语，节饮食"。于是，"颐"又被进一步引申为要有好的养生之道，以及好的修养等问题。这种无限制地引申的做法，十分有趣，诠释者往往把可以沾上一点儿边的问题，搅在一起，越扯越远；看似有点联系，实则漫无边际。而历来的《易》学家，却多半采取这样的方法，《易》学之所以越弄越玄，与此大有关系。

闻一多先生曾对"颐"有过精辟的考证，他指出："按戴齿之骨谓之颐，（今曰颚骨）齿亦谓之颐。《易》颐字谓齿也。卦画作䷚，侧视之，正象口齿形。《卜辞》齿作囵，《说文》载古文㠯，并与卦画同意。颠颐即颠齿。"① 依照闻先生的说法，此卦名为《颐》，是指有关牙齿的卦。

卦名之后，巫者跟着就说"贞吉"，认为筮卜是"吉"的，他在鼓励人们赶紧去筮卜哩！

"观颐"，即观察牙齿。在这里，首先需要解决的问题是：观看、观察什么东西的牙齿？毫无疑问，有牙齿的东西，只能是哺乳类动物。在〔六二〕的爻辞中，有"拂经，于丘颐"一句。那东西，在高出于牙齿腮帮的地方，使劲地摇动着绳子，显然，它不可能是人，只能是牲口。因为只有牛和马才会在头鼻部位用绳子缚着。

---

① 蔡尚思主编：《十家论易》，岳麓书社 1993 年版，第 554 页。

至于为什么要看牲口的牙齿？原因也很简单。在古代，我国人民根据多年积累的经验，总结了一套观察牲口的外观，特别是通过观察它的骨骼、牙齿，鉴别它的年龄、健康、脾气的方法，以便判定它是否适宜豢养。人们还把这套民间的秘诀，总结为《相牛经》《相马经》。例如相马，人们就往往要察看马儿的牙齿。据《齐民要术》云："马上齿欲钩，钩则寿；下齿欲锯，锯则怒；颔下欲深，下唇欲缓。牙欲去齿一寸则四百里；牙剑锋则千里。"至于马的牙齿多少及其颜色，与其年龄有关，而年龄又与马的躯体、能力有关。"齿左右蹉不相当难御，齿不周密不久疾，不满不原不能久走。一岁上下生乳齿各二，二岁上下生齿各四。三岁上下生齿各六。四岁上下生成齿二，五岁上下著成齿四，六岁上下著成齿六……"① 所以，要判断马匹的优劣，有经验的牧人真要仔细察看它牙齿的状况。

"观颐"，写的正是察看牲口牙齿的举动。

对于卦辞"自求口实"一语，学者们有两种解释。一说"口实"是口中之实，等于说是食物。一说"口实"即借口。而无论哪一种解法，都认为这"口"，属于观察者的嘴巴。

不过，我认为，"口"，指的却是牲口的口腔；"实"，是指实据、实证。"观颐，自求口实"，等于说：观颐者，要自己寻求和说明牲口口中的实况。在这里，卦辞的制作者把筮卜的举动，和"观颐"的举动并列。它的意思是：如果人们期望知道他所豢养的牲口的情况，那么，筮卜吧！让上天给你指引吧！贞，则吉！

---

① 《齐民要术》卷第六，见《百子全书》（第4册），浙江人民出版社1984年版。

但是，如果人们想靠自己的经验行事，认为凭着察看牲口的牙齿，就可判别一切，那么，你就自己找寻牲口口中的实证吧！

当然，采取哪一种做法，卦辞的作者没有直接表态，不过，其倾向性也相当明显，他分明更倾向于"贞"。所以劈头便说"贞吉"。这也难怪，不如此，巫者便失掉了权威性，人们若不依靠巫者求签问卜，岂不是要让他们喝西北风了？

牲口的种种反应

［初九］舍尔灵龟，观我朵颐。凶。

"舍"即舍弃。"灵龟"的龟，指的是用于龟卜的乌龟之甲。《国语·鲁语下》："如龟焉，灼其中，必纹于外。"① 商、周人在龟甲上钻上小孔，问卜时，以火灼甲，观其裂纹形状以定凶吉。这是巫者用以求神问卜的工具。"舍尔灵龟"等于说不用巫者那份卜筮的工作。

"朵颐"的"朵"，动也。《周易集解》："朵，颐垂下动之貌也。"② 简言之，朵颐指动着嘴巴。

这爻的两句，以"尔"和"我"相对成文，分明有对比的意味。从其口吻，似是当时人们颇为熟悉的惯说的话语。句中"观我"的"我"，是牲口的指代，是叙述者以牲口的神

---

① 上海师范大学古籍整理组校点：《国语》上海古籍出版社 1978 年版，第 195 页。

② （唐）李鼎祚著，陈德述整理：《周易集解》，巴蜀书社 1991 年版，第 119 页。

态，向那些操灵龟的神棍发出挑战。它说明了商、周时期，也有人对巫者的勾当不以为然，（在《无妄》一卦里，不也说到"无妄行有眚"吗？请参阅上文。）而把眼光转向重视生产实际的经验。

这做法或者想法，无疑是对巫者挑战！因此，对筮占此爻者，巫者断然判定：凶！谁叫你不相信巫者和他的乌龟！

［六二］颠颐，拂经，于丘颐。征，凶。

在上一爻，爻辞中有"观"字，卦辞中也点出"观颐"的举动。因此，《颐》卦有关观察牲口牙齿的记叙，应是全卦的核心。

［六二］说"颠颐"，颠，倒也。高亨先生认为"颠借为填"，"以食物填于口中，使颐隆起，是为填颐"。[①] 此亦可为一解。不过，我认为"颠颐"解作倒过牲口的头，察看它的牙齿，这似更好理解。例如说，人们要看清楚牲口上颚的牙，少不免要扭动其头部，让它的牙齿、腮帮，尽可能倒转过来，以便于观察，这就叫"颠颐"。

"拂经，于丘颐"，通行的断句，作"拂经于丘颐"，我认为很可商榷。

对这爻的解释，高亨先生认为："拂，过击也"，"经疑借作胫"，于是拂胫与叩胫同义，也就是敲打脚骨的意思。至于"丘颐"，高先生说："丘颐者，殆坡之两丘也，口之两旁曰颐，因而丘之两坡曰丘颐。"[②] 这解释，自然也有他的道理，

---

① 参高亨：《周易古经今注（重订本）》，中华书局 1984 年版，第 237 页。
② 高亨：《周易古经今注（重订本）》，中华书局 1984 年版，第 238 页。

但对"颐"同一个字，一会儿解作面颊，一会儿解作面颊般的山坡，终属勉强。

李镜池先生认为，"拂"通"刜"，击也。"经"通"径"，阡陌也。那么，拂经（刜径）等于开辟荒径。李先生又认为，"丘"是丘陵，"颐"为颐养。在丘陵中种植颐养的食物叫"丘颐"。全爻意为在丘陵开荒种植食用农作物。[①] 这样的解释，颇费周折，是否可行？读者自会斟酌。

我认为，"拂"，《说文》释为"击而过之也"。也可解为拂拭、拂动，包含着甩开、摆动的意味。经，疑即"颈"之通假，按《说义》，经与颈均以"圣"为声。而"经"又是编织而成的织物，引申之，可解作缚在颈上的绳子。后来称自缢为自经，即足参证。

关于"于"字，疑亦"纡"的通假。按《说文》，纡，"于声，萦也"，回过来的意思。"丘颐"，丘是小山坡，这里形容腮帮面颊突出的地方，亦即鼻头之属。"于丘颐"者，指牲口回转它的鼻头也。

照此看，［六二］一爻，意思是说：观察者扳动牲口的腮帮，倒过来看它的牙齿。那畜生就甩动着绑在颈上的绳子，并且扭回鼻头闪躲。从这家伙的举动看，可知它很不驯服。据此，巫者说："征，凶。"认为筮得此爻者，如果想要远离出外，将有凶险。

［六三］拂颐。贞，凶。十年勿用，无攸利。

这里的"拂"，是"击"的意思。《广雅·释言》"拂，

---

① 参李镜池著，曹础基整理：《周易通义》，中华书局 1981 年版，第 54 页。

搏也"。意亦同。拂颐，即打击牲口的腮齿部位。这举动粗鲁，巫者认为不可取，会让牲口反感。因此判曰"贞，凶"，并且说"十年勿用"，意思是说，搏击过它，就永远不要使用它。为了强调，巫者还加上一句："无攸利。"

[六四] 颠颐，吉。虎视眈眈，其欲逐逐，无咎。

这一爻很怪，它的开头"颠颐"，竟和[六二]一模一样。有人说，这是重复的手法。李镜池先生则说："这是引[六二]爻而省辞。"① 这固不失为一种解释问题是[六二]作为"凶"的预兆，而[六四]，则属吉卦，如果真的是重复或省辞，这岂非自相矛盾？

我请读者注意到一点，在[六二]"颠颐"之后，有"拂经"和"于丘颐"两个动作。如上文所析，这是叙述牲口抗拒观颐者察看其嘴巴牙齿的举动。它既有抵触情绪，巫者判曰凶，是自然的。而在[六四]，则只有"颠颐"两字，这是观察者扭转牛头或马面的动作，而其后，则没有像[六二]那样描叙牲口的态度，这说明牲口是顺从的，它起码没有表示反感。为此，巫者判之曰："吉"，是有道理的。

"虎视眈眈，其欲逐逐"，这是形容牲口的样子。"逐逐"，李鼎祚《周易集解》引虞翻："逐逐，心烦貌。"② 而至"欲"，帛书作"容"，即容貌，全句为"其容逐逐"。逐逐，古字作"篷篷"，目光灼灼的样子，也是眼神闪烁烦躁不安的形容。这两句，承接上文的"颠颐"，那被倒过齿腮接受观察的牲口，虽

---

① 李镜池著，曹础基整理：《周易通义》，中华书局1981年版，第55页。
② （唐）李鼎祚著，陈德述整理：《周易集解》，巴蜀书社1991年版，第120页。

然没有甩缰绳扭鼻头的激烈动作，但总是眼睛盯着，神态局促。由此，巫者认为，它们毕竟没有异动，所以仍判之为："无咎。"

〔六五〕拂经，居，贞吉。不可涉大川。

"拂经"一语，在〔六二〕出现过，就是摆动着脖子上的绳子。

"居"，学者们一般把它和"贞吉"连缀，句式为"居贞吉"，居贞是占问安居之意。例如《革》卦便有"征凶，安贞吉"的提法。此说亦可从。但是，《周易》里出现"贞吉"的语式更多，也未必一定要让"居"字与之捆在一起。

我认为，据此爻文意，"居"，疑是"踞"的假借字，指的是那牲口的举止。它甩摆着脖子上的缰绳，在蹲踞着。巫者认为，据这情状占卜，也属吉兆。只是它踞着不动，因此推想"不利涉大川"。

〔上九〕由颐，厉，吉。利涉大川。

"由颐"，由，顺从、顺随的意思。"厉"，一般释为危险。但令人费解的是，既说有危险，为什么跟着又说"吉"了？对此，黄寿祺、张善文先生解为"知危能慎可获吉祥"[1]，把"厉"（危）解为"知危"，这就平白地多生出一个"知"的涵义，实在是引申得过远一点。

在《说文》，"厉"的本义为旱石也。周法高《金文诂林》释"厉"为磨石，又引唐写本《玉篇》"厉，摩石"也。因此，厉亦通"砺"。砺即磨擦石头的意思。我认为，"由颐，

---

[1] 黄寿祺、张善文：《周易译注》，中华书局 1981 年版，第 232 页。

厉"，无非也是指那牲口的举止。这家伙顺着腮帮，让肌肤磨擦着山石、树皮之属。这模样，人们也常会看到，它是牲口搔痒或是表示自得其乐的情态。

牲口是这样的闲适驯服，巫者当然判曰"吉"，并且认为它们可供驱使，牧人们若筮得此爻，则"利涉大川"。

在观颐问题上不同的想法

以上的爻辞，也都是环绕着"观颐"来叙写。这卦的制作者，首先指出有人有"舍尔灵龟，观我朵颐"的想法，后来各爻，也写了相畜者对牲口的种种观察，写到牲口在被观察的过程中种种情绪和神态，这明明就是在"观颐"。

有意思的是，在每爻对"观颐"者作出叙述之后，巫者便给予贞卜的结论：或吉，或凶，或无咎，或利涉大川，或不利涉大川。显然，巫者并不认可"舍尔灵龟，观我朵颐"的提法，而是主张既用灵龟，又可观颐的做法。换言之，他们可以容许"观我朵颐"，但认为对牲口的判断，最后必须诉之于贞卜。

结合爻辞的所叙所判，再回头看卦辞，便明白了它的制作者为什么会做出"贞吉。观颐，自求口实"的概括。显然，他们更肯定依靠"灵龟"以占凶吉的贞卜，而对那些只依靠《相马经》《相牛经》的做法，便明白宣告要"自求口实"，意思是要他们自己负责，表明老天爷是不会管他们的。

在当时，巫者实在是强词夺理，口吻强硬得很。其实，巫者也不否定"观颐"，从［六二］到［上九］，不就写了通过观察牲口的种种神态，作为判断的重要依据么？

从《颐》卦，我们多少可以看到，在上古时代，社会上已出现了两种不同的思想倾向。一种是"舍尔灵龟，观我朵颐"，即不靠贞卜，主张依靠生产的实际经验。另一种，则是既要问卜占卦，又要重视客观。很清楚，《周易》的制作者是站在后者的立场，否定前者的主张的。在很长的历史时期里，这种观点也一直居于我国思想领域的上风。

在〔彖辞〕，制作者则把卦义引申为养民的问题：

颐，贞吉。养正则吉也。观颐，观其所养也。自求口实，观其自养也。天地养万物，圣人养贤以及万民，颐之时大矣哉！

〔彖辞〕的制作者强调养正，所谓养正，是指保持着公正的、能兼顾各种关系的不偏不倚的态度。他认为"观颐"者，是管治者要观察属于他所管治范围的各种事物；所谓"自求口实"者，是管治者还要观察自身，检查自己，提高修养。能够这样做，便是养正，便是兼顾到外和内两个方面。

"养"，又包含养育、管理的意思。〔彖辞〕从最广泛的意义上说明"养"的重要性，指出天地是要负起养育万物的责任的；而万物，则是靠天地养育的，这是自然的规律。与此相对应，人世间也是如此，"圣人"亦即最高管治者也有如何"养"人的问题。在这方面，〔彖辞〕提出"养贤"。

这"养贤"，又包括两方面，一是指君主要注意提高自己的品德修养；二是指要好好地对待"贤人"。贤人，是比"圣人"低一个级次的管治者。换言之，圣和贤也就是君与臣的关系。所谓"圣人养贤以及万民"，是说君主要提高自己和善待贤臣，通过贤臣，去抚育广大的百姓。能够这样做，就如同"天地养万物"一样，做到上应天时。

最后，制作者又提出"时"的问题。时，是《周易》反复强调的概念。它指客观条件，都随着时间的变化而变化，人们处理事情，也要与此相适应。因此，［彖辞］赞叹：《颐》这一卦，它所阐示"时"的道理，是多么的重要和伟大！

确实，在爻辞中写到，"观颐"者观察牲口，是根据牲口不同的表现这一客观条件的变化，而作出不同的判断，采取相应的措施的。［彖辞］由养牲口推演到"养贤""养人"，再引申、抽象为主观如何适应客观条件变化问题，其想象力、思辨力也真令人赞叹！

［象辞］又是怎样看的呢？

山下有雷，颐。君子以慎言语，节饮食。

［初九］观我朵颐，亦不足贵也。

［六二］六二征凶，行失类也。

［六三］十年勿用，道大悖也。

［六四］颠颐之吉，上施光也。

［六五］居贞之吉，顺以从上也。

［上九］由颐厉吉，大有庆也。

［大象］说，此卦卦象为"震下艮上"，震象征雷，艮象征山。艮位于上方，震位于下方，所以说"山下有雷"。雷在山下响，一切都受到震动，也让人们知道警惕，因为人间私语，天上闻雷。雷声在告诫，做事要谨慎。在卦辞，特别提到"自求口实"。而与"口"有关的，一为言语，二为饮食。既然雷声告诫，所以［大象］便提出"慎言语，节饮食"。当然，君子养其身心品性，也不止是言语饮食的问题，制作者不过以此为例，希望人们由此推想到其他方面。正如程颐说：

311

"口所以养身也，故君子观其象以养其身，'慎言语'以养其德，'节饮食'以养其体。不唯就口取养义，事之至近而所系至大者，莫过于言语饮食也。在身为言语，于天下则为命令政策，出于身者皆是，慎之则必当而无失。在身为饮食，在天下则凡为货资财用，养于人皆是。"① 这番话，说得非常透彻，用不着多作诠释了。

[小象] 对每爻的解释，并不费解。它说明为什么 [初九] [六二] [六三] 之所以是"凶"；为什么 [六四] [六五] [上九] 之所以是"吉"。由于前三爻所写的，是牲口对观察者表示反感，[小象] 则引申为人的违反行为准则，有悖正道，因此，它们自然是"凶"的；后三爻，所写是牲口表示出驯服的姿态，[小象] 则引申为人对上级的顺从，引申为上级对下级的施恩，所以是"吉"的。一句话，顺从与否，便是 [象辞] 判断凶吉的依据。

① （宋）程颢、程颐著，王孝鱼点校：《二程集》，中华书局 1981 年版，第 834 页。

第二十八 《大过》辨

䷛ 巽下兑上

大过：栋桡，利有攸往。亨。

[初六] 藉用白茅，无咎。

[九二] 枯杨生稊，老夫得其女妻。无不利。

[九三] 栋桡。凶。

[九四] 栋隆，吉。有它，吝。

[九五] 枯杨生华，老妇得其士夫。无咎无誉。

[上六] 过涉灭顶，凶，无咎。

桥梁断了

《周易》有《大过》和《小过》两卦。

何谓"过"？此卦的［彖辞］指出："大者过也。"意说是很大的过失。孔颖达在《周易正义》云：过是越过的意思，"过谓过越之过，非经过之过。"他又推演说："此衰难之世，唯阳爻乃大，能越过常理以拯患难也，故曰大过。"① 可见，

---

① （清）阮元校刻：《十三经注疏》，中华书局 1980 年影印版，第 41 页。

他所理解的"大过",是指很不寻常的超越。高亨先生在《周易大传今注》中,一方面根据［彖辞］的说法,一方面又据［象辞］有"泽灭木"之说,认为"即泽水淹过木舟,舟沉泽底,此乃操舟者之大过失。是以卦名曰大过"①。

如果把《大过》的"大",理解为形容词,形容体积的大,大过就是大错,或者大祸,那么,这卦涉及的内容,应是很不吉利的。可是,在《大过》的六首爻辞里,一爻被判为"吉",一爻为"无不利",也属吉;四爻为"无咎",却只有一爻被判为"凶"兆。按此情况,卦的内容,和"大错""大祸"似难以挂得上钩。

若按［象辞］的说法推论,另一卦《小过》,应是"小错""小祸"了。可是,那卦爻辞出现凶的预警,却有三处之多。所以,《大过》《小过》的大、小两字,若作形容词使用,似不伦不类。其实,《周易》的制作者,只用"大"和"小"以区别两首性质相近并同以"过"字命名的爻辞而已,它和我们把股市名之曰"A股""B股"的情况是一样的,A和B,只作区分,没有什么大小、优劣、输赢、先后等区别。

这卦以"过"命名,和制作者很重视爻辞中有"过涉灭顶"一句有关,正如在《小过》的爻辞中多次出现了"过"字一样,制作者认为这是关键性的词语,便把它作为命名的依据。

要说明的是,《大过》这一卦,确实写到在通往婚嫁道路上的一桩祸事,确是闯了大祸,但这和《大过》的"大"无关,正如《小过》的"小",并非说写的只是小差小错一样。

---

① 高亨:《周易大传今注》,齐鲁书社 1988 年版,第 268 页。

《大过》卦辞的第一句是："栋桡。"

"栋"，栋梁，学者们一般解作屋梁，指的是房屋至中至高处的梁木，这可为一说。但栋与梁，其初义与水有关。据《尔雅·释宫》"栋谓之桴"，桴是浮水的横木。而"梁"字，从水从木，也与水有关。从这卦爻辞中有"过涉灭顶"的说法，《广雅·释诂》云"过，渡也"。这一来，我宁愿相信，这卦辞所说的"栋"，指的与水有密切关系的水上梁木。这梁木，更可能是独木桥之类的设施。

"桡"，《说文》释为"曲木"。《周易释文》："桡，曲折也。"无论是弯曲还是折断，都是桥梁出了大问题。对此，卦辞的制作者提出："利有攸往"，认为以离去另得高就为宜，而且还发出指引："亨"，祭祀上天吧！

至于"过"有什么特别的含义，我们不妨结合爻辞试作分析。

沟通出现了问题

［初六］藉用白茅，无咎。

"藉"，《说文》："藉，祭藉也。"《仪礼·士虞礼》："藉用莞席"，郑玄注："藉犹荐也，古文藉为席。"[1] 可知，"藉"是古人用于仪典中的荐席。以草荐地而坐，或以草荐盛礼物，都称"藉"。

"白茅"，白色的茅草，白色表示洁净，以白茅织成的席

---

① （清）阮元校刻：《十三经注疏》，中华书局 1980 年影印版，第 1167 页。

子荐地而坐，或用它来荐盛物品，显得隆重而高贵。

"藉以白茅"，一说是祭祀，《庄子·达生》："十日戒，三日齐，藉白茅。"① 一说是用于婚嫁，《诗经·召南·野有死麕》写到"野有死麕，白茅包之。有女怀春，吉士诱之"，就是最好的例子。从下面［九二］［九五］的爻辞，说到老夫得其女妻，以及老妇得其士夫的情况看，我认为此爻写的"藉用白茅"，应是与谈婚论嫁、行聘纳彩有关。特别是，此爻判曰"无咎"，和［九二］［九五］的判词"无不利""无咎无誉"，性质都属中性。可见，巫者对这种婚姻，态度是无可无不可的，前后一致。这又反过来说明［初六］写到的"藉用白茅"，实为下文有关婚嫁叙述预作铺垫。

无论以白茅用于祭祀，或者用于行聘，都是一种沟通关系的方式。用于祭天则为沟通天、人；用于行聘则沟通男、女。

上文说过，《大过》的"过"，有"渡"的含义。渡，就是沟通的方式方法。所以，这卦的首爻，即写"藉用白茅"，看来别有深意。

［九二］枯杨生稊，老夫得其女妻。无不利。

"稊"，孔颖达《周易正义》云："稊者，杨柳之穗。"干枯的杨柳生出了新穗，意即枯木重生，这是对下文老夫得妻的比喻。

"女妻"，女指少女，孔颖达说："枯老之夫更得其少女为妻也。"② 此说可从。承上文，通过以白茅为藉的聘礼，上了

---

① （清）王夫之著，王孝鱼点校：《庄子解》，中华书局1964年版，第160页。
② （清）阮元校刻：《十三经注疏》，中华书局1980年影印版，第41页。

年纪的老头娶得少女，恍如枯木逢春。巫者的评价是："无不利"，意说没有什么不好。请注意，"无不利"与"吉"，在肯定的分寸上是有所区别的，巫者自然认为老头娶少妻是一件好事，但又有多少保留。

[九三] 栋桡。凶。

桥梁折了，弯堕了，行旅出现险情，也意味着沟通出现困难。对此，巫者发出了"凶"的警示。

为什么在[九二]记叙了"藉用白茅"的行聘之后，紧接着就出现"栋桡"的描写？我认为，这是承接上文而又省略了一些细节，只突出在迎娶过程中碰到的特殊经历。显然，娶亲的队伍，或"舍车而徒"，或"乘马班如"，一路兴兴头头，闹闹嚷嚷。谁知当要跨往河的对岸，却发现沟通两边的桥梁弯曲折堕。这情况就很不妙了。

[九四] 栋隆，吉。有它，吝。

"栋隆"，桥梁高高隆起，跨连两岸，可以通行，巫者认为是"吉"象。

人们不禁要问，上一爻，明明说是"栋桡"，路不通行，为什么这爻又说"栋隆"了？

唯一的解释，只能是那娶妻的老头儿和他的迎亲队伍另找出路，（卦辞不是说"栋桡，利有攸往"吗？）他们找到另一座梁木隆起的桥。我想，这就是爻辞说了"栋桡"之后又写"栋隆"的缘由。为此，巫者判之曰"吉"。

谁知道，好事多磨，桥可通了，却又"有它"。"有它"指有蛇。"它"是古文的"蛇"字。（详见上面对《乾》卦的分析。）此爻意思是说，找到新桥，可以通行，这自然很好，但前有大蛇挡路，那又相当麻烦，所以巫者判曰"吝"。

［九五］枯杨生华，老妇得其士夫。无咎无誉。

这爻写的是另一种情状。如果说，前面三爻，说的是老头得少妻，那么，这爻说的是老妇得士夫。

所谓"生华"，即生花。枯杨生花，比喻老妇人也能成婚，嫁给了一位好男子。它与［九二］的枯杨生稊一样，都是比喻老年人获得了第二个春天，如此而已。

在这里，巫者对老妇得其士夫的行为，判曰"无咎无誉"，实际上和认为老夫得其女妻"无不利"的态度，如出一辙。联系到［初六］所写以白茅作聘礼的描写看，这白茅仿佛是男女双方沟通的桥梁，有了它，男女婚姻年龄即使不相称，也不是什么问题。而描叙者以枯杨的抽穗、生花，巧作比喻，也说明他充分重视聘礼在婚姻中所起的作用。

不过，当时人们也似乎注意到老娶少或老嫁少会出现种种问题。"一树梨花压海棠"，看似幸福，前景却难预料。因此，描叙者又写了桥梁弯折、路上有蛇等情况，有所象征，有所暗示。

无论如何，老夫、老妇，在生命的道路将要走到尽头时，"柳暗花明又一村"，这毕竟是好事，从巫者的判词看，似也能以平常心对待。

还必须指出，此卦［象辞］的作者，对待老夫和老妇的态度，就不同了。

在［九二］，［小象］指出："老夫女妻，过以相与也。"认为这对鸳鸯过了合适的年龄，确实也是事实。不过，在［九五］，［象辞］便说得很严厉了："枯杨生华，何可久也，老妇士夫，亦可丑也。"意思是说，杨花很快会凋谢的，比喻老妇和士夫的关系不能维持长久。加上什么"亦可丑也"的说法，简直到了诟骂的程度。很明显，〔象辞〕的制作者，对老男人有所偏袒，像〔象辞〕〔九五〕说枯杨开花，不能长久，但〔九二〕说杨柳生穗，难道那穗就不会凋落了么？何以又没有认为老夫与女妻的关系不能长久呢？

其实，〔九二〕〔九五〕爻辞用语的变化，不过是为了押韵的需要，〔九二〕的"稊"与"妻"，古韵同属脂部；〔九五〕的"华"与"夫"，古韵同属鱼部。〔小象〕对"枯杨生华"穿凿的阐述，是要衬托"老妇士夫，亦可丑也"的评价，这又恰好暴露了〔象辞〕制作者男权主义的思想。

回过头来，把〔九五〕爻辞中巫者对老妇士夫"无咎无誉"的表态，与〔小象〕所谓"亦可丑也"的责难，作一比较，我们可以看出二者之间的差别。是否我们还可以作出如下的判断：《大过》爻辞制作于母系社会仍未转型的时代，而〔象辞〕的制作时期，应已进入儒家思想渐渐居于统治地位的战国后期了。

〔上六〕过涉灭顶，凶，无咎。

"过涉"，指涉水过河；"灭顶"，指河水淹没了头，人们溺水，遭遇了灭顶之灾。巫者当然判曰"凶"。至于"无咎"两字，高亨先生疑是衍文，因为这与"凶"的判断完全相反，高先生又说："或者一卦一爻之辞，非一时一人之作，凶与无咎等乃各占所占，各依其事以记之，故有矛盾之象欤？"[①] 他的推测是合理的，可从。

---

① 高亨：《周易古经今注（重订本）》，中华书局1984年版，第242页。

[上六] 所写，应是老妇在出嫁路途中的遭遇，她到了河边，前面无路可通，只好涉水而过，结果惨遭灭顶。

从《大过》爻辞的内容看，我们发现它描述了在上古日常生活中，因交通不便引发的两宗不幸事件。

本来，老夫得其女妻，老妇得其士夫，那是很不容易的幸事。按理，男女年龄的差距，影响彼此的沟通，但是，"藉用白茅"的聘礼，却沟通了老夫和女妻、老妇和士夫之间的关系。心灵的渠道沟通了，道路交通的问题却出现了，于是产生了让人感到遗憾和痛心的事件。

看来，那天断桥附近，出现过两支人马，一队是老夫迎娶的队伍，他们发现桥梁弯折，便从另一座桥上通过，可又见大蛇挡路，总之，很不顺利。

而另一支是老妇往嫁的队伍，他们也来到断桥之上，一见前路不通，硬是涉水而过，结果很是悲惨。

现在，我们可以再看看《大过》的卦辞。卦辞只有两句，重点也只有"栋桡"两字。很明显，卦辞的制作者，在总括爻辞的内容时，很重视爻辞 [九三] "栋桡"的意义。正是由于桥梁出了问题，才导致不幸的后果。因此，卦辞才突出地点，以示沟通出现问题是全卦的核心，并且提出"利有攸往"，认为有所进展才是有利的。当然，所谓"有攸往"，是排除了不顾有蛇挡路和硬是涉水渡河的冒险做法的。

《大过》所写的，本来是很具体的生活问题。在描述过程中，制作者意识到，事情发展的幸与不幸，都和"过"有关。"过"，历也，是通过、经过的意思。"过"的顺与不顺，就是沟通渠道的问题。老夫、老妇得遂其愿，是聘礼使之沟通；老夫、老妇最后碰到坎坷，是栋桡使之不能沟通。显然，制作者其实已经把具体的生活事件，上升到具有生活体验意义的层面。

怎样对待艰险

《大过》的［彖辞］说：

大过，大者过也。栋桡，本末弱也。刚过而中，巽而说行，利有攸往，乃亨。大过之时大矣哉。

按《大过》的卦象是"巽下兑上"，巽和兑，各有两个阳爻，一个阴爻，加起来是四个阳爻。在卦位的六爻中，阳大于阴，过于阴，于是［彖辞］以此释《大过》之名。它又说：卦辞上有"栋桡"一语，是因为卦位最低（本）和最高（末）的均为阴卦，它意味着柔弱，所以会出现桥梁曲折的状态。

所谓"刚过而中"，是说这卦虽然是阳刚过了头，可是阳爻均处于中位，属合适的位置。所谓"巽而说行"，是说"巽"有逊顺的属性，"说"有和悦的属性，这是良好的兆头。总之，这卦象显示了它有不利的一面，又有有利的一面。因此，卦辞便主张有所作为，有所发展。［彖辞］由此也发出感慨："大过之时大矣哉！"时者，机会、机遇也。意思是说：这卦象表明，对付各种各样事物，只要采取合适的做法、态度，成功的机会是大得很的！

［象辞］的解释是：

泽灭木，大过。君子以独立不惧，遁世无闷。
［初六］藉用白茅，柔在下也。
［九二］老夫女妻，过以相与也。

［九三］栋桡之凶，不可以有辅也。

［九四］栋隆之吉，不桡乎下也。

［九五］枯杨生华，何可久也。老妇士夫，亦可丑也。

［上六］过涉之凶，不可咎也。

［大象］说：上卦的"兑"象征泽，下卦的"巽"象征木。泽灭木，是水淹没了木。本来，木是水来滋养的，或者，木是浮在水面上的，当水把木淹没了，便说明过头了，过分了。所以，这卦象便称之为《大过》。

由卦象启发，［大象］认为君子应该像被水淹没的树木那样，即使处于艰险的环境里，也不会惊慌失措；即使才华被埋没了，得不到施展，自己孤立无援，好像是远离世间，但处之泰然，一点儿也不苦闷。在［大象］看来，这一卦的意义，在于阐释在困难的环境中个人的操守问题。

［小象］对爻辞的理解是：［初六］一爻，说以白茅为藉，是表现处事柔顺、低调。［九二］写老夫找了女妻，是不相匹配的。［九三］之所以说是"凶"，是梁木断折，又不能给予任何帮助。而［九四］之所以说是"吉"，是因为梁木不向下弯曲。

［小象］对［九五］一爻的解说，我们在前边谈论过了，兹不赘。至于［上六］写"过涉灭顶"，这自然是"凶"象。不过，［象辞］的制作者对此作出的评价是"不可咎也"，意思是说，对那惨遭没顶的人，不可再非议了。看来，［象辞］实际上是明白《大过》所叙述的具体内容的，在［九五］，它不是说老妇配士夫，"亦可丑也"，对此持否定的态度吗？承上文，当婚嫁者过涉灭顶时，制作者倒同情他们的遭遇，认为

不可再加指责了。确实，人命关天，尽管"过涉"是冒险的行为，而且"老妇士夫"被视为丑行，一旦付出了如此可悲的代价，［象辞］便提出不可以再责咎了。在这里，我们看到了一丝人道精神的端倪。

至于［象辞］［彖辞］以及其后许多《周易》的研究者，往往或抓住《大过》的片言只字，或曲解《大过》的原意，然后奔驰想象，对其主旨作无限地引申，像孔颖达说"以人事言之，犹若圣人过越常理以拯患难也"。这真是越扯越远，越说越玄了！

第二十九 《坎》辨

☵ 坎下坎上

习坎：有孚，维心，亨。行有尚。

[初六] 习坎，入于坎窞。凶。

[九二] 坎有险，求小得。

[六三] 来之，坎坎，险且枕。入于坎窞，勿用。

[六四] 樽酒，簋贰，用缶，纳约自牖。终无咎。

[九五] 坎不盈，祗既平，无咎。

[上六] 系之徽纆，寘于丛棘。三岁不得，凶。

地窖式的牢狱

关于《坎》，研究者一致认为是预示凶险的一卦。确实，它的爻辞，几次出现"凶""险"的字眼，所以，若筮得此卦者，多属不吉，这也很容易理解。

然而，作为总括全卦的卦辞，倒没有提到凶险，反而出现"行有尚"一语，这又不能不使人感到奇怪。

我们先研究一下，何谓"坎"？它有什么含义？

由于《坎》的卦象为☵，两"坎"重叠，坎象征水，[象辞] 中有"水流而不盈"，[象辞] 又有"水洊至"的提法，所以人们往往把"坎"和水联系起来。最有代表性的是孔颖达的说法："坎，陷也。坎象水，水处险陷，故为陷也。"[1] 李鼎祚《周易集解》则引陆绩的说法："洊，再；习，重也，水再至而溢，流通不舍昼夜，重习相随以为常，有似于习，故君子象之以常习教事，如水不息也。"[2]

《坎》的坎，和水有关吗？这在卦辞、爻辞中都看不出，人们只是据卦象的符号，予以引申。而据［象辞］，强调的是水的"流而不溢"；孔颖达等则强调的是"水再至而溢"。到底是溢？还是不溢？真是言人人殊，莫衷一是。至于［象辞］则强调"习"，说什么"习坎，君子以常德行，习教事"。它把"习"引申为"再"。再，就是经常。于是，现代的学者再由"经常""不息"，再引申为"坚持操守""诚信坚定"，真是越扯越远，和爻辞的原意相去十万八千里了。

坎，其实就是陷坑。闻一多先生指出："古言坎，犹今言窖。"窖即地窖。闻先生又据［初六］有"坎窞"一词，指出："窞，《释文》引王肃又作陵感反，则读如槛，槛声转为牢，然则坎窞犹窖牢矣。坎窞叠韵连语。析言之，亦可曰坎，或曰窞，转为窖牢，亦然。古者拘罪人与拘牲畜同处，故系牲之圈曰牢，系人之狱亦曰牢。卜辞牢㞢作㘟若，以泉作㘭推之，知牢本凿地为之，如今之地窖。"闻先生又引《汉书·尹赏传》曰："治狱穿地，方深各数丈余，乃以大石复其口，名曰虎穴。"[3]

---

[1] （清）阮元校刻：《十三经注疏》，中华书局 1980 年影印版，第 42 页。

[2] （唐）李鼎祚著，陈德述整理：《周易集解》，巴蜀书社 1991 年版，第 126 页。

[3] 蔡尚思主编：《十家论易》，岳麓书社 1993 年版，第 530—531 页。

我认为，闻先生释"坎"为地窖式的牢狱，最为合理。记得《左传》写"郑伯克段于鄢"，郑庄公认为其母偏袒太叔段，并且准备发动政变。庄公平叛后，把母亲关在牢里，说"不及黄泉，毋相见也"，看来，那牢也就是窖。后来，庄公有点后悔，想见母亲。颍考叔就教他，"阙地及泉，遂而相见"①，即挖通一条隧道去见其母。可见，幽囚其母的地方，也就是地窖。

依照闻先生以坎为狱的判断，此卦的难题当可迎刃而解。至于上面提到卦辞与爻辞态度的矛盾，我们且放在一边，先把各爻弄个明白再说。

牢狱里的种种事态

[初六] 习坎，入于坎窞。凶。

"习坎"，闻一多先生认为，"习读为袭"，又认为"袭，入也"，"习坎即入牢狱"。此说却不可取。因为下文即有"入于坎窞"一语，若把"习"作"入"解，岂不是两句重复？

据陆德明《经典释文》"习，重也"，朱熹《周易本义》也认为："习，重习也"。因此，我认为，习坎也就是重叠的坎的意思。又《说文》释"窞"："坎中小坎也"，"一曰旁入也"。入于坎窞，意即进入坎中之坎，这也可以说明"习坎"是指重叠的牢坑。

在［初六］，爻辞的制作者首先说"习坎"，是说拘囚的

---

① （清）阮元校刻：《十三经注疏》，中华书局 1980 年影印版，第 1717 页。

地方，有着重重叠叠的地窖。那囚徒，被赶进那坎中有坎的牢狱里。对此，巫者便断然说，筮得此爻者"凶！"

[九二] 坎有险，求小得。

这一爻，似乎很容易理解，"坎有险"，不就是坎有危险吗？高亨先生对这爻的解释是："《说文》：'险，阻艰也。'坎中有险，有求不易，仅可小得，故曰坎有险，求小得。"此说也通。不过，我总觉有些疙瘩，地上有坎坑，本来就存在着危险；若坎解为牢狱，则不存在险阻的问题（除非说牢栅破旧不牢，那是牢狱本身的事）。又若以"有"与"又"通，"坎有险"即"坎又险"，说地上有坎坑，而地势又险阻，也还稍说得过去。但和下文"求小得"似不好衔接，所以总觉不伦。

一查帛书《周易》，"有险"作"有讥"。

桂馥《说文解字义证》引《方言》："讥，信也，燕、代、东齐曰讥"。而信，指信息。"坎有讥"即牢坑中发出声响，有点动静，这就是信息，这叫"讥"。为什么会有信息和动静呢？爻辞接着说："求小得"（帛书作"求少得"），即希望得到点东西。这爻的意思是说，那被困囚的人，发出了声响，表示有所要求。很可能他饿得不得了，便在牢坑里叽叽呱呱，或者大呼小叫，要求得到点吃的喝的东西之类。

[六三] 来之，坎坎，险且枕。入于坎窞，勿用。

对这爻，学者们有多种断句方式。一作"来之坎，坎险且枕"，一作"来之坎坎，险且枕"，此两说，均可作参考。

不过，我认为首先要弄清楚这"来"者是谁？如果是囚徒，那么，上爻已说他"入于坎窞"，何以这爻又说他"来"了？要知道，"来"并不等于"入"，只是说有人来到了这牢狱。而来到牢狱的人，不是囚徒，就是狱卒、狱吏。我们既已否定这"来"者是囚犯，那么，他只能是牢坑的看管者。

"来之"，之，指示代词，这里代指坎坑。《周易》中常有此句法，如"比之""剥之"之类。我之所以不取"来之坎"或"来之坎坎"（一些论者称"坎坎"为"坎窞"之误），是因为"之"已指坎，当时的爻辞制作者不会累赘地遣词。所以，在"来之"后断句，就可以表示牢坑的管治者，来到了牢坑了。

至于"坎坎"，我认为是象声词，古人往往用以表示敲击的声音，像《诗经·魏风·伐檀》有"坎坎伐檀兮，置之河之干兮"，《宛丘》有"坎其击鼓""坎其击缶"等。这爻的"坎坎"，疑是牢坑里囚徒叩击发出的声响。他们或有所不满，或有所要求，便在坑牢里捶打什么，坎坎连声，以引起牢外的注意。管治者来到这里，便听到"坎坎"的声响。这声响，也就是上爻所写的"讻"，它是牢坑里传出的信息。

"险且枕"，险，论者一般指"陷"，即坑牢的险阻；"枕"通沈，深也。陆德明《周易释文》："枕，古文作沈"。若作此解，说牢坑既险又深，也通。不过，通观《坎》的爻辞，是从管治者的角度叙述发生的种种状况的。牢坑由管治者所设，为了有效地监禁囚犯，他们把坎挖得又险又深，这是应有之义。因此，若由他们表示牢坑的"险且沈"，实在没有意义。

一校帛书，此句作"唫且讻"。得之！

唫，《说文》释："鱼口上见也，从口，金声。"《淮南子·主术训》："水浊则鱼唫……盖本作金，谓鱼皆上见出口也。"[①]

---

① 刘文典撰，冯逸、乔华点校：《淮南鸿烈集解》，中华书局 1989 年版，第 272 页。

所谓鱼口上见，是形容鱼儿仰着嘴巴吐纳求饵的样子，在这爻，则是写囚徒嗷嗷待食或呼叫的形状。说，信也。"唵且说"，是说管治者看到了牢坑里的囚徒举着头敲着坑的情状。

"入于坎窞，勿用"，这句当是巫者的新判断。如果把"入于坎窞"理解为叙述性的话语，似不妥，因为上爻［初六］，已经说过，没有理由重复，因此只能视之为巫者意见的表述。他认为在这样的情况下，管治者是不宜入于坎坑里面的。联系下一爻［六四］的做法，这句的性质将显得更加清楚。

［六四］樽酒，簋贰，用缶，纳约自牖。终无咎。

"樽酒"，指以樽盛酒。"簋贰"，簋是圆形的竹器，用以盛饭，李鼎祚《周易集解》引虞翻云："簋，黍稷器。"① 贰，论者多认为"贰"即"二"，簋贰即两个盛饭的篮子。不过，据王筠《说文句读》引《广雅》云："贰，益也"，那么，"簋贰"意思是益之以盛饭的簋。显然，连上文，樽酒簋贰，是说酒加上饭，酒为主，饭为副，这是很优厚的款待了。"用缶"，缶是瓦盆，意指酒和饭都用瓦盆子一起装着，送给那在牢坑里坎坎敲击表示有所要求或抗议的囚徒。

"纳约自牖"，《广雅·释诂三》："纳，入也。"投放进入也。约，有些论者释为节约、简约，但上文说到膳食中有"樽酒"，那就不算节省了。高亨先生觉得这"约"字不妥，索性说"约字疑衍"。其实，《说文》释为"约，缠束也"，

---

① （唐）李鼎祚著，陈德述整理：《周易集解》，巴蜀书社1991年版，第127页。

引申之，也可解为绳索。"纳约"，也就是放进绳索。"牖"，一般解为窗口。对此，闻一多先生有周详的解释，他说："古狱凿地为窨，故牖在室上，如今之天窗然。以地窨为狱，则狱全不可见，惟见其牖，《书传》称殷狱曰牖里，或以此欤？"又说："《水经·荡水注》引《广雅》曰：'牖，狱，犴也。'"①

把〔六四〕爻辞连结起来，它无非是说：牢坑的管理者用瓦器放好了樽酒饭食，又用绳子缚着，然后放进绳索，从牢坑上头的天窗，把食物送进狱里。巫者认为，这举动很稳妥，所以判曰"终无咎"。

〔九五〕坎不盈，坻既平，无咎。

"坎不盈"，牢坑不盈满，指里面囚禁的人不太多。"坻既平"，坻地上突起的小土丘。既平，即已平。意说牢底的土堆也已经平整。总之，管理者把牢狱的内部，弄得稍稍妥帖。对此，巫者也认为这样的做法可取，故判曰"无咎"。

〔上六〕系之徽纆，寘于丛棘。三岁不得，凶。

诸家对这爻的解说，大同小异。"系"，绑也，"徽纆"，指绳索，《周易释文》引刘表注："三股为徽，两股为纆，皆索名"②。"寘"即"置"。"丛棘"，李鼎祚《周易集解》引《周礼》"王之外朝，左九棘，右九棘，面三槐，司寇公卿议

① 蔡尚思主编：《十家论易》，岳麓书社1993年版，第532页。

② （唐）陆德明撰，黄焯断句：《经典释文》，上海古籍出版社1983年版，第24页。

狱于其下"①。可见"丛棘"指审判囚徒的地方。这两句，是
说把牢里的囚徒用绳子绑起来，放置在审讯的"法庭"上。

"三岁不得"，三岁，表示时间的长久；不得，无所得，
审不出什么名堂。《周易集解》引虞翻云："不得，谓不得出
狱"②，也通。总之，这爻指审讯时官员们把囚徒五花大绑，
如临大敌。巫者认为，如果审来审去，白白拖延了时间，一无
所获。这就很不妥当了。所以判曰"凶!"高亨先生指出：
"历时三载，不得其情，如此稽迟，足招百姓之怨。"③ 此说
至确。

管治牢狱的关键

现在，我们回过头来，看看《坎》的卦辞所要表达的
意思。

卦辞说："有孚，维心。亨，行有尚。""有孚"，即有所
俘获。抓住了俘虏，把他囚禁起来，这便是"有孚"。

"维心"，即维系着囚徒们的心。这是对爻辞所叙述的对
待囚徒做法的概括。首爻［初六］写被囚者入于坎窞，这对
他们来说，自然是"凶"的，但以下［九二］［六三］［六
四］［九五］所写，则是牢坑的管治者对待囚徒的做法，他听
到牢里有声响，便给予酒食，给予方便，给予稍为"人道"

---

① （唐）李鼎祚著，陈德述整理：《周易集解》，巴蜀书社1991年版，
第128页。

② （唐）李鼎祚著，陈德述整理：《周易集解》，巴蜀书社1991年版，
第128页。

③ 高亨：《周易古经今注（重订本）》，中华书局1984年版，第246页。

的照料，这一切，乃是卦辞所说的"维心"的举措。维心者，维持其思想的稳定也。卦辞又说："行有尚"，"尚"通"赏"，意指其行为会有所赏与，到后来，狱吏不就给了酒饭供么？总之，囚徒们获得稍好的供应，少安毋躁，抵触较少，管治者反便于管理，这便是"维心"的妙用。

至于〔上六〕，爻辞写的是把牢狱里的囚徒拉出来审讯的情况。囚徒处于坑窟，拉上地面聆讯时防止逃脱，严密监管，也是必要的，但如果长期审讯而没有结果，也就不能"维心"了，这不利从思想上瓦解对方，也最终不利于对百姓的管治。可见，《坎》卦卦辞的制作者，在描述了牢坑的管治者以及看到处理囚徒的情况以后，着重提出"维心"的问题，提醒人要善待囚徒，提醒不要让矛盾进一步激化，很明显，这是从统治者的立场总结出的如何管治刑狱的经验。

巫者认为，筮得此卦者，应该"亨"，赶紧祭祀上天，让老天爷帮助和护佑吧！这样，则"行有尚"。"行有"，将有也。"尚"，嘉许、推崇的意思，有《论语·阳货》"君子尚勇乎"可证。高亨先生认为"尚借为赏"①，意亦近。显然，巫者提示人们，对待被囚押的人，如果给予适当的处置，维系其心，相信天命，那么，将会得到推重和嘉许。

《坎》，一般人都视之为凶险的卦，这也难怪，因为它涉及牢狱之灾，自然与凶险沾上了边。但仔细分辨它原来的含义，实际上它既在一定程度上反映了上古时代囚徒的生活，也总结了管理囚徒的经验。如果我们把卦辞、爻辞以及巫者的态度结合起来看，那么，宽严结合，便是当时统治者所体悟的管治心得。

---

① 高亨：《周易古经今注（重订本）》，中华书局1984年版，第242页。

从治狱到治国

〔彖辞〕对《坎》的阐述是：

> **习坎，重险也。水流而不盈，行险而不失其信。维心，亨，乃以刚中也。行有尚，往有功也。天险不可升也，地险山川丘陵也。王公设险以守其国。险之时用大矣哉！**

《坎》的卦象是"坎上坎下"，因此，〔彖辞〕认为，卦辞之所以说"习（袭）坎"，正是指坎窞和坎窞重重叠叠，象征着有重重的险阻。而"坎"，是水的象征，其形状也似是流淌着的"水"字。由此，〔彖辞〕便联想到水。它说正像河水在日夜流动，却永不盈满那样，人居于险地也不能失去信心。至于卦辞说"维心，亨"，说维系其思想，可以亨通顺利，是因卦象的〔九二〕〔九五〕，俱以阳刚之爻居于中位的缘故。"行有尚"，是说有所作为，将有所得。

〔彖辞〕的"天险""地险""王公设险"三句，是从"坎窞"生发出来的议论。坎窞，是限制犯人活动的险阻之地，制作者便引申出更深远的涵义。他认为，天之所以是险阻的，是人们不能飞升上去；地之所以是险阻的，是因有山川丘陵的限制，人们不能随便地逾越；为此，王公大人也设置险阻以守护国土，限制敌人的侵扰。随后，〔彖辞〕进一步申述："险之时用大矣哉！"意思是说，这险阻和限制，对于在不同时间、条件中产生的功能，真是太重要了。

无疑，《坎》卦爻辞所叙述的，是如何管束那些幽闭在坎窨里的犯人，[象辞]则从这具体的约束事件中，抽象出"设险"限制的原则。而从"险"可以起到管束的作用中，又可把凡是具有管束功能事物，乃至规范人的行为的规章制度，都可泛称为"险"。这也就是险的"时用"大得不得了的道理。关于这一点，程颐在《程氏易传》中有很好的体会。他说："山河城池，设险之大端也。若夫尊卑之辨，贵贱之分，明等威，异物采，凡所以杜绝陵僭限隔上下者，皆体险之用也。"最后的两句，把"险"的"时用"说得很透彻了。

[象辞]则从另一角度对《坎》作出阐述：

水洊至，习坎。君子以常德行，习教事。
[初六] 习坎入坎，失道凶也。
[九二] 求小得，未出中也。
[六三] 来之坎坎，终无功也。
[六四] 樽酒簋贰，刚柔际也。
[九五] 坎不盈，中未大也。
[上六] 上六失道，凶三岁也。

[大象]说：水连续不断地流，而且坎窨也重重叠叠。从这意象里，制作者提出：管治者要注意自己德行修养，要经常熟习政事和管教的方法。

[小象]对每爻的评述是：[初六]一爻，写陷入坎窨者，是因失了正道，犯了错误。[九二]说"求小得"，是因为犯人被囚在坎窨之中，只能求取得一些东西，不能有所奢望。

其后，[小象]说：尽管犯人在牢坑里敲敲打打，发出坎坎的声音，最终是没有出狱的希望的。而狱卒给了食物，乃是坐牢的和看守者这对立的双方，能互相配合。就卦位而言，

［六四］为阴爻，正好与［九五］的阳爻相互交接，刚柔相济，所以有送交食物的可能。而［九五］说"坎不盈"，是牢坑之中，人犯之数未有扩大，坐牢者处境还算可以，所以这爻有"无咎"的判语。至于［上六］一爻，写审判长期不获解决，［象辞］制作者强调这是"失道"的问题，是管治者处事出现重大错误的问题。

如果把［象辞］与［象辞］作一比较，可以发现，它们对《坎》卦的阐析，各有不同的态度。在［象辞］，强调的要设置具有管束力的措施，制定能够有效地阻限人们身、心的种种办法，以期收到像牢狱般的禁约人们的效果。而在［象辞］，强调的是要求提高管治者自身的管治能力。看来，［象辞］制作者觉察到爻辞中所写的犯人的躁动，联系到卦辞提出的"维心"，晓得要做好犯人的思想工作。而这点，又和管治者自身的水平，有极其密切的关系。所以，［象辞］倒是把眼光转向管治者的主观方面。在最后，它还对从事审判的当道诸公，提出"失道"的判语。显然，这是相当严厉的批评。

如果把［象辞］和［象辞］结合起来，那么，既重视设置管束的种种措施，又注意提高管治者的自身水平，这是最好不过的事。所以，［象辞］与［象辞］互相补充，交相为用，这为后世提供了管治的经验教训。

第三十　《离》辨

䷝ 离下离上

离：利贞，亨。畜牝牛，吉。

［初九］履错然。敬之，无咎。

［六二］黄离，元吉。

［九三］日昃之离，不鼓缶而歌，则大耋之嗟，凶。

［九四］突如，其来如，焚如，死如，弃如。

［六五］出涕沱若，戚嗟若，吉。

［上九］王用出征，有嘉折首，获，匪其丑。无咎。

离、魑和驱傩

《离》卦的命名，论者有不同的解释。一说"离"，丽也。像来知德《周易集注》云："离者丽也，明也。一阴附丽于上下之阳，丽之义也。"① 他之所以认为"离"即"丽"，既是根据［彖辞］的说法，又根据这两字古音相通。由此，来知德又从"离"字衍生出两种意义，一为明丽（又有人引申其

---

① （明）来知德：《周易集注》，上海古籍出版社 1990 年版，第 190 页。

义释为灿烂的阳光）；一为附丽，即依附、联系之意。这一来，什么都可和它联系上了，像说"附丽是普遍现象，自然界和人类社会，万事万物都存在着彼一物与此一物，彼一事与此一事的附丽关系"，"离卦所讲的附丽亦即社会中人与人之间的一种关系以及如何对待这种关系的问题"[①]，等等。

另一说法，是"离"通"罗"。罗，即罗网。加上卦中爻辞有"黄离"，便认为"离"又通"鹂"，黄离即黄鹂。于是，孔颖达《周易正义》云："以小人之身，过而弗遇，必遭罗网，其犹飞鸟，飞而无托，必离矰缴，故曰飞鸟离之，凶也。"[②]

李镜池先生认为："离，通罹，指遭祸，卦中主要讲战祸。"[③] 按《说文》："罹，心忧也，从网未详，古音多通用离。"李先生的解释，意似近。但说此卦主要讲战祸，无非是因为爻辞［上九］有"王用出征"一语，这又似未能贯通全卦的意思。特别是《离》的卦辞，突出地说到"畜牝牛"，显然，卦辞的制作者，很强调这卦的内容与畜牧的关系，而没有提到出征的问题。

我认为，这卦说的，确是与遭祸有关。

到底，人们遭遇了什么祸呢？在古代，先民村庄附近往往会出现残害家畜的野兽。这些家伙，来去无踪，人们称之为山神、山鬼，也称之为螭，或称之为魖。按《众经音义》云："魖，《说文》作离，《三苍》诸书作螭，近作魖，是齐梁以来

---

① 金景芳、吕绍纲：《周易全解》，吉林大学出版社 1989 年版，第 224、228 页。

② （清）阮元校刻：《十三经注疏》，中华书局 1980 年影印版，第 43 页。

③ 李镜池著，曹础基整理：《周易通义》，中华书局 1981 年版，第 60 页。

俗字如此。《说文》，螭，若龙而黄，嵩，山神，兽也，言山神是兽形。"①

遭逢了魑，或者说，遭遇上魑的灾殃，怎么办呢？那就要"亨"，要祭祀，要把魑魅魍魉等妖魔鬼怪赶跑。为了驱赶鬼怪，就要让人扮演鬼怪，这叫"驱傩"。据《论语·乡党》有"乡人傩"，这就是古人驱疫包括驱鬼的仪式。在《周礼·夏官》，人们记载了当时赶鬼的情景："方相氏掌蒙熊皮，黄金四目，玄衣朱裳，帅百隶而时傩，以索室驱疫。"② 在古人看来，灾疫的背后，一定是有鬼怪在作祟。《路史》卷十四载，黄帝命巫咸创立傩的仪式，使之"击鼓呼噪，逐疫出魅"③。"出魅"，便是赶走魑魅，易言之，亦即把"离"驱赶。

魑（离）是古人想象中的神秘的恶兽。要驱逐恶兽，古人便以毒攻毒，让"巫"去扮演恶鬼或恶兽，样子甚至比它要更凶猛，好让魑魅害怕。而群众又跟着巫一起呼喊，以便把"魑"吓跑，这就是"傩"。从《周礼》所载"方相氏掌蒙熊皮"，这说明，这扮演者的上肢披蒙着熊皮，这装扮分明与野兽有关。

我们知道，《论语·乡党》提到："乡人傩，朝服而立于阼阶。"④ 而《礼记·郊特牲》也说："乡人祃，孔子朝服立于阶。"郑玄注："祃，强鬼也，谓时傩，索言驱疫逐强鬼也。

---

① 蒋人杰编纂，刘锐审订：《说文解字集注》，上海古籍出版社1996年版，第1932页。

② （清）阮元校刻：《十三经注疏》，中华书局1980年影印版，第851页。

③ 影印文渊阁《四库全书》，第383册，第122页。

④ （清）阮元校刻：《十三经注疏》，中华书局1980年影印版，第2495页。

裼，或作'献'，或作'傩'。"① 可见，傩、裼、献，其逐疫驱魅的意义实一。

至于"献"，从犬。康保成同学在《傩戏艺术源流》一书中，还提到商承祚先生《殷契佚存》谓"献"字其本从虎，"后求其便于结构"，乃从犬。无论是从犬或从虎，都和兽类有关。保成并引述说：其后，驱傩的乡俗一直在民间遗存。例如在湖北，一些地方的"乡人傩"，又叫"赶毛狗"，据《长乐县志》载：在正月十五，"儿童大声追逐，谓'赶毛九'或曰'赶毛狗'"②。这一切，都说明魑魅与兽类乃至与傩的密切关系。

我认为，《离》卦的"离"，实即"魑"。全卦写的是古人遭受恶兽之害，为了消释灾殃而举行的驱傩仪式。由于"魑"，它是恶兽的幻化，恶兽残害家畜，所以，卦辞便突出地提到"畜牝牛"，这正说明此卦与畜牧问题有关。

驱赶魑魅的祭仪

[初九] 履错然。敬之，无咎。

"履"，鞋履、步履。"错然"，高亨先生认为"是黄金色貌"，说"履以黄纩为之"，"此履贵人所服"。③ 也通。

不过，我以为"履错然"应是指步履交错杂沓的样子。此爻写的是"魑"的出现。而"履错然"又说明了两个问题。

---

① （清）阮元校刻：《十三经注疏》，中华书局 1980 年影印版，第 1448 页。
② 康保成：《傩戏艺术源流》，广东高等教育出版社 1999 年版，第 19 页。
③ 参高亨：《周易大传今注》，齐鲁书社 1988 年版，第 282 页。

首先，这魖是由人扮演的，所以才会穿"履"。其次，步履的交错，乃是跳舞的样子。据《说文》释"傩"："行有节也。"实际上是指傩的行动有规矩，有节奏。

我们知道，所谓驱傩，又称"跳"神，跳是舞蹈的动作。直到清代，顾禄《清嘉录》引《江乡节物词小序》云："杭俗，跳灶王，丐者至腊月下旬，涂扮墨于面，跳踉街市。"[1] 又《聊斋志异·跳神》："妇束短幅裙，屈一足，作商羊舞，两人捉臂，左右扶掖之。"[2] 这些姿态，古称趋跄、趋翔、跳梁等，它分明是驱傩中跳舞姿态的孑遗。

"履错然"，不正是说那"魖"，亦即那披上熊皮扮演"山神"的角色，跳着舞出场了么！人们一见他出现，以为真的来了什么恶兽或鬼怪，便"敬之"。"敬"，通"儆"，意指大家警觉起来。巫者当然知道这是什么一回事，便给筮得此爻者以安慰，判曰"无咎"。

[六二] 黄离，元吉。

"黄离"，黄色的魖，按《说文》释魖："若龙而黄。"看来，魖是黄色的。《说文》还说到有一种与魖相类的"魑"，据称它也是"神兽"。《字林》说"魑兽如熊，黄而小"[3]。黄，是土的颜色，兽类见于山野里，因此人们想象中的魖与魑，均呈黄色。

---

① （清）顾铁卿：《清嘉录》，上海文艺出版社1985年版，第1页。

② 蒲松龄著，朱其铠、李茂肃、李伯齐、牟通校注：《全新注本聊斋志异》，人民文学出版社1989年版，第759页。

③ 蒋人杰编纂，刘锐审订：《说文解字集注》，上海古籍出版社1996年版，第1932页。

不过，这爻所说的"黄离"，应是指驱傩中由人装扮穿着黄色服饰的"魃"。道理很简单，因为巫者跟着便判曰"元吉!"元吉者，大吉也。巫者肯定知道这黄离是人扮的，而且是来辟邪驱疫的，才会用最高兴的口吻表示赞许。如果人们见到的黄离是真正的恶兽，这判辞便完全不合逻辑。

[九三] 日昃之离，不鼓缶而歌，则大耋之嗟，凶。

"日昃"，指太阳偏侧向西，接近黄昏。《说文》："昃，日在西方时，侧也。"日昃之离是说傍晚时出现魃，换言之，即驱傩的仪式在傍晚举行，"魃"出现在黄昏时分。"鼓缶"，缶是陶制的盆子，鼓缶是敲击盆子，也可理解为又打鼓又击缶，古人常把鼓和瓦盆作为敲击乐器，用以调节歌舞的节奏，像《诗经·陈风·宛丘》就写到：

> 坎其击鼓，宛丘之下，无冬无夏，值其鹭羽。
> 坎其击缶，宛丘之道，无冬无夏，值其鹭翿。

古代驱傩，赶走魑魅，是要敲击鼓、缶之属，高声鼓噪，以便增加声势，把妖怪吓跑的，上引《路史》注便说驱傩时"击鼓呼噪，逐疫出魅"。又《吕氏春秋》高诱注云："命国人傩，索宫中区隅幽暗之处，击鼓大呼，驱逐不祥。"[1]

"大耋"，耋是老人，大耋应是指长老或指有威望的老人。"嗟"，嗟叹。有些论者如闻一多先生认为"嗟通蹉"，蹉即跌倒。高亨先生也说"其祸主在大耋之人"。这些解法也可参

---

① 《二十二子》，上海古籍出版社 1986 年版，第 636 页。

考，但似过于曲折。

以我看，"嗟"就是感叹的意思。按规矩，魖的出现，是要敲锣打鼓喧呼鼓噪去驱赶的，何况黑夜将临，岂能"不鼓缶而歌"？若是祭仪显得静悄悄，又怎能驱鬼？因此，这两句的意思是说，如果人们不按照传统"鼓缶而歌"的做法，那么，有权威的老人，便会感到不可思议，认为时下人们不懂得或违反了驱傩的规矩，便会对此发出咨嗟感慨，认为不遵古训。而巫者也提醒人们，不按驱傩的规程，是很不妥的，因而判曰"凶"。

[九四] 突如，其来如，焚如，死如，弃如。

"突"，突出，亦即冲出。"如"，语气词，相当于"哟"。这一爻，写的是人们在傩仪中驱逐魑魅时的呼喊，等于说：

冲哟！

它来了哟！

烧它哟！

打死它哟！

丢了它哟！

在这里，我们可以从呼吼声中，感受到"鼓缶而歌，驱疫赶魅"的热烈场面。

[六五] 出涕沱若，戚嗟若，吉。

"出"，流出。"涕"，涕泪也。"沱"，滂沱也。"若"，语助词。"戚嗟"，悲伤地嗟叹。这爻是写驱逐魑魅的傩仪中合乎规矩的做法，驱魖者又歌又哭，涕泪滂沱，显得十分伤心的样子。巫者认为这样做很好，判曰"吉"。

倒是高亨先生觉得，此判不可理解。他说：出涕戚嗟，

"乃忧悲泣叹之象，似不宜言吉，吉字疑衍，盖即若字复文而又伪变也"[1]。其实，巫者的判词，反是合适的，只要我们回头看看[九三]，巫者对"不鼓缶而歌"判为"凶"，便可以知道他为什么会把悲戚说成是"吉"了。据《周礼·女巫》："凡邦之大灾，歌哭而请。"《注》曰："有歌者，有哭者，冀以悲哀感神灵也。"[2] 在过去的礼仪中，哭是表现诚挚的一种技巧，婚礼丧礼，都要哭。有些地方民俗，嫁女时，待嫁者要哭上几天，还要有送嫁的伙伴陪着一起哭；至于丧事，除了孝子贤孙伤心落泪外，丧家还会雇请专门从事哭丧的人，坐在一旁且哭且歌。这样做，才叫尽礼。同样的理由，如果村子里的乡人，认为出现了伤害人畜的魑魅，为求神灵的护佑，在祭仪中又歌又哭，表现得十分哀戚，涕泪滂沱，以便感动上帝，肃清鬼怪，这样的"表演"，不正是很合适的吗？因此，判之曰"吉"，完全合乎逻辑。

[上九] 王用出征，有嘉折首，获，匪其丑。无咎。

这爻是上面几爻描写驱魑之祭以后的收获。"王用出征"，用，因也，即因以、因此，这"因"字的呈现，正好说明它承接上文，是对上述祭仪的归纳。

"出征"，既可指打仗，也可指出猎或远行。经过驱傩的亨祭，赶走了邪恶，领导者信心百倍，因而便可以有一番大作为或大动作了。"有嘉折首"，有，通"又"；嘉，嘉许、嘉奖；折首，斩首，这"首"可以是指敌人的头颅，也可以是

---

① 高亨：《周易大传今注》，齐鲁书社 1988 年版，第 284 页。
② （清）阮元校刻：《十三经注疏》，中华书局 1980 年影印版，第 817 页。

指其他动物的头。总之，王者征行顺利，旗开得胜，他又嘉奖那些勇猛冲斩的斗士。"获，匪其丑"，获，指有所斩获、收获、获得的意思。至于"匪其丑"，论者一般释"匪"为匪类，坏蛋。与之相联系，丑，自然指丑类、丑恶。匪其丑，即是那丑恶的匪类的意思。

另一种说法是，"匪"即"彼"。若按此，匪其丑等于说：他那丑类。以上两说，都是强调抓获了俘虏，也均可供参考。特别是如果像李镜池先生那样，把这卦理解为"主要讲战祸"，那么，以上的解释似更不成问题。

但是，通观这卦，很难说它是写战祸或战争的。当然，爻辞〔九四〕中有"焚如""死如"等字句，似和战争有关，可是，爻辞〔六二〕又有黄离（李先生释为黄鹂，鸟占）说它与战争有联系，总觉勉强（李先生一会儿释"离"为灾难，一会儿释"离"为黄鹂，也难以使人信服）。再加上"王用出征"未必一定指征战，因此，我认为"匪其丑"一句，还可以寻求其他的解释。

按"匪"，可以解作"分"。尚秉和的《周易尚氏学》指出："匪与分古通，《周礼·地官》：'廪人以待国之匪颁'。注：匪读为分。"[1] 而"丑"，也不是丑恶的意思。据《周易集解》引虞翻释："丑，类也。"[2] 类指同类、群体。又《方言》卷三："丑，同也。东齐曰丑。"可见，丑，其实有同俦的意思。

此说若能成立，那么，"获，匪其丑"，实即"获，分其

① 尚秉和：《周易尚氏学》，中华书局 2003 年版，第 151 页。
② （唐）李鼎祚著，陈德述整理：《周易集解》，巴蜀书社 1991 年版，第 131 页。

俅"。连上文，意思是说，王者有所收获，便把所得颁分给他的群众，在上文，我们谈到《周礼·夏官》写傩祭时，有"帅百隶而时傩"一语。又《乐府杂录·驱傩》在写了方相氏的除逐举止以后，还提到"右十二人，皆朱发，衣白（中空）画衣，各执麻鞭、辫麻为之，长数尺，振之声甚厉"[1]。而《说文》中关于"丑"的解说中还说到，"丑之本字象人手有所持执之形"。这爻所说的"匪其丑"，表明在驱傩的仪典中，除扮演"魖"的主要角色以外，还有不少群众演员。那位出征打仗或者狩猎的王者，有所俘获，便把战利品分颁给随从，或者分发给那些参加傩仪的群众。对此，巫者认为没问题，乃判曰"无咎"。

从畜牝牛到牧民

以上，是我们对爻辞的含义的辨析。

当我们明白了"离"即"魖"，而魖是山神、神兽之类之后，那么，卦辞中强调"畜牝牛"的意义，便很容易理解了。畜，饲养也；牝牛，母牛也。饲养母牛，可以繁殖小牛，有利于畜牧业的发展。而这一措施，只有在清除了不利于畜牧的因素，才可能实现。

驱傩的祭仪举行过后，先民们认为给牲畜造成灾害的妖魔鬼怪被肃清了，放心了，发展畜牧业的条件具备了，于是，卦辞的制作者，便根据当时情况，因势利导，提出了"畜牝牛"

---

[1]　（唐）段安节：《乐府杂录》，见中国戏曲研究院编：《中国古典戏曲论著集成》，中国戏剧出版社1959年版，第43页。

的主张。

[彖辞] 又是怎样看待《离》卦的呢?

离,丽也。日月丽乎天,百谷草木丽乎土,重明以丽乎正,乃化成天下。柔丽乎中正,故亨,是以畜牝牛吉也。

[彖辞] 根据卦象来解释卦辞。按《离》卦为"离上离下"。"离",是日和火的象征,又有相附相连的属性。因此,[大象] 说:附丽,便称为"离"。他认为事物附丽于主体,乃是宇宙的规律,像日月附丽于天,百谷草木附丽于地,由此可见,一切事物,均应附丽于主体。重明,指上下两个"离"卦连附在一起,由此,人们从这卦象中得到启发,知道要附丽于正道,并且以此化育天下,取得成就。

[彖辞] 所说"柔"丽乎正中,是指 [六二] [六五] 俱为阴柔之爻,俱处于卦位的中间位置,又俱与上边下边的阳爻相连附。这卦象说明一切正确而合适,若占得此卦,便应酬谢上天,因为它的指引,有利于繁殖畜养牲口。

[彖辞] 把"离"解释为"丽",和我们看到爻辞的描写,挂不上钩。可以肯定,[彖辞] 和爻辞的制作者,不是同一个人,不是处于同一个时代。因此,[彖辞] 对爻辞的认识、理解,有可能和爻辞的原意不一致,或解错,或歪曲,或只借题发挥而远离爻辞原来的具体描写,这状况是经常发生的。像《离》卦,[彖辞] 的阐释,就只从卦象落墨。它的中心思想,是从卦的意象说明一切都应附丽于主体,而作为生活在社会上的人,就应附丽于正道。从这里,我们又可以看到 [彖辞] 制作者对主从关系,亦即附丽与被附丽者关系的

重视。

《离》卦的［象辞］是：

明两作，离。大人以继明照于四方。

［初九］履错之敬，以辟咎也。

［六二］黄离元吉，得中道也。

［九三］日昃之离，何可久也。

［九四］突如其来如，无所容也。

［六五］六五之吉，离王公也。

［上九］王用出征，以正邦也；获匪其丑，大有功也。

［大象］说，象征着光明的火和日两次出现的卦象，称为"离"。这意象，启示管治天下的大人物，应连续不断地以光明照耀四方。

对［初九］，［小象］评析是：这爻所表明的行为，是要避免祸害的。而［六二］一爻之所以是大吉之象，是它合乎中正的不偏不倚之道。在［九三］中有关"日昃之离"的种种描写，则说明这状况不可能保持长久。［九四］写到"焚如""弃如"等，是指那酿成灾祸的东西，没有容身之地。

至于［六五］一爻，［小象］则从卦位来解释它之所以被判为"吉"的理由。按［六五］之爻，为阴爻，代表臣下；它附离于［上九］代表王公的阳爻。臣下依附于王公，总有好处，所以，尽管爻辞写到涕泪滂沱，也是"吉"。

最后，《离》的［上九］，写"王用出征"，［小象］认为是正确的管治家邦的行动，是可以给予正面的评价的。

如上所述，《离》的爻辞，写的是为了牲畜的养牧繁殖而举行傩祭的场面，卦辞的"畜牝牛，吉"一语，透露了此卦的玄机。然而，［象辞］则从畜生的养牧，联想到牧民亦即管治先民的问题。而它论述"牧民"的重点，在于要求被牧者附于主体，这等于说，摆正了主从关系，摆正了统治与被统治的关系，一切麻烦都会迎刃而解。

而［象辞］则要求管治者不断地施行德政，谨遵正道，注意和被管治者保持良好的依存关系。很明显，［象辞］和［象辞］，各有不同的侧重点，而做好"牧民"工作的出发点则是一致的。

从"畜牝牛"到"畜民""牧民"，这联想简直是匪夷所思，但其思想逻辑，也不是无迹可寻的。

第三十一 《咸》辨

䷞ 艮下兑上

咸：亨。利贞。取女，吉。

[初六] **咸其拇。**

[六二] **咸其腓，凶。居，吉。**

[九三] **咸其股，执其随。往，吝。**

[九四] **贞吉，悔亡。憧憧往来，朋从尔思。**

[九五] **咸其脢。无悔。**

[上六] **咸其辅颊、舌。**

"咸"字的含义

这卦并不费解，因为，卦中的"咸"字，贯串在整卦之中，清楚地说明爻与爻之间有着密切的关系。只要把"咸"字解释清楚，《咸》卦的意义就会明白了。

可是，有些论者似乎不愿意依书直讲，也许有些人觉得《周易》是儒家经典，是很神圣的，或是很神秘的典籍，这样的思维定势，使得他们思路扭曲，把本属唾手可得的结论，弄得十分周折，终于失之毫厘，谬之千里。

高亨先生说："咸的初义应训斩。"① 因为咸字从戊，戊是大斧。李镜池先生也有类似的看法。若按此说，那么，这卦各爻都说到斩伤身体的各个部分，其内容岂非血淋淋？可是，《咸》的卦辞，对卦的总体判断为"吉"。在各爻的判辞中，也以"吉"和"无悔"居多。因此，以斩释咸，实属不得其解。

有趣的是，本来是道貌岸然的［象辞］，在这卦中，却说了些接近真实的话。它说："咸，感也。""二气感应而相与，止而说（悦），男下女，是以'亨利贞'。"又说："天地感而万物化生。"所谓二气，是指阴与阳，二气感应是指男女交感。交感和洽，便会生儿育女，化生万物。当然，［象辞］这番话说得一本正经，也有点玄乎，但毕竟涉及男女阴阳的问题。

所谓"咸"，感也。而"感"，《尔雅·释诂》："动也。"根据［象辞］的启发，不少古人已经意识到《咸》讲的乃是男女交感的问题。例如《荀子·大略》："《易》之《咸》见夫妇，夫妇之道不可不正也。"② 又李鼎祚《周易集解》引韩康伯曰："夫妇之道，莫美于斯。"③ 这都接触到《咸》的实质问题了。

关于"咸"，高亨先生只强调它从"戊"，却忽视它也从"口"。但徐锴注《说文》，注重的是"其口同也"，按《金文

---

① 高亨：《周易古经今注（重订本）》，中华书局 1984 年版，第 249 页。

② （清）王先谦撰，沈啸寰、王星贤点校：《荀子集注》，中华书局 1988 年版，第 495 页。

③ （唐）李鼎祚著，陈德述整理：《周易集解》，巴蜀书社 1991 年版，第 132 页。

诂林》，也说到"众口同和，谓之咸也"①。所谓众口相同相和，就涉及人与人关系交相感应的问题。所以，〔象辞〕注意到"咸"与"感"的联系，不为无据。

又朱骏声说："咸者，鹹之古文，啮也。"②他注意到"咸"与口部的动作有关。而"咸"与"含"音近。《广雅》说，"鹹，含也"，可见二者也相通。

检阅帛书，咸作"钦"。钦，包含着两方面的意思，《广雅·释诂》："钦，敬也"。段玉裁《说文解字注》："钦者，倦而张口之貌也，引申之乃欿然如不足之谓钦。"③ 又，钦与"亲"音近。如果把"钦"这几个方面的含义联系起来，那么，钦，俨然是接吻、亲吻的样子。它和"咸""鹹""含"，其实也是意思相通的。

弄清了"咸"的意义，我们可以了解卦辞中为什么会出现"取女"一词。取女即娶女，这是显而易见的。高亨先生也说："取借为娶，筮得此卦，娶女则吉，故曰娶女吉。"④

那么，若释"咸"为斩伤，这与娶女之间的关系，从何说起？

若释"咸"的意义为亲吻，便与男女婚娶之事息息相关，这实用不着细说。

---

① 蒋人杰编纂，刘锐审订：《说文解字集注》，上海古籍出版社1996年版，第264页。

② （清）朱骏声：《说文通训定声·临部》，第103页。

③ 蒋人杰编纂，刘锐审订：《说文解字集注》，上海古籍出版社1996年版，第2836页。

④ 高亨：《周易大传今注》，齐鲁书社1988年版，第289页。

性爱过程的描写

[初六] 咸其拇。

"拇",《周易集解》引虞翻曰:"拇,足大趾也。"① 这爻是说,吻她的足部大拇指。就这么简单。

有趣的是,这爻的[象辞]的制作者说:"咸其拇,志在外也",不知道他是怎样得出"志在外"的推理的?大概是脚趾与走路有关。所以,黄寿祺、张善文先生据此的阐释是:"感应于拇,固为浅末;但[初六]既有所应,终不能不动,故必萌萌然而志在外。"② 他们理解[象辞]的意思是,被人触动了脚趾,便想离开了。其实,"志在外",想离开云云,那只是[象辞]制作者自己的想法,而爻辞中所叙的人,其实并没有走开,否则就不会继续被抚吻下去了。

为什么那登徒子要吻她的脚趾?此无它,性的挑逗也。据有关性知识的书籍说,这些部位很敏感。

对此爻,巫者没有表态,这是颇有趣的,毕竟这只是初步的性骚扰,还不属太严重,所以,巫者也不好说什么。

[六二] 咸其腓,凶。居,吉。

"腓",《说文解字注》:"谓胫骨之肉也",即是腿的小肚子。那家伙吻了她的脚趾,又顺藤摸瓜,得寸进尺,其不轨之

---

① (唐)李鼎祚著,陈德述整理:《周易集解》,巴蜀书社1991年版,第133页。

② 黄寿祺、张善文:《周易译注》,中华书局1981年版,第259页。

心，不言自明。这情况，巫者不以然了，他判之曰"凶！"

至于"居"，停止、静止的意思。巫者认为，若事情的发展，到此为止，登徒子就此罢手，则是好事，故曰吉。

［九三］咸其股，执其随。往，吝。

"股"，臀部。"执"，手握也。"随"通"隋"，《说文》："隋，裂肉也。"亦可通脽，"脽，尻也"。不管是隋还是尻，总是指接近女性生殖器的部位。到了这个份上，明明是性行为的开始了。对此，蔡尚思先生说得很透彻，他指出："［九三］爻辞不便直接说出生殖器官，只好说是股，我们应当深知其意。"又说："焦延寿的《焦氏易林》也认为《咸》卦是'日月并居'，'雌雄相和'，'婚姻孔喜'。而在古来易学家中只有王弼算得上是最好的注释。他说：'处上卦之初，应下卦之始，居体之中，在股之上，二体始相交感，以通其志，心神始感者也'。就是明指男女二体生殖器官之所在与交感。"①

男女双方的爱抚到了这一阶段，情浓如此，下一步将会怎样，实在也是可以想象得到的。巫者认为，这要悬崖勒马了，便提出："往，吝。"意思是说，再发展下去，大事就不好了！看来，巫者不主张苟且，所以在上一爻和这一爻，对男女欢会的行为采取否定的态度，希望别把女方的肚子弄大了。

［九四］贞吉，悔亡。憧憧往来，朋从尔思。

这爻不同于一般格式，它把巫者的判词放置于首，也可说是一种特例。这一做法，又恰好透露出巫者的思想状态。从上

———————

① 蔡尚思主编：《十家论易》，岳麓书社1993年版，第1463页。

爻所叙，男方处处主动，女方并没有抗拒，巫者虽提出"往，吝"，实际上也知道阻止不了，于是紧接着［九三］，在［九四］之首，即化被动为主动，说是经过了占卜，结论是"吉"的，老天爷是同意这对男女的厮缠的！这一来，巫者便说"悔亡"，告诉人们，干下去没有祸害，放胆好了！

巫者听从别人放胆去干，他自己也放胆去写，于是就有了"憧憧往来，朋从尔思"的两句。"憧憧"，《说文》："意不定也"，亦即心神不定的激动的样子，陆德明《周易释文》引王肃曰："憧憧，往来不绝貌。"① 这里是指男女交媾的动作。

至于"朋"，伴侣也。"思"，语助词。这句用今天的话直译，不过是说：那性伴侣顺从你呀！请看，语助词的出现，语气的加强，多少反映出叙述者对这行为，由否定转而为赞叹了。

［九五］咸其脢。无悔。

"脢"，《周易释文》："心之上，口之下也。""咸其脢"即亲吻其胸口、脖子部位。

［上六］咸其辅颊、舌。

"辅"通"酺"。《说文》："酺，颊也。颊，面旁也。""咸其酺颊"，是吻其脸庞；咸其舌，是说接吻了。

阴阳交感的实质

以上六爻，叙述的是一对男女性爱的全过程，只要我们不

---

① （唐）陆德明撰，黄焯断句：《经典释文》，上海古籍出版社1983年版，第25页。

要戴着有色眼镜来看待它，实在是既不神秘，也不费解。

以我看，当初最早接触到此卦爻辞以及编加卦辞的巫者，是清楚地了解爻辞所叙的内容的。从爻辞中，巫者判断态度的发生变化，他看到了一双男女在做爱，起初认为不妥，而后来则乐观其成。转变的关键，是因为知道了"朋从尔思"，知道了这原来是两情相悦的行为。因此，以〔九四〕为分界，前面的判词，除了所谓"居吉"即劝人就此收手为好以外，俱为凶。后面的判词，便变为"吉""无悔"之类的积极态度了。再者，卦辞上明明出现了"取女"两字，无论后来不言"性"的论者如何回避，也没法绕过这两个与婚嫁有关的词语。而《咸》的卦辞的全部内容，也只是突出"取女"。如果巫者不了解这卦爻辞的真意，或者像一些论者把它理解为斩伤、祸害之类，那么，能够平白地写进"取女"的话头吗？

有意思的是，李镜池先生也是看到了需要解释为什么会出现"取女"的问题的。据他的看法，"取女吉，是婚姻之占，与咸伤之义无关，属附载"①。李先生是发觉了取女与咸伤的矛盾的。不过，看来他没法解释，便只好认为此属附载，却又没有提出所谓"附载"的确证。我想，如果李先生觉察到爻辞所写性爱的内容，当会明白它与卦辞中的"取女吉"，并非无关。

事实上，《周易》最早的编辑者，也明白《咸》卦的性质。他在上编，以《乾》《坤》为首，乾、坤属阳与阴，引申为男与女。下编则以《咸》为首，表示阴阳交感，化育万物。

---

① 李镜池著，曹础基整理：《周易通义》，中华书局 1981 年版，第 63 页。

这样的安排，分明大有深意。这一点，［彖辞］的编纂者也是明白的，所以才会发出"观其所感而天地万物之情可见矣"的感慨。甚至在封建时代，不少学者也注意到并认识到《咸》卦涉及性的内容，上引荀子、韩康伯的说法，可证敢于实事求是者，大有人在。

初民把当时一些男女性生活的情况记录下来，这表明，人们只把这作为生活的一个部分，既无所谓神秘，也无所谓淫秽。也表明，《周易》这一部被后世儒家奉为经典，被有些人说得玄之又玄的"奇书"，本来也不存在"神圣"的问题，只是诠释者把自己那套神圣的观念，那些奇异的想法，加之于《周易》所记录的平常生活中，于是使它的光环愈来愈亮，愈来愈怪。这种做法，始作俑者自然是那些把它用于占卜之巫者，其后［彖辞］［象辞］的制作者变本加厉，历代不少《易》学家又据此添加异想天开的推演，乃至于不可收拾。不过，把被认为是最见不得人的性行为记录下来，供之于所谓圣洁的祭坛，并作为天神的判决凶吉的材料，这本身就是桩十分滑稽的事。

如果上面对《咸》的分析可以成立，那么，将有助于我们对《周易》一书性质的认识。

从男女关系到人际关系

《咸》的［彖辞］是：

咸，感也。柔上而刚下，二气感应以相与，止而说，男下女，是以亨；利贞，取女吉也。天地感而万物化生，圣人感人心而天下和平。观其所感，而天地万物之情可见矣。

《咸》这一卦，是讲情感、交感的事。从卦象看，"艮下兑上"，下卦的"艮"，阳爻少而阴爻多，阳性，属刚；上卦的"兑"，阳爻多而阴爻少，阴性，属柔。它认为这柔上刚下的安排，表示阴阳二气的相互感应相互给予和协调。而就卦的性质而言，"艮"意味停止、克制；"兑"意味愉悦。所谓"止而兑"是说二气交感，既是自制的，又是愉悦的。另外，若以人的性别作比喻，"艮"是少男，"兑"是少女。所谓"男下女"，指男下求于女，是顺利亨通的，有利于"娶女"的贞卜的。

根据对卦象的认识，[象辞] 便推演、论述出阴阳交感的重要意义。它认为，天与地，一为阳，一为阴。天地交感使万物化育。同样的道理，有德行的最高层人物，和下层千万人的心，能够交感融合，便能天下和平。因此，观察《咸》这卦所呈示的阴阳交感的现象，那么，便可以发现天地万物的情状，认识到阴阳交感，是自然和社会的规律。

上面说过，[象辞] 的制作者，实际上是知道《咸》卦的爻辞所表达的原义的，所以，它提到男女交感之类的词语，影影绰绰地接触到阴阳媾合的问题。有趣的是，它由此引申到天地万物亦即整个世界的层面，或者说，它借助男欢女悦的描叙，抽象为万物化育的理论性问题。

阴和阳，是《周易》认识的构成自然和社会的根本，这和道家所说"一阴一阳谓之道"，是一致的。阴和阳是作为对立面而存在的，它是一对矛盾。值得注意的是，《咸》的 [象辞]，既承认矛盾的存在，而更着重阐释的是矛盾的融合，亦即所谓"交感"。矛盾若交感，在自然，便万物孳生；在社会，则上下融合，意味着"天下和平"，出现和谐的局面。

强调"交感",也就承认有感知的双方,存在着感情交流的问题。[象辞]根据"艮"和"兑"结合的卦象提出"止而说",意谓"少男"与"少女"之间,既要自制,又要愉悦。看来,这论点,已微露儒家所谓"发乎情止乎礼"的端倪。

《咸》的[象辞]是:

山上有泽,咸。君子以虚受人。

[初六]咸其拇,志在外也。

[六二]虽凶居吉,顺不害也。

[九三]咸其股,亦不处也。志在随,人所执下也。

[九四]贞吉悔亡,未感害也。憧憧往来,未光大也。

[九五]咸其脢,志末也。

[上六]咸其辅、颊、舌,滕口说也。

[大象]说:《咸》的卦象是"艮下兑上",艮,象征山,兑,象征泽。山上有湖泽,这意象,启发君子们敞开心胸,以虚怀若谷的态度与人沟通,包容接纳,不存成见。

如果说,[大象]把爻辞概括为君子应如何处理人际关系问题,那么,[小象]的评述,倒是和每首爻辞的具体内容有关。像[初六]说触动她的脚趾,评述者称:这是在她外表部位打主意。[六二]是说,对方其实是顺从的,所以没有什么祸害。[九三]写"咸其股",[象辞]评之曰:"不处也",意说触动的不是地方。至于"志在随",说其目标在人家的生殖器部位。则评之曰:此人执著的追求是属卑下的,所以被巫者判之为"往吝"。至于[九四]说"贞吉悔亡",是因为这样的交感，没有什么不妥的地方。然而那"憧憧往来"的行为，只是两人之间的事。程颐在《程氏易传》对这句的解释是："憧憧往来，以私心相感，感之道狭矣。故云'未光大也'。"可谓得之。

到［九五］吻人家的胸口，［小象］说，这表明交感的情志发展到末段了。［上六］写到吻其辅、颊、舌，那老兄简直是乱啃一气，所以［小象］评说是"滕口说也"。朱熹在《易本义》指出："滕""腾"相通，"滕口"即"腾口"，腾口是指嘴巴儿胡乱地腾挪噏弄。"说"通"悦"，整句是指这折腾是很愉悦的。

我认为，［象辞］的制作者也和［彖辞］一样，是了解《咸》卦所描述的实际内容的。当然，男女交感也属于人际关系的一个部分，在讳言"性"的历史条件下，［象辞］也和［彖辞］一样说得比较暧昧，而且只抽象地广泛地引申其意义，这是可以理解的。

第三十二 《恒》辨

䷟ 巽下震上

恒：亨，无咎，利贞，利有攸往。

［初六］浚恒，贞凶，无攸利。

［九二］悔亡。

［九三］不恒其德，或承之羞，贞吝。

［九四］田无禽。

［六五］恒其德，贞；妇人吉，夫子凶。

［上六］振恒，凶。

恒是射猎的工具

《恒》卦之所以谓"恒"，似乎是很容易解释的。［彖辞］的制作者说："恒，久也。"认为这就是持久、不变的意思。［象辞］也说："恒，君子以立不易方。"后世《易》学的研究者，无一不按此立论。

若按照［象辞］［彖辞］对《恒》的解释，那么，无论是就宇宙、自然、社会、人际，还是处事处世，均应着眼于永久或持之以恒为妥。但一看《恒》的爻辞，就奇怪了，六爻中最少有四爻为凶，只有在［六五］"恒其德"一爻中，说是对"妇人吉",不过对男人,仍是"凶"。这一来,难道有恒心是对男人不利?这到底是怎么回事呢?

《恒》卦的"恒",果真是释为"久"吗?

不错,恒,有长久的一义。但"恒",古作"亘"。在殷的卜辞中,提到了"王恒"的名字。

值得注意的是,"恒"字的本义,却不作"长久"解。王国维先生在《殷卜辞中所见先公先王考》一文,对王恒的"恒"有如下的解释:

> 王𠄢,其文曰贞之于王𠄢,又曰贞𡮢之于王𠄢,又作王𠄟,曰贞王𠄟囗。
>
> 按,𠄢即恒字,说文解字二部,㐰,常也,从心从舟在二之间,上下心以舟施行也。𡳾古文㐰,从月,诗曰,如月之恒 。

又说:

> 其作𠄟者,诗小雅,如月之恒。毛传:恒,弦也,弦本弓上物,故字又从弓。[1]

王国维先生根据"恒"在甲骨文中的字形,判断它的原义为弓弦。商承祚先生的《殷墟文字续编》和周法高先生的《金文诂林》,都同意王氏的见解。

原来"恒"的初义是弓,是射猎工具。那么,如果把它

---

[1] 见《观堂集林》卷九。

和卦中［九四］"田无禽"联系起来，难题似可迎刃而解。

有关射猎的种种状况

［初六］浚恒，贞凶，无攸利。

"浚"，按《周易集解》释"深也"，指疏浚河道而言。高亨先生遵循《象传》的说法，以为"本卦恒字皆久义。浚河浚井皆宜适可而止，浚久则水过深，过深则水益涌，工必败。故曰浚恒，贞凶"①。这样说，难道不恒，才是对的？一首以"恒"为题的卦，却首先并且处处以和恒相反的角度立论，实在令人困惑。

我认为，浚若解为深，则也可引申为远。浚恒，也就是远远地使用弓弩。而在帛书，浚恒作"复恒"。据《说文》：复，"营求也，从复，从人在穴上"。徐锴说："人与目隔穴，经营而见之，然后指使以求也。"段玉裁《说文解字注》云："营求者，围匝而求之也，匝而求之即不遏遗矣，故引申其义为远矣。"徐灏的《说文解字注笺》："此当以复远为本义，从复者，举目远眺之意。"② 若按帛书，"复恒"，意思便是指远远地举目眺望有所营求的弓弩手。以弓箭射猎，目标过远，难以命中，这一来，巫者认为"贞凶，无攸利"，乃是顺理成章的。

---

① 高亨：《周易古经今注（重订本）》，中华书局 1984 年版，第 252 页。

② 蒋人杰编纂，刘锐审订：《说文解字集注》，上海古籍出版社 1996 年版，第 665 页。

[九二] 悔亡。

"悔亡",是《周易》中常用的兆辞,在这里,论者一般也释之为灾祸消失,也通。但是,在《周易》的爻辞中没有叙述性词语,而秃头秃脑只下判兆者,只属少数,并且往往属讹缺之类。这爻的"悔亡"之兆,究竟指什么?仍可斟酌。我怀疑,"亡"与"芒"同声,"悔亡"可能是"晦芒"的误写。

"晦芒",是天色昏暗的意思。张衡在《灵宪》中用过"晦芒"一语,他说嫦娥"奔月,将往,枚占于有黄。有黄占之,曰:吉。翩翩归妹,独将西行,逢天晦芒,无惊无恐,后且大昌"。所谓逢天晦芒,是说遇上了昏暗蒙眬的天气。另外,这样的天气,古人也有称为"晦盲"的,像《荀子·赋》有云:"列星殒坠,旦暮晦盲。"① 由于"芒""亡""盲"同音通假,因此,此卦[九二]"晦亡"很可能是写天色。而天色是否昏暗,对持弓射猎者而言,绝对是利害攸关的。

[九三] 不恒其德,或承之羞,贞吝。

"德"通"得"。不恒其得,意指不以射弓而有所得,不以狩猎的手段而得到猎物。"或承之羞",或,有人;承,进奉也;羞,通"馐",指食物、菜肴。

这爻是说:在狩猎中一无所获,却有人奉进馐馔以供祭祀和食用。巫者认为,这很不妥,若占卜,得到的将是不好的兆

---

① (清)王先谦撰,沈啸寰、王星贤点校:《荀子集注》,中华书局1988年版,第480页。

头，故曰"贞吉"。看来，初民很看重劳动的成果，持有弓弩的猎手，如果不是以自己获得的猎物献上祭坛，或者吃的不是自己之所得，那么，便可能被人视为不诚挚或没有本事了。

这一爻，《论语·子路》也曾引用过。子曰："南人有言曰：'人而无恒，不可以作巫医。'善夫！""不恒其德，或承之羞。"子曰："不占而已矣！"

按照我们的理解，《论语》所说的孔子的话，是有两层意思的。就南人所言"人而无恒"的"恒"，确是指恒心，是说没有恒心的人，是不配当巫医的。孔子很同意这一见解，所以说"善夫"！

至于引述了这爻"不恒其德，或承之羞"两句，孔子则说：不祭祀占卜，也就罢了！这语气，分明和前边赞叹的口吻有所区别。这又反过来说明，孔子对《恒》卦的"恒"，并非一定理解为与"人而无恒"的"恒"同一意义。若他认为，这爻两句是不主张用那些非射猎所得的东西去祭祀，否则属于不敬，这种解法，也是顺理成章的。因此，我认为我们的分析和《论语》所载并不矛盾。

其实，《论语·子路》这一段话，在《礼记·缁衣》也出现过：子曰："南人有言曰，人而无恒，不可以为卜筮……《兑命》曰：'爵无及恶德，民立而正。事纯而祭祀，是为不敬，事烦则乱，事神则难。'《易》曰'不恒其德，或承之羞'。"[①]

这段话，据称是孔子以《易·恒》的爻辞，与《尚书·兑命》互相印证。《兑命》的意思是，无论事情单纯还是麻

---

① （清）阮元校刻：《十三经注疏》，中华书局 1980 年影印版，第 1651 页。

烦，动不动都要祭祀占卜，这实在是对神的"不敬"。若按此理解，那么，不管有什么屁事也拜祭占卜，不是很有恒心吗？怎么会反被认为是"不敬"呢？而和《恒》相对应，这又说明，［九三］这句"不恒其德"的"恒"字，并非解作恒心和持久，而"不恒"只能和"不敬"的行为有关。

窃以为，若按笔者把［九三］解释为：不以自己射猎所得，作为祭祀的供品，则不敬、不妥。以此印证《兑命》所说，无论事纯、事烦，以这不敬的态度祀神，俱属不妥。这一来，或可说得过去。

［九四］田无禽。

指田野中没有禽鸟，或畋猎无所擒获，均通，总之是持弓弩者两手空空。其句式与《师》卦的"田有禽"是一样的。

请注意，这爻说田中一无所获，当然不是好事，可是巫者没有判语。

［六五］恒其德，贞；妇人吉，夫子凶。

"恒其德"与"不恒其德"刚好相反，此爻写持弓弩者获其所得。巫者就认为，若占卜，则对妇人有吉兆。这很好理解，看来打猎的是丈夫，他得到了猎物，拿回家里，妇人便得以享用，不是很好么？故曰"吉"。

但是，巫者又跟着说"夫子凶"，这就不好理解了。我怀疑，很可能它原属于上一爻，是"田无禽"判语的被误植。

［上六］振恒，凶。

"振"，振动。朱骏声《六十四卦经解》云："振如振衣、振书，抖擞连动之意。"① 振恒即抖动弓弩。很明显，弓弩抖动，射姿不稳，很难命中目标。对此，巫者判曰"凶"。

如上所述，我认为《恒》卦写的是与射猎有关的问题。在卦辞中，巫者认为若占得此卦，总的来说是好的，认为持有弓弩，"利有攸往"，利于往前发展。

当然，按"恒"字的初义，释为弓弦，引申卦义为与射猎有关，只是笔者一得之见，未敢必是。但我认为，对传统释"恒"为恒常、持久不变，引申坚持不懈的说法，是可作大胆的纠正的。

所谓有恒心、能坚毅，属于人的品质修养的范畴。《周易》的卦名，绝大多数是名词或动词，多是对一事物或行为的概括。当然，类似《恒》那样容易被误解为有关品德问题的卦名者，还有《谦》卦。在上文，我们已经指出，"谦"，其实是"嗛"，写的是与饥民有关的事，不能望文生义，以为"谦"是指谦逊、谦让。同样，从《恒》卦爻辞的内容看，把它扯到品德方面，实在也是牵强的。

"恒久"和"不已"的关系

现在，我们看看［彖辞］对《恒》是怎样解说的：

恒，久也。刚上而柔下，雷风相与，巽而动，刚柔皆应，恒。"恒：亨，无咎，利贞"，久于其道也。天地之道，恒久而不已也。"利有攸往"，终则有始也。日月得

---

① （清）朱骏声：《六十四卦经解》，中华书局 1958 年版，第 142 页。

天而能久照，四时变化而能久成，圣人久于其道而天下化成。观其所恒，而天地万物之情可见矣。

按照［彖辞］对《恒》的理解，"恒"是长久、持久的意思，制作者便从这一角度来阐述《恒》的卦辞。首先，就卦象而言，此卦为"巽下震上"。巽，可以比喻为"长女"，是阴（柔）卦；震，可以比喻为"长男"，是阳（刚）卦。这组合就称"刚上而柔下"，它意味着男尊女卑，符合制作者推崇的并认为应该持久不变的伦序。

就卦的象征而言，巽为风的象征，震为雷的象征。风以雷发，雷以风闻，两者相互配合辅助，便称"雷风相与"。制作者认为，这状况是应持久不变的。再者，"巽"与逊、顺相谐，而"震"具有动的属性。巽而动，即顺理成章地顺从规矩去行动，这做法也应持久不变。此外，就卦位而言，《恒》卦的［初六］与［九四］，［九二］与［六五］，［九三］与［上六］，刚好是阴爻与阳爻相呼应。阴阳互相配合，互相适应，更应该是持久不变的。以上四个方面，都说明《恒》卦之所以称为"恒"的原因。至于卦辞说"恒：亨，无咎，利有攸往"，［彖辞］认为这是因为能够坚持地认知、执行那恒久不变的原则。

进一步，［彖辞］又对"恒"作更深入的说明，高屋建瓴地从"天地之道"亦即天地运行的自然规律立论。它认识到，天地运行作为一种存在，是恒久不变的；而天地运行又是"不已"的，不会停止的。既是"不已"的，便是在变化。为什么卦辞说"利有攸往"，说有利于前进、发展？就是天地运行有结束，便一定有开始，有终始，意味有发展，有变化，这就是"不已"。可见，［彖辞］强调"恒""不变"，但还注意到"不已",注意到"变"。

由此,[彖辞]推导出的结论是:在天上的日和月,由于天是永远不变的存在,因而日、月也就能永久地照耀人间。至于春夏秋冬,则因有四时的变化,所以能永久地使万物生成。据此,圣人也因能永久地遵循这自然规律,便使整个社会和万民化育成长。

最后,[彖辞]指出:观察《恒》卦之所以为"恒",观察它之所以恒久不变,而不变中又有所变的法则,那么,天地万物的情状,便可以一目了然了。

我们还要请读者注意,《恒》的上一卦为《咸》。如果把它们的[彖辞]放在一起,那么,我们可以发现其中有非常相近的句式。且看下文:

《咸》[彖]曰:"……天地感而万物化生,圣人感人心而天下和平,观其所感而天地万物之情可见矣。"

《恒》[彖]曰:"……日月得天而能久照,四时变化而能久成,圣人久于其道而天下化成。"

《咸》[彖]强调对立面交感,由交感而发生变化;《恒》[彖]则强调由相对的变化中达到"久",亦即达到永远的不变。可见,《周易》[彖辞]的制作者,具有朴素的辩证思想,对哲理也有深刻的认识。就《恒》[彖]而言,它主要是强调持久、强调不变,同时,它又承认"变"是"不变"的前提。总之,"不变"是绝对的,"变"是相对的。自然与社会,都存立于"恒久"和"不已"的规律之中。

说实在的,我们可以不同意[彖辞]对《恒》卦的理解,甚至可以判定它扭曲"恒"字初义，把原是具体的射猎描述，误解为人的品质问题。但是，我们却不能不承认，[象辞]对"不变"和"变"的充满智慧的阐述，透露出辩证思想的光辉。

[象辞] 诠释的矛盾

我们再看看《恒》的[象辞]：

雷风，恒。君子以立不易方。
[初六] 浚恒之凶，始求深也。
[九二] 九二悔亡，能久中也。
[九三] 不恒其德，无所容也。
[九四] 久非其位，安得禽也。
[六五] 妇人贞吉，从一而终也。夫子制义，从妇凶也。
[上六] 振恒在上，大无功也。

[大象] 也首先从卦象解释《恒》，它以"震"所象征的雷，与"巽"所象征的风，总是结合在一起，从而解释"恒"是持久不变的意思。由此，[大象] 认为，管治者便应从这意象得到启发，确立起持久不变的、不容更改的方针、方法。

我们姑且按"恒，久也"的解法，来看[小象]是怎样评论《恒》的每首爻辞的。

对[初六]，[小象] 认为它从一开始便求深，而不是循序渐进地追求持久之道，所以是"凶"的。在[九二]，它之所以是"悔亡"，是这爻的卦位居于中，制作者便认为，它能

369

持久地不偏不倚。

有趣的是，［小象］在每一爻都把"恒"解作持恒、久常，这一来，又出现了一连串的矛盾，有许多简直无法说得过去地方。

像［九四］"田无禽"，［象］曰："久非其位，安得禽也。"意思是说抓不住禽鸟，是因为长久待在不妥的位置。这样说，不是指有恒心地坚持下去，反为不美吗？这难道是肯定有恒心？

当然，［小象］也有从正面肯定能够坚持、恒久的地方，例如［六五］就是。但［象辞］说："妇人贞吉，从一而终也。夫子制义，从妇凶也。"意思是说，妇人能坚持，是好的，若丈夫也像妇人那样坚持，就坏事了。你看，它到底是主张坚持还是不坚持？

有恒心，能坚持，这本来是人的良好的品性，但作为最早分析《恒》卦的［象辞］，却往往从各个方面指出坚持者的不妥之处，实在使人莫名其妙。这也难怪，因为"恒"的本义，本来就与"恒心"无关，［象辞］硬是把爻辞的内容向"恒心"方面牵扯，便只能胡思乱想、左支右绌了。

我认为，无论是［彖辞］还是［象辞］，不过是后人假托圣人之名，给《周易》的卦辞和爻辞作出诠释，尽管它们出现较早，本应更了解爻辞、卦辞的原义。但是，由于［彖］［象］往往掺杂了制作者主观忖度的成分，它们的诠释，也往往不免牵强附会，未必符合爻辞、卦辞的原义。因此，我们也不必轻信［彖］［象］，更不必把它们作为论述的依据。当然，它们在诠释过程中的许多想法，倒可以给我们提供不少研究古人思想的材料。

第三十三　《遯》辨

䷠ 艮下乾上

遯：亨。小利贞。

［初六］遯，尾，厉。勿用有攸往。

［六二］执之，用黄牛之革，莫之胜说。

［九三］系遯，有疾。厉。畜臣妾，吉。

［九四］好遯，君子吉，小人否。

［九五］嘉遯。贞吉。

［上九］肥遯。无不利。

“遯”是隐遁避世吗？

《遯》的卦名很有趣。“遯”通“豚”，豚就是小猪。又据《说文》：“遯，逃也。从辵豚声”。可见，“遯”和遁逃的“遁”也相通。但是，豚字又不仅仅是“遯”字的声符，豚是小猪，小猪下加上“辵”（走），也就含有包括猪在内的动物逃遁的意思。

《遯》卦所写的，正是如何对付小猪逃逸的情况。

“遯”既有逃逸之义，动物逃跑是“遁”；而生活在社会中的某些人士，心怀不满，离开现实，也是“遁”，这叫遁

371

世，亦称隐逸。许多《周易》的研究者，碰到这有多重涵义的"遯"字时，更多是从遁世的角度去理解《遯》卦。这一点，［象辞］是始作俑者，它提出"君子以远小人，不恶而严"。所谓远小人，亦即逃离邪恶的政治环境。据此，孔颖达《周易正义》云："遯者，隐退逃避之名"，"小人方用，君子日消，君子当此之时，若不隐遯避世，即受其害"。其后许多学者继续发挥，李镜池先生说："作者同情隐遁者，而又为国家危亡担心。"① 这些说法，也都可作参考。

但是，我认为《遯》卦的制作者，原意实在只是写家畜的逃跑，并没有更多的政治涵义，否则，就不致使用"遯尾""肥遯"之类和隐逸者不太相称的词语。至于人们利用"遯"字的特点，语带双关地推导到遁世、隐逸等问题，应该不是此卦作者意料之所及。

小猪逃跑与善待牲畜

［初六］遯，尾，厉。勿用有攸往。

此爻论者一般作"遯尾"连读。有人还认为是指猪的尾巴，至于为什么要强调猪的尾巴？殆不可解。所以我在"遯"字之后点断。

"遯"，在此卦中特指逃跑的牲畜。"尾"，尾随，亦即追赶。"遯，尾"，用今天的话来说，就是牲畜逃跑了，赶快跟着它，追！对此，巫者认为很不好，"厉"，有危险。如果有

---

① 李镜池著，曹础基整理：《周易通义》，中华书局1981年版，第67页。

人占得此爻，巫者便告诫："勿用有攸往"，不要想有所进展。

[六二] 执之，用黄牛之革，莫之胜说。

"执"，通"絷"，绑起来的意思。承上爻，"执之"是指把逃跑的牲畜绑起来。"用黄牛之革"，黄牛之革，指以牛皮制作的绳子，它十分坚韧。"莫之胜说"，之，无义，是对"莫"的强调；"胜"，克服，见《周易释文》"胜，克也"。至于"说"，通"脱"，指逃脱。承上句，意思是说用牛皮做的筋绳捆绑那牲畜，但也没法克服它逃脱的企图。

有些论者，认为"莫之胜说"是指牲畜不能逃脱，因为它被坚韧的绳子捆住了，也通。不过，我认为，"莫之"和"执之"一样，都省略了主语，而这省略了的主语，都是指牲畜的主人。"莫之胜说"是说主人无法克服牲畜逃遁的状况。另外，这一爻，没有凶吉的判词，"莫之胜说"应是巫者对逃遁事件表态，是他对捆绑做法的否定。从《遯》卦中巫者的态度看，他一直赞扬"好遯""嘉遯"的做法。如果把"莫之胜说"说成是牲畜不能逃遁，等于认可主人家强硬的做法，这和巫者一贯的主张不全吻合。你看，在上爻[初六]，巫者连追赶逃猪也不主张，何至于同意把它紧紧地捆绑？

[九三] 系遯，有疾。厉。畜臣妾，吉。

"系"，拴绑。"有疾"，有病。这句是说，绑住了逃遁的牲口，它生病了。巫者认为"厉"，这很危险。

"畜臣妾"，畜，收养、畜养；"臣妾"，男女贱役，这里是指饲养牲口的男女差役或农奴。据《尚书·费誓》："牛马其风，臣妾逋逃，莫敢越逐。"孔安国传曰："役人贱者，男曰臣，女曰妾。"① 又《左传·僖公十七年》"男为人臣，女为人妾，故名男曰圉，女曰妾"条，杜预注云："圉，养马者，不聘曰妾。"② 巫者认为，收养奴仆，让他们伺候牲口，把牲畜好好饲养管理，这是对头的，故判之曰"吉"。

在这爻，平列"厉"和"吉"两种判词，表明了巫者看到了对待那些逃跑牲口的两种做法：一种是拴绑它，一种是派遣奴仆侍弄它。显然，巫者主张采用后一种办法。

［九四］好遯，君子吉，小人否。

"好遯"，好，亲近、亲善的意思。《周礼·大宰》"好用之式"，郑玄注："好用，燕好所赐予。"③ 燕好即婉好、亲昵。俞琰《周易集说》也释此爻的"好"为"情好相合"④。

从上爻［九三］ "系遯"的句式看，它省略了主语，"系"这动词成了被动词，系遯，成了遯被系。在此以后爻辞的"好遯""嘉遯""肥遯"，句式与"系遯"相同。可见，"好遯"是让逃遁的牲口相互亲昵的意思。所谓让它们有燕好之求，即让它们交配繁殖。对此，巫者便判曰"君子吉，小人否"。

所谓君子，指的是牲口的主人，是有恒产者；所谓小人，指的是饲养牲口的"臣妾"，是那群无恒产者。为什么让牲口们相好、交配，对君子来说是"吉"呢？因为这能让牲口繁

① （清）阮元校刻：《十三经注疏》，中华书局 1980 年影印版，第 255 页。

② （清）阮元校刻：《十三经注疏》，中华书局 1980 年影印版，第 1809 页。

③ （清）阮元校刻：《十三经注疏》，中华书局 1980 年影印版，第 648 页。

④ （宋）俞琰：《周易集说　读易举要》，上海古籍出版社 1990 年版，第 47 页。

殖，让君子增加财富。为什么对小人来说是"否"？因为牲口怀了崽，便令"臣妾"大大增加工作量，忙个不休，辛苦不堪。在这里，巫者倒是颇为客观地认识到"好遯"的后果，所以指出若君子占得此爻，则"吉"；若小人占得此爻，则"否"。但若联系上爻巫者主张"畜臣妾"的态度看，显然他更看重君子的利益，可见，他是站在君子的立场上说话的。

[九五]嘉遯。贞吉。

"嘉"，美也，善也。"嘉遯"是说：让逃跑的牲口得到好的对待，给它美好的饲料。

[上九]肥遯。无不利。

"肥遯"，意思是说：让牲口长肉，让它肥起来。

上面对爻辞的解读，说明了《遯》卦所写的，无非是叙述如何对待那些要逃跑的牲口的问题，这正是此卦制作者的原意。

要指出的是，《遯》卦中的爻辞，占卜者如果单独拈取，例如抽中[九五]或[上九]，是属吉的；抽中[九三]或[九四]也吉凶参半；至于抽中[初六]或[六二]，则属凶了。这一来，从整首而言，主吉和主凶之兆，刚好各占一半。于是，我们明白了《遯》卦的卦辞，为什么有"亨。小利贞"的概括。原因是，六首爻辞中判为吉的只占一半，就数量统计，此卦总体只属"小利"。此其一。

其二，就爻辞所涉及的内容，主人家对待要逃遁的牲口，代价也真不小。它要逃跑，这首先使畜牧者陷于尴尬的境地。为了安抚它，安置它，还要增加"臣妾"，增加投入。当然，最后牲口总算乖乖地就范了，还可能为主人家增添猪崽牛崽，可是畜牧者要付出多大的代价呢？把他付出的和得到的两相权衡，也只能是有"小利"的判断。

从小猪逃跑推演到政治层面

我们来看看［彖辞］：

> **遯，亨，遯而亨也。刚当位而应，与时行也。小利贞，浸而长也。遯之时义大矣哉！**

［彖辞］说：占了此卦，举行祭祀，便能亨通，所以卦辞有"遯亨"之谓。就卦象而言，《遯》为"艮下乾上"，"乾"以阳（刚）之爻居于中，恰在卦位的［九五］被认为是最重要的地方，这就叫"刚当位"。而此爻又与下卦"艮"居于中位［六二］的阴（柔）之爻相应。这一来［九五］与［六二］阴阳相应，便能适应客观时势，有所进退，应行则行，应止则止。至于卦辞说"小利贞"，是因为卦象中居于下方的两个阴爻，"浸而长"。浸，渐也。阴爻渐长，若再上发展，则下边三爻俱为阴爻，则变为"否"，那就不妙了。幸好，目前尚未上升到如此状态。所以，贞占之，只能有小利。为此，［彖辞］感慨地说：这卦表明按客观时势、条件，相机行事的做法，太重要了！

我们再看看［象辞］的评说：

> **天下有山，遯。君子以远小人，不恶而严。**
> **［初六］遯尾之厉，不往，何灾也？**
> **［六二］执用黄牛，固志也。**

〔九三〕系遯之厉，有疾惫也。畜臣妾吉，不可大事也。

〔九四〕君子好遯，小人否也。

〔九五〕嘉遯贞吉，以正志也。

〔上九〕肥遯无不利，无所疑也。

〔大象〕按卦象的"艮下乾上"，以"乾"象征天，以"艮"象征山，便说"天（之）下有山"故为《遯》。在这里，制作者把卦象和隐遁联系起来，天底下有山，人们若不满现实，不就可以逃遁到山里去当隐逸之士么？

由此，制作者从这卦象进一步推演：作为君子，有了这山，可以远离小人。而对待这些小人的态度，不必表示憎恶，却应表示出尊严、矜持。

很清楚，〔大象〕强调的是君子隐遁，归于山林，这和〔象辞〕对卦辞的认识大不相同。在〔象辞〕，强调的是"时"，是根据客观形势顺应时势地行事，这和爻辞的具体描述是吻合的。爻辞写的是小猪逃跑了，在这特定的条件中，人们便应采取善待牲口的做法，应该"当位而应"，应该"与时行"。这样的引申，依然和爻辞原意有密切联系。要知道，小猪逃遁，是小猪不服拘管。爻辞和卦辞的想法是，要解决这一难题，便要善待牲口，才能让它们驯服。

同样的道理，作为管治者，也有着如何对待那些不服拘管的人的问题，是尾之、执之、系之，严酷地给予打击、镇压？还是好之、肥之、嘉之？一句话，是能否善待之的问题。按照〔象辞〕制作者的看法，只能是后者。在上古，社会上不同利益阶级、阶层的矛盾，是经常发生的，比较明智的做法，是懂得善待弱势群体，懂得不把他们逼到墙角。所以，《尚书·费誓》也说："牛马其风，臣妾逋逃，勿敢越逐。"给不服拘管者留下适当的空间，这反是有效的统治经验。总之，管逃遁的牲口是如此，管逋逃的人也是如此。管理猪这件小事，却联系着管人的大道理，这就是［彖辞］发出"遯之时义大矣哉"的原因。

可是，［彖辞］只抓住"遯"字做文章，把爻辞写猪的遁逃，硬说是人的遁逃，说成是"远小人"的维持君子尊严的举措，这实在是离题万丈了。

应该说，［彖辞］和［大象］，尽管都把《遯》卦推演到和政治有关的层面，但二者取向不同。［彖辞］对待现实的态度是积极的，而［大象］则主张采取逃避的做法，态度趋于消极。

在古代，不满现实而又不具有改变现实力量的人，以君子自命，不愿同流合污，便往往采取"远小人"的做法。像许由、介子推等遁之于山林的隐者，所在多有。［大象］正面地评价这"遯"的行为，正好反映了在管治集团中矛盾的尖锐性和复杂性。值得注意的是，制作者提出了"不恶而严"的观念。他认为，隐遁者应和"小人"拉开距离，但是，对现实"不恶而严"，保持着平常心，并且保持着自身的尊严，这一点，表现出对"人"的价值的重视，是先民初期的人本观念的反映。

［小象］对每爻的评述是：［初六］一爻，既已说到"勿用有攸往"，那么，不往，便没有什么灾难了。［六二］说使用很坚实的"黄牛之革"，这表明坚持信念。

有意思的是，在［九三］爻中提到"畜臣妾吉"，［小象］倒和爻辞有不同判断，它认为那些畜臣妾者，是不可以任之以大事的，因为臣妾是"小人"，畜臣妾便是不能"远小人”，那当然不堪委以重任。而对［九四］一爻的解释是，只有君子才喜爱隐遁，小人则是不能做到的。总之，［小象］力图从人的隐遁去解释爻辞。至于其他两爻，也都如此，这里不再细述。

第三十四　《大壮》辨

☰☳ 乾下震上

大壮：利贞。

［初九］**壮于趾。征，凶。有孚。**

［九二］**贞吉。**

［九三］**小人用壮，君子用罔。贞厉。羝羊触藩，羸其角。**

［九四］**贞吉，悔亡。藩决不羸，壮于大舆之輹。**

［六五］**丧羊于易。无悔。**

［上六］**羝羊触藩，不能退，不能遂。无攸利，艰则吉。**

强壮乎？戕伤乎？

人们对《大壮》卦有截然相反的理解，原因是大家对"壮"字有不同的诠释。

一种说法是以孔颖达为代表，他说："壮者，强盛之名。"① 黄寿祺、张善文先生也从此说，认为此卦"象征大为

① （清）阮元校刻：《十三经注疏》，中华书局 1980 年影印版，第 48 页。

强盛"，"大为强盛是事物发展的美好阶段，此时如何善葆盛壮，是至为关键的问题"①。

另一种则训"壮"为伤。陆德明《经典释文》："壮，马云：'伤也'。郭璞云：'今淮南人呼壮为伤'。"又李鼎祚《周易集解》引虞翻云"壮，伤也"②。高亨先生从此说，并认为壮是"戕"的借字，而戕即伤，所以，高先生说："本卦壮字皆伤义。"③

强壮与创伤，其义刚好相反。而卦辞，又只说"利贞"，巫者说，占得此卦者，利于去求神问卜。究竟为了什么去问卜？问的结果会是什么？则一点提示也没有，人们就只好胡猜。再加上此卦爻辞，多有错简之处，这又增加了人们解释的困难。

认为《大壮》的"壮"指强壮，最早的解析，出于［象辞］"大者壮也"。孔颖达等人翕然从之，不为无据。但观爻辞中出现的"壮"字，若作强壮解，都很别扭。像"壮于趾"，"壮于大舆之輹"。前者说是脚趾强壮，还勉强可通；后者释为"在轴之輹强壮，利于车行"。"谓车强无病，壮于进，利于行。"④ 也有人释之为"车辐坚固"。这样的说法，不是颇为周折么？壮，总与生物有关，若是连车子也以"壮"来形容，实在蹩脚得很。

通观爻辞所写的内容，我宁愿相信《大壮》之壮是"伤"的意见。大壮，即重伤、重创也。

----

① 黄寿祺、张善文：《周易译注》，中华书局 1981 年版，第 297、285 页。
② （唐）李鼎祚著，陈德述整理：《周易集解》，巴蜀书社 1991 年版，第 142 页。
③ 高亨：《周易古经今注（重订本）》，中华书局 1984 年版，第 256 页。
④ 金景芳、吕绍纲：《周易全解》，吉林大学出版社 1989 年版，第 251 页。

羊圈纪事

［初九］壮于趾。征，凶。有孚。

"壮于趾"，指伤在脚趾，这没有什么问题。

但是，到底是谁伤了脚趾了？高亨先生把它与其下的"征"联系起来，"壮于趾，不可以行，出征必败"①。这等于是说人伤了脚趾，也通。

不过，这卦所写的种种动作，俱与羊有关，羊是这卦的主角。因此，伤在于趾者，更可能指的是羊。

我认为，这爻只是叙述了一个事实，叙述者告诉人们，在羊圈里，羊的脚趾受伤了。"征"，征行，指羊的出走。巫者认为，在这种情况下，"征"，是"凶"的。因为羊已不能行走了。同样的道理，若有人占得此爻，巫者便告诉他，不要有所前进，不宜有所发展。

"有孚"，"有"通"又"，"孚"通"复"。"又复"即又回来的意思。这里与前面的"征"互相呼应，征，是指羊走了；又复，是指它又走了回来。伤了趾的羊，谅它也走不远，能不回来吗？这并不难理解。

［九二］贞吉。

这爻只有两字判词，这和《周易》多数爻辞先叙述行为、事件，然后再判断凶吉的做法大不相同，疑为错简。很可能是

---

① 高亨：《周易古经今注（重订本）》，中华书局1984年版，第257页。

［初九］的"有孚"，应属［九二］首句。如果此爻作"有孚，贞吉"，意思是指那羊又回来了。巫者认为失而复得，当是吉兆。

［九三］小人用壮，君子用罔。贞厉。羝羊触藩，羸其角。

高亨先生疑［九三］在转写中有窜误。我也有同感。但他认为"羝羊触藩羸其角"应是［九四］之首句；我则疑它本属［九三］的首句，在它之后，才是"小人用壮，君子用罔，贞厉"。

"羝羊"，公羊。"藩"，藩篱、篱笆。"羸"，通缧，捆绑也。《周易正义》："羸，拘系缠绕也。"① 这两句意思是说公羊要逃跑，触撞羊圈的篱笆，人们便赶紧绑住它的角。

"小人用壮，君子用罔。"小人，指奴仆；用，因也；壮，这里作动词用，指打伤；君子，指主人；罔，通"网"，陆德明《周易释文》"取兽用网"，指用网把羊逮住。连接上面写公羊触篱，这两句是说，奴仆因而把它打伤，主人则以捕兽的网套住它。总之，都采取了暴烈的行动。对此，巫者认为很不妥，所以说"贞厉"。

当然，如果按［九三］原来句子的顺序解释，也未尝不可。整爻的意思是：对那些不驯服的羊，奴仆因而打它，主人因而网它。巫者便说"贞厉"。结果，公羊冲撞篱笆，想要逃出圈外，人们便赶紧绑住它的角。这样的解法，虽然有悖于爻辞置判断于句末的惯例，但仍大致可以说得过去。

---

① （清）阮元校刻：《十三经注疏》，中华书局1980年影印版，第48页。

[九四] 贞吉，悔亡。藩决不羸，壮于大舆之輹。

这爻的句式和 [九三] 一样，把判断词"贞吉，悔亡"置于爻辞之首，疑亦为倒植之误。

承上爻说到"羝羊触藩，羸其角"，这爻便写"藩决不羸"。决即缺，缺口，毁坏。意思是说，篱笆被那公羊撞破了，人们抓不住它，绑不了它。眼看它要逃脱了，谁知它"壮于大舆之輹"。大舆，大车；輹，车辐，指车轴和车轮连接的横木。这句是说公羊撞伤在车辐上。

我们在探析《大畜》中说过，过去的牧民是会把车子卸下来，把车轮和各种杂物围成一圈，用作牧地的外围防御工事的。《大壮》的 [九四] 说那羊撞破了篱笆，冲出了内层工事，却又一头撞伤在外层工事上，总之，还是逃不出如来佛的掌心。对此，巫者高兴了，说是"贞吉"，还加上一句："悔亡"，没有灾祸了，晦气跑掉了！

当然，正如上爻一样，[九四] 的爻辞若也按原来顺序去解释，先判断此爻是吉祥之兆，再回头说原因是那公羊最终没有逃脱，也未尝不可，只不过别扭一些，并且不合于爻辞书写惯例而已。

[六五] 丧羊于易。无悔。

"丧"，指丧失。"易"，"场"的通假。王引之《经义述闻》："易，陆（绩）作场，畺场也。"① 畺场即郊野、荒野。这爻是说：有羊在郊野失踪了。巫者认为"无悔"，没灾祸

① （清）王引之：《经义述闻》，江苏古籍出版社 1985 年版，第 24 页。

了，也未尝不是好事。关于这一点，我们在下文还有所论述。

[上六] 羝羊触藩，不能退，不能遂。无攸利，艰则吉。

"遂"，指遂心、遂意。这爻的意思是，那公羊撞向篱笆，谁知被篱笆卡住了，它退不出身躯，又不能如意逃脱，这真是进退两难。巫者针对羝羊的处境，认为占得此爻者，也像羊一样"无攸利"，无所得。

至于"艰则吉"，我们在前面的《噬嗑》卦中，对"艰"的含义作过考证，请参阅。

关于"丧羊于易"

《大壮》和上一卦《遯》一样，写的是有关畜牧的问题。简言之，它不过是"羊圈纪事"。

在羊圈里，有些羊受伤，有些羊要跑，有些跑丢了，有些跑不了；牧人则有些去打，有些去网，有些去抓，有些去绑。真是狼奔豕突，手忙脚乱。很明显，这卦反映了畜牧生活的一个侧面，也让人体会到牧场工作的艰辛和有趣。

我认为，在《大壮》里，最值得注意的，是巫者对待羊，特别是"丧羊"的态度问题。

从爻辞中，我们看到羊群企图逃逸的羊相，但一般都跑不了。唯有 [六五] 一爻，写到"羊丧于易"。看来，也真的有羊丢失了。

本来，丢了羊，对畜牧者来说，是重大的灾祸。为了防止"丧羊"，人们对那些不驯服的家伙，采取过种种手段：打它，网它，绑它的角，围起篱笆，可是，一旦防不胜防，有些羊丢了，巫者反而告诉人们"无悔"。这是怎么回事呢？

关于"丧羊于易"，高亨先生曾有过很奇特的解释。他把"易"视为特定名称，认为这里写的是"殷先王亥之故事"。其根据是《山海经·山海东经》："王亥托于有易河伯仆牛，有易杀王亥，取仆牛。"为此，高先生认为"王亥曾客于有易之国，从事畜牧牛羊，终为有易之君所杀，而丧其牛羊"。他又征引《旅》卦有"丧牛于易，凶"的说法，为了解释为什么上述材料只提"丧牛"而不提"丧羊"？为什么《旅》卦以丧牛为"凶"，而《大壮》则以丧羊为"无悔"？高先生便说："由《易》文推断，丧羊在王亥生时，丧牛在王亥死后，一云无悔，一云凶，皆就实纪之。"① 这种说法，近于附会，不可取。如果说此爻写的是殷的先王亥的经历，那么，其他几爻写的是谁的事？若其他都不属故事，只有此爻是故事，那又是为什么？我想，用这样的办法解《周易》，很难自圆其说。

我们转引高亨先生的意见，是想让读者多了解各种对《大壮》的解释，同时，也想顺便借用高先生所引的资料，让读者知道牛羊在当时的重要性。我相信有过"有易"杀亥而夺其牛羊的事，因为牛羊是财富。如果真的是亥生前"丧羊"，死后"丧牛"，这正好说明"有易"一直对牛羊的垂涎，说明在畜牧时代牲口的价值。

那么，为什么在［九五］"丧羊于易"亦即在郊野丢了羊，财富受到损失以后，巫者却判之曰"无悔"呢？

在我看来，当时以巫者为代表的思想主流，已具有祸福相

---

① 高亨：《周易古经今注（重订本）》，中华书局1984年版，第258—259页。

仍的想法。所谓"是福不是祸，是祸不能躲"，丢了羊，诚然是祸，但丢了就丢了。丢了它，反可能消释灾殃。所以说"无悔"。

从《大壮》各爻中所记畜牧主的做法和巫者的态度看，他们对牲口是高度重视的，所以对羊跑了又回来，或羊被篱笆卡住了甚至受伤了不能跑，牧人则七手八脚，又捉又抓。巫者对此，也认为"贞吉"，倒是真的丢了羊，他反持无所谓的态度。这种"豁达"，实际上表明了巫者对得与失、有与无规律的认识，后来的老庄思想，也与此有着密切的联系。

大者正也和非礼弗履

《大壮》的［彖辞］是：

大壮，大者壮也。刚以动，故壮。大壮利贞，大者正也。正大而天地之情可见矣。

［彖辞］认为"壮"是指强壮。它首先说：此卦卦象为"乾下震上"，"乾"有三个阳爻，"震"有一个阳爻，因此《大壮》全卦的阳爻多于阴爻。阳多阴少，意味着阳气盛大，故曰大壮。又"乾"有刚健的属性，"震"有动的属性，乾刚震动，阳气上升，所以表示壮大。至于卦辞有"大壮，利贞"之说，这表明强大者是由于公正、守正的缘故。既能公正不阿，又能保持着刚健的强势，由此可以知晓天地的性情和发展的规律。

［彖辞］把"大壮"解释为强壮，这既从字义出发，也从爻辞中看到羊的左冲右突，触撞樊篱，正是壮健的表现。而卦

辞又只有卦名以及"利贞"一语。由此，制作者把此卦的意义，理解为说明处于强势的管治者，利于守正。认为性格正直，处事公正，才有利于管治，才符合天地之情。

其实，[象辞] 完全撇开爻辞所写的具体内容，把"壮"字孤立地抽取出来做文章。如果它知道"大壮"可以解为"大戕"，知道卦辞也可以理解为：受重创者，不宜左冲右突，利于正儿八经地守着。那么，它所推演的论题，又会大不一样了。

《大壮》的 [象辞] 是：

雷在天上，大壮。君子以非礼弗履。
[初九] 壮于趾，其孚穷也。
[九二] 九二贞吉，以中也。
[九三] 小人用壮，君子罔也。
[九四] 藩决不羸，尚往也。
[六五] 丧羊于易，位不当也。
[上六] 不能退，不能遂，不详也。艰则吉，咎不长也。

在上一卦《遯》，我们看到 [象辞] 的阐述与爻辞的具体叙述有所联系，而 [象辞] 的牵扯则有很大的随意性。在这一卦，情况刚好相反，[象辞] 的解释，与爻辞所写无涉；而从 [象辞] 的阐述中，却说明制作者认识到羊圈里发生了事情，并非游谈无根。

[大象] 从雷在天上轰鸣的意象中，强调"非礼弗履"。履者，践行也。而所谓礼，是根据一定的体制秩序制定的规范、规矩；非礼，这里指的是违反规程的行为。像爻辞中写到

"羝羊触藩"，那头公羊竟想撞出羊圈，不受拘管，便属"非礼"。由此引申，[大象] 便提醒人们，凡属不合规矩的事，千万不要去干。人间私语，天上闻雷，头顶上雷在响呢！

[小象] 说 [初九] 一爻，写伤于趾者跑了出去，又走了回来，此无他，"穷也"，走不通也。而 [九二] 之所以是"贞吉"，是因为这阳刚之爻，居于中位，亦即符合规矩的缘故。

至于 [九四] 写那公羊把篱笆撞开，最后还撞到车輹上，[小象] 评曰："尚往也。"意说它走出了樊篱，还要往前走，便一头碰伤，活该！

在 [六五]，[小象] 认为"丧羊于易"，是牧者所处的位置不当。若就卦位而言，则是 [六五] 这一尊贵位置，由一阴爻居之，故被视为"位不当"。看来，[小象] 要总结经验了，这一点，它和爻辞所表示的"无悔"，态度有所不同。爻辞认为丢了羊，无所谓，塞翁失马，安知非福。而 [小象] 的制作者对此，却是比较在意的，所以才会考察丧羊的原因。

对 [上六]，[小象] 指出不遵守规矩的"非礼"者，陷入"不能退，不能遂"的尴尬局面，是由于"不详"，即没有周详的斟酌，没审慎的考虑，鲁莽处事，自然是"无攸利"了。不过，经过一番祭祀禳解，问题也不会太大，即使有灾咎，最终还是会消解的。

总之，"非礼弗履"的反面，是遵守秩序，中规中矩。这一点就是 [象辞] 制作者从公羊"非礼"的遭遇中得到的启发。

第三十五　《晋》辨

≣≣ 坤下离上

晋：康侯用锡马蕃庶，昼夜三接。

［初六］**晋如摧如，贞吉。罔孚，裕。无咎。**

［六二］**晋如愁如，贞吉。受兹介福，于其王母。**

［六三］**众允。悔亡。**

［九四］**晋如鼫鼠，贞厉。**

［六五］**悔亡，失得，勿恤。往，吉，无不利。**

［上九］**晋其角，维用伐邑。厉，吉，无咎，贞吝。**

一段征战的记录

何谓"晋"？一曰：晋即进。因为在籀文作 ⻌、⻌，像众矢飞向一个目标，所以闻一多先生认为它与"箭"相通。箭矢向前，就是"进"。又据《说文》："晋，进也。日出乃物进。从日从臸。"而从太阳升起之象，也有人释"晋"为"升"。不过，就卦中所涵爻辞的内容看，我认为解作"进"更为合适。

卦辞提到"康侯"，据顾颉刚先生在《周易卦爻辞中的故事》一文中考证，康侯即周武王之弟康叔，为周朝司寇，封于康，徙于卫，故称康叔或康侯。康与唐古音同，亦称唐侯。在周初，他是一位显赫的人物。[1]

"用锡马"，"锡"通"赐"。用锡马是指用周王所赏赐的马匹。"蕃庶"，"蕃"，众多也；"庶"，庶民、百姓。在这句，"用"字的词意一直贯于"蕃庶"，意思是说，康侯使用周王所赐的马匹，和使用众多的民庶。

"昼夜三接"，《周易释文》引郑玄注，指"接"读为"捷，胜也"。昼夜三接是形容在很短的时间内，打了多次胜仗。一说，"接"即交接、交配；"蕃庶"为繁殖，认为此句指用所赐之马多次交配让牲口增多。但考虑到爻辞中有"伐邑"之句，此卦当与征伐有关，故不从。

据平心先生考证，在周初，唐人曾叛。周成王曾命康叔领兵讨伐。康叔征用有易地区的战马往伐。（锡马，易马。古音锡、易互通）并以蕃族的庶民参战，结果不断地打了胜仗。平心先生认为《晋》的卦辞叙述的正是这一段史实。[2] 可资参考。

[初六] 晋如摧如，贞吉。罔孚，裕。无咎。

"晋如摧如"，前已释"晋"为进。又《金文诂林》引杨树达曰："晋者，箭之古文也。晋字伯格敦作 𣈶，像两矢插入器中之形。"[3] 可见，"晋"有两矢同中靶心之义，引申之，可

---

① 参顾颉刚：《古史辨》第三册，上海古籍出版社 1982 年版，第 17 页。

② 参平心：《周易史事索隐》，见《历史研究》1963 年第 1 期，第 141—160 页。

③ 蒋人杰编纂，刘锐审订：《说文解字集注》，上海古籍出版社 1996 年版，第 1394 页。

以比喻为众人同冲向一个目标。"如",语助词。"摧",摧毁也。这句可译为:一起往前冲啊! 冲杀啊! 对这奋勇向前的气势,巫者当然肯定,认为若贞卜,将得到吉兆。

"罔",无也。"孚",即俘虏、俘获。"裕",充裕。高亨先生以"罔孚裕无咎"连读,解为"虽无所俘,但裕而无咎也"[①]。但是,既说无所俘,又说充裕,这说法不是颇为勉强吗? 据帛书,"罔"作"悔亡"。那么这句应断为"悔亡,孚裕,无咎",意说灾祸没有了,而且俘获很多,巫者当然判之曰"无咎"。

[六二] 晋如愁如,贞吉。受兹介福,于其王母。

"愁",高亨先生说"愁疑借为遒",又引《广雅·释诂》"遒,迫也"。他认为"愁如即遒如,谓以兵胁迫敌国使之屈服也"[②]。此说可从。"晋如愁如"即可译为:一起往前冲啊! 紧追啊! 这一句,和[初六]的"晋如摧如"意思是一样的,它分明是将士们冲锋陷阵追奔逐北时发出的呼吼。

"受兹介福,于其王母。""兹",此也。"介",大也,"介福"即大福。"王母",犹如后来"母后"的称谓。按康叔是周武王之弟,属王族的成员。这王母,很可能是周文王的正妃太姒。据《史记·管蔡世家》:"武王同母兄弟十人,母曰太姒,文王正妃也。"[③] 请注意,巫者在判"贞吉"之后,又表达了自己的看法。"受兹"两句,应是倒装,意思是说:康叔在他王母那里得到了这么大的福分。

---

① 高亨:《周易古经今注(重订本)》,中华书局 1984 年版,第 261 页。
② 高亨:《周易古经今注(重订本)》,中华书局 1984 年版,第 261 页。
③ (汉)司马迁:《史记》,中华书局 1982 年版,第 1563 页。

在这里，巫者着重"王母"的提法，有些问题颇值得我们思考。第一，当时康叔能够率领精锐讨伐叛乱，人们认为他是受益者，是有"介福"的，因为他得到了大力的支持，得到了立大功的机会。第二，康叔的机会来自其母，而不是来自周朝别的男性最高统治者，这既说明太姒的权威，也流露出在统治集团中对利益分配意见不尽一致的蛛丝马迹。

［六三］众允。悔亡。

"众允"，即大伙儿都表示赞同。这两字，和［初六］［六二］两爻呼应。你看，领军者高呼：晋如！摧如！晋如！愁如！战士们也都应诺。面对着这一派"独立扬军令，千营共一呼"的情景，巫者当然认为若占得此爻，一切灾祸都将会消失。另外，这一爻提到"众"，又反过来证实卦辞中"蕃庶"的庶，指的是民众，而不是马匹。

［九四］晋如鼫鼠，贞厉。

"鼫鼠"，即硕鼠，大老鼠。《说文》："鼫，五技鼠也，能飞不能过屋，能缘不能穷木，能游不能度谷，能穴不能掩身，能走不能先人。"一说鼫鼠即田鼠，有《诗经·魏风·硕鼠》"硕鼠硕鼠，无食我黍"可证。又《本草》称，蝼蛄一名鼫鼠。总之，鼫鼠应是一种被鄙视的小动物。

按照李镜池先生的说法，"晋如鼫鼠"指"进攻而胆小如鼠"[1]。高亨先生也认为："如，似也，与前文如字异义。"[2]

---

[1] 李镜池著，曹础基整理：《周易通义》，中华书局1981年版，第70页。

[2] 高亨：《周易古经今注（重订本）》，中华书局1984年版，第262页。

此说也通。

不过，从上两爻所表现的气势看，忽然让进攻的一方说出"胆小如鼠"的话，似不伦。我想，这爻的"如"字，似应和上两爻一样，都是语助词。"鼫鼠"，应是进攻一方对敌人轻蔑的称呼。这句可译为：大伙往前冲啊！那是不中用的鼠辈啊！而巫者对进攻一方发出这样的号召，倒不以为然了，他们判曰"贞厉"，认为这很危险。看来，巫者认为不能过分地轻敌，认为如果把敌人视为不堪一击的"五技鼠"，掉以轻心，后果会不堪设想。他们发出"贞厉"的警告，意在提醒那些处于优势的进攻者，虽然有压倒对方的气势，但也要在战术上重视对手。这爻的［象辞］也称："位不当也"，意思是说主动的一方，没有摆正自己的位置。由此可见，我们的老祖宗一向是主张"胆欲大而心欲小"的道理的。

［六五］悔亡，失得，勿恤。往，吉，无不利。

此爻一开始即说"悔亡"的判语，其后又有"吉"和"无不利"，在一爻出现三个判词，殊为少见。疑"悔亡"是"晦芒""晦盲"之误。晦芒指昏暗（参看前面对《恒》卦的解释）。

"失得"，一些论者释为有得有失，也通。但帛书"失"作"矢"，陆德明《周易释文》也说："失，孟、马、郑、虞、王肃本作矢。"看来，"失得"是"矢得"之误。朱骏声认为，矢得即得矢，这矢是"天子所锡之彤矢玈矢也"[1]。天子赐给立大功者以弓矢，表示给予专征之责，也通。不过，在我看

---

[1] （清）朱骏声：《六十四卦经解》，中华书局1958年版，第153页。

来，矢得是指矢有所得，亦即指箭矢命中了敌人。"勿恤"，恤，忧也。

这几句的意思是，在昏暗的天色中，也射中了目标，所以不必犹豫担忧。巫者便大力鼓励："往！"前进吧！"吉"，"无不利！"

[上九] 晋其角，维用伐邑。厉，吉，无咎，贞吝。

"角"，论者有不同的解释。有释为墙角，指向敌方进逼；有释为坚锐的兵器，指持尖刃向敌进，均可资参考。

我认为，承上爻说到"矢得"，角应指角弓。据《礼记·曲礼上》："凡遗人弓者，张弓尚筋，弛弓尚角。"[①] 角即弓背。过去的弓背饰以角质的材料，不但有装饰作用，更重要的是增强刚度，有助于加大箭矢发射的力度。《考工记》说："弓人为弓，取六材必以其时。六材既聚，巧者和之。幹也者，以为远也；角也者，以为疾也；筋也者，以为深也；胶也者，以为和也……"[②] 上文提过，"晋"字有箭矢齐射的意思，"晋其角"，似是指角弓射出了箭，这和上爻提到"矢"更有密切的联系。

"维用伐邑"，维通"惟"，惟，语气转折；邑，指城邑。这与上句连，意思是说，进攻一方以角弓放箭，骑射的威力当然强大，但是，光靠放箭攻打城邑，其效果，会是怎样呢？巫者作出了如下的判断："厉，吉，无咎，贞吝。"

在一爻之中，巫者作出四种截然相反的判语，这很少见，

① （清）阮元校刻：《十三经注疏》，中华书局 1980 年影印版，第 1244 页。

② 闻人军译注：《考工记译注》，上海古籍出版社 1993 年版，第 132 页。

人们对此也有诸多的忖测。像高亨先生说："攻伐邑国，以其坚也，必无溃败，虽危亦吉，且无咎。以其不锐也，难于克敌。"① 不过"晋其角"之角，若按高先生所说，作兽角解，又何知其坚而不锐呢？兽角不是也有既坚且锐的吗？李镜池先生说："吉凶相反的几个贞兆辞并列，借以说明作战要考虑各方面复杂情况，有坏的和有利的方面，有比较好的和相当困难的方面。"② 我认为，李先生的意见似更合理一些。

如上所述，进攻者是以箭攻城的。在我看来，巫者表示，实无把握。这可能是"厉"的、危险的；也可能是"吉"的、"无咎"的。若占得此爻，会是有麻烦的，所以说"贞吝"。道理也很简单，若光凭弓矢攻城，对方城邑坚固，那真难有必胜的把握，攻的一方，失败的危险是存在的。当然，也有胜利的可能。总之，占得此爻，或多或少都会碰上难题。

"明出地上"的两个侧面

《晋》的［象辞］是这样写的：

晋，进也。明出地上。顺而丽乎大明，柔进而上行，是以康侯用锡马蕃庶，昼日三接也。

《晋》的卦象为"坤下离上"，坤象征大地，离象征太阳。［象辞］说："晋"即"进"，太阳升出地面上，便是前进，所以此卦名为《晋》。

---

① 高亨：《周易古经今注（重订本）》，中华书局 1984 年版，第 263 页。
② 李镜池著，曹础基整理：《周易通义》，中华书局 1981 年版，第 71 页。

在"坤",有柔顺的属性,它附丽于太阳;而处于[六五]的尊贵卦位,作为代表"坤"的阴爻,又柔顺地向上升行。这种种,都意味着下属对君主的忠诚与服从。在[象辞]的制作者看来,这正是康王受到"昼夜三接"恩宠的缘故。

《晋》的[象辞]说:

明出地上,晋。君子以自昭明德。

[初六]晋如摧如,独行正也。裕无咎,未受命也。

[六二]受之介福,以中正也。

[六三]众允之志,上行也。

[九四]鼫鼠贞厉,位不当也。

[六五]失得勿恤,往有庆也。

[上九]维用伐邑,道未光也。

[大象]和[象辞]一样,都以"明出地上"为意象。但是,[象辞]强调依附于日,强调臣属对君主的忠心;而[大象]强调的则是君主要提高自我修养的问题,这就是所谓"自昭明德"。"自昭",自我彰显也。"明德",光明磊落的德行。[大象]的制作者认为,君子应该像太阳那样,自身就发出光和热,让光辉照耀大地。

如果说,[象辞]从"明出地上"的意象,着眼于"地",启发臣属对君主的从顺。那么,[大象]则着眼于"大明",启发君主注意提高自己的素养。显然,[象辞]和[象辞],在对《晋》的阐述中,起到相互配合的作用。

[小象]对爻辞的解释,和康叔征战的事迹是有所联系的。在[初六],爻辞写康叔的队伍能一往无前,是因为康叔在只有单独一人的时候,品行也是端正的。所以,当他还未受

命出征之前，就得到很宽裕的收获，得到最高层的信任。这一点，和下一爻"受之介福，于其王母"有密切联系。此外，其他各爻，都和赞美康叔和说明为什么获胜，判辞为什么是"吉"有关，这里不必细述。但是，〔小象〕对〔上九〕的阐述，却要多加注意。

对〔上九〕一爻，〔小象〕的说法是："维用伐邑，道未光也。"显然，制作者也知道此爻的判语，是指特定的"伐邑"而言。所谓"道未光也"，固然可以理解为未找到光大之道、正确之道；也可和〔六五〕悔亡（悔芒）相呼应，理解为天色尚属瞑暗，道路尚未明亮。为什么以弓矢"伐邑"没有把握？为什么对这爻出现无从论定的多种判断？其实道理也很简单，在"未光"的道路上放箭，能射中目标吗？光凭弓矢攻伐坚城，有攻克的把握吗？看来，〔象辞〕的制作者也是从晋角伐邑胜负的不确定性，来解释〔上九〕的命意的。

请注意，〔小象〕一路写来，都阐述康叔的征战势如破竹，顺利得很。唯独说到他的伐邑，却表现出保留的态度。这是由于制作者意识到，客观条件变了，用弓矢攻击敌人，当然无往而不利，可是，用以攻城，而且在"未光"的时刻，有必胜的把握吗？因此，制作者便有所犹豫。而这种态度，恰好表明〔小象〕注意到战术是否得当，注意到在不同的条件下如何适应客观形势的问题。这一点，又与《周易》经常强调的"时"，息息相通。

第三十六 《明夷》辨

䷣ 离下坤上

明夷：利艰贞。

［初九］明夷于飞，垂其翼。君子于行，三日不食。有攸往，主人有言。

［六二］明夷，夷于左股。用拯马壮。吉。

［九三］明夷于南狩，得其大首。不可疾，贞。

［六四］入于左腹。获明夷之心。于出门庭。

［六五］箕子之明夷，利贞。

［上六］不明，晦。初登于天，后入于地。

明夷，商族的图腾

《明夷》是《周易》中最费解的卦之一。幸亏在爻辞中出现了"箕子之明夷"一句，让人们多少捉摸到解开难题的线索。

这卦的卦辞，只有"利艰贞"一句，意思是说，若占取这卦，意味遭逢灾难，以举行隆重的驱邪祭祀为有利。

至于何谓"明夷"？论者多首先从"明"字考虑。明，光明。光明来自太阳，《系辞上》说"县象著明莫大乎日月"，于是"明"被引申为"日"。至于"夷",论者多借为"痍",创伤也。朱骏声《六十四卦经解》指出:"夷借为痍字,伤也,灭也。日光为地球所掩,自人目视之,则明灭也。"①

太阳受伤,又是什么意思呢?李鼎祚《周易集解》引郑玄云:"日出地上,其明乃光,至其入地,明则伤矣,故谓之《明夷》。"②而"日",又可引申为人间的统治者,于是郑玄继续发挥:"日之明伤,犹圣人君子有明德而遭乱世。"③正人君子遭遇乱世或遭逢黑暗,志不能申,又该如何对待?这一来,不同眼光的论者有不同的说法,于此也不必细表。

在20世纪中叶,高亨先生提出了一个新的观点,他说:"以明夷于飞垂其翼观之,明夷为鸟类,可断言也。"④他认为"明"疑借为鸣,"夷"声近雉,"明夷即鸣雉"⑤。李镜池先生也认为:"明夷借为鸣鹈,即叫着的鹈鹕。鹈、鹈形声均通,是一种水鸟,嘴长而阔,颔下胡大如数斗囊。若小泽中有鱼,就成群用其胡囊把水淘干来抓鱼吃,故俗名淘河。"⑥高、李两位的看法并不一样,但把"明夷"视为禽类,这和传统的解释大相径庭了。不过,李先生说它是水鸟,则未必,因为就《明夷》的爻辞看,似完全与水或河边、海岸无关。

---

① (清)朱骏声:《六十四卦经解》,中华书局1958年版,第154页。
② (唐)李鼎祚著,陈德述整理:《周易集解》,巴蜀书社1991年版,第148页。
③ (唐)李鼎祚著,陈德述整理:《周易集解》,巴蜀书社1991年版,第148页。
④ 高亨:《周易古经今注(重订本)》,中华书局1984年版,第263页。
⑤ 高亨:《周易古经今注(重订本)》,中华书局1984年版,第263页。
⑥ 李镜池著,曹础基整理:《周易通义》,中华书局1981年版,第71页。

高先生从"明夷于飞垂其翼"判断它为鸟类，是准确的。事实上，在《诗经》中出现过许多"于飞"的句式，像"燕燕于飞""鸧鹒于飞""鸳鸯于飞""黄鸟于飞"之类，"于飞"的前面都以鸟名为主语，可见"明夷"也应是禽鸟之名，何况它还有翼可垂可飞，当是鸟类的一种无疑。

其实，高先生以"夷"通"雉"，一以其声近，一以古夷字与薙（雉）字通用。但我想，若从声的角度，则"夷"与"鳦"更近。按"鳦"通"乙"，音益，与夷字同一声母。在楚帛书中，夷字形为夊，而鳦字形之"乙"为乁，夷、鳦俱以"乙"为音。所以，我认为，明夷，亦即明鳦。

鳦，是"玄鸟"，也就是燕子。桂馥《说文解字义证》云："燕，玄鸟也。《诗·燕燕于飞》传云：燕燕，鳦也。玄鸟，传云鳦也。郭注《尔雅》，齐人呼鳦。"

《明夷》爻辞［六五］有"箕子之明夷"之句。箕子是商王帝乙庶妃的儿子。而商朝的祖先，则是以玄鸟亦即燕子为图腾的部族。《诗经·商颂·玄鸟》云："天命玄鸟，降而生商，宅殷土芒芒。"毛传："春分玄鸟降，汤之先祖有娀氏女简逖配高辛氏帝，帝率与之祈于郊禖而生契。"[1] 至于玄鸟怎样"降而生商"？《吕氏春秋·音初篇》载有一段传说：

> 有娀氏有二佚女，为之九成之台，饮食必以鼓。帝令燕往视之，鸣若谥隘。二女爱而争搏之，覆以玉筐。少选，发而视之，燕遗二卵，北飞，遂不反。二女作歌一

---

① （清）阮元校刻：《十三经注疏》，中华书局 1980 年影印版，第 622 页。

　　终，曰：燕燕往飞。始实为北音。①

　　这传说表明，燕是能接受差遣，并且获得部族中女孩子争着宠爱的神物。至于"遗卵"，意味着生育，这一点，《史记·殷本纪》就说得更清楚："殷契，母曰简狄，有娀氏之女，为帝喾次妃。三人行浴，见玄鸟堕其卵，简狄取吞之，因孕生契。"② 很清楚，殷商人实际上是把玄鸟（燕子）视为部族的始祖。

　　在远古，东夷民族活动于东北亚沿海地区。东方的扶桑，被认为是太阳升起的地方。《山海经·大荒东经》云："汤谷上有扶木，一日方至，一日方出，皆载于乌。"③ 这处于东海的民族又崇鸟，《海外东经》说："东方句芒，鸟身人面，乘两龙。"④ 而《大荒东经》云："东海之渚中有神，人面鸟身。"⑤ 可见，东夷人认为先祖是鸟的化身，并把鸟类作为部族的图腾。刘思贤先生在《神话考古》一书中指出：在属山东泰安大汶口文化的东夷族墓地中"出土的一件背壶上，有朱绘形图案，这图案中心画一个大圆点，表示鸟的身体，又象征太阳，顶上伸出一个向左侧视的长喙鸟头，两侧用芒刺纹表示对称展开的翅膀，下面是两分叉的羽尾；这是扑翅待飞的鸟，且在左右张望，有雄鹰展翅之意，称它太阳鸟"⑥。

① 《吕氏春秋》第六卷季夏纪，见《百子全书》（第五册），浙江人民出版社 1984 年版。

② （汉）司马迁：《史记》，中华书局 1982 年版，第 91 页。

③ 袁珂校注：《山海经校注》，上海古籍出版社 1980 年版，第 354 页。

④ 袁珂校注：《山海经校注》，上海古籍出版社 1980 年版，第 265 页。

⑤ 袁珂校注：《山海经校注》，上海古籍出版社 1980 年版，第 350 页。

⑥ 陆思贤：《神话考古》，文物出版社 1995 年版，第 71 页。

商，作为东夷族的一个部族，自认为是燕的后身，又与太阳有关，因此自称其部族为"明夷"，是不难理解的。至于高亨先生疑"鸣"借为"明"，也不无道理，那被命飞往"九成之台"碰上了有娀之女的燕子，不就是"鸣若谥隘"么？

高先生疑"雉"借为"夷"，明夷即明雉或鸣雉，也是有道理的。上面说过，商的先祖契，是"玄鸟"和有娀氏女简逖结合的产物。这简逖，有些文献写作简狄，亦即简翟。据《淮南子·地形训》："有娀在不周之北，长女简翟"[①]。而"翟"，就是雉。《说文》释："翟，山雉长尾者。"如果拨开神话的迷雾，实际上，契，是由崇尚燕子部族的男子，和崇尚山雉部族的女子交配所生。所以，商朝也以雉为神物。《史记·殷本纪》载："帝武丁祭成汤。明日，有飞雉登鼎耳而雊。武丁惧，祖巳曰：王勿忧，先修政事。……武丁修政行德，天下咸欢，殷道复兴。"[②] 你看，母系的祖先显灵，由不得武丁不害怕起来，赶紧改恶从善，这就叫"祥雉为德"。

如上所述，无论是"明夷"还是"鸣雉"，都不过是代表商部族的一个符号。换言之，这图腾，正是商族的象征。

当我们弄清楚了"明夷"的涵义，问题似容易解决。

商朝走向衰亡的写照

［初九］明夷于飞，垂其翼。君子于行，三日不食。有攸往，主人有言。

"明夷于飞"四句，可能是当时的民歌。明夷，燕燕。

---

① 何宁撰：《淮南子集释》，中华书局1998年版，第360页。

② （汉）司马迁：《史记》，中华书局1982年版，第103页。

于飞，在飞翔。垂其翼，飞行不顺利、不利索的样子。作者以燕子无力飞翔的状态，比喻并引发君子在行旅中疲乏委顿的状态。

"三日不食"，指多天没有进食。这君子，可能是泛指一般有身份的并且碰到难题的人，也可能是暗喻下文提到的像箕子那样的人物。传说在商为周所灭时，商朝的遗老伯夷、叔齐，便不食周粟，隐于首阳山，采薇而食。看来，这首民歌，以燕子垂翅飞翔迟滞的形象起兴，以比喻"君子"行旅的艰辛。而这卦爻辞的制作者，则以整首民歌起兴，用以引发对殷商部族艰难的处境。

鉴于［初九］写到燕子于飞和君子于行的状况，巫者便判断，占取此爻的人，若有所往，则"主人有言"。据闻一多先生考证，"言"通"愆"，愆是罪过、过错的意思。（参看《需》卦的分析）

［六二］明夷，夷于左股。用拯马壮。吉。

李鼎祚《周易集解》认为此爻应作"明夷于左股"[①]，怀疑衍一个"夷"字，原因是他见到的本子，［九三］作"明夷于南狩"，［六四］作"入于左腹"，因此怀疑［六二］也多了一个字。由此，又认为"左股"即"左般"，般即盘，意指明夷向左盘旋也。但是，我们据帛书，［六二］［九三］［六四］，分别为：

---

① （唐）李鼎祚著，陈德述整理：《周易集解》，巴蜀书社 1991 年版，第 149 页。

明夷，夷于左股。
明夷，夷于南狩。
明夷，夷于左腹。

这一来，通行本的《周易》，此爻没有衍文，倒是［九三］［六四］把一些字漏写了。

“明夷，夷于左股”，第二个“夷”字，通“痍”，伤也。这句话意思是：明夷啊！它伤了左边的股部了！

上面说过，明夷，实际上是商族的燕子图腾，它是商族的象征。既是象征，《周易》的制作者便可灵活地运用其意象。在［初九］“明夷于飞”，明夷有翼可垂，指的当是燕子，而在这一爻，明夷便指以燕子为象征的商族兵马了。因为，如果说燕子的“左股”受伤，而燕子何来有“股”？殆不可解。但若指人或者马匹伤了左股，那就顺理成章了。在下文，有“用拯马壮”一语。所以，我认为这爻所指“明夷”，是喻指商的部族。

“用拯马壮。”“用”，意指需用、需要。“拯”，拯救。“壮”，实即“戕”，伤也。（参看《大壮》辨）承上文，商部族的战马伤了左股，巫者就说，他们需要拯救受伤的马，因此便下判断，占得此爻者：吉。由此可见，巫者是站在与商部族对立的立场，来看待商的命运的。在他看来，商族要拯救伤马，行动受阻受损，这对与商抗争的一方，自然是好事。从下爻“得其大首”的语气，也可以看出制作者的立场、态度。

不过，《子夏传》“用拯”写为“用抍”。按《说文》“抍，上举”也：在帛书，这句写作“用撜马床”。“撜”，通“蹬”，马床，等于说是马的鞍床。那么，如果据帛书并参考《子夏传》，这句不过是跳上马鞍的意思。上文说，商族的士卒受了伤，这里跟着说他们赶紧上马，快速前进或脱离，巫者判之曰"吉"，也是有道理的。我认为，这一说法，似更合理一些。

[九三] 明夷，夷①于南狩，得其大首。不可疾，贞。

"夷于南狩"，狩，指狩猎，也指帝王的征伐。这里是指商族在南征的过程中，受到了伤害。"得其大首"，得，获得，这里可以理解为抓获。大首，应是指首领、将领。这"首"字的出现，说明"明夷"不可能是指太阳，因为太阳无所谓"大首"；也不可能是指燕子，若称燕子的头部为大首，显得很牵强。又有一种说法："大首"意谓大道，高亨先生引俞樾的意见："首当读为道，古首道字通用。"② 这是由于未发现帛书中此句原是"夷（痍）于南狩"而作出的曲解。以上三说，均不可从。

其实，[九三] 不过是说：商族南征，受到很大的损失，因为，和他对立的一方，把商的首领抓获了。面对这种形势，巫者却提出如下主张："不可疾，贞。"他认为商族虽受到重创，但并非全部崩溃，还有相当的势力。因此，攻打商族的一方，不可以轻视敌人，贪图快速获胜，草率从事。看来，巫者相当慎重，他也不敢作出凶或吉的判断，只是说："贞!"他告诉占得此爻的人，胜负尚未能卜，让天老爷给你作主吧!

[六四] 入于左腹。获明夷之心。于出门庭。

据帛书，此爻首句为"明夷，夷（痍）于左腹"。有些论

---

① 此据帛书补入。

② 高亨：《周易古经今注（重订本）》，中华书局1984年版，第265页。

者，由于把"明夷"理解为太阳，为了解决太阳不可能"入于左腹"的矛盾，便认为"腹"通"窦"，"窦"是地穴。当然，这也可为一说，但当我们把帛书与通行本相校，便知道不必深文周纳。它无非是说，"明夷啊！它伤在左腹了啊！"

至于"获明夷之心"一句，有些论者解释为获得明夷的心意，得到了它的欢心。如果知道此爻原为"夷（痍）于左腹"，当不致产生这样的误解。这句话，我认为是巫者的判断。他指出明夷左腹受伤，是抗击商族的一方，伤及它的要害。《六十四卦经解》引《医经》："心在左腹。"[1] 击伤了明夷左腹，等于击中了它的心窝，攻入了它的中枢。这里的"获"字，与上爻的"得"字相应，是射中、命中的意思。闻一多先生说"获犹中也"，他引《礼记·乡射礼》"获者坐而获"注曰："射中者，即大言获。"[2] 而伤其左腹又比让它受到一般的伤害深了一层；命中其心，瓦解其中枢，让商朝的最高统治者受到致命的一击，这又比"得其大首"，抓获一般的大头目重要得多。换言之，巫者指出在战斗中"获明夷之心"，是认为已经解决了胜负问题，表明了以燕子为图腾的商朝的灭亡。

值得注意的是，这卦的爻辞，多次提到"左"的方向，像说"夷于左股""夷于左腹"等等。我想，这绝非偶然，而是表示特定的指向。按左方，即南方，据《礼记·少牢》"卦者在左坐"[3]，而阜阳汉简的《礼记》则作"卦者在南坐"，这正"左"即"南"的明证。又在本卦的［九三］，有"夷

---

① （清）朱骏声：《六十四卦经解》，中华书局1958年版，第157页。

② 蔡尚思主编：《十家论易》，岳麓书社1993年版，第516页。

③ （清）阮元校刻：《十三经注疏》，中华书局1980年影印版，第1196页。

于南狩"之句，可见，此卦指"明夷"老是左侧伤损，老是在左侧受到攻击，实际上是暗喻它在南方不断失利的情况。

〔六四〕最后一句是"于出门庭"。一说，"于出"疑为"出于"的误植。高亨先生则把此爻断为"之心于出门庭"，认为"之心疑当作小心。盖古文小作，之作，形近而伪"。又说："此文于出门庭句，谓筮遇此爻，谓出门庭之时，当小心谨慎也。"[①] 这说法颇费周折，更重要的是，高先生实际上没有解释"于出"是什么意思，回避了这一难题。

我认为"于"通"吁"。这里断句应为"吁！出门庭"。据《说文》："吁，惊也，从口，于声。"又桂馥《说文解字义证》引《尚书·尧典》："帝曰吁。传云：吁，疑怪之辞。"承上文，当明夷被射中心脏，亦即商朝宣告败亡的时候，巫者便喟然惊叹：吁！走出门庭了呀！这里所说的"门庭"，表面指的是家里的庭院，实际上是暗喻商朝贵族的朝堂。在统治政权面临崩溃之际，树倒猢狲散，统治集团内部有些人感到既无力回天，又无可留恋，便废然出走。巫者认为，离开斗争的漩涡，乃是明智的举动。很清楚，这〔六四〕最后的一句，和下一爻所说"箕子"的故事，有着密切的联系。

〔六五〕箕子之明夷，利贞。

箕子是商纣王的叔父，是商朝最后的贵族。孔子说"殷有三仁"，当商朝即将瓦解，"微子去之，箕子为之奴，比干谏而死"[②]。但更多的传说是箕子也离开了朝廷，《周易集解》

---

① 高亨：《周易古经今注（重订本）》，中华书局1984年版，第265页。
② （清）阮元校刻：《十三经注疏》，中华书局1980年影印版，第2528页。

引马融云："箕子，纣之诸父"，"知纣无道，无可奈何，同姓恩深，不忍弃去，披发佯狂，以明为暗"①。有些传说还提到箕子去了朝鲜，像《太平御览》卷七八〇载："箕子不忍商之亡，走之朝鲜。"②《博物志》卷九亦称："箕子居朝鲜，其后燕伐之，朝鲜亡，入海为鲜国师。两妻墨色，珥两青蛇，盖句芒也。"③ 这些传说，正好作为"箕子之明夷"的注解。

"之"，这里作动词，去、往的意思。"明夷"，指以燕子为图腾的商族发祥地。这地方，恰好就是处于东北方向的朝鲜半岛。而《周易》中的这一句话，反过来证明后世典籍所载传闻之不罔。

箕子前往商族始祖世居之地，离开了商朝首都镐京，不正是"出门庭"么？至于他的命运如何？巫者当时是说不准的，所以只能说"利贞"。认为若占得此爻，是有利于再去贞卜的，让老天给你指点迷津吧！

从《博物志》所载的传说，我们可以看出，箕子回到东北亚，是重新树起"明夷"的旗号的。"两妻墨色，珥两青蛇"，这"句芒"的形象，正是远古东夷民族共同的标志。而夷族不同的部族，崇尚的颜色又有不同。像《大荒东经》说："东海之渚中，有神，人面鸟身，珥两黄蛇，践两黄蛇，名曰禺貌。"④ 这部落崇尚黄色。而箕子领导的部族，也以蛇为珥，

① （唐）李鼎祚著，陈德述整理：《周易集解》，巴蜀书社1991年版，第150页。

② （宋）李昉等撰：《太平御览》，中华书局1960年版，第3456页。

③ （晋）张华撰，范宁校证：《博物志校证》，中华书局1980年版，第105页。

④ 袁珂校注：《山海经校注》，上海古籍出版社1980年版，第350页。

图腾的形态基本与禹貌类似，但崇尚青黑色。青黑色，也正是"玄鸟"的颜色。可见，"箕子之明夷"，他前往祖宗的旧址，打出商族的旗号，明显有着重整旗鼓的意味。传说还提到"后燕伐之"，说从属于周朝的诸侯国"燕"，对箕子穷追猛打，这就很容易理解了。看来，当时人们对箕子出走后的情况，并不知道，巫者也只对他出走的前景没有把握，只能作出"利贞"的指引。

[上六] 不明，晦。初登于天，后入于地。

"不明"，我认为是指天色的昏暗。"晦"，疑当作"悔"，有忧患伤悲的意思，这是巫者对此爻的判断。占者若得此，当然不是好兆头。有些论者，认为"不明晦"即不明而晦，晦指昏黑。若作此解，也通，但有语意重复之嫌，且此爻也缺少了巫者的判词，似不宜从。

至于"初登于天，后入于地"，我认为是巫者对天色昏暗的解释和回应。为什么会"不明"？原因是太阳下山了。太阳，早上升登于天，大地一片光亮；后来，太阳西下，"入于地"，就只剩下了昏暗。

不过，巫者所说的昏暗，并非单指黄昏日落，而且包含了他对当时政治形势的理解。在古代的神话中，有太阳居于东海旸谷的说法，据《淮南子·天文训》云："日出旸谷"，傍晚，则"日入于虞渊"[①]。而上古东夷族与太阳关系密切，该族以太阳鸟为图腾，居于扶桑。《海外东经》说："（旸）谷上有扶

---

① 何宁撰：《淮南子集释》，中华书局 1998 年版，第 233 页。

桑，十日所浴。"① 上引扶桑有扶木，"一日方至，一日方出"，如此循环不息。当作为东夷象征之一的太阳"初登于天"，作为它的支系商族，也曾如日天中，君临宇内，占据了中原的统治地位。而当它"后入于地"，商族也就日暮穷途，走向式微了。在这里，巫者以太阳的起落，和商族的兴衰联系起来，不仅是比喻手法的运用问题，从中也透出初民们"天人合一"的思想观念。

综观《明夷》各爻，制作者是注意在叙述上的层次的。首先，爻辞谈及明夷在飞行时呈现迟滞疲惫之态，然后说它伤于左股，再说"明夷"的部族损失"大首"，跟着说明夷伤腹，心脏受损，最后连处于核心的人物也只好离开。总之，制作者一步一步地写明夷部族的遭遇，亦即概括地展现商朝灭亡的景象。因此，《明夷》一卦，也可以说是历史的记录。由于此卦写得比较隐晦，主语的涵义又多次置换，这就增加了人们理解的难度。

韬光养晦与绵里藏针

这卦的［象辞］是：

明入地中，明夷。内文明而外柔顺，以蒙大难，文王以之。

利艰贞，晦其明也。内难而能正其志，箕子以之。

---

① 袁珂校注：《山海经校注》，上海古籍出版社1980年版，第260页。

411

《明夷》的卦象是"离下坤上"。离，象征光明；坤，象征土地。在［象辞］的制作者看来，这意味着光明受到伤害，此谓"明夷"，根据这卦象，那么，像太阳隐藏在地下那样，把文采光明埋藏起来，又像大地那样外表显得柔顺，以此对待险恶的环境，是至为合适的。当时，周文王就采取这样的做法。传说周文王被商纣王囚禁，他便以佯狂的办法，把自身的智慧、力量隐藏起来，所以麻痹了纣王。［象辞］又认为，在这特定的条件下，卦辞就只有"利艰贞"一语，它告诉人们，若占得此卦，只有举行驱邪祭祀为有利，不要采取任何活动，以便韬光养晦。制作者又说，遇到灾难内心痛苦却又坚定志向，箕子就是这样做的。从［象辞］的举例，可见，制作者理解《明夷》所写的，和商末的史实有关。

［象辞］的阐述是：

明入地中，明夷。君子以莅众，用晦而明。
［初九］君子于行，义不食也。
［六二］六二之吉，顺以则也。
［九三］南狩之志，乃大得也。
［六四］入于左腹，获心意也。
［六五］箕子之贞，明不可息也。
［上六］初登于天，照四国也。后入于地，失则也。

［大象］对《明夷》卦象的解释，和［象辞］是一样的。不过，它把这意象的涵义，推演得更加广泛，认为君子面对庶民，应该把锋芒掩盖起来。甚至在外表，可以显得有点糊涂，而内心，却要精明。很清楚，制作者推崇的是以宽容的态度对待臣庶，推崇绵里藏针垂拱而治的统治艺术。

对［初九］，［小象］认为"君子"的不进饮食，是理所
当然的。看来，制作者对商朝的遗老，采取同情的态度。在
［六二］，此爻写明夷受伤，判词给予吉兆，［小象］认为是由
于采取表面顺从实际坚定的态度，显然，这又站在周的立场上
说话。对［九三］的评述是，向南征狩的想法是对头的，所
以大有斩获。对［六四］一爻所写，［小象］认为"出门庭"
者的举动，是了解并符合落败者的心意的。在［六五］所写
箕子的做法，制作者认为，这表明那星星之火，是不会熄灭
的。对［上六］，［小象］评述太阳"初登于天"，表明照耀
四方；而"后入于地"，光明消失，乃是违背了正确的法则。
这是以太阳的起落，概括地比喻商族的兴衰。

无疑，［象辞］的制作者明白《明夷》所要叙述的那段史
实，尽管他的评述有时比较含糊，害得后来对［象辞］的注
释者牵强附会。不过，从他的评述中，确也可以看出其立场比
较模糊，他有时站在战胜的一方说话，有时又同情失败的商
族。我认为，评述者的鼠首两端，正好反映了处于商周之际这
大动荡时期某些人的心态。

第三十七　《家人》辨

☲ 离下巽上

家人：利女贞。

[初九] 闲有家，悔亡。

[六二] 无攸遂，在中馈。贞，吉。

[九三] 家人嗃嗃，悔。厉，吉。妇子嘻嘻，终吝。

[六四] 富家，大吉。

[九五] 王假有家。勿恤，吉。

[上九] 有孚，威如。终吉。

瞧这一家子

以"家人"为卦名，是指描写的是家里的人，这本来不难理解。

据《说文》："家，居也。案，人所居称家。《尔雅》：'室内谓之家'，是也。"所以，"家人"，亦即家里人、屋里人。有些论者联系到卦辞中有"利女贞"一语，认为这卦主要是写家中的妇女，亦确。

家，现在是人的居住单位的泛称。在远古，"家"与"牢"，从豕从牛，它是猪栏和牛栏，同时也可以住人。如今，在穷乡僻壤，特别是一些少数民族地区，我们还可以看到人畜同居一室的情况。到殷商之世，社会分化明显，多数人还是穴居野处，能够升堂入室，成为有房屋居住者，已经不是一般的人了。《尚书·盘庚中》有云"永建乃家"，孔安国传曰："卿、大夫称家。"① 可见，有"家"者，属统治集团中的人物。从《家人》爻辞的内容看，也可以发现这一家的主人，并非等闲之辈，请看，连诸侯王也到他的家里作客呢！

如果单就爻辞中的叙述性词句看，这卦确是写家里的人的种种情态的。但是，由于巫者对这些情况，又作出种种评价和判断，这一来，从整个卦来看，又多了应该如何对待家里人的问题。因此，孔颖达《周易正义》称："明家内之道，正一家之人，故谓之家人。"② 来知德《周易集注》也说："家人者，主乎一家之人也。"③ 他们都认为《家人》的卦名，意指管家之道。这也是对的。下面，我们逐一看看爻辞写的是什么。

贵族之家的生活片段

［初九］闲有家，悔亡。

"闲"，即栏。《周易释文》引马融云："闲，阑也，防也。"朱骏声《六十四卦经解》也说："闲，阑也，木设于门，所以防闲也。"④ 可见，闲即设在门外的栅栏。"有"，高亨先

---

① （清）阮元校刻：《十三经注疏》，中华书局 1980 年影印版，第 171 页。

② （清）阮元校刻：《十三经注疏》，中华书局 1980 年影印版，第 50 页。

③ （明）来知德：《周易集注》，上海古籍出版社 1990 年版，第 221 页。

④ （清）朱骏声：《六十四卦经解》，中华书局 1958 年版，第 160 页。

生认为通"于",可从。"闲于家"即有栅栏在于家门的意思。本来,这只是描叙家的设施,但巫者认为家有栅栏是好事,对此,判曰"悔亡",认为没有祸事了。因为,有了栅栏,等于家中多了一重"防御工事"。

[六二] 无攸遂,在中馈。贞,吉。

"遂",《广雅·释诂》:"往也。""无攸遂",即无所去,没有去哪的意思。这很自然,承上爻,门外有栅栏,家主人设了防,家里人也就乖乖地待在家里。当然,主人未必明令禁止家里人外出,但正如杜甫所说"即防远客虽多事,便插疏篱却甚真"(《又呈吴郎》),在门上安设了栏栅、篱笆等东西,主人防范的心意,不是不问可知吗?

家里人无处可去,那么,又干些什么呢? "在中馈"。"馈",《周易释文》:"食也。"《说文》则说"饷也"。饷,即供奉食物。《周易正义》便顺着解释:"妇人之道,巽顺为常,无所必遂,其所职主,在于家中馈食供祭而已。"[1] 总之,无论家里人在家中自己饮酒吃肉,还是给别人传杯递盏,她的所作所为,都和主持吃喝有关。又《列女传·母仪篇》云:"孟母曰:'夫妇人之礼,精五,幂酒浆,养翁姑,缝衣裳而已矣。'故有闺内之修,而无境外之志。易曰:'在中馈,无攸遂'。"可见,在中馈摆弄家务,是妇人主内的职责。

对这一家的家里人心无外骛专门侍弄饮食、家务的做法,巫者很肯定,故判曰"贞吉"。

---

[1] (清)阮元校刻:《十三经注疏》,中华书局1980年影印版,第50页。

[九三] 家人嗃嗃，悔。厉，吉。妇子嘻嘻，终吝。

"家人嗃嗃"，"嗃嗃"，有些论者认为应读作"嗷嗷"，又据《说文》"嗃嗃，严酷貌"，是愁虑的样子。来知德《周易集注》则训为严厉："嗃嗃，严大之声。"[①] 不过，陆德明《经典释文》引马融的说法，认为嗃嗃是"悦乐自得貌"。我同意后者的意见。

《广雅·释诂》说"嗃，鸣也"，《广韵·效韵》也说"嗃，大噪"，可见嗃嗃是大呼小叫的声音。在帛书，此句作"家人樊樊"，字的下方有"火"。又《经典释文》云："嗃嗃，呼落反，又呼马反。马云'悦乐自得貌'，郑云'苦热之意'，荀作'确确'，刘作'熇熇'。"从帛书樊字从火的情况看，"嗃嗃"本通"熇熇"的推论，是正确的。而"熇"，从火，热也。"家人熇熇"就是家里人感到暖烘热闹的意思。在边寨，我们还常看到在边民家里，房子中央，生着火塘，大伙围着火堆起居，一室和暖，自然心情舒畅，喧闹欢笑，便出现了"妇子嘻嘻"的场景。从"熇"含有热闹的意味看，说它与"嗃"相通，也是可以的。

我认为，在[六三]一爻，原本制作者只记述了"家人嗃嗃，妇子嘻嘻"两句，这两句浑然一体，语意连续。不过，巫者却把它分开。看来，他很不喜欢"家人嗃嗃"的场面，觉得喧哗热闹，不成样子，便立刻下了判语："悔"，因为家中有失体统，灾祸由此而生。那么，又该怎么办呢？他跟着指出："厉，吉"。

---

① （明）来知德：《周易集注》，上海古籍出版社1990年版，第222页。

有些论者，把"悔厉"连读，解为严重的灾祸。若从此，则下文为什么突转为"吉"？这实在难圆其说。其实，"厉"，严厉也，这是巫者向主人提出的建议，他告诉主人，"家人嗃嗃"是祸事，但如能严厉地对待，则可转化为"吉"。这一点，《周易集解》引述了王弼的意见，他说："以阳居阳，刚严者也。处下体之极，为一家之长，行与其慢也，宁过乎恭，家与其渎也，宁过乎严。是以家虽嗃嗃，悔，厉犹得吉也。"①他分明也认为"厉"是指一家之长的态度问题。

至于"妇子嘻嘻"，是指家中的女性嘻嘻哈哈。巫者视为她们不守规矩，不守妇道，最终会导致家庭出现缺憾。当然，若占得此爻，人们便要注意把握化"悔"为"吉"的转机，要清醒认识招致"吝"的可能性。

[六四]富家，大吉。

"富"，作动词用。"富家"是富其家，增加其家财富的意思。对此，巫者当然大大地肯定，判曰"大吉"。从这爻，我们可以看到当时对"家"以及财富的重视。

[九五]王假有家。勿恤，吉。

"假"，至也，来临的意思。《方言·一》："假，至也。邠、唐、冀、衮之间曰假。"可见此爻的制作者，写的是华北一带的状况。

"王假有家"，是说天子莅临到这卿大夫的家里。"勿恤"，

---

① （唐）李鼎祚著，陈德述整理：《周易集解》，巴蜀书社1991年版，第154页。

《尔雅·释诂》："恤，忧也。""勿恤"即不要担忧的意思。这是巫者对"王假有家"一事的看法。试想想，天子下临，到底是祸是福，这家里的人是不知道的，因此忐忑不安。确实，对这一家来说，"王假有家"属是天大的事。何况，妇子们足不出户，只配在火塘边烤烤煮煮，只能在房子里打发时光，哪里晓得御驾亲临会是怎样的大阵仗？她们自然会紧紧张张，惴惴栗栗，所以，巫者只好给他们派发"定心丸"。在这里，我们又从中发现它折射出另一个与此有关的问题，即这时候王权思想已经确立，专制制度开始扎根，卿大夫一家需要仰承天子鼻息的情况，也已相当明显。

［上九］有孚，威如。终吉。

"有孚"，有所获也。承上文"王假有家"，这里所说的"有孚"，应是指天子的赐予。卿大夫得到了奖赏，当然是有福了。"威如"，"如"，语助词。高亨先生解"威如"为威然，严貌，也通。因为高先生把"有孚"解为有罚，威如便成为罚的形容词。① 但我觉得上文既说王的驾临，预兆为吉，怎么又严罚起来了？其间文意似不连属。故不从。

按帛书，"威如"作"委如"。"委"通"萎"，《广韵》："萎，蔫也。"若依照通行本，"威"也通"葳"，"威如"即"葳如"。葳，垂下的样子。因此，无论是萎如还是葳如，都是形容躬身谦卑的姿态。对这爻，［象辞］的说法是："威如之吉，反身之谓也。"所谓反身，是反躬内省的意思。看来，［象辞］的制作者也把"威如"理解为谦恭内敛，这种态度，

---

① 参高亨：《周易古经今注（重订本）》，中华书局1984年版，第269页。

和威严、威风凛凛，恰好是相反的。

在"王假有家"，家主人及其家人诚惶诚恐地接受赏赐的时候，表现出卑微恭谨的姿态，在巫者看来，降低自己，以求获得天子的嘉许，就自身的尊严而言，似乎是要受些委屈，但他认为，这样做："终吉"，最终是好处多多，是完全合算的。

家，以男性为中心

如果从《家人》爻辞中叙述性的词语抽取出来，则可作如下排列：

闲有家。

无作遂，在中馈。

家人嗃嗃，妇子嘻嘻。

富家。

王假有家。

有孚，威如。

这些句子，应是《家人》一卦最早的素材，巫者把他们的意见、判断，加插上去，才成为今天我们看到的完整的爻辞。若把其叙述性的语词连贯起来看，那么，它写的不过是一个家庭的生活片段。那一家，门外有栅栏，妇女们都只在屋里做饭侍弄，大家高高兴兴。忽然天子驾临，这家获得赏赐，大家又恭恭敬敬，如此而已。

但是，当巫者在叙述性的词语后面表态，这一来，爻辞的性质也起了变化。卦辞的制作者便认为这卦写的是对家人的管理。家人又特指女性，所以卦辞说"利女贞"，认为妇女占得此卦，则有利。

从这卦爻辞的总体情况看，不难发现，当时以男性为中心的体制已经确立。在家里，父权高于一切，作为丈夫和父亲的男性，已具有绝对的权威。他可以君临一切，干预家人和妇子的行为举止。而且巫者也认为"厉，吉"，主张对有违规矩者以严厉的训斥。对天子，他则扮演另一种角色，天子纡尊光临，他会显得惶悚；即使获得了赏赐，他也要夹着尾巴。从家主对待家人以及他和家人对待"王假有家"的态度看，后世所谓三纲五常那一套阴影，已经隐隐冉冉地开始笼罩在人们的头上了。

正家而后天下定

《家人》的［彖辞］称：

> 家人，女正位乎内，男正位乎外。男女正，天地之大义也。家人有严君焉，父母之谓也。父父，子子，兄兄，弟弟，夫夫，妇妇，而家道正。正家而天下定矣。

这［彖辞］较易理解。所谓"女正位乎内，男正位乎外"，无非是"离下巽上"的卦位，内卦［六二］为阴爻，外卦［九五］为阳爻，这就有了正位内外之说。更有可能的是，［彖辞］的制作者本来就有女主内、男主外亦即男尊女卑的思想，然后从卦象或卦位的排列组合中，设法找寻依据，这是包括［彖辞］［象辞］在内等注释者的惯伎。

在这［彖辞］中，儒家所提倡的伦理道德和社会秩序，得到很完整的阐述，我们也不必多作解释了。

《家人》的［象辞］是：

风自火出，家人。君子以言有物而行有恒。

[初九] 闲有家，志未变也。

[六二] 六二之吉，顺以巽也。

[九三] 家人嗃嗃，未失也。妇子嘻嘻，失家节也。

[六四] 富家大吉，顺在位也。

[九五] 王假有家，交相爱也。

[上九] 威如之吉，反身之谓也。

[大象] 以《家人》的卦象上卦（内卦）是"离"，象征火；下卦（外卦）是"巽"，象征风，所以说"风自火出"。这意象，意味家里的火，燃烧着了，便会生风，而风会吹往外面。换言之，家，会影响着社会，这和[象辞]提出"家道正，家正而天下定"的想法是一样的。因此，君子在家，也要注意自己的一言一行，说话要言之有物，做事要有准则，有规矩。

[小象] 对[初九]的解释是，家内有所防范，所以志向不会变化。至于解释[九五]的"王假有家"，就卦位而言，其阳爻恰与[六二]的阴爻相配，正好比喻君臣或夫妇的遇合。

家庭是社会的细胞，儒家一向把"修身齐家治国平天下"视为完整的系统。[象辞]和[象辞]对《家人》的阐述，也正好说明封建伦理的确立。

第三十八　《睽》辨

䷥ 兑下离上

睽：小事，吉。

[初九] 悔亡，丧马。勿逐，自复。见恶人，无咎。

[九二] 遇主于巷。无咎。

[六三] 见舆，曳其牛，掣；其人天且劓。无初，有终。

[九四] 睽孤，遇元夫，交孚。厉，无咎。

[六五] 悔亡，厥宗噬肤。往，何咎。

[上九] 睽孤，见豕负涂；载鬼一车；先张之弧，后说之弧。匪寇，婚媾。往，遇雨则吉。

“睽”的含义

这一卦，出现过三个与视觉有关的动词：见、遇、睽。

“见”指看。“遇”指碰见。至于“睽”，《说文》释为“目不相视”，也就是两眼张开惊怪地注视的样子。此三者，虽然均属眼部活动，但感情、性质，是不一样的。《睽》卦以“睽”为名，显然，制作者更着重于展现那种惊视的状态。

在帛书，此卦卦名作“乖”。乖，指有悖于常理的怪异的事情。我认为，若以“乖”为卦名，则更能概括爻辞的内容。

不过，通行本已把《睽》的名目叫开了，而"睽"字本身也有惊怪的意味，那也可维持通行的称谓。

卦辞说："小事，吉。"

关于"小事"，有两种解说可资参考。一说是细小之事，孔颖达在《周易正义》中指出："大事谓兴役动众，必须大同之世方可为之，小事谓饮食衣服，不待众力，虽乖而可。"①一说是小心从事的意思，何楷在《古周易订诂》中从卦象给予说明："下卦兑说，上卦柔中，皆以小心行柔道者。"结合这卦爻辞的情况看，小心从事的解释更合实际。以我看，小事的"小"，这里是作为动词来使用的。

为什么说小心从事则"吉"呢？这是因为人们碰到和看见了种种怪异的现象。

意外的遭遇

[初九] 悔亡，丧马。勿逐，自复。见恶人，无咎。

这卦在 [初九] 和 [六五] 两爻，一开始都提到"悔亡"，都说不吉利的事情消失了，这意味着本来不吉利的事，是存在的，只是若占得这两爻，算是走运而已。

"丧马"，丢失了马匹，这很倒霉。不过巫者告诉失主："勿逐，自复。""复"，返回也。这句意思是说：丢了就丢了，不要去追赶它，这马儿自己是会回来的。

这句话，应是巫者对"丧马"一事，提出自己的判断。

---

① （清）阮元校刻：《十三经注疏》，中华书局 1980 年影印版，第 150 页。

在《震》卦和《既济》中，分别有"跻于九陵。勿逐，七日得"及"妇丧其茀，勿逐，七日得"之句，可见，"勿逐"是巫者惯用的句式，也是《周易》的制作者一直推崇顺乎自然的思想。他认为凡事都不能勉强。又如在《遯》卦，爻辞中也有所谓"遯，尾，厉"的提法，说是小猪逃跑了，你去追它，反为不好。这和"丧马。勿逐，自复"如出一辙。显然，《周易》的制作者认为，马儿猪儿，若要逃跑，追也无谓。塞翁失马，焉知非福。一切让其自便可也。这一认识，显然是人们出于对自身能力和客观环境的估计，当考虑到力所不逮，勉力为之，效果会适得其反。这也就是《睽》的卦辞提出小心从事的原因。

"见恶人，无咎"，恶人，论者一般视为坏人，凶恶的人。不过，我认为不妥，看见了凶徒，何以会"无咎"？这两者似缺乏联系。

其实，"恶人"，只是指相貌丑陋的人。据帛书，恶人作"亚人"。《说文》释"亚"："丑也，象人局背之形。"从下文出现"天且劓""元夫"之类的语句看，都说明这"恶人"只是相貌的丑恶而非凶恶。当爻辞叙述看见了一个丑陋的家伙，巫者便说"无咎"，这很好理解。因为貌丑而非心狠，碰上了也无所谓凶吉，故曰"无咎"。

[九二] 遇主于巷。无咎。

"主"，主人。至于称在街巷里意外遇见主人者，其身份，只能是依附于主人的农奴之类。

承上文，这主人应是指丧马者，他看见了一个形容丑陋的人，而这丑汉原来是他家里的奴仆。从奴仆的角度看，便是"遇主于巷"。巫者认为，这主仆不期而遇，没有什么问题，故判曰"无咎"。

[六三] **见舆，曳其牛，掣；其人天且劓。无初，有终。**

自［象辞］开始，不少论者对［六三］的断句，就很有问题。［象辞］说："见舆曳，位不当也。"从此，人们一直把这爻断为："见舆曳，其牛掣，其人天且劓。"这断法，人们觉得读起来也顺畅，没有异议。但是，我的校友胡文辉君根据《周易》中一种"宾语兼主语的递系式"的句子，指出"舆"并不能作"曳"的主语。"见舆曳"要写成为递系式只能写成"见人曳舆"这样的句子，而"见舆曳"根本不合文法。[①] 于是胡文辉君对此爻的断句为：

> 见舆，曳其牛，掣其人，天且劓。无初，有终。

按此，"曳其牛，掣其人"，意为牵走了那头牛，制服了那个人。

胡君指出"见舆曳"的不合文法，至确，可从。但我认为在"曳其牛"后，"掣"字便可点断。即：

> 见舆，曳其牛，掣；其人天且劓。无初，有终。

以我看，"其人天且劓"，在文法上是通顺的。倒是"天且劓"单独成句，反有点别扭，不易知道这三个字到底是宾

---

① 参胡文辉：《中国早期方术与文献丛考》，中山大学出版社 2000 年版，第 2 页。

语还是什么？形容什么？

我认为，［六三］这爻，和上两爻是有联系的。承上文，容貌丑陋的奴仆在巷子里遇见了那丢失马的主人，又看见了一部车子，这就是"见舆"；于是，他一把拉住了驾车的牛。这就是"曳其牛"。

至于"掣"，牵制也。吴澄《易纂言》："掣谓以手控制之。"又《释名·释姿容》云："掣，制也，制顿之使顺已也。"意思是说，当那牛被曳住，车子便被控制住了。一说"掣"通"觢"，《说文》释"觢"为"角一仰一俯"，那么，它指的是牛被曳住后摇着头的动作，也通。总之，这牛或车，被碰"见舆"者一手拉着，控制下来了。

"其人天且劓"，李鼎祚《周易集解》引虞翻曰："黥额为天，割鼻为劓。"①"天且劓"，指受到额头上凿字和被割去鼻子的刑罚。"其人"，指的是拉住了牛车的人，原来他是个奴隶。这爻写那丢了马者，看见一个面貌丑陋的人，这"恶人"，就是后一爻说那拽住了牛车的人。在［九二］，巫者不是说"遇主于巷，无咎"么？本来，奴隶应乖乖地待在家里，而他竟出现在街巷中，很可能是个不守规矩的逃奴。逃逸，当然是有"咎"的，但巫者竟说"无咎"，那是因为巫者知道［九三］还有拉住了牛车，让"丧马"的主人又有所获的一幕。对这能将功补过的逃奴，巫者便给予"无咎"的判语。

"无初，有终"，巫者认为，这爻所写的景象，没有好的开始，却有好的结局。这判断，包括了两个方面。在主人，开

---

① （唐）李鼎祚著，陈德述整理：《周易集解》，巴蜀书社 1991 年版，第 157 页。

始丢了马，后来却得了牛车。在"恶人"，开始是个奴隶，还可能再受到逃逸的责罚，结果竟帮助了主人，反立了功。你看，这主和奴，不都是"无初有终"么！

如上所述，《睽》卦的［初九］［九二］［六三］三爻，写的是相互连属的一个场景。如果我们把巫者的判语抽离，把叙述性的词语连缀起来，则成为：

（主）丧马，见恶人。

（奴）遇主于巷，见舆，曳其牛，掣。其人天且劓。

这样一来，眉目十分清楚，实也不难解释。

一幕幕古怪的街景

下面写的，则是另一个场景。

［九四］睽孤，遇元夫，交孚。厉，无咎。

关于"睽孤"，论者有不同的说法。李镜池先生说"睽孤"是"旅人单独地走路"[①]。而睽是惊视的意思，睽孤，等于说惊讶地看到旅人单独走路。若按此说，下文的"遇元夫"，到底是指谁遇上了呢？是旅人？还是那惊讶地看到旅人的人呢？所以，此说颇可怀疑。

高亨先生则称："余疑睽孤者，即今所谓遗腹孤也。遗腹孤与其父未能相见，故曰睽孤，若夏少康者是也。"[②] 此说也只属猜想，或可存疑。朱骏声的《六十四卦经解》则引《释

---

① 李镜池著，曹础基整理：《周易通义》，中华书局1981年版，第76页。

② 高亨：《周易古经今注（重订本）》，中华书局1984年版，第272页。

名》："孤，顾也，顾望无所瞻也。"① 可见"顾"是指没有焦点没有目标地环望。朱骏声认为睽孤即睽顾，是指惊讶地看并且回环地看的意思。此说似也通，但下文跟着出现"遇"，它又和视觉有关。这样的遣词造句，则颇有累赘之嫌，也不宜从。

"睽孤"，应是一个双声词。《汉书·诸侯王表》："大者睽孤横逆，以害身丧国。"② 可见它和"横逆"是性质相近的一类词。又《汉书·五行志第七下之上》颜师古有注云："睽孤，乖刺之意也。"③ 在《归藏》，睽孤作"睽瞿"，帛书本则作"乖芒"，显然，"睽孤"不过是个双声词，若把"孤"字与"睽"字拆分，反而不妥。根据"睽"和"乖"都含有惊讶奇异的意思，而"孤""瞿""芒"又可同声假借为"怪"，所以，与其从字义寻求对"孤"的解释，不如从字音的相近去推导"睽孤"的意义。易言之，睽孤者，乖怪也，亦即今天之所谓"古怪"也。

在这爻，爻辞的制作者看到了令他诧异的景象。首先，他惊呼：古怪！跟着便叙述，"见元夫，交孚"。闻一多先生认为：元读为兀，元兀古同字。他据"刖足曰兀"，指出兀夫犹兀者，"断足之人也"。④ 闻先生的意见可从。"交孚"，交，缠捆的意思（参看《大有》［六五］"厥孚交如"）；孚，孚获。交孚即捆着俘虏或猎物。

为什么这爻一开始，爻辞的制作者即宣称"古怪"！原

---

①　（清）朱骏声：《六十四卦经解》，中华书局 1958 年版，第 165 页。

②　（汉）班固：《汉书》，中华书局 1975 年版，第 395 页。

③　（汉）班固：《汉书》，中华书局 1975 年版，第 1474 页。

④　参蔡尚思主编：《十家论易》，岳麓书社 1993 年版，第 534 页。

来，他看到了这由跛子押送俘获的一幕。让残疾人干这桩差事，于理不合，这不就古怪么？而在巫者看来，这简直是太危险了，跛子如何能管得住那些俘获的东西？所以，巫者判曰"厉"，不过，巫者也指出"无咎"。意思是押送的跛子，若能认真地对俘虏或猎物，何况这"孚"是被捆着的，因此，也没有什么太大的问题。

[六五] 悔亡，厥宗噬肤。往，何咎。

"厥宗噬肤"，厥通"蹶"，跛子走路一颠一蹶的样子；宗，指宗社；噬肤，这里指吃肥肉。这爻承上文，说那"元夫"牵押俘获虽有危险，但麻烦都过去了，他一拐一拐地前往宗社参加祭礼，并且享受肥胙呢！对此，巫者认为好得很，便判曰"往，何咎"，意思是一直拐过去，哪会有什么问题！跛子大可以大胆往前走。

[上九] 睽孤，见豕负涂；载鬼一车；先张之弧，后说之弧。匪寇，婚媾。往，遇雨则吉。

《睽》卦的制作者又说"睽孤"了，他又看到古怪的景象了。

"见豕负涂"，论者也有多种的解释。例如高亨先生说是"豕伏道中"[1]；闻一多先生根据《述异记》"夜半天汉中有黑气相连，俗谓之黑猪渡河，雨候也"，又据《易林·履之豫》"封豕沟渎，水潦空谷"，认为"涂，旧说皆以为泥涂，余谓负读为附"，"豕身着泥，亦即涉陂、渡河、入沟渎之谓，星

---

① 高亨：《周易古经今注（重订本）》，中华书局 1984 年版，第 273 页。

占家以为将雨之象，故曰往遇雨则吉”。[1] 闻先生的意见，至为精审。

我认为，“见豕负涂”，是说看见猪的背上附着泥巴，亦即猪在泥里打滚。民间一直传说，猪打滚，是将雨之兆。而猪在泥上打滚，用以止痒降温的时候，实际上是天气热极、久旱未雨之际，所以下文才有“遇雨则吉”的说法。

“载鬼一车”，是《睽》卦制作者看到猪打滚后又一个街景，即来了一部载满了“鬼”的车子。

有人说，这鬼就是鬼魅。但是，有谁见过真的鬼魅了？所谓鬼者，其实是扮鬼扮怪的人。在旱情严重的时候，古人是要举行驱傩的仪式的，有些人戴上狰狞古怪的脸具，或者在脸部画花纹，涂颜料，扮演旱魃。据《金文诂林》引沈兼士曰：“鬼与禺同为类人异兽之称。”[2] 可见，那车上所载的鬼，并非指虚无缥缈的幽灵，而是装扮成鬼怪的人。显然，猪在打滚，大旱如燎，傩祭就得登场，人们就得载“鬼”前往。在这里，我们也就可以理解，为什么［九四］［六五］写到那“元夫”要绑着俘获，一拐一拐地蹶到宗社，上供吃胙，原来，大伙儿都要来参与驱傩的盛典。当然，傩戏开锣，如果“遇雨”，那真是上帝保佑了！

这“观察者”看到的景象可多了，再往下，他又看到了另一种场景：“先张之弧，后说之弧”。

“弧”，弓也。“张之弧”，欲射也。“说”通“脱”，脱之弧，即把弓弦又松开也。

---

① 参蔡尚思主编：《十家论易》，岳麓书社 1993 年版，第 544 页。

② 参蒋人杰编纂，刘锐审订：《说文解字集注》，上海古籍出版社 1996 年版，第 1928 页。

这两句，写的是有人看见有一支队伍"屯如邅如"地前来，便大为紧张，以为强盗光顾，先是张弓防御。后来，他们弄清原委，就把弓弦脱松。原来，"匪寇，婚媾"。来者不是强梁，倒是迎亲的队伍。在爻辞之末，巫者给出"往，遇雨则吉"的预言。

闻一多先生认为："此爻文似错误，'往遇雨则吉'五字当在'见豕负涂'下，合二句为一词。'载鬼一车，先张之弧，后说之弧，匪寇婚媾'，四句别为一辞。"① 在闻先生看来，"遇雨"只和旱象有联系，而与婚媾无关。

我认为，［上九］爻文的安排，其实没有错舛。因为，婚媾与"雨"，并非没有联系。我国的先民一直把兴云致雨，视为天地交合的象征，《老子》第三十二章说到"天地相合，以降甘露"。在《乾》卦的［象辞］中，也有"云行雨施，品物流形"的说法，人们把"云"和"雨"视为阴阳蒸变的象征。由此，云雨也成了婚媾关系中特有的用词。其后宋玉让高唐神女向楚襄王说："且为朝云，暮为行雨，朝朝暮暮，阳台之下"。② 这典故的运用，说明在宋玉之前，人们早就了解"云雨"一词的双关涵义。在汉代，人们笃信"天人合一"，据说求雨时"令吏民夫妇皆偶处"。③ 所谓令其偶处者，即是令其交媾也。而男女交媾的朝云暮雨，导致天地交感，乃是求

---

①　蔡尚思主编：《十家论易》，岳麓书社 1993 年版，第 544 页。

②　（南朝梁）萧统编，（唐）李善注：《文选》，中华书局 1977 年版。

③　参（汉）董仲舒撰，（清）凌曙注：《春秋繁露》，中华书局 1975 年版，第 554 页。

雨的重要举措。①

由此看来，巫者知道了那支队伍，是为了求婚而来的，巫山一段云，能化及时雨，求偶者只要"往"，大胆往前走，会催出一个元阳蒸变的局面。这不就是"遇雨则吉"么？所以，巫者这一判语，不止管着打滚的猪，驱旱的傩，也包括求偶的人。可见，制作者把它置于整爻之末，让它总括〔上九〕所求的几种景况，实不必视为错误。

如上所述，《睽》卦给人们打开了一幕幕非常奇异的街景。

你会看到：马在逃跑，牛在拉车，猪在打滚……

你会看到：有缺了鼻子的秃子，有一拐一颠地走路的跛子……

你会看到：有人丢了马，有人拉住牛，有人牵俘获，有人扮鬼怪，有人娶新娘……这一组组画面，让人们感受到巷陌里人来人往，世态纷繁。

在《睽》卦的观察者眼中，这种种景象，都是怪异的。而且，他还觉察到，这种种景象，又会发生变异。例如，丧了马的，却拉回了牛车；待罪的逃奴，却立了新功；跛子一路辛苦，最终可以吃到肥肉；迎亲者被误认为强盗，剑拔弩张，最终解除警报，皆大欢喜。总之，在街上发生的每件事，各各不同，性质也不一样，但彼此又有共同点，即它们同属是街上发生的事，而且都是会不断变化、变异的事。这些事，或者是"无初，有终"，开始不好，却走向好的归宿；或者是"匪寇，

---

① 有关"云雨"的论述，笔者参阅了叶舒宪先生的成果。见叶舒宪：《高唐神女与维纳斯》第八章，中国社会科学出版社1997年版。

婚媾”，形势发生一百八十度的转变。总之，一切都在变，你说怪不怪！但怪事见多了，也就不怪了。这也就是卦辞认为"小事，吉"的原因。

同与异的关系

《睽》的［彖辞］是：

睽，火动而上，泽动而下。二女同居，其志不同行。说而丽乎明，柔进而上行，得中而应乎刚，是以小事吉。天地睽而其事同也，男女睽而其志通也，万物睽而其事类也。睽之时用大矣哉！

《睽》的卦象是"兑下离上"。"离"象征火，居于上卦；"兑"象征泽，居于下卦。［彖辞］说：按卦象组合的样子，上为离，火焰向上升；下为兑，水泽在下浸。作为"动"的态势，它们有同的一面，但彼此的性质、方向，却是相悖的。若以人作比喻，则"离"是中女，"兑"是少女。它们合成一卦，就比喻为"二女同居"。作为性别，她们是相同的。可是，她们年龄、品性各不相同，"其志不同行"，彼此又是异的。总之，《睽》的卦象的组合方式，便说明事物的同中有异，异中有同。

　　［彖辞］还就"离"与"兑"的关系，作进一步论述。它说："兑"有欣悦（说）的属性，"离"有附丽和光明的属性，两者连在一起，意味着共同向往光明，说明这性质相悖的卦象，又能彼此相融。另外，从卦位看，居于［六五］位置的是柔（阴）爻，和居于［六二］的刚（阳）爻相应，这说

明阴与阳虽然相反，却是可以协调的。不过，由居于主位的柔爻与刚爻配合，意味着以柔顺的姿态，主动地和阳刚相应，这又启发人们："小事吉"，若占得此卦，需要小心翼翼地行事，才是吉利的。

由此，［彖辞］作出重要的推论：

天和地，一在上，一在下，性质是不同的，但作为化育万物的主体，其职能，却是相同的。

男和女，一为阳，一为阴，性别是不同的，但阴阳二体可以交感，其情意，却是相通的。

由天地男女的同异，说明世上万物，虽然千差万别，但彼此可以交相融合协调的规律，却是类似的。

最后，［彖辞］制作者发出慨叹：这《睽》卦揭示的规律，它对启发人们对待和处理在不断变化的客观事物，是多么的重要呵！

这真是一个伟大的发现！在这里，我们需要研究一下［彖辞］制作者的思想逻辑。

我认为，制作者认识到爻辞所描述的，是街上发生的种种稀奇古怪的景象。它们的状态乃至出现的后果，完全出人意料，让人惊怪，这就是彼此相异的万物的"睽"。然而，无论这些街景怎么样稀奇古怪，它们都有一个共同点：这就是"变"，坏事会变为好事，这就是天地男女万物的相类、相通、相同。

在［彖辞］的阐述中，我们又可以发现制作者透露的论点，关联着几个命题。

第一，"变"，作为事物的同一性，都有从"异"转化为"同"的过程，异就是差异，就是矛盾。矛盾是存在的，但会"变"，对立面会经过转化，而成统一，让矛盾趋同，得到解决。爻辞中写到的种种矛盾景象，无一不是由怪异转化为正常。

第二，异向同转化，需要有一定的条件。这就要"小事"，小心翼翼地从事；要"柔进"，避免让矛盾激化。可见，事物的转化，要经过主观的努力。

第三，从异与同的关系中，趋于同，是矛盾发展的主导方向，一切矛盾，总归于同，换言之，"二"总合而为"一"。这从［象辞］制作者承认"睽"的存在，但强调"事同""志通""事类"，便可以知道他立题命意重点之所在。正因如此，所以爻辞虽然写到种种古怪的事，但判语总是"无咎"或"吉"。

显然，［象辞］制作者从日常看到的街景，透过现象，揭示出事物的本质。可见，我们的祖先，早在几千年前就有惊人的智慧，具有辩证的思维，其观察力多么的深刻，其思辨力多么的严密！

我们再看看［象辞］：

上火下泽，睽。君子以同而异。
［初九］见恶人，以辟咎也。
［九二］遇主于巷，未失道也。
［六三］见舆，曳位不当也。无初有终，遇刚也。
［九四］交孚无咎，志行也。
［六五］厥宗噬肤，往有庆也。
［上九］遇雨之吉。群疑亡也。

［象辞］在解释卦象后，很明确地提出"以同而异"的论题。

"以同"，亦即"用同"，"求同"。同，是第一性的。有矛盾、有差异，君子都应以"同"为用。"而异"，而，连转词，连接"异"。这一句，用今天的话说，就是求同存异。对此，程颐在《程氏易传》中有非常精辟的阐析，他说："君子观睽异之象，于大同之中，而知所当异也。夫圣贤之处世，在人理之常，莫不大同。于世俗所同者，则有时而独异。盖于秉彝则同矣，于世俗之失则异也。不能大同者，乱常拂理之人；不能独异者，随俗习非之人也。要在同而能异耳！《中庸》曰：'和而不流'，是也。"①

当然，程颐所注目的，是有关个人的修养问题，是个人对待社会的态度，既应有大同而又保持独异个性的问题。其实，［象辞］制作者对君子的要求，是更为广泛的。作为社会的管治者，需要团结一切人，要求有共同的信念；又容许有"异"，容许有不同想法、性格的存在。很明显，这是十分高明的政治策略。

［小象］对每首爻辞的评述，并不费解。其中［初九］爻写见到了一个丑陋的人，［小象］便说反能避开了咎祸。［六三］爻写"见舆，曳"的行为，［小象］说此阴爻而处于阳的位置，所以不当。而后来这阴爻又能和［上九］之阳（刚）爻相应，所以终归是好的。这解法，很随意，我们不必认真对待。

---

① （宋）程颢、程颐著，王孝鱼点校：《二程集》，中华书局1981年版，第890页。

第三十九　《蹇》辨

䷦ 艮下坎上

蹇：利西南，不利东北。利见大人，贞吉。

［初六］往蹇来誉。

［六二］王臣蹇蹇，匪躬之故。

［九三］往蹇来反。

［六四］往蹇来连。

［九五］大蹇朋来。

［上六］往蹇来硕，吉，利见大人。

蹇是一拐一跛的样子

从［象辞］开始，对"蹇"的传统解释是："难也，险在前也。"孔颖达在《周义正义》中跟着发挥："有险在前，畏而不进，故称为《蹇》。"① 程颢的《程氏易传》也认为："《蹇》，险阻之意，故为蹇难。"② 朱骏声的《六十四卦经解》则从"蹇"的字体考察，指出"蹇"从足，寒省，跛也。他

① （清）阮元校刻：《十三经注疏》，中华书局1980年影印版，第51页。

② （宋）程颢、程颐著，王孝鱼点校：《二程集》，中华书局1981年版，第894页。

接触到跛的意思，但跟着又说"故转训难"。总之，说来说去，都离不开"难"字。近年来研究《周易》的专家，像金景芳、黄寿祺、陈鼓应等诸位先生的大作，对《蹇》卦的解释，也大都跟着这一条路线。

使人感到困惑的是：既然"蹇"是困难险阻的概括，为什么这卦的卦辞和爻辞，有两处出现了"吉"字，而总观整首，却无一处牵涉凶、吝、厉、悔、咎等不吉利的字眼？

高亨先生则认为，"蹇借为謇"，"謇当训直谏也"。① 此亦可成一说。但是，爻辞把进谏者和被谏者之间的瓜葛，表现为"往"与"来"，似稍勉强。而且，元代周伯琦早在《六书证伪》已指出：蹇"借为蹇难、蹇直。字别作'謇'，非"②。

上面说朱骏声提到"蹇"的字义为跛，据《说文》"蹇，跛也"，并引《方言》"蹇，注云：跛者行（趷）踔也"，又引《字林》"蹇，行不正也"③。考虑到爻辞多次出现"往""来"这些表示动态的词语，以及释之为"难"为"謇"的不确定性，我们是否也可以另辟蹊径，从"蹇"字的原义，亦即跛行之意，去理解《蹇》卦的内容呢？

各式各样的舞态

[初六] 往蹇来誉。

"往"与"来"，一来一往，一进一退，亦即进一步退一

---

① 参高亨：《周易古经今注（重订本）》，中华书局 1984 年版，第 273 页。

② 《六书证伪》，四库本。

③ 蒋人杰编纂，刘锐审订：《说文解字集注》，上海古籍出版社 1996 年版，第 422 页。

步的样子。

至于"誉",闻一多先生认为,"誉读为旟,《说文》:旟,安行貌"①。又引《论语·乡党》"与与如也",皇疏"与与犹徐徐也"②。可见,"誉"这里作安步纡徐解。

"往蹇来誉",指的是前进时跛拐着腿,回转时步态纡徐,如此而已。这是一种什么样的姿态呢?我们看下去,自会明白。

[六二] 王臣蹇蹇,匪躬之故。

"王臣",当然是指王的臣下,手下。"蹇蹇",形容他们一跛一跛的步态。

"匪",非也。"躬",身体也。这爻承上文,是说王臣们一拐一拐的样子,而这并非由于身体的缘故,换言之,爻辞的制作者要告诉人们,那些拐着腿者,都不是残疾人,不是跛子。这一来,既非跛子,而走动时又拐着腿,这又是为什么?

[九三] 往蹇来反。

"反",《说文》:"从又,厂反形。"徐锴注云:"又,反手也,厂,象物之反复。""来反",可以解为反手转身。又《金文诂林》引张日昇曰:"字从厂从手,象以手扳崖岩之形,乃扳登之本字。"③看来,"反",也是张开着手的形象。《诗经·小雅·宾之初筵》有句云:"其未醉止,威仪反反。曰既醉止,

---

① 蔡尚思主编:《十家论易》,岳麓书社 1993 年版,第 523 页。

② (清)阮元校刻:《十三经注疏》,中华书局 1980 年影印版,第 2493 页。

③ 蒋人杰编纂,刘锐审订:《说文解字集注》,上海古籍出版社 1996 年版,第 597 页。

威仪幡幡。"《毛传》："反反，言慎重也；幡幡，失威仪也。"① 显然，"反"可以形容一种庄重的姿态。"往蹇来反"，也就是指前进时拐着腿，回转时张开手摆出庄重的模样。

［六四］往蹇来连。

"连"，《广雅》："牵，连也。"手牵手的意思。这爻是说，前进时拐着腿，回转时手挽着手。

［九五］大蹇朋来。

"大蹇"，指大规模的拐腿动作，即不止一个人跛着腿，而是许多人一起跛着腿。"朋"，指同侪、同伴。这爻的意思是：在大型的拐着腿舞蹈的集会里，许多伙伴都来了。

在帛书，此爻作"大蹇倗来"。"倗"通"匈"，《玉篇》："匈匈，沸挠声。"《庄子·在宥》有云："自三代以下者，匈匈然终以奖罚为事。"玄成英疏曰："匈匈，喧哗也。"② 另外，"倗"亦通"洶"，《说文》："洶，涌也。"总之，无论是倗还是洶，都是形容人声鼎沸或纷纷而来的意思。这一点，与我们把通行本的"朋来"，释为大伙儿一起来的涵义是一样的。

［上六］往蹇来硕，吉，利见大人。

"硕"，通"跖""蹠"。跖和蹠都是踩、踏的动作。例如《淮南子·齐俗训》："故伊尹之兴土功也，修胫者使之跖鑺。"③

① （清）阮元校刻：《十三经注疏》，中华书局1980年影印版，第486页。
② （清）王先谦：《庄子集解》，中华书局1987年版，第90页。
③ 刘文典撰，冯逸、乔华点校：《淮南鸿烈集解》，中华书局1989年版，第368页。

又《楚辞·九章·哀郢》："心婵媛而伤怀兮,眇不知其所蹠。"可见,跐、蹠是以足践地的举动。"往蹇来硕"也就是前进时拐着腿,转过来蹬踏着地的意思。

在朝廷上扬尘舞蹈

如果我们把"往蹇来誉""往蹇来反""往蹇来连""往蹇来硕"等爻,连缀起来观察,这往往来来一进一退,向前拐腿回头转身的种种动作,其实就是舞蹈的姿势。舞的时候,向前的一步,腿部要弯曲,好像跛的样子,却不是真跛,所以〔六二〕所说"王臣蹇蹇,匪躬之故"。至于"誉"也、"反"也、"连"也、"硕"也,无非是指舞的招式。正因为巫者也知道这是怎么一回事,所以他没有给予"凶"或"吉"的判断。(在《周易》的各卦中,除〔上六〕外,巫者连续不作判词,这是很罕见的,这又反过来说明,巫者很可能知道这些词语,仅仅是动作的记录,实无所谓凶吉。)

"蹇",是跛着腿的姿态,同时也可以理解为一种舞态。《楚辞·九歌·东皇太一》:"疏缓节兮安歌,陈竽瑟兮浩倡,灵偃蹇兮姣服,芳菲菲兮满堂。"所谓"灵偃蹇",是指巫师在跳舞。至于像跛者那样一拐一拐,那是跳舞时的腿部动作。凡是跳舞,腿的动作总是和平常走路的姿态有所区别。例如古代有所谓"禹步"的舞步,亦称"禹跳"(见《荀子·非相》)。据说是模仿夏禹走路的姿态。汉代扬雄在《法言·重黎》中说:"巫步多禹。"李轨注云:禹"治水土,涉山川,病足,故行跛也。而俗巫多效禹步"①。可见,把蹇(跛)的

---

① 汪荣宝撰,陈仲夫点校:《法言义疏》,中华书局1987年版,第317页。

动作稍稍夸饰，便成为舞蹈。又，高亨先生说，"舞"字即"無"字或"无"字，他指出："無即古舞字，篆文作霝，像人双手抓舞具形。无，亦古舞字，篆文作霝，像人戴冠伸臂曲胫而舞之形。"① 曲胫，是把一条腿拐曲起来。总之，拐着腿行走，是"舞"的特征之一。

现在，我们再回过头来看看卦辞：

"蹇：利西南，不利东北"，有些论者，结合爻辞中出现"往来"的字眼，便认为卦辞指的是旅行的方向。不错，西南、东北是方位词，但在这一卦，却不一定要和旅行联系起来。按照我们对爻辞的分析，"往"与"来"实指舞步的进退，作为概括爻辞内容的卦辞，它所说的"利西南，不利东北"云云，无非是说舞者表演的位置，利于在西南方，不利于在东北方。

按照《礼记·曲礼上》所载，古代的礼制，"席南向北向，以西为上；东向西向，以南方为上"②。舞者的位置，如果安排在西方、南方，这意味受到重视。另外，卦辞对这卦的总括，是"利见大人，贞吉"。而唯一出现在爻辞的判词，是[上六]的"吉，利见大人"。可见，"见大人"是《蹇》卦制作者的主要期望。

为什么占得此卦，则"利见大人"？此无他，在巫者看来，能在堂上扬尘舞蹈，能和"大人"接近，便容易获得晋身之阶。故曰"吉"。

---

① 高亨：《周易古经今注（重订本）》，中华书局1984年版，第163页。
② （清）阮元校刻：《十三经注疏》，中华书局1980年影印版，第1239页。

有所进退的启示

现在，我们来看看［彖辞］：

> **蹇，难也，险在前也，见险而能止，知矣哉！蹇，利西南，往得中也。不利东北，其道穷也。利见大人，往有功也；当位贞吉，以正邦也。蹇之时用大矣哉！**

按照［彖辞］的说法，"蹇"，是困难的意思。因为它的卦象是"艮下坎上"。艮象征山地，坎象征水坑。面临凹凹凸凸的山山水水，行进便有困难，所以"蹇"就意味着困难。而且，"坎"有险阻的属性，"艮"有停止的属性，两者结合，便是"见险而能止"。遇到了困难，便止步不前，这表明很机智，所以制作者赞叹："知（智）矣哉！"

又按［彖辞］对卦辞的解释，"蹇，利西南"，是因为往这方向走是合适的；"不利东北"，是因为这条路是走不通的；"利见大人"，是因为见到大人是有收获的；"当位贞吉"，是说处于合适的位置，占卜则吉利，可以让邦国走上正确的方向。在这样理解的前提下，［彖辞］便赞叹：这《蹇》卦所揭示的道理，即根据不同的困难情况采用不同对策，这做法太棒了！

在前面，我们已经说过，［彖辞］解"蹇"为"难"，实不适当。如果说，蹇所表现的一拐一跛走路的方式，似乎是步履维艰，但这不过是一种舞蹈的姿态，和艰险沾不上边。［彖辞］以卦象联系，实属附会之举。因此，它结合卦位去解释卦辞，也不可能是准确的。后世的《易》学家受［彖辞］导向，便越扯越玄了。例如"蹇，利西南，往得中也"一句，程颐在《程氏易传》说："蹇之时，利于处平易。西南坤方为顺易，东北艮方为险阻，九上居五而得中位之正，是往而得平易之地，故为利也。"李光地便尖锐地指出："［彖传］于蹇解为得中者，但取其进退之合宜，不躁动以犯难，为'利西南'之义耳。诸家必以坤、坎、艮诸象求之，犹乎汉儒凿智之余也。"① 总之，前人附会卦象卦位的说法，我们只需大致了解其胡思乱想的过程，其他不必深究。

倒是［彖辞］"见险而能止"的提法，颇值得注意。看来，制作者反对冒险、冒进的行为。知有所进退，这是《周易》一贯的思想。懂得适可而止，这便是得其中正之道，这便是机智，［彖辞］对《蹇》时义的赞美，道理也在于此。

在［象辞］，其说法是：

山上有水，蹇。君子以反身修德。

［初六］往蹇来誉，宜待也。

［六二］王臣蹇蹇，终无尤也。

［九三］往蹇来反，内喜之也。

［六四］往蹇来连，位当实也。

［九五］大蹇朋来，以中节也。

［上六］往蹇来硕，志在内也。利见大人，以从贵也。

---

① （清）李光地撰，李一忻点校：《周易折中》，九州出版社 2002 年版，第 401 页。

[大象] 按卦象，说明"艮下坎上"是象征山下有水，却没有像 [彖辞] 那样强调困难与险阻，它的立足点，在于表达"反身修德"的重要性。

当然， [大象] 提出的"反身修德"，意为君子要从《蹇》卦的意象中得到启发，注意反省自身，培养、提高自己的品行。一般来说，这解释也可成立。

不过，如果 [彖辞] 也和我们一样，认识到《蹇》卦实际上是描述人们在朝堂上的扬尘舞蹈，那么，把"反身修德"解为在舞蹈之余，回过头来注意提高自己的水平，似也未尝不可。我们甚至还可以把 [小象] 对每爻的说明，视为对每一组舞蹈动作包含的特定意义的评述。上文说过，《蹇》卦的 [初六] [九三] [六四] [九五]，全没有巫者的"凶、吉"判断。倒是 [小象] 的制作者，像在给予补充说明。例如 [初六] 一爻，写"往蹇来誉"，评之曰"宜待也"。那徐徐转身的姿态，不正说明合适表现等待、期望的情绪吗？所谓"往蹇来反"，那幡幡然转身张手的动作，则正好表达内心的喜悦。所谓"往蹇来连"，舞伴们手挽手，是表明"位当实"，找到了合适的位置。而所谓"大蹇朋来"，在大规模的表演中舞者纷纷而来，是说明这里发生的事情"中节"，符合节拍，中规中矩。

从 [小象] 对《蹇》的诠释，很容易使人联想到《史记·乐书》所记述的有关孔子对大型舞蹈《大武》的解释：

> 总干而山立，武王之事也；
>
> 发扬蹈厉，大公之志也；
>
> ……
>
> 分夹而进，事早济也；

久立于缀，以待诸侯之至也。

请看，孔夫子诠释《大武》每组舞蹈动作的象征意义，与《蹇》卦［象辞］的说法，何其相似乃尔？

当然，后世的论者，对［象辞］的解释又各各不同，我的论述，也不过是提供给读者参考的一得之见。如果此说能够成立，那么，［象辞］对爻辞的演绎，反过来表明"往蹇来誉"云云，它们实在只是一组组舞蹈动作的记述。

第四十 《解》辨

☳ 坎下震上

解： 利西南。无所往，其来复，吉。有攸往，夙吉。

［初六］ 无咎。

［九二］ 田获三狐，得黄矢，贞吉。

［六三］ 负且乘，致寇至。贞吝。

［九四］ 解而拇，朋至斯孚。

［六五］ 君子维，有解，吉。有孚于小人。

［上六］ 公用射隼于高墉之上，获之，无不利。

一次狩猎活动中的遭遇

"解"，按其字义，《广雅·释诂》三："解，散也。"又《礼仪·大礼射》郑玄注："解犹释也。"① 从这卦的内容以及它的涵义看，解是解脱、解开、释放的意思。

卦辞说，"利西南"，指有利居于西南或朝西南方向的发展者。至于"无所往，其来复"，高亨先生解作"把无所往而

---

① （清）阮元校刻：《十三经注疏》，中华书局 1980 年影印版，第 1036 页。

归还则吉"①。这说法颇为费解，既说是"无所往"，没到什么地方，待在原地不动，怎么又会有"归还"的问题？

以我看，这两句卦辞，是分别说两种情况，一是说"无所往"者；一是说"其来复"亦即外出而又归来者，他们若占得此卦，都是"吉"的预兆。

"有攸往，夙吉"，夙，早也。这句指的是另一种情况，它刚好是上文所说"无所往"的对立面。不过，卦辞的制作者认为，有所往，那也行，也属"吉"，只是多了一个条件："夙吉"，要趁早出发为佳。

［初六］无咎。

这爻巫者便下了判词，疑有阙漏，很可能是脱一"解"字。更可能是卦辞中"有攸往，夙吉"一语，原属此爻的首句，却被误植于卦辞。整爻应是"有攸往，夙吉，无咎"。因为下面爻辞的内容，与田猎有关。野兽昼伏夜出，早上打猎，或者比较容易。

［九二］田获三狐，得黄矢，贞吉。

"三狐"，三，多的概说。这句是指在田猎中抓了许多狐狸。"得黄矢"，黄矢，铜箭。有些论者说这句是说田猎者在狐的身上，得到了铜的箭头，也通。

不过，我认为"得黄矢"即狐得黄矢，是狐中了箭，所以被猎者抓获。这句式与《噬嗑》［九四］"噬干肺，得金矢"、［六五］"噬干肉，得黄金"是一样的。（请参阅《噬

---

① 高亨：《周易古经今注（重订本）》，中华书局1984年版，第275页。

噬》辨）。对此，巫者判之曰"贞吉"。

［六三］负且乘，致寇至。贞吝。

"负且乘"，负，背着；且，兼且；乘，用车子乘载着。意思是又是用背揹，又是用车载。

承上爻，这是指田猎收获的丰富，也反过来证实上文"田获三狐"的"三"字，是泛指多数的意思。"致寇至"，指招致强盗前来光顾。于是巫者判曰"贞吝"。若占得此爻，反而是不妙的。

在这里，不难发现，狐是被视为珍贵的动物。但狐肉并非供食用，只能用狐皮制造衣裘，人们重视狐，乃是着眼于狐皮，这从另一角度说明了当时生活的水平。

［九四］解而拇，朋至斯孚。

"解而拇"，而，有些论者释为"你、汝"；拇，大拇指或大脚趾，引申为手或脚，意说解开你的手或脚。于是有人认为这爻是叫人们"放开你的足脚大步前进"[1]，也通。

不过，此爻在帛书作"解其拇"。"其"，显指他或他的。至于"拇"，高亨先生认为古通"罟"，并引《说文》："罟，网也。"解其拇即解开捕鸟兽的网或绑在腿上的绳索。此说可从。而由于上爻说过"田获三狐"，那么，承上文，"其"实应指捕获了的狐。解开狐的羁绊，显然有准备释放它、放弃它的意思。

---

[1] 陈鼓应、赵建伟注译：《周易今注今译》，商务印书馆 2005 年版，第354 页。

"朋至斯孚"，朋，指田猎者的伙伴或亲朋；斯，意为乃，有王引之《经传释词》卷八"斯，犹乃也"① 可证。"孚"，俘获。这句联系上文的"致寇至"，是说猎人的帮手前来解救，那些企图拦路抢劫的毛贼，便被抓获了。

[六五] 君子维，有解，吉。有孚于小人。

"君子"，代指田猎的主人。"维"，捆绑也。意思是说，主人家把俘获的毛贼捆起来。"有"即"又"，"有解"，意为又把他解开了。这种擒而又纵"捉放曹"般的宽容举动，巫者显然颇为嘉许，所以判曰"吉"。

"有孚于小人"，有孚即"又孚"；小人，指仆从或小民们，甚至包括那些前来抢劫被抓住后又被释放的人。这一句，指遇险者把捕获的猎物，分给了他治下的庶民。看来，此人颇有度量，知道感激；也比较公道，懂得管理和驾驭"小人"之道。

[上六] 公用射隼于高墉之上，获之，无不利。

"公"，大公，是周代官爵的最高封号。周初封太公吕望、周公姬旦、召公姬奭为公。这里所说的"公"，应实有所指，但未有确指是谁的佐证。

"用"，因此，由此也，此字一下，正好说明下面所写射隼的行为，与上文所写的种种情况有关，换言之，正是由猎狐、遇寇、获救、分发俘获等事，导出"公"这位大人物，从而引出"射隼于高墉之上"的举动。在这里，也表明《周

---

① （清）王引之：《经传释词》，岳麓书社 1985 年版，第 169 页。

易》中各爻的爻辞，它们之间是有联系的，六项爻辞（有些是七项），往往是同写一个主题，是一篇散文或一首民歌。只是后来的制作者，根据筮卜的需要，把它分割为一段一段，再有人又进行处理，致使有些论者，在解释时或会忽视各爻之间的内在联系。《解》卦［上六］的"用"字，正好提示人们应纠正把卦中的爻辞分割诠释的做法。

至于"射隼于高墉之上"一句。隼，一种猛禽。高墉，高的城墙。这位有"公"的封爵的大人物，显然在经历了一番曲折取得顺利的结果以后，便跑上高城上弯弓射雕，以示庆祝或者祭祀。

按古代礼仪，田猎是一种隆重的祭祀方式。这种射猎之礼，有时是真刀真枪的。《礼记·月令》载，季秋之月，"天子乃教于田猎……命仆及七驺咸驾，戴旌旄，授车以级，整设于屏外。司徒搢扑，北以誓之。天子乃厉饰，执弓挟矢以猎；命主祠祭禽于四方"①。挟弓矢以射猎祭禽，当然就会拿鹰隼之类飞鸟作目标。此爻说"获之"，应是指这类的方式。

另一种方式是，所谓"射隼"，其实只是射靶子。《仪礼·大射仪》："大侯之崇见鹄于参。"郑玄注："齐鲁之间名题肩为正。正、鹄，皆鸟之捷黠者。"② 又《礼记·月令》季冬之月"征鸟厉疾"条，孔颖达《五经正义》注云："征鸟，谓鹰隼之属。"③ 可见，隼和鹄，都是"捷黠厉疾"一类的禽鸟。

---

① （清）阮元校刻：《十三经注疏》，中华书局 1980 年影印版，第 1379—1380 页。

② （清）阮元校刻：《十三经注疏》，中华书局 1980 年影印版，第 1028 页。

③ （清）阮元校刻：《十三经注疏》，中华书局 1980 年影印版，第 1383 页。

所谓"大侯之崇见鹄于参"的"鹄"，是画着"鹄"形的箭靶。据《仪礼·大射仪》记载："君有命戒射，宰戒百官有事于射者。"意说国君下令祭祀，祭前百官要举行射箭仪式。"遂命量人，巾车于三侯。大侯之崇，见鹄于参，参见于干。"① 三侯即三个箭靶，大靶竖得最高，它画着鹄形，高于画着"参"（豹形）的靶；"参"又高于画着"干"（豻，野狗）形的靶。从"参"和"干"的图案，可以推见"鹄"也是"厉疾"的鹰隼的猛禽。又《礼记·射义》说："射者各射己之鹄，故天子之大射，谓之射侯。射侯者，射为诸侯也。射中者得为诸侯，不中者不得为诸侯。"② ［上六］所说的"射隼"，也可能是指这一种祭前的仪式。

无论是哪一种射箭动作，都属祭祀仪式的组成部分。在经历了一番曲折之后举行祭祀，酬答上天，而且是"获之"，如愿以偿。巫者当然给予"无不利"的断语。

危机出现与转危为安

《解》卦的卦辞，给人们总的印象是，占得此卦者，将是很吉利的。但是，如果把爻辞联结起来，我们便可看到制作者描述的是一个有惊有喜有顺有逆的历程。

你看，一开始，田猎者便获得了许多珍贵的猎物，这该有多高兴，但你以为是好事吗？未必，就在田猎者兴高采烈、把猎物又背又载的时候，别人眼红了，强盗出现了，灾难将要来

---

① （清）阮元校刻：《十三经注疏》，中华书局 1980 年影印版，第 1027 页。

② （清）阮元校刻：《十三经注疏》，中华书局 1980 年影印版，第 1688 页。

临了。[六三] 的 [象辞] 指出："负且乘，亦可丑也；自我致戎，又谁咎也？"它的制作者认为，猎得这么多，高兴得过头，实在是自取其咎，怪得了谁？

不过，事情又出现转机，当田猎主人'解而拇'，准备放弃猎物，伙伴们就来救助了，就抓住了强盗了，一切转危为安了。

让人意外的是，这田猎主人把俘虏释放了，又把猎取的猎物分给了属下的"小人"。从田猎的角度看，主人家可能是两手空空，但他毕竟是安宁了，安全了，他曾经拥有，这就够了。最后，他获得最好的结果：高墉射雕，一发中的。这真是无所不利！

从爻辞中"公用射隼于高墉之上"一句看，《解》卦叙述的可能是一个真实的故事，甚至可能是与周公旦有关的故事，但苦无佐证，我们也不好猜测。我们只能透过制作者的叙述，觉察到这卦所揭示的涵义，这就是：以猎狐为例，很多事情、事件，是会发展变化的。好事会包藏着祸事，而祸患也可以转化，能够化解。化解的关键，制作者认为就在于"解"。

在卦中，"解"是解开猎物的绳网，释放俘虏，不在乎得而复失。然而，正是有这种度量，采取宽容的态度，危机便得到化解。由此引申，对待一切的问题，主事者都该懂得"解"的道理，以应付矛盾的各个方面。显然，这经验，绝不是仅仅对待猎物得失的问题，以和解的方法，化解矛盾对立，包括化解自身的心结，都是适用的。

矛盾化解的关键

《解》的 [象辞] 是：

解，险以动，动而免乎险，解。解利西南，往得众也。其来复吉，乃得中也。有攸往夙吉，往有功也。天地解而雷雨作，雷雨作而百果草木皆甲坼。解之时大矣哉！

《解》的卦象是"坎下震上"。"坎"的属性为陷，意味着危险；"震"有震动的属性，两卦合成为《解》，所以卦辞说它"险以动"。不过此卦是"动而免乎险"的，因为"震"是上卦，上卦即外卦，说明它只在外部震动，所以免于危险。至于卦辞说"解利西南"，是说往西南方向走，会得到众人的帮助。卦辞又说"其来复吉"，是〔九二〕以阳爻处于"坎"的中位，配合适当，表明一切适中。卦辞最后说"有攸往夙吉"，这说明向前发展，是会有所收获的。

在解释了卦辞以后，〔象辞〕便引申出一个新见解，它认为：天地化解了郁积之气，于是蒸发为雷雨，雷雨浸润了百果千树，于是外壳绽开，根芽茁壮，万物滋生。因此，〔象辞〕制作者生发出《解》所启示的为适应客观条件作出变化措施的重要性。

在这里，〔象辞〕制作者意识到：第一，矛盾是存在的，由矛盾对立而出现危机，也是存在的，像天之气与地之气的碰撞，便会凝闷郁结，这就是危机。第二，危机是可以化解的。当危机化解以后，便会呈现新的和谐的局面，就像天与地的矛盾舒解为雷雨，雷雨作而果木苏生一样。很明显，舒解矛盾，正是〔象辞〕阐释《解》卦的命意。

如果结合爻辞所叙述的有关内容看，在狩猎中虽然取得了丰硕成果，但别高兴得太早，因为反招来了贼寇，这就产生了矛盾。不过事情也有转机，"解而拇"，解开罗网，把猎物分给前来救助的人，矛盾就得到化解，最后便有兴高采烈的庆功场面。看来，［彖辞］制作者从这具体事例中得到了启发，触类旁通，意识到矛盾的普遍存在，也看到矛盾对立存在化解调和的可能性和必要性，看到矛盾化解以后必然呈现新的局面。

要化解矛盾，这里有一个承认矛盾存在，并且在新的情况下如何适应客观条件，采取适当措施化解矛盾的问题。对此，［彖辞］把随机应变化解矛盾的做法，概括为一个"时"字。总之，一切都会变，猎狐的高兴会变为恐惧，遇寇的恐惧会变为得救的欢欣。而懂得应变，是化解矛盾的关键，这是《周易》一以贯之的观点。

我们再来看看［象辞］：

雷雨作，解。君子以赦过宥罪。
［初六］刚柔之际，义无咎也。
［九二］九二贞吉，得中道也。
［六三］负且乘，亦可丑也。自我致戎，又谁咎也。
［九四］解而拇，未当位也。
［六五］君子有解，小人退也。
［上六］公用射隼，以解悖也。

按"坎下震上"的卦象，"坎"是雨、水的象征；"震"是雷的象征。雷雨作，是矛盾舒解的表现，所以这便称之为《解》卦。

从自然界天地郁积之气的化解，制作者联想到社会的问题。他认为，君子与小人之间，是存在着矛盾的，而化解的办法，是君子采取主动，赦免小人的罪过，这一来，他们之间的矛盾，就可以像"雷雨作"那样，舒解了郁积，化解了对立。

在［大象］的制作者看来，化解君子与小人的纷争，关键在于君子能采取主动的态度。像爻辞所写的狩猎的君子，对待那些来犯的小人，是能宽恕他们的罪过，结果便转危为安。这一点，很值得管治者们效法。《后汉书·党锢·李膺传》载，应奉上疏云："夫立政之要，纪功忘失，是以武帝舍安国于徒中，宣帝征张敞于亡命……膺著威幽并，遗爱度辽。今三垂蠢动，王旅未振，《易》称'雷雨作，解，君子以赦过宥罪。'乞原膺等，以备不虞。"① 可见，采取宽恕的态度，最终是有利于管治者的。

[小象] 根据 [初六] 为阴（柔）爻，与 [九四] 的阳（刚）爻交接，正好阴阳互相配合，所以是适宜的，没有祸患的。[九二] 则以刚爻处于"坎"的卦位中间，这叫"得中道"，所以爻辞有"田获三狐"的吉兆。而田获太多，又以背负，又以车载，这做法很不妥。以致引来贼寇垂涎，这也是咎由自取。后来，只好把网子解开，这是因为君子处于被动的不当的位置，不得已而为之。至于 [六五]，君子"维有解"，把猎物分发，也宽恕了来犯者，于是"小人"便退了，转危为安了。最后，出现了"高墉射隼"的庆功场面。那是叛逆者被安抚了，矛盾消解了。

很清楚，[象辞] 和 [象辞] 都强调消解矛盾的问题，如果说它们有什么不同，那么，[象辞] 侧重从君子的角度立论，强调管治者要采取主动，强调强势者要主动承担化解矛盾的责任，这比 [象辞] 说得更加明确。

---

① （南朝宋）范晔撰，（唐）李贤等注：《后汉书》，中华书局 1965 年版，第 2192 页。

第四十一　《损》辨

☷☶ 兑下艮上

损：有孚，元吉，无咎，可贞。利有攸往。曷之，用二簋，可用享。

［初九］已事，遄往，无咎。酌，损之。

［九二］利贞。征，凶。弗损，益之。

［六三］三人行，则损一人；一人行，则得其友。

［六四］损，其疾。使遄，有喜。无咎。

［六五］或益之十朋之龟，弗克违，元吉。

［上九］弗损，益之，无咎，贞吉。利有攸往，得臣无家。

祭品的丰俭问题

"损"，陆德明《周易释文》云："损，亏减之义也。"①又《说文》："损，物数也。"可见"损"是减少物品数目的

---

① （唐）陆德明撰，黄焯断句：《经典释文》，上海古籍出版社 1983 年版，第 103 页。

意思。从下面的爻辞看，此卦与祭祀有关，所谓减少，指的是祭品的减少。

卦辞说"有孚，元吉，无咎，可贞"，是说占得此卦者，有俘获，大吉大利，没有不妥，所以大可以放胆贞卜。既说可获大吉，又说可减祭品，这样的思路颇值得注意。

"曷之，用二簋，可用享"，这句的断句，不少论者作"曷之用，二簋可用享"。高亨先生认为："曷疑借为饁，古字通用。"①"饁"，馈也，送酒饭的意思，也通。不过我更认同闻一多先生的判断，他认为"曷读为匃"。按"匃"，古达切，入声，曷韵。王筠《说文句读》引《通俗文》："求愿曰匃。"又《广雅·释诂》："匃，求也。"闻先生还指出，这句"与〔六五〕'益之十朋之龟'语例略同。诸家读'曷之用'句，'二簋可用享'句，又训'曷'为何。审如其说，则'之'字无着，而全句亦诘鞠为病，殆不可从。"②闻先生的意见精审，兹从闻说。

"曷之"，即祈求之，这"之"字，是神祇的代词。"用二簋，可用享。" "簋"，竹制的盛米饭的圆形食器、祭器。"享"，祭献。古代祭祀或供奉，菜肴比较丰盛，所以，《诗经·小雅·伐木》有"陈馈八簋"，《权舆》有"于我乎每食四簋"的说法。这里的卦辞说，"用二簋"，可见祭品俭省了，不过，制作者认为，这比较俭朴简单的供奉，并没有什么问题，一样可以用于祭祀上天。《周易正义》云："明行损之礼，贵乎诚信，不在于丰。"③这理解是正确的。

---

① 高亨：《周易古经今注（重订本）》，中华书局1984年版，第277页。

② 蔡尚思主编：《十家论易》，岳麓书社1993年版，第547页。

③ （清）阮元校刻：《十三经注疏》，中华书局1980年影印版，第52页。

［初九］**已事，遄往，无咎。酌，损之。**

"已事"，即祀事，祭祀的事。"遄"，《尔雅·释诂下》"遄，疾也"，急速的意思。"酌"，饮酒，《说文》"酌，盛酒行觞也"，这里指祭祀时的奠酒。全爻的意思是说：赶快祭祀，这就没有灾咎。奠酒也可以俭省。

［九二］**利贞。征，凶。弗损，益之。**

这爻承上爻［初九］，是说即使减少了祭祀时的酒，包括祭品，也有利于占卜，可以心想事成。不过，如果祈福的范围涉及一些大的动作，例如要出征，或者要到远方等等，那么，巫者便告诫：凶！占问大事，马虎不得。并且说："弗损，益之。""益"，增添也。意思是祭品不能减少，反而要增加。

［六三］**三人行，则损一人；一人行，则得其友。**

有些论者，把"行"理解为与行进、行旅有关。李镜池先生认为："这是以行旅为譬，说明损益得失。三人同行，难免意见分歧，有一人被孤立，故'损一人'；一人走路，孤单、寂寞，遇人可以作伴，则'得其友'。这是益。"① 此可为一说。

但我想，这卦专叙祭祀，"行"，应释"行列"为宜。爻辞制作者是说，祭祀时若三人排列成行，则减少一人，成为二人一行；若只有一人在行列上，则可取同伴，这也是二人一行。在这里，爻辞制作者很注重偶数，像卦辞说"用二簋"，

① 李镜池著，曹础基整理：《周易通义》，中华书局 1981 年版，第 82 页。

也是如此。看来，这和古人重视阴阳平衡有关。而只有偶数，才有平衡的可能。《周易》的《系辞下传》第四章引述孔子的话"天地绵缊，万物化醇，男女构精，万物化生"以释此爻，也是看到了他重视偶数的原因。所以，《周礼》提到祭祀时，人们排列成双行，称为昭穆伦序，以符阴阳平衡之意。

当然，"三人"，也可理解为多人，人数多了，就要有所减少："一人"，也可理解为人少，人数少了，则可以增加，总以合适为宜。据说孔子对此很有感触，刘向在《说苑·敬慎篇》载，"孔子读《易》，至于《损》《益》，则喟然而叹"，还谈到"升舆而遇三人则下，二人则轼。调其盈虚，故能长久也"①。调整其盈与虚，也就是要取得平衡的问题。

[六四] 损，其疾。使遄，有喜。无咎。

"其疾"，其，加重语气；疾，指疾病。"使"，这里是假如的意思。像《论语·泰伯》："如有周公之才之美，使骄且吝，其余不足观也矣。"②"使"即作"若"解。"有喜"，痊愈也。

承上意，这爻所说的"损"，也应是指祭仪中祭品的俭省。整爻的意思是：俭省了祭品，因为有病了。跟着巫者便宣称，假如快一点前往祭祀，祈求保佑，则可痊愈。这样做，当然是"无咎"的。

---

① 刘向：《说苑》卷十《敬慎》，载于《百子全书》第一册。浙江人民出版社1984年版。

② （清）阮元校刻：《十三经注疏》，中华书局1980年影印版，第2487页。

［六五］ 或益之十朋之龟，弗克违，元吉。

"十朋之龟"，指用以占卜的很珍贵的大龟。"十朋"，据《一切经音义》卷七引《字书》："古者用贝货易，五贝为一朋。"① 又李鼎祚《周易集解》引崔憬曰"双贝曰朋"②。无论是双贝还是五贝，十朋，都是价值不菲。据爻辞的制作者叙述，祭祀者在祭仪中，又增添了"十朋之龟"，作为祈福的工具。

"弗克违"，指不可以违背规矩。我认为，这是巫者对使用"十朋之龟"者的强调。

据朱骏声说"十朋之龟"指的是祭器，"龟，不食之物，古者刻于尊彝器，示饮食之节也"③。若按此说，"弗克违"是指不能违背"用二簋"献祭的节俭原则。不过，这卦并非光强调节俭的问题，像［上九］就有"弗损，益之"的句子，说明增添也是可以的。所以，朱说并不允妥。

另外，《周易集解》引述崔憬的看法："或之者，疑之也。故用元龟，价值二十大朋。龟之最神贵者以决之，不能违其益之义，故曰元吉。"④ 他认为"或"即"惑"，因为疑惑，便以最贵重的"龟"以决疑。这说法使人不解的是：第一，难道"龟"的价值与其占卜的准确程度成正比，是否它越贵重，

---

① 释慧琳：《一切经音义》，台湾大通书局1985年版，第127页。

② （唐）李鼎祚著，陈德述整理：《周易集解》，巴蜀书社1991年版，第8卷第11页。

③ （清）朱骏声：《六十四卦经解》，中华书局1958年版，第180页。

④ （唐）李鼎祚著，陈德述整理：《周易集解》，巴蜀书社1991年版，第8卷第11页。

准确性就越高？此说史无佐证。第二，说"不能违其益之义"，亦即是说不能违背"十朋之龟"做出的判断。这也很费解，因为，十朋之龟的判断，是不能违背的，如果占卜的结论为吉兆，下文的"元吉"，还可以理解；但是，如果十朋之龟占卜的结果为凶兆，占卜者相信了，也就是"不违"了，那么，这"不违"的行径，竟属大吉大利么？这"元吉"的说法，是否说过了头了？所以，我认为崔憬的意见并不可从。

其实，"弗克违"，应是指龟卜时不能违背规矩，很可能当时对什么人用什么样的龟，有所规定。据朱骏声称："古者货贝而宝龟。《食货志》：王莽贝货五品，大壮幺小，皆二枚为一朋，不成贝不得为朋。龟货四品，元龟当大贝十朋，公龟当壮贝十朋，侯龟当幺贝十朋，子龟当小贝十朋。此自莽法慕古者也。"[1] 王莽订币制，把龟分成与爵位相关的等级，是根据古法来搞的，这从一个侧面说明，古代对不同爵位、身份的人，使用不同等级的龟，是有所规定的。而《周易》的另一卦《益》，其〔六二〕的爻辞，与《损》〔六五〕极为相似：

〔六二〕或益之十朋之龟，弗克违，永贞吉。王用享于帝，吉。

很明显，《益》的〔六二〕等于是《损》〔六五〕的翻版。但多了"王用享于帝"一句。这一句，正好说明使用"十朋之龟"者，就是"王"。在《损》的〔六五〕，虽然没有提及使用者的身份，未必也是王，但起码是指身份很高的

—————————

① （清）朱骏声：《六十四卦经解》，中华书局 1958 年版，第 179 页。

人。总之，这爻是说，尊贵的祭祀者出席祭仪，这是好事，他为了表示诚意和隆重，拿出贵重的龟，而这又不违反身份、规矩，在巫者看来，这将得到"元吉"的预兆。从巫者对"弗克违"的强调，我们还可以推想，当时一定有人不遵守占卜的规矩，僭用"十朋之龟"，所以巫者把"弗克违"作为获得"元吉"的条件。

[上九] **弗损，益之，无咎，贞吉。利有攸往，得臣无家。**

"得臣"，即得到臣仆、奴隶。"无家"，指没有私心，没有只顾私家的利益。《汉书·五行志》云："谷永曰：'《易》称得臣无家'，言王者臣天下，无私家也。"[①] 这爻是说，祭祀者没有减少祭品，倒是增加了祭品。巫者认为这当然很好，"无咎"。若占卜，则得吉兆。又说，占得此卦者，利于有所发展，有所作为，有所进取，能够加强统治的范围和权力。

通观《损》卦，它所写的内容，无非是如何对待祭祀特别是如何对待祭礼丰俭的问题。

《损》的制作者认为，祭品是可以俭省的，甚至可以俭省到只用"二簋"。但是，这俭省是有条件的。条件一，是要"遄往"，即要赶快举行祭礼，不能拖拉。不拖拉，是诚心的表现。这可以"损"。

条件二，是祭祀者向上天祈求的，不属于重大问题。否则，反会"凶"。像出征之类重大的礼仪，祭品不能减少，反而要增加。

① （汉）班固：《汉书》，中华书局1975年版，第1368页。

条件三，如果祭祀者有病，而且从速往祭，那么，祭品也可以俭省。

要注意的是，制作者既认为可以有条件地俭省祭品，却又不反对增添祭品。增添是好事，它可以表示祭礼的隆重和祭者的诚意。所以，"益"是可以得福的。但是，增添祭品，也必须有一个条件，这就是"弗克违"，不能违背礼仪的规矩。显然，对于祭祀中陈列和奉献祭品的多寡，制作者是有明确的原则的。

从祭品增减引申到政治含义

现在，我们看看〔彖辞〕：

损，损下益上，其道上行。损而有孚，元吉、无咎、可贞、利有攸往。曷之，用二簋，可用享。二簋应有时，损刚益柔有时。损益盈虚，与时偕行。

《损》的卦象是"兑下艮上"。"兑"为☱，是"乾"☰俭省一阳爻而成；"艮"为☶，是"坤"☷增添一阳爻而成。而无论是"兑"还是"艮"，都是"乾""坤"向上方俭省一阳或增添一阳而成，这就是"其道上行"，它说明损和益，都朝着上方发展，都属正确的走向。所以，即使是减损，也能有所获，这就是为什么卦辞出现"元吉、无咎、可贞、利有攸往"等诸般吉兆的道理。也是为什么即使以最俭省的祭品祈求上天，依然可以得到护佑的道理。

不过，〔彖辞〕的制作者提出，祭品俭省到只用二簋的做法，应考虑到"时"的问题，亦即要考虑客观情况的变化，不能不顾实际，为俭省而俭省。结合爻辞所叙，如果能从速地致祭，或者因病致祭，那么，俭省祭品是可以的。但如果贞问重要的事情，例如占卜出征打仗一类的事，就不能俭省，反而要增添祭品以示隆重。

由祭品丰俭的情况推论，[彖辞] 认为处理一切事情，或减或增，或刚或柔，都应以符合客观形势为原则，形势亦即时空条件变化了，管治者的策略就应有所变化，这就叫做"时"。反之，如果不按实际情况采取对策，事情便办不好，甚至会走向对立面。据《淮南子·人间训》载："孔子读《易》至《损》《益》，未尝不愤然而叹曰：'益损者，其王者之事与？或欲以利之，适足以害之；或欲害之，乃反以利之。利害之反，祸福之门户，不可不察也'。"① 可见，或损或益，都应恰如其分。这一点，是王者必须考虑的。正因如此，[彖辞] 强调，无论是损是益，是盈是虚，必须"与时偕行"，换言之，人们要懂得与时俱进，懂得随着客观条件的变化而变化，切忌一成不变，头脑僵化，食古不化。

《损》的 [象辞] 是：

山下有泽，损。君子以惩忿窒欲。

[初九] 已事遄往，尚合志也。

[九二] 九二利贞，中以为志也。

[六三] 一人行，三则疑也。

[六四] 损，其疾，亦可喜也。

---

① 刘文典：《淮南鸿烈集解》卷18，《百子全书》（第5册），浙江人民出版社1984年版。

　　〔六五〕六五元吉，自上祐也。
　　〔上九〕弗损益之，大得志也。

　　如果我们把〔彖辞〕与〔象辞〕对《损》的阐释，作一比较，可以清楚地看到它们各有重点。〔彖辞〕强调管治者要根据形势发展，适时地采取或损或益的策略；〔象辞〕则强调管治者要提高自身的修养。要"惩忿"，要压抑自己由一时之愤导致偏激的情绪；要窒欲，要抑制自己为一己之私的欲念导致产生有失公平公允的行为。而要做到不偏激、不偏私、不自以为是，孔夫子又有很好的阐发。据《说苑·敬慎篇》载："孔子曰：'持满之道，挹而损之。'子路曰：'损之有道乎？'孔子曰：'高而能下，满而能虚，富而能俭，贵而能卑，智而能愚，勇而能怯，辩而能讷，博而能浅，明而能暗，是谓损而不极。能行此道，惟至德者及之。《易》曰：不损而益之，故损；自损而终，故益。'"

　　当然，《损》卦的〔彖辞〕和〔象辞〕，尽管在阐述上各有不同的重点，其实，它们之间，是互有联系，交相为用的。当人们提高了自身的修养，能够"惩忿窒欲"，就有可能更全面地考虑各方面的关系，知道在遵循一定原则的基础上，该损则损，该益则益。反过来，如果管治者能做到"损益盈虚"，与时俱进，便能够领悟到防止自身偏激偏私的重要性，从而提高个人的素质修养。

　　据〔小象〕的解释，〔初九〕一爻，是说阴爻向上升，与〔九四〕的阴爻相应合，这便是向上（尚）而志向相合。也表明参与祭祀的人，速速行动，是合适的。对〔九二〕一爻，〔小象〕认为"弗损，益之"的做法，是阳爻处于"兑"的中间位置，表明这是合适的。照应爻辞所述，如要占卜出征打仗的大问题，不减损祭品，反而增添祭品，那么，做法是正确的。

〔六三〕的〔象辞〕说"一人行"，这是爻辞"一人行，则得其友"的压缩，意即在祭祀时，应该是匹配的，若队列中只有一人，则应成行。成行，便要增加一人；但若增多了，变成三人一行，那就不妥了，会出现彼此不协调不信任的征兆了。

至于〔六四〕〔六五〕〔上九〕诸爻，〔小象〕的解释比较清晰，兹不赘。

第四十二　《益》辨

䷩震下巽上

益：利有攸往，利涉大川。

[初九] 利用为大作，元吉，无咎。

[六二] 或益之十朋之龟，弗克违，永贞吉。王用享于帝，吉。

[六三] 益之，用凶事，无咎。有孚，中行告，公用圭。

[六四] 中行告，公从，利用为依迁国。

[九五] 有孚，惠心，勿问，元吉。有孚惠我德。

[上九] 莫益之，或击之，立心勿恒。凶。

盛大的祭祀仪式

"益"，按《广雅·释诂》卷二"加也"，增添的意思，它和"损"（俭省）是相互对应的词语。

这卦命名为《益》，可见也是与《损》卦相互对应的。《损》卦的卦辞提到"用二簋"，明显与祭品有关，因此，我认为《益》之所谓"益"，具体指的是祭祀时增添祭品的问题。制作者称，占得此卦者，"利有攸往，利涉大川"，利于有作为，利于涉过大江，到那遥远的地方去。

469

〔**初九**〕**利用为大作，元吉，无咎。**

这爻开始即用"利用为大作"的句式，疑阙一"益"字。意思是增添祭品，有利于"用为大作"。

"大作"，论者多作大事解，像孔颖达《周易正义》称："大作谓兴作大事也。"有人认为"大作"是指大建筑，高亨先生说："余疑此文大作即今语所谓大建筑也。"① 有人认为这指大耕作，李鼎祚《周易集解》引虞翻曰："大作谓耕播耒耨之利。"又引侯果曰："大作谓耕植也。"② 以上诸说，均通，可参考。

另外，我认为"大作"，似也可以理解为大祭祀，它与《损》〔初九〕的"巳事"（祀事）相应。按"作"，通"俎""祚"。《诗经·大雅·荡》"侯作侯祝"③，"作"即为"祚"解。此说如妥，那么，这爻的意思是说：增添祭品，有利于用作大祭祀的仪礼。巫者便宣称：这样做，则大吉大利，没有问题！

〔**六二**〕**或益之十朋之龟，弗克违，永贞吉。王用享于帝，吉。**

这一爻的前两句，与《损》卦〔六五〕相同，前篇已有分析，兹不赘。

至于"王用享于帝"，明确点出这里使用"十朋之龟"

① 高亨：《周易古经今注（重订本）》，中华书局 1984 年版，第 279 页。

② （唐）李鼎祚著，陈德述整理：《周易集解》，巴蜀书社 1991 年版，第 8 卷，第 13 页。

③ （清）阮元校刻：《十三经注疏》，中华书局 1980 年影印版，第 553 页。

者，乃是朝廷的最高统治者。而王者以最珍贵的"龟"进行卜占的做法，是史有明征的。据《史记·龟策列传》："'神龟出于江水中，庐江郡岁时生龟长尺二寸者，二十枚输太卜官。王者发军行将，必钻龟庙堂'之上，以决吉凶。今高庙中有龟室，藏内以为神宝。"①

［六三］益之，用凶事，无咎。有孚，中行告，公用圭。

"益之，用凶事"，即因有凶事，所以增添了祭品。从《益》卦所涉及的多为大事来看，这爻所说的凶事，当是国家所遭遇的困难问题。国家遇到大挫折，便要祭祀，《周礼·大宗伯》："以凶礼哀邦国之忧。"② 在这种情况下，祭祀时增添祭品，巫者认为"无咎"。

不过，"用凶事"，帛书作"用工事"。这一来，事件的性质起了变化，工事，指建筑宫室之类的事情，干这样的大事，便要增添祭品了。我认为，若从帛书"作工事"之说，亦可。因为，它紧接着下爻的句子，有"迁国"一语，迁到另一地方，似和"工事"有联系。

"有孚"，用俘获以奉献也。

"中行告，公用圭"，旧说一般断句为"中行，告公用圭"，像王弼《周易注》云："壮不致亢，不失中行，以此告公，国主所任也。"③ 按王弼的解法，是说以不卑不亢的态度，告知"公""用圭"。这一来，"告"的着眼点似在"用圭"。使人困惑的是，难道"公"在祭祀时连用"圭"也不知道，

---

① （汉）司马迁：《史记》，中华书局1982年版，第3227页。
② （清）阮元校刻：《十三经注疏》，中华书局1980年影印版，第759页。
③ （清）阮元校刻：《十三经注疏》，中华书局1980年影印版，第54页。

需要别人提点么？所以，在"中行"后断句的做法，殆不可从。

至于有说"公"指的是周公旦，这也有可能，而且周公旦也主持过下爻提及的迁都大政，但说这卦说的就是周公旦，我们还未找到确凿的佐证。不如以"公"为大臣的泛指为宜。

"中行"，旧说多解为"中道"。像程颐说："有诚孚而得中道，则能使上信之，是犹告公上用圭玉也。"① 照他所说，"中道"是合乎道理的意思，也通。

不过，"中行"的"行"，其实可作行列解，中行就是行列的中央。若参照上卦《损》的［六三］"三人行则损一人，一人行则得其友"，便可以知道，"行"是指在祭仪中参祭者排成行列。中行，无非指这主祭者站到行列的中央。至于"告"，这里指祷告。承上爻［六二］"王用享于帝"，这站到行列中央的祷告者，应是"王"。所谓"公用圭"，是指从祭的衮衮诸公，都手执着圭以示恭敬。圭，是古代公侯们朝聘、祭祀时的礼器，《说文》云："圭，瑞玉也，上圆下方。公执桓圭，侯执信圭，伯执躬圭，皆七寸。"

通观这句，不过是描叙那大祭祀的仪式：有祭品奉献上天，主祭的王者便在行列的中央祷告，大臣们都拿着圭参加。这场面是真够隆重的。

［六四］中行告，公从，利用为依迁国。

这爻写大祭祀时的另一个场面。主祭者在行列中央宣告、

---

① （宋）程颢、程颐著，王孝鱼点校：《二程集》，中华书局 1981 年版，第 915 页。

昭示，公侯们跟随着，依从附和着。巫者便判曰"利用为依
迁国"。"依迁"，依从迁徙也。吴澄《易纂言》云："凡迁国
必有所依，《左氏传》谓'周之东迁，晋郑焉依'是也。"①
当王者迁都，一些诸侯、大臣便要跟着迁徙其家邦、领地，作
为新都的屏藩，这些属国，便是依从之国。巫者根据祭仪上王
者居中一呼，诸公轰然响应的情势，认为占得此爻，则有利于
那些作为依迁国的人。很明显，巫者是站在王者的立场，为他
迁都的决定给各路诸侯打气哩！

[九五] 有孚，惠心，勿问，元吉。有孚惠我德。

"孚"，这里指有俘虏。在古代的祭祀中，是有献俘的仪
式的。

"惠心"，《广雅·释言》"惠，赐也"，而"惠"又有恩
惠、仁爱的意味，《逸周书·谥法解》："柔质慈民曰惠，爱民
好与曰惠。"② 惠心即惠之以心，意思是把仁爱的心给予俘虏。
"勿问"，指对俘虏不要质问、拷问，给他们以宽容。巫者对
祭祀者的态度非常赞赏，故判曰"元吉"。

跟着的"有孚惠我德"，我认为这是巫者进一步对"元
吉"的解释，意思是有俘虏作为祭礼献给上天，上天也"惠
我德"，赐我以德泽。另外，此句也可以断为"有孚惠，我德
（德通得）"，意为俘虏们受我之惠，我亦得益。这也通。总
之，巫者的看法是，无论是向天帝献俘，还是向俘虏"献"
出爱心，这做法之所以大吉大利，是因为它并不是单向的问

---

① （元）吴澄：《易纂言 易纂言外翼》，上海古籍出版社 1990 年版，
第 66 页。

② 黄怀信：《逸周书校补注译》，西北大学出版社 1996 年版，第 295 页。

题。因为，这可以得到丰厚的回报。于"天"有利，于人有利，于己也有利，这不正是"元吉"吗？

当然，有些论者，对这爻有不同的解法，一些人释"有孚"为有诚信，因此，《周易集解》引崔憬的说法是："为下所信而怀己德。"① 让人怀己之德，自己也不就是大有所得么？这奥妙，[象辞]的制作者是看得很清楚的，所以评说曰："惠我德，大得志也。"真是一语中的！总之，说到底，还是祭祀者得益最大、最多。

[上九] 莫益之，或击之，立心勿恒。凶。

"莫"，通"暮"。"暮益之"是说日暮时增添祭品。"或击之"，"击"，打击也。上一爻说到献俘，受打击者，当是俘虏，"之"即代指俘虏。所以，吴澄的《易纂言》说："击者，虐害之也。"②

在上一卦《损》，[初九]的爻辞写过"已事遄往"，说要赶快参加祭祀，还说去得早，祭品也可以俭省。这一爻，则写祭祀者日暮时才往献祭，那么，即使增添了祭品，也是太迟了。至于打击俘虏，与上爻"惠心，勿问"的做法完全不同。显然，祭祀者既迟到，又粗暴，这就是"立心勿恒"。"立心"，指祭祀者虔诚的立心。"勿恒"，即无恒，不持久、不坚定。总之，这爻是说：致祭过迟，虽增添祭品，或者虽献俘，而虐害俘虏，都是不好的，都属对上天虽有虔敬之心，却不能

---

① （唐）李鼎祚著，陈德述整理：《周易集解》，巴蜀书社 1991 年版，第 8 卷，第 13 页。

② （元）吴澄：《易纂言 易纂言外翼》，上海古籍出版社 1990 年版，第 66 页。

持久。巫者很不认同这样的行为，所以判断占得此爻者为"凶"！

诚与礼是祭祀的原则

如上所述，《益》卦向我们展示了一次有王者参与的祭祀场面。据《周易》的制作者记述：举行这大祭祀时，祭品是可以增添的，甚至可以使用最珍贵的龟卜。祭祀时，主祭者站在行列中央，向上天祷告，并且发布政令，大臣们拿着圭板跟从，恭听着。在祭祀中，又有献俘的仪式。这场面，颇为宏大，也颇为严肃。看来，王者的重大决定，是在大祭祀中宣告的，因此，爻辞中便写到涉及迁都的问题。卦辞中说"利涉大川"恐也与此有关。

从《益》卦的爻辞中，可以看到，制作者认为祭祀时增添祭品，是好事，特别在重大场面宣告重大决定时，甚至可以使用最高档的东西。但是，制作者又分明规定了有关增添祭品的原则，这首先是"弗克违"，不能违反身份，不能违背规矩。这一点，在《损》卦中已有提及，而在《益》卦里又一次重申。

另外，增添祭品，无非是要进一步表达对上天的心意，这当然是受欢迎的。但是，祭祀者必须是诚意的。这"诚"与否，表现于献祭时是否拖拖拉拉；献俘时是否一直采取宽容的态度。如果"立心勿恒"，诚意不坚，即使增添祭品，也没有什么意义。在这里，制作者所透露的观点，我们可以隐约地看到后世儒家所强调的"礼"与"诚"的原则。

损上益下与改错从善

《益》的［彖辞］是：

> 益，损上益下，民说无疆；自上下下，其道大光。利
> 有攸往，中正有庆；利涉大川，木道乃行。益动而巽，日
> 进无疆。天施地生，其益无方。凡益之道，与时偕行。

《益》的卦象是"震下巽上"，从卦象☵看，"巽"的☴，
是由"乾"☰减去一阳爻而成；"震"的☳，则是由"坤"☷
增一阳爻而成。如果把"乾""坤"重合，则成为《否》☴
卦；把《否》的上卦减一阳爻，增转到下卦，便成为我们所
要说的《益》☲，也就［彖辞］所指的"损上益下"。

就卦形而言，把上方的阳爻转益于下方，这本来是符号排
列组合的方式，应是别无深意的。不过，上与下，又可作为社
会上层与下层的象征。于是［彖辞］的制作者便把抽象的符
号，引申为具体的社会关系，把"损上益下"理解为削减社
会上层统治者的利益，转增于下层民庶，这一来，便"民说
（悦）无疆"，老百姓高兴得很了！［彖辞］还进一步强调，从
上面把利益赐予下面，这是光明正大的行为。

就爻辞的内容看，《益》写的无非是一次隆重的祭祀场
景，并非着力于提出"损有余而奉不足"的照顾弱势群体的
做法，而［彖辞］制作者抓住了［九五］有"惠心"亦即以
仁爱之心施予被管治者这一句，便加以发挥、引申为如何对待
下民的问题，还通过对卦象组合方式的解说，力求证实其阐述
的合理性。这样做，无疑属牵强附会。但是，我们却从中看到

制作者对下层民庶利益的关注，看到他调和不同阶层之间的利益冲突的愿望。因此，［彖辞］竟撇开了祭祀，只突出有关"损上益下"的观点。跟着，［彖辞］对卦辞逐句解释："利有攸往"者，是［九五］处于中正之位，所以此卦主吉庆；"利涉大川"者，是《益》中的"上巽"乃木的象征，木可以为舟楫，故利于远行。而从《益》卦的意象看，"震"有动的属性，"巽"有顺随的属性。下面臣庶有所"震"动，上面管治者则随顺（巽）之，那么，就能不断地进步。这道理，正如自然界的规律那样，上天把雨露施土地，地上万物乃得以化生。

最后，［彖辞］又提出了"时"的问题，意思是说，"益下"的做法，还必须考虑是否得当，是否符合实际的条件、情况，只有如此，才能"与时偕行"，取得进展。

现在，我们再看［象辞］：

风雷，益。君子以见善则迁，有过则改。

［初九］元吉无咎，下不厚事也。

［六二］或益之，自外来也。

［六三］益用凶事，固有之也。

［六四］告公从，以益志也。

［九五］有孚惠心，勿问之矣。惠我德，大得志也。

［上九］莫益之，偏辞也；或击之，自外来也。

［象辞］对《益》卦阐述的角度，也不同于［彖辞］。它认为，"巽"又可作为风的象征，震则象征雷。风与雷，互相彰显，雷厉则风行，而风越疾则雷越响。因此，这卦启示君子，处理事情应该迅速而果断，看到好的事，便赶紧追随；有

错误，便迅速改正。这两句，是制作者对爻辞［六四］和［上九］的呼应，［六四］提到"依迁国"，迁都是好事，是要赶紧去办的；［上九］提到打击别人等行为，是错误，是要迅速矫正的。为此，［大象］从爻辞的具体叙述，引申为君子处事的原则。

对［初九］，［小象］的解释是，凡有大的作为，大的动作，人们应是"不厚事"的。"厚"通"后"，不后事，即赶紧跟着去做不落人后的意思。对［六二］，爻辞写到出现"益之以十朋之龟"和"王用享于帝"的极其隆重的场面，［小象］认为是"自外来"的，即出人意料，是属于分外的超过一般祭祀的情况。而［六三］说遇上了凶事，则添增祭品以示虔诚，则是"固有之"，属应有之义。

［小象］又说：［六四］一爻所写的，是表明人们更加坚定了信念。［九五］则表明上述的行为，大得人心。至于［上九］说"莫（暮）益之"，迟迟地增加祭品，那么，便出现"偏（遍）辞"亦即人们普遍拒绝的情况。"或击之"，则更是出人意料的行为，这就是此爻为什么被判为"凶"的缘故。

第四十三 《夬》辨

☱ 乾下兑上

夬：扬于王庭，孚号，有厉；告自邑。不利即戎，利有攸往。

［初九］壮于前趾。往不胜，为咎。

［九二］惕号，莫夜有戎。勿恤。

［九三］壮于頄，有凶。君子夬夬独行，遇雨若濡，有愠，无咎。

［九四］臀无肤，其行次且。牵羊，悔亡。闻言不信。

［九五］苋陆夬夬中行。无咎。

［上六］无号，终有凶。

出现危机，谋而后动

何谓《夬》？论者多从以下两个方面去理解。

其一，是根据［彖辞］有这样的一句："《夬》，决也，刚决柔也。"因为按《夬》的卦象，为"乾下兑上"。"乾"有三个阳（刚）爻，"兑"有两个阳爻，一个阴（柔）爻。这样的卦象，阳远胜于阴，故曰"刚决柔"。于是程颐就说：

"夬者，刚决之义。"① 意思是此卦名之"夬"，是表现决断、果断的态度。

其二，是根据［彖辞］有"泽上于天"一句。因为《夬》的卦象是由"乾"与"兑"两个单卦组成的，兑在上，乾在下。兑，被视为泽、水的象征；乾，被视为天的象征。水在天之上，水位太高，堤岸便溃决、决裂。所以李鼎祚在《周易集解》说："夬者决也……水在天上，其势及下，决之象也。"② 程颐也说："以二体言之，泽，水之聚也，乃上于最高之处，有溃决之象。"③

其实，［彖辞］和［象辞］以卦象来解释卦名，也只是制作者自己的理解，未必符合卦名的来历。这样的解释，倒是表明了［彖辞］［象辞］的制作，乃是在卦名和卦象出现之后。程颐诸人的做法，实不足为训。

我认为，《夬》卦之取名为"夬"，主要是爻辞中出现"夬夬独行"和"夬夬中行"的句子，当我们弄清楚这两句的意思，《夬》的得名，也就可以理解了。

现在，我们先看看卦辞说的是什么？

"扬于王庭，孚号"，扬，激扬，高声喧嚷，举动激烈的意思；王庭，指朝廷；孚，通"桴"，棍棒；号，号叫，也可释为号角；孚号，即桴而号，是一边挥动着棍棒干戈，一边大

① （宋）程颢、程颐著，王孝鱼点校：《二程集》，中华书局1981年版，第918页。

② （唐）李鼎祚著，陈德述整理：《周易集解》，巴蜀书社1991年版，第1页。

③ （宋）程颢、程颐著，王孝鱼点校：《二程集》，中华书局1981年版，第918页。

声呼吼或吹响号角的意思，这是对"扬于王庭"的具体说明，也表现出一派准备战斗的紧张气氛。高亨先生认为，孚指俘虏，说："扬于王庭句，言审议俘虏于王庭也……孚号句，言俘虏被刑而哭号也。"①也通。但卦辞还未说到抓俘虏，战斗还未开始，高说似未确切。

为什么人们在朝廷上表现得激昂慷慨呢？原来是"有厉；告自邑"。"有厉"，有危险、有险情也；"告自邑"，告，通"告"，报告也；邑，邦邑也。这句意思是：有来自邦邑的报告，说有了危险的情况。敌情出现了，兵临城下，王庭里的大臣将佐们便热血沸腾，挥舞戈矛，大呼小叫，摩拳擦掌。

不过，巫者认为"不利即戎"。"戎"，兵戎、战斗；"即戎"，指立即发兵交战。在未有摸清敌人虚实，而又群情激奋很不冷静的情况下，冒失出战，是没有必胜的把握的，所以巫者告诫"不利即戎"。跟着，巫者又补充："利有攸往"。很明显，他不主张立刻发兵，并非怯敌退缩，相反，他认为应有作为，让局面有所进展，只是不能冒进而已。

《夬》的卦辞，是卦中各爻描述的概括，它反映了制作者对待这具体事件的态度。当然，占卜者若得此卦，所占问的事情未必与交战有关。但巫者的昭示，却可以让人们得到启发，那就是：在遇到危机出现之际，切忌意气用事，轻举妄动；应该沉着对付，谋而后动。这一点，可以视为处事处世的原则。

---

① 高亨：《周易古经今注（重订本）》，中华书局1984年版，第282页。

一次扣人心弦的战役

[初九] 壮于前趾。往不胜，为咎。

"壮"，通"戕"，伤也。"壮于前趾"即前趾受了伤。"前趾"，固然可以指前面的脚趾，但我以为比喻部队的前锋，或似更妥。因为，若是真的指伤了脚趾，那么，说"壮于趾"即可，实不必多植一个"前"字。"往"，指前往交战，结果不胜。巫者说"为咎"，即是"为咎"或"有咎"之意，总之是麻烦事，是有过错的事。

在这里，爻辞先写"往不胜"，也正是卦辞总结了的经验，认为不能一闻警讯，便鲁莽地立即发兵的立论依据。

[九二] 惕号，莫夜有戎。勿恤。

"惕号"，警惕地吹起号角或警惕地叫喊的意思。"莫"通"暮"，暮夜有戎，指晚上有敌情，有战事。试想想，兵临城下，危机四伏，夜色笼罩，角声满天，这肃杀的情景，不是会使人十分紧张吗？不过，巫者提出"勿恤"！恤，《说文》"忧也"。勿忧即指不要惊慌失措也。这是巫者对备战者的鼓励和叮嘱。

[九三] 壮于頄，有凶。君子夬夬独行，遇雨若濡，有愠，无咎。

"頄"，《周易释文》："頄，求龟反，颧也。"颧是面颊的骨。"壮于頄，有凶"，伤了面颊的颧骨，当然是十分凶险。这也说明，战斗开始了，面颊受伤，也表明战士们面对敌人，冲锋在前，勇敢战斗。

"君子夬夬独行"，君子，是对己方贵族或将领的尊称。"夬夬"，通"趏趏"。《说文》："趏，踶也，从走，夬省声。"姚文田、严可均《说文校议》也说趏"当作夬声"①。所谓"踶"，小步跳踏也，因此，趏趏也就是小步快跑跳跃前进的意思。"独行"，固然可以理解为一个人孤单地走路，更可理解为孤军作战，偏师出击。这句意思是君子迅速地匹马单刀，孤军深入。

"遇雨若濡，有愠"，濡，浸湿；愠，怒也。承上文，是说单独地急行军的时候，遇上了大雨，身体像浸在水中，而心里怀着一腔怒气。在帛书，"有愠"作"有温"，温，暖也，热也。说怀着热气，也通。对于君子这种举动，巫者认为是"无咎"的。

这一爻，制作者实际上是描述了战斗的全景。一方面，战士和敌人正面对抗；一方面，"君子"在雨雾中急行军。这分明是形成了正面牵制来敌，偏师暗度陈仓的态势。卦辞不是说"不利即戎，利有攸往"吗？君子夬夬独行，就是出奇制胜有所作为的举措，它也是卦辞所总结的斗争经验的依据。

［九四］臀无肤，其行次且。牵羊，悔亡。闻言不信。

"臀无肤"，即臀部无完肤，臀部受了重伤的意思。"其行次且"，次且即趑趄，行走时一拐一拐，非常困难的样子。这两句并不费解，问题是，到底谁的屁股受伤了？

---

① 蒋人杰编纂，刘锐审订：《说文解字集注》，上海古籍出版社 1996 年版，第 312 页。

我认为，它指的是敌人而非自己。这一点，可以从"其行"一语看出。其，代词，指他或他的。很明显，趑趄是说对方行走的状态。再看下文有"悔亡"一语，灾祸消失了，也表明战胜了来犯之敌。

值得注意的是，上爻〔九三〕写到己方"壮于頄"，这爻却强调对方伤于臀，这实际上是表明在交战中对方不敌，转身逃跑，敌退我追，从后跟进，才会把敌人的屁股打得体无完肤，打得他趑趑趄趄，狼狈逃窜。于是，跟着就有"牵羊"的一幕。

关于"牵羊"，论者有不同的解释。李镜池先生说是"指牵羊去卖"①，把牵羊看成是做买卖，不知何据。陈鼓应、赵建伟先生认为："牵，收束、节制；羊，喻刚愎之性。"②说羊性刚愎，似不妥，羊的性情，多是温驯的吧！饶炯在《说文解字部首订》说"羊性群而不斗"③，似更合实际一些。高亨先生认为"牵羊以云欲求免祸"，并引《左传·宣公十二年》"楚子围郑，克之……郑伯肉袒牵羊以逆。杜注：'肉袒牵羊，示服为臣仆'"④，此说得之。

很明显，敌方大败，负伤逃遁，于是"牵羊"为礼，以示"不斗"求和，服为臣仆。于是，战祸消弭，巫者判曰"悔亡"。这一切，顺理成章，很易理解。

---

① 李镜池著，曹础基整理：《周易通义》，中华书局 1981 年版，第 86 页。
② 陈鼓应、赵建伟注译：《周易今注今译》，商务印书馆 2005 年版，第 388 页。
③ 蒋人杰编纂，刘锐审订：《说文解字集注》，上海古籍出版社 1996 年版，第 745 页。
④ 高亨：《周易古经今注（重订本）》，中华书局 1984 年版，第 284 页。

不过，尽管敌人牵羊来降，祸乱也消失了，巫者还是提出："闻言不信"。可以想象，战败求和的一方，为了保存身家性命，会低头认罪，说了许多好话，承担许多责任，低声下气，甜言蜜语，以求宽恕。这时候，巫者告诫胜利者，听了对方的话，不要轻易相信。听话听声，锣鼓听音，千万要谨慎对待，提高警惕。

[九五] 苋陆夬夬中行。无咎。

"苋陆"，有两种解释：一为野菜。但高亨、闻一多等先生采用吴澄、王夫之的说法，高先生认为："苋当作莧，形近而伪。"又引《说文》"莧，山羊细角者。"至于"陆"，高先生认为"陆乃跃驰之义"，并引《经典释文》："陆，司马云：'跳也'。"① 我认为，高、闻之说可从。从上爻出现"牵羊"一语看，这爻跟着说到羊的状态，是合理的。

不过，"陆"到底是不是"跳"，我倒有怀疑。因为，下文的"夬夬"，本身就有跳的意思，若"陆"也作跳解，岂不是颇累赘么？按《路史后纪》注五引孟喜曰："苋陆，兽名。"那么，苋陆应是一个名词，指的是细角羊一类动物。又帛书，苋陆作"苋勒"，看来，"陆""勒"不过是某种兽名的谐音，颇疑是鹿。姑作一解。至于"中行"，指在道路中间。

承上爻，战败一方牵羊求和，这爻说，那羊儿在道路中蹦蹦跳跳呢！这一句，突出写羊的跳跃，它也是战胜者欢快心情的反映。巫者认为："无咎。"确实，获得战果，没有什么不好。

---

① 高亨：《周易古经今注（重订本）》，中华书局1984年版，第284页。

［上六］**无号，终有凶**。

"无号"，没有号吼声，没有号角声。战斗结束了，四周静悄悄，这是停战后的情景。就叙述者而言，他只对当时的环境作了真实的记录，但巫者并不认为这平静意味着平安无事了。相反，他似乎觉察到这"无号"的状态异乎寻常，他隐约感觉到平静的后面隐藏着杀机，因此，他不认为当前的安静是好事，而判曰"终有凶"，最终会有大灾难。这"终"字，说明巫者要让时间证明他判断的准确。

写到这里，我忽然想起幼时读过唐代诗人卢纶所写的四首《塞下曲》：

> 鹫翎金仆姑，燕尾绣蝥弧。
> 独立扬军令，千营共一呼。
>
> 林暗草惊风，将军夜引弓。
> 平明寻白羽，没在石棱中。
>
> 月黑雁飞高，单于夜遁逃。
> 欲将轻骑逐，大雪满弓刀。
>
> 野幕敞琼筵，羌戎贺劳旋。
> 醉和金甲舞，雷鼓动山川。

这四首诗，在酣畅地抒发杀敌报国的情感中，记叙了一场战役的全过程，从誓师到夜战、破敌、追击、胜利，一幅幅豪壮绚丽的画面，使人血气偾张，心魂激荡。《夬》卦作为记叙性的文字，在描叙战斗的全过程方面，与《塞下曲》也有某些相似的地方。它也写到闻警、接战、偷袭、追杀，以及敌方求和的全过程。当然，它不是诗，也没有像卢纶那样优美雄壮的文笔，但是，它以简朴的笔触，记录了一场曲折的、扣人心弦的战斗，其中也透露出胜利的喜悦心情，颇能引人入胜。把它和《塞下曲》作一比较，可以看到《夬》卦对战斗的描写，也有自己的特点。

在《夬》卦，有些描述的文字，颇具文学色彩，像特写羊在路中央的蹦跳撒欢，反衬出胜利一方心情的轻松欢快，便颇为生动有趣。特别是，卦中所呈示的巫者的态度，更值得认真研究。在危机出现的时候，他提醒人们既不要鲁莽冲动，也不要惊惶失措，而要沉着应战，出奇制胜。在胜利的时候，他提醒人们不要被胜利冲昏头脑，要注意提高警惕，要觉察在胜利的后面潜伏着新的危机。在这里，《夬》卦的夹叙夹议，像在烈酒中又加入清醒剂，则又胜于《塞下曲》纯粹的浪漫。

决而和，管治的两手

现在，我们来看看［彖辞］：

夬，决也，刚决柔也。健而说，决而和。扬于王庭，柔乘五刚也；孚号有厉，其危乃光也；告自邑，不利即戎，所尚乃穷也；利有攸往，刚长乃终也。

［彖辞］说，《夬》是决断、果敢的意思。因为此卦象为"乾下兑上"，全卦有五个阳（刚）爻，而阴（柔）爻只得一，所以说"刚决柔"，刚爻对柔爻采取决然断然的态度。这

意味着君子对小人、我方对敌方、刚正者对阴柔者，应该毫不犹豫给予处置。不过，"乾"有刚健果决的属性，"兑"（通说，又通悦）有欣悦和顺的属性。此卦既是两者的结合，这启示人们处理事情，应是"健而说（悦），决而和"，即在果断中又需有温和的一面。这样的想法，是［彖辞］制作者根据爻辞所写我方坚决地打击对方，却又接受对方求和的做法，演绎出对待一切事物，主动的一方应该采取的态度。

卦辞中有"扬于王庭"一句，［彖辞］解释，为什么人们会激昂慷慨，是从卦象看，阴爻竟跨在五个阳爻之上，这象征小人、敌方，竟敢欺凌君子、我方，所以人们便在朝廷上摩拳擦掌。而卦辞写到"孚号，有厉"，那么，其危机得到揭露，乃是好事。"告自邑，不利即戎"，表明我方所崇尚倚重的力量，还处于劣势。至于"利有攸往"，制作者称这是卦象表明，刚阳之爻若再向上生长，则此卦变成有六个阳爻，变成了"乾"卦，那便以大吉大利为结束。

既要果断，又要温和，这是［彖辞］所鼓吹的处事的态度。

再看看［象辞］：

泽上于天，夬。君子以施禄及下，居德则忌。

［初九］不胜而往，咎也。

［九二］有戎勿恤，得中道也。

［九三］君子夬夬，终无咎也。

［九四］其行次且，位不当也；闻言不信，聪不明也。

［九五］中行无咎，中未光也。

［上六］无号之凶，终不可长也。

　　［象辞］对《夬》的卦象，则从另一个角度解释，它认为"兑"象征水、泽，"乾"象征天；泽居于天之上，意味水汽向上蒸腾，便化而为雨，雨水向下流注。这启示君子也要像天上降雨那样，把恩泽福禄，施惠给下民。"居德则忌"，"居"通"踞"，"德"通"得"，"居德"即"踞得"。这句是说：如果君子占踞其所得，不肯分给下民一点利益，那就犯大忌了，后果就难以估计了。

　　［小象］对每爻的解释是：［初九］说不能取胜而冒冒失失地前进，自然是错误的。［九二］写虽然暮夜有战事，但不必忧虑，因为此为阳爻，又居于下卦的中位，它意味着合适的，不会有偏差的。［九三］写事情虽有曲折有挫败，但"君子夬夬独行"，急速跃进的举动，说明最后是没有问题的。［九四］写那臀部受伤者，走路一跛一拐，是此人摆错了自己应处的位置，作了非分之想。从卦象看，此阳爻而处于阴位，又不在上卦的中位，这都注定了它要走向失败。至于［九四］又写到对方牵羊为礼，我方"闻言不信"，便采取了"聪而不明"亦即尽管听得很清楚却不明确表态的做法。［九五］写到那作为财礼的羊儿在蹦蹦地跳，这没有什么不妥，但因"闻言不信"的人抱着警惕的态度，所以这财礼也没有什么作用。制作者又据卦象，认为此爻虽居于上卦的中位，却接近于［上六］的阴爻，这注定它无法扩大影响。在［上六］爻辞写到没有呼号，静得可怕，最终会有凶险发生。［小象］则从卦象的角度给予补充。它指出，此爻虽是凶兆，但最终不能长久，因为［上六］之位，已近尾声，再向上发展，事情便起变化。所以，对此也不必过分担心。

　　在［象辞］，［大象］提出"施禄及下"，即以温厚的态度对待对方；而［小象］对爻辞的阐释，则始终强调保持谨慎、警惕的心态。此二者，虽各有侧重，却互相为用，并不矛盾。它表明［象辞］的制作者觉察到事物的复杂性，因而提示管治者不能以绝对化的态度来对待各种事物。以对待下民而言，他既主张施恩，又主张慎重。这一点，与［象辞］从卦象推导出"健而说（悦）""决而和"的观念，完全是吻合的。而制作者的主张，也正是当时管治者心理的反映，同时也是管治经验的总结。

第四十四 《姤》辨

☰巽下乾上

姤：女壮。勿用取女。

［初六］系于金柅，贞吉。有攸往，见，凶。赢豕孚蹢躅。

［九二］包有鱼。无咎，不利宾。

［九三］臀无肤，其行次且。厉，无大咎。

［九四］包无鱼，起。凶。

［九五］以杞包瓜，含章。有陨自天。

［上九］姤，其角。吝，无咎。

姤，即媾合、邂遇

《姤》之得名，主要是在爻辞中有"姤其角"一语，看来，卦辞的制作者，把"姤"的行为视为此卦的主要内容。

"姤"，《广雅·释言》："姤，遇也"，通"遘""逅"。而《说文》说："姤，偶也，从女，后声。"所以也通婚媾的"媾"。从卦辞中有"勿用取（娶）女"一语看，可知"姤"不仅说邂逅相遇，而且和性的问题有关。我以为，《周易》的制作者以"姤"字统摄全卦，是认识到爻辞所说的是男女相遇苟合的事情。

至于人们对"女壮"的解释，就很有趣了。《周易集解》引郑玄的说法是，壮，健壮也，"女壮如是，壮健以淫，故不可取"[①]。不过，有人释"壮"即"戕"，伤也，并有《夬》卦的"壮于前趾""壮于烦"等句可证。那女人有伤，当然不可娶。你看，壮健与受伤，刚好是差异极大的概念，实在使人难以适从。

郑玄等人释"壮"，除了依据字义以外，主要是附会《姤》的卦象。按《姤》为"巽下乾上"，巽有两个阳爻，一个阴爻；乾有三个阳爻。合起来是五阳对一阴，也即一女对待五男。他们认为，能应付五个男人，此女不正是壮健而淫么？这说法，真是胡扯！何况，在爻辞中，也没有涉及女子强壮的意思，窃以为此说不可取。

以"壮"为"戕"，则意近之。不过，它未必解为身体受伤，似应引申为有缺损、有问题为妥。整首卦辞的意思是：即女子很有问题，不要娶她。

上面说过，此卦以"姤"命名，它的卦辞，明确说到内容与女子有关，因此，我们在分析爻辞的时候，即使没有看到"女"字的直接出现，也应注意到每爻与男女相遇苟且交媾的联系。只有如此，才有可能弄清楚它的意思。

[初六] 系于金柅，贞吉。有攸往，见，凶。羸豕孚蹢躅。

"系"，绑也。"金柅"，有些论者释"柅"为纺车上转

---

① （唐）李鼎祚著，陈德述整理：《周易集解》，巴蜀书社 1991 年版，第 9 卷第 4 页。

动的部件，来知德《周易集注》云："杬者，牧丝之具也。"[1]
一说，"杬"是车子的制动器，王弼《周易注》云："杬者，
制动之主。"[2] 孔颖达《周易正义》引马融注："杬者，在车之
下，所以止轮令不动者也。"[3] 按，马融之说可从。金杬，乃
是铜制的杬，此爻强调以铜为之，以示"杬"的牢固。但无
论指它是纺车上的杬，还是大车上的杬，"系于金杬"，绑在
这部件上，无非都是不让转动的意思。

问题是，把些什么捆绑在铜杬上呢？

按照卦名的"姤"字暗合男女相遇媾合的含义，我认为
被绑者当是指相遇的一方，从下文又有"羸豕孚蹢躅"一语
看，被绑的有可能是指男方。无论是男还是女，总之是不让他
乱动。其实，这捆绑，也未必是真的把人用绳索绑在转轴上，
它无非是一种比喻和引申，意思是制止他转动心思，不让他一
见钟情，心猿意马。

在巫者看来，"相见争如不见"，把他拴起来不让他轻举
妄动、动手动脚；或者说，制止他心思的萌动、躁动，这是很
对头的，所以判曰"贞吉"。认为若贞（占）得此爻，遵守
"系于金杬"岿然不动的做法，那是"吉"的。

"有攸往，见，凶。"所谓"有攸往"，即有所活动，有所
前进，这和"系于金杬"制止不动的做法刚好相反。"见"，
看见、相见。它是"有攸往"的进一步发展，也与卦名的
"姤"（遘、媾）相呼应。巫者认为，这对男女见了面，有所
进展了，可惹出麻烦了，所以判之为"凶"。

---

[1] （明）来知德撰：《周易集注》，上海古籍出版社 1990 年版，第 250 页。
[2] （清）阮元校刻：《十三经注疏》，中华书局 1980 年影印版，第 57 页。
[3] （清）阮元校刻：《十三经注疏》，中华书局 1980 年影印版，第 57 页。

"羸豕孚蹢躅。""羸",瘦也,"羸豕"指瘦小的猪。
"孚",通"浮",浮躁,《周易正义》注:"孚犹务躁也。"①
一说,孚即"复",反复来回的样子,也通。"蹢躅",即踯
躅,来往不定,烦躁不安的样子。这句是说,那瘦猪跳动浮
躁,它和上句"系于金柅"所要求的静态,刚好是相反的。

"羸豕孚蹢躅",这是爻辞制作者所描述的路上的景象,
同时,也比喻男女相遇时的情态。这一点,过去一些论者,倒
隐约地有所触及。王弼《周易注》云:"羸豕,谓牝豕也。群
豕之中,豭强而牝弱,故谓之羸豕也。"②牝豕即是母猪。程
颐的《程氏易传》则说:"豕,阴躁之物,故以为况。阴躁之
豕,虽未能强猛,然其中心在乎蹢躅。蹢躅,跳踯也。阴微而
在下,可谓微矣。然其中心常在乎消阳也。"③当然,他们断
定这瘦小的猪儿的性别,很大程度上是以卦象"巽下乾上",
而巽的最下一爻属阴为依据的,此说未足信。但他们都觉察到
豕的躁动,与阴阳消长的性吸引有关。换言之,程颐这理学家
实际上是认为猪儿浮躁跳踯,乃是动物发情的表现。

现在,我们可以明白巫者判曰"见,凶"的缘由了。所
谓"混阳烝变,似虫儿般蠢动把风情搧"④(《牡丹亭》语),
如果一方没有约束住自己,"有攸往",看见那春情荡漾的模
样,谁能担保坐怀不乱?这一来,不沾上、不惹出事,也难。

---

① (清)阮元校刻:《十三经注疏》,中华书局1980年影印版,第57页。

② (清)阮元校刻:《十三经注疏》,中华书局1980年影印版,第57页。

③ (宋)程颢、程颐著,王孝鱼点校:《二程集》,中华书局1981年版,
第925页。

④ (明)汤显祖著,徐溯方,杨笑梅校注:《牡丹亭》,人民文学出版社
1963版,第55页。

[九二] 包有鱼。无咎，不利宾。

"包"通"庖"，庖即庖厨。"宾"，论者一般释为宾客。对这爻，高亨先生的意见是："庖有鱼，口腹之福，自无咎。但舍其庖中之味，而作他人之客，则不利矣。"① 他释"宾"为作客。黄寿祺、张善文先生的说法是："厨房里发现一条鱼，无所咎害，但不宜擅用来享宴宾客。"② 他们均释"宾"为客，而对全爻又有截然不同的说法，故一并论列，以资参考。

但是，使人困惑的是，这一爻，为什么忽然说起厨房里有鱼来了？难道这爻真的涉及"口腹之福"？我想，不然。

其实，所谓"庖有鱼"，不过是一种比喻。关于鱼，古人往往用以指女性配偶。这是因为古代盛行生殖崇拜，鱼产卵繁多，鱼的形状近似女性生殖器，所以，人们往往把婚姻、交配与鱼联系起来。像《诗经·陈风·衡门》写到："岂其食鱼，必河之鲂。岂其娶妻，必齐之姜。"这一点，闻一多先生已有分析，我们在《剥》卦的辨析中，也有所引述，请参考。

据此，"庖有鱼"，无非是暗喻家里已有堂客，有了可以养儿育女的妻室。但是为什么在 [九二] 里，却会突然冒出了这一句呢？这一点，必须把卦名、卦辞以及爻辞 [初六] 联系起来思考，才能说得清楚。

如上所述，卦名、卦辞已让我们知道《姤》卦的内容涉及男女相遇以及和婚娶有关的问题。在 [初六] 的描写中，

① 高亨：《周易古经今注（重订本）》，中华书局1984年版，第286页。
② 黄寿祺、张善文：《周易译注》，中华书局1981年版，第365页。

爻辞也暗示这一双男女已狭路相逢，也写到一方勉力压抑、约束，而一方又心旌动摇的情况。〔九二〕一爻，正是承上文，对这次的邂逅作进一步的申述。

据爻辞的制作者描叙："庖有鱼"，是说男的一方，已经有了妻室，对此，巫者判曰"无咎"。为什么有家室者遇到"嬴豕孚蹢躅"那撩人春色，倒反"无咎"了呢？道理也很简单，家里已经有了黄脸婆，中馈不亏，那发情的小母猪也不可能鹊巢鸠占。这一来，男主角搞了些风流韵事，玩了回"一夜情"，巫者认为这也无伤大雅，所以是"无咎"的。更何况，他还叮嘱一句："不利宾。"

"宾"，通"嫔"。《尔雅·释亲》"嫔，妇也。"这里作动词用，是婚嫁的意思。不利宾，即不利于婚嫁。显然，巫者告诉那已有妻室的男子，若遇上了飞来艳福，玩玩则无咎，若动真格，乃至谈婚论嫁，则不利。

〔九三〕臀无肤，其行次且。厉，无大咎。

关于"臀无肤，其行次且"这一句，和《夬》卦的〔九四〕完全一样。有人认为是错简误植；但更可能它是当时惯用的词语。在畜牧时代和农业时代，下肢的功能对生活、生存、生殖，都有很重要的意义。人们对人的评价，会从臀部的形态和行走的姿势着眼。由共识进而成为惯用词语，于是在《姤》与《夬》重复出现，也是不足为奇的。

问题是，这"臀无肤，其行次且"亦即屁股没肉，步态趑趄。这人是谁？从《姤》的卦辞观察，它无疑是指在路上相遇的一方。若再看上爻有"嬴豕"一句，这"臀无肤"者是否和发情的瘦母猪有所联系？但无论指谁，在瘦骨伶仃的状态下相遘或相媾，都潜伏着危机，于是，巫者判曰"厉"。不过，若是碰上了，沾上了，巫者也认为没有什么大不了，所以他又赶紧补充："无大咎。"

［九四］包无鱼，起。凶。

"包无鱼"和［九二］的"包有鱼"，刚好相反。我认为是指男方家中没有婚配。"起"，孔颖达《周易正义》云："起，动也"①，也有发生、产生的意思。高亨先生在《周易大传今注》中说："起疑借为熙，戏也，游荡也。"②可从。又帛书"起凶"作"正凶"，正即征，"征"有前进、发展的意思，也通。

为什么尚未有婚配的男士，遇到那发情的"小母猪"，相与嬉戏，巫者判之曰"凶"呢？很可能是认为这样发展下去，便会出现谈婚论嫁的问题，而这是巫者所不取的。

［九五］以杞包瓜，含章。有陨自天。

论者对"以杞包瓜"有多种的解释。一说"杞"为杞柳，朱骏声在《六十四卦经解》中指出：杞柳"性柔韧，宜屈曲以包物"③。郑玄则引《孟子》"以杞柳为杯棬"④，说明把杞柳织成箩筐把瓜包起来。一说"杞"通"芑"。高亨先生说，芑是白苗，长在田中，"以芑包瓜者，拔芑于田中以包瓜也。瓜之既熟，芑亦将成"。"今谓惜瓜之故，而包之以芑，是因

---

① （清）阮元校刻：《十三经注疏》，中华书局 1980 年影印版，第 57 页。
② 高亨：《周易大传今注》，齐鲁书社 1988 年版，第 378 页。
③ （清）朱骏声：《六十四卦经解》，中华书局 1958 年版，第 193 页。
④ 焦循：《孟子正义》，中华书局 1993 年版，第 327 页。

其所爱而害其所以养之象也。"① 无论是以杞柳包瓜，还是以白苣包瓜，也都是爱瓜的表示。以上两说，可作参考。

不过，闻一多先生在《周易义证类纂》中认为："杞、系声近，疑杞当读为系，《论语·阳货》曰：'予其匏瓜也哉，焉能系而不食？'此瓠瓜为系之证。系匏瓜盖谓络缀之以为樽。"我认为，闻先生的想法是对的，因为在帛书，"杞"作"忌"，可见此乃标音的字符，未必需要考虑是杞柳还是白苣。闻先生还指出："按包读为匏。"又指出此爻"《释文》引《子夏》传及《正义》并作匏"②。因此，这一句，实即：以系匏瓜。

要研究的是，为什么这描述遭遇、相媾的卦，忽然写到"系匏瓜"来了？

匏瓜，就是葫芦。在古代，先民有葫芦崇拜，这和崇尚生殖、繁殖有关。《诗经·大雅·緜》有云："緜緜瓜瓞，民之初生。"据传说，伏羲和女娲兄妹二人，合体于葫芦内，他们诞生的后代，便是后来的"人"。葫芦的藤蔓，连绵绕缠，比喻世泽宗脉的延远。而且，葫芦又多籽，也是子孙繁衍的象征。所以，古代以瓜祭祖，称为"瓜祭"。《礼记·玉藻》"瓜祭上环"，孔颖达曰："瓜祭者，食瓜亦祭先也。"③ 甚至人们还把天上的星座与匏瓜联系起来，例如称北斗为匏瓜，《开元占经》六五引《黄帝占》曰："匏瓜星明，则……后宫多子孙。"又引《星官制》曰："匏瓜，天瓜也。性内文明而有子，

---

① 高亨：《周易古经今注（重订本）》，中华书局 1984 年版，第 287 页。
② 蔡尚思主编：《十家论易》，岳麓书社 1993 年版，第 503 页。
③ （清）阮元校刻：《十三经注疏》，中华书局 1980 年影印版，第 1483 页。

美尽在内。"① 看来，这爻提到匏瓜，并非与婚媾无关。

至于"以"，用以、因以也。而"系匏瓜"，则是古代的风俗。据《礼记·昏礼》载，新婚夫妇举行婚礼，要"共牢而居，合卺而醑，所以合体同尊卑，以亲之也"②。卺，就是把葫芦剖成两半，制成两瓢，用以盛酒，然后两瓢合起来，便称合卺，像夫妻合体之义。两瓢要用绳子连系起来，郑玄、阮谌《三礼图》说："合卺，破瓢为之，以线连两端，其制一同瓢爵"。可见，这爻提到系匏瓜，提到制作合卺交杯的酒器，实际上是说到要举行婚礼。

"含章"，承上句说到匏瓜，这里应是指匏瓜的含章。按，在《坤》卦〔六三〕也出现过"含章"一词，指的是包藏着文采与辉煌。《姤》的这爻，也是说匏瓜里包含着美好。来知德《周易集注》云："含章者，含藏其章美也。"③ 此论至确。至于为什么匏瓜里面包着美好的内容呢？据《姤》的〔象辞〕提到"天地相遇，品物咸章"，人们隐约地阐称，阴阳交合，导致包括瓠瓜在内的品物，出现"含章"的结果。另外，古人使用"章"字，多与男性有关，像"姑嫜"（一作"姑章"），嫜是指丈夫的父亲；像"弄瓦弄璋"，璋指的是男孩。这一爻，说匏瓜含章，说它里面有美好内容，无非是指瓜瓤里有可以衍繁的瓜子，引申之，是比喻女子已是含胎，有了身孕。

"有陨自天"，这是说，有东西从天上坠落下来了。至于

① （唐）瞿昙悉达编，李克和校点：《开元占经》，岳麓书社1994年版，第674页。
② （清）阮元校刻：《十三经注疏》，中华书局1980年影印版，第1680页。
③ （明）来知德：《周易集注》，上海古籍出版社1990年版，第252页。

是什么东西陨落，从其语气判断，不外是指树上的匏瓜，或者是指与之相应的天上的匏瓜星。

天上有东西掉下来，是好事还是坏事？论者有不同的理解。程颐的《程氏易传》说："犹云自天而降，言必得之也。"① 陈鼓应、赵建伟先生说："有陨自天，谓预兆将有福庆陨自于天。"② 这分析颇不易使人信服。因为在古人看来，星陨于地，更多是不吉利的预兆；而瓜堕于地，必然破损，也很难说是吉兆。

把"有陨自天"视为吉祥的论者，很可能是受到此卦［彖辞］的影响。［彖辞］说："天地相遇，品物咸章也。刚遇中正，天下大行也。"还说："《姤》之时义大矣哉！"在［彖辞］的制作者看来，占取此卦，有不好的一面，也有好的一面。像其中有"咸章"的内容，意味着"天下大行"，便是好的一面。所以，他强调"时"，强调变通。但是，这样的阐述，与《姤》卦卦辞的概括，其精神并不一致。卦辞说"勿用取女"，口吻斩钉截铁，不存在"时"的问题。

有趣的是，这卦［象辞］的阐释，和［彖辞］大不一样。它说："天下有风，姤。后以施命诰四方。"据杨树达先生引《后汉书·鲁恭传》，指出鲁恭上奏疏对它的解释是："言君以夏至之日，命令止四方行者。"杨先生又引惠栋《周易述》云："《释文》'诰四方'，郑玄、王肃皆作'诘四方'。诘，止也，与鲁恭合。"并认为"后人习于王弼之学，改诘为诰，

---

① （宋）程颢、程颐著，王孝鱼点校：《二程集》，中华书局1981年版，第928页。

② 陈鼓应、赵建伟注译：《周易今注今译》，商务印书馆2005年版，第397页。

非后汉本交也"①。

由此看来，［象辞］对《姤》卦的看法是：止四方行者，停止一切活动，这精神，倒和卦辞的"勿用取女"相一致。换言之，［象辞］的制作者也没有认为"有陨自天"是什么吉祥的问题。其实，统观全卦，除了［初六］"系于金柅，贞吉"之外，巫者的判断，完全不涉及吉祥。而上句，恰好是说要制止行动，才是"贞吉"。这一切，都说明［象辞］对《姤》卦的理解，比［彖辞］更准确。

在帛书，这爻的写法是："以忌枹苽，含章，有损自天。"这"损"字，当然是损毁的意思。若从帛书，自不会推寻把这爻视为吉祥的误解。

我认为，对［九五］这爻的解释，只有和［九四］联系起来，才能说得清楚。在［九四］，有"包无鱼"的叙述，意说那男士家里尚无婚偶。而［九五］承着说"以杞包瓜"，要行合卺之礼，亦即谈婚论嫁了。可是，却发现这遇上的女子，是"含章"的，有了身孕的。（记得卦辞说过"女壮"，说此女有缺损呢！）那么，娶了这女子，巫者认为这真是祸从天降，要惹出大事的。

［上九］姤，其角。吝，无咎。

"姤"，遘遇也，交媾也。"角"，一些论者解为兽头的角，"姤其角"，是触碰了兽的角；一些论者释"角"为角落，说是在隅角相遇。

但是，这里的"角"，我认为作角逐、较量解，引申为相

① （清）惠栋：《周易述》，上海古籍出版社 1990 年版，第 42 页。

互纠缠。联系这爻的"姤",可以理解为交媾的举动或性侵犯。"其",则作代词或助词用均可。这样的行为,巫者不以为然,所以判曰"吝",但也觉得没有太大的问题,所以又补充说:"无咎"。

从上面分析中,我们发现,在《姤》的六首爻辞里,首爻[初六],写的二人初遇;而末爻[上九],写的是两人相媾了。

至于中间四爻,以[九二][九三]为一组,写的是在"包有鱼"的情况下发生的情况;另外,又以[九四][九五]为一组,写的是在"包无鱼"的情况下发生的情况。无论是那男子已婚或未婚,巫者都表示不认同他和发情小母猪发生苟且的事情的。所以,这几爻的判语,都不是正面的。

不过,爻辞中在"厉""吝"之类负面的判语后面,往往又加上"无咎""无大咎"的说法。这有可能是不同立场的巫者之间,有不同的看法,所以就有不同的评判。但更可能的是,巫者认为无论是"包有鱼"或"包无鱼"的男士,碰上了、沾上了那发情的小母猪,特别是勾搭上有身孕者,实在很不好。只是,若不发展到谈婚论嫁,"勿用娶女",那么,媾了便媾了,玩了便玩了,也没有什么了不起。在这里,我们也可以看到当时一些人对待婚姻和两性问题的态度。

遇合,要讲究条件和分寸

《姤》的[彖辞]是:

姤,遇也,柔遇刚也。勿用取女,不可与长也。天地相遇,品物咸章也。刚遇中正,天下大行也。姤之时义大

矣哉!

〔彖辞〕说:《姤》是写相遇的事。按此卦的卦象为"巽下乾上",下卦的一个阴(柔)爻,遇上五个阳(刚)爻,这就是"柔遇刚"。卦辞指出:"勿用取(娶)女",所以〔彖辞〕给予补充,认为此女不可以长久相处。

根据卦象所揭示的阴阳相遇的意象,〔彖辞〕把它推演为自然和社会的普遍规律。他认为天与地遇合,阴与阳际会,这导致世间万物的发展,因此,对立的双方,应该是互相联系互相结合的。但是,这结合,是有条件的。"刚遇中正,天下大行",作为乾刚的一方,如果遇上"中正"的阴柔之爻,则普天下大行其道,一切都会化育成长,这当然是好事。

不过,在这里还有言外之意,它暗示,假如遇上的,不属"中正"之列,那就另作别论了。在《姤》卦,〔初六〕的阴爻,不处于中正的卦位,这也就是卦辞判为"勿用取女"的缘故。因此,制作者跟着指出,尽管对立面的融合,是必要的,但双方依然有遇对了还是遇错了的问题。而对或错,则要看具体的情况而定,这就叫做"时"。最后,他总结性地感叹:这《姤》卦所昭示的按实际条件办事的原则,真是太重要了!

我们再看〔象辞〕:

天下有风,姤。后以施命诰四方。
〔初六〕系于金柅,柔道牵也。
〔九二〕包有鱼,义不及宾也。
〔九三〕其行次且,行未牵也。
〔九四〕无鱼之凶,远民也。

〔九五〕九五含章，中正也。有陨自天，志不舍命也。

〔上九〕姤其角，上穷吝也。

按卦象，"乾"象征天，"兑"象征风。风在天的下面吹拂，〔大象〕称：这就叫《姤》。风吹遍大地，无孔不入，这意象，启示君主要施行天命，以政令的方式传告四方。

所谓天命，是正如〔彖辞〕所说的"天地相遇，品物咸章"的规律，是"刚遇中正"的原则。〔彖辞〕认为要把这上天的规范，通过政令的方式，让四方民庶，切实执行。看来，〔大象〕意识到，像爻辞所叙述的男女苟合，是当时社会存在着的普遍现象，若失其"中正"，会对家庭、教化产生不良的影响，所以主张从政治的层面上，推行上天之命。

对〔初六〕一爻写到把心猿意马者绑系起来，〔小象〕解说，这是刚阳的一方，被阴柔一方所牵动，而不得不采取的措施。在〔九二〕，写到了"包有鱼"等情况，〔小象〕认为，按规矩是谈不上涉及婚嫁的。对〔九三〕一爻写到"其行次且"等情况，〔小象〕说，幸亏人们的行为，没有被"臀无肤"者所牵扯。在〔九四〕，爻辞写到了"包无鱼"亦即男方没有家室的情况，这一来，他就会和不"中正"之妇纠缠，陷入凶险的境地，于是他便为人所不容，远离了群众。

〔九五〕之爻，写到"包瓜含章"，这本来是好事，所以〔小象〕说："中正也。"但是，从整爻的意思看，这瓜是不该为那登徒子获得的，于是出现"有陨自天"的一幕。因此，制作者认为，人的意志，是不能舍弃天命，做出违背天命的举动的。对〔上九〕，爻辞写到"姤，其角"的行为，更为〔小象〕制作者所不取，认为这是进入了极其错误的境地。

第四十五 《萃》辨

䷬ 坤下兑上

萃：亨，王假有庙。利见大人。亨，利贞。用大牲，吉，利有攸往。

[初六] 有孚，不终，乃乱，乃萃。若号，一握为笑，勿恤。往，无咎。

[六二] 引，吉，无咎。孚乃利用禴。

[六三] 萃如嗟如，无攸利。往，无咎，小吝。

[九四] 大吉，无咎。

[九五] 萃，有位，无咎。匪孚，元永贞。悔亡。

[上六] 赍咨涕洟。无咎。

祭祀时的聚拢

"萃"，高亨先生释为"瘁"，瘁就是病。他联系到爻辞有"乃乱乃萃"一语，说是患有神志昏乱的神经病。此可作一说。

但是，传统的说法是，萃，聚也，孔颖达《周易正义》云："萃，聚也，聚集之义也。能招民聚物，使物归而聚己，故名为《萃》也。"① 这解释是合理的，兹从旧说。问题在于，为什么要萃（聚）？是怎样的萃（聚）？这倒要讨论清楚。

卦辞的第一个字是"亨"，祭祀也。不过《周易》的许多版本，包括帛书，没有这字，只有王肃本有，所以朱熹在《周易本义》说"亨字衍文"②。

"王假有庙"，假，至也；有庙，宗庙，有，语助词，无义。宗庙是祭祀先祖的地方，《释名·释宫室》："庙，貌也，先祖形貌所在也。"这一句，是指王者到宗庙去祭祀祖先了。因此，[象辞] 也说："王假有庙，致孝享也。"根据这情况，巫者的判断是，占得此卦者，"利见大人"。既然王者露面，臣仆可以鞍前马后。由此，卦辞推论，下级有了亲近上级的机会，可以讨得上级的欢心。

跟着，卦辞的制作者描叙："亨"，举行亨祭。对此，便作出预测："利贞"，即举行这样的祭祀，有利于占卜。叙述者又说："用大牲"。大牲，指牛。《周易集解》引郑玄云："大牲，牛也。言大人有嘉会时可干事，必杀牛而盟。"③ 而《周礼·地官·牛人》则称："凡祭祀，共（供）其享牛、求牛。"④ 以牛为祭，以示隆重，所以巫者判曰"吉"，并预言占得此卦者有利于发展。

---

① （清）阮元校刻：《十三经注疏》，中华书局 1980 年影印版，第 58 页。

② （宋）朱熹撰，苏勇校注：《周易本义》，北京大学出版社 1992 年版，第 61 页。

③ （唐）李鼎祚著，陈德述整理：《周易集解》，巴蜀书社 1991 年版，第 9 卷第 6 页。

④ （清）阮元校刻：《十三经注疏》，中华书局 1980 年影印版，第 723 页。

从整首卦辞所述的内容看，"亨"字应存在，并不是如朱熹所说的"衍文"。

祭礼上乱了套的小插曲

［初六］有孚，不终，乃乱，乃萃。若号，一握为笑，勿恤。往，无咎。

"有孚"，孚，孚获，这是指在祭礼上的供品。根据卦辞"用大牲"的提示，这孚当是牛。

"不终"，有始无终。看来这畜生不是始终驯服，在祭祀过程中开始时还安静，后来变了。"乃乱"，便变得不听管束，乱动乱跳了。

"乃萃"，上文已释，萃，聚也。从下文有"萃如嗟如""萃，有位"的说法，可知"萃"是指人的聚集。很清楚，当那作为献礼的牛，乱蹦乱跑，与祭者便聚拢过来，一起制服那"不终"的家伙。

"若号，一握为笑"，号，号叫、号咷也；一握为笑，闻一多先生说：一握犹"呃喔"，并据《字镜》："呃喔，鸡鸣"，说鸡声与笑声相似。这一句，闻先生认为："谓初似号哭，忽变而为笑。此与《同人》九五'先号咷而后笑'同为先凶后吉之象。"① 有些论者，则释"一握"为"顷刻之间"②；也有人说"一握之间成欢笑"，说［初六］与［九四］

---

① 蔡尚思主编：《十家论易》，岳麓书社1993年版，第556页。

② 高亨：《周易古经今注（重订本）》，中华书局1984年版，第405页。

"两者将握手言欢"①。这些说法，均可参考。

无论人们对"一握"如何理解，这先哭后笑，又哭又笑者，论者显然认为是指人而言。至于为什么人会有这样异常的破涕为笑的举动？似乎不易说得清楚，以致高亨先生索性说这是精神错乱。

不过，帛书《易》此句作："若其号，一屋于芺"。我认为，参照帛书，这里的疑难似可解决。

"若其号"，谁在嚎？当是指乱蹦乱跳的牛。"一屋"，即一握，吴澄《易纂言》："一握犹言一团"②，亦即一把、一撮的意思。"于芺"，于通予；芺，《说文》释："芺，草也，味苦，江南食以下气。"又桂馥《说文解字义证》引："《释草》，钩芺，郭云，大如拇指，中空，茎头有台似蓟，初生可食。"③ 这句承上句，意思是：如果那牛在号叫，便给予它一把草料。巫者认为：只需喂它，塞它的嘴，它也就顺气了，不会捣乱了，所以，他说："勿恤"，恤，忧也。认为人们不必忧心。还说："往，无咎。"占得此爻者大可以向前发展，没有什么问题。

［六二］引，吉，无咎。孚乃利用禴。

"引"，高亨先生疑"引当作弘，形似而伪"④，"弘吉"

---

① 黄寿祺、张善文：《周易译注》，中华书局 1981 年版，第 374 页。

② （元）吴澄：《易纂言　易纂言外翼》，上海古籍出版社 1990 年版，第 70 页。

③ 蒋人杰编纂，刘锐审订：《说文解字集注》，上海古籍出版社 1996 年版，第 117 页。

④ 高亨：《周易古经今注（重订本）》，中华书局 1984 年版，第 289 页。

即大吉，我不从此说。

其实，引就是牵引，《尚氏学》也说："引，引进也，盖引而进之也。"① 上一爻，制作者已经叙述了那用于献祭的牲口在捣乱，人们聚拢过来喂塞它一把草料，它就帖服了。这爻便写人们牵引着它，一切变得顺利。巫者便判曰："吉。"

"无咎，孚乃利用禴"，禴，祭祀也。对禴，人们的解释比较混乱，《释文》说禴是"殷春祭名"，而《周易集解》引虞翻曰"禴，夏祭也"②。一说，禴是薄祭，《白虎通·宗庙篇》："夏曰禴者，麦熟进之。"《集解》又引王弼说："禴，殷春祭名，四时之祭省者也。"③ 但是，《周礼·大司马》写到春夏秋冬四时的祭礼，都有"献禽"之说，可见，禴祭未必就是只能献麦献菜之类的薄礼。总之，禴，不过是祭祀的代称。

在上句，既已叙述那牲口已被牵引着，那么，"孚乃利用禴"，无非是说这孚获的家伙便顺利地用于祭礼上。至于巫者的判词"无咎"，应是语句的倒装、倒植。

[六三] 萃如嗟如，无攸利。往，无咎，小吝。

这爻叙述祭祀时的情况。"萃如嗟如"，如，语气词；嗟，嗟叹。这句直译就是：人们聚集起来了啊！人们在声声感叹啊！这并不费解。

---

① 尚秉和：《周易尚氏学》，中华书局 2003 年版，第 211 页。
② （唐）李鼎祚著，陈德述整理：《周易集解》，巴蜀书社 1991 年版，第 9 卷第 7 页。
③ （唐）李鼎祚著，陈德述整理：《周易集解》，巴蜀书社 1991 年版，第 9 卷第 7 页。

费解的倒是，为什么对这祭祀的场面，竟判之曰"无攸利"？你看，"有孚"，而且这孚是牲口，可见供品的丰厚。再者，与祭者也都表现出感慨感激之情，这不是规格很高态度诚挚了吗？为什么巫者还作出不大正面的预言？看来，问题出在"萃"字。

不错，人们是聚集起来了，但"萃"是"草聚貌"（见朱骏声《说文通训定声》），草聚在一起，却没有章法。用这比喻人的聚集，只着眼于汇合，却没有强调聚拢的模式。而在巫者们看来，光是聚，仍不足。联系到下文"萃有位"的说法，说明当时还注重人们在聚集时秩序、位置的问题。因此，巫者看到祭祀者乱糟糟的聚在一块，尽管也显得真诚，也还嫌不足。认为占得此爻者，若想"往"，想要发展，虽"无咎"，但"小吝"，有点小麻烦。

[九四] 大吉，无咎。

在爻辞中只有判断，没有叙述性语词，属不多见的例子。我怀疑爻辞有脱漏。据卦辞里有"用大牲，吉"的提示，[九四] 的"大吉"，会不会是"大牲，吉"的脱误，姑且存疑待证。

[九五] 萃，有位，无咎。匪孚，元永贞。悔亡。

"位"，位置、排列的次序。《尔雅·释宫》："中庭之左右谓之位。""萃，有位"，即萃而有位，聚集起来而又按规定的位置排列。古代祭祀先祖，讲究昭穆伦序，所以，致祭者必须按位排班，这就是"有位"，这才合于"礼"。对此，巫者当然判曰"无咎"。

"匪孚"，"匪"通"非"，无也。"匪孚"即指祭礼时没有用孚获的牲口献祭。"元永贞"，元，始也，这句是说，从祭礼开始，便一直不停地占卜。巫者认为，即使没有丰厚的祭品，但从始至终坚持祈求神灵的指引，这也表出诚挚的态度，所以判曰"悔亡"，灾殃消失。

［上六］赍咨涕洟。无咎。

《周易释文》云："赍咨，嗟叹之辞也。"[①] 又《说文》："涕，泣也"，"洟，鼻液也"。可见，此即嗟叹涕泣之谓。这是参加祭祀的人思亲感恩之情的表现。占了这一爻，巫者认为"无咎"。

综观《萃》卦，我认为是一篇写聚众祭祀的记录。它描述了当时人们聚集起来参加祭祀的情景，也透露出制作者对待祭祀的态度。

从卦辞中可以看出，"王假有庙"，这是规格很高的祭礼，参加者有王者，地点在宗庙。因此，它突出地写到以大牲为祭。但是，在另一组爻辞中，它也写到"匪孚"，没有丰厚的供品，而巫者也认为"无咎"。这恰好说明所谓"禴祭"，祭品可厚可薄，不拘一格。当然，厚总比薄好。所以，这卦的判语，唯一出现"吉"字的地方，就在与"用大牲"有关。

不过，无论祭品的厚或薄，制作者认为有两个重要问题，值得引起祭祀者的注意。

首先，他要求与祭者必须是诚恳的，所以，即便没有献祭的孚获，但能够在祭礼上嗟叹涕泣，能移"元永贞"，从始至终地占卜祈求，都可获得"无咎"的预示。

---

① （清）阮元校刻：《十三经注疏》，中华书局 1980 年影印版，第 58 页。

其次，制作者又提示人，聚集祭祀时，应该按规矩，讲序列。光是"萃"，也还不足，还会发生小麻烦；只有"萃有位"，才是妥善的举措。

统率群众的两手

《萃》的［彖辞］是：

萃，聚也。顺以说，刚中而应，故聚也。王假有庙，致孝享也；利见大人亨，聚以正也；用大牲吉，利有攸往，顺天命也。观其所聚，而天地万物之情可见矣！

［彖辞］说：萃，就是聚集。从卦象看，"坤下兑上"，"坤"有顺从的属性，"兑"有欣悦的属性。从卦位看，［九五］以刚（阳）之爻，居于上卦的中位，其他各爻和它呼应，这意味着人们顺从欣悦地聚拢在它的下面。卦辞称"王假有庙"，这是向祖先表示孝敬的意思。"利见大人亨"，是说聚集在一起举行祭祀，是合于正道的。"用大牲吉，利有攸往"，这是顺应天命的做法。因此，［彖辞］认为，从这卦所显示聚合的意象，可以发现天地万物的情状和规律。

从［彖辞］对卦辞的阐述中，显然，它认为《萃》卦是预示吉利之卦。在这里，它提出的"天地万物之情"，实际上包含着一个重要的内容，即：上是统下的，下属必须依附、聚拢在君主的周围，心悦诚服地忠于君主。这就是"聚"的基本的原则。由此，我们也可以看出［彖辞］制作者的基本立场。

《萃》的［象辞］，则是从另一角度立论：

泽上于地，萃。君子以除戎器，戒不虞。

[初六] **乃乱乃萃，其志乱也。**

[六二] **引吉无咎，中未变也。**

[六三] **往无咎，上巽也。**

[九四] **大吉无咎，位不当也。**

[九五] **萃有位，志未光也。**

[上六] **赍咨涕洟，未安上也。**

如果说，[彖辞] 强调的是人们必须顺从地聚集在君主的周围，那么，[大象] 则强调君主必须提高警惕，要修治兵器，整顿武备，以备变生不测。显然，这是 [小象] 注意到爻辞出现了 "乱" 字。在制作者看来，这 "乱" 是指祸乱，是人们不顺从君主而产生的乱象。为了保持君主的利益，就要准备镇压、平乱。因此，"除戎器" 是必不可少的。

在 [小象]，对爻辞的解释是：[初六] 一爻，写的就是人们聚集起来作乱。它认为，这是人们的思想乱了。[六二] 之所以说 "无咎"，是因人们内心也还未至于改变。就卦象而言，此爻以阴爻而居于 "坤" 的中位，这位置又属阴位，也预示为合适的。在 [六三]，说此爻向上发展，便成为阳爻，表示 "坤" 的一群阴爻，顺（巽）从于阳，所以便属 "往无咎"。当然，这是一种随意的解释。

至于 [九四]，爻辞既说 "大吉"，又说 "无咎"，为什么会出现这样的分歧？[小象] 实在说不清，因为这爻没有叙述性的词语。因此，制作者只好循卦位揣测。按 [九四] 为阳爻，却居于阴位，这就属 "位不当"。上文说过，我怀疑此爻属错简，很可能这就是 [小象] 无法作出合乎情理的解释的原因。

对［九五］，［小象］说这爻表明"志未光也"，是根据"匪孚"一语立论的。匪孚，我释为在祭礼没有俘献，（当然，也可从一些论者释"孚"为诚信之说，解为没有得到人们的信服），但是，巫者对这爻所叙的评价，基本上是正面的，所以才会断为"无咎""悔亡"。而［小象］，则认为，既然爻中说到"匪孚"，就表明管治者的意志，没有充分的表达。显然，它对爻辞中巫者的意见，有所保留。

［上六］写到悲泣咨嗟，［小象］认为这表明管治者未安于上位。能够居上思危，所以爻辞判之曰"无咎"。

如上所述，可见［小象］是围绕［大象］防止出现动乱的观点，来阐述《萃》的爻辞的含义的。而［象辞］，则明显是［象辞］"聚而说（悦）"说法的补充。此两者，也就是管治者赖之以"聚"的两手。

其实，若按《萃》的卦辞、爻辞的原义，分明是叙说在祭祀中聚集的种种情况，［象辞］［象辞］却从"聚"字出发，攻其一点，引申到统治的层面。这也是它惯常的做法。

514

第四十六　《升》辨

䷭ 巽下坤上

升：元亨，用见大人，勿恤。南征，吉。

［初六］**允升，大吉。**

［九二］**孚乃利用禴，无咎。**

［九三］**升虚邑。**

［六四］**王用亨于岐山，吉，无咎。**

［六五］**贞吉，升阶。**

［上六］**冥升，利于不息之贞。**

登上岐山的祭典

这卦以"升"为题，清楚地揭示出它要描述的内容。《周易正义》说："升者，登上之义。"① 在帛书，这卦则名为《登》，可见，人们对它的理解是一致的。由于这卦的爻辞中有"王用亨于岐山"一语，很可能所谓升、登，指的就是登上岐山。

---

① （清）阮元校刻：《十三经注疏》，中华书局 1980 年影印版，第 58 页。

卦辞说"元亨",这里的元,作"大"解,元亨即举行盛大的亨祭。"用见大人,勿恤。"巫者称:得此卦者,若用以占问能否晋见上级的统治者,是否有利于自己的前程,那是不必担忧的。

"南征,吉",南征,指升登者向南方前进,巫者认为是"吉"的。

[初六] 允升,大吉。

"允",一些论者根据《说文》说,"允,进也"。王弼《周易注》则说"允,当也"①,适当、得当的意思。又有人认为"允"可作诚信解。以上均可参考。一说以"允"字甲骨文作 ⅄ 或 ⅃,像人弯腰垂手作恭顺状,因此释"允升"为谦恭地升登,也可从。巫者认为以这样的姿态和心态向上方前进,是"大吉"的。

[九二] 孚乃利用禴,无咎。

这爻与《萃》卦[九二]完全一样,释见前,兹不赘。有了这一爻,并联系下文有"王用亨于岐山",我们也就知道,《升》卦所说的升,乃是登上岐山参加祭祀之礼。

[九三] 升虚邑。

"虚",空也。"虚邑"是空置没有人居住的城邑。

[六四] 王用亨于岐山,吉,无咎。

"岐山",在今陕西省岐山县东北,周的先祖古公、亶公,

---

① (清)阮元校刻:《十三经注疏》,中华书局1980年影印版,第58页。

曾率部族聚居于此，是周的发祥地。《六十四卦经解》说"岐山，岐出之山，两峰如天柱"[1]，故名。这爻是说：王者因而到岐山举行亨祭。

难以清楚的是，这"王"指的是谁？历来的研究者有不同的解释。由于亶父率众在岐山居住，《周易集解》引崔憬云："大王为狄所逼，从居岐山之下，一年成邑，二年成都，三年倍其初"[2]。上爻［九三］说到的"邑"，即指此。后来，周文王迁都于丰，周武王又迁都于镐。对他们而言，岐山是故都，是搬空了的城邑。

那么，到岐山祭祀者，是文王还是武王？都有可能，也都无确证。有人甚至说，"王"是指殷的纣王。尚秉和的《尚氏周易学》说，"此正文王服事殷的本旨"。他批评有些人认为爻辞为周文王所作，因为姬昌不可能自称为王。尚秉和又批评这些人认为"尚为殷王，又无至岐山之理"，他指出："纣尚能囚文王，何不可致岐山？且文王于此事数言之，服事忠诚，溢于言表，又岂必实有事。"[3] 按尚秉和的意思，这爻说明了姬昌当周公时，希望殷纣王莅临岐山。

姬昌当周公时的内心世界，不易说得清楚，他是否真的对殷"服事忠诚"，恐怕也只是儒生们一厢情愿的想法。至于尚秉和认为"又岂必实有其事"的说法，也大可商榷。当然，在史实阙如的情况下，我们无法确指"王"是指谁，他可能是文王，也可能是武王，更可能是他们之后的周朝最高统治

---

① （清）朱骏声：《六十四卦经解》，中华书局 1958 年版，第 200 页。
② （唐）李鼎祚著，陈德述整理：《周易集解》，巴蜀书社 1991 年版，第 9 卷第 9 页。
③ 尚秉和：《周易尚氏学》，中华书局 2003 年版，第 214 页。

者。我们知道，岐山是周朝"龙兴"之地，周朝之所以名曰"周"，是岐山之南有周原，它为周王朝的发展壮大提供了基础，岐山是他们的发祥地，《国语·周语》说："周之兴也，鸑鷟鸣于岐山。"① 可见，这山是他们尊敬怀念的圣山。

总之，确有王者到岐山亨祭。"王用亨于岐山"，是一次王者"实有其事"的活动记录。巫者认为占得此爻者，是"吉"的，"无咎"的。在这里，我们也可以理解《升》卦卦辞所说"南征，吉"的道理。因为，自从亶父南迁周原，文王、武王的事业便蒸蒸日上。由此，巫者便推断占得此卦者若向南发展，也将是"吉"的。

［六五］贞吉，升阶。

"升阶"，即登上台阶，这里应是指祭坛的台阶。巫者说，占卜将得到吉兆。

［上六］冥升，利于不息之贞。

"冥"，许多论者释之为暝，夜也。"冥升"即暮夜升登，也就是说晚上登上岐山。此说也可参考。

不过，若依此解，则难免令人生疑。首先，上爻［九三］已经写到"升虚邑"，［六五］写到了"升阶"，这都表明祭祀者已登上了岐山，登上了祭坛。这一来，为什么［上六］还说在暮夜里升登呢？其次，祭祀宜安排在白天，所以，《损》卦提出"已（祀）事遄（速）往"，"使遄有喜"，主张

---

① 上海师范大学古籍整理组校点：《国语》，上海古籍出版社 1978 年版，第 62 页。

祭祀之礼，应尽早举行。而《益》卦，则提出"莫（暮）益之，或击之，立心勿恒，凶"。认为暮夜举行祭礼是不专诚的表现，得到的也只能是凶兆（参看《损》卦和《益》卦）。如果把这一爻的"冥"解作暝（暮），而又说它"利于不息之贞"，这岂不是和《周易》制作者一贯的态度相互矛盾么？

我认为，"冥"通"暝"，"冥升"即"暝升"。暝，闭目也。丁寿昌《读易会通》引惠定宇曰："冥，古暝字，俗作眠，张目为盱，翕目为暝。"① 承上爻，"暝升"指登上祭坛，闭目入神，以求玄静。据《国语·周语》："禘郊之祀……陈其鼎俎，静其巾幂，敬其祓除。"② 所谓静其巾幂，是用布围成幕幂，让祭者得到安静地冥想的环境。这样做，有助于营造严肃而神秘的气氛，便于和天神或祖先心灵沟通。

"利于不息之贞"，许多学者释"不息"为不停息，说这句的意思与"利永贞"一样，也通。但若和"暝升"联系起来，我觉得"息"应作气息解。按《说文》："息，喘也。"又朱骏声《说文通训定声》云："心气窍于鼻也。《汉书·扬雄传》尚不敢惕息。注：出入气也。"③ 所以，不息，可以理解为大气不出，也即屏住呼吸。这爻的意思是：祭祀者肃穆地升阶，闭目冥想，巫者认为这有利于屏息虔诚地占卜。

《升》这一卦，比较容易解释，它叙述的就是王者登上岐山祭祀先祖的过程。在古代，最高统治者强调慎终追远，思念

---

① 丁寿昌：《读易会通》，中国书店 1992 年版，第 548 页。

② 上海师范大学古籍整理组校点：《国语》，上海古籍出版社 1978 年版，第 30 页。

③ 蒋人杰编纂，刘锐审订：《说文解字集注》，上海古籍出版社 1996 年版，第 2202 页。

祖先们的功德，追怀创业的艰难，这对团结贵族阶层，巩固统治地位，有着重要的意义。对此，巫者也极为肯定，所以，这一卦，属大吉之卦，在卦辞、爻辞中，连一个负面意义的判词也没有，统观《周易》的六十四卦，这种情况，是不多见的。

这卦的爻辞，从［初六］到［上六］，明显写的是上山祭祀的顺序。它首写祭祀者以谦恭的姿态升登，再写登上旧都的城邑，然后登上祭坛，虔诚地和先祖、上天在精神上沟通。可以说，它一步步顺着写来，连文势也比较顺畅。

一步步渐进提升

且看看《升》的［象辞］：

> 柔以时升，巽而顺，刚中而应，是以大亨。用见大人，勿恤，有庆也。南征吉，志行也。

《升》的上下卦，均以阴柔之爻开始，遇上了时机，便向上升起。就卦象而言，下卦"巽"谦逊的属性，上卦"坤"也有顺从的属性，它们结合成一体，所以说"巽而顺"。而从卦体看，［九二］为阳刚之爻，居于"巽"的中位；它和"坤"卦居于［六五］中位的阴柔之爻，一阳一阴，互相呼应。这大吉的预兆，是该举行隆重的祭祀的。［象辞］又指出：卦辞说到"用见大人，勿恤"，是因有吉庆的事；又说"南征吉"，是因为占卜者的意愿、理想能够实现。

［象辞］的说法是：

> 地中生木，升。君子以顺德，积小以高大。

520

［初六］允升大吉，上合志也。

［九二］九二之孚，有喜也。

［九三］升虚邑，无所疑也。

［六四］王用亨于岐山，顺事也。

［六五］贞吉升阶，大得志也。

［上六］冥升在上，消不富也。

从卦象看，"坤"象征地，"巽"象征木。地中生木，意味着树木不断生长，这就是"升"。［大象］认为，其意象，启示君子们应顺着形势循序渐进，不断提升美德；应从小处做起，把小善积聚起来而造就伟大的事业。

按照爻辞的描述，在这次"王用亨于岐山"的盛大祭祀中，祭祀者们一步步向上走的。他们走上虚邑，登上岐山，又沿阶而到达祭坛。［大象］便捕捉住这步步攀升的意象，从"巽而顺"着眼，推演出循序渐进积小成大的主张。当然，这样的阐述，脱离了原来有关祭祀的内容，但就处理社会事务而言，确也有普遍的意义。

［小象］对爻辞的解释是：［初六］一爻之所以说"允升大吉"，是处于下方的阴爻，向上升即与［九二］之阳爻相配合。而［九二］爻辞写到献孚的祭祀程序，这表示属于喜庆的事。对［九三］，［小象］说"无所疑"，是因为到了没有人迹的故都，是不必有什么犹豫怀疑的。所以，程颐也认为："入无人之邑，其进无疑阻也。"［六四］写到王者亨于岐山，［小象］视为"顺事"，亦即是王者顺应上帝的做法。李光地也释此为"用贤以亨于神明，是顺神明之心而事之者也"。上升到［六五］，登上了祭坛之阶，当然大得其志的表现。

至于［上六］，写到在山上冥思默想和不停地占祷，［小象〕认为，这种情态，乃"消不富也"，是主祭者反思的做法。消，消损；不富，不自富。这句是自我消损，不自我满足的意思。因为〔上六〕居于卦的最上方，按《周易》制作者的看法，事物发展到了极点，便会趋向反面，因此，站在最高处者，便应反省自身的不足，应"消"而"不自富"，正如李光地说："以在上明其位势之满盛，故当以自消损为贞也。"①

---

① （清）李光地撰，李一忻点校：《周易折中》，九州出版社 2002 年版，第 513 页。

第四十七 《困》辨

☵ 坎下兑上

困：亨，贞，大人吉，无咎。有言不信。

［初六］臀困于株木，入于幽谷，三岁不觌。（凶）。

［九二］困于酒食，朱绂方来。利用亨祀，征，凶；无咎。

［六三］困于石，据于蒺藜。入于其宫，不见其妻，凶。

［九四］来徐徐，困于金车。吝，有终。

［九五］劓刖，困于赤绂，乃徐有说，利用祭祀。

［上六］困于葛藟，于臲卼，曰：动悔，有悔，征，吉。

囚徒们陷入种种的困境

"困"，《说文》云："故庐也。"但是，徐灏在《说文解字注笺》中认为："故庐之说，未解其旨……困疑即古梱字，束木也。《大射仪》曰，既拾取矢梱之，是其义。引申为困迫之称。"[①] 从这卦爻辞的内容看，这卦的卦名应是"困"的引

---

① 蒋人杰编纂，刘锐审订：《说文解字集注》，上海古籍出版社 1996 年版，第 1309 页。

申义。就是碰上了困难、陷于困窘的意思。孔颖达在《周易正义》也称："《困》者，穷厄、委顿之名，道穷身竭不能自济，故名为《困》。"[①] 此说得之。

卦辞说"亨，贞"，指祭祀，占卜。巫者认为：若占得此卦，"大人吉，无咎"。大人应是指最高层的贵族之类统治者。他认为这卦虽然写了多种困窘的情况，但这只是对一般的臣属而言。而对"大人"们来说，倒是无所谓的，甚至可以判之曰"吉"，这里面，也透露出巫者所认知的统治手腕，臣仆们愈感困窘，最高统治者不是愈能驾驭么？不就"吉"了么？

"有言不信"是巫者的另一种判断。"有言"，指有所辩解。一说，"言"即"愆"，指罪过，（参看《需》"小有言"的解释）均通。"不信"，不获信任也。巫者认为，若是臣仆们占得此卦，则有罪者不能得到信任，不会获得申雪，这意味着并非吉兆。

如果说，上一卦《升》，爻辞的制作者是按照升登的过程，逐步描叙"王用亨于岐山"的顺序，那么。在《困》卦，则是逐一地展示各种类型的困境，人们也可以从中看到作为臣仆者处境的险恶艰辛。

[初六] 臀困于株木，入于幽谷，三岁不觌。（凶）。

"臀困"句，高亨先生认为"盖谓臀部受刑杖也。杖以株木为之，故谓之株木"[②]。也通。

不过，我怀疑"臀"字为衍文。因为此卦各爻写到"困

---

① （清）阮元校刻：《十三经注疏》，中华书局 1980 年影印版，第 59 页。

② 高亨：《周易古经今注（重订本）》，中华书局 1984 年版，第 293 页。

于"的句子，前面都没有主语，此爻似不应例外。再者，以"困"字表现屁股被打，说臀部受困窘于刑杖，读来实在牵强。如果"臀"字非衍文，我也怀疑它是"屯"的通假。"屯困"即困顿，困顿于株木之间，似是较顺畅的。

"株木"，《说文》称："木根也。"按高先生的意思，是指以木根制造的棍棒。我觉得也有疑点，因为刑杖一般以木干、树干为之，以树根作棍棒，则未之闻也。其实，"困于株木"，不如联系"困"字的本义，似更易理解。上面说过，困，故庐也，旧房子也。王筠《说文句读》云："故庐者，废顿之庐也，故其字当平看，口者四壁，木在其中者，栋折榱崩，废顿于其中也。"① 这口中之木，就是"株木"。又《曲礼》郑注："梱，门限也，梱有限止之义。"② 因此，这一句，无非是说受困于栋折榱崩的破屋里，或者说，受困于旧庐的门限内。换言之，这是说受到监禁而已，未必是说到打屁股。退一万步说，这句如果真有"臀"字，那么，坐困或屯困于破屋，也比说成是臀部受刑更合理一些。

"困于株木，入于幽谷"，幽谷，指隐僻幽暗的山谷。这两句，和《诗经·小雅·伐木》"出自幽谷，迁于乔木"的句式相近，而意思刚刚相反，它指被囚者的处境愈来愈差。起初，他被监困于破房子，后来又被转移到更荒僻的不见人烟的去处。"三岁不觌"，觌，见也，不觌即不见。三年不让这囚犯与亲人相见，看来罪过不轻。据《周礼·司圜》载："凡害人者，弗使冠饰而加明刑焉。任之以事，而收教之，能改者上

---

① 蒋人杰编纂，刘锐审订：《说文解字集注》，上海古籍出版社1996年版，第1310页。

② （清）阮元校刻：《十三经注疏》，中华书局1980年影印版，第1241页。

罪三年而舍，中罪二年而舍，下罪一年而舍。"如此说来，那囚徒是属于犯了"上罪"的一类。

景况愈来愈差，长期遭受关押，这是爻辞制作者描述的第一种困境。又，通行本《周易》缺"凶"字，从帛书补。

［九二］困于酒食，朱绂方来。利用亨祀，征，凶；无咎。

这爻要弄清楚的，首先是"朱绂方来"一句。

"朱绂"，红色的护膝。《周易集解》引崔憬曰："赤绂，天子祭服之饰。"① 若按此解，岂不是说帝王来到了吗？但是，看来"朱绂"并非天子所专用。李鼎祚云："朱绂，宗庙之服。"又《易乾凿度》云："朱韨者，天子赐大夫之服。"② 这一来，红的颜色，并不是天子所专用。高亨先生根据《诗经·曹风·候人》有"彼其之子，三百赤芾"，以及《易乾凿度》引孔子"天子三公九卿朱绂，诸侯赤绂"的说法，也认为朱、赤以颜色，可用于贵族或上层统治者。

至于"朱绂方来"，一些论者释"方"为"将"，像陈鼓应、黄寿祺先生都把这释为"荣禄即将来到"，也可参考。不过，我以为"朱绂方来"似属一个词组，其组词方式，与《比》的"不宁方来"是一样的。"朱绂方"，指的是穿朱绂那方面的人。"来"，来临。承上爻，这句是说有属于贵族的一类人，来到了这使人困窘的地方。

现在，我们回过头来看"困于酒食"一句，我认为是

---

① （唐）李鼎祚著，陈德述整理：《周易集解》，巴蜀书社1991年版，第9卷第11页。

② 常秉义辑注：《易纬》，新疆人民出版社2000年版，第17页。

"朱绂方来"的倒装。当我们把它的句式复原，即写作"朱绂方来，困于酒食"的时候，这句的意思便很容易理解了。

高亨先主说："困于酒食者，酒过量，食过饱，为酒食所困也。"我的想法正好相反，困，这里指困匮、欠缺。把两句连通起来，这爻所要叙述的是：那惯于锦衣肉食的贵人来到这里，缺乏酒食，挨饥抵渴，受困于饮食问题。这一爻，写的是被拘囚者的另一种困境。

"利用亨祀"，这是巫者的判断，即认为占取此爻者，以采用有供品的祭祀较为有利。这样的推导，也合乎逻辑。因为上文已交代过酒食的困乏，那么，致祭者以酒食亨祭，投其所好，供其所需，自能在冥冥中求得护佑。

不过，巫者又认为，占者所问的凶吉的情况，上天的回答是有条件的。若问"征"，想知道能否远行？能否有所作为？有所发展？那么，答案则为"凶"。跟着，巫者又说"无咎"，这就有点怪。因此，高亨先生认为："既言征凶，不宜又言无咎，疑无咎二字衍文。"[1] 当然，这也有可能，但即使不是衍文，由于爻辞行文语气的省略，我们也是可以理解到巫者的原意的。巫者说，占得此爻，以问"征"为"凶"；若不是问"征"，而是问其他问题，那么，可得到"无咎"的预兆。我想，巫者开出这样的条件，也是合乎逻辑的。试想，上文已经说到"困于酒食"，抵受饥渴，还走什么远路？求什么"征"？但如果祈求的事用不着消耗精力，那倒无所谓，不会出什么纰漏，故曰"无咎"。

---

[1] 高亨：《周易古经今注（重订本）》，中华书局1984年版，第294页。

［六三］困于石，据于蒺藜。入于其宫，不见其妻，凶。

"石"，许多论者释为坚硬的石头，也通。但这"石"与"困"有什么关系，一般没有说清楚。吴澄在《易纂言》提出："困于石，其坐诸嘉石者欤？"他视"石"为嘉石，可谓得之。

嘉石，是商周时代大司寇在朝门外左边审判处所树立的文石。《周礼·秋官·大司寇》"以嘉石平罢（罪）民"，疏云："嘉石文石也者，以其言嘉。嘉，善也，有文乃称嘉，故知文石也。欲使罢民知其文理，以改悔自修。"[①]

一般来说，被困于嘉石的人，所犯的罪，不算太严重，所以可以让他坐在嘉石上示众、反省。《周礼》说："凡万民之有罪过而未丽（罹）于法而害于州里者，桎梏而坐于嘉石，役诸司空。"并指出："重罪，旬有二日坐，期役；其次九日坐，九月役；其次七日坐，七月役；其次五日坐，五月役；其次三日坐，三月役。"[②] 可见，犯了罪的人，要受到两种处分，一是根据犯罪的轻重，被判"桎梏而坐"，坐上十二天、九天、七天、五天、三天不等。另外，还要服劳役一年、九月、七月不等。对此，《周礼·地官·司救》就有所说明："耻诸嘉石，役诸司空。"[③] 司空是管工程的，那批要接受劳动教养的人，都归司空遣派。这一来，受罚者除了"困于石"之外，还有"据于蒺藜"的问题。

"据"，《说文》："杖持也。"段玉裁《说文解字注》云：

---

① （清）阮元校刻：《十三经注疏》，中华书局 1980 年影印版，第 870 页。

② （清）阮元校刻：《十三经注疏》，中华书局 1980 年影印版，第 870 页。

③ （清）阮元校刻：《十三经注疏》，中华书局 1980 年影印版，第 732 页。

"谓倚杖而持之也。"① 倚杖，无非是倚靠着"杖"为着力点，或行或立。而"蒺藜"，则是有刺的野草。陆德明《周易释文》引《本草》云"蒺藜一名旁通，一名屈人，一名止行……多生道上，布地，子及叶并有刺，状如鸡菱。"② 这浑身是刺的野草，长满在路上和地上，是很不方便行走的，所以，孔颖达在《周易正义》中说"蒺藜之草有刺而不可践也"。

可见，在［六三］"困于石"，也就是《周礼》中所说的"耻诸嘉石"，是判为犯了错误的"万民"亦即老百姓，被困在嘉石上蒙羞受辱。他们在那里示众，过了好几天，又"据于蒺藜"，即被押送从事苦役，"役诸司空"，艰难地奔忙在蒺藜丛生的道路上。

以下两句，"入于其宫，不见其妻"。"宫"，室也。连上文，意思是说：这倒霉鬼在外面劳役了一段日子，期满回家，谁知道进入屋里，物是人非，他老婆不晓得跑到哪里去了！

这一爻，描述的是当时一些百姓遭遇的尴尬可怜的困境。巫者认为，若占得此爻，前景很不美妙，故判曰"凶"。

［九四］来徐徐，困于金车。吝，有终。

这爻的前两句，也属倒置。"金车"其实是饰有金属或若干部件以铜制作的马车。这种铜马车，是身份较高的贵族统治者使用的交通工具。"困于金车"，是说驾车的大人物受困于路中，也许是沦陷泥淖，也许是马失前蹄，总之是碰上了意外

---

① 蒋人杰编纂，刘锐审订：《说文解字集注》，上海古籍出版社1996年版，第2533页。

② （唐）陆德明撰，黄焯断句：《经典释文》，上海古籍出版社1983年版，第27页。

的难题。"来徐徐",来,指前来帮助、解救的人;徐徐,缓慢也。你看,大人物的车子抛锚,来人却慢条斯理,真是急惊风遇上慢郎中,受困者不是狼狈得很吗!因此,巫者认为占得此爻者,不是好的兆头,故曰"咎"。不过,巫者又看到,来者虽然是慢吞吞,毕竟是来了,毕竟最终可以帮助车主脱离困境。所以又说"有终",认为占得此爻者终于会有所交代。

显然,这一爻,描述的是上层人物在"交通事故"中遇到的困境。

[九五]劓刖,困于赤绂,乃徐有说,利用祭祀。

首两句,"劓刖"是古代残酷的刑罚,《周易集解》引虞翻曰:"割鼻曰劓,断足曰刖。"[①] 不过,多数论者不认为这里就指受刑。《周易释文》称:"荀、王肃本作臲卼,云:不安貌,陆同。郑云:劓刖当为倪,京作劓劊。"[②] 高亨先生也从此说,认为劓刖通臲卼,是"危而不安"之义。以上的意见,可作参考。

但是,对照帛书本《周易》,[九五]写作"贰椽,困于赤绂"。

这就怪了,按"贰椽",无论是字形、字音,与"劓刖"相距甚远,不可能是误写。因此,贰椽与劓刖,两者只有其中的一个是对的。而把"劓刖"以音与臲卼相同,解为不安貌,我也颇感困惑。因为,下文困于赤绂的"困",本来就有不安

---

① (唐)李鼎祚著,陈德述整理:《周易集解》,巴蜀书社1991年版,第9卷第12页。

② (唐)陆德明撰,黄焯断句:《经典释文》,上海古籍出版社1983年版,第27页。

的含义，何必要架床叠屋。

我认为，若据帛书，问题可迎刃而解。

"贰椟"，贰，《说文》"副益也"，徐灏《说文解字注笺》："贰有增益义，故曰副益"[1]。椟，木柱。贰椟即增置的木柱。至于"赤绂"，亦即上文提过的"朱绂"，是指统治阶层中有爵位有权势的角色。"贰椟，困于赤绂"是倒装句，是为了强调这号角色被拘系在增设的柱子上。若顺过来，无非是"赤绂困于贰椟"，那就很容易理解了。

"乃徐有说"，说，通"脱"，解脱也。这句是说，才慢慢得到松绑。看来，这有身份的犯人最终取得了赦免。对此，巫者说："利用祭祀"，若占得此爻，则利于拜祭，祈求上天的保佑。

有身份有体面的人被抓起来，虽然最后总算无事，但其间的狼狈、困惑，可以想见。这就是此爻所描述的另一种困境。

［上六］困于葛藟，于臲卼，曰：动悔，有悔，征，吉。

"葛藟"，《周易正义》释为"引蔓缠绕之草"[2]。《楚辞·九叹·忧苦》有云："葛藟虆于桂树兮。"可见它是能攀绕于树木的藤类草本植物。在这里，葛藟引申为牵连。"困于葛藟"是指受到人事株连的困扰，即过去之所谓"瓜蔓抄"。

"于臲卼"，于，疑是衍文；臲卼，烦躁不安的样子。（若从帛书，此处作"于贰椟"，解为捆在另一根柱子上，也通。）

至于"曰：动悔"，曰，指有人告诉他；动悔，动辄得咎

---

[1] 蒋人杰编纂，刘锐审订：《说文解字集注》，上海古籍出版社 1996 年版，第 1324 页。

[2] （清）阮元校刻：《十三经注疏》，中华书局 1980 年影印版，第 59 页。

也。这句的意思是，这受困者得到警告，有人对他说：别动！动了要后悔的！

从［上六］这几句叙述性的爻辞看，写的是当时受株连者被拘禁、恐吓的困境。巫者认为，若占取此爻，则"有悔"，有忧患的。不过，如果占问的是"征"亦即离去的问题，则属"吉"。确实，离开那是非之地，摆脱各种纷争和纠葛，是最好不过的事，巫者的判断当可理解。

我们不妨回顾《困》的爻辞，六条爻解，撇开巫者的判词，它写的不过是当时形形色色的人，碰到了形形色色的困境。有被长期囚禁的；有当了大人物而要挨饿的；有被拉去示众服役弄到妻离子散的；有驾车的贵族进退两难的；有属于统治阶层中人却被捆在柱上的；有受到牵连而被屈辱的……诸如此类，不一而足。

从爻辞看，那些处于困境的人，多半是官僚贵族。这也说明，早在商周时代，已经出现了"伴君如伴虎"的现象。

卦辞还说到"有言不信"，这也表明，那些处于困境的人，未必都属"有言"、有愆的。有愆而遭困者，自然不能申雪；但身处困境者未必都是有罪的。那些无"言"、无罪者，若也处于困境，那么，"困"就困了，倒霉就倒霉了，实在也无可奈何。这一点，正是在"有言不信"背后隐约透露的含义。

对待困境的态度

《困》的［象辞］是：

困，刚揜也。险以说，困而不失其所亨，其唯君子

乎！贞，大人吉，以刚中也。有言不信，尚口乃穷也。

按卦象为"坎下兑上"，"坎"属刚阳卦，"兑"为阴柔之卦。《困》以"兑"居上，形成了阴柔掩盖阳刚的意味，所以［彖辞］说：《困》，乃是刚卦被揜（掩）的格局。但"坎"有险的属性，"兑"有悦的属性，两者重叠，成为"险以说（悦）"。这表示虽然处于困难的境地，内心倒是清醒的和通达的。因此，［彖辞］指出"困而不失其所亨"，没有因困难就忘记了要举行祭祀，这唯有具备"君子"的品德、气度，才能够做得到。

至于卦辞说："贞，大人吉"，是因为"坎"和"兑"的卦象，均以刚阳之爻，居于［九二］和［九五］之位，此属中位，故曰"刚中"。中位为尊贵者所居，所以"大人"占此，便有吉的预兆。

卦辞中，又有"有言不信"的说法。［彖辞］解释，这表明如果过于相信口头辩解，则于事无补，反而会导致更加困厄。

从［彖辞］的阐述中，可以看到，制作者强调"险而说（悦）"，推崇的是在困难中依然保持乐观的精神。这一点，颇有积极的意义。

《困》的［象辞］是：

泽无水，困。君子以致命遂志。
［初六］入于幽谷，幽不明也。
［九二］困于酒食，中有庆也。
［六三］据于蒺藜，乘刚也。入于其宫，不见其妻，不祥也。

　　〔九四〕来徐徐，志在下也。虽不当位，有与也。

　　〔九五〕劓刖，志未得也。乃徐有说，以中直也。利用祭祀，受福也。

　　〔上六〕困于葛藟，未当也。动悔有悔，吉行也。

　　〔大象〕说：按卦象，上卦的"兑"是湖泽的象征，下卦的"坎"是水的象征。水在湖泽的下面，表明水漏走了，这便是"困"。从这意象的启示，〔大象〕认为，作为君子，应该懂得命运的安排，顺其自然地实现自己的愿望。

　　所谓"致命"，亦即"知命"。在〔象辞〕的制作者看来，命运的变化，是难以预料的，人们顺从命运的安排，不作非分之想，这就是"知命"。关于这一点，"泽无水"的意象已经为人们提供参照。按一般情况，湖泽应该是有水的，否则就不成其为湖泽。但是，湖水毕竟是流失了，不该发生的情况发生了，谁也不能遏止水的渗漏，这就是命运的安排。人的遭遇，也往往如此。所以徐幹在《中论·修本篇》指出："世之治也，行善者获福，为恶者得祸。及其乱也，行善者不获福，为恶者不得祸，变数也。知者不以变数疑常道，故循福之所自来，防祸之所由致也。遇不遇，非我也，其时也。夫施吉报凶谓之命，施凶报吉谓之幸，守其所志而已矣。《易曰》：'君子以致命遂志'。"① 徐幹对"致命"的解释，无疑掺进了道家的观念，但总体来说，与《周易》一向强调"顺"的思想相一致，与〔象辞〕提出的"险而说（悦）"的观点相一致。为

---

① 徐幹：《中论·修本第三》，见《百子全书》第 2 册，浙江人民出版社 1984 年版。

什么身临困境依然保持乐观的情绪，这正是由于既然知道事情、命运的无法改变，那就应该保持着豁达的心态。

[小象] 对 [初六] 的解释是，此爻有"入于幽谷"的描述，说明这里是不明不白的，不清不楚的。而 [九二]，虽然说到"困于酒食"，但占兆是"无咎"的，这是由于以阳爻居于"坎"的中位，意味着合乎"中道"，颇为合适，所以有可以庆幸之处。

[六三] 一爻，写到了"据于蒺藜"等困境，很不妙。[小象] 表明，这是由于此爻的"乘刚"，即以阴爻驾凌在 [九二] 的刚爻之上，有犯上的意味，便注定要受到足踩荆棘之类的惩罚。其后，回家见不到妻子，更是不祥的预兆。

[九四] 一爻，写的是有人被困于"金车"，救助者又来得慢，这虽然是很尴尬的事，但最终总算有了结果。[小象] 说：那受困者是把救助的希望，寄托于下属。又说：此人虽然"不当位"，不在适合于他的位置，但却有愿意出力协助他的人。这就是爻辞之所以给予"有终"的判断。而从卦象来看，[小象] 说：[九四] 以阳爻而居阴位，所以说是"位不当"；而它又与 [九五] 居于中正的阳爻相连接，所以说是"有与"。这些，都属很随意的牵合，不必细究。

至于 [九五] 写囚徒被拘系在添增的柱子上，[小象] 说，这表明他还未能遂其所愿。而爻辞说他慢慢地高兴起来，看来事情有了转机，是因为他为人一向保持公正不阿的缘故。（从卦象看，此爻以阳爻处于上卦的中位，所以也暗合于"中直"）由此，举行祭祀，是可以受到上天的福荫的。

最后，在 [上六] 之爻，[小象] 认为，它写有人因株连而受困，那是由于处在不稳当的位置。而此爻又写到遭殃者应该远离是非之地，[小象] 也表示赞同，所以重申：行，是

"吉"的。

　　一般说来，［彖辞］和［象辞］对《困》卦的阐释，并没有离开卦辞、爻辞所写的具体内容，它们明明知道这卦记录的是各种人遭遇到各种不同的困境。值得注意的是，［彖辞］［象辞］的制作者在审视了这些记录以后，提出了应该如何对待处于困境的问题。它们主张在困难面前保持乐观的态度，一切随遇而安。总之，知天命，任化迁，是它们从《困》卦中推演出的观点。后来，陶渊明有诗云："甚念伤吾生，正宜委运去；纵浪大化中，不喜亦不惧。"（《形影神三首·神释》）正是这一观点的进一步发挥。在封建时代，许多身处困境的知识分子，往往也从这里找到适用的思想武器。

第四十八 《井》辨

䷯ 巽下坎上

井：改邑不改井，无丧无得。往来井井，汔至，亦未繘井，羸其瓶，凶。

［初六］井泥不食，旧井无禽。

［九二］井谷射鲋，瓮敝漏。

［九三］井渫不食，为我心恻，可用汲。王明，并受其福。

［六四］井甃，无咎。

［九五］井洌，寒泉，食。

［上六］井收，勿幕。有孚，元吉。

水井要改造吗？

井，是古代人民特别是远离江河湖泊的居民，在生活中不可缺少的设施。没有井，没有水资源，生活则难以为继；有了井，居民才可以生存、发展，人们也才有可能聚居在一起。所以，古代称乡村为"乡井"，因为乡离不开井。聚乡而成邑，邑也必有井。

前几年，我们看过一部题为《老井》的电影，里面描写到老乡们打井取水的过程，写到对水的渴求，掘井的艰辛。从几十年前发生的事件，联想以往，就可以知道，井，对于居住在黄土高原的祖先来说，是多么的重要了。

《井》卦，描述的正是有关打井的问题。

在卦辞，制作者首先讲述当时出现过的事件："改邑不改井。"改，改造；改邑是指改造、改建城邑。"不改井"，是说旧井没有得到改造。在这里，卦辞省略了转折词"而"。全句是说：扩建乡邑而不改造旧井或打造新井。对此，巫者很不以为然。在他们看来，乡邑改变了，条件改善了，居民的生活设施，也要跟着改进，不应不改建旧井而将就使用，抱残守缺。巫者还指出："无丧无得。"丧，失也。意思是说：无所失，也就无所得。看来，当时为政者不想抛弃旧井，让旧井继续将就地使用，巫者有必要提出自己的观点，让人们有所醒觉。

"往来井井。"往来，指来来往往的人；井井，第一个"井"字作动词用。这句意说许多人都要频繁地在井里打水，使用这井，可见"井"的重要性。

"汔至，亦未繘井"，汔，《说文》："涸也"；至，通窒，塞也。汔窒即井水干涸淤塞。繘井，指安装辘轳系上绳索吊桶来汲水的井。繘，《周易释文》云："繘音橘……郑云，绠也。《方言》云：关西谓绠为繘。郭璞云：汲水索也。"[1]《周易集解》引郑玄云：繘，"木桔槔也"，"言桔槔引瓶，下入泉口，汲水而出"。[2] 这句承上文，说许多人频繁地来井里打水，结

---

[1] 《丛书集成续编》第七十四，上海书店1994年版，第46页。

[2] （唐）李鼎祚著，陈德述整理：《周易集解》，巴蜀书社1991年版，第10卷第1页。

果井水干涸淤塞，亦未有使用附有辘轳桔槔比较先进的水井。看来，乡邑的人口愈来愈多，所以要"改邑"，可是，井还是那些井，"亦未井"，这就是"不改井"。改邑而不改井，自然出现矛盾。

"赢其瓶，凶"，赢，缠绕也，义同《大壮》"赢其角"的"赢"，引申其义，即抱着、揽着；瓶，瓶瓮，汲水的器具。这句的意思是：搂着瓮瓶去井里打水。

有些论者解"赢"为毁坏，像朱熹《周易本义》云："赢，败也，汲水几至，未尽绠而败其瓶。"① 也通。但从上文有"改井"的提示看，"抱其瓮"，指的是不改进井的设施，依然采用抱瓮汲水的旧方法，似更贴切一些。

总之，《井》的卦辞要说明的是，旧的井，已不敷应用，也不合潮流。这使我们想起了《庄子·天地》所叙说的一段故事：子贡南游于楚，见到一老圃辛苦的抱着瓮汲水灌溉。子贡对他说，用一种器械汲水，一日可灌溉许多垅亩，而且不费气力。老圃问：那是什么东西？子贡说：这是木制的器具，前轻后重，其名为槔。谁知那老圃忿然作色而笑曰："吾非不知，羞而不为也！"② 这说明，因陈守旧的思想，往往盘踞在人们的脑海里，使人们不容易接受新鲜事物。庄子所说的故事，恰好是《井》卦卦辞的注脚。

面对着"不改井""赢其瓶"的做法，巫者大不以为然，故判曰"凶！"

---

① （宋）朱熹撰，苏勇校注：《周易本义》，北京大学出版社1992年版，第65页。

② （清）王先谦：《庄子集解》，中华书局1987年版，第106页。

水井改建的经过

［初六］井泥不食，旧井无禽。

"井泥"，泥作动词用，淤塞也。由于井眼淤塞，淤泥秽物把水弄得一塌糊涂，井水已不能饮用了。

"旧井"，通"旧阱"。阱即陷阱，作捕兽用。"禽"通"擒"。"旧井无禽"即指旧的陷阱抓不了禽兽，变得毫无作用，没有存在的价值。这一句，用以比喻、衬托"井泥不食"。

在古代，先民们从以捕猎为主的生产方式，逐步进入农业社会，对井的认识，有一个过程。依靠捕猎为生的人，当然懂得"旧井无禽"的道理。为了强调"井泥不食"，爻辞的制作者就有必要用人们熟知的事例，说明"改井"的重要性。

顺便指出，有些论者把"无禽"理解为飞禽，或说是井污了，连禽鸟也不来光顾；或说阱旧了，抓不到禽鸟了。这两种解法都不通，因为禽鸟无论和井还是和阱，均没有什么关系，且不说鸟儿到井边饮水，只属偶然；至于说，古人以陷阱捕兽则可，以阱捕禽，则未之闻也。《周易集解》引崔憬云："禽，古擒字，禽犹获也。"我认为此说为妥。

［九二］井谷射鲋，瓮敝漏。

"井谷"，井的底部凹陷处。"射鲋"，鲋，一种小鱼，《周易集解》引虞翻曰："鲋，小鲜也。"[1] 许多研究者认为古人有

---

[1] （唐）李鼎祚著，陈德述整理：《周易集解》，巴蜀书社 1991 年版，第 10 卷第 2 页。

用弓矢捕射鱼类的做法，因此，高亨先生对这爻的解释是："射鱼者必临乎大水，施于大鱼。若井谷射鲋，不能用鱼，适穿其瓮，而瓮以破漏耳。"① 类似这些意见，可作一解。

但是，鲋，一定是指鱼吗？未必。据《周易释文》："鲋，音附，鱼名也。子夏传谓虾蟆。"② 朱骏声、尚秉和也不排斥鲋是虾蟆的说法，尚还说："虾蟆穴居水际，故曰井谷射鲋。"③ 我认为，解"鲋"为虾蟆，更合理一些。上爻说到，井底淤塞，泥泞积聚，虾蟆在井谷生存，人们便去"射"它，这不是常有的事么？而"射"，也未必解为用弓矢去射，射也可理解为追逐、掷击。因此，说瞄击井底的癞蛤蟆，比起说用箭去射井里的小鱼，似更为妥帖。至于"瓮敝漏"，指打水的瓮瓶也旧了、破了。总之，这一爻，是描叙旧井的凋落，井底养蛤蟆，井瓶也残破，已经到了不能不改的田地。

如果说，上面两爻叙述的是旧井的状况，那么，下面写的则是和井的改造有关。

[九三] 井渫不食，为我心恻，可用汲。王明，并受其福。

闻一多先生认为："渫，污也。是井渫犹 [初六] 井泥。"他又认为"心"当读为沁，北人以物探水曰沁。而"恻"读为测。他说："此言井水污渫，为我沁测之，尚可以汲。旧说

---

① 高亨：《周易古经今注（重订本）》，中华书局 1984 年版，第 300 页。
② （唐）陆德明撰，黄焯断句：《经典释文》，上海古籍出版社 1983 年版，第 28 页。
③ 尚秉和：《周易尚氏学》，中华书局 2003 年版，第 221 页。

训渫为不停污，又读心恻如字，大谬。"① 闻先生的意见，可供参考。

不过，我认为"旧说"也并非没有道理。据《说文》："渫，除去也。"段玉裁《说文解字注》引荀爽曰："去秽浊清洁之意也。"②"井渫"，即井里除去了秽浊的东西，把井疏浚好了。"井渫不食"是说水井疏浚好了而不去饮用。

至于谁"不食"？也可有不同的理解。旧说更多是指那疏浚水井的人，不是为了自身饮用的需要，而是"为我心恻"，换言之，他是为了我们老百姓忧心，所以作出浚井的举措。

在［象辞］，此句的批注云："井渫不食，行恻也。"认为浚井是行恻隐之心，并非为了自己的"食"。《潜夫论·释难篇》对这爻的解释是："贤人君子既忧民，亦为身作……故大屋移倾，则下之人不待告令，各争共柱之。仁者兼护人者，且自为也。《易》曰：王明兼受其福。"③ 总之，他们都把井渫而不食者，是那些能忧民之士。以我看，这些旧说，未必是"大谬"。它们也有参考的价值。

我认为，这里所说的"不食"者，更可能是指那些用惯了旧井的水，而不敢食用新疏浚井水的守旧分子，他们也像子夏所遇到的不用桔槔的老圃一样，不肯尝新，不肯为人先。因此，头脑清醒的人就说："为我心恻。"孔颖达《周易正义》

---

① 蔡尚思主编：《十家论易》，岳麓书社1993年版，第507页。

② 蒋人杰编纂，刘锐审订：《说文解字集注》，上海古籍出版社1996年版，第2400页。

③ （汉）王符著，汪继培笺：《潜夫论笺校正》，中华书局1985年版，第330页。

云："为，犹使也……使我心中恻怆。"① 真的，那些花岗岩脑袋，其迂腐可悲，不能不使人为之恻然。

我之所以认定"不食"者，指的是那些不敢食用新疏浚井水的人，是因为爻辞的制作者，紧跟着写了一句"可用汲"。他告诉人们，这水可以汲用！在这里，分明有着教训、劝导的语气。作者还进一步说明："王明，并受其福。"明，英明睿智也；并，均也；福，福泽也。这话意思是：正是由于王者的圣明，让人改造了井，大家才都得到了他的福荫。

［六四］井甃，无咎。

"甃"，《说文》："甃，井壁也。"孔颖达《周易正义》云："子夏传曰，甃亦治也。以砖垒井，修井之坏，谓之为甃。"② 可见"井甃"即以砖整砌石壁，这说明当时修井工程已达到较高的水平。巫者称，若占得此爻者："无咎"。

［九五］井洌，寒泉，食。

井水清澈，凉津津的泉水。"食"，和［六三］的"不食"相对成文。制作者告诉人们（当然也包括上面提到那些"不食"的人）：这井水是可以放心食用的！

［上六］井收，勿幕。有孚，元吉。

"井收。"收，《说文通训定声》说"收假借为纠"，纠即

---

① （清）阮元校刻：《十三经注疏》，中华书局 1980 年影印版，第 60 页。
② （清）阮元校刻：《十三经注疏》，中华书局 1980 年影印版，第 60 页。

绳子。《周易集解》引虞翻曰： "收，谓以辘轳收缗也。"①
"井收"，井上有用辘轳汲水的绳子。"幕"，《周易正义》云：
"幕，盖也。"② "勿幕"，即不要盖上。确实，辘轳上的绳子，
垂直吊落井中，是不好加上盖子的。从这爻看，"改井"的工
作完成了，因此，巫者也显兴奋，他们认为把井改好了，民众
"有孚（福）"，元吉，大吉。占得此爻者，预示好运当头了。

改和不改的论争

从《井》的卦辞和爻辞看，当时出现了"改邑"的情况。
改邑，无非是城邑的人口增多了，或是出于政治、经济发展的
需要，人们改建旧的城邑，或迁徙到新的城邑。可是，人们却
没有注意"改井"。

城邑中最重要的生活设施，就是井。居民食水问题，如果
没有跟着解决，这就成了一桩大事。有鉴于此，《周易》的制
作者便通过《井》卦，描叙了改井的过程，并且阐述了改井
的重要性。

《井》卦的爻辞，不仅写到旧井必须改建，写到旧井的水
不堪饮用和改建后井水的清冽，而且主张采用井上架设辘轳的
汲水新技术，因此，这一卦，可说是古人生活状况的反映。

有意思的是，这卦从"不改井"写到"改井"的过程，
也写了一些人对"改"的抵触情绪。在描叙中，制作者透露
出他的主张改革、创新的想法。并且指出：适合改邑的需要，

---

① （唐）李鼎祚著，陈德述整理：《周易集解》，巴蜀书社 1991 年版，
第 10 卷第 3 页。
② （清）阮元校刻：《十三经注疏》，中华书局 1980 年影印版，第 60 页。

适合时代的发展，井的建造，也应采用的技术。像井上架辘轳，井壁用砖垒等等。很明显，这体现出制作者当时具有比较先进的观念。

为了强调"改"，卦辞提出的"无丧无得"的主张。《周易》的制作者认识到：没有失，也就没有得。得与失，是一对相互对立的概念，但它们又是互相联系的。事物的存在，有一定的规律。大千世界，是无限的，而人们对事物的掌握，只能是有限的。当你掌握了某些方面，必然也失去了某些方面，而当你准备获得某些方面，也就要放弃另一些方面。正如人们下围棋，你下了一子，占了这一角，便意味着你失去另一角。所以，不可能全得，也不可能全失。

就事物的发展而言，旧的不去，新的不来。因为在一定的条件下，时空又是有限的。事物若要发展，必须有所否定，有所抛弃。因此，只有有所失，才能有所得。后来老子的《道德经》也说道："曲则全，枉则直，窪则盈，敝则新，少则得，多则惑。"这和《井》卦卦辞提出"无丧无得"的观念如出一辙。可见，我们的先民，早就具有辩证的思想方法。

［彖辞］和［象辞］的分歧

《井》的《彖辞》是：

> 巽乎水而上水，井。井养而不穷也。改邑不改井，乃以刚中也。汔至亦未繘井，未有功也。羸其瓶，是从凶也。

《井》的卦象是"巽下坎上"。"巽"有顺的属性，"坎"

545

象征水。［彖辞］说，顺着水而让水上到上面，这就是井。卦
辞中又写到"往来井井"，有许多人到井上打水，［彖辞］便
解释，井所起的养活人的作用是说不完的。

至于爻辞有"改邑不改井"之句，在［彖辞］的制作看
来，不改井的做法，是对的，因此，才会附会卦象中［九二］
与［九四］俱为阳刚之爻，又俱处于中位了，这就叫"刚
中"，从而表明"不改井"是正常的。

其实，［彖辞］的制作者并没有正确理解爻辞，因为，爻
辞明明写到"井泥不食"，后来又写到"井冽，寒泉，食"，
这不是把井改好了吗？怎么会反而认为"不改"是正常的呢？
而［象辞］倒是肯定爻辞所写的"改井"，所以在［六四］
中就有"井甃无咎，修井也"的说法。修井，不就是改井吗？

同时，［彖辞］为了表示"不改井"的正当性，硬是弄出
一个"刚中"的说法。但我们知道，这样的附会的随意性，
是明摆着的。因为，既然两个刚爻居中，被认为是正面的，那
么，如果一阴爻一阳爻居中，不也是可以说成为相互配合的好
事么？总之，制作者为了证实自己的想法，怎样附会怎样解释
都行。而［象辞］制作者不惜牵强地解释"不改井"的正确
性，恰好表明他自身也具有保守的思想。

对于卦辞中其他两句，　［象辞］的解释比较明白，此
不赘。

我们再看《井》的［象辞］：

木上有水，井。君子以劳民劝相。

［初六］井泥不食，下也。旧井无禽，时舍也。

［九二］井谷射鲋，无与也。

［九三］井渫不食，行恻也。求王明，受福也。

　　[六四] 井甃无咎，修井也。

　　[九五] 寒泉之食，中正也。

　　[上六] 元吉在上，大成也。

　　按卦象，下卦的"巽"象征木，它代表汲水用的木器。
[大象]说："木上有水"，是指木承水而上，这是以木器汲水
出井的形象，所以此卦名为"井"。还说，这启示君子们从中
领略井的意义，要懂得慰劳民众，吸引群众；还要和群众相互
劝勉。

　　[小象]对[初六]的解释是：井水污垢，不能食用，这
是最不好的。（当然，这里的"下"，也和此爻处于卦的最低
的卦位有关）。这好像那"旧井（阱）"抓不到禽兽，就该适
时地舍弃不用。

　　[九二]之爻，写到了旧井的情况，它可以让人投掷那井
底之蛙，而且汲水的瓮又破又旧。[小象]指出，这旧井，没
能给予人们什么东西。在[九三]，爻辞写到当把井水整治得
干净了，人们却不予饮用。[小象]便指出：这样的德性，很
让人可怜。至于爻辞有"王明"之句，[小象]说，这祈求王
者圣明，让大家都得到福荫。

　　在[六四]，[小象]说：用砖石砌井，这是在修井，也
即是"改井"。而[九五]，爻辞写到改井后泉寒可食，[小
象]则从卦象说明改井措施的正确。因为此爻以阳刚而居于
上卦的中位，这意味着一切十分合适。至于[上六]之爻写
到改井用井之后，巫者给以"元吉"的预言。[小象]表示非
常赞同，并且说，此爻已到达全卦的最上方，这表示此举大获
成功。

　　上面说过，《井》的卦辞和爻辞，写到了在"改井"问题

上，人们有不同的态度。有趣的是，这卦的［彖辞］和［象辞］的制作者，恰好就表现出对"改井"有不同的认识。这生动地说明，那些阐释《周易》的思想家们，在革新还是保守的问题上，态度并不一致。这正是在思想领域里存在不同观念的反映。也可以说，这是历代的思想家们，对《周易》的解释存在分歧的发端。

第四十九 《革》辨

革：己日乃孚。元亨，利贞，悔亡。

[初九] 巩用黄牛之革。

[六二] 己日乃革之。征，吉，无咎。

[九三] 征，凶。贞，厉。革言三就，有孚。

[九四] 悔亡，有孚。改命，吉。

[九五] 大人虎变，未占，有孚。

[上六] 君子豹变，小人革面。征，凶；居，贞吉。

有关制作皮革的问题

"革"，这在今天是经常使用的字，像改革、革命、革新、革除。此卦以《革》为名，和上述的含义有一定的联系。

革，其本义是皮。若作动词用，即为制作皮革。《说文》："革，兽皮治去其毛。"而经过制作处理，皮的性质也就改变了。

在我国，早就有了皮革制作的工艺。据屈原的《天问》有"何后益作革"一句，后益即伯益，传说他先于夏禹。作革，便指制作皮革。皮是兽畜之皮，制成为革，用于人类，便有不同的属性。于是，人们把革的本义引申为变、为改，像

《周易集解》引郑玄云："革，改也。"① 孔颖达《周易正义》云："革者改变之名也……革之为义，变动者也。"② 在这卦，"革"字有时作名词用，有时作动词用，对此，我们必须区分清楚。

在卦辞，我们碰到的疑难是对"己日乃孚"的解释。

关于"己"，字形与"已""巳"相近。高亨先生释为"巳日"，认为巳日是指祭祀的日子，他说："巳疑借为祀。孚读为浮，罚也。巳日乃孚，谓祀社之日乃行罚也。"③ 而《周易正义》引王弼的说法，认为"已"是已经的已，"已日"是指行动结束、完成的日子。王弼说："夫民可以习常，难以适变；可以乐成，难以虑始。故革之为道，即日不孚，已日乃孚也。"④ 意指变革当天，不能有所获，到已经完成了整个过程的日子，才有所获。宋代的朱震在《汉上易传》中说：己，"当读作戊己之'己'"⑤。他认为"己日"是日期的符号，古代日期以天干为标志，即甲日、乙日……轮到了"己"，就称"己日"。顾炎武同意这一说法，他在《日知录》卷一中指出："《易》之所贵者中，十干则戊己为中，至于己则过中，而将变之时矣，故受之以庚。庚者，更也。"⑥

---

① （唐）李鼎祚著，陈德述整理：《周易集解》，巴蜀书社 1991 年版，第 10 卷第 3 页。

② （清）阮元校刻：《十三经注疏》，中华书局 1980 年影印版，第 60 页。

③ 高亨：《周易古经今注（重订本）》，中华书局 1984 年版，第 302 页。

④ （清）阮元校刻：《十三经注疏》，中华书局 1980 年影印版，第 60 页。

⑤ （宋）朱震：《汉上易传》，上海古籍出版社 1989 年版，第 169 页。

⑥ （清）顾炎武著，黄汝成集释：《日知录集释（外七种）》，上海古籍出版社 1994 年版，第 16 页。

以上三种说法，以朱震的主张最为合理。因为，综观《革》的内容，与把兽畜之皮，改变其性质，制作成皮革有关。人们要制革，便选择一个意味着变更的日期，进行祭祀或开工，这比较符合先民们的思维方式。

"己日乃孚"，是指在"己日"那天，以俘获献祭。

"元亨，利贞，悔亡。"巫者的判断是，举行大规模的亨祭，有利于占卜。若占取此卦，灾祸都会消失。

从制革到装备军队

[初九] **巩用黄牛之革。**

"巩"，巩固、坚固的意思。按《说文》"以韦束也"，韦，皮带也。"革"，皮也，属名词。这一爻，是指用皮带把黄牛的皮，束在身上。让它作为护身的装备。显然，爻辞的制作者，一开始便揭示了需要制革的原因。

[六二] **己日乃革之。征，吉，无咎。**

这爻的意思是，到了日期被称作"己"的那天，才开始以皮制革（这"革"作动词用，指把牛皮经过锻制成为皮革）。巫者认为占得此爻，若问出征，则属吉，不会出什么问题。

[九三] **征，凶。贞，厉。革言三就，有孚。**

"征"，指出征。巫者认为，这预示为"凶"，若占得此爻，叩问前景，则属危险。为什么巫者作出了这样强烈的反响？原因是，上爻提到"己日乃革"，锻造皮革才开始，它还未完成，还未能作为防护的装备，未能起到"巩"的作用。在这样的情况下，匆匆出征，自然是凶多吉少，自然是非常危险的。

"革言三就"，以我看，它是对这爻前面判断语的补充说明。革，指锻造皮革；言，助词，无义，正如《诗经》的"驾言出游""薄言采之"的"言"字一样，只有加强语气的作用。

"三就"，三，指多次；就，成就。这句意思是说，制革，要经过多次反复制炼：用水把皮泡浸，去其油脂，使之变软；又要用火烤烘，使之坚硬，经过许多工序，才能够成功。制成了，便"有孚"，有所收获了。

反观在"革言三就"之前，亦即在保护身躯的装备尚未完成之前，便出现"征"的行动，自然很不妥当。

[九四] 悔亡，有孚。改命，吉。

这爻的叙述性词语是"改命"，巫者的判断语，在爻中或写在它的前边，或写在它的后面，都围绕"改命"而发。

"命"，按《说文》："使也，从口从令"。其本义，就是命令。《广雅·释诂》："命，呼也；命，道也；命，名也"，可见它又有多个引申义。从"命"可释为"道"，它又引申为规律、命运、性质、禀性。在《乾》卦的 [象辞]，有"乾道变化，各正性命"一句，孔颖达注云："命者，人所禀受，若贵贱夭寿之属是也。"程颐也说："天所赋为命，物所赋为性。"

在前面，各爻说的是皮革以及制革的问题。承上文，这爻所说的"改命"，是改"革"之命，亦即经过对兽皮畜皮采用泡、烘等工序，使之改变性质，成为甲胄，成为保护人体的装备。在冷兵器时代，征战中有没有甲胄护身，是至关重要的问题，《礼记·中庸》说："衽金革，死而不厌，北方之强也。"[①]《战国策》也说："兵革大强，诸侯畏惧。"[②] 可见，"革"，确具有关键性的作用，这也正是巫者不惜对"改命"的举措，给予一连串正面评价的原因。

[九五] 大人虎变，未占，有孚。

"大人"，指最高层次的统治者。"虎变"，高亨先生认为"变疑借为辩"[③]。又引《说文》"辩，驳文"，《广雅·释诂》"辩，文也"。此说可从。驳文是斑驳的文采，虎变亦虎纹。

对"大人虎变"一句，论者有各种各样的解释，高亨先生说："大人虎变，喻其政威，猛民视之如虎也。"李镜池先生说："变脸如虎，发威发怒的样子。"[④] 陈鼓应、赵建伟先生认为："虎变，谓变得尊贵。"[⑤] 黄寿祺、张善文先生认为"大人像猛虎一样推行变革"[⑥]。这些意见是否得当，读者可以自己进一步推敲。

这爻和上面几爻所写制革的情状，是有联系的，离开了制造皮革的具体行为，很容易不着边际。我认为，所谓"大人虎变"，无非是说最高层的统治者，他所用的革胄，画着象征老虎的花纹。虎为百兽之王，《风俗通·祀典》："虎为阳物，

---

① （清）阮元校刻：《十三经注疏》，中华书局 1980 年影印版，第 1626 页。

② 刘向：《战国策》，上海古籍出版社 1985 年版，第 75 页。

③ 高亨：《周易古经今注（重订本）》，中华书局 1984 年版，第 304 页。

④ 李镜池著，曹础基整理：《周易通义》，中华书局 1981 年版，第 97 页。

⑤ 高亨：《周易今注今译》第 440 页。

⑥ 黄寿祺、张善文：《周易译注》，中华书局 1981 年版，第 410 页。

百兽之长也。"① 那"大人"的甲胄（或者是他专用的皮制盾牌）画上虎纹，这分明是意味着他身份的尊贵。其实，这爻的〔象辞〕也说："大人虎变，其文炳也"，文即花纹、文采，我不知道专家们为什么会忽视这里对"文"的提示。特别是，高亨先生已释"变"为"辩"，不知为什么不和"革"上的花纹联系起来，却滑到政权的权威去了？

"未占，有孚"，意是还未占卜，便可断定是有所获、有福气了。

在巫者看来，给最高的统治者使用的甲胄，画上虎纹，象征具有"百兽之长"的权威和尊贵，这是应有之义，所以，巫者甚至放弃自己的与上天沟通的权利，认为连占卜也用不着，直截了当就说"有孚"。这做法，在《周易》里是少有的，它从另一面说明了人们对王权的绝对肯定。

〔上六〕君子豹变，小人革面。征，凶；居，贞吉。

"君子"，指贵族。"豹变"，豹纹。豹是形状似虎而略小的猛兽，"君子豹变"，意思是说贵族们所用的甲胄画上豹纹。

和虎相比，豹是次一等的，所以古人以豹作为从属于王者的符号，例如臣属的车驾，以豹尾为饰，称豹尾车。《汉书·扬雄传》："每上甘泉，常法从，在属车间豹尾间。"② 又如箭靶，《周礼·天官·司裘》："王大射，则共虎侯（靶子）、熊侯、豹侯"，注云："豹侯，卿大夫以下所射。"③ 总之，在甲

---

① （汉）应劭撰，王利器校注：《风俗通义校注》，中华书局1981年版，第368页。

② （汉）班固：《汉书》，中华书局1998年版，第1162页。

③ （清）阮元校刻：《十三经注疏》，中华书局1980年影印版，第683页。

胄或盾牌等装备的图像花纹设计，王者用虎纹，贵族们就用豹纹，这很符合等级、爵位的规矩。

"小人革面"，论者对这句的理解也千差万别。高亨先生说："言小人之面如革韦，而不知耻也。"① 李镜池先生说："革面：变脸，指对长官不服甚至反抗的神色。"② 陈鼓应、赵建伟两位先生说是"小人被革除掉"③。黄寿祺、张善文两位先生则认为"面，朝向；革面犹言改变倾向"④。在以上诸说中，高先生的意见较近合理，但我认为与"不知耻"完全无关。

所谓"小人"，与"君子"相对而言，指的是身份较低的百姓、士卒，这和《师》卦〔上六〕中所说"小人（庶民）勿用"是一样的。所谓"革面"，即以革障面，这一句，其实是说庶民出身的一般士卒，其战斗装备，是保护面庞（或头部）的皮革。和王者、贵族比较起来，庶民只能以革护脸、护头，无疑比穿戴绘有虎纹、豹纹的甲胄，要简单得多，对人体的防御功能，也相对少得多。

闻一多先生认为："按面读为鞔"，"革鞔，即车之以革为覆者"⑤。按闻先生的解释，"革面"即以皮革蒙复的车。由此，他认为"虎变""豹变"，是指以虎纹、豹纹画在皮革上的车。并引《玉藻》"君羔幦虎植；大夫齐车，鹿幦豹植"作

① 高亨：《周易古经今注（重订本）》，中华书局1984年版，第304页。
② 李镜池著，曹础基整理：《周易通义》，中华书局1981年版，第99页
③ 陈鼓应、赵建伟注译：《周易今注今译》，商务印书馆2005年版，第440页。
④ 黄寿祺、张善文：《周易译注》，中华书局1981年版，第411页。
⑤ 蔡尚思主编：《十家论易》，岳麓书社1993年版，第610页。

说明。此论亦妥，可参考。总之，虎变和革面，分明区分了两个不同的等级。

这一来，巫者的判词，便很容易理解。为什么说"征，凶"？因为出兵打仗时，如果贵族作为将领，其穿戴的甲胄或所乘战车，与一般士卒不同，必然成为受敌人攻击的目标；而从另一个角度看，士卒们只在头部有革，而身体的其他部分没有防护装备，也必然增加伤亡的比例。所以，占得此爻者，若远行，也会和出征者一样，是危险的，故曰"凶"。

但是"居"，则"贞吉"。

"居"，指安定地居住着，没有动的打算，那么，巫者是认可的。因为，在没有发生战事的时候，王者、贵族、庶民，有不同的穿戴、车舆，以区分不同的等级，这是"礼"的需要，有利于强化上下有序的统治，故曰"贞吉"。

从皮革制造引申到革命

《革》卦的内容，写的无非是制造皮革和使用的事情，但是，后来人们却多把"革"字和革命、改革、变革等含义联系起来，这和［彖辞］［象辞］对它的理解、引申有关。我们先看［彖辞］：

革，水火相息，二女同居，其志不相得，曰革。己日乃孚，革而信之。文明以说，大亨以正。革而当，其悔乃亡。天地革而四时成。汤武革命，顺乎天而应乎人。革之时大矣哉！

［彖辞］说："水火相息"，是因《革》的卦象为"离下兑

上"。"离"为火的象征，"兑"为泽的象征。而兑在离的上面，象征用水浇火。火熄灭，物质的属性也就产生了变化，正像用水泼到燃烧的木条上，便变成炭一样。进一步，它又把水火相息的关系，比喻为"二女同居，其志不相得"，意说两个志趣脾气不同的女人住在一起，必然产生种种矛盾冲突，这就是"革"。

［彖辞］"己日乃孚"至"其悔乃亡"六句，是说：到己日便有所获。变革了的事物，确定了就相信它。要赞美它，让它愉悦；要祭祀它、敬畏它，确立它的权威。总之，这变革的过程如果得当，灾祸就消失了。

在这里，［彖辞］的作者认识到，事物出现矛盾，便会产生变革，换言之，变革了的事物，是矛盾冲突的结果。他又认识到：这变革了的新事物，只要改革方式是正当、恰当的，便应给予充分的肯定。我认为，认识矛盾的存在，认识到它是事物发生质变的根源，并且确认新事物的合理性，这说明我们的祖先具有辩证的思想，具有非同寻常的智慧。

"天地革而四时成"，［彖辞］作者认为，日月星辰的变化，正是春夏秋冬四时的成因，这一句，是他对自然规律发展变化的总括。由此，他进一步推导和阐述社会发展变革，提出了"汤武革命"的问题。

"命"，指天道、天命。据《尚书》载："武王戎车三百辆，虎贲八百人，擒纣于牧之野。"汤武王颠覆了夏桀的统治，是"革"了夏朝的"命"，建立汤王朝。他改变了天道，这便是"革命"。制作者认为，汤武革命"顺乎天而应乎人"。当时，社会存在严重的冲突，犹如水火相息，矛盾趋于激化，就要变革，汤武王的举措，顺应着社会发展天道变化的规律，顺变了人民的要求，他的胜利，是必然的。

"革之时大矣哉！"在［彖辞］制作者对《革》卦的总括中，他从"己日乃孚"的判断，又提出了"时"的问题。他认为进行变革，要选择恰当的时间、时机。选择是否得当，对能否取得成功，有着非常重大的意义。《革》在卦辞里之所以选择"己日"，是因为这"符号"的本身，意味着变更。由此引申，改革天命，时机选择恰当，便能成功；选择不当，则功败垂成。所谓"革之时大矣哉"！道理盖在于此。

［象辞］则说：

泽中有火，革。君子以治历明时。
［初九］巩用黄牛，不可以有为也。
［六二］己日革之，行有嘉也。
［九三］革言三就，又何之矣！
［九四］改命之吉，信志也。
［九五］大人虎变，其文炳也。
［上六］君子豹变，其文蔚也；小人革面，顺以从君也。

［象辞］强调时间选择的重要性，必然牵涉选择者的主观能动性的问题。因此，《革》卦［象辞］的制作者，又作出了补充："君子以治历明时"。意思是说，作为君子，要研究历法，了解合适的时机。这一句，提出"治历"，证实了上文提到的朱震说的"己为戊己"的合理性。更重要的是，它指出了"明时"的作用。明时，是对客观条件、形势，有清醒的了解。很清楚，［大象］提出君子的"治"与"明"这是认识到在变革中主观能动性的作用。

［小象］对每爻的阐述是，［初九］一爻，写以牛皮束身，

这说明甲胄未曾制好，是不可以有所作为的。[六二]之爻，写到在"己日"开始制作皮革，[小象]便解释，有所行动，是会得到美好结果的。对[九三]写到"征凶"，后来又有"革言三就"，制革获得成功的情况。[小象]的制作者担心人们好了伤疤忘了疼，有所成就便冒险出征，于是，他诘询人们又想要到什么地方去，以提问的方式，提醒人们要谨慎从事。

[九四]的爻辞提到"改命"，即改变了皮革的性质，引申而言，经过一番努力，改变了事物的性质。[小象]认为，"信（伸）志也"，这说明理想得到了实现。

至于[九五]和[上六]，[小象]解释，所谓"虎变""豹变"，无非是说指革胄上画有彪炳的表示不同等级的花纹。而戴着革制头盔的一般士兵，便应"顺以从君"，顺从地听从领导者的指挥。

就[小象]而言，它的阐释，没有离开卦辞和爻辞所写有关制革乃至装备成军的内容。但是，[象辞]和[大象]，则从皮革经过制炼发生了质的变化，进一步演绎，推导为对事物变革包括对社会变革的高度肯定，这就出现了"汤武革命"的提法。很明显，他们认识到变革是推动事物前进的动力。同时，他们又注意到在变革中存在着主客观条件的问题，注意到人的主观能动性问题，这一切，充分说明我们的祖先思想水平的高超。

第五十　《鼎》辨

三 巽下离上

鼎：元吉，亨。

[初六] 鼎颠趾，利出否，得妾以其子。无咎。

[九二] 鼎有实，我仇有疾，不我能即。吉。

[九三] 鼎耳革，其行塞，雉膏不食。方雨亏，悔终吉。

[九四] 鼎折足，覆公餗，其形渥。凶。

[六五] 鼎黄耳，金铉，利贞。

[上九] 鼎玉铉，大吉，无不利。

烹饪用具与庙堂法器

鼎，这一器物，我们今天多在博物馆中才能看到，可是，在古代，它是人们日常必备的器皿。

孟子说："民以食为天"，为求生存，吃，是先民关注的首要问题。而古人用以烹饪的器具，就是鼎。孔颖达《周易正义》云："鼎者，器之名也。自火化以后铸金而为之器以供烹饪，故谓之为鼎。"① 在夏商周时代，鼎多用青铜铸制，圆

---

① （清）阮元校刻：《十三经注疏》，中华书局 1980 年影印版，第 61 页。

形，腹下有三足，有两耳。烹饪时，人们把食物置于鼎内，在其三足之间，放置柴薪燃烧加热。

由于作为食具的"鼎"对每个家庭的重要性，其意义引申于国，便作为国家的象征，成为"宗庙之器"。所以《说文》云："鼎，三足两耳，和五味之宝器也。昔禹收九牧之金，铸鼎荆山之下，入山林川泽，魑魅魍魉，莫敢逢之，以协承天休。"人们还把它的三条腿比作辅助王者的三公，把管理朝政比喻为烹饪，把大臣的管治技巧称之为"调和鼎鼐"。关于鼎的功能，《周易正义》所引的《九家易》说得最清楚："爨以木火，是鼎镬烹饪之象；亦象三公之位，上则调和阴阳，下则抚毓百姓。鼎能熟物养人，故云象也。"①

由于鼎和民生与政治息息相关，十分重要，所以，卦辞是"元吉，亨"。巫者认为，若占得此卦，是大吉的，亨祭吧！

由于鼎具有以上所说的功能，所以，《鼎》的爻辞，便记述了有关鼎的种种状况。

［初六］鼎颠趾，利出否，得妾以其子。无咎。

"鼎颠趾"，趾，指鼎足，"颠趾"，即把鼎侧转过来。"利出否"，否，王弼注云："谓不善之物也"。这两句是说，把鼎颠倒过来，这有利于把它里面的不好的东西，例如吃剩的食物之类倒了出来。

"得妾以其子"这一句，论者的解释，多从"妾"字着眼。妾，小老婆也，次妻也。高亨先生说："以犹与也，盖妾

---

① （唐）李鼎祚著，陈德述整理：《周易集解》，巴蜀书社 1991 年版，第 10 卷第 6 页。

固为人妇，且有子焉，今携其子归我也。"①

　　不错，孤立地看这句，应不难理解，但是，它和上句有什么关系？为什么倒掉了"否"，却把别人的老婆连人带子讨了过来？似难以说清。闻一多先生则认为：利出否之"否"，应读为"陪"，说陪鼎是正鼎之副贰，说这爻"谓正鼎折毁，则当出陪鼎以代之。下文曰'得妾以其子'者，妾为妻之副贰，妾之于妻，犹陪鼎之于正鼎，故出陪鼎为得妾之象。妻无出，得妾而有子，可以代妻，犹正鼎无足而有陪鼎，则出陪以代正也。"② 若把这爻孤立来看，此亦可为一说，也颇可自圆。但闻先生此说是以"正鼎毁折""正鼎无足"作为出其副鼎的前提，而"鼎颠趾"却不是毁折，也不是无足。此卦的［九四］才是说"鼎折足"，那才是"折毁"或无足。所以，闻先生的解释，似仍可商榷。

　　解释这爻的关键，在于对"妾"字的理解。我认为，这爻的"妾"，不作为妻妾之义，而是"接"的通假字。按《说文》"接，音妾"。得妾以其子，实即得接以其子。

　　接，交也。子，可作妻孥或后辈解。承上文，作为食器的鼎，颠倒过来，鼎的底部向上，自然有利于清空鼎中的残渣剩肴，那么，就能很方便地交给妻儿了。当然，由于鼎有延伸为象征权力的含义，因此，这爻也可理解为清除障碍，把权力交予"其子"，让权力得以顺利的交接。

　　无论是把食器还是把权力，经过彻底的整顿，给予"其子"接受，都是稳妥的，所以巫者判曰"无咎"。

---

① 高亨：《周易古经今注（重订本）》，中华书局1984年版，第305页。
② 蔡尚思主编：《十家论易》，岳麓书社1993年版，第505页。

［九二］鼎有实，我仇有疾，不我能即。吉。

《说文》："实，富也。""鼎有实"，指鼎中有丰富的内容，例如盛满了肉菜。也可比喻为家国财力物力的殷富。

"我仇有疾"两句。许多论者，释"仇"为"君子好逑"的逑，说是匹配者，像李镜池先生说这爻的意思是："鼎里有食物，我妻有病，不能和我一起吃。"① 至于"不我能即"是"不能即我"的倒装；即，近也。

当然"仇"与"逑"，是可作通假的，但两者的字义，仇敌与相好，刚好是矛盾的，把"仇"字转了一百八十度作"逑"，总觉牵强。又，此爻巫者的判词为"吉"，这是怎么回事呢？若说鼎里有好东西，而相好者患了病，不能和我亲近，应属憾事，怎么反说是"吉"呢？这真令人不解。

以我看，"仇"就可直解为匹敌者、相左者，《左传·桓公二年》："嘉耦曰妃，怨耦曰仇。"那么，即使把"仇"解为可以同鼎而食的妻子，那也是冤家对头。话不投机半句多，她有病，不能相近，也未尝不是好事，判曰"吉"，也通。

如果以鼎为权力的象征，那么，这爻的意思是：家国殷实，容易被人觊觎，但敌方生了病，有了问题，不能接近我方，故巫者判之曰"吉"。

［九三］鼎耳革，其行塞，雉膏不食。方雨亏，悔终吉。

"鼎耳革"两句，鼎耳，鼎的一个部位，人们移动鼎时，

---

① 李镜池著，曹础基整理：《周易通义》，中华书局1981年版，第99页。

要抓着它以着力，所以《周易集解》引虞翻曰："鼎以耳行。"①《汉书·五行志》师古曰："鼎非举耳不得行。"② 革，变也。塞，阻滞也。这两句的意思是，鼎耳坏了，变了形，不好掌握，要搬动它，便有困难。

"雉膏不食"，雉膏，野鸡的肥肉，《周易释文》引郑玄的说法："雉膏，食之美者。"③ 不食，食不到的意思。商周时，以鼎烹调食物，是在户外进行的，《特牲馈食礼》云："羹饪实鼎，陈于门外。"④ 烹制完毕，才把鼎搬到堂内享用。若鼎耳变形，鼎就不能搬动，这一来，即使有雉膏之类的美食，让人食指大动，却是无法尝鲜。

不过，毕竟鼎里有美食，那鼎暂时无法挪动，而人们终究可以吃到了雉膏。对此，巫者又进一步申述："方雨亏，悔终吉。"方，方才、刚刚；亏，减损也。意思是说雨刚消歇，鼎便不必挪动，人们可以就鼎而食。这一句，巫者用以形容"悔终吉"。他认为，若占得此爻，则有灾祸，但最终有好结果，就像下了雨，方才雨量减少，雨后将会天晴一样。

[九四] 鼎折足，覆公餗，其形渥。凶。

"覆"，倾覆。"公"，这里是对主人的尊称。餗，食物，

---

① （唐）李鼎祚著，陈德述整理：《周易集解》，巴蜀书社1991年版，第10卷第8页。

② 王先谦：《汉书补注》，中华书局1981年版，第621页。

③ （唐）陆德明撰，黄焯断句：《经典释文》，上海古籍出版社1983年版，第28页。

④ （清）阮元校刻：《十三经注疏》，中华书局1980年影印版，第1181页。

当指粥或肉糜之类，李鼎祚《周易集解》说："餗者，雉膏之属"①。渥，湿漉漉黏糊糊的样子。这爻所叙的是：鼎的足拆毁了，重量不平衡，鼎一倾覆，倒出的粥羹糊成一片。对此，巫者判定为凶兆。

[六五] 鼎黄耳，金铉，利贞。

"黄耳"，黄铜铸造的鼎耳。"铉"，《说文》"举鼎具也，《易》谓之铉，《礼》谓之鼏"。从铉和鼏的字形看，很可能它是弓弦形的、钩着鼎耳让鼎能够搬动的部件。金铉，饰有黄金的铉。巫者认为，这鼎很贵重，它的呈现，有利于占卜者。

[上九] 鼎玉铉，大吉，无不利。

"玉铉"，是指以玉为装饰的铉。而不能解为玉的铉。因为，玉易折，不可能作为搬动鼎的工具。由此，上具所谓"金铉"，同样是指以金为装饰的铉。看来，以玉铉为举具的鼎，是最尊贵的，所以，巫者说，若占得此爻，则大吉。

以上六爻，环绕着鼎，分别叙述使用鼎时出现的种种情况。其中，[初六] [九二] 为一组，写鼎内没有食物或有食物时碰到的问题。[九三] [九四] 为一组，写鼎的部件的毁坏。以上两组，描述的是作为食具的鼎。而 [六五] [上九] 为一组，写的是贵重的鼎，这一组，没有提到食物，它所指的鼎，应是庙堂上摆设的法器。

---

① （唐）李鼎祚著，陈德述整理：《周易集解》，巴蜀书社 1991 年版，第 10 卷第 8 页。

稳定政权的象征

围绕着《鼎》的卦辞爻辞，［彖辞］的制作者，作了一番推演。

［彖辞］曰：

> **鼎，象也。以木巽火，亨饪也。圣人亨以享上帝，而大亨以养圣贤。巽而耳目聪明，柔进而上行，得中而应乎刚，是以元亨。**

鼎，具有烹饪和象征政权的功能，因此，［彖辞］除了解释《鼎》的卦象以外，其阐述的核心，是向主管鼎亦即掌握最高权力的人，提出"圣人烹以享上帝，而大亨以养圣贤"的观点。认为政权的掌执者，一方面要敬畏上帝，敬畏天命，换言之，不能随心所欲地滥用权力；一方面要善待和重视臣属，吸引和罗致有用之才。无疑，对巩固统治的权力而言，这意见是重要的。

由于《鼎》卦是由"巽"和"离"组成，巽有顺逊的意味，离的自然属性为火，有明亮的意味，所以［彖辞］提到"巽（顺）而耳目聪明"。它认为，处理政务、事务，要顺着、柔着，而不能悖逆，不能偏激。显然，当权力已经稳固的时候，各种措施，以顺、柔的态度处理，当是有利的。

［象辞］说：

> **木上有火，鼎。君子以正位凝命。**
>
> ［**初六**］**鼎颠趾，未悖也。利出否，以从贵也。**

［九二］鼎有实，慎所之也。我仇有疾，终无尤也。

［九三］鼎耳革，失其义也。

［九四］覆公䛁，信如何也。

［六五］鼎黄耳，中以为实也。

［上九］玉铉在上，刚柔节也。

《鼎》的卦象是"巽下离上"。"巽"象征木，"离"象征火，［大象］称：在柴火上面烹饪的器皿，就是鼎。从鼎形象的启示，它提出："君子以正位凝命"，意思是指统治者要效法"鼎"，要端正地、稳妥地确定、保持自己的位置；要严谨地、凝重地对待上天委予的使命。总之，不让自己轻举妄动，也不让别人轻举妄动。要让权力像铜鼎般稳定凝重，这应是"君子"追求的统治理念。

［小象］对爻辞的解释是：［初六］写把装着食物的鼎颠倒过来，这未有违背于常理，因为有助于把残渣倒了出来，然后交给后来的人。［小象］说，这样做，是要让接过鼎的人，能够跟从着尊贵的长辈。

在［九二］之爻，写到鼎内装有食物。［小象］说，搬动它的时候，要小心谨慎，避免让食物溅溢。如果冤家对头生了病，不能前来分一杯羹，那么，终归没有什么坏处。而［九三］之爻，写到由于鼎耳坏了，影响了人们对美味的品尝，［小象］认为是遗憾的事，因为这让鼎失去装载食物的意义了，鼎就不成其为鼎了。

至于［九四］，爻辞写到鼎折足，导致食物倾泻，［小象］便慨叹道：出现这种状况，相信会知道有怎样的后果了！

不过，对［六五］［上九］写的那些贵重的金镶玉砌的鼎。［小象］则从卦象的角度，给予正面的肯定。兹从略。

在这里，还有一个问题，我想提请读者注意。

按照《周易》卦名的顺序，《鼎》被安排在《革》之后。

《革》，主"变"，亦即在矛盾激化的条件下，主张"改命"、变革；而一旦变革取得了结果，新事物出现，就要鼎定、稳定。这就是王弼所谓"革去故而鼎取新"。因此，《鼎》卦的〔九三〕〔九四〕，写了"鼎耳革""鼎折足"的情况，而从制作者否定鼎的损毁和变动，可以看出他对稳定的追求。很明显，《革》与《鼎》，变与稳，两者是对立的，又是可以转化的。而且，处在不同的条件，人们应懂得审时度势，转变立场和态度。这是《周易》在《革》之后又安排《鼎》所给予我们的启示。

革去故，鼎取新。鼎的取新，是建立在去故的基础之上的，也就是说，变革了，便要稳定，因此，变与稳，又是相互联系的。有意思的是，《鼎》的爻辞，一开始就把"去故"提了出来。〔初六〕说："鼎颠趾，利出否"，出否，就是"去故"。把鼎颠倒过来，彻底把鼎里的残渣余孽倾倒出来，才有可能让"鼎有实"，重新装载"雉膏"之类的美味。可见，要鼎能纳新，首先要吐故，这是《鼎》卦给我们的另一个启示。

第五十一 《震》辨

☳☳ 震下震上

震：亨。震来虩虩，笑言哑哑；震惊百里，不丧匕鬯。

［初九］震来虩虩，后笑言哑哑，吉。

［六二］震来厉，亿！丧贝，跻于九陵。勿逐，七日得。

［六三］震苏苏，震行，无眚。

［九四］震遂泥。

［六五］震往来，厉。亿！无丧？有事？

［上六］震索索，视矍矍。征，凶。震不于其躬，于其邻。无咎。婚媾有言。

发生了大地震

"震"，多数论者释为雷，《易·说卦》："震为雷。"而后人对这卦符"☳"比附的自然形态，也是雷。两个卦符重叠而成的卦象，说明雷之多，雷之巨。所以，孔颖达《周易正义》云："震象雷"。而按卦符"震"又有"动"的属性，孔氏又赶紧补充，说"雷奋动万物，故为动也"①。后来，李镜

---

① （清）阮元校刻：《十三经注疏》，中华书局 1980 年影印版，第 61 页。

池先生说："卦的内容谈雷电和人们对它的认识。"① 高亨、黄寿祺、陈鼓应等诸位先生也持此说，可作参考。

不过，我对把《震》释为雷电的说法，颇有怀疑。

按常识，打雷，一定连着风雨，像《尚书·金縢》"天大雷电以风，禾尽偃，大木斯拔，邦人大恐"②，而此卦的卦辞、爻辞，却和风、雨毫不搭界。再者，雷有声，雷声隆隆，若把爻辞中的"震虩虩""震苏苏""震索索"作为状声词，显与雷声不伦。所以，历来诸家都把它们释为人们疑惧之貌。这完全是正确的。正因如此，也使我们更有理由相信《震》卦写的不是"雷"，否则，便不可能在全卦中连一个打雷的状声词，也没有出现。

至于爻辞〔六二〕〔六四〕还有"跻于九陵""震遂泥"的说法，也和打雷时发生的状况不符。

段玉裁在《说文解字注》中说："振与震叠韵，以能震物而谓之震也，引申之，凡动谓之震。"③ 按照他的解释，"震"，指的是震动，在《震》卦全卦所写的震动，不是打雷，而是地震，是人们在地震中所表现的种种情状。

卦辞说：震，亨。巫者认为，占得此卦者，就应亨祭。

至于"震来虩虩"两句。虩虩，《广雅·释训》："惧也"，瑟缩的样子。哑哑，即格格，《释训》释为"笑声"。两句是说，地震了，人们惊惧得很，但过后便有说有笑了。"震惊百里"，说地震发生，这震动，让百里以内的人感到震惊。

① 李镜池著，曹础基整理：《周易通义》，中华书局 1981 年版，第 101 页。

② （清）阮元校刻：《十三经注疏》，中华书局 1980 年影印版，第 197 页。

③ 蒋人杰编纂，刘锐审订：《说文解字集注》，上海古籍出版社 1996 年版，第 2438 页。

跟着又说，"不丧匕鬯"。不丧者，不失也；匕，匙也；鬯，《说文》："𥬖以矩酿郁草，芬芳攸服，以降神也"，即以郁金香草酿造，用以祭神的香酒。

整首卦辞的意思是：地震发生了，人们害怕得发抖，过后，人们又哈哈地说笑，觉得没事了。这次地震，严重得很，百里皆惊，不过，人们镇定下来，虔诚地祭祀，一匙子香酒也没有缺少，所以幸保平安。

地震时的种种情状

[初九] 震来虩虩，后笑言哑哑，吉。

这爻辞，与卦辞首两句相同，高亨先生以它与卦辞重复，怀疑卦辞是衍文。特别认为"笑言哑哑乃言燕居之乐，不丧匕鬯乃言祭祀之庄，是震来二句又与震惊二句辞意相牾"[①]。

我认为，卦辞的制作，多是在爻辞之后，是制作者总括了爻辞的内容之后，突出其要点或重点成文。因此，重复爻辞的文字，是可能的。另外，在 [初九] 之爻，"震来虩虩"与"笑言哑哑"之间，有一个"后"字，这一来，表明这两个动作相互有联系的性质，并非重复或相牾。

至于卦辞，没有"后"字，但"震来虩虩"与"笑言哑哑"这两句似是"相牾"的句子，只不过是省略了中间转折的词，而这样的省略，在古汉语中乃是通例。卦辞的意思，实为震来虩虩而笑言哑哑；震惊百里而不丧匕鬯。我认为，爻辞

① 高亨：《周易古经今注（重订本）》，中华书局 1984 年版，第 307 页。

［初九］"后"字的出现，正好说明"震来"与"笑言"的联系，也说明卦辞的制作者，很重视在地震发生后人们处变不惊的态度，因而着重在卦辞中重复使用。

地震，是可怕的自然灾害，在《诗经·小雅·十月之交》里，有过如下描写：

> 烨烨震电，不宁不令。
> 百川沸腾，山冢崒崩。
> 高岸为谷，深谷为陵。
> 哀今之人，胡憯莫惩。

地震来时，天动地摇，人们惊慌失措，是十分自然的，但地震过后，人们便"笑言哑哑"，这是庆幸，还是对震动时"虩虩"的自嘲，都不要紧，重要的是情绪安定了下来。巫者认为，这就很好。所以判曰"吉"。

回过头来看，卦辞的后两句"震惊百里，不丧匕鬯"，正是根据这爻的描述作出的归纳。

［六二］震来厉，亿！丧贝，跻于九陵。勿逐，七日得。

"震来厉"，指地震来得很猛烈。"亿"，通噫，《周易释文》："亿，本又作噫，辞也"。"丧贝"，贝，钱财。连上文，是说地震来得凶猛，人们惊哗，害怕得把钱财也掉了。（也有可能人们正在水边拾贝，地震一来，可怕得很，便扔下了贝壳逃跑）。

"跻于九陵"，跻，升也；九陵，丘陵，概指重重叠叠的山地。这句是说，当地震时，人们惊慌失措，纷纷往山上奔跑。这情状，也说明《震》卦写的是地震，而非打雷。因为，按常识，若是打雷，人们害怕了，其反应只能是往屋里躲，怎么可能是跻于九陵？若是发生地震，人们急着跑丘陵，倒是可以理解的。

至于"勿逐，七日得"，是巫者的判语。像这样的筮辞，在《既济》爻中也有出现，如说"妇丧其茀，勿逐，七日得"，可见这是当时巫者预言事物将会失而复得的习惯用语。这里所说的"勿逐"，当是指不要去寻找那些掉失了的"贝"，巫者认为，这些钱财，以后是能找回的。七日，是古人所理解的日序的周期。所以《复》卦中有"七日来复"之语。《经义述闻》云："盖日之数十，五日而得其半，不及半即称三日，过半即称七日，欲明失而复得多不至十日，则云七日得。"①

[六三] 震苏苏，震行，无眚。

"苏苏"，孔颖达《周易正义》云："苏苏，畏惧不安之貌。"② 其义与上文"虩虩"相同。"震行，无眚"，行，走也、趋也；眚，灾祸也。这句是说，地震的时候走开、避开，就没有遭殃了。

[九四] 震遂泥。

这一爻，由于论者多以"震"为雷，遂有以"遂"为"坠"的解释。高亨先生说："震遂泥者，巨雷作，人震惊而陨落于泥中也。"③ 李镜池先生说："这是描写打雷闪电时电光

---

① （清）王引之：《经义述闻》，江苏古籍出版社1985年版，第20页。

② （清）阮元校刻：《十三经注疏》，中华书局1980年影印版，第62页。

③ 高亨：《周易古经今注（重订本）》，中华书局1984年版，第310页。

好像从天上坠落到泥里一样。"①

以我看，《震》卦写的是地震，"震遂泥"之"遂"，便也；泥，作动词用，滞陷不通也，如《论语·子张》"致远恐泥"②之"泥"，郑玄、颜师古等均作滞陷解。据此，这爻不过是说：地震了，便出现了泥土陷滞的现象。这情景，和上引《十月之交》所说"百川沸腾"，即地震引起海啸，以至"山冢崒（猝）崩"，地貌发生变化，与"高岸为谷，深谷为陵"的景况颇为相似。

[六五] 震往来，厉。亿！无丧？有事？

"震往来"，指地震连续发生，往来不断。"往来"，是说大地晃动，摇来摇去。而且，凡发生大地震，总会余震不断，古人不懂有关地震的知识，以为主宰地震的神秘力量，一会走了，一会又回来。这情景，自然十分危殆，所以说"厉"。

"意"，通噫，惊叹词。显然，当大地不断抖动的情况下，人们万分惶恐，发出惊骇的呼喊，并且急着打听："无丧？有事？"意思是问：没有损失什么吧？有出什么事没有？如此而已。

按帛书，"丧"作亡，丧、亡均是指丧失。有些论者，把"无丧"与[六二]的"丧贝"联系起来，说"无丧"是指没有掉丧了"贝"。又认为"有事"是指祭祀之事，像《周易折中》提出："春秋凡祭祀，皆曰'有事'，故此'有事'谓祭也"③。这些说法，自然也可参考，但颇觉深文周纳。其实，

---

① 李镜池著，曹础基整理：《周易通义》，中华书局1981年版，第102页。

② （清）阮元校刻：《十三经注疏》，中华书局1980年影印版，第2531页。

③ （清）李光地撰，李一忻点校：《周易折中》，九州出版社2002年版，第287页。

如果我们不把《周易》看得很玄乎，把它记述的文字，放在一定的语境中考察，是可以说个明白的。

[上六] 震索索，视矍矍。征，凶。震不于其躬，于其邻。无咎，婚媾有言。

"震索索"两句，索索，《周易正义》云："索索，心不安之貌"，① 它与"虩虩""苏苏"，同是形容人们惊骇得哆哆嗦嗦的样子。"视"，目光也。"矍矍"，《周易正义》释为"视不专之容"②，可从。两句是说地震时人们惊惧哆嗦，瞪大眼睛，目光游移不定。

"征，凶"，是巫者的判语，他认为占得此爻者，若有征行的打算，则意味着"凶"。确实，在发生地震灾难的时候，还想有所作为，大动干戈，不是想找死么！

这爻又说"震不于其躬，于其邻"，躬，自身也。意思是说，地震不是发生在自己身边，而是发生在邻近。看来，这是当事人对地震情况作进一步的补充。既然不是处于"震中"地段，人们虽然害怕，毕竟有惊无险。这也是巫者判曰"无咎"的原因。

不过，"婚媾有言"，有言即有愆。（参看《需》卦、《讼》卦）

巫者认为，在灾难之际，若从事婚媾之事，则是错误的。这判断也有道理，在惊魂未定之际，还谈什么男婚女嫁，男欢女爱？

---

① （清）阮元校刻：《十三经注疏》，中华书局1980年影印版，第62页。

② （清）阮元校刻：《十三经注疏》，中华书局1980年影印版，第62页。

所谓"震"，无论是指地震，还是指雷暴，总之是一种无与伦比的自然力。而古人，根本无法理解自然的威力，更无法阻挡自然的威力。这一卦所叙述的，正是人们在自然威力面前所表现出的悚悚惶惶的情状。

由地震引发的思考

这卦的〔彖辞〕是：

震，亨。震来虩虩，恐致福也。笑言哑哑，后有则也。震惊百里，惊远而惧迩也。不丧匕鬯，出可以守宗庙社稷，以为祭主也。

很清楚，这〔彖辞〕是对《震》的卦辞各句作诠释。

震来虩虩——是说恐惧可以致福。

笑言哑哑——是说恐惧之后能遵守法则。

震惊百里——这是形容无论在什么地方都怀着敬畏之心。远处的震动，可以使人们警惕身边所发生的事。

不丧匕鬯——这是说在灾祸中能保持镇定，依然举行祭祀，在祭礼上连一匙酒也不减少。对于在灾祸中涌现出的勇敢而守礼的人，〔彖辞〕制作者认为，这种人，堪当管治国家主持祭祀的大任。

我们且不说〔彖辞〕的阐析是否符合卦辞的实际，是否有穿凿之处，但是，它所宣示的思想，却值得我们注意。

首先，制作者承认，灾难是严重的，恐慌是巨大的，但这桩祸事，也可以"致福"，变为好事。在这里，我们看到，古人已认识到事物的对立面可以转化的道理。换言之，祸可转化为福，福也可以转化为祸，因此，人们不必在祸患面前心灰意冷，绝望悲观；也不能被眼前的顺境蒙蔽，以为万事大吉。显然，强调转化的可能性，这说明古人对世界的认识，具有高度的智慧。

然而，由"恐"致"福"，亦即事物的转化，不是没有条件的。在［彖辞］的制作者看来，很重要是看人的主观态度。因此，他强调，在纷乱中处于主导地位的统治者，要执行既定的法度，或者在惊恐后立即厘定法规，不能乱了方寸，总之，处变不惊，这是能够让坏事转化为好事，让"恐"转化为福的关键。

其次，［彖辞］接触到用人的问题，很清楚，它主张对在"震虩虩"中"不丧匕鬯"的人委以重任。换言之，它主张用人唯贤，要在严峻的考验中观察人，使用人。让冷静、坚定的人，肩负保护社稷，管治社会的责任。

而［象辞］则从另一个角度给予阐述：

洊雷，震。君子以恐惧修省。

［初九］震来虩虩。恐致福也。笑言哑哑，后有则也。

［六二］震来厉，乘刚也。

［六三］震苏苏，位不当也。

［九四］震遂泥，未光也。

［六五］震往来，厉，危行也；其事在中，大无丧也。

［上六］震索索，中未得也；虽凶无咎，畏邻戒也。

"洊"，重复也。 ［大象］说：两个象征"雷"的卦符

"☳"的重叠，这称为"震"。它认为，这卦所写连续不断的震动，其重要意义，在于启示君子们要"恐惧修省"。它提醒统治者面对灾难，要作自我反省，认为天灾乃是对人祸的惩罚。

无疑，[大象]更多是把天命与统治者联系在一起，这和[彖辞]的着眼点不尽相同。但无论如何，在一定的历史条件中，向统治者提出"畏天命"，让他们因恐惧而修省检点，少一点胡作非为，这对人民大众总是有利的。而后世的帝王，也多愿意接受《震》卦[彖辞]的启发。所以每逢遇上什么天灾，便赶紧作出"罪己诏"之类的东西，以表示"恐惧修省"。

[小象]对[初九]的解释，和[大象]一致。而对[六二]一爻所写地震情况，[小象]认为，这是由于此以阴爻驾凌在[初九]的阳爻之上，这是出现凶险之象的原因。同样，[六三]出现"震苏苏"，也是以阴爻而居阳位，显得位置不当。[九四]写到地震时泥土的崩陷，[小象]从卦象看，认为此爻以阳爻而后阴位，而且又夹在一上一下的阴爻之间，这注定它的阳刚之气，无从光大，导致出现崩塌的危险。

在[六五]之爻，写到地震时的摇晃，[小象]说，这意味行动有危险；不过此爻居上卦之中位，表明合于中道，因此大致没有损失。而[上六]又写到地震时的恐慌，[小象]说是由于此爻未合乎中道的缘故；不过，由于不处于地震中心的地带，所以"虽凶无咎"。而邻近地方出现了问题，也使人惊怕，也要有所戒备。

第五十二　《艮》辨

☶☶ 艮下艮上

艮：艮其背，不获其身。行其庭，不见其人。无咎。

［初六］艮其趾。无咎，利永贞。

［六二］艮其腓，不拯其随，其心不快。

［九三］艮其限，列其夤，厉薰心。

［六四］艮其身，无咎。

［六五］艮其辅，言有序，悔亡。

［上九］敦艮，吉。

繁花渐觉迷人眼

此卦何以名为《艮》？论者多根据［彖辞］"艮，止也"的说法。至于为什么"艮"解作"止"，有人便从《艮》的卦象立论，说"艮"象征山，山是静止不动的，两山叠在一起，更是重上加重，动弹不得。其实，人们忘记了［彖辞］还有这样的话："时止则止，时行则行"，它是说该动则动，该止则止，哪里说是完全静止了？

高亨先生据《说文》："艮很也，从匕目，匕目犹目与匕不相下也，匕目为皂，匕目为真也。"① 他认为隶变作"艮"。又根据《说文》"艮视也，从儿从目"，因此，他说："余谓艮者顾也"，"顾为还视之义，引申为注视之义"②。我认为，高先生的意见是正确的，兹从高说。

问题在于，《艮》卦所写的，是注视什么？从卦辞和爻辞的内容看，分明是指注视人的各个部位。我们且先看看卦辞：

艮其背，不获其身。行其庭，不见其人。无咎。

"艮其背"两句，乍看似乎费解，因为既说看到对方的背部，又说看不到其身，难道"背"不属"身"的一部分？这怎能说得过去？但是，《周易集解》引虞翻曰："身，腹也"③，腹在身躯的正面。这一来，意思便豁然开朗，它是说，注视到对方的背部，却看不见其正面。也就是说，对方的长相如何？是俊的？还是丑的？完全看不清楚。

"行其庭"两句，庭，门庭也，意思是说，走过对方的门庭，却看不见他的人影。从上面的叙述看，表明有人一直在盯梢、窥视。可是，有时是惊鸿一瞥，有时"人面不知何处去"，如入宝山空手回，总之是颇为失落没趣的。

出人意料的是，巫者似乎无视这尴尬的情景，所下的判词，竟是"无咎"。显然，在巫者看来，窥视者没达到目的，不识庐山真面目，实在也是无所谓的，所以对此行为只给予中

---

① 高亨：《周易古经今注（重订本）》，中华书局 1984 年版，第 311 页。
② 高亨：《周易古经今注（重订本）》，中华书局 1984 年版，第 311 页。
③ （唐）李鼎祚著，陈德述整理：《周易集解》，巴蜀书社 1991 年版，第 10 卷第 11 页。

性的评价。

《艮》卦写的是注视着，但卦辞却先写看不到，而且巫者对此也毫不介意，这显得十分有趣。为什么会是这样？下面，我们在爻辞中将作进一步的分析。

［初六］艮其趾。无咎，利永贞。

这爻说，注视着对方的脚趾。巫者认为，占得此爻者："无咎"，而且有利于长久坚持地占卜。看来，盯着别人脚趾，不算出格。所以，这爻的［象辞］也说"未失正也"。未失正者，不属邪也，应可容许。

［六二］艮其腓，不拯其随，其心不快。

"腓"，小腿的肚子。"拯"，《周易正义》"拯，举也"；①"随"，即隋，通"脽"，指臀部。（参看《咸》［九三］执其随）。这爻是说，注视着对方的腿肚子，却没有举起他的尊臀来细细观察。这一来，那被看者反不高兴了，似乎此人倒希望遇到识货者，愿意给人"拯其随"仔细品评。

［九三］艮其限，列其夤，厉，薰心。

"限"，《周易集解》引虞翻云："限，腰带处也。"②朱熹在《周易本义》中也说："限，身上下之际，即腰胯也。"③"列"，《说文》："分解也"，也就是分开。"夤"，通"膪"。

---

① （清）阮元校刻：《十三经注疏》，中华书局1980年影印版，第63页。
② （唐）李鼎祚著，陈德述整理：《周易集解》，巴蜀书社1991年版，第10卷第12页。
③ 李镜池著，曹础基整理：《周易通义》，中华书局1981年版，第72页。

《周易释文》说："郑本作膗，徐又音胤"[1]，那么，夤、膗，与"阴"为通假字，即指女生殖器。

以上两句是说，盯着人家腰间的重要部位，分开人家的阴部。这举动，简直是色狼的行为。因此，巫者说："厉"，危险得很！还指出："熏心"。高亨先生说：熏，"此疑借为惛"，惛是昏乱、迷乱的意思。确实，这很不雅的行为，会令人丧失理智。

[六四] 艮其身，无咎。

注视对方正面的上身。巫者认为，这没有什么问题。如果把这爻和［九三］比较，可见两者的行为大不相同，［九三］写的是目光不正，毛手毛脚；这爻写的倒是颇为规矩，不涉淫邪。所以，［象辞］也评曰："止诸躬也。"意思是只停留在盯看躯体的问题，这当然可以判曰"无咎"。

[六五] 艮其辅，言有序，悔亡。

"辅"，通"酺"。《玉篇》说："《左传》辅字作酺，经典每假辅为酺。" 又按《说文》："酺，颊也。"可见，"艮其辅"即注视对方的面颊。"言有序"，发现他（她）说话很有条理。巫者认为，这不错，占得此爻者，预示灾祸将会消失。

[上九] 敦艮，吉。

论者多释"敦"为敦厚、朴实的意思，是可行的。"敦

---

[1] （唐）陆德明撰，黄焯断句：《经典释文》，上海古籍出版社 1983 年版，第 28 页。

艮"即敦厚地注视对方。又按，敦亦可通"敦"，它是一种祭器，（参看《临》［上六］"敦临"的解释），即亦可理解为端着祭器注视对方，那就显得更庄重了。所以，巫者很肯定这样的举止，判曰"吉"！这是全卦唯一出现的吉字。

眼看手勿动

综观《艮》的爻辞，写的全是怎样盯看着对方的问题，从［九三］一爻推测，对方完全可能是个女性。

如果我们把《咸》和《艮》的一些爻辞作一比较，便可发现一个很有趣的现象。

《咸》：	《艮》：
咸其拇。	艮其趾。
咸其腓。	艮其腓，不拯其随。
咸其股，执其随。	艮其限，列其夤。
咸其脢。	艮其身。
咸其辅颊、舌。	艮其辅。

请看，两者所用的句式，所写对方身体的部位，实际上是一样的。不同者，只是举动上有所差异。《咸》写的是亲吻对方，《艮》则除"列其夤"一语外，写的只是注视对方。但由于"列其夤"的出现，这种注视，也难免使人不和想入非非联系起来。显然，这两卦的爻辞，分明都和性爱有关，而其举止则有程度上的区别。

其实，古人对《艮》卦爻辞的内容，是觉察到的。《韩诗外传》卷二引述据称是孔子的话："目好色，耳好声，教之以义。《易》曰：'艮其限，列其夤，危熏心。'《诗》曰：'吁嗟女兮，无与士耽。'皆防邪禁佚，调和心志。"《周易正义》也说道："艮，止也……施之于人，则是止物之情，防其动欲，故谓之止。"很清楚，他们都意识到《艮》所写的具有"欲"的性质，只是强调要从"防"的方面去考虑。

正是由于《艮》的爻辞，写的是盯视着对方，因此，巫者便根据其"艮"的态度，作出不同的反应。如果属一般的观察，例如只看着对方的脚趾，只看对方的上身，巫者觉得是无所谓的；如果观察时只注意对方的脸颊，注意其谈吐，或者态度敦厚庄重，巫者更大力肯定。但如果有"动欲"的表现，行为不雅，巫者便不以为然，发出"厉"的警告。显然，"眼看手勿动"，是巫者对待"艮"的总的认识。

也正是由于在瞄看女性的过程中，会惹出或多或少的麻烦，因此，《艮》卦卦辞的制作者，在概括全卦的时候，便认为只看到对方的背影，甚至连影儿也看不着，也未尝不是好事。"相见争如不见"，看不到，省却许多不尴不尬，连"欲"也不会动，这就是卦辞对没法"艮"的情况判曰"无咎"的道理。

举止恰当和自我克制

《艮》卦的［象辞］是：

艮止也。时止则止，时行则行。动静不失其时，其道光明。艮其止，止其所也。上下敌应，不相与也。是以不获其身，行其庭，不见其人，无咎也。

这段话的意思是:《艮》这一卦,是说抑止、停止的。但该行则行,该止则止。如果这动和静,亦即行和止,不失时机,那么,前景是光明的。所谓"艮其止"者,是说停止在该停的地方。因为出现上下矛盾,不相和谐的情况,就该停了。所以卦辞称"不获其身,行其庭,不见其人",是"无咎"的。

究竟〔彖辞〕对《艮》卦本义的理解是否准确,我们且不去管它,但它的推导所得的结论,却有值得我们注意的地方。

首先,〔彖辞〕的制作者虽然认为《艮》卦说的是有关静止的问题,但又认识到"止"并不是绝对的。"止"的对立面是"动",在一定的时空中,即使"止"处于主导地位,事物表现为静止的状态,但是,"动"的因素依然存在。在特定的条件下,"止"与"动",是可以转化的。因此,〔彖辞〕提示了"时止则止,时行则行"的观念。就是说,制作者认识到,"止"虽作为主体,但并不排斥"动",而是该止则止,该动则动。在这里,〔彖辞〕反映出古人对待事物态度的灵活性。

至于事物在什么条件下"止",在什么条件下"动"?〔彖辞〕又提出了"时"的概念。"时",时机也。时机,是决定事物是静止还是发展的关键。只有掌握住时机,"动静不失其时",才可能有光明之道。它认为《艮》卦所强调的"止",正是掌握了应该静止不动的时机。

什么是属于"止"的时机?〔彖辞〕说:"上下敌应,不相与也"。它是说,在构成矛盾的双方力量相对平衡的时候,起主导作用的一方,就该静止不动,这就是"止其所"。如果主导一方不顾客观条件,不顾力量对比,硬是要"动"起来,那真是不识时务，后果也难以设想。总之，是力量对比相对稳定时，要避免矛盾激化，这正是"时止则止"的诀窍。

我认为，[象辞]所表述的道理，也有助于我们对事物及其运动规律的认识。

这卦的[象辞]则说：

兼山，艮。君子以思不出其位。

[初六]艮其趾，未失正也。

[六二]不拯其随，未退听也。

[九三]艮其限，危薰心也。

[六四]艮其身，止诸躬也。

[六五]艮其辅，以中正也。

[上九]敦艮之吉，以厚终也。

《艮》的卦象为"艮下艮上"，"艮"象征山，两山连叠，是为兼山，这就是《艮》卦。"艮"又有抑止的属性。这意象，说白了，是启示君子的所作所为，不要出位、出格。这句具有概括性的评论，应该说更贴近于《艮》卦的本义。

所谓"位"，指位置，引申之，包括地位、爵位、品位，甚至包括环境等主客观方面。[象辞]要求人们必须根据自身所处的主客观条件，去考虑和处理问题，否则，就会"出位""出格"。这意见，也值得后人参考。

[小象]对每爻的解释是：[初六]说盯着人家的脚趾，"无咎"，是因为这还未失于正道，未出格。[六二]一爻，写到"不拯其随"，亦即没有做出失礼的举动，这是由于还未拒绝听从别人的劝告。而在[九三]写到"艮其限"等一连串行为，[小象]指出，这是很危险的欲火薰心的举动。在[六

四〕一爻，说是只盯着别人的身躯，〔小象〕便补充：那盯人者自身抑制着，没有轻举妄动。〔六五〕更是说只看着人家的脸庞，〔小象〕结合此爻处于上卦的中位，认为这举止属居中守正，无可挑剔。到〔上九〕，写到庄重地端详，这神情，〔小象〕视为是始终保持敦厚品德的表现。

总之，强调自我克制，是贯串在《艮》卦〔象辞〕的中心思想。

第五十三 《渐》辨

☰☷ 艮下巽上

渐：女归。吉，利贞。

[初六] 鸿渐于干。小子厉，有言，无咎。

[六二] 鸿渐于磐，饮食衎衎，吉。

[九三] 鸿渐于陆。夫征不复，妇孕不育。凶，利御寇。

[六四] 鸿渐于木，或得其桷，无咎。

[九五] 鸿渐于陵，妇三岁不孕，终莫之胜，吉。

[上九] 鸿渐于陆，其羽可用为仪，吉。

鸿雁和婚嫁的关系

卦名曰"渐"，是指渐渐地前进的意思。对此，孔颖达《周易正义》有准确的解释："渐者，不速之名也。凡物有变移，徐而不速，谓之渐也。"① 这卦名，是根据爻辞所描写"鸿"的状态来概括的，即"鸿"一步一步地爬高，故称为"渐"。

① （清）阮元校刻：《十三经注疏》，中华书局1980年影印版，第63页。

卦辞说"女归",指出嫁了的女人,回归娘家。巫者认为,占到这提出"女归"的卦,是吉兆。但是,使人困惑的是,从这卦的内容看,分明是写"鸿"的一步一步地爬,它和"女归"又有什么联系呢?而且,爻辞中提到"女"的地方如"妇孕不育","妇三岁不孕",显非好事,又怎能和"吉"沾上边呢?这一点,需要作进一步的分析。

《渐》的六首爻辞,第一个字,均是"鸿"。

"鸿",水鸟也,人们又称之为鸿雁。据《诗经·小雅·鸿雁》:"鸿雁于飞,肃肃其羽。"《传》曰:"大曰鸿,小曰雁。"又《疏》曰:"鸿雁俱是水鸟,故连言之。"① 古人观察到,鸿雁有群飞群栖的习性,所谓"雁行""雁序"等词语,都与鸿雁集体生活的习性有关;如果鸿、雁离开了集体,人们便会强调它的失群,称之为"孤鸿""孤雁"。古人又知道,鸿雁是候鸟。所以《礼记·月令》说:"季秋之月,鸿雁来宾。"②

正因为鸿雁有群居和不失节候的特点,因此,它们成了古人在生活中的重要内容,例如婚姻,便离不开了鸿雁。在古代,婚嫁时有所谓六礼,当卜得吉兆时,男方要通知女方,送上聘礼,称为"纳吉",婚姻乃定。据《仪礼·士昏礼》说:"纳吉用雁,如纳采礼"。《昏义》也说:举行婚礼时,"婿执雁入,揖让升堂,再拜奠雁,盖亲受之于父母也。"③ 可见,鸿雁在婚姻问题上有着特别的意义。《诗经·豳风·九罭》有句云:

---

① (清)阮元校刻:《十三经注疏》,中华书局1980年影印版,第431页。

② (清)阮元校刻:《十三经注疏》,中华书局1980年影印版,第1379页。

③ (清)阮元校刻:《十三经注疏》,中华书局1980年影印版,第962页。

> 鸿飞遵渚，公归无所，于女信处。
> 鸿飞遵陆，公归不复，于女信宿。

又《小雅·鸿雁》有句云：

> 鸿雁于飞，肃肃其羽。
> 之子于征，劬劳于野。
> 爰及矜人，哀此鳏寡。

你看，无论是写男女的聚合还是分手，都以鸿雁为起兴，这不正说明了鸿雁形象在婚嫁问题上的位置吗？因此，《渐》卦写鸿雁一步步爬高，却又牵出"女归"和"妇孕不育"等涉及女子的事情，也就不是无端端的笔墨。下面，我们来看看爻辞。

鸿雁上了岸，雌雄分了手

[初六] 鸿渐于干。小子厉，有言，无咎。

"干"，岸，水边，《诗经·魏风·伐檀》有云："置之河之干兮"。"鸿渐于干"，指鸿雁一步步走到水边。"小子厉，有言"，小子，论者多认为是指小孩子；厉，指危险，像高亨先生说："其在成人，进于水岸，亦无不可。若在小子，进于水岸，则有落水之虞，危矣。但若有大人诃谴之，则不及于险，可无咎。"[①] 这解释也可通。不过，我想《渐》整卦写的

---

① 高亨：《周易古经今注（重订本）》，中华书局1984年版，第315页。

是鸿雁，这"小子"，也应是指"鸿"的同类。

所谓同类，可能同是指人，也可能同是指禽鸟；而不是一指鸟，一指人。李光地在《周易折中》指出："昏礼用雁，大夫执贽亦用雁"，他把"鸿"视为执贽晋见上级的士大夫。又说："凡始进之初，未有便得所安而人信之者……若谋便于身图，而求合于众议，则危疑之大者至矣。"① 姑无论这分析是否合乎实际，但李光地把"鸿"比喻为人，把"小子"视为轻信的人，两者同属一类，这比把它们说成是分指鸿雁与小孩，更符合《渐》的本义。

以我看，"鸿"既已明明是指鸿雁，那么，"小子"应是指体积小的鸿雁。雌的雁，一般是个头较小，很可能那"小子"，实指雌雁。

鸿雁合群居处，大的鸿上了岸，小的鸿也跟着上岸，这举动，对小雁（或雌雁）而言，是危险的，故曰"小子厉"。"有言"即"有愆"，有错误的意思。（参看《需》卦［九二］的分析）不过，巫者又认为，此举应属"无咎"，因为就此爻而言，小雁虽有险，但毕竟刚上岸，也还不至于有大问题。

［六二］鸿渐于磐，饮食衎衎，吉。

"磐"，大石，《易纂言》说："磐，石之安平者，盖水旁石墩也。"② 这解释比较符合写鸿鸟一步一步登陆的实际。"衎衎"，通"关关"，禽鸟怡然自得地鸣叫的状声词。这爻说，

---

① （清）李光地撰，李一忻点校：《周易折中》，九州出版社 2002 年版，第 296 页。

② （元）吴澄：《易纂言 易纂言外翼》，上海古籍出版社 1990 年版，第 80 页。

鸿雁走到水边的石上啄食，显得很有兴头的样子。此情此景，巫者判曰"吉"。

［九三］鸿渐于陆。夫征不复，妇孕不育。凶，利御寇。

这爻首句，说鸿雁渐渐走上陆地了。

至于"夫征不复，妇孕不育"两句，应该怎样理解呢？我认为，这爻所说的"夫"，是指登上了陆地的雄性的雁，"妇"是指登陆后留下的雌雁。雄雁一去不复返，雌雁怀了孕却没有哺育小雁，这和上爻所说的"小子厉"，是有联系的。对此，巫者自然判之曰"凶"。

当然，这种情景，也可以比喻为夫妇之间的关系。所以，上引《诗经》的《九罭》和《鸿雁》，就以鸿雁雌雄的分离作为夫妇失谐的象征。而且，连在遣词造句方面，也与此爻颇为相似。不过，就此爻的本义而言，它实在只从"鸿渐于陆"入手。

"利御寇"，也是巫者根据鸿雁的习性作出的判断。据说雁的警惕性非常高，据《禽经》载：雁"夜栖川泽中，千百为群。有一雁不瞑，以警众也"。这守备入侵者的雁，被称为"雁奴"。又传说鸿雁还有一些很特殊的防御本领，《淮南子·修务训》说：雁"衔芦而翔，以备缯弋。"[①] 晋人崔豹的《古今注》说得更具体：雁"每至还河北，体肥不能高飞，恐虞人所获，每衔芦数寸，以避缯弋"[②]。另外，有人传说它衔芦

---

① 刘文典撰，冯逸、乔华点校：《淮南鸿烈集解》，中华书局1989年版，第645页。

② 崔豹撰，（后唐）马缟集，（唐）苏鹗纂：《古今注》，商务印书馆1956年版，第14页。

是为了防御大鹰的侵袭,《代州志》称:"雁门山岭高峻,鸟飞不过。唯有一缺,雁往来向此中过,号雁门。山中多鹰,雁至此皆相待,两两随行,衔芦一枝,鹰惧芦,不敢捉。"

鸿雁是否具有如此这般的智慧,怕也未必。不过它是喜爱群栖的动物,而弱小的动物群又多有注意集体防御的习性,那倒是事实,古人传说鸿雁具有较高的警惕性,说它们懂得保护自己,不为无据。显然,巫者是知道登陆飞翔的鸿雁,是具有这样的特性的,因此,便认为占得此爻的远行者,则"利御寇",有利于作出防御的举措。

[六四] 鸿渐于木,或得其桷,无咎。

"木",指树木。"桷",一解为椽,即屋顶上的木条,《说文》说:"秦曰榱,周谓之椽,齐鲁谓之桷。"(由此,也可大致知道《渐》卦所叙产生的地域)而程颐的《程氏易传》称:"桷,横平之柯。"[①] 以上两说,均可从,我则认为程说更稳妥。这爻的意思是,鸿雁一步一步地前进,飞到了树上,或者还能够栖息在平稳的枝杈。对此,巫者的判语便称"无咎"。

[九五] 鸿渐于陵,妇三岁不孕,终莫之胜,吉。

"陵",山陵。首句说,鸿雁渐渐飞上了山丘,它越飞越远了。"妇",指的是雌雁。"三岁",比喻长期。"终莫之胜"是终莫胜之的倒装。这爻意思是,雄雁飞走了,它越飞越高;那雌雁则一直没有生小雁,而且最终谁也没能让它(她)怀

---

① (宋)程颢、程颐著,王孝鱼点校:《二程集》,中华书局 1981 年版,第 976 页。

胎。巫者很满意这样的状态，所以认为占得此爻者，预示为"吉"。

鸿雁，一直被人们赋予有情有义的禀性，所以，上引的《诗经·小雅·鸿雁》，才会以"鸿雁于飞"起兴，引出"哀此鳏寡"，把鸿雁比喻为人世的夫妇。后来《白虎通·嫁娶》又从儒家观点出发，说鸿雁相依的习性，是"随时之鸟"，具有"妻随夫之义"。清代的黄钧宰在《金壶七墨》中更指出："禽类中雁为最义，生有定偶，丧其一，终不复匹。"①

这一爻，写到雌雁的"三岁不孕"，并且"终莫之胜"。从生物繁殖的角度看，本来不能说是什么好事。可是，巫者的判词竟是"吉"，这表明，他对事物的判断，掺杂着对社会伦理的认识，透露出他已把动物世界和人际关系联系起来，并按照自己的理念来解释世界。显然，后世儒家强调夫妇之义，强调妇女的"贞节"等观念，已在这一爻巫者所作"吉"的裁决中，露出了端倪。

［上九］鸿渐于陆，其羽可用为仪，吉。

这爻的首句，与［九三］重复，因此，"陆"疑为误植。李光地在《周易折中》指出："陆乃阿之误。阿，大陵也，进于陵则阿矣。仪，古读俄，正与阿叶。《诗》云：菁菁者莪，在彼中阿。既见君子，乐且有仪。"② 此说可从。"阿"指山阿，是比一般丘陵更高远更幽深的地方。

"仪"，舞蹈或礼仪中用以装饰的道具。《六十四卦经解》

---

① 黄钧宰：《金壶七墨》第六卷，上海古籍出版社 1980 年版。

② （清）李光地撰，李一忻点校：《周易折中》，九州出版社 2002 年版，第 299 页。

云："仪，执鸿羽以舞也。"① 这爻是说，那鸿雁越飞越高，而且越来越得其所，越来越有作为，它的羽毛可以用作隆重典礼中的饰物。巫者称：占得此爻者，属"吉"。

综观《渐》的爻辞，它所描述的是鸿雁一步步前进的情况，与此同时，也涉及那些没有随行渐进的个头较小的雌雁，所以才会写到"小子厉""妇孕不育""妇三岁不孕"等状况。一方面，雄雁步入青云；一方面，雌雁长久地等待，可怜成了"鳏寡"。如果从雄雁的角度看"渐"的行程，当然是渐入佳境；如果从雌雁的遭际看，它却是流落天涯。"旧时曾是同巢鸟"，雄的"飞上枝头作凤凰"，雌的便不无怨恨之情了。

只有注意到《渐》的爻辞写到了雄雁、雌雁不同的状况，才可以理解这卦的卦辞在概括全篇的时候，强调的是"女归，吉"。确实，那孤零的雌雁，选择回家的道路，应属上策。显然，卦辞的制作者，更多是站在雌雁的立场，来看得鸿雁分飞的问题，并认为它应回到旧巢，重寻玩伴。同样，巫者也认为，如果占得此卦，女方回到娘家，则是吉兆。

鸿雁渐进的启示

《渐》的［彖辞］曰：

渐之进也，女归吉也。进得位，往有功也。进以正，可以正邦也。其位刚得中也。止而巽，动不穷也。

---

① （清）朱骏声：《六十四卦经解》，中华书局 1958 年版，第 234 页。

　　〔象辞〕的阐释，着眼于"鸿"的渐进。而"进"，又需具备两个前提。

　　其一是"进得位"。得位，是指合适的环境、位置。从合适的位置出发，到达合适的地方，不是乱动、盲动，不作非分之想，这样的"进"，才是"有功"的。

　　其二是"进以正"。正，是指正道，正理，正当的方式与渠道。正派地前进，便"可以正邦"，可以以身作则，改变官场上的歪风邪气。从〔象辞〕的主张看，它是肯定立身处世，要有所进取，而进取的方式，应该是渐进的。《渐》卦所写鸿渐于干、渐于磐、渐于陆、渐于木、渐于陵、渐于阿，一步一步往高处走，这就是"动不穷"。换言之，〔象辞〕不主张处事冒进、急进、跃进，它所持的是强调量变的发展观。孔颖达的《周易正义》认为：〔象辞〕的说法是"广明渐进之美也。止不为暴，巽能用谦，以斯适进，物无违拒，故能渐而动进，不有困穷也"。我认为这理解是符合〔象辞〕的精神的。

　　《渐》的〔象辞〕是：

　　山上有木，渐。君子以居贤德善俗。

　　〔初六〕小子之厉，义无咎也。

　　〔六二〕饮食衎衎，不素饱也。

　　〔九三〕夫征不复，离群丑也。妇孕不育，失其道也。利用御寇，顺相保也。

　　〔六四〕或得其桷，顺以巽也。

　　〔九五〕终莫之胜吉，得所愿也。

　　〔上九〕其羽可用为仪，吉，不可乱也。

　　《渐》的卦象是"艮下巽上"，"艮"是山的象征，"巽"

是木的象征。[大象] 认为，山上有树而树木渐长的意象，颇能给人以启发。[大象] 所强调的，是"君子以居贤德善俗"。居，积也。居贤德即积善积德，是指渐进者要注意自身品德的问题。它希望君子要想进取，便应加强自身的修养，只有在修身的基础上，逐步进身，达于高位，才可以身作则，改善社会的风俗风气。可以说，[象辞] 这一句话，是对 [彖辞] "得位"和"正邦"的补充。后世儒家提出"修身齐家治国平天下"的路线，显然和这卦 [彖辞] [象辞] 的主张有着密切的联系。

据 [小象] 解释，[初六] 之爻，虽然出现过"厉"的情况，但总的来看，判为"无咎"是适宜的。而 [六二] 写到鸿雁在饮食时很得意地鸣叫，[小象] 说，它们是有所作为的，并非白白地只为填饱肚子的。在 [九三]，[小象] 认为：那雄的走了而不回，是离开了同类了。那雌的孕而不育，是有失于正道的。至于说"利用御寇"，是指彼此和顺即可以互相保护。

[六四] 说：有些鸿雁上了树了，[小象] 解释，这是因为属于上卦的"巽"，它象征木，所以鸿雁能顺着树木爬了上去。[六五] 一爻，则认为谁也没有办法让雌的生育，这正好如其所愿。最后的 [上六] 写雄雁的羽毛在隆重的典礼中被派上了用场，能作为贵重的饰物，[小象] 指出，到了这个境地，它应该知道遵照规矩，知所进退。

如上所述，《渐》的 [彖辞] [象辞] 着眼于雄雁的渐进，历代的易学家对《渐》的分析，就更多从仕进的方面立论，而对爻辞中明明写到的雌雁的遭际，也都略而不顾了。一般来说，这是论者的世界观使然。当然，也有人知道这做法的欠缺，也设法作些辩解，例如李光地说："六爻皆有'女归'

之义，独于三五言妇者，阴卦则其为臣道妻道，不必言也。"①
而李光地认为的"不必言"，又正好暴露出他自身的迂腐的
立场。

---

① （清）李光地撰，李一忻点校：《周易折中》，九州出版社 2002 年版，
第 299 页。

第五十四 《归妹》辨

䷵ 兑下震上

归妹：征。凶，无攸利。

[初九] **归妹以娣，跛能履。征，吉。**

[九二] **眇能视，利幽人之贞。**

[六三] **归妹以须，反归以娣。**

[九四] **归妹愆期，迟归有时。**

[六五] **帝乙归妹，其君之袂不如其娣之袂良。月几望，吉。**

[上六] **女承筐，无实；士刲羊，无血。无攸利。**

一次政治婚姻的记录

卦名《归妹》，写的是与嫁女有关的问题。

"归"，《周易集注》云："妇人谓嫁曰归。"① "妹"，指少女。"征"，指远行。把女子嫁到别处，当然要远行。巫者说："凶，无攸利。"认为如果占着这一卦，显然是不吉利的。

---

① （明）来知德：《周易集注》，上海古籍出版社 1990 年版，第 291 页。

按说，婚姻嫁娶，本来是好事、喜事，而且，在爻辞的〔初九〕〔六五〕，也还出现"吉"的判语，为什么作为总括性的卦辞，却给予"凶"的预兆呢？

关于这一点，李光地在《周易折中》里有所解释。他说："归妹文意，如《春秋》'归田''归地'之例。以物归于人，非人来取物也。"他认为"不待取而自归，失婚姻之礼"①。意思是说嫁女者采取主动，"故不曰'妹归'，而曰'归妹'，以明其失礼"。由于违反了男方娶女的规矩，所以，巫者便在总体上给予负面的评价。

李光地的分析，自有其道理。不过，很有可能还有其他的原因。

在这卦的〔六五〕，有"帝乙归妹"一句，这说明，《归妹》一卦的内容，与帝乙归妹的历史会有所联系，否则，不可能在叙述中突然冒出这一句。由于有这句的出现，我们有理由推测，《归妹》写的嫁女情况，其实是环绕着帝乙嫁妹这一特定历史事件的。因此，巫者在卦辞中"凶"的判断，是实有指，而不是一般的民间婚嫁问题。

关于"帝乙归妹"，我们在《泰》卦〔六五〕"帝乙归妹以祉"一句的解释中，作过介绍。当时，商朝帝乙把妹子下嫁给姬昌，以为可以缓和彼此的矛盾，不过效果并不好，且不说后来姬昌被商朝囚于羑里，更严重的是，商朝也被姬昌的儿子姬发，起兵推翻。对商朝而言，这一桩政治买卖是失败的。"赔了夫人又折兵"，帝乙嫁妹的举措捞不了半根政治稻草。

---

① （清）李光地撰，李一忻点校：《周易折中》，九州出版社 2002 年版，第 301 页。

看来，巫者对灭亡了的商朝有所怀念，有所同情，所以，即使在爻辞中对一些具体行为给予肯定，而对"帝乙归妹"事件的本身，总体是否定的。这就是他在《归妹》的卦辞里，概括性地判断此卦为"凶，无攸利"的重要理由。

婚姻礼仪中的种种情状

[初九] 归妹以娣，跛能履。征，吉。

"归妹以娣"，娣，女弟，妹子也，也可泛指少女，这里指陪同帝乙之妹出嫁时比她小的陪嫁女子。按古代习俗，凡身份尊贵的女子出嫁，让比新娘年纪小一点的女子作为侍妾，她们便被称为"娣"。《周易正义》云："诸侯一取九女，嫡夫人及左右媵，皆以侄、娣从。"①

"跛能履"，高亨先生说："足疾愈也。"连同下爻的"眇能视"，也解作"目疾愈也。"黄寿祺、张善文先生则解为"宛如足跛而努力行走"，"目盲而勉强瞻视"。二说均可参考。

不过，若从上说，那么，出嫁的新娘或她那些陪嫁的"娣"，岂不是属于一批残疾人或准残疾人？这怎能说得过去？

我认为，所谓"跛能履"者，是指在仪典上拐着腿顿着地跳起舞步的意思。（请参阅对《履》卦的分析）在上述《泰》卦，不是有"帝乙归妹以祉"之句么？帝乙在嫁妹时是举行过祭祀的仪式的。《归妹》的"跛能履""眇能视"，就是表现祉祭的具体情况。在巫者看来，嫁妹时有侍妾相从，并

---

① （清）阮元校刻：《十三经注疏》，中华书局1980年影印版，第64页。

且有人跳着舞隆重地举行典礼，实在是好事，因此认为占着此爻者，若远行或有所作为，是会得到吉兆的。

[九二] 眇能视，利幽人之贞。

"眇能视"，这里指在嫁妹仪礼中参加歌舞的瞽者（详见《履》卦 [六二] 的分析）。"幽人"，指暗昧不明对前景看不清楚的人。这是巫者从眇而能视的状态，推导出此爻有利于蒙昧者求筮问卜的结论。

[六三] 归妹以须，反归以娣。

"须"通"婿"，吴澄《易纂言》称："婿，贱女，媵之妾也。"[①]

我们在对《泰》卦的分析中曾经指出，古代贵族统治者往往会以婚姻作为政治行为，用"和亲"的办法让自己的亲人（例如姊妹、女儿之类）嫁给下属，以示笼络。而那些女孩子，实际上往往不是贵族的直系亲属，贵族们可以把同姓、同族的女子，说成是自己的妹妹或女儿，然后把她们嫁出。这爻是说，把妹子嫁出去，本来用身份较低的女孩顶替，就可以了，但是，主事者反而让自己的嫡亲妹妹，连同侍婢一起嫁出，可见他是认真地郑重地对待这一桩婚事的。

从主事者的态度看，我们有理由相信《归妹》一卦写的确是帝乙嫁妹的事情。在当时，商朝虽然有管治中原的势力，但是，以姬昌为首的周部族，已逐渐具有挑战商朝的能力，为

---

① （元）吴澄：《易纂言　易纂言外翼》，上海古籍出版社 1990 年版，第 82 页。

了认真对付，帝乙也确有必要让亲妹子执行"和亲"的使命。

［九四］归妹愆期，迟归有时。

"愆期"，误期也。"有时"，有待合适的时机也。这爻是说，本来确定了嫁妹的日子，可是延误了，推迟出嫁的时间，等待选择合适的日子。显然，这是说好事多磨，但也表示主事一方对婚事的慎重。

［六五］帝乙归妹，其君之袂不如其娣之袂良。月几望，吉。

上爻说婚延期，另择吉日，此爻说"帝乙归妹"，表明帝乙最终确定了日期，使"归妹"成为事实。在《诗经·大雅·大明》里，有一段歌颂姬昌迎娶帝乙之妹的诗句，可供对读：

> 天监在下，有命既集。
> 文王初载，天作之合。
> 在洽之阳，在水之涘。
> 文王嘉止，大邦有子。
> 大邦有子，俔天之妹。
> 文定厥祥，亲迎于渭。
> 造舟为梁，不显其光。

诗里说，周文王迎娶的对象，是"大邦有子，俔天之妹"。对周来说，商，当然是大邦；大邦之子，好比是天帝的妹子。这明指是帝乙之妹了。举行婚礼的地点，是在渭水的对岸，当时，周文王亲自前往迎亲，还把舟船连接起来，把它当做桥梁，好让送亲的队伍跨过渭水，达于周原。在周人看来，这是"不（丕）显其光"，是让象征商朝的帝乙之妹大出风头的事。

《大明》是周人所写，诗人站在周的立场看问题，当然觉得这婚礼办得风光得很。可是，《归妹》的记述者却有另外一副眼光。这〔六五〕的爻辞写道："其君之袂不如其娣之袂良。"其君，指周文王，他是新郎，是帝乙之妹的丈夫，所以说是她的夫君、国君；其娣，是指那些陪嫁的丫头。袂，衣袖。它长于袖口之端，《礼记·深衣记》云："袂之长短，反诎之及肘。"① 那反折过来长于肘的"袂"，有助于遮掩面庞和表现舞姿。

面对着送亲迎亲两支队伍，这作为旁观的叙述者便评头品足了：那姑爷服饰的质地色样，还比不上陪嫁的姑娘呢！在这里，叙述者之所以着眼于"袂"，很可能是在婚礼中又有祭祀跳舞的场面。"风吹衣袂飘飘举"，双方衣袂的质地的优劣，不就尽入眼帘了么？而透过对"袂"的比较，人们多少可以体悟到当时娶亲的情景，也从中明白商和周经济实力的对比。

在帝乙归妹的年代，商朝无论在政治上还是经济上都居于主导地位，嫁妹的举措，无疑降贵纡尊，显得颇有气度。所以程颐的《程氏易传》称："王姬下嫁，自古而然。至帝乙而后正婚姻之礼，明男女之分，虽至贵之女，不得失柔巽之道，有贵娇之志。"② 关于制定王姬下嫁的礼法制度是否由帝乙开始，史无明征。不过，商与周是有通婚的传统的。《大

---

① （清）阮元校刻：《十三经注疏》，中华书局 1980 年影印版，第 1664 页。

② （宋）程颢、程颐著，王孝鱼点校：《二程集》，中华书局 1981 年版，第 982 页。

明》一诗还说道：

> 挚仲氏任，自彼殷商。
>
> 来嫁于周，曰嫔于京。
>
> 乃及王季，为德之行。
>
> 大任有身，生此文王。

请看，姬昌的妈妈乃是来自商的王姬呢？由此，也可看到殷一直采用笼络的政策。到帝乙之世，在传统基础上制定规矩，也不是没有可能。

"月几望"，帛书本作"月既望"。"月几望"是指快到月圆的时候；"月既望"指过了月圆的时候。反正月圆是婚期的标识。上爻不是说过"迟归有时"吗？原来帝乙嫁妹要选择有月亮的时候。对此，连同上句指殷商降其尊贵的行为，巫者给予正面的评价，故曰"吉"。

［上六］女承筐，无实；士刲羊，无血。无攸利。

"承筐"，捧着筐。实，实物。"刲"，刺也。这爻是说，那女士捧出筐，筐里却没有装载东西，空空如也；那男士刺穿了羊的躯体，羊的血却没有流出。在商周，承筐取血是祭祀的礼仪，《国语·楚语下》云："诸侯宗庙之事，必自射牛、刲羊、击豕，夫人必自舂其盛。"郑玄也注云："宗庙之礼，主妇奉筐米。"① 可见，女承筐，士刲羊，是当时诸侯祭祖的风

---

① 上海师范大学古籍整理组校点：《国语》，上海古籍出版社 1978 年版，第 567 页。

尚，是向祖宗们显示继承余绪，维持农业与畜牧并重的生活模式。

从这爻，可以推知，姬昌迎娶了帝乙之妹，回到周原，在宗庙里举行了祭祖仪式。可是，情况十分反常，承筐、刲羊，均无所获，这是意味着祭祀不诚和祖宗表示不予保佑。兆头不好，巫者便判曰"无攸利"了。上面说过，在卦辞，巫者对《归妹》一卦总体的评价是"凶"的，这恐怕也与这爻所写有关。

天地大义与所居不当

《归妹》的［彖辞］是：

> **归妹，天地之大义也。天地不交而万物不兴。归妹，人之终始也。说以动，所归妹也。征，凶，位不当也。无攸利，柔乘刚也。**

［彖辞］指出，女子出嫁的问题，属天经地义的大道理。而"天地不交而万物不兴"，则是［彖辞］所持观点的核心部分。

在［彖辞］的制作者看来，天与人是相互关联的，有天地，即有阴阳；有阴阳，则有男女。所以天与地的交合，与万物包括人类的发展相互联系。天地交合了，与之相应，人也就发展了。这样的宇宙观，正是后来我国古代的哲学家们提出"天人合一"论的思想基础。

［彖辞］制作者提出"天"与"地"的概念，它们的关系，正如阴与阳、男与女一样，是对立的范畴。然而，制作者

又看到，它们又必须从对立转化为统一，即走向交合。为什么说"归妹"合于天地之大义？是因为男与女这对立走向交合，符合事物发展的规律。因此，天地万物的矛盾双方，只有走向统一，才有进展，若"天地不交，则万物不兴"了。

显然，既承认矛盾的存在，又注意合二为一，认为"合"是"兴"的前提，这对事物发展的规律，无疑具有很深刻的认识。正因如此，制作者对婚姻作出正面的评价，认为"归妹"是"人之始终"，亦即婚嫁应该是贯串于人类发展的全过程的。

不过，就"帝乙归妹"这一具体事件而言，［象辞］的制作者则有另外的评价。

所谓"说以动，所归妹也"，意指帝乙所嫁的妹，不同于一般的婚嫁。按一般婚嫁之道，男方应采取主动，但是，此卦卦象却是"兑下震上"。说，即兑。兑在卦象中属少女。"兑"往上震动，意味着女方采取主动。这样做，作为原应属于被动的女方，反处处采取主动，这便属"位不当"，摆错了位置了。而作为矛盾的主导方向发生变化，对事物的发展，反是不利的。这一点，正是［象辞］的制作者对帝乙的做法不予认同，并且认为是"征，凶"的缘由。

至于"位不当""柔乘刚"，是［象辞］的制作者从卦象、卦位以附会凶吉之由，这里不再细表。

《归妹》的［象辞］是：

泽上有雷，归妹。君子以永终知敝。
［初九］归妹以娣，以恒也；跛能履，吉相承也。
［九二］利幽人之贞，未变常也。
［六三］归妹以须，未当也。

　　〔九四〕愆期之至，有待而行也。

　　〔六五〕帝乙归妹，不如其娣之袂良也，其位在中，以贵行也。

　　〔上六〕上六无实，承虚筐也。

　　〔大象〕的要点，在"君子以永终知敝"。永终者，始终保持一贯的认识；知敝者，了解其弊端也。制作者从《归妹》中总结出的教训是：对待事物，既要永久保持认识，了解它的趋向、结果，也要知道它的负面因素。只有如此，才是"君子"的态度。

　　〔大象〕根据"帝乙归妹"这一历史事件的利弊得失，提示人们，处理问题，既要目光长远，认清其发展结果；又要"知敝"，亦即对事物要有全面、冷静的观察。这样的主张，无疑值得我们借鉴。

　　〔小象〕对爻辞的解释是：〔初九〕说以少女陪嫁，这是通例。至于在仪式中跳起舞来，那是表示以吉庆相随的意思。〔九二〕之爻说，"利幽人之贞"，也都是没有改变常态的做法。

　　至于〔六三〕写到"归妹以须"，〔小象〕认为，商朝以贵族少女下嫁给周，这是不妥当的。显然，制作者表示对这桩历史事件，有自己的看法。在〔九四〕，爻辞说推迟了嫁妹的时间，这表明要等待时机才举行婚礼。可见，〔象辞〕制作者认为，对嫁妹的政治行为，当事各方是有过犹豫的。而〔六五〕的爻辞，写到娣之袂比其君还要好，写到月圆之夕的吉期，〔小象〕说，这婚姻还是合适的，嫁妹的行为是可取的。因为从卦位看，此爻以阴爻而居于上卦的中位、尊位，也表示此行可取。

可是，到［上六］，却在婚礼上出现了"承虚筐，无实"种种"无攸利"的情况，［小象］便认为：所承的筐子，是空的，这预示一切没有结果。

从［象辞］的阐述看，不难发现，制作者本身的思想，也很矛盾。确实，帝乙归妹，作为笼络的政策，是必要的；可是，当时商朝政权执行的结果，实际上是"赔了夫人又折兵"。这一来，连［象辞］的制作者也拿不准主意，对此举的评价往往自相矛盾，这是可以理解的。说穿了，他当是居于周朝的人士，却还多少保存着商朝遗民的心态。

第五十五 《丰》辨

䷶ 离下震上

丰：亨。王假之。勿忧，宜日中。

［初九］遇其配，主虽句无咎。往，有尚。

［六二］丰其蔀，日中见斗。往，得疑疾。有孚发若。吉。

［九三］丰其沛，日中见沫。折其右肱。无咎。

［九四］丰其蔀，日中见斗，遇其夷，主吉。

［六五］来章，有庆。誉，吉。

［上六］丰其屋，蔀其家，窥其户，阒其无人，三岁不觌。凶。

“丰”指的是什么

何谓“丰”，人们有不同的解释。一种是根据［象辞］有“丰，大也”的说法，认为此卦象征丰盈硕大，黄寿祺、张善文先生即从此说。① 一种是根据［象辞］有“雷电交至，丰”

---

① 参黄寿祺、张善文：《周易译注》，中华书局 1981 年版，第 454 页。

的说法，认为《丰》是雷电并至之象，陈鼓应、赵建伟先生即从此说。①

在《说文》则认为"丰"本应作"寷"。它指出："寷，大屋也。从'宀'丰声。《易》曰：寷其屋。"若依此解，则《丰》的卦名，应改为《寷》，而名词转作动词用，取其像大屋那样遮盖的意思。综观整卦的内容，我认为这解释最为合理。且先看卦辞：

> 丰：亨。王假之。勿忧，宜日中。

"假"，来临也。卦辞直译是：天空像被大屋遮盖着。这时举行祭祀，王者驾临了。巫者告诉占卜者，不必担忧，在太阳居于天空正中时，事情就好办了。

卦辞概括性的表述，提示我们要注意的是：

第一，出现"丰"的情况，是重大的事，否则，就不会劳烦王者亲临祭祀了。

第二，这事态是严重的，人们一定是忧心忡忡，否则，巫者就不会安慰说"勿忧"了。

第三，"宜日中"，说太阳出现在天顶是最合适的，这又扯出了"太阳"。那么，它和天空被遮盖亦即看不见太阳，分明是有联系的。

太阳被遮盖，要么是天上出现乌云，要么是碰上日食。从爻辞中有"日中见斗"之句，说在日中时分看见北斗星，这

---

① 参陈鼓应、赵建伟注译：《周易今注今译》，商务印书馆 2005 年版，第 320 页。

显然是指天空突然一片昏黑，白天忽然变为夜晚，才有"见斗"的可能，这景象，更可能是指日全食。

在古代，日蚀被视为是灾眚之兆，"天狗食日"，那还得了？因此，人们才会忧心如焚，帝王也才会亲往亨祭。不过，巫者认为天象尽管凶险，由于有人间之帝往祷天上之帝，就不至于有太大问题。所以，除［上六］外，爻辞以"无咎"和"吉"的判断居多。

当我们对卦辞心中有数，爻辞里的疑难，或可得到解决。

日食的景象

[初九] **遇其配，主虽旬无咎。往，有尚。**

这爻很费解。我们碰到的首先是如何断句的问题。

历来学者，都把这爻的首句，断为"遇其配主"（在［九四］，也有"遇其夷主"的说法）。于是，又出现对"配主"的解释，以及"其"是指谁的问题。

高亨先生说："配主，盖谓其女主人也。遇其配主，言出行之人，遇其女主人也。"① 高先生的主要依据，是《周易释文》称"配"通"妃"，妃主，当然是指有身份的与主人相匹配的女主人。由此，这句的"其"，也就是代指"出行的人"。若按高说直译，"遇其配主"即：出行的人遇见他的女主人。历代治《易》的学者，对这句的解释多与高亨先生相似，但都似缺乏说服力。

① 高亨：《周易古经今注（重订本）》，中华书局 1984 年版，第 322 页。

有鉴于此，陈鼓应、赵建伟先生不依从传统的说法，他们根据帛书，"配"作"肥"，认为"配主"即"肥主"。肥，即厚，仁厚也。"遇其肥主"，意思是"遇到仁厚之主"①。此说也可参考。按这样的解法，"其"，当然也是指那遇见者。若按陈、赵之说直译，"遇其肥主"，意思是臣下们遇见了他的仁厚的主人。

陈、赵以帛书作校，厘正通行本扞格不通的地方，是可取的。不过，"肥主"的说法，颇为古怪，在古籍中也未见，似颇难让人信服。

我也认为，此卦首爻〔初九〕第三字，帛书作"肥"，可从。因为郑玄等人都说过，在这爻，"妃"是本字，"配"是借字。而"妃"与"肥"，在字音、字形更为相近，很可能人们把古本的"肥"，写作"妃"，再转写为"配"，于是对这爻的解释，也愈转愈远。

我也认为此爻首句，应根据帛书，但断句，应在"肥"字之后，即"遇其肥，主……"因为，正如上说，"肥主"一词，在古籍中未见。而在此卦各爻的首句，如"丰其蔀""丰其沛"，句式均以单音节的宾语作结。有可能〔初九〕首句的句式，也同其例。

关于"其"，论者均认为是代指人，像说"遇其配主"即遇到他女主人（"遇其肥主"则说是遇到他的仁厚的主人）。但我认为，这卦卦名既定为"丰"（豐），指的是像大屋那样遮盖了天空，而卦辞又提到"宜日中"，则"豐"显与被遮盖

---

① 陈鼓应、赵建伟注译：《周易今注今译》，商务印书馆 2005 年版，第 465 页。

了的太阳有关。因此，上承卦名、卦辞，"其"应是代指太阳，似更为合理。

"肥"，厚也。若作动词，则是胀起来的意思。"遇其肥"，即指人们遇见它（太阳）又胀厚了，它又圆起来了。这是日食时人们看到被暗影遮盖的太阳又慢慢圆起来厚起来的景象。以我看，用"肥"字来形容太阳的渐圆，并不费解，而且也颇为生动。

如果把"肥"视为名词，也通。在帛书《艮》卦〔六二〕，即有"根其肥"的句式，而通行本此句则作"艮其腓"。腓，小腿的肉。肥、腓音转，帛书《丰》卦的"遇其肥"，无非是"遇其腓"的异写。古人把太阳视为金乌，当日蚀时这金乌被遮蔽，开始重圆时，它又渐渐露出了一部分，人们便说遇见了它的肥（腓）了。

"主虽旬无咎"，这样的句式，与《坤》的"主利西南得朋"是一样的。"主"是着重的意思，与《论语·学而》"主忠信，无友不如己者"的用法相同。至于"旬"，旧说多释为"十日"，连上句，高亨先生便把这爻解为"出行之人遇其女主人，十日之内无咎，且可得赏"。

不过，朱骏声在《六十四卦经解》中指出："又天文志，有妖星曰旬始，如雄鸡，其怒，青黑色，像伏鳖，主兵争。"[1]张衡《东京赋》亦有"欃枪旬始，群凶靡余"[2]的说法。据此，颇疑这里所说的"旬"，指的是妖星旬始。"虽旬无咎"，是说虽然天上出现妖星，也没有问题。连上句，意思是：人们

---

[1]　高亨：《周易古经今注（重订本）》，中华书局 1984 年版，第 240 页。

[2]　（东汉）张衡著，张震泽校注：《张衡诗文集校注》，上海古籍出版社 1986 年版，第 107 页。

遇上了太阳逐渐变圆变厚，巫者认为，这状态主要表明，即使天空中有妖星出现，也算不了什么！

巫者又认为"往，有尚"。尚，美也，好也。意即若占得此爻，祈求有所发展，那是会有好处的。按照这里所叙述太阳从被蔽到渐圆的情景，巫者作出"往，有尚"的推论，应该说颇合逻辑。

[六二] 丰其蔀，日中见斗。往，得疑疾。有孚发若。吉。

"蔀"，《周易正义》王弼注云："蔀，覆暧障光明之物也。"① 朱骏声《六十四卦经解》云："蔀与薄同，帘也，草为之。"② 显然，所谓"蔀"，实即草帘。"丰其蔀"的直译是：太阳被它的草帘遮盖着。

"日中见斗"，日中，指中午时分；斗，北斗星。中午能看见北斗，正是说明天空被遮盖着，正如朱骏声说："日中见斗，昼晦之象"。这景象，只有日食的时候才能碰上。

"往，得疑疾"，巫者认为，日食时天昏地暗，这时若还往前走，那很不妥。由此推论，若占得此爻者，想要有所发展，是会得怪病的。在这里，我们不禁想起 [初九] 有"往，有尚"一语。为什么上一爻说"往"，则"有尚"，而这一爻说"往"，则犯了大忌呢？关键在于，上一爻写的是太阳渐圆，光明在望；而这爻，太阳则像被蒙上了草帘，一片昏黑。两种景象不同，巫者也便有不同的预测。

---

① （清）阮元校刻：《十三经注疏》，中华书局1980年影印版，第68页。
② （清）朱骏声：《六十四卦经解》，中华书局1958年版，第241页。

不过，巫者也没有把事情说死，他又进一步观察天象：

"有孚发若，吉"，有，又也；孚，获也，得也；发，通拨，据《释名·释言语》："发，拨使开也"。至于"若"，语助词。

承上文，这句是说那被草帘盖着的天空，又获得拨开了。对于有可能重见天日的前景，巫者颇为高兴，故以"若"（哟）字强化语气，并判之曰"吉"。另外，这句用的"发"（拨）字，与首句"丰其蔀"（草帘）有着联系，叙述者以草帘的拨开，比喻日色的渐明，遣词也颇为生动。

［九三］丰其沛，日中见沫。折其右肱。无咎。

"丰其沛"两句，沛，通"旆"。《周易释文》云："沛，本或作旆，谓幔幡也。"[①] 沫，《周易集解》引虞翻注："小星也"。又引《九家易》云："沫，斗杓后小星也。"这两句的意思是：太阳被它的旗幡遮盖着，在中午时分，天空中能看到光线暗昧的小星。关于这两句，朱骏声的分析颇为精警，他说："沛一作旆，幡幔也。大暗谓之沛，犹旆之蔽而不明也。沫，斗杓后小星也，星之小者如鱼沫，故名。日食，食限多，则大星见；食限甚，则小星亦见矣。"[②]

"折其右肱"，折，《广韵·释诂一》："曲也"；肱，手臂也。曲起它的右臂，当是指日半食时太阳大部分被遮没，剩下了右肱，右肱弯弯，如曲臂状。巫者认为，尽管天色如墨，但尚余一线光明，故判曰"无咎"。也有许多学者，释"折"为

---

① （唐）陆德明撰，黄焯断句：《经典释文》，上海古籍出版社 1983 年版，第 29 页。

② （清）朱骏声：《六十四卦经解》，中华书局 1958 年版，第 242 页。

折断。但若断了臂，受了重伤，而巫者却说没问题，似不近情理。故不从。

[九四] 丰其蔀，日中见斗，遇其夷，主吉。

这爻前两句，与［六二］一模一样，当然也是指太阳被草帘遮蔽，中午时能见北斗。所不同者，是此爻紧接着有"遇其夷"之句。

关于此爻的第三句"遇其夷"，论者都断句于"遇其夷主"，与［初九］之"遇其配（肥）主"同。"夷主"，高亨先生释"夷"为"常"，说："夷主者，作客者所常寄寓之主人也。"[1] 但李鼎祚《周易集解》则释"夷"为"痍"，说："夷者，伤也"[2]。而程颐在《程氏易传》中则说"夷主，其等夷也，相应故谓之主"[3]，他认为夷主是指与主人身份相等的人。还有学者释夷主为"姨主"的，总之，种种说法，不一而足，但多难圆其说。

我认为，此句应断句为"夷"，句式与［初九］的"遇其肥"同。至于"夷"，《说文》云："夷，平也，从大，从弓"。平，也就是平坦、平易的意思，引申之，可作平复解，像《诗经·大雅·瞻卬》有云："罪罟不收，靡有夷瘳"，即以道路的平复与病愈对举，以形容民困的解除。这爻说："遇其夷"，连上文，意指太阳虽被遮蔽，乌天暗地，却遇上它平

---

① 高亨：《周易古经今注（重订本）》，中华书局1984年版，第324页。

② （唐）李鼎祚著，陈德述整理：《周易集解》，巴蜀书社1991年版，第7页。

③ （宋）程颢、程颐著，王孝鱼点校：《二程集》，中华书局1981年版，第987页。

复，渐回到原来的状态，就像生了病的人恢复健康。对此，巫者判曰"吉"，下爻也跟着说"来章"，便完全可以理解。

［六五］来章，有庆。誉，吉。

"来"，来临，降临。"章"，光彩、光辉也，义与《坤》卦"含章"之章相同。"来章"指光辉降临，这是太阳重圆的景象。

这爻的第二句，许多学者断句为"有庆誉"，说这是指有福庆有荣誉，也通。不过，我觉得应断于"有庆"之后为宜。这一是此爻首句的"章"与"庆"同押阳韵。另外，［象辞］于此爻有"六五之吉，有庆也"的申述，其中"有庆"作为一个词组使用，不涉及"誉"字。可见"庆"与"誉"是分开的。庆，庆贺也。当太阳重放光芒，人们就有了庆贺的机会。

在帛书，此爻作"有庆举吉"。举、誉，字形相近，颇值得注意。

关于通行本中的"誉"，一般都解作荣誉或美誉。但我认为，如果此爻断作"有庆，誉"，那么，对它的解释，还需探讨。

在《蹇》卦［初六］，有"往蹇来誉"一句。闻一多先生对"誉"字有过精辟的解释，他指出：

> 按誉读为趦。《说文》曰："趦，安行也"，《论语·乡党篇》"与与如也"，皇疏曰："与与犹徐徐也"。《汉书·叙传》"长倩懙懙"，注曰："行步安舒也"。《说文》曰："懇，趣步懇懇也"。趦、与、懇、懙懙，并字异

而义同。然疑此字古读当如举（居许切）。①

闻先生对"誉"的解释，对《丰》卦［六五］也是适用的，而且誉通、㦤等字，又疑读如"举"，这也解决了帛书本作"有庆，举"的疑问。原来，誉与举，字形与字音俱近。

总之，誉，是徐徐的意思，和上文的"来章"相联系，这是说太阳的光辉，徐徐地降临大地。当日蚀后太阳重圆，以徐徐安步的姿态形容光彩的渐生，用词也相当准确。对此，巫者判曰"吉"，自然很容易理解。

［上六］丰其屋，蔀其家，窥其户，阒无其人，三岁不觌。凶。

"丰其屋"两句，"丰""蔀"，这里均作动词用，遮蔽的意思。屋和家，指的是人居。两句是说黑暗笼罩着房屋，遮蔽着居室。"窥其户"两句，"阒"，空也。这两句意思是说：从外面窥看屋子里面，空空如也，一个人也没有。

和前面几爻写到日食的景况相联系，［上六］叙述的显然是"食既"时地面上的状态。如果说，前几爻还写到太阳多少露出光线，那么，［上六］则写大地被黑暗完全吞噬，于是，人们害怕极了，大家跑得精光，屋里当然就没有人影。面对着这样的情景，巫者说："三岁不觌。"三岁，泛指多年；觌，见也。他认为这可怕的局面，是多年没有见过的。故判之曰：凶！

---

① 蔡尚思主编：《十家论易》，岳麓书社1993年版，第523页。

面对危机的不同态度

关于《丰》卦写的是日食的天象，这一点，古人其实是多已看到的。《汉书·元后传》写到，王凤上疏云："'五经'传记，师所诵说，咸以日食之咎在于大臣非其人。《易》曰：'折其右肱。'"① 朱骏声在分析此卦［六二］时说："日中见斗，昼晦之象。"又说："［上六］为全食之象。于是时也，白日若冥，行人见星，兽归于穴，鸟藏于林，莽有止枢俟明，明反乃行。无人不觌，言暗之极也。"② 可见，对于《丰》卦写的是日食，不少学者是有认知的。当然，由日食的现象，附会或引申出其他问题，那又是另一回事。

日食，对于先民来说，是非常严重的问题，所谓"天狗食日"，意味着危机和灾难。爻辞［上六］的描述，清楚地反映出人们对日食的恐惧。不过，总观《丰》卦的卦辞和爻辞，巫者对那使人惊怖的日食，除了在［六二］中提出过"凶"的判断外，其他各爻，倒是以"无咎"或"吉"作判语的居多。这一矛盾的现象，乍看起来，使人不解，难道巫者就不畏惧日食了？

仔细分析，巫者在黑暗的日子里之所以有信心，有底气，是相信"王假之"即由王者出面亨祭，就有可能消弭灾殃。所以，他劝说人们"勿忧"。更重要的是，在日食的时候，只要不是像［上六］所写的日全食，那就还会看到一线光明，

---

① （清）阮元校刻：《十三经注疏》，中华书局1980年影印版，第68页。
② （清）朱骏声：《六十四卦经解》，中华书局1958年版，第243页。

还会看到太阳的重圆，在黑暗中还能看到希望。因此，巫者一直抱着乐观的态度。这就是《丰》的卦辞以及多首爻辞对日蚀现象均有正面判断的缘故。总之，面对困难，依然有所期待，不轻易放弃，这种精神，颇能给人以启发。

不过，《丰》卦的［象辞］的制作者，却有另一种态度：

> 丰，大也，明以动，故丰。王假之，尚大也。勿忧，宜日中，宜照天下也。日中则昃，月盈则食，天地盈虚，与时消息，而况于人乎？况于鬼神乎？

这［象辞］的制作者，集中地说明对《丰》的卦辞的理解。他认为"丰"是"大"的意思。由于卦象为"离下震上"，"离"卦的自然属性是火和日，所以它象征"明"；"震"卦的行为属性是"动"。"离""震"加在一起，就是"明以动"。他又认为，王者君临天下，应崇尚阔大的胸怀，应像太阳居于天中那样公正，不偏不倚。当然，［象辞］制作者对"丰"字解释，我并不以为然，但是，不管他如何推演，制作者根据治理的经验，提出"尚大""宜日中"，亦即主张主政者要博大公正，这无疑有正确的一面。

值得注意的是［象辞］提出了"明以动"的问题。尽管制作者意在以卦象解释卦辞，但他认识到：一切事物包括"大"与"中"的观念，都是会变动的。他指出："日中则昃，月盈则食，天地盈虚，与时消息。"意思是说，太阳上升到天空的正中，就会偏斜了；月亮最圆的时候，就会亏缺了。宇宙万物，盈与虚，盛与衰，总是随着时间消长。［象辞］认为，一切处于变动之中，这是自然的规律。正因为一切都在变化，更何况于人？何况于鬼神？

〔象辞〕提出天地万物都在变动的观点，表明我们的祖先，早就具有朴素的辩证思想，具有相当先进的世界观。

然而，〔象辞〕的制作者之所以强调一切在变，是因为认识到尽管要求社会的管治者博大、公正，实际上这"大"与"中"，不可能持久。大了，会走向小；中了，会走向偏，这是不可抗拒的规律。在这里，我们既可以看到制作者对出现日食现象的解释，更可以看到他不满现实却又无法改变现实的态度。后世的学者，提出"君子之泽，五世而斩"，正是根植于此而引发出的历史观。

既然一切在变，即使政权的管治者努力做到博大、公正，但总会盛极而衰，那该怎么办？〔象辞〕只让人们正视现实，没有说如何解决。

有意思的是，《丰》卦的〔象辞〕，则试图开出缓和危机的药方。它说：

雷电皆至，丰。君子以折狱致刑。

〔初九〕虽旬无咎，过旬灾也。

〔六二〕有孚发若，信以发志也。

〔九三〕丰其沛，不可大事也。折其右肱，终不可用也。

〔九四〕丰其蔀，位不当也。日中见斗，幽不明也。遇其夷，主吉行也。

〔六五〕六五之吉，有庆也。

〔上六〕丰其屋，天际翔也。窥其户，阒无其人，自藏也。

〔象辞〕对"丰"的解释，虽然也从卦象入手，但明显不同于［彖辞］。它认为上卦的"震"象征雷，下卦的"离"象征电，加在一起，便是"雷电皆至"。由此，制作者认为面对黑暗的局面，管治者就应审判狱中的囚犯，执行严正的刑罚，迅速果断地处理悬而未决的问题。至于制作者把天象和决狱联系起来，分明与"天人感应"的思想有关。

［小象］对每爻的解释是：［初九］之爻说虽然遇上妖星，也无咎，［小象］则作补充，认为妖星飞过，毕竟是有灾难的。在［六二］，爻辞说"有孚发若"，说挡着太阳的云层能得到拨开。［小象］也认为，确信拨开云层的想法可以实现。［九三］写到太阳被旌旗一样的云遮蔽着，［小象］说，遇到这种情况，是不能干大事的，至于太阳的右弦被遮掩着，爻辞虽说"无咎"，［小象］则认为到底不要有所作为。显然，在这里，它与巫者的看法并不一样。

［九四］和［六五］两爻，［小象］的说明比较容易理解。而［上六］，爻辞写到"丰其屋"，写到黑暗掩遮整个房子，［小象］解释说，这是乌云在天际飞翔的缘故。至于看不到屋子里的人，则认为是人们自己躲藏起来了。

如上所述，卦辞、爻辞以及［象辞］［彖辞］的制作者，对《丰》的解释、理解，各各不同。如果说，卦辞、爻辞在对困难的叙述中，还透露着乐观的情绪，那么，［彖辞］则强调人应与自然一致，着眼于顺乎自然，其观点更近于后来的道家。而［象辞］，看重的是对现实的治理，强调应有所作为，其观点近乎后来的儒家一路了。

第五十六　《旅》辨

䷷ 艮下离上

旅：小亨。旅贞，吉。

［初六］旅琐琐，斯其所，取灾。

［六二］旅即次，怀其资，得童仆。贞。

［九三］旅焚其次，丧其童仆。贞厉。

［九四］旅于处，得其资斧，我心不快。

［六五］射雉，一矢亡，终以誉命。

［上九］鸟焚其巢，旅人先笑后号咷。丧牛于易，凶。

一个旅行者的经历

这卦以《旅》为名，写的就是羁旅、行旅的事。《周易正义》孔颖达疏云："旅者，客寄之名。失其本居而寄他方，谓之为旅。"① 这很准确地指出了本卦的性质。

卦辞说，应作小规模的亨祭。旅行者若占得此卦，应属吉兆。

---

① （清）阮元校刻：《十三经注疏》，中华书局 1980 年影印版，第 68 页。

这卦辞，本身并不难解。但是，若和爻辞联系来看，则不易明白。因为，这卦的爻辞，有好几个地方说到"厉""我心不快""凶"等等，总体来说，是不妙的多。为什么卦辞倒是开宗明义地说"吉"了？这又是一种什么样的思想逻辑呢？这一点，拟在下文再作分析。我们且先看看爻辞：

[初六] 旅琐琐，斯其所，取灾。

关于"琐琐"，《尔雅·释训》："琐琐，小也"。由此，"旅琐琐"被推论为卑微的旅行者。王弼《周易注》即云："为斯卑贱之役，所取致灾。"黄寿祺、张善文先生即从此说。[①] 但若说此人卑贱，下爻又说他"怀其资，得童仆"，似乎也不见得卑贱到哪里！

高亨先生则说："疑琐或借为惢"，并引《说文》："惢，心疑也，读若《易》旅琐琐"。因此，他认为"旅惢惢，言旅人之多疑也"[②]。此亦通。

其实，按《周易释文》引马融注云："琐琐，疲弊貌。"[③] 旅琐琐即旅行者疲倦不堪的样子，这似更符合旅行者的实际。"斯其所"，斯，此也，（此句帛书作"此其所"）所，处所，这是指旅行者歇脚的地方。当旅行者走得精疲力竭的时候，到了一个可供栖息之处，自然心中放下了一块石头。从"斯其所"的口吻中，人们仿佛看到了他长长舒了一口气。

"取灾"，这费解得很，若依书直解，取灾不就是取了灾

---

① 参黄寿祺、张善文：《周易译注》，中华书局 1981 年版，第 463 页。

② 高亨：《周易古经今注（重订本）》，中华书局 1984 年版，第 326 页。

③ （唐）陆德明撰，黄焯断句：《经典释文》，上海古籍出版社 1983 年版，第 29 页。

难么？历来的学者，包括［象辞］的制作者，一律释之为自取灾难。有些学者还在断句上着笔，把此句断为"斯其所取灾"，像陈鼓应、赵建伟先生即在以"琐琐"为"惢惢"的基础上，把这爻译为"旅人疑心重重，这是他自取灾祸"①的原因。但是，若作此解，那么，为什么巫者在此爻不加任何判断呢？应判之曰"凶"之类才对呀！其次，［九三］写到"旅焚其次，丧其童仆"。明明是因失火而酿祸，也不是疑心重重的问题。所以，这解法，存在的疑点颇多。

不过，当我们找来帛书一校，便释然。原来，帛书此句作"取火"！

我认为，取火，比通行本的"取灾"合理。首先，琐、所、火，韵同押。更重要的是，后面的爻辞中说到"焚"，与火便有所联系。又《旅》的卦象为"艮下离上"。朱骏声《六十四卦经解》云："离为火，艮为山，以应火灾，焚自取也。"② 显然，他已经意识到火与焚的关系。因此，我认为此句以从帛书为宜。全爻的意思是：那疲乏的旅行者到了歇息的住处，便去取火了。到底取火照明，还是煮炊？叙述者虽没有说明，但安顿下来即取火做饭之类的行为，倒也容易理解。

［六二］旅即次，怀其资，得童仆。贞。

"即次"，即，来到也；次，客舍。《周易正义》注："次者，可以安行旅之地也。"③ "资"，指资财。这爻是说，这旅

---

① 陈鼓应、赵建伟注译：《周易今注今译》，商务印书馆2005年版，第506页。

② （清）朱骏声：《六十四卦经解》，中华书局1958年版，第264页。

③ （清）阮元校刻：《十三经注疏》，中华书局1980年影印版，第68页。

行者来到了客舍，他藏带着钱财，买了个童仆。对此，巫者便说，"贞"，占卜吧！至于会有什么预兆，他没有表态。

[九三] 旅焚其次，丧其童仆。贞厉。

旅行者居住的客舍失火了，房子被烧了，而且，从"旅焚其次"的句式看，很可能这场火是由旅行者酿成的，上爻不是说过他安顿下来便去取火吗？看来，这疲乏不堪的倒霉鬼，一不留心惹出了回禄之灾。这还不算，刚买来的童仆，也乘机溜之大吉。真是"雪上加霜"，巫祝认为，占取此爻者，当有危险。

[九四] 旅于处，得其资斧，我心不快。

"旅于处"，于，《尔雅·释言》："求也"；处，处所，歇息之处，吴澄《易纂言》云："处，谓暂时居处，非其次舍也。"① 这理解是对的。旅行者所住的临时客舍被烧了，他只好另外寻求别的地方。还好，他"得其资斧"，尽管是"我心不快"。

何谓"资斧"？有些论者认为是指钱财，高亨先生说"资当指贝属而言"，又说斧指钱币，"盖古者铜币有作斧形者，其名即曰斧"②。此可为一说。而来知德在《周易集注》中认为："资者助也，即[六二]怀资之资，财货金银之类。斧则可以防身也，得资足以自利，得斧足以自防，皆旅之不可无者。"③ 若

---

① （元）吴澄：《易纂言 易纂言外翼》，上海古籍出版社 1990 年版，第85 页。

② 高亨：《周易古经今注（重订本）》，中华书局 1984 年版，第 327 页。

③ （明）来知德：《周易集注》，上海古籍出版社 1990 年版，第 301—302 页。

按此说，这旅行者失之东隅，得之桑隅，倒也不算太亏。

不过，说这落拓的旅人，在寻求栖身之处的时候，竟又获得财资与斧头，实在有点不可思议。据《周易释文》称，资斧，"《子夏传》及众家均作'齐斧'……应劭云：'齐，利也'。"① 可见，资斧即利斧之谓。对此，王弼《周易注》云："斧，所以斫除荆棘，以安其舍者也。"② 我认为，这旅人在彷徨中得到斧头，足以披荆斩棘，清理出可以栖身之处，也算是不幸中之幸。当然，你要他高兴起来，也不可能，所以尽管得了利斧，还是"我心不快"的。

［六五］射雉，一矢亡，终以誉命。

这爻描述的是，旅行者弯弓射雉。雉是很珍贵的野鸟，它的毛羽可以用作贵重的饰物，例如用于王者的仪仗。崔豹《古今注·舆服》载："雉尾扇起于殷世，高宗时有雊雉之祥，服章多用翟羽。周制以为王后夫人之车服，舆车有翣，即缉雉羽为扇翣。"③ 所以，如果射中了雉，进贡朝廷，这意味着得到赏赐、赏识的机会。除此之外，雉的羽毛还可以用于许多重要场合，李光地说："古者士大夫出疆则以贽行，而士执雉以相见。射雉而得，是进身而有阶之象也。"④ 总之，射雉是大

----

① （唐）陆德明撰，黄焯断句：《经典释文》，上海古籍出版社 1983 年版，第 29 页。

② （清）阮元校刻：《十三经注疏》，中华书局 1980 年影印版，第 68 页。

③ 崔豹撰，（后唐）马缟集，（唐）苏鹗纂：《古今注》，商务印书馆 1956 年版，第 5—6 页。

④ （清）李光地撰，李一忻点校：《周易折中》，九州出版社 2002 年版，第 313 页。

好事，旅行者要碰上好运气了。

"一矢亡"，亡，失也。这是说一箭射去，没有射中，便丢掉一矢了。这当然是有所损失。于是，巫者对此表态："终以誉命"。誉，荣誉也；命，爵命封赐也。他告诉旅行者，碰上射雉的机会，尽管失去一支箭，最后是会得到非常好的报酬的。

[上九] 鸟焚其巢，旅人先笑后号咷。丧牛于易，凶。

关于"鸟焚其巢"，高亨先生说："喻旅人之焚其居也。"①此说似也通，但仔细一想，这鸟巢怎么会被焚了？这曾被"焚其居"的旅人又有理由笑吗？他怎么笑得起来？

闻一多先生显然也看到这爻的漏洞，他说："焚疑读为偾"，并引"《周语》下'高位实疾偾'《注》曰：'偾，陨也'。《大学》'此谓一言偾事'《注》曰：'此犹覆败也'。"②因此闻先生认为，"鸟焚其巢即覆其巢"。我认同闻先生的考释。

不过，闻先生提出此说，是要补充顾颉刚先生的考证，把"鸟焚（偾）其巢"与殷朝历史中"王亥丧其居"的故事联系起来。我认为，这联系，则未必。其实，这爻所说的，无非是鸟陨于其巢，这鸟儿也从它的鸟窝里坠落。连接上爻，这"鸟"，就是旅人要射的"雉"！旅人一发未中，再发，那雉便掉下来了。旅人到底获得了贵重的雉，这才有他"笑"的理由。

---

① 高亨：《周易古经今注（重订本）》，中华书局1984年版，第328页。
② 蔡尚思主编：《十家论易》，岳麓书社1993年版，第541页。

谁知道，此人高兴过早了，他先是笑，后来便号啕大哭，原因是，也许就在集中注意力射雉之际，"丧牛于易"。（按，《大壮》［六五］有"丧羊于易"一语），"易"即"場"，郊野也。这句是说它的牛在郊野跑掉了！这一来，射了雉，却得不偿失，所以巫者判曰"凶"。

现在，我们不妨回过头来，讨论本文开始时提出此卦卦辞为什么说"旅贞吉"的问题。

看来，尽管巫者看到了旅人在旅途中碰上了种种倒霉事，但是，他很看重"射雉"这一件事。事实上，他也只在［六五］中才给予良好的祝愿。显然，在巫者的心目中，能够射中了雉，意味着有进身之阶，获得"誉命"，这就是最好的收获，这就够了。所以，即使"丧其童仆""丧牛于易"，也还划得来！

当然，爻辞的叙述者和那位旅行者，是不是这样想的，那是另一回事。反正巫者是认为如果有进身机会，在朝比在野好，当官比当有产的庶民好，所以才会在总括此卦的卦辞中，强调"旅贞吉"，出现卦辞的判断与爻辞的描述产生矛盾的情况。

从《旅》卦爻辞的描述中，我们看到了一个旅行者困难的历程。看来，他是个有恒产的庶民。他有所往，目的在物色农奴和放牧。整个旅程，曲曲折折，得得失失。这简单的故事，多少反映了当时游牧生活的一个侧面。

从麻烦事得到的启发

《旅》的［象辞］是：

旅，小亨。柔得中乎外，而顺乎刚，止而丽乎明，是以小亨，旅贞吉也。旅之时义大矣哉。

《旅》的卦象是"艮下离上"。［彖辞］所谓"柔得中乎"，中，指的是［六五］一爻，处于上卦"离"的中间位置；此爻是阴爻，有柔和的属性。而与它相邻的［九四］［上九］两爻，是阳爻，有刚毅的属性。这三爻的关系是内柔外刚，柔又顺从着刚，卦形是不错的。

所谓"止而丽乎明"，是什么意思呢？

《旅》，是由"艮"与"离"两卦组成。"艮"是山的象征，有静止、安静的属性；"离"是火和光明的象征。"丽"，依附也。在安静中连着光明，也是不错的。所以［彖辞］的制作者便认为这就是卦辞中所说"小亨"和"旅贞吉"的理由。

这样的说辞，有很大的随意性，实不必深究。倒是"旅之时义大矣哉"一句值得注意。时义，就是时间的意义。时间的发展、变化，对事物有重要的影响。［彖辞］的制作者从旅人所遇到的情况，告诉人们时间、时机的重要性。例如，他选择远行的时间是否妥当？他是否能抓住射雉的时机？他是否能同时兼顾牛群等等，都与旅人的命运有重大的意义。

至于［象辞］：

山上有火，旅。君子以明慎用刑，而不留狱。

［初六］旅琐琐，志穷灾也。

［六二］得童仆贞，贞终无尤也。

［九三］旅焚其次，亦以伤矣。以旅与下，其义丧也。

[九四]旅于处，未得位也。得其资斧，心未快也。

[六五]终以誉命，上逮也。

[上九]以旅在上，其义焚也。丧牛于易，终莫之闻也。

[大象]说：《旅》的卦象为"艮下离上"。艮象征山，离象征火，故称"山上有火"。山和火，又有慎重和光明的属性，于是[大象]提出，君子要处理刑事诉讼问题，应从卦象中体悟出"明"与"慎"的道理，更不要拖延耽误。

至于为什么忽然从"旅"联系到刑事，则谁也弄不清楚，以我看，也不必牵强附会，强作解人。因为[彖辞][象辞]的制作者对卦辞、爻辞的解释，本来就有许多随意性成分。或者，似可能由于爻辞中提到失火、丧牛等事，诸如此类，或与决刑折狱有关。不过，我们倒可以从[大象]的阐述中，看出制作者的思想倾向。例如在可以看到他主张处事既要明快，又要慎重。而这一点，其实对待任何事情，都是用得着的。

至于[小象]，它对爻辞的解释是：[初六]一爻，写那旅人疲倦得很，萎靡不振，这是要遇上灾殃的。[六二]说，他买了童仆，占卜前景，这终不算是犯了什么错误的。在[九三]，[小象]说，谁料旅人住的客舍被烧了，已经够可悲；而童仆还要逃走，给了旅人以那样不好的对待，这真是丧失道义的行为。

后来，"旅于处"，那旅人只好再寻找休歇的地方，可是"未得位也"，未找到适当的，所以他尽管得到了可供披斩荆棘的利斧，心里也不是痛快的。不过，[小象]认为："终以誉命"，是指那旅人最终得到荣誉和爵命，因为他向上头送了雉鸟了。

最后［小象］解释爻辞［上九］，说它在爻的最上位，上卦是"离"，离属火，火当然要焚烧，所以说"其义焚也"。制作者跟着说："牛丧于易，终莫之闻也"，那牛群在郊野上丢了，至于这些畜生跑到哪里？则始终没有听说。

看来，［象辞］制作者认为那旅人在旅途中遇到的种种麻烦，是由于他不聪明，不慎重，处事不果断，拖拖拉拉。也许制作者有感于当时的主政者在审案方面，也存在这样的毛病，于是牵搭上刑狱的问题。

第五十七 《巽》辨

☴ 巽下巽上

巽：小亨。利有攸往，利见大人。

［初六］进退，利武人之贞。

［九二］巽在床下，用史、巫，纷若。吉，无咎。

［九三］频巽，吝。

［六四］悔亡，田获三品。

［九五］贞吉，悔亡，无不利。无初，有终。先庚三日，后庚三日，吉。

［上九］巽在床下，丧其资斧，贞凶。

出猎前大伙的祭祀活动

何谓"巽"？有人把与"顺"联系起来，例如孔颖达在《周易正义》中说："顺谓心顺，巽谓貌顺。"① 其根据是《杂卦传》有"巽，伏也"的说法。俯伏，自然有顺从的意思。

按照高亨先生的说法，《说文》中"巽"的古文为𢄢，

---

① （清）阮元校刻：《十三经注疏》，中华书局 1980 年影印版，第 69 页。

"字从二⺇，为古跽字"①。我认为高说甚是。但要补充的是，"已已"是两个人前后跽跪在一起的，这不是仅仅一人跽、伏那么简单。据王筠《说文句读》考证："巽选同义"，而《方言》又指出："选，编也"，即编排、连贯的意思。又《诗经·齐风·猗嗟》云"舞则选兮"，毛传："选，齐也。"②因此，"巽"的准确含义是：两人齐齐排列着跽跪在一起。

《巽》的卦象是"巽下巽上"，巽巽相连，意味着许多人在一起拜跪。这卦写的，也是多人跪拜的情景。

卦辞说"巽：小亨"，意即举行小型的亨祭。巫者认为，若按此要求，占得此卦者，有利于发展，也利于晋见上面的大人物。下面，且看爻辞：

[初六] 进退，利武人之贞。

"进退"，描叙亨祭时这一群体的动作。祭祀时，人们步伐一进一退，要遵守一定的规矩、仪式，以表现心中的虔敬。例如祭祖先，"进退必敬"。在神位面前，祭者"其立之也，敬以诎；其进之也，敬以愉；其荐之也，敬以欲；退而立，如将受命"③。（见《礼记·祭义》）根据"巽"的内涵，这爻写的起码是两个人的举止。很可能他们进退的动作，显得刚健有力而整齐划一，就像《礼记·乐记》所说的"今夫古乐，进旅退旅"④，因此，巫者就说这爻"利武人之贞"。

---

① 高亨：《周易古经今注（重订本）》，中华书局 1984 年版，第 329 页。
② （清）阮元校刻：《十三经注疏》，中华书局 1980 年影印版，第 355 页。
③ （清）阮元校刻：《十三经注疏》，中华书局 1980 年影印版，第 1594 页。
④ （清）阮元校刻：《十三经注疏》，中华书局 1980 年影印版，第 1538 页。

[九二] 巽在床下，用史、巫，纷若。吉，无咎。

"床"，这里指祭台。"史"，也就是巫，据《周官》，史掌巫筮，巫掌祓禳，后来史又成为主要从事记录工作的巫。"纷若"，纷盛也；若，语助词。

这爻是说，祭祀者一起踞跪在祭台之下，许多巫呀史呀都参加了。巫者认为这很好，所以判曰"吉，无咎"。

[九三] 频巽，吝。

"频"，一般解释为多次、屡屡。也有人认为"频"通"颦"，王弼在《周易注》中，便说"频，颦蹙不乐而穷不得已之谓也"①。以上两说，均通。

在帛书，此爻"频"作"编"。编，交织也，编巽也就是交织地踞跪在一起的意思。若从此解，则祭祀者的排列比较凌乱，和上爻所写一起进退的齐整队形显有不同。所以，巫者判之曰"吝"。

[六四] 悔亡，田获三品。

此爻先写判断性的语词，巫者说若占得此爻，则什么晦气都没有了。"田获三品"则是叙述性的句子。

"田"，论者多指为田猎。"三品"，即三个品种、三类，像高亨先生便认为此爻是指"猎则得禽兽三品"②。也通。不过，综观此爻的前前后后，都只写人们正在举行祭祀仪式，还

---

① （清）阮元校刻：《十三经注疏》，中华书局1980年影印版，第69页。
② 高亨：《周易古经今注（重订本）》，中华书局1984年版，第331页。

未曾出猎呢！特别是到了下一爻［九五］，才说到择日出猎的问题。因此，在这［六四］即说获取猎物，似乎仍有点勉强。

我认为，这爻提到的"田"，应是指出猎或出征前的祭祀仪式，《周礼·夏官·大司马》载："中春，教振旅……遂以搜田。有司表貉，誓民，鼓，遂围禁，火弊，献禽以祭社。"①所谓"田获三品"，是说在田祭中获得三种祭品，这意味着供品颇为丰富，祭祀者颇为虔诚。因此，巫祝也就给予充分的肯定。

［九五］贞吉，悔亡，无不利。无初，有终。先庚三日，后庚三日，吉。

这爻全是占辞，是巫者的判断语。这在《周易》中少见，疑有阙漏。

不过，这些占辞的内涵，也不尽相同。"贞吉，悔亡，无不利"，全是好话，自不待言；但"无初，有终"，则是说占得此爻者，在做事的过程中，开始并不佳，结局倒是不错。显然，这里面肯定的程度，和前三句有所不同。

至于"先庚三日，后庚三日"，是对日期的选择。按干支排列，"庚"的前面三日为"丁"，后三日为"癸"。巫者认为选择这七天之内的时间，是属"吉"的。

至于为什么这爻包括了几组内容有所差异的占辞，我不敢妄测。但可以肯定，对《巽》之［九五］下判断的巫者，人数应超过一人，这才会出现你说你的，我说我的之情状。联系到"巽"字本身就表示两个祭祀者并排踞跪，［九二］又说

---

① （清）阮元校刻：《十三经注疏》，中华书局1980年影印版，第836页。

"史巫纷若"，参祭的巫者多了，大家七嘴八舌，所判不同，应也可以理解。

［上九］巽在床下，丧其资斧，贞凶。

这一爻，高亨先生把"资斧"解释为钱财，认为"巽在床下丧其资斧者，盗贼入室，主人恐惧，伏于床下，盗贼掠其钱财以去也"[1]。不过，"资斧"通齐斧，即利斧。（请参考《旅》卦［九四］。从《巽》的爻辞有"利武人之贞"的说法，又写到田祭象征"振旅"等情况，我认为"资斧"仍以释作利斧为宜）《汉书·王莽传》说道："司徒寻初发长安，宿灞陵厩，亡其黄钺。寻士房扬素狂直，乃哭曰：'比《经》所谓丧其齐斧者也'！"[2] 可见汉代人对《巽》这爻，也视为丧失斧钺的意思。

以我看，这爻无非是写一群以武为事的祭祀者，跪拜在坛床之下，求神保佑，场面闹闹哄哄，纷纷扬扬，结果倒把利斧也弄掉了。这真是大笑话！所以巫者也不高兴，判之曰"贞凶"。

顺从的必要性和合理性

从《巽》的爻辞看，它记录的其实是群体祭祀的情况，写的是许多人在床坛下跪拜，这伙人可能是一批准备出猎或出征的赳赳武夫，而且有许多巫者参与其中。他们一会儿排列得

---

[1] 高亨：《周易古经今注（重订本）》，中华书局 1984 年版，第 332 页。
[2] （清）王先谦：《汉书补注》，中华书局 1981 年版，第 1719 页。

齐齐整整，进退一致；一会儿又队形错落，秩序凌乱。一会儿奉献丰富的供品；一会儿连佩带的武器也在床坛下掉失。类似这种状况，在许多的群众场面中，都是会出现的。

当然，[彖辞]和[象辞]的制作者所强调的，则在另一些方面。[彖辞]曰：

> **重巽以申命，刚巽乎中正而志行，柔皆顺乎刚，是以小亨，利有攸往，利见大人。**

所谓"重巽"，是指《巽》的卦体是由两个"巽"的卦象重叠而成。"巽"有顺从的属性，这卦强调顺从而又顺从，所以统治者便以它的特征来申布命令。说白了，这是由于[彖辞]的制作者，看重爻辞中反复提到跪伏在神坛之下的景象，从而申发出的论点。

跟着，制作者从卦位以及爻符代表阴阳刚柔的关系，给予解释。当然，他也说到统治者处事要公道、公正，但重点在说明被统治者必须顺从。可见，他所申述的立场，十分鲜明。

[象辞]的侧重点似有不同：

> **随风，巽。君子以申明行事。**
> **[初六] 进退，志疑也。利武人之贞，志治也。**
> **[九二] 纷若之吉，得中也。**
> **[九三] 频巽之吝，志穷也。**
> **[六四] 田获三品，有功也。**
> **[九五] 九五之吉，位中正也。**
> **[上九] 巽在床下，上穷也。丧其资斧，正乎凶也。**

[大象]的说法是："巽"卦的自然属性为"风"。风过处，草是伏下来的，所以，作为臣下，要随着风顺从地服从。这顺从，就是君子之道。君子是要根据上头申布的政令行事的。如果说，[象辞]是从王者专政的角度，说明顺从的必要性，那么，[象辞]则从臣下的角度，认同顺从的合理性。

[小象]对爻辞的解释，有些是根据字句的意义推测，像说"进退，志疑也"。那是由于制作者认为一进一退的举动，属于犹豫的表现。有些则是根据卦位和符号的关系予以揣测，像说"纷若之吉，得中也"，为什么说这爻是吉象？那是因为它位于[九二]，其卦符，刚好属"巽"（☴）的中间位置。于是，制作者就说"得中"。进而从其中间的位置，推衍为处理事情要有不偏不倚的态度。总之，为圆其说，解说者往往随意得很，所以，我们实在也不必深究其演绎的逻辑。

倒是[小象]对[上九]的解释，有值得注意的地方。这爻的爻辞说："巽于床下"，跽跪在下方，显得顺从谦逊。但爻的位置又处于《巽》卦的最上方，那等于说谦逊发展到了极限。任何事物，发展到了极限，就意味着到了穷尽，故曰"上穷也"。这是制作者解释为什么这爻被判为"凶"的原因。在这里，制作者分明意识到对立与转化的辩证关系。事实上，顺从得过了头，会转化出许多意想不到的问题，这种情况，在生活中也屡见不鲜。

第五十八 《兑》辨

䷹ 兑下兑上

兑：亨，利贞。

[初九] **和兑，吉。**

[九二] **孚兑，吉，悔亡。**

[六三] **来兑，凶。**

[九四] **商兑未宁，介疾有喜。**

[九五] **孚于剥，有厉。**

[上六] **引兑。**

言语沟通和说服工作

关于"兑"，旧说多释为欣悦的意思，近来黄寿祺、陈鼓应先生也从此说。

高亨先生根据[彖辞]和《说卦传》所说"兑，说也"，认为"彖、传等训兑为说，当取说谈之义，非喜悦之义也"[①]。按《说文》也说，"兑，说也"。而"说"除了通"悦"以

---

① 高亨：《周易古经今注（重订本）》，中华书局1984年版，第332页。

外，确还有言说之义，在《说文·言部》对"说"的解释是："说，释也，从言、兑，一曰谈说"。从《兑》卦总体的内容看，高说似更合理一些。

不过，如果仅仅把《兑》卦的"兑"，理解为谈说、说话，也还是不够的。因为，"说"从"兑"，徐铉注《说文》云：兑"从口从八，象气之分散"。气从口散出，没有堵塞，就通畅了。因此，《诗经·大雅·绵》"柞棫拔矣，行道兑矣"，朱熹注云："兑，通也"①。

在说话中得到沟通，引申而言，是指彼此得到思想交流，原来的思想不通之处得以被疏导、说服。在《说文》，对"说"字的解释，也首先是指出："释也"，亦即强调它的说服作用。如果说"说"和欣喜有所联系，也是和思想得到了沟通有关。所以，段玉裁在《说文解字注》指出："说释者，开解之意，故为喜悦"。

如此说来，旧说释"兑"为欣悦，不无道理。高亨先生释"兑"为说，也属合理。但如果把两种说法结合起来，强调"兑"具有言语沟通和解释说服的意思，则似更符合它的本义。

《兑》的卦辞是：亨，利贞。巫者说：占取此卦，便举行祭祀吧！此卦有利祈求上天的指引。

［初九］和兑，吉。

"和"，指和蔼、和谐。和蔼地做说服工作，巫者认为是"吉"的。

---

① （清）阮元校刻：《十三经注疏》，中华书局 1980 年影印版，第 511 页。

［九二］**孚兑，吉，悔亡。**

"孚"，诚信也。诚信地做说服工作，巫者认为是"吉"的，认为祸害可以消除。

［六三］**来兑，凶。**

这一爻，表明了如果把"兑"解作欣悦，是很难说得过去的。因为，既然是来了喜悦的事，怎么巫者还判曰"凶"呢？这一来，旧说的注释者，也觉得实在难以说通，于是求助于象数，这又搞得十分玄虚，各有各的附会。

其实，据徐铉所笺《说文》，"来，古徕字"，则"来"通招徕的"徕"。如《离骚》"来吾道夫先路"。《诗经·郑风·女曰鸡鸣》"知子之来之"，这里的"来"，也是招致之意。又《尔雅·释诂》注："来，强事也。"《广雅·释诂》"来，伸也"。可见，"来兑"，是用夸张的勉强的采取招徕式的手法，以期说服别人的意思。这做法，与上爻的"孚兑"完全相反，巫者因而判之曰凶，这就可以理解了。

［九四］**商兑未宁，介疾有喜。**

高亨先生说："商谈者其事未定，故曰商兑未宁。"① 这解释很顺畅，但下文"介疾有喜"，释为"疥疾将愈"，则使人摸不着头脑。我认为，王弼在《周易注》中对这两句的解释是合理的，他说："商量裁制之谓也。介，隔也。"② 按此说，

---

① 高亨：《周易古经今注（重订本）》，中华书局1984年版，第333页。
② （清）阮元校刻：《十三经注疏》，中华书局1980年影印版，第69页。

这爻的意思是：商谈未定，说服工作还未做好，这等于介于有病与有喜（痊愈）之间。总之，一切还是未知数。这说法似较为妥帖。

［九五］孚于剥，有厉。

"剥"，《说文》"裂也"，剥落、剥离，引申之，有侵犯的意思，（参看《剥》卦的解释）孚于剥，即诚信者受到侵犯。

承上文，到底是哪一方受到侵犯？是前往准备说服别人的人？还是他所要沟通的对象？这一点，叙述者并没有说清楚。但无论是哪一方，带着诚信的愿望，却受到攻击，这说明，即使是做说服工作，也不是没有危险性的。当双方利益产生严重冲突，而说服不被理解的时候，是会出现"孚于剥"即被围攻被侵犯的情况的。所以，巫者认为，占取此爻，这意味着前景很不好，"有厉"，有危险了。

［上六］引兑。

关于"引"，论者多认为是引导的意思，也通。不过，帛书此字作"景"，与"引"为音转，这说明"引"只是一个记音的符号，因此也可通"隐"。

隐兑，是隐蔽地藏而不露地进行说服的意思。高亨先生引《论语·季氏篇》"言及之而不言谓之隐"。可见，言语的"隐"，也即是含蓄地、引而不发地说话。若作此理解，那么，"引兑"和"隐兑"，其意思实际上是一样的。

把《兑》卦的卦辞和爻辞联系起来，我们分明看到它所记述的，实际上是有关言语沟通，以及如何说服对方的方方面面的问题。制作者告诉人们，要说服别人，要态度和蔼，诚心诚意，不能夸大其词。还提到谈判或在做说服工作当中，会出一些不确定性甚至危险的情况，这些，人们都应列入考虑之内。用今天的话说，这不过是一篇如何做思想工作的经验介绍而已。

说服工作的重要性及其方法、态度

《兑》的［彖辞］是：

兑，说也，刚中而柔外。说以利贞，是以顺乎天而应乎人。说以先民，民忘其劳，说以犯难，民忘其死。说之大，民劝矣哉。

所谓"刚中而柔外"，无非是解释［初九］和［九五］都是阳（刚）爻，它们处在"兑卦"（☱）的中间。而作为其外的［六三］与［上六］，都属阴（柔）爻。制作者认为，这样的位置是很协调的。所以，说它利于占卜，是这阴阳协调的做法，顺乎天而应乎人，既应顺天道的规律，又符合人们的愿望。

为此，［彖辞］制作者非常强调说服工作的重要性，认为若能说服对方，让他走在人们的前面，让他带动群众，人们便会忘记疲劳；若能说服他敢于挑战危难，人们便忘其生命的危险。最后，他感慨地指出：这说服、沟通的工作，是多么的重要和伟大呵！做好了，人们就从中受到教育得到勉励了！

［彖辞］制作者对说服工作的看法，主要是要说给管治阶层听的。换句话说，他是希望管治者更多地依靠说服的办法，对人们实施管治，如果思想工作做通了，人们便"忘其劳"，

"忘其死",死心塌地听从摆布。而从制作者把"兑"说得那么伟大,实际上也表明当时的管治者很不重视说服教育的工作,说明制作者多少认识到专制统治的局限性。

[彖辞]说到"刚中而柔外",这虽然是从象理方面对卦象作出解释,但如果我们撇开其玄虚的一面,也可以体悟其中合理的因素。它说到"刚中",可以理解要求在进行说服工作时,原则性是必须坚持。它说到"柔外",可以理解为在说服时要有柔软的身段,柔和的态度。这与爻辞的"和兑""孚兑"相呼应。这一点,也确有可资借鉴的作用。

《兑》的[象辞]是:

丽泽,兑。君子以朋友讲习。
[初九]和兑之吉,行未疑也。
[九二]孚兑之吉,信志也。
[六三]来兑之凶,位不当也。
[九四]九四之喜,有庆也。
[九五]孚于剥,位正当也。
[上六]上六引兑,未光也。

[大象]所说的"丽泽",丽,附丽也;"兑"的爻象属泽,此卦的卦象为"兑下兑上",泽连着泽,互相附丽,所以称"丽泽"。而两泽相连,意味水的沟通。所以,[大象]说,君子们应采用像朋友沟通、讨论那样进行说服工作。

[小象]对爻辞的解释是:"和兑"之所以是吉,是因为和颜悦色的态度,未有受到对方的怀疑。"孚兑"之所以是吉,是因为受到对方的信赖。"来兑"之所以是凶,是自身摆错了位置,做出了不妥的事。[九四]之所以有喜,是因为这

爻介于"疾"与喜之间，有取得好结果值得庆贺的可能性。至于"孚于剥"，诚信的人反受到侵犯，是因为他坚持正当的立场。而"引兑"，采取暗示的隐蔽性的说服手法，倒未清楚地显出效果。

[象辞]提出以朋友式讨论对待劝说工作，这多少注意到平等地对待对方的问题。和[彖辞]的态度相比，民主的色彩，稍稍多了一些。

第五十九　《涣》辨

䷅ 坎下巽上

涣：亨，王假有庙，利涉大川。利贞。

[初六] 用拯马壮，吉。

[九二] 涣，奔其机，悔亡。

[六三] 涣其躬，无悔。

[六四] 涣其群，元吉。涣有丘，匪夷所思。

[九五] 涣汗，其大号，涣王居。无咎。

[上九] 涣其血，去，逖出。无咎。

发大水的生动记录

"涣"，《说文》："流散也。"又《老子》第十五章："涣兮若冰之将释。"可见，涣和水的流溢有关。从这卦的卦象看，"坎下巽上"，坎爻象征水，巽爻象征风，这叫做"风行水上"。风吹动水，便涣涣然奔流散乱。从全卦的内容看，它应与发大水有关。

卦辞说："亨，王假有庙。"庙，指宗庙。这句意思是说，当水势涣然汹涌的时候，王者就到宗庙里举行祭祀。程颐在《程氏易传》说："风行水上，有涣散之象，先王观是象，救天下之涣散，至于亨帝立庙也。”① 这说法是对的。于是，巫者又加以预测，若占得此卦，则“利涉大川”，利于涉过大河，走得远远的。

当理解了“涣”的含义，爻辞的内容就不算费解了。

［**初六**］**用拯马壮，吉**。

陈鼓应、赵建伟先生认为“拯”读为“乘”，这爻意即“乘用壮健之马”②。可从。

不过，在帛书，这爻作“撜马，吉，悔亡”。撜通蹬，蹬上马背，形容动作的快捷。又《周易释文》说《子夏传》写撜马为抍马，“抍，取也”③。总之，无论是乘，还是撜、抍，都是跨上马的意思，跨上马，为什么巫者判曰吉呢？如果联系到在大水涣涣然冲来之际，就可以知道，人们若能蹬上马，迅速作出反应，那当然是好事。

［**九二**］**涣，奔其机，悔亡**。

“涣”，指流散、流溢的水。“机”，王弼《周易注》云：“机，承物者也。”④ 他把“机”解为几案，桌子。不过帛书“机”作“阶”，似更妥。此爻意思是说大水泛滥，人们直奔

① （宋）程颢、程颐著，王孝鱼点校：《二程集》，中华书局1981年版，第1002页。

② 陈鼓应、赵建伟注译：《周易今注今译》，商务印书馆2005年版，第529页。

③ （唐）陆德明撰，黄焯断句：《经典释文》，上海古籍出版社1983年版，第30页。

④ （清）阮元校刻：《十三经注疏》，中华书局1980年影印版，第70页。

上台阶，巫者显得很镇定，认为"悔亡"，灾祸将要消失。至于为什么大水冲到"龙王庙"，而巫者还那么乐观？下文我们再作分析。

[六三] 涣其躬，无悔。

"躬"，身体。大水淹到身体了。巫者依然认为"无悔"，没什么大不了！

[六四] 涣其群，元吉。涣有丘，匪夷所思。

这爻说：大水冲到人群那里了，这巫者竟还说"元吉"。看来，他心中很有数。"涣有丘"，是说大水里出现小丘。有一块高出的地，当然可以逃上去躲避，人们可以得救，这也是巫者认为占得此爻预示"元吉"的一个原因。至于说"匪夷所思"，是这小丘的出现，是平常没有想过的，人们觉得很意外，不禁惊叹。

[九五] 涣汗，其大号，涣王居。无咎。

"汗"，即浩瀚。"涣汗"是大水浸成一片汪洋，浊浪滔天。"大号"，号叫也。被水围困的人又惊又怕，大声号叫了。而且，那大水还浸到了王者居住的屋宇。一般来说，王者居住的房子或是比较高大，或是筑在高处，现在，连"王居"也被水淹浸，可见水势之凶猛。不过，那巫者竟还气定神闲，判曰"无咎"。

[上九] 涣其血，去，逖出。无咎。

"血"，有些论者直解为血液。若从此说，则等于指血流成河，可怕得很，而巫者竟判曰"无咎"，似难说得过去。一说，"血"通"恤"，涣其恤等于说忧患甚多，这也说得通，可作参考。

我认为，与其说"血"通"恤"，不如说通"洫"。洫，沟也。"涣其洫"即大水涌到了沟渠。"去"，指离去。"逖"，《说文》："远也"，逖出是远远出去了的意思。这爻是指大水流进了沟渠，有了宣泄的出口，这水就离开了，流到远远的地方去了。对此，巫者宣称"无咎"，没问题了。

现在，我们可以明白，为什么发了大水，"涣其机""涣其躬""涣其群"，乃至让那被水围困的人惊惶得大呼小叫的时候，巫者竟还镇定自如，一味说"吉"呀"悔亡"呀之类的好话了，原来，他在观察、组织爻辞中那批叙述性的文字时，是了解到最后写到了"涣其洫"的，是知道在那发大水的一役中，因为有沟渠可以疏导，水是终归要退去的，受灾的群众是有惊无险的。他胸有成竹，所以即使是在最危险的时刻，在［上九］之前的各爻，他都稳坐钓鱼船，大派定心丸。何况，他在卦辞中还提到"王假有庙"，他相信王者亲临亨祭，总会感动上天，总会逢凶化吉。这些因素，看来就是巫者在大水漫漫时，一味摆出乐观姿态的缘故。

王者祭祀的重要性

《涣》的［象辞］是：

涣，亨。刚来而不穷，柔得位乎外而上同。王假有庙，王乃在中也。利涉大川，乘木有功也。

这卦的卦象是"坎下巽上"。所谓"刚来"，是指（九二）为刚阳之爻，居"坎"之中位，而与上下两阴爻配合，生生不已，故曰"不穷"。

所谓"柔得位"，是指（六四），它作为上卦，以阴爻而居阴位，这叫做"得位"。它向上和两阳爻配合。这些说法，很玄乎，历代论《周易》者又对那些玄乎的说法各自解释，更显得玄而又玄。

其实，［彖辞］主要是想说明，"王假有庙"是最重要的。王在其中，主持一切，是解决出现"涣"这一情况的关键。而王到宗庙亨祭，是对祖先的崇拜，因此，尊王、尊祖，是制作者所要表述的宗旨。至于"坎"象征水，"巽"象征木，就如水之上有木船，所以卦辞说"利涉大川"云云。对这一类的解说，我们只能姑妄听之。

［象辞］的说法是：

风行水上，涣。先王以亨于帝立庙。
［初六］初六之吉，顺也。
［九二］涣奔其机，得愿也。
［六三］涣其躬，志在外也。
［六四］涣其群，元吉，光大也。
［九五］王居无咎，正位也。
［上九］涣其血，远害也。

"风行水上，涣成文章"，被看成是对文章具有自然之美的称誉，其实，最初出于［大象］的"风行水上"四个字，不过是对《涣》的"坎下巽上"的解释。而［大象］最突出的思想，是强调王者主持宗庙祭祀的重要性。无论发生了什么事，无论对"涣"作何理解（或理解为发大水，或理解为人心涣散），［象辞］的制作者认为，王者到宗庙主祭，就会得到诸天神佛和列祖列宗的保佑。

［小象］对爻辞［初六］的解释是，"顺也"。这也好理解，跨上了马，赶快撤离，不就很顺利吗？跟着，制作者说人们在大水来时奔上台阶，得遂所愿了。而大水浸到身体，就是要想到向外面去的问题了。

"涣其群，元吉，光大也。"［小象］这句应如何理解，颇费斟酌。最通行的解释是，涣其群即解散朋党，像朱熹在《朱子语纂》的说法是："能涣小人之私群，成天下之公道，此所以元吉也"。这一来，"光大也"，自然是指把分化瓦解朋党的做法发扬光大的意思。

究竟［小象］是否把"涣"理解涣散朋党，我们不得而知，不过我知道［六四］还有"涣有丘"一句。这爻之所以被巫者肯定为"元吉"，正是发现有"丘"的存在。这蓦然的发现，使众人得救，它正好说明"王假有庙"的重要。正因如此，巫者才会给予"元吉"这顶级的判语。［小象］所谓"光大也"，似应是对此而言。因为大伙遭遇危险，却得到先祖护佑，意外脱险，所以［小象］认为这是由于王者虔诚祭亨，并且能发扬祖德所致。

至于［小象］释［九五］为"正位也"，是说王者能正其位，知道该做什么；释［上九］为"远害也"是说远离了灾难。它们都把爻辞叙述自然灾难的情况，引申、扩展为如何处理政务的问题。这一点，也是［彖辞］和［象辞］的制作者通常的做法。

第六十　《节》辨

☰ 兑下坎上

节：亨。苦节，不可贞。

［初九］不出户庭，无咎。

［九二］不出门庭，凶。

［六三］不节若，则嗟若，无咎。

［六四］安节，亨。

［九五］甘节，吉，往，有尚。

［上六］苦节，贞凶，悔亡。

乐曲的节奏

"节"，按高亨先生的解释，"节者俭也"，卦辞里的"苦节"，则是"以俭为苦也。苦节则为奢"①。此可作一解。

多数的论者，解"节"为节制。像孔颖达《周易正义》云："节者，制度之名，节止之义。"② 金景芳、黄寿祺、陈鼓

---

① 高亨：《周易古经今注（重订本）》，中华书局 1984 年版，第 337 页。

② （清）阮元校刻：《十三经注疏》，中华书局 1980 年影印版，第 79 页。

应等诸位先生也从此说。闻一多先生则认为"节谓车行之节度"①，即指车子行驶的速度。这简直有点像我们所说的船舰速度计算单位。不过，闻先生追寻"节"的本义的做法，对我们很有启发。

据《说文》："节，竹约也。"至于何谓竹约？段玉裁《说文解字注》云："约，缠束也，竹节如缠束之状。"竹子生长了一段，便出现如缠束的节，这一来，"节"便可引申为节制。这节制，既可以是指对事物节制，也可以是对时间节制。闻一多先生对它的解释，说它指车速，便是节制时间的问题。

若从对时间的节制着眼，我认为，《节》卦的节，其本义，显为音乐节奏意义上的"节"。这样的理解，似更符合爻辞的内容。

按《礼记·乐记》有"要其节奏"一句，孔颖达疏谓曲节也。又《楚辞·九歌·东君》"应律兮合节"，节即指乐曲之节奏。人们在演奏乐曲时，按旋律进行的一定长度，敲出节奏，划限一定的时段，就像竹子每到一定长度便生长出竹节一样。《尔雅·释乐》云："和乐谓之节。"可见，"节"，可以理解为乐曲的节奏。从《节》卦爻辞的内容看，我认为它所叙述的"节"的本义，与其说像闻一多先生主张那样，是车子速度的节制，不如说是乐曲速度的节制。

卦辞说"亨"，巫者告诉人们，若占取此卦，就应祭祀了。又说："苦节，不可贞。"关于"苦节"，除了高亨先生解作苦于节俭的意思外，黄寿祺、张善文先生则释为"过度节

① 蔡尚思主编：《十家论易》，岳麓书社1993年版，第521页。

制"[①]。但闻一多先生引《庄子·天道篇》"斫轮徐则甘而不固，疾则苦而不入"，并举《周易释文》司马注云"甘者缓也，苦者急也"。他认为"苦节"指行车太急。"疾则有覆败之虞"，所以，巫者判曰"不可贞"。

参照闻先生的看法，我认为"苦节"是指乐曲的节奏太快，太快则易凌乱，显得情绪急躁，和亨祭要求平和、虔诚的心态不相吻合，故曰"不可贞"。这一点，我们将在下面进一步说明。

祭祀中乐曲的节拍

[初九] 不出户庭，无咎。

[九二] 不出门庭，凶。

把这两爻放在一起研究，是因为它们的区别在于"户"和"门"两个字，而"户"与"门"，骤然看来，意思又差不多，而巫者却给予完全不同的判断，这是什么道理呢？所以我觉得，把它们放在一起分析，似更方便一些。

什么是"不出户庭"和"不出门庭"的主语？论者多略而不谈；或者就说这是巫者对占卜者的吩咐，叮嘱占卜者不要走出家门口。

但是，为什么 [初九] 和 [九二]，一判为"无咎"，一判为"凶"呢？为圆其说，论者只好用象理揣测，像尚秉和说 [初九] 之所以是"无咎"，是"二阳为阻，故不宜出。不

---

① 黄寿祺、张善文：《周易译注》，中华书局 1981 年版，第 488 页。

出则无咎"。而［九二］之所以是"凶"，是"二比重阴，阳遇阴则通，通则利往。而竟不出，是失时也，故凶"①。这种种附会，其实是怎样说都行。

以我看，"户庭"与"门庭"，表面相似，内涵实不一样。据桂馥《说文解字义证》引《六书精蕴》云："凡室之口曰户，堂之口曰门；内曰户，外曰门；一扉曰户，两扉曰门。"②可见，"户庭"是屋子里面的天井一类的地方，"门庭"是大门外面的空地。为什么我们觉得闻一多先生解"节"为车速不够妥帖，正是因为若指车子在天井里行驶，实在不可思议。

那么，到底是什么东西"不出户庭"呢？

我认为，"不"，通"否"。据段玉裁《说文解字注》："不者，事之不然也；否者，说事之不然也，故音义皆同。"③按［初九］之爻，应断为："不，出户庭，无咎。"结合我们上面对"节"即乐曲节奏的解释，"否（不）"是指节奏掌握不好显得凌乱不堪的乐曲。这爻的意思是，那不堪入耳的乐曲，出于户庭，让人不快，但它也只在屋子里折腾，毕竟算不了什么，巫者便觉得，这也无伤大雅，故判曰"无咎"。

不过，在［九二］，"否（不）出门庭"，那吵耳的噪音，一旦声传门外，骚扰四邻，扰人清梦，让人烦躁，便会惹出许多麻烦的事儿，所以，巫者判之曰"凶"。

---

① 尚秉和：《周易尚氏学》，中华书局2003年版，第266页。

② 蒋人杰编纂，刘锐审订：《说文解字集注》，上海古籍出版社1996年版，第2490页。

③ 蒋人杰编纂，刘锐审订：《说文解字集注》，上海古籍出版社1996年版，第2484页。

[六三] **不节若，则嗟若，无咎。**

高亨先生认为："若犹然也，不节则多费，多费则穷困，穷困则愁叹，故曰不节若，则嗟曰。既言嗟曰，则不宜又言无咎，疑无咎二字衍文。"[1] 看来，由于高先生释"节"为节俭，他也觉得巫者在这爻里的判语不可解释，便只好以疑"无咎"为衍文以圆其说。

金景芳、吕绍纲先生的解释是："虽不知节，却能嗟伤以自悔"，"既伤嗟自悔，谁还能怨咎它呢！"[2] 这说法，自然比高先生的意见更易为人们接受。另外，若按闻一多先生的解释，"不节若"等于说车子没有速度或者是不成其为速度，那么，这样的车子又有什么用？而巫者竟说是"无咎"！岂能说得过去？因此，我们对闻说也不敢苟同。

我认为，"不节"，是指乐曲没有节奏；"若"，语助词。"咨"，嗟叹，这里指的是只有哦吟而没有节奏规定的涣散之音，就像后来乐曲的"散板"。"不节若，则咨若"，意思是：那乐曲没有节奏呵！则成了一种吟叹之调呵！在祭祀中，念诵时没有节奏，就成为散板式的咨嗟，那也是容许的。所以巫者觉得是没有什么问题的。

[六四] **安节，亨。**

由于闻一多先生把《节》卦理解为与驾车有关，因此，他认为"安"即"案"，案节是驾车时的顿辔，"案按抑其辔，

---

① 高亨：《周易古经今注（重订本）》，中华书局 1984 年版，第 337 页。

② 金景芳、吕绍纲：《周易全解（修订本）》，上海古籍出版社 2005 年版，第 470 页。

则马行迟而车安，是案节即安节也"。

以我看，"安节"即"按节"，指的是乐曲按着节拍演奏，如此而已。按着节拍与［六三］的"不节"刚好不同。这合于乐律了，所以，巫者便说"亨"，亨通了，合于亨祭了。

［九五］甘节，吉，往，有尚。

根据上引《周易释文》"甘者缓也，苦者急也"的解释，"甘节"是说缓慢节奏的乐曲。巫者认为，乐曲的节奏纡徐缓慢，是合乎亨礼要求表现虔诚稳重的心态的，因此判曰"吉"。"有尚"，即有赏。巫者还指出，占取此爻者，如果想有所前进，有所作为，是会有得到奖赏鼓励的。

［上六］苦节，贞凶，悔亡。

"苦节"是指演奏乐曲以急疾的节拍，这和上爻的"甘节"刚好相反，"疾则苦而不入"，节奏过急的乐曲，不符合祭祀的心态。巫者说，这时若占卜，则预兆为"凶"。但若知凶而改过，则懊悔将消失。

《节》的爻辞，其叙述性词语部分，写的就是乐曲演奏时有关节拍的问题。在叙述者和巫者看来，乐曲的节奏是重要的，没有节拍，就不成其为乐曲。而对祭祀而言，乐曲的节奏又应以平缓纡徐为宜。这就是《节》的爻辞的本义。

节奏的意义引申

上面说过，许多论《周易》的学者把"节"释为"节制"，因为《节》的［象辞］就有"节以制度"的说法。但［象辞］的制作者也是《周易》的阐释者，由于其制作年代应接近于爻辞记录的时候，其说当有重要的参考价值，却不能作为必须遵从的绝对准确的解释依据。

当然，把"节"理解为"节制"，也是合理的，不过这只是此卦所说乐曲的节奏、节拍本义的引申。由于节奏和节拍，也是演奏者对乐曲的"节以制度"，他要根据乐曲的进行，在一定时间的长度规限节拍，这也是一种"节制"。如果由此推导出对各种事物、行为，特别属于政治、政策的节制，那不过是在本义的基础上进一步引申而已。

关于《节》的［彖辞］，制作者是这样写的：

节，亨。刚柔分而刚得中。苦节，不可贞，其道穷也。说以行险，当位以节，中正以通。天地节而四时成。节以制度，不伤财，不害民。

［彖辞］前面几句，是说《节》由"兑下坎上"的卦象组成。这"兑"和"坎"，共有三个阳（刚）爻，三个阴（柔）爻，恰好各占一半，这就叫"刚柔分"。而所谓"刚得中"，是指［九二］和［九五］的卦位，俱以阳（刚）爻处于中位。这些话，随你怎样胡诌都成。

但值得注意的是，制作者强调：第一，"阴阳分"，即不同性质的方面要平均地均衡地分开，换言之，无论是对待时空还是事物，都要对等相待。第二，对待和处理不同的方面，都要由刚强者居中主持，这才合乎原则和尺度。这番话，无论对掌握乐曲节奏的掌板者，还是引申为政策的执行者而言，都是适用的。

跟着，制作者解释，为什么"苦节不可贞"。原因正是不懂得个中道理，导致节奏凌乱，制度失衡，从而走入穷途。

所谓"说以行险"，也是对卦象的解释。"说"通"悦"，欣悦是"兑"卦的属性；而"坎"的属性为陷坑，意味着危险。兑居下，坎居上，就叫做"说（悦）以行险"。

〔彖辞〕的制作者说：爻辞写的是以欣悦的心情处在险地上，这表明，有可能他也把"节"视为乐曲的节奏。因为只有是演奏乐曲，才谈得上有喜悦的心情；但若节拍错舛，演奏就出现反效果。"曲有误，周郎顾"，一有闪失，即为识者所讥。至于用以祭祀，若搞不好，引来的则是凶兆。因此，演奏乐曲固然是愉悦的事，但也是随时会碰钉子的行险的事。

对待这"说（悦）而行险"的事，该怎么办？制作者开出的药方是："当位以节，中正以通。"若从演奏的角度看，指的是在乐曲的节奏点和节骨眼上，该击节的地方，便要击出节拍；节拍击得合适（中）准确（正），整首乐曲便能流畅贯通。当然，若从政治的层面引申，这几句指的是应以喜悦的心态对待艰险的事情，当其位者要注意有所节制，以中正的德性主持政令，让它畅通无阻。以我看，〔彖辞〕虽然没有明确指出"节"的含义，但上述的两个方面，其实可以互相贯通。

至于"天地节而四时成。节以制度，不伤财，不害民"几句，明显是把《节》卦的意义引申、扩展到自然和政治、社会方面。《周易正义》对此句的理解是："就天地与人，广明'节'义。"广明，是把"节"的本义推广阐明，这当然在它原本含义的基础上进一步生发和深化。按孔颖达的说法是："天地以节序为节，使寒暑往来，各以其序，使四时功成之也。王者以制度为节，使用之有道，役之有时，则不伤财不害

661

民也。"① 这一议论，相当完整。反过来，从孔颖达把"天地节"的节解为节序，可见，他是意识到《节》卦所说的"节"的本义是节奏、节拍，只有如此，才可能和节序贯通。自然的气候有二十四个节序，各个节序之间有一定的时间长度，这正和乐曲的节奏的长度有所规限一样。

［彖辞］的"节以制度"，孔颖达解释是"以制度为节"。这里的"节"，是约束、节制的意思。显然，［彖辞］的制作者和孔颖达一样，认识到"王者"要制定一些法纪、条例，作为规限政治施行和社会秩序的"节"。老实说，这见识比要求主事者节约、克制，要高明得多。

《节》的［象辞］是：

泽上有水，节。君子以制数度，议德行。
［初九］不出户庭，知通塞也。
［九二］不出门庭，凶。失时极也。
［六三］不节之嗟，又谁咎也。
［六四］安节之亨，承上道也。
［九五］甘节之吉，居位中也。
［上六］苦节贞凶，其道穷也。

《节》的卦象是：兑下坎上，"兑"象征泽，"坎"象征水。水在泽之上，所以［大象］说"泽上有水"。泽是河流川泽，水在上面流，便需要加以约束限制，例如建造堤防之类。制作者认为，这就是"节"。由此，他进一步引申：主事的

---

① （清）阮元校刻：《十三经注疏》，中华书局 1980 年影印版，第 70 页。

"君子"，便要制定礼数和法度进行管理，并以此作为标准，评议人们的德行。

按照［小象］对爻辞的理解，"不出户庭"，是指知道什么是通，什么是塞，换言之，是知道什么该做什么不该做。"不出门庭，凶"，是指不合时宜到了极点。巫者又对［六三］以下诸爻作出解释，其间有时从词义上说明，有时从卦位象理上附会，兹不赘。

第六十一　《中孚》辨

≡ 兑下巽上

中孚：豚鱼，吉。利涉大川，利贞。

［初九］虞，吉。有它，不燕。

［九二］鸣鹤在阴，其子和之；我有好爵，吾与尔靡之。

［六三］得敌，或鼓或罢，或泣或歌。

［六四］月几望，马匹亡。无咎。

［九五］有孚，挛如。无咎。

［上九］翰音登于天。贞，凶。

孚，从信物到馈赠

在《周易》，"孚"字可以派作好几种用场，它通"俘"，可解作俘虏、俘获；它通"桴"，可解作木舟竹筏。而它的本义，则是"孵"。

按《说文》："孚，卵孚也，从爪从子。一曰，信也。"徐铉、徐锴注云："鸟之孵卵皆如其期，不失信也。"徐灏《说文解字注笺》云："孚、伏、抱，一声之转，今俗犹谓鸡伏卵为步，则孚之重唇音稍转耳。鸟之伏卵，以气相感而成形，所谓寂然不动，感而遂通，引申为上下交孚之义。相孚必以诚信，因之孚谓之信也。"① 可见，它又可解作诚信。

许多论《周易》的学者，是把"中孚"理解为心中怀着诚信的。而朱熹，对"孚"与"信"的含义说得更为清楚，在《朱子语类》中有以下一段话：

> 问："《中孚》'孚'字与'信'字，恐亦有别？"曰："伊川云：'存于中为孚，见于事为信。'说得极好。"因举《字说》："'孚，字从'爪'从'子'，如鸟抱子之象。今之'乳'字一边从'孚'，盖中所抱者实有物也。中间实有物，所以人自信之。"②

朱熹说得很有道理，在卦辞，有"中孚，豚鱼"一句，意即中间带着豚鱼。这豚鱼，就是"信物"。

"豚鱼"，是小猪和鱼，这是当时一般人用作馈送的礼物，王引之在《经义述闻》中指出："豚鱼者，士庶人之礼也。"又说："豚鱼乃礼之薄者。"③ 不管怎样，带有猪和鱼作为信物，这表明了馈赠一方的诚意，所以巫者判曰"吉"。认为占得此卦者，"利涉大川，利贞"，即有利于到更远的地方发展，并且有利于祈求保佑。

下面，我们看看爻辞的内容，看看人们为什么带有猪呀鱼呀的礼物。

---

① 蒋人杰编纂，刘锐审订：《说文解字集注》，上海古籍出版社1996年版，第581页。

② （宋）黎靖德编，王星贤点校：《朱子语类》，中华书局1986年版，第1867页。

③ （清）王引之：《经义述闻》，江苏古籍出版社1985年，卷一第58页。

欢娱在月圆之夜

[初九]虞，吉。有它，不燕。

"虞"，通"娱"。高亨先生引"《庄子·让王篇》'许由虞于颍川'，《释文》：'虞，本作娱'"① 证娱即虞。娱者，娱乐也，爻辞的叙述者以简单的一个"虞"字，表明了当时有人在娱乐玩耍。对此，巫者认为是好事，故曰"吉"。但是，爻辞又说"有它，不燕"。按它、燕押韵，应属于描叙性的部分。看来，巫者一看到娱乐的场面，便高兴地下判断了。

关于"有它"，论者多解为有了其他的事物，像来知德《周易集注》称"有志不定而他求其所应也"。这说法也通，但是，"它"，其字义本来是蛇。《说文》："它，虫也，从虫而长。"所以，我认为，这爻所说的"有它"，其实就是说"有蛇"！

有蛇，就大煞风景了，蛇让人害怕，也破坏了情绪，于是跟着有"不燕"一句。

"燕"通"宴"，宴即宴乐、玩耍。《礼记·学记》："燕朋逆其师，燕辟废其学。"郑玄注："燕犹亵也。"可见，燕、宴和燕好、逸乐有关。这里说"不燕"，无非是说不玩了、别亲热了的意思。

把[初九]的几句联系起来，我们看到它描述的是这样的一个场景：人们在娱乐玩耍，可又发觉那里有蛇，于是停止

---

① 高亨：《周易古经今注（重订本）》，中华书局 1984 年版，第 339 页。

了玩乐亲昵的活动。

[九二] 鸣鹤在阴，其子和之；我有好爵，吾与尔靡之。

这一爻，不就像一首民歌吗？它与《诗经》国风里的一些情诗，何其相似乃尔？我想，制作者无非是把当时相娱的少男少女唱的情歌，记录下来，便成了这《中孚》的一爻。

"阴"，《说文》云："阴，山之北，水之南也"，这里说"鸣鹤在阴"，联系到卦辞有"利涉大川"的提法，很可能指的是那鹤儿鸣叫在河水之南。这一句，是诗中的"兴"，也是"比"，比喻在河边唱歌的男子。"其子和之"的"子"，指的是女子，即《诗经》里"之子于归""执子之手"的"子"。这两句，写的是男女河边的对歌。所以，《淮南子·泰族训》对它的理解是"以阴阳之气相动也"，真可谓切中要害。

"好爵"，"爵"，本义是酒器，这里引申为酒，"好爵"者，美酒之谓也。"靡"，《说文》云："靡，披靡也。"又《一切经音义》卷二十三引《汉书拾遗》："靡，倾也，倾谓偃卧也。"连上句，意思是说，我有好酒，和你干杯，和你喝到醉倒吧！

[六三] 得敌，或鼓或罢，或泣或歌。

好些学者，把"得敌"之敌，解为敌人，像黄寿祺、张善文先生把这爻译为："前临强敌，或击鼓进攻，或疲惫败退，或（惧敌反攻而）悲泣，或（因敌不侵而）欢歌。"[①] 此说也可参考。

---

① 黄寿祺、张善文：《周易译注》，中华书局 1981 年版，第 499 页。

不过，如果联系到［九二］所写的场景，是否还可以作另外一种考虑？

我认为，敌，不是敌人的敌，而是匹敌、匹配的意思。"得敌"，指得到合适的对手，如果是对歌，是指歌唱者旗鼓相当；如果是对舞，是找到很好的舞伴；如果是少男少女，则是得到了很匹配的另一半。你看，这伙人玩得可起劲了：

"或鼓或罢，或泣或歌"，"或鼓"，有人鼓舞兴奋（当然也可以理解为有人在打鼓）。"或罢"，闻一多先生说，"按疲读为鼙"，"鼓谓击鼓，盖之言搏也，《说文》曰：'搏，两手击也'"①。这是说有人用两手击鼓。但尚秉和在《周易尚氏学》里说："罢疲通音婆。下与歌叶"，意思指有人疲倦了，这解释似更为妥帖。

"或泣"，当然可以解作有人流泪，至于是喜极而泣，还是因悲哀或闹情绪而泣，叙述者没有说破。不过，帛书"或泣"作"或索聚汲"，"汲"，汲水而饮也，当唱唱跳跳玩得累了的时候，有人汲水以润喉，我觉得，用"汲"字叙说当时的场面，似更自然一些。至于"或歌"，则指有人在那里歌唱，这一点，论者都没有异议。

在我看来，这爻写的是群众在一起唱歌跳舞的情景，它与［初九］的"虞（娱）"与［九二］的那首情歌相呼应，让人们看到了古代男女在野地上歌舞联欢"伊其相谑"的场面。

［六四］月几望，马匹亡。无咎。

"几望"即既望，"望"是月圆，这句是指月亮已经圆了。

---

① 蔡尚思主编：《十家论易》，岳麓书社 1993 年版，第 536 页。

"匹"，匹配的意思，"马匹亡"是说马儿配着对儿，一对一对地离开了。当然，也许参加欢聚者真的是骑着马儿来的，也许这"马"只是比喻，实指人儿一对对地消失在月夜之中。有些论者说"马匹亡"是指"在月之十五日以后，丧失马匹"①，这岂不大煞风景？何况，若掉了马匹，巫者怎能说"无咎"？但若是当他知道那些男男女女成双成对地离开、消失，意味着怎么回事，于是下了"无咎"的判语，那就顺理成章了。

［九五］有孚，挛如。无咎。

现在，我们可以明白这卦之所以名为《中孚》的原因了，显然，卦辞的制作者是注意到爻辞［九五］中有"有孚"之句的，而这句，又是在整个欢娱活动中的点睛之笔。

"有孚"，就是有信物。看来，在月色下，那双双的配对者，有人拿出了信物，这分明是求爱的表示了。于是，彼此就有"挛如"的一幕。

"挛"，《说文》云："挛，系也"，连结起来的意思。"挛"又通"娈"，《说文》称："娈，慕也"，段玉裁《说文解字注》更说：娈，"为今之恋慕也"，并引《广韵·卅三线》："恋，慕也，恋娈为古今字。"② 至于"如"，是加强语气的词，"挛如"，等于说两人连结互相缠绕着呵！那真是极尽爱恋之能事。对此，巫者说"无咎"，显然对这行为表示肯定。确实，彼此"得敌"匹配，而且拿出行聘的信物以示诚心，巫者又岂能不表示通达？

---

① 高亨：《周易古经今注（重订本）》，中华书局1984年版，第340页。
② 蒋人杰编纂，刘锐审订：《说文解字集注》，上海古籍出版社1996年版，第2639页。

[上九] 翰音登于天。贞，凶。

翰音的"翰"，一说是天鸡，《说文》云："翰，天鸡，赤羽也。从羽，倝声，《逸周书》曰：大翰若翚雉。"若按此说，翰音即雉的声音。

但是，《周易释文》云："翰，胡旦反，高飞。"翰音就是高飞的鸟发出的鸣音，这鸟不必坐实是雉。在《诗经·小雅·四月》，有"匪鹑匪鸢，翰飞在天；匪鳣匪鲔，潜逃于渊"之句，翰飞与潜逃对举，可见，翰飞是高飞的意思。因此，朱骏声在《六十四卦经解》说："翰从风举，音从口发，统言鸟属，非专指鸡也。"[①] 这是很对的。总之，翰音登于天，是说那鸟儿发出鸣叫，高高地飞上了天了。

我之所以要说明"翰"非实指鸡，而是泛指一般飞鸟，是因为那翰音，实也包括"鸣鹤在阴"的鹤在飞走时所发出的声音。那"鹤"，曾和女郎对歌，"挛如"一番之后，便"登于天"，溜之乎也！这样的"一夜情"，在古代桑间陌上，是常常发生的，请看《诗经》的诗句：

期我乎桑中，要我乎上宫，送我乎淇之上矣！

——《桑中》

虫飞薨薨，甘与子同梦。会且归矣，无庶予子憎！

——《鸡鸣》

《桑中》意思说：你在桑林里约我，邀我到家里，完了

① （清）朱骏声：《六十四卦经解》，中华书局 1958 年版，第 269 页。

事，又把我送到河岸了。《鸡鸣》意思是：虫子嗡嗡地飞，甘心和你一起睡；快要分手了，希望你不会讨厌我。请看，它们抒发的都是一夕缠绵后分手之情，这和《中孚》爻辞所叙的，又何其相似！

〔上九〕说那鸟儿终于飞走，意味着露水姻缘的结束。对于这样的结果，巫者是不以为然的，所以认为若占得此爻，预兆为凶。显然，巫者的态度，和对待前面几爻的态度并不相同，这是因为前面所叙的，是欢娱，是婉好，而〔上九〕写的是那"鹤"一走了事。

其实，〔上九〕所写的类似是"薄幸"的情况，古代有些学者是觉察到的，像孔颖达在《周易正义》中疏云"信衰则诈起"，"若鸟之翰音登于天，虚声远闻也"。从"有孚"以表诚信，到最终飞走，在孔氏看来，涉于欺诈，自不可取。

撇开巫者的态度不谈，就《中孚》爻辞所描述的景象而言，我们分明看到：在月圆之夕，田野里的一群男女对歌跳舞，等到情意缠绵，双双隐没，然后又各自分飞。这一切，不禁让我们想到了西南地区一些少数民族盛行的"阿细跳月"的风尚。或许，今天的阿细跳月和"走婚"，正是《中孚》所写的古代民风的文化遗存。当然，巫者和后世学者对"醒时同交欢，醉后各分散"的状况不以为然，但这对初民而言，倒是自然而然的事。

以"悦而信"的心态处事

〔彖辞〕对《中孚》的阐释是：

中孚，柔在内而刚得中，说而巽，孚乃化邦也。豚鱼

吉，信及豚鱼也。利涉大川，乘木舟虚也。中孚以利贞，乃应乎天也。

［彖辞］首先给《中孚》"兑下巽上"的卦形作出解释，这卦形的排列为☲。就全卦的六组爻而言，两组阴（柔）爻，居于整个卦位内部的中间；而就上卦和下卦而言，又分别以阳（刚）爻居于中位，这叫做"柔在内而刚得中"。从这卦形引申，制作者主张人们内心要柔和，品德要坚定。

另外，《中孚》上卦是"巽"，巽谐逊、顺；下卦是"兑"，兑通说、通悦。上下卦结合，就叫"说而巽"，从管治的层面看，既能处谦逊，又能使人悦服，这就是"孚"，也即是诚信。能做到诚与信，便能感化万邦，和谐地管理天下。跟着，所谓"信及豚鱼"，是指诚信、教化，及于卑微的豚鱼，这比喻管治者的诚信及于一般的老百姓。

至于卦辞的"利涉大川"，也是从卦形给予阐释。按"巽"的自然属性为木，"兑"的自然属性为川泽。木在上，川泽在下，象征舟船在水上航行，所以说"利涉大川"。而舟船的中间，是空着的，中空就是"虚"。舟船中虚，所以能浮，引申而言，主事者要谦虚，所以能把事情做好。

最后，［彖辞］的制作者强调，诚信是有利于占卜的，因为这德行"应乎天"，符合天道亦即自然和社会的法则。

［象辞］的解释是：

泽上有风，中孚。君子以议狱缓死。

［初九］**初九虞吉，志未变也。**

［九二］**其子和之，中心愿也。**

［六三］**或鼓或罢，位不当也。**

〔六四〕马匹亡，绝类上也。

〔九五〕有孚挛如，位正当也。

〔上九〕翰音登于天，何可长也。

从卦象看，"巽"是风的象征，"兑"是泽的象征。水面拂着风，显得很柔和；水被风吹皱，显得很温顺。从泽上有风的意象，制作者生发、推导出处理刑狱的态度。刑狱是严酷的事，但〔大象〕认为，主事者应以柔顺的心态和措施去对付，要认真研究商议，能缓刑免死的要尽量开恩。

〔小象〕对爻辞的解释是：虞之所以"吉"，是因为诚信之心还未有变化。"其子和之"，这说明双方是诚意沟通的。至于"或鼓或罢"，双方态度不同，是彼此摆错了位置，影响了沟通的渠道。（这里所说的"位"，〔小象〕是从象理术数的角度去说明的，兹不赘）

在〔六四〕一爻，说到"马匹亡"，这情况绝对和处于上位的〔九五〕相类似。

至于〔九五〕说的是"有孚挛如"，意指双方既能情意真诚，又能关系紧密，〔小象〕认为，这正是由于大家都摆对了位置的缘故。所谓"位正当"，即该处于上者处于上，该处于下者处于下，位置正当，彼此顺逊，就利于上下沟通。回过头来，再看"马匹亡"，爻辞说马儿配对地走了，这和〔九五〕所说的"有孚挛如"的状态一模一样，所以，制作者便称它"绝类上也"。

对于"翰音登于天"，鸟儿一下子飞走，意味着彼此不能长久相处，这是不诚不信的表现，于是，〔小象〕便发出了"何可长也"的慨叹。

〔彖辞〕和〔象辞〕对《中孚》的演绎，和爻辞的原意，相距很远了。它们只抓住了爻辞里出现"信物"意象，便生发出如何处理人与人的关系，包括不同身份地位的人际关系的问题，认为诚信是沟通不同阶层的关键，认为柔顺谦逊是人们和谐共处的条件，这样的引申推演，也包含着合理的因素。

第六十二　《小过》辨

䷽艮下震上

小过：亨，利贞。可小事，不可大事。飞鸟遗之音，不宜上，宜下。大吉。

[初六] **飞鸟，以，凶。**

[六二] **过其祖，遇其妣。不及其君，遇其臣。无咎。**

[九三] **弗过，防之。从或戕之，凶。**

[九四] **无咎，弗过，遇之，往厉，必戒。勿用永贞。**

[六五] **密云不雨，自我西郊。公弋，取彼在穴。**

[上六] **弗遇，过之，飞鸟，离之，凶，是谓灾眚。**

一次捕猎的活动

《周易》有《大畜》《小畜》《大过》《小过》，这大和小，只表明序列，并非作为巨细的比较，这一点，我们在《大过》一卦的分析中已有说明，兹不赘。

所谓"过"，是指超越、超过、过了头。《小过》和《大过》都写做了过了头的事，若从性质而言，《小过》爻辞"凶""厉"的字眼有四处之多，可见事情很严重。至于这"过"是指什么事做过了头？《小过》的内容写的是什么？则要进一步分析。

在《小过》的爻辞［六五］中，有"密云不雨，自我西郊"一语，它曾见于《小畜》。上面说过，《小畜》写的是畜牧与狩猎。《小过》跟着还有"公弋，取彼在穴"一句，我认为，这是理解《小过》的关键。从爻辞中有"弋""戕""飞鸟"等字眼，很可能此卦描写的是狩猎遇到的种种问题。

卦辞说"小过：亨，利贞"，是说凡占取此卦，便要举行亨祭，这有利于占卜。又说"可小事，不可大事"，事，作动词用，即碰上要做的事情，可以稍稍从事，不能放开手脚地干。引申之，是说做事要低调，不要高调。

"飞鸟遗之音，不宜上，宜下"，是巫者作进一步的比喻。他说好比鸟儿高飞，留下来的声音，只能处于鸟的下方，才能听得清楚，若处于上方，反不易闻。马其昶在《重定费氏学》说："飞鸟，高过于人矣，然遗音可闻，是亦未能过高，特小过耳。逆顺者飞而向上，有风气阻力，就下则顺势矣。"此说可参考。由此，巫者告诫人们，处理事情，也应像听飞鸟之遗音一样，宜下而不宜上，并且认为采用韬光养晦的办法，是"大吉"的。

［初六］飞鸟，以，凶。

论者一般断为"飞鸟以凶"，把"以"作连词用，等于说鸟儿飞了，所以属"凶"。高亨先生则认为"此句义不可通，疑'以'下当有'矢'字，转写挽去"[①]。对这句提出怀疑，是对的，但说它漏写一字，根据似嫌不足。以我看，与其疑其

---

① 高亨：《周易古经今注（重订本）》，中华书局 1984 年版，第 341 页。

转写挩去，不如疑"以"是"弋"的音误。按"以""弋"谐音，其下爻又有"公弋"一语，因此，似释"以"通"弋"更合理一些。

"飞鸟，以，凶"，这很易理解。"以"通"弋"，弋，射也，《诗经·郑风·女曰鸡鸣》有云"将翱将翔，弋凫与雁"，也就是以矢射飞鸟的意思。鸟在飞翔，狩猎者发矢射弋，鸟儿便陷险境。因此，巫者认为，占取此爻者有"凶"的预兆。

［六二］过其祖，遇其妣。不及其君，遇其臣。无咎。

这爻辞的叙述部分，写的是鸟兽的遭遇。祖、妣，分别指上了年纪的男性和女性。至于君、臣，帛书"臣"作"仆"。看来，狩猎者是男女老少一起出动的。这几句的意思是，被围捕的鸟兽，越过了那批人的长老，便碰到上了年纪的妇女；没有撞到那头头的跟前，却遭遇到他的手下。总之，怎样也躲不了，逃不脱。巫者认为，鸟兽始终会落入彀中，这对狩猎者而言，无论鸟兽怎样东逃西躲，都不成问题。所以，占得此爻者，可得"无咎"之兆。

［九三］弗过，防之。从或戕之，凶。

这爻是从狩猎者的角度，写当时如何对待鸟兽的经验。

"弗过"，"弗"即不，"弗过"是说狩猎时，面对猎物，猎者不冲越过去，而是"防之"。"防"，提防，《说文》："防，堤也"，引申是防堵的意思。之，指代被围捕的鸟兽。这爻的制作者，描述了当时以逸待劳的捕猎情况。

至于"从或戕之"，"从"，遂也；"或"，有些；"戕"，伤害也。这句是说，在包围猎物时，有些人便等得不耐烦了，主动出击，杀伤了猎物。对此，巫者判曰"凶"。这一点，稍有打猎经验的人也是会懂得的，因为伤了猎物，会有意想不到的后果。例如打伤了野猪，那受伤的家伙会舍命向人攻击。巫者也据此推演，若占得此爻，后果也很不妙。

［九四］无咎，弗过，遇之，往厉，必戒。勿用永贞。

这爻把判断语前置了，实即为"弗过，遇之，无咎"。

在狩猎时，猎人不冲越过去，却是猎物撞了上来遇上了。巫者判曰"无咎"。他还指出，猎者如果前往，冲了过去，则"厉"，那非常危险。他还强调，"必戒"。这一爻，巫者的态度和上爻［九三］一模一样。他还对占卜者表示，"勿用永贞"，不要老是祈求卜问休咎了，因为凶吉早就明摆着的了。

［六五］密云不雨，自我西郊。公弋，取彼在穴。

上面提过，《小畜》的卦辞也有"密云不雨，自我西郊"一句，可见它是描述天色表示将雨未雨的时谚。"公弋"的"公"，是指有身份的地位很高的统治者，正因如此，上面的爻辞才会写到他常带领着一帮人马前往狩猎，才会让鸟兽遇上"过其祖，遇其妣，不及其君，遇其臣"的走投无路的状况。

"取彼在穴"，"彼"，是指猎物。这句说，王公是在洞穴里抓到了猎物的，说明鸟兽已无可遁逃，抓住十拿九稳；或者表明所抓的是在洞穴中的兽崽，没有反抗能力。总之，穴中取兽，当是万全之策。

［上六］弗遇，过之，飞鸟，离之，凶，是谓灾眚。

这爻说狩猎者没有遇上猎物，却冲越过去。这做法，与［九三］的"弗过，防之"以及［九四］的"弗过，遇之"完全不同。前两者都强调"弗过"，而这爻则是"过之"，很清楚，这是在未有弄清目标的情况下主动发起攻击的行为。对此，巫者认为是冒险的举动。

"飞鸟，离之"，"离"，通"罗"，罗网也。这里作动词用。连上文，是说那冒进的行为，就如飞鸟的自投罗网，所以巫者判曰"凶"。并且加上很严厉的一句："是谓灾眚。"灾眚者，灾祸、灾难也。

就《小过》的爻辞看，它所记的是一次"公弋"事件，透过对王公大人所组织的狩猎活动，叙述者提出了自己有关狩猎的主张。他认为狩猎最好的办法是围而不攻，等待成熟的时机。只要有耐性，猎物就会碰上来，这叫做"遇"。只要"防止"，组织好包围圈，那么，猎物便"过其祖，遇其妣；不及其君，遇其臣"，反正逃不出掌心。到了合适的时候，例如在"密云不雨"动物进窝的时分，狩猎者便可以"取彼在穴"。

如果在狩猎中，不是采取稳健的做法，就是"过"，是过头、冒险。对于"过"的行动，是此卦制作者所不取的。当然，他也不是要狩猎者无所作为，卦辞在总结整个行动的主张是，"可小事，不可大事"。就是说，行事的动作要小，不要张扬；"不宜上，宜下"，不要好高骛远，而要采取沉稳的低姿态。只要按这原则和方法对付鸟兽，必然有"大吉"的结果。

我认为，《小过》所写的，本来是特写狩猎的具体事件，但由于叙述者主张的原则和方法，也可以用之于其他问题，因此，人们便很容易抓住"过"的外延，给予无限的引申。

提倡适度小步走

现在，我们先看看［象辞］：

小过，小者过而亨也。过以利贞，与时行也。柔得中，是以小事吉也。刚失位而不中，是以不可大事也。有飞鸟之象焉。飞鸟遗之音，不宜上，宜下，大吉。上逆而下顺也。

按［彖辞］制作者的理解，所谓"小过"，是指稍稍有所作为，有所超越。这样做，也是可以进行亨祭，告慰于上天的。他特别指出，但凡做事，做过了一点却能走得通，那是因为"以时行"，即根据客观条件的进展，抓住机遇去做。显然，能否顺应发展条件，能否与时俱进，是衡量是否有利、能否有所超越的标准。

至于什么"柔得中""刚失位"，是制作者从象数、卦位的角度去解释"可小事，不可大事"的问题，我们可以略而不谈。

在这里，我们提请读者注意的是，［彖辞］制作者又一次提出"时"的理念。本来，在《小过》的卦辞中，并没有触及"时"的概念，即使在爻辞中，也没有写到抓住机遇之类的问题，［彖辞］平白地把"过"与"时"扯在一起，说明他处处抓住机会宣传"时"的重要性。识时务者为俊杰，随着形势的变化而变化，是《周易》一贯强调的精神。

再看［象辞］：

山上有雷，小过。君子以行过乎恭，丧过乎哀，用过乎俭。

　　［初六］飞鸟以凶，不可如何也。

　　［六二］不及其君，臣不可过也。

　　［九三］从或戕之，凶如何也。

　　［九四］弗过遇之，位不当也。往厉必戒，终不可长也。

　　［六五］密云不雨，已上也。

　　［上六］弗遇过之，已亢也。

　　［大象］说的"山上有雷"，是指《小过》的卦象为"艮下震上"。艮象征山，震象征雷。山上有雷声，下面可以听到，但声音不会大，所以说是"小过"，即只有限度地超越一般听到的音量。由此引申，制作者认为有修养的君子，他的行为、态度，要比常人显得稍稍谦恭一些；遇到丧事，要比常人显得稍稍哀伤一些；他的生活开支，要比常人显得稍稍节俭一些。总之，既不要脱离一般的实际，又要与一般有所不同，这样做，"君子"就能够成为人们的榜样，得到人们的认可。本来，人们处事的态度，应该是真诚的，而［大象］的制作者强调要表现出适当的"度"，这未免有作秀的意味了。

　　［小象］对每爻的演绎是：飞鸟碰上了凶险，是无可奈何，没有办法挽回了。因为鸟要飞，飞是大动作，不符合"小过"的原则。至于［六二］说"不及其君"，似乎可以躲过一劫，却又过不了其"臣"那一关。

　　［小象］对《小过》前面的四爻，一般是根据爻辞的辞意串解，辞义也很通俗。可是，到了［六五］和［上六］，若按辞义，不能说通，于是便从卦位、象数给予解释。所谓"密云不雨，已上也"，是说［六五］已处于卦的上方，即与之相对应的，却是阴爻。阴气上升，碰不到阳气，不能调和，雨就下不来了。同样，［上六］一爻，是极凶的，原因是此爻已进入最高位，与之相对应的，也是阴爻，这就是"亢"了，升到极高，到了尽头了。显然，在［小象］的制作者看来，"已

上""已亢",都和采取低姿态前进的做法不合,所以都不能认可。

从［彖辞］和［象辞］所阐述的议论看,不难发现,制作者认为凡事不要采取过激的行动,但却又主张稍稍有所超越。换言之,他们否定质变,却主张量变。认为过度的行为,会走向反面,是冒险,"是谓灾眚"。而看准时机,适当有所进展,则认为是必要的。这也就是卦辞从整体上判断此卦为"大吉"的道理。

在管治的局面已经稳定,矛盾相对缓和的时候,人们当然还要与时俱进,要求持续地发展。但这发展,只能是量变的、渐进的,只能在已有的基础上小步前进。［彖辞］和［象辞］从"飞鸟""公弋"的具体事件,生发出一套想法,乃是先民们管治经验的总结,其间也是颇有启发意义的。

第六十三 《既济》辨

☲ 离下坎上

既济：亨，小利贞。初吉，终乱。

［初九］曳其轮，濡其尾，无咎。

［六二］妇丧其茀，勿逐，七日得。

［九三］高宗伐鬼方，三年克之，小人勿用。

［六四］繻有衣袽，终日戒。

［九五］东邻杀牛，不如西邻之禴祭，实受其福。

［上六］濡其首，厉。

渡河征战的实录

《既济》和《未济》是《周易》的最后两卦，它们的词语相近，也都以"济"为题旨，所以，把它们联系起来思考，可能会更易于理解。

《既济》的"既"，指已经完成；它和《未济》的"未"，刚好是两个不同的指向。

"济"，《尔雅·释言》："渡也。"从爻辞中出现"濡""利涉大川"等与水有关的词语看，济，应是指渡河，《既济》是写已经过了河，《未济》则写尚未过河。

"济"，又有完成的意思，《尔雅·释言》："济，成也。"因此，"既济"是指事情已经完成；"未济"是指事情还没有完成。来知德《周易集注》释云："有过人之才者，必有过人之事，而事无不济矣。"① 无不济，即无不成。李鼎祚《周易集解》则引荀爽："未济者，未成也。"② 其实，"济"包含着"渡"与"成"两种意义，也是很容易理解的，试想，过了河，不就完成了涉水的事情吗？反过来，干完了工作，松了一口气，不就和涉过水，上了岸一样了吗？事实上，《既济》和《未济》的爻辞，有时着眼于"渡"，有时着眼于"成"，我们也只有把二者贯通起来，才有可能明白其本义。

《既济》的卦辞说"亨，小利贞"，是指占得此卦者，祭祀吧！它对祈求保佑，还是稍为有利的。因为它意味着"初吉，终乱"，它开始时会较好，到后来会出点乱子。所以，占得此卦者既要有信心，又要提高警惕。

为什么巫者会说"终乱"？那是因为此卦最后的一爻［上六］，出现了"濡其首，厉"的爻辞。这一点，我们下面再作说明。

从这里，我们也可以推测，卦辞的写定，应是在爻辞写定之后。我们不知道卦辞和爻辞的制作者是否是同一个人，如果是，那么，他是制作了爻辞之后，才制作卦辞，把卦辞作为爻辞的呼应和归纳概括。如果卦辞是出于另一人之手，那么，此人的制作，也必然是在研读了整卦的爻辞之后。

---

① （明）来知德撰：《周易集注》，上海古籍出版社1990年版，第326—327页。

② （唐）李鼎祚著，陈德述整理：《周易集解》，巴蜀书社1991年版，第11页。

［初九］曳其轮，濡其尾，无咎。

"曳其轮"，牵引着车子前进。"濡其尾"，弄湿了尾巴。巫者认为，车子已经过了河了，或者是在济渡的过程中，马的尾巴沾了水，这也无伤大雅，故曰"无咎"。

首先，我们要弄清楚的是，这卦的卦名为《既济》，其卦辞，也提到"既济"，可见爻辞写的，都是已经发生，或正在完成的事。这一爻，写的也是车子过了河或是正在过河的状态。

关于"曳其轮"，不少论者认为是把车子往后拖，像朱熹在《周易本义》云："轮曳则车不前，濡尾则狐不济，既济之初，谨戒如是。"① 程颐在《程氏易传》里则认为："轮所以行，倒曳之使不进也。""方既济之初，能止其进，乃得'无咎'，不知已则至于咎也。"②

朱、程一方面承认车子过了河，一方面又说不让车子前进，这不太说得过去，因此，《周易折中》引李简的说法，"既济之初，以濡尾而曳轮，见其用力之难也"。李光地同意此说，曰："爻之文意，李氏得之。盖曳轮者，有心于曳之也；濡尾者，非有心于濡之也。当济之时，众皆竞济，故有濡尾之患。惟能'曳其轮'，则虽'濡其尾'可及止也。"③

---

① （宋）朱熹撰，苏勇校注：《周易本义》，北京大学出版社1992年版，第85页。

② （宋）程颢、程颐著，王孝鱼点校：《二程集》，中华书局1981年版，第1019页。

③ （清）李光地撰，李一忻点校：《周易折中》，九州出版社2002年版，第344页。

到底是把车子向后曳？还是向前曳？我认为后说更为可取。因为既然要完成渡涉的差事，只能是把车轮往前拉；在拉车前进的过程中或者是登上对岸以后，发觉牲畜的尾巴浸到水里，弄湿了。巫者便认为，这多少有点遗憾，有些美中不足，但不是什么问题，故曰"无咎"。

[六二] **妇丧其茀，勿逐，七日得。**

关于"茀"，论者有各种各样的解释，《周易释文》说："茀，方拂切。子夏作'髴'，荀作'绂'，董作'髢'。"① 总之，诸公或解"茀"为妇女的假发，或为妇女的蔽膝，或为妇女头上的饰物，或为车子上的掩蔽物，或为草做的扫帚。林林总总，不一而足，但无论怎么样，都认为"茀"无非是一种器物。"妇丧其茀"即是指那妇人丢了她的什么东西。这种说法，可作参考。

跟着，巫者就发表意见了："勿逐，七日得。"这意思浅显明白，不必细表。

关于类似"勿逐，七日得"的句式，我们曾见于《睽》的 [初九] "丧马勿逐，自复"，和《震》的 [六二] "跻于九陵，勿逐，七日得"。从这两例中，说马丢了，或人跻登上山，"勿逐"，这很好理解，因为马和人，都是会走动的动物，使用追逐一词来表达对他们的索求，是恰切的。但是，"妇丧其茀"，如果"茀"是器物，即使它丢失了，"茀"的本身是不会动的，用"逐"来表示妇人对它的寻求，不是很不贴切

---

① （唐）陆德明撰，黄焯断句：《经典释文》，上海古籍出版社 1983 年版，第 30 页。

吗？对此，不能不让人产生怀疑。

查校帛书，"妇丧其茀"作"妇亡其发"，若从帛书，事情便容易理解。

"妇亡"，指妇人跑了，不见了。这妇人，本来已经得到，可是又溜走了，正所谓得而复失。至于"其"，是加强语气词。"发"，《说文》："躷发也。"指弓矢发射迅速的意思。又钱大昕《十驾斋养新录》："古读发如拨，《诗》'鳣鲔发发'，《释文》，补古反，此古音也。"① 所以，"发"，可以理解为形容动作的姿态。可见，这一句，是说那已经获得的妇人，又拨剌拨剌地逃走了。

据此，巫者表示：她跑了就跑了，天要下雨，娘要嫁人，逃跑的行为既成事实，那就"勿逐"，不用去追。何况，"七日得"，七天以后自然又会得到她，又会失而复得（七日是古人日序的周期，请参看《震》卦［六二］的分析）。

［九三］高宗伐鬼方，三年克之，小人勿用。

"高宗"，即商王武丁。"鬼方"，远方的部族。《史记·五帝本纪》有"北逐荤粥"② 一语，《索隐》称荤粥是匈奴的别名，并说它亦称熏粥，夏时称淳继，商时称鬼方，汉代则称为匈奴。③ 关于武丁攻打鬼方一事，史有记载，《竹书纪年》卷六说武丁元年丁未即位，"三十二年伐鬼方，次于荆；三十四

---

① 蒋人杰编纂，刘锐审订：《说文解字集注》，上海古籍出版社 1996 年版，第 2713 页。
② （汉）司马迁：《史记》，中华书局 1982 年版，第 24 页。
③ 参（汉）司马迁：《史记》，中华书局 1982 年版，第 24 页。

年王师克鬼方，氐羌来宾。"① 这记载恰与爻辞的"三年克之"相合。

对于武丁三年能够攻克鬼方，巫者总结的经验是"小人勿用"，他认为武丁正是由于没有任用奸佞，所以取得了胜利。史称武丁是贤君，《尚书·无逸》称："其在高宗，时旧劳在外，爰暨小人。作其即位，乃或亮阴，三年不言。其惟不言，言乃雍，不敢荒宁。"② 这是说，在武丁以前，曾经有小人当道；武丁即位后，改变了局面。据说他求贤若渴，还在奴隶的队伍中找到筑版的傅说，后来正是在傅说的辅助下，成了商代的中兴之主。

武丁用了三年时间，打败鬼方，完成了既定的方略，这毕竟是桩好事。

[六四] 繻有衣袽，终日戒。

对"繻有衣袽"一句，论者有不同的解释。尚秉和说"繻"是彩帛，"袽"是败絮，"繻有衣袽者，言虽有帛衣，衣败絮以自晦"③。黄寿祺、张善文先生则认为这句指"华美衣服将变成败衣破絮"④，此说可以参考。

有人认为"繻"当作濡，像程颐在《程氏易传》中称："繻当作濡，谓渗漏也，舟有渗漏，则塞以衣袽。"⑤ 看来此说

---

① 沈约：《竹书纪年集解》，广益书局1939年版，第62页。

② （清）阮元校刻：《十三经注疏》，中华书局1980年影印版，第221页。

③ 尚秉和：《周易尚氏学》，中华书局2003年版，第280页。

④ 黄寿祺、张善文：《周易译注》，中华书局1981年版，第516页。

⑤ （宋）程颢、程颐著，王孝鱼点校：《二程集》，中华书局1981年版，第1021页。

受了下句"终日戒"的影响，你看，在涉水的过程中，要整天提高警惕，不是因为"舟有渗漏"么？但是，程颐忘记这卦根本没提到舟，[初九]说"曳其轮"，那是用车涉水，不存在塞漏的问题。因此，此说不可从。

不过，认为"繻"当为"濡"之讹，是有道理的，这卦讲的是涉水，提到过"濡其尾""濡其首"，可以推想，这爻写的当也与濡湿有关。我认为，这句的断句，可作"濡，有衣袽"。"有"，通"又"。整句意思是：弄湿了，又穿的是棉絮造的衣服。如果棉衣沾上了水，不就很狼狈了么？于是巫者说"终日戒"，占得此爻者，要注意提高警惕。

[九五] 东邻杀牛，不如西邻之禴祭，实受其福。

"禴祭"，有些论者释为薄祭，其实，"禴"不过是指殷商时的春祭（请参阅《萃》的分析）。这爻是说，东邻把牛宰了。至于宰牛是干什么？是犒劳？还是祭祀？爻辞的制作者没有说。但西邻却举行春祭，按照时令向上天祈福。巫者认为，东邻的举动，比不上西邻的做法，因为西邻敬天，实实在在地得到上天的福荫。

这一爻，和前面几爻似毫无联系，忽然插进东邻、西邻的问题，真使人摸不着头脑。在这里，我试试作一推测。

在[九三]，爻辞写到武丁伐鬼方，这是历史上确有的事，《既济》的提出，我们便不能不考虑全卦的内容和这段历史的关系。

商代和鬼方，从地域关系来说，也可以说是"邻"。据平心先生考证，鬼方是一个包括多个部族的古代民族集团，其中最重要的一支，就是姺邳。《左传·昭公元年》载："虞有三苗，夏有观扈，商有姺邳。"商的姺邳和夏的观扈，实为同国而异名。其国在今山东曹县。① 而商朝的领域占有黄河、长江流域及今辽宁西部地区，都于今河南省的商丘和安阳。从地域位置看，鬼方处于东方，武丁处于西方。"东邻杀牛"，是否可以比喻为鬼方的磨刀霍霍？而西边的商，则在出征前适时地举行禴祭，于是得到了上天的保佑。

总之，这一爻，不可能是无的放矢，总会和其他的爻辞有所关联。

［上六］濡其首，厉。

这爻说，在济涉之际，水弄湿了头，已意味着河水涨得很高，或者浪花溅得很高。从［六四］写河水弄湿了棉衣的情况看，"首"当是指人的头，而不是曳车的牲口的头。人，无论是坐在车上还是站在车旁，人头的头部一定高于马的头，水濡其首，说明水位不低。所以，巫者认为"厉"，有危险了。

粗略看来，《既济》一卦的爻辞，似乎涣散无章，一会儿说"濡"，一会儿说"妇丧"，一会儿又说历史上的事。但是，仔细分析，这卦的脉络仍是有迹可寻的。首先，这卦和下一卦《未济》，俱以"济"命名，而且两卦的文字往往重出，更重要的是，两卦都提到商伐鬼方的事。所以，《既济》很有可能是以伐鬼方的事件为中心，描述在完成征伐的过程中出现的种种状况。

首爻说"曳其轮，濡其尾"，是说武丁出动战车渡河。［六二］说"妇丧"，是比喻曾经臣服于中原政权后来又叛离的边远地方部族集团。［六四］则写在出征济涉时遇到的麻

---

① 参平心：《周易史事索隐》，载《历史研究》1963 年，第 1 期。

烦。［九五］写双方战斗前的准备，一方也许是饱餐战饭，一方是虔诚祭祀。［上六］便是写出征中济涉的危险。如果这样的理解不错，那么，《既济》可以视为武丁伐鬼方的实录。

居安便要思危

《既济》的《彖辞》是：

> **既济，亨，小者亨也。利贞，刚柔正而位当也。初吉，柔得中也。终止则乱，其道穷也。**

［彖辞］的制作者说，祭祀吧！占得此卦者，若要作些规模小的事，是亨通的。言外之意是，要干大事，则未必亨通了。因为就爻辞所写的内容看，在完成济涉的过程中，是碰到不少麻烦的，有时甚至很危险。

本来，此卦名曰《既济》，完成了济涉，应属好事，但是，整个卦，巫者一直很吝啬，在爻辞中没有给予一个“吉”字的判断；而卦辞也仅仅说是“初吉”，还说会“终乱”。这实在相当奇怪。不过，从这有点反常的做法里，倒让人们看到巫者对这卦有所保留的态度。有鉴于此，［彖辞］把亨通只限在“小者”的范围，这就可以理解了。

就总体而言，制作者认为此卦“利贞”，原因是它“刚柔正而位当也”。

从卦象看，此卦是“离下坎上”，它的阳爻（刚），都处于卦位的奇数位置；而阴爻（柔），则恰好都处于偶数位置。这就是“位当”。既然卦象与卦位的搭配是那样的完整，所以说利贞。

为什么说是"初吉"？制作者说是"柔得中也"，亦即阴爻处于〔六二〕的正中位置，认为以柔和稳当的姿态处理事情，颇为合适，故曰初吉。

"终止则乱，其道穷也"，是解释卦辞的"终乱"一语。〔彖辞〕认为，如果事情完成了、结束了，便一切停止下来，不继续前进，那么，反陷入了混乱。原因是发展到极致，走到了尽头，事情即向对立面转化。因此，制作者严肃地提醒，千万勿以为"既济"，便万事大吉。

至于〔象辞〕：

水在火上，既济。君子以思患而豫防之。
〔初九〕曳其轮，义无咎也。
〔六二〕七日得，以中道也。
〔九三〕三年克之，惫也。
〔六四〕终日戒，有所疑也。
〔九五〕东邻杀牛，不如西邻之时也。实受其福，吉大来也。
〔上六〕濡其首，厉，何可久也。

〔大象〕也从卦象解释《既济》的涵义。此卦下卦为"离"，离象征火；上卦为"坎"，坎象征水。水在火之上，意味着可以完成烹煮。同时，万一火势太猛，出现危险，在上面的水，也可以把火泼熄。因此，制作者认为此卦既告诉人们可以完成要干的事情，又要有忧患的意识，凡事要防患于未然。

〔小象〕也按此精神阐释各爻。〔初九〕说"曳其轮"以前进，这道理、做法，是没有问题的。〔六二〕说对待丢失者"勿逐"，说七天之后自然复得，这以逸待劳、以静制动的方法，是合适的，合于对待事物之"道"的。而对于武丁伐鬼方一事，制作者有自己的看法，他认为"三年克之"，虽然大功告成，却不完美。这三年，花的时间也太长了，让人疲惫了！对［六四］，爻辞提出"终日戒"，［小象］认为这是由于在完成工作的过程中，一直有所疑惧、疑虑，所以要终日警惕。

至于［九五］，制作者支持、肯定西邻的禴祭，因为他认为西邻抓住了时机，合于"时"，顺乎"时"，这是《周易》一贯强调的思想。而在［上六］，出现了"濡其首"的险象，制作者提醒人们，这不能长久下去，要考虑改变危局的方法。

我认为，［彖辞］和［象辞］以卦象、卦位的形态，去解释、演绎卦辞、爻辞的涵义，往往属附会的和随意性的引申。这样的推演方式，如果说它有什么特别意义，那不过是让我们通过其解释过程，看到了［彖辞］［象辞］制作者的思维逻辑。就《既济》来看，［彖辞］显然认为它的卦象与卦位的配搭十分完美："刚柔正而位当也"。也正因如此，［彖辞］［象辞］的制作者反处处提示此卦包含着大大小小的危机，提醒"以思患而豫防"，提出"终止则乱"，防止从完美走向它的对立面。这说明，制作者懂得事物都在变动之中，懂得对立相互依存又有转化的可能。可见，这些制作者是具有辩证思想的思想家，撇开其玄虚的外衣，你就会看到它合理的有启发性的思想内核。

第六十四　《未济》辨

䷿ **坎下离上**

未济： 亨。小狐汔济，濡其尾。无攸利。

［初六］濡其尾，吝。

［九二］曳其轮，贞吉。

［六三］未济，贞凶，利涉大川。

［九四］贞吉，悔亡。震用伐鬼方，三年，有赏于大国。

［六五］贞吉，无悔，君子之光，有孚，吉。

［上九］有孚于饮酒，无咎。濡其首，有孚，失是。

在黑夜里渡河

关于《未济》这一卦名，历来的解释，是指未有渡河。孔颖达在《周易正义》中说："《未济》者，未能济渡之名也。"[1] 朱熹在《周易本义》中也认为："《未济》，事未成之时也。"[2] 这一点，人们是素来没有怀疑的，而且，上一卦，

---

① （清）阮元校刻：《十三经注疏》，中华书局 1980 年影印版，第 73 页。

② （宋）朱熹撰，苏勇校注：《周易本义》，北京大学出版社 1992 年版，第 86 页。

694

名为《既济》，是写已完成了济涉；这一卦，则写未完成济涉。"既"与"未"，相对成文，不是很有道理么？有人还从《周易》对最后两卦的处理，看到了它所蕴含的哲理，像程颐在《程氏易传》里指出："《易》者变易而不穷也，故《既济》之后，受之以《未济》而终焉。《未济》则未穷也，未穷则有生生之义。"①

不过，这似乎是不容置疑的问题，却有许多令人不解的地方。就《周易》的惯例，卦名卦辞、爻辞肯定有着内在的联系，而细看《未济》的卦辞和爻辞，却很难把它们和未能济渡的内容联系起来。

如果说这卦写的是未曾或未能济涉，那么，卦辞分明有"小狐汔济"一语，说小狐狸几乎济渡（或解作在干涸的河上涉济），不就是已经在渡河了么？在爻辞，［初六］说"濡其尾"，也是济渡过程中发生的事。［九四］说到伐鬼方，而上卦《既济》也写到武丁过河征伐一事，可见与鬼方交战，在征途上是要跋山涉水的。这一来，岂可能在《未济》中写伐鬼方而不用过河？所以，我对把"未济"释为未能济或未曾济的做法，一直抱着怀疑的态度。

当然，若按传统的解法，也未尝不可。但能否换一个角度，试着求得更合理的解释呢？

据刘熙《释名·释天》："未，昧也。日中则昃，向幽昧也。"又据李孝定在《甲骨文字集释》中指出："卜辞皆叚为

---

① （宋）程颢、程颐著，王孝鱼点校：《二程集》，中华书局1981年版，第1022页。

支名字，后世或叚借为未有未然之词。"[1] 他认为"未"是指太阳过午，其光趋于暗昧的时分。《说文》也释"未"之本义为"重枝叶也"，也就是枝叶重重挡住阳光的意思。

如果把"未"解作昧，那么，"未济"实即"昧济"，换言之，指的是在昏暗中济涉。[象辞] 对这卦的阐释是"君子以慎辨物居方"，制作者提出"慎辨物"的问题，似乎也是出于对"昧"的字义的理解。正是要在昏暗中完成使命，才有要谨慎地辨清其物所居方向的问题。

对《未济》这一卦，历来学者提出的"未能济渡"的说法，读者自然可以参考。在这里，我则从"昧济"的角度解释，让读者对此卦的理解，多一个选择。

一段史事的侧面

《未济》的卦辞是：

> 亨。小狐汔济，濡其尾，无攸利。

"汔"，论者有三种不同的解释：朱熹说是"汔"通"几"；程颐说是"汔"通"仡"，仡者勇也；多数人根据《说文》，认为"汔"指水涸。桂馥在《说文解字义证》中在引述这段卦辞后指出："《说文》曰，汔，涸也。小狐力弱，涸乃可济，水既未涸而乃济之，故尾濡而无所利也。"段玉裁

---

① 蒋人杰编纂，刘锐审订：《说文解字集注》，上海古籍出版社1996年版，第3097页。

则把人们释"汔"为涸、为几、为危结合起来，说"水涸为将尽之时，故引申之义曰危曰几也。"① 高亨先生也认为："小狐不能泅水，水涸而后渡，乃水未尽涸，小狐急欲渡，以为水浅，可涉而过，遂招濡尾之祸，此误济溺身之象也。"② 我认为，此见最为详审。

卦辞的制作者说，举行亨祭吧！跟着以"小狐汔济"作譬，指出占得此卦者"无攸利"。

［初六］濡其尾，吝。

在《未济》里，［六三］有"未（昧）济"，［六四］有"震用伐鬼方"，这为我们设定了解读全卦的前提。同时，《未济》和上一卦《既济》，有相同的话题，有不少相同的词语，因此，在解释《未济》的时候，应和《既济》联系起来。

这里的"濡其尾"一语，在《既济》［初九］中是出现过的，指的都是牵引车子涉济的时候，河水濡湿了牲口的尾巴。不过，巫者在《既济》中判曰"无咎"，而在《未济》中则判曰"吝"，认为这很不好，这评价是截然不同的。

为什么巫者对同一种行为而判断各异呢？要弄清楚他的思维逻辑，便应了解两卦各自设定的条件。这两卦，虽然写渡涉，但《既济》是说车子已经完成济渡了，那么，即使牲口尾巴被水濡湿，确实是无伤大雅。而《未济》，是指在天色昏昧之际过河，这和白天的涉水，大不一样。因此，巫者判曰"吝"，是完全可以理解的。

---

① 蒋人杰编纂，刘锐审订：《说文解字集注》，上海古籍出版社 1996 年版，第 2379 页。

② 高亨：《周易古经今注（重订本）》，中华书局 1984 年版，第 348 页。

附带说一句，如果像许多论者那样，把"未济"释为"未能济"或"事未成"，那么，还未涉渡，怎么会先湿了尾巴？而未渡之前即或弄湿了尾巴，又算得什么？何"吝"之有？但如果以"未"作"昧"解，情况则大不相同。因此，巫者的判断，反过来帮助了我们对"未"字涵义的认识。

［九二］曳其轮，贞吉。

这爻词语也在《既济》的［初六］出现过，不同的是没有出现"濡其尾"的状况，这说明，河水很浅，或近于完全干涸；而且曳着车轮前进，即使在昏黑的夜晚，摸着石头过河，这显得十分谨慎。所以巫者说：占卜吧，祈求保佑吧！是会得到"吉"的预兆的。

［六三］未济，贞凶，利涉大川。

这爻说，晚上涉水出征。巫者判曰"凶"，他不主张在昏黑中以战车涉水冒险，不过又补充了一句"利涉大川"。

巫者不主张涉水，却又说利涉大川，这不是自相矛盾吗？对此，朱熹在《周易本义》中说："或疑'利'字上当有'不'字。"[1] 这可为一说，却没有根据，若谬然添字，更不足为训。

于是，程颐便从另一个角度解释这矛盾的问题，他在《程氏易传》说："征，所以凶也。然未济终有可济之道，险终有出险之理。""若能涉险而往从之，则济矣。"李光地在

---

① （宋）朱熹撰，苏勇校注：《周易本义》，北京大学出版社1992年版，第87页。

《周易折中》也补充说："无济之才，故于征则凶。有畏慎之心，故于涉大川则利。盖涉大川则不可以轻进，未济无伤也。"① 程、李的看法，均可参考。他们都看到，涉大川，不同于涉济浅水。总之，当巫者认为在昧夜中不利于涉济征战时，他又提出了另一套"涉大川"的方案。

[九四] 贞吉，悔亡。震用伐鬼方，三年，有赏于大国。

巫者认为，占到此爻，预兆为吉。"悔亡"两句，是说由于"震用伐鬼方"，灾祸消失了。

关于"震用伐鬼方"，黄寿祺、张善文先生译为"以雷霆之势讨伐鬼方"②。可为一说。不过，据平心先生考证，"震"和"用"都是人名。震即振，亦即商之高祖王亥。"用"，是王亥之子洛伯用，亦即上甲微。这父子二人和"有易"（鬼方系统的一个部族）有过严重的冲突。《山海经·大荒东经》引《竹书》载："殷王子亥宾于有易而淫焉。有易之君緜臣杀而放之，是故殷主甲微假师于河伯以伐有易，灭之，遂杀其君緜臣。"可见，《未济》写"震、用伐鬼方"，乃是记述王亥、上甲微父子二人前后对鬼方的攻伐。③

"三年"，当是约数。"有赏于大国"，由于有些论者推测"震"是商的将帅，因此认为这是指他受到商朝的封赏，朱熹

---

① （清）李光地撰，李一忻点校：《周易折中》，九州出版社 2002 年版，第 350 页。

② 黄寿祺、张善文：《周易译注》，中华书局 1981 年版，第 523 页。

③ 参平心：《周易史实索隐》，载《历史研究》1963 年，第 1 期。

的《周易本义》就说"为三年伐鬼方而受赏之象"①。平心先生则认为"有赏"通"有商",说这两句指"王亥、上甲微父子征伐鬼方,打了多年,终于使有商成为了大国"②。

以我看,如果确认震、用就是商朝开国之君,那么,朱熹等人的说法自不能成立。因为绝没有君主自己封赏自己的道理。至于说"有商于大国",于,这及物动词作"成"解,也稍嫌勉强。窃以为"有"通"又","赏"通"尚"。尚,尊崇奉事的意思。"有赏于大国"即"又尚于大国",这句话,省略了主语鬼方,而"大国",指的是商朝。全爻的意思是,王亥父子讨伐鬼方,经过多年,鬼方又对商朝表示尊崇,奉商为尊。联系上引《山海经》所记,先是王亥攻占了鬼方的地盘,可是鬼方杀王亥而复叛:于是上甲微再一次征讨,才宣告平定。其间反反复复,鬼方降而复叛,叛而复降,最终才又向作为"大国"的商朝,俯首称臣。在这里,巫者用"有赏"(又尚)一语,应是比较准确地表达出当时的形势的。

[六五]贞吉,无悔,君子之光,有孚,吉。

巫者判断说,占得此爻者,预兆为"吉",没有灾祸。至于这爻的叙述部分,是"君子之光,有孚"两句。

这两句,是制作者以赞颂的口吻叙述某人的功劳,说他是大人君子们亦即社会上层人士的光辉代表,他有俘获,有福气,故曰"吉"。

能够受到"君子之光"的赞扬者,他是谁?制作者没有

---

① (宋)朱熹撰,苏勇校注:《周易本义》,北京大学出版社1992年版,第87页。

② 参看平心:《周易史实索隐》,载《历史研究》1963年,第1期。

交待。不过，承上爻，应和"伐鬼方"一事有关。按上引《山海经》所记，伐鬼方而"杀其君緜臣"，并取得最后胜利者，是上甲微。很可能这被爻辞制作者称颂的人，就是他。

［上九］有孚于饮酒，无咎。濡其首，有孚，失是。

首句的"于"，是连接介词，它把"有孚"和"饮酒"两个词组连接起来，意思是抓了俘虏而又饮酒。对这表示胜利而兴奋的表现，巫者认为无咎。可是，"濡其首"，问题就大了。

"濡其首"，承上句，是指饮酒时酒水把头发也让沾湿了，这是一副不知节制狂饮过度的样子。对此，论者的看法大致是相同的，像程颐在《程氏易传》中说："若从乐而耽肆过礼，至'濡其首'，亦非能安其处也。"正因为让胜利冲昏了头脑，狂欢纵酒，这就坏事了，巫者说："有孚，失是"。是者，宜也，这是说有了俘获，反失其宜。好事变成了坏事。

根据《未济》明确提到"震用伐鬼方"的史事，我认为它的爻辞，都会明里暗里和史事有关。在［六五］，记叙的是上甲微伐鬼方的功绩；而在［上九］，记述的则是王亥伐鬼方的经验教训。上引《山海经》说到王亥"宾于有易而淫焉"，他攻入鬼方，有所俘获，可又佚乐无度，结果反为所累，这就是"有孚，失是"。

我认为，《未济》一卦，从［初六］到［六三］，写军队在昏夜涉济；在［九四］写"震、用伐鬼方"；而在［六五］和［上九］，则分述"用"（上甲微）和"震"（王亥）的得失。如果此论不致大谬，那么，《未济》和《既济》一样，它们所记的都是商代史事的一个侧面。

合乎中道，努力而为

现在，我们来看看《未济》的［彖辞］：

未济，亨，柔得中也。小狐汔济，未出中也。濡其尾，无攸利，不续终也。虽不当位，刚柔应也。

制作者说，占得《未济》这卦，应该举行祭祀。在他看来，这卦总体来说，还属亨通的。因为，就卦象和卦位的关系而言，"柔得中也"。按这卦，坎下离上，"离"的阴爻（属柔），恰巧处于［六五］；而［六五］之位又于上卦的中央。柔性地处于中间，就没有许多阻塞。而那小狐儿能够完成涉济的全程，是由于它一直未离开"中"的路线。至于后来"濡其尾"，出现了麻烦，是由于它没有继续尽力而为，尾巴没有一直用尽全力挺起来，结果垂下来，沾了水，增加了身体的重量，产生了危机。

这一点，正像王亥伐鬼方，善始而不能善终。

［彖辞］又指出，从《未济》的卦位和爻象相互搭配的情况看，阴阳各爻所处位置都不妥当，阳爻处于偶数的位，阴爻处于奇数的位，这就叫"不当位"。所以，这卦便有种种不如意的事产生。不过，他又认为，"虽不当位"，而全卦阴阳两爻的排列，又相互呼应，相克相生，充满生机。

［彖辞］对此卦的阐述是：

火在水上，未济。君子以慎辨物居方。
［初六］濡其尾，亦不知极也。

702

　　［九二］九二贞吉，**中以行正也**。

　　［六三］**未济征凶，位不当也**。

　　［九四］**贞吉悔亡，志行也**。

　　［六五］**君子之光，其晖吉也**。

　　［上九］**饮酒濡首，亦不知节也**。

　　按［大象］所说，此卦卦象为"坎下离上"，"离"的自然属性为水，"坎"的自然属性为火。火在水之上，这不是与点着灯火在昏昧中济渡的意象颇为相近么？因此，制作者提示，君子们要谨慎地辨明事物，处于合适的位置。

　　［小象］说：小狐濡其尾，是不知道要尽力而为，不知道这会导致什么样的结果。而［九二］"曳其轮"之所以贞吉，是因为走在不偏不倚的中道，处事持中，行为端正。至于"未济征凶"，是位置不当，换言之，凡事不根据主观条件，跨越客观实际，只能导致失败。而［九四］记伐鬼方之所以"贞吉悔亡"，是因为商朝能够把坚定的意志付诸实践。最后释［六五］"君子之光"是吉祥的阳光；释［上九］狂饮"濡其首"为放纵无度，不知节制。这都并不费解。

　　从［彖辞］和［象辞］对《未济》的阐释中，我们看到制作者强调的，首先是"中"的问题，他们认为持中守正，是取得成功的条件。中，从政治路线、处事方式而言，是指中庸、中道。离开了"中"，就会"位不当"，就会行不检，从而导致最后的失败。

　　其次，在"济"的过程中，［彖辞］［象辞］很强调主观的尽力，他们认为小狐之所以不能坚持下去，弄湿尾巴，正是从正反两方面比喻商朝的两次伐鬼方，一者功败垂成，一者笑到最后，实际上都是能否坚持的问题。这一点，与《乾》卦

［象辞］所说"天行健，君子以自强不息"的理念相呼应，可见，要求积极向上，战胜困难，是［彖辞］［象辞］制作者一贯的主张。

后　记

从 1993 年开始，我和学习中国古代戏曲史的研究生，一起研读《论语》《老子》《周易》等典籍。我请同学们各自阅读自己手头的校注本，各自对文本作出解释，然后，我说出自己的意见。在课堂上，师生互相攻难，我鼓励同学们"胡思乱想"，鼓吹"胡说八道"。一堂课下来，往往吵得面红耳赤，而又意趣盎然。

如此年复一年，同学们觉得我对《周易》的理解，可以自成一说，都鼓励我整理成书，我也跃跃欲试。但当时忙于整理自己对诗词的看法，先写了《诗词创作发凡》一书。不久，又需要集中主要精力，探索古代戏曲的形态，企图打开研究中国古代戏曲的新思路。这期间，还主持了国家社科"十五"规划重点项目《中国古代戏曲形态研究》课题。于是，只好把自己研读《周易》的心得，零星地积存下来。

记得 1996 年左右，广州市原市长、市政协主席杨资元学长，要我给由他主管的《东方文化》杂志写稿。资元学长主政期间，深受百姓爱戴，他和我都同出于王季思老师的门下。我不好推却，手边又没有存稿，刚好当时正和同学研读《周易》，便先整理了《说"无妄"》一文塞责。文章发表后，有些学术界的朋友看到了，觉得颇为有趣，也鼓励我不妨"破门而出"。

去年年初，国家重点项目完成了，送审后，我便抽出身来，尝试着把自己对《周易》的想法，整理成书。写作期间，陈海烈社长得悉，当即约我交付广东人民出版社出版。今年春节过后，书刚脱稿，当天他便亲自来舍拿走了。我当然知道，拙稿不可能是"畅销书"，但海烈继承前辈出版家的优良传统，一直关注、支持广东学术的发展，他对学术的执著和对作者真诚的态度，令人感佩。

我很幸运地生活在我所工作的环境里。在先师王季思教授的影响下，几十年来，中山大学研究古代戏曲的队伍，成了和谐团结共同奋进的集体。我们一起思考如何开拓古代戏曲领域的研究，如何才能处于戏曲研究的前缘。经过努力，我们在科研和育才方面也取得了初步的成果。秀木成林，嘉树欣欣，也让园中人能够好整以暇，从事自己感兴趣的工作。而这些年，中山大学校领导营造的学术宽松的环境，反使我不敢松懈。廉颇渐老，尚能健饭；驽马虽钝，犹自奋蹄。于是余勇可贾，老而学《易》；偶有会意，欣然忘食。不知不觉间，积稿成帙，终于可以奉献到读者面前了。

在成书的过程中，我一直得到许多同学的帮助，倪彩霞、李惠同学常常替我检核资料。这部书稿，是在电脑上写成的，而我的操作水平，实际只达小学程度，一旦电脑输入出现问题，我就手忙脚乱，只好请她们过来帮忙，有时连她们的先生、男友也一起"征用"。好些章节，写成后，又往往请戚世隽和李惠同学先看，征求她们的意见。陈瑞凤、吕珍珍、邹翔宇、陈玉芳同学也为我校对了部分样稿。可以说，这部书，是在同学们的关心和支持下写成的。

我有散步的习惯，每天黄昏，总约董上德同学陪我在校园里游逛，往往一边走，一边就谈起《周易》来。蒙上德把他的一些藏书供我翻阅，大大节省了我检索资料的时间。书成后，我请他写"序"，蒙慨然允诺，特此致谢。

2008 年 4 月 18 日于中山大学